सत्य के मेरे प्रयोग

मोहनदास करमचन्द गांधी

अनुवाद

सूरज प्रकाश

राजकमल पेपरबैक्स

गुजराती से अनुवाद

पहला पुस्तकालय संस्करण
राजकमल प्रकाशन प्राइवेट लिमिटेड द्वारा
2011 में प्रकाशित

राजकमल पेपरबैक्स में
पहला संस्करण : 2013
छठा संस्करण : 2026

राजकमल पेपरबैक्स : उत्कृष्ट साहित्य के जनसुलभ संस्करण

राजकमल प्रकाशन प्रा.लि.
1-बी, नेताजी सुभाष मार्ग, दरियागंज
नई दिल्ली-110 002
द्वारा प्रकाशित

शाखाएँ : अशोक राजपथ, साइंस कॉलेज के सामने, पटना-800 006
पहली मंजिल, दरबारी बिल्डिंग, महात्मा गांधी मार्ग, प्रयागराज-211 001
1, अनमोल सोराबजी सन्तुक लेन, धोबी तलाव, मरीन लाइंस, मुम्बई-400 002

वेबसाइट : www.rajkamalprakashan.com
ई-मेल : info@rajkamalprakashan.com

बी.के. ऑफसेट
नवीन शाहदरा, दिल्ली-110 032
द्वारा मुद्रित

मूल्य : ₹ 399

SATYA KE MERE PRAYOG
Autobiography by Mohandas Karamchand Gandhi
Translated by Suraj Prakash

ISBN : 978-81-267-2487-1

मोहनदास करमचन्द गांधी

जम : 2 अक्टूबर, 1869, पोरबदर, काठियावाड़, भारत।

शिक्षा : यूनिवर्सिटी कॉलेज, लदन।

मोहनदास करमचद गांधी भारत एवं भारतीय स्वतंत्रता आदोलन के एक प्रमुख राजनीतिक एवं आध्यात्मिक नेता थे। विश्व-भर में लोग उहें *महात्मा गांधी* के नाम से जानते हैं। गांधी जी ने अहिंसक सविनय अवज्ञा का अपना राजनीतिक औजार प्रवासी वकील के रूप में दक्षिण अफ्रीका में भारतीय समुदाय के लोगों के नागरिक अधिकारों के लिए संघर्ष हेतु प्रयुक्त किया। 1915 में भारत वापसी के बाद उहोंने यहाँ के किसानों, कृषि मजदूरों और शहरी श्रमिकों को अत्यधिक भूमि कर और भेदभाव के विरुद्ध आवाज उठाने के लिए एकजुट किया। 1921 में भारतीय राष्ट्रीय कांग्रेस की बागडोर सँभालने के बाद उहोंने देशभर में गरीबी से राहत दिलाने, महिलाओं के अधिकारों का विस्तार, धार्मिक एवं जातीय एकता का निर्माण, आत्मनिर्भरता हेतु अस्पृश्यता का अत आदि के लिए बहुत से आदोलन चलाए। कितु इन सबसे अधिक *स्वराज की प्राप्ति* उनका प्रमुख लक्ष्य था। गांधी जी ने ब्रिटिश सरकार द्वारा भारतीयों पर लगाए गए नमक कर के विरोध में 1930 में दांडी मार्च और इसके बाद 1942 में, *ब्रिटिश भारत छोड़ो* आदोलन से भारतीयों का नेतृत्व कर प्रसिद्धि प्राप्त की। दक्षिण अफ्रीका और भारत में विभिन अवसरों पर कई वर्षों तक उहें जेल में रहना पड़ा।

निधन : 30 जनवरी, 1948

सूरज प्रकाश

जम : 14 मार्च, 1952, देहरादून।

मूल कार्य : *अधूरी तस्वीर, छूटे हुए घर, मर्द नहीं रोते* शीघ्र प्रकाश्य (कहानी संग्रह), *हादसों के बीच, देस बिराना* (उपयास, ऑडियो सीडी के रूप में भी उपलब्ध), *जरा संभल के चलो* (व्यंग्य संग्रह), *दाढ़ी में तिनका* (विविध)। अंग्रेजी व गुजराती से अनेक पुस्तकों के अनुवाद। कई संग्रहों का सम्पादन।

सम्मान : गुजरात साहित्य अकादमी का सम्मान तथा महाराष्ट्र अकादमी का सम्मान।

कथा यूके के भारतीय प्रतिनिधि।

वेबसाइट : www.surjaprakash.com

email : mail@surajprakash.com, kathaakar@gmail.com

अनुवादक की बात

आत्मकथाएं पढ़ना मुझे हमेशा अच्छा लगता रहा है। लेखकों, दार्शनिकों, राजनीतिक हस्तियों, अभिनेताओं और इतर विभूतियों की आत्मकथाएं पढ़ते हुए हमेशा मुझे एक दुर्लभ सुख मिलता रहा है। जब तक कोई आत्मकथा पूरी नहीं पढ़ ली जाती, हमेशा ऐसा लगता रहता है, मानो अपने जीवन की संघर्षपूर्ण गाथा लिखनेवाले उस दार्शनिक, नेता, अभिनेता या महान आत्मा ने हमें अपने जीवन के ऐसे दुर्लभ पलों में झांकने की अनुमति दे दी हो, बीच-बीच हमें अपने साथ चाय पीने के लिए बुला लिया हो या शाम की सैर पर अपने साथ चहलकदमी करने का न्यौता दे दिया हो। लेखक तब पूरी ईमानदारी से, आत्मीयता से और अपनी पूरी आस्था के साथ अपने जीवन के कुछ दुर्लभ, छुए, अनछुए किस्सों और घटनाओं की कहानी हमें खुद सुनाता लगता है। तब हम दोनों के बीच लेखक और पाठक का नाता नहीं रह जाता, बल्कि जैसे दो अंतरंग मित्र अरसे बाद मिल बैठे हों और भूली-बिसरी बातें कर रहे हों। लेखक हमारे साथ अपने अमूल्य जीवन के कई अनमोल पल बांटता चलता है और हमें जाने-अनजाने समृद्ध करता चलता है। हमें पता ही नहीं चलता कि आत्मकथा के जरिए हम उसके लेखक के घर कई दिन गुजार आए हैं। एकाएक हम पहले की तुलना में कई गुना मैच्योर, अनुभवी और अमीर हो गए हैं। हम दूसरों से अलग हो गए हैं।

मैं सचमुच अपने-आपको खुशकिस्मत मानता हूं कि मैं इसी बहाने से विश्व की महान विभूतियों से मिलकर आया हूं और उनके संघर्षों का प्रत्यक्षदर्शी रहा हूं, उनके साथ मिल बैठने और बतियाने का असीम सुख पाता रहा हूं।

मुझे ये दुर्लभ सुख भी मिला है कि मैं कुछेक विश्वप्रसिद्ध मनीषियों की आत्मकथाओं को हिन्दी के पाठकों तक ला पाया हूं। मैंने अंग्रेजी से हिन्दी में *मिलेना* (जीवनीपरक गाथा) *ऐन फ्रैंक की डायरी, चार्ल्स चैप्लिन की आत्मकथा* और *चार्ल्स डार्विन की आत्मकथा* के अनुवाद किए हैं और ये हिन्दी पाठक वर्ग द्वारा बहुत पसन्द किए गए हैं। गांधीजी के बेटे हरिलाल के जीवन पर आधारित दिनकर जोशी के गुजराती उपन्यास *प्रकाशनो पडछायो* का हिन्दी अनुवाद *उजाले की परछाईं* के नाम से मैंने अरसे पहले किया था। पाठकों ने इसे भी बहुत पसन्द किया था और कुछ अरसा पहले इस किताब पर *गांधी माय फादर* के नाम से एक फिल्म भी बनी थी।

तो जब राजकमल प्रकाशन के अशोक महेश्वरी जी ने मेरे सामने गांधीजी की आत्मकथा के अनुवाद का प्रस्ताव रखा तो मैंने लपक लिया। मैं गांधीजी की आत्मकथा हिन्दी, अंग्रेजी और गुजराती में पहले भी पढ़ चुका था और मुझे ये कहने में कोई संकोच नहीं है कि महादेव देसाई

द्वारा किया गया इस आत्मकथा का अंग्रेजी अनुवाद श्रेष्ठतम अनुवाद है और पढ़ने में कई जगह तो गुजराती पाठ से भी अधिक आनन्द देता है। एक बात और भी है कि चूंकि गांधीजी की आत्मकथा का अंग्रेजी अनुवाद मूल गुजराती में प्रकाशन के कई बरस बाद किया गया था, इसलिए महादेव देसाई ने गांधीजी से अपनी निकटता और अपनी आत्मीयता का लाभ उठाते हुए आत्मकथा के अंग्रेजी संस्करण में कुछेक संशोधन भी करवा लिए थे। इस कारण से *माइ एक्सपेरिमेंट्स विद ट्रुथ* मूल गुजराती *सत्यनो प्रयोगो* की तुलना में बेहतर बन पड़ी है।

लेकिन मैं ये भी कहने की अनुमति चाहूंगा कि गांधीजी की आत्मकथा का हिन्दी अनुवाद जो सन 1957 में श्री काशीनाथ त्रिवेदी ने किया था, हो सकता है, आज से लगभग 50 बरस पूर्व अपने प्रकाशन के समय अपने हिन्दी पाठकों के साथ न्याय कर पाया हो, लेकिन तब से अब के बीच हिन्दी भाषा ने स्वाभाविक रूप से इतने चोले बदले हैं कि यह अनुवाद आज के हिन्दी पाठक को रचना का पूरा पठन सुख देने की स्थिति में नहीं रहा है। आप मानेंगे कि उस वक्त की हिन्दी और आज की हिन्दी में हर मायने में बहुत अन्तर आए हैं। हर भाषा नित नए तेवर लेकर हमारे सामने आती है और मैं ये बात कहने की अनुमति चाहता हूं कि हर विश्वस्तरीय कृति का समय-समय पर नए सिरे से अनुवाद किया जाना चाहिए। यह वक्त की मांग होती है। हर काल का पाठक किसी भी कृति का अनुवाद अपने वक्त की भाषा में पढ़ना चाहता है।

गांधीजी की आत्मकथा का हिन्दी अनुवाद मैंने अहमदाबाद में रहते हुए लगभग 20 बरस पहले पढ़ा था और तभी से मेरी इच्छा हुई थी कि काश, मैं इसका अनुवाद हिन्दी में कर पाता। अपने सुख के लिए ही सही।

बेशक बीस बरस बाद सही, मेरी यह इच्छा अशोक माहेश्वरी जी के ज़रिए पूरी हुई है। आत्मकथा का अनुवाद मैंने 29 नवम्बर, 2009 को शुरू किया था और आज वैशाखी के दिन 14 अप्रैल, 2010 को पूरा कर रहा हूं। इस दौरान मैं पूरी तरह से गांधीजी की संगत में रहा और उनके सत्य के प्रयोगों का साक्षी बनने का सुख पाता रहा। उनसे बातें करता रहा, उनकी बातें सुनता रहा और हर बार कुछ नया सीखता रहा।

बेशक ये अनुवाद मैंने मूल गुजराती से हिन्दी में किया है लेकिन कुछेक स्थलों पर उन अतिरिक्त अंशों को अंग्रेज़ी पाठ से लेने की छूट भी ली है, जो न तो मूल गुजराती पाठ में हैं और न नवजीवन प्रेस से प्रकाशित हिन्दी पाठ में ही। इससे हिन्दी पाठकों को मूल रचना का समृद्ध पाठ ही मिलेगा।

प्रकाशन पूर्व इस अनुवाद को पढ़ने का सुख मेरी पत्नी मधु ने और कथाकार राकेश बिहारी ने उठाया है और महत्त्वपूर्ण सुझाव दिए हैं। उनके प्रति आभार कहना ठीक नहीं लग रहा।

मैं अपने हिन्दी पाठकों को पिछली सदी के सबसे महान और सीधे-सादे मनीषी बापू की आत्मकथा सौंपते हुए शब्दातीत सुख का अनुभव कर रहा हूं।

मेरी कामना है कि इन पृष्ठों से गुजरते हुए आप भी उसी सुख के सागर में गोते लगाएं। गांधीजी आपसे भी उतने ही प्यार से मिलेंगे जिस तरह से मुझे मिले थे।

वैशाखी, 14 अप्रैल, 2010

—सूरज प्रकाश

मेरी बात

चार या पांच वर्ष पहले अपने निकटतम सहयोगियों के आग्रह से मैंने आत्मकथा लिखना स्वीकार किया था और लिखनी शुरू भी कर दी थी। लेकिन फुलस्केप का एक पन्ना भी पूरा नहीं लिख पाया था कि इतने में बम्बई में शोले भड़क उठे और मेरा शुरू किया हुआ काम अधूरा ही रह गया। उसके बाद तो मैं एक के बाद एक ऐसे गोरखधंधों में फंसा कि आखिर ये यात्रा येरवडा जेल में जाकर ही खत्म हुई। भाई जयराम दास भी वहां थे। उन्होंने मेरे सामने अपनी यह मांग रखी कि दूसरे सब काम छोड़कर मुझे पहले आत्मकथा ही लिखनी चाहिए। मैंने उन्हें बताया कि मैं अपने अध्ययन की समय-सारणी पहले ही बना चुका हूं और उसके पूरे होने तक मैं आत्मकथा लिखना शुरू नहीं कर पाऊंगा। काश, मुझे अपना पूरा समय येरवडा में ही बिताने का अवसर मिला होता, तो मैं आत्मकथा वहीं पर लिख सकता था। लेकिन अभी अध्ययन पूरा होने में भी एक वर्ष बाकी था कि मैं रिहा कर दिया गया। उससे पहले मैं किसी भी तरह आत्मकथा लिखना शुरू नहीं कर सकता था। इसलिए यह लिखी ही नहीं जा सकी।

अब स्वामी आनन्द ने अपना अनुरोध दोहराया है। मैं दक्षिण अफ्रीका के सत्याग्रह का इतिहास लिख चुका हूं, इसलिए मन में आत्मकथा लिखने का लालच भी है। स्वामी की मांग तो यही थी कि मैं पूरी कथा ही लिख डालूं और फिर वह पुस्तक के रूप में छपे। मेरे पास कभी भी एक ही बार में इतना समय नहीं निकल पाएगा। अगर लिखूं ही तो *नवजीवन* के लिए ही लिखी जा सकती है। मुझे *नवजीवन* के लिए हर सप्ताह कुछ-न-कुछ तो लिखना ही होता है। तो साप्ताहिक लेखन के रूप में आत्मकथा ही क्यों न लिख डालूं? स्वामी ने मेरी बात मान ली और इस तरह से मैं आत्मकथा लिखने के काम में जुटा।

लेकिन जब आत्मकथा लिखने का निर्णय लिया जा चुका तो एक ईश्वर-भक्त साथी ने, सोमवार के दिन जब मेरा मौन उपवास चल रहा था, धीमे-से मुझसे कहा, "आप आत्मकथा क्यों लिखना चाहते हैं? यह तो पश्चिम की परम्परा है। पूर्व में तो किसी ने लिखी हो, ऐसा पता नहीं चलता। और लिखेंगे क्या? आज जिस बात को आप सिद्धांत के रूप में मानते हैं, उसे कल मानना छोड़ दें तो? या यूं कहें सिद्धांत का अनुसरण करते हुए जो भी काम आप आज करते हैं, उन कामों में बाद में कोई बदलाव करें तो? कई लोग हैं जो आपके कहे या लिखे शब्दों की सत्ता को मानते हुए उनके अनुसार ही अपना आचरण गढ़ते हैं। वे गलत रास्ते पर चल पड़ें तो? ज़रा सोचें कि फिलहाल आत्मकथा जैसी कोई चीज़ न ही लिखें तो क्या उचित न होगा?"

इस तर्क का मेरे मन पर थोड़ा-बहुत असर हुआ। लेकिन मैं आत्मकथा कहां लिखने जा रहा हूं? मुझे तो आत्मकथा के बहाने सत्य के उन प्रयोगों की कथा लिखनी है जो मैंने किए हैं। यह सच है कि उनमें मेरा जीवन पूरी तरह से रचा-बसा रहा इसलिए मेरी कथा एक जीवन-वृत्तांत जैसी बन जाएगी। लेकिन अगर उसके हर पन्ने पर मेरे प्रयोग ही सामने आएं तो मैं खुद उस कथा को निर्दोष मानूंगा। मेरा ऐसा मानना है कि मेरे सब प्रयोगों का पूरा लेखा-जोखा जनता के सामने आए, तो वह लाभदायक सिद्ध होगा—या फिर इसे मेरा मोह ही मान लीजिए। राजनीति के क्षेत्र में हुए मेरे प्रयोगों को तो अब पूरा हिन्दुस्तान जानता है; यही नहीं, बल्कि सुसंस्कृत कही जानेवाली दुनिया भी थोड़ा-बहुत उन्हें जानती है। मेरे मन में इसकी कीमत शून्य ही है, और इसलिए इन प्रयोगों के द्वारा मुझे *महात्मा* का जो पद मिला है, उसकी कीमत भी मेरे लिए कम ही है। कई बार तो इस विशेषण ने मुझे बहुत अधिक दुख भी दिया है। मुझे ऐसा एक भी पल याद नहीं आता, जब इस विशेषण के कारण मैं फूलकर कुप्पा हो गया होऊं। लेकिन अपने आध्यात्मिक प्रयोगों का, जिन्हें मैं ही जान सकता हूं और जिनके कारण राजनीति के क्षेत्र में मेरी शक्ति भी बढ़ी है, दर्णन करना मुझे बेशक अच्छा लगेगा। लेकिन ये प्रयोग सचमुच आध्यात्मिक हैं, तो भला इनमें गर्व करने जैसी बात कहां आती है? इनसे तो केवल नम्रता ही बढ़ेगी। मैं ज्यों-ज्यों विचार करता जाता हूं, अपने अभी तक के जीवन पर निगाह डालता हूं, त्यों-त्यों मैं अपनी तुच्छता को ही देख पाता हूं।

मुझे जो करना है, तीस बरसों से मैं जिसकी उत्कट भाव से रट लगाए हुए हूं, वह तो आत्म-दर्शन है, ईश्वर का साक्षात्कार है, मोक्ष है। मेरे सारे काम इसी दृष्टि से होते हैं। मेरे सारे भाषण और लेखन भी इसी दृष्टि से होते हैं, और राजनीति के क्षेत्र में कूदना भी तो इसी का विस्तार था। लेकिन शुरू से ही मेरा यह मानना रहा है कि जो बात एक के लिए संभव है, वह सबके लिए भी संभव है। इस कारण मेरे प्रयोग व्यक्तिगत नहीं कहलाएंगे, रहेंगे भी नहीं। मुझे नहीं लगता कि उन्हें सब देख सकेंगे। उससे उनकी आध्यात्मिकता कम होगी। कुछ चीज़ें ऐसी होती हैं, जिन्हें आत्मा ही जानती है, जो आत्मा में ही उतर जाती हैं। लेकिन ऐसा कुछ भी दे पाना मेरी शक्ति से बाहर की बात है। मेरे प्रयोगों में तो जो आध्यात्मिक तत्त्व है, उसका अर्थ है नैतिक; धर्म का अर्थ है नीति; आत्मा की दृष्टि से जिस नीति का पालन किया गया हो, वही धर्म है।

इसलिए जिन बातों का निर्णय बच्चे, नौजवान और बूढ़े करते हैं और कर सकते हैं, इस कथा में वे ही बातें शामिल की जाएंगी। यदि ऐसी कथा मैं तटस्थ भाव से, विनम्र रहते हुए लिख सकूं, तो उसमें से ऐसे लोगों को भी कुछ न कुछ मिल जाएगा जो दूसरे प्रयोग करना चाहते हैं।

मैं इन प्रयोगों के बारे में किसी भी प्रकार की संपूर्णता का दावा नहीं करता। जिस तरह वैज्ञानिक अपने प्रयोग अतिशय नियमपूर्वक, विचारपूर्वक और बारीकी से करता है, फिर भी उनके परिणामों को वह अंतिम नहीं कहता, या वे परिणाम सच्चे ही हैं, इस बारे में भी वह शंकित नहीं तो तटस्थ अवश्य रहता है, अपने प्रयोगों के बारे में मेरा भी कुछ वैसा ही दावा है। मैंने खूब आत्म-निरीक्षण किया है। अपने एक-एक भाव की जांच की

है, उन्हें अलग-अलग करके देखा-परखा है। लेकिन मैं ऐसा दावा कभी करना नहीं चाहता कि उसमें से सामने आनेवाले परिणाम सबके लिए अंतिम ही हैं, वे सच हैं या वे ही सच हैं। हां, यह दावा मैं ज़रूर करता हूं कि मेरी दृष्टि में वे सच हैं और इस समय तो मेरे लिए अंतिम-जैसे ही प्रतीत होते हैं। अगर न प्रतीत हों तो मुझे उनकी बुनियाद पर कोई भी ढांचा खड़ा नहीं करना चाहिए। लेकिन मैं तो पग-पग पर जिन-जिन वस्तुओं को देखता हूं, उनके दो भाग कर लेता हूं। जो त्यागे जा सकते हैं और जो ग्रहण किए जा सकते हैं और जिन्हें मैं ग्राह्य समझता हूं, उनके अनुसार अपना आचरण बना लेता हूं और जब तक इस तरह विकसित आचरण मुझे अर्थात् मेरी बुद्धि को और आत्मा को संतोष देता रहता है, तब तक मुझे उसके शुभ परिणामों के बारे में अडिग विश्वास बनाए रखना ही चाहिए।

लेकिन मुझे केवल किताबी सिद्धांतों के अर्थात् तत्त्वों के ही बारे में बताना हो, तो यह आत्मकथा मुझे लिखनी ही नहीं चाहिए। लेकिन मुझे तो उन सब कामों का इतिहास लिखना है जो इन सिद्धांतों के आधार पर किए गए हैं, और इसीलिए मैंने इन प्रयासों को 'सत्य के मेरे प्रयोग' नाम दिया है। इसमें सत्य से भिन्न माने जानेवाले प्रयोग अर्थात् अहिंसा, ब्रह्मचर्य इत्यादि नियमों के प्रयोग भी आ जाएंगे। लेकिन मेरे मन में सत्य ही सर्वोपरि है और उसमें अनगिनत बातें आ जाती हैं। मेरा ये सत्य केवल शाब्दिक रूप में ही सत्य नहीं है बल्कि यह तो वाणी की तरह विचार का भी है। यह सत्य केवल हमारी कल्पना का सत्य ही नहीं है, बल्कि स्वतंत्र चिर स्थायी सत्य है; ये सत्य परमेश्वर है।

परमेश्वर की अनगिनत व्याख्याएं हैं, क्योंकि उसके रूप भी अनगिनत हैं। ये रूप मुझे अचरज में डालते हैं। क्षण भर के लिए ये मुझे मुग्ध भी करते हैं। किंतु मैं ठहरा पुजारी सत्य रूपी परमेश्वर का। केवल वही एक ही सत्य है, और दूसरा सब मिथ्या है। यह सत्य मुझे मिला नहीं है, लेकिन मैं इसकी खोज में हूं। इस खोज के लिए मैं अपनी प्रिय से प्रिय वस्तु को त्यागने को तैयार हूं और मुझे यह विश्वास है कि इस शोधरूपी यज्ञ में इस शरीर को भी होम कर डालने की मेरी तैयारी है और शक्ति है। लेकिन जब तक मैं इस सत्य की खोज न कर लूं, तब तक मेरी अंतरात्मा जिसे सत्य समझती है, उस काल्पनिक सत्य को ही अपना आधार मानकर, अपना प्रकाश स्तंभ समझ कर, उसके सहारे मैं अपना जीवन व्यतीत करता हूं।

हालांकि यह मार्ग सीधा, संकरा और तलवार की धार की तरह तीखा है, फिर भी मुझे यह सरलतम लगा है। इस मार्ग पर चलते हुए मुझे अपनी भयंकर भूलें भी मामूली-सी लगी हैं, क्योंकि वैसी भूलें करने पर भी मैं बच गया हूं और अपनी समझ के अनुसार आगे बढ़ा हूं। दूर-दूर से विशुद्ध सत्य के—ईश्वर के दर्शन भी मैं कर रहा हूं। मेरा यह विश्वास दिन-प्रतिदिन बढ़ता जाता है कि सत्य एक ही है। उसके अलावा इस जगत में सबकुछ मिथ्या है। यह विश्वास किस तरह से बढ़ता गया है, इसे मेरा जगत् अर्थात् *नवजीवन* इत्यादि के पाठक जानकर मेरे प्रयोग के साझीदार बनना चाहें और उस सत्य के दर्शन भी मेरे साथ करना चाहें तो उनका स्वागत है। साथ ही, जितना कुछ मेरे लिए संभव है, उतना एक बच्चे के लिए भी संभव है, और ये मानने के मेरे पास ठोस कारण हैं। सत्य के शोध के साधन जितने कठिन हैं, उतने ही सरल भी हैं। हो सकता है किसी अभिमानी व्यक्ति को ये असंभव

लगें और एक निर्दोष बच्चे को बिलकुल संभव लगेंगे। सत्य के शोधक को तो धूल से भी अधिक विनम्र होना चाहिए क्योंकि सारा संसार तो धूल को अपने पैरों तले रौंदता है, लेकिन सत्य का पुजारी तो जब तक इतना लघु नहीं बन जाता कि धूल भी उसे कुचल सके, तब तक उसके लिए स्वतंत्र सत्य के रूप से दर्शन भी दुर्लभ हैं। इस बात को वशिष्ठ-विश्वामित्र के संवाद में स्वतंत्र रीति से बताया गया है। ईसाई धर्म और इस्लाम भी इसी बात को सिद्ध करते हैं।

मैं जो अध्याय लिखनेवाला हूं उनमें यदि पाठकों को अभिमान का भास हो, तो उन्हें समझ लेना चाहिए कि मेरे शोध में ही कोई खामी रह गई होगी और मेरे दर्शन मरीचिका की तरह हैं। भले ही मेरी तरह कुछेक लोगों को हानि उठानी पड़े लेकिन जीत सत्य की ही होनी चाहिए। आत्मा की तुच्छता मापने के लिए हम सत्य का गज कभी छोटा न करें।

मैं चाहता हूं कि मेरे लेखों को मानक न समझा जाए। यही मेरा अनुरोध है। मैं तो सिर्फ यह चाहता हूं कि उनमें जो प्रयोग बताए गए हैं, उन्हें उदाहरण स्वरूप लिया जाए और जब इन्हें जीवन में उतारा जाए तो यथासंभव और यथाशक्ति उतारा जाए। मुझे विश्वास है कि इस सीमित क्षेत्र में आत्मकथा के मेरे लेखों से बहुत कुछ मिल सकेगा, क्योंकि कहने योग्य एक भी बात मैं छिपाऊंगा नहीं। मुझे आशा है कि मैं अपने दोषों के बारे में अपने पाठकों को विश्वास में ले सकूंगा। मुझे सत्य के शास्त्रीय प्रयोगों का वर्णन करना है और मैं कितना भला हूं ये सब बखान करने की मेरी रत्ती भर भी इच्छा नहीं है। जिस पैमाने से खुद मैं अपने-आपको मापना चाहता हूं और जिसका उपयोग हम सबको अपने-अपने विषय में करना चाहिए, उसके अनुसार तो मैं अवश्य कहूंगा कि :

मो सम कौन कुटिल खल कामी?
जिन तनु दियो ताहि बिसरायो
ऐसो निकहरामी।

यह बात मुझे प्रतिक्षण खटकती है कि जिसे मैं सम्पूर्ण विश्वास के साथ अपनी हर सांस का स्वामी समझता हूं, जिसे मैं अपना जनक मानता हूं, उससे मैं अभी तक दूर हूं। मैं जानता हूं कि मैं अपने विकारों के गोरखधंधे में फंसे होने के कारण परमात्मा से दूर हूं, फिर भी मैं इन सबसे अभी तक बाहर नहीं निकल पा रहा हूं।

अपनी बात को विराम देता हूं। प्रस्तावना में से मैं प्रयोग की कथा में तो नहीं उतर सकता। वह तो कथा-अध्यायों में ही मिलेगी।

—मोहनदास करमचंद गांधी

आश्रम, साबरमती
मार्गशीर्ष शुक्ल 11, 1982
25 नवम्बर, 1925

अनुक्रम

भाग तीन

भाग चार

भाग पांच

भाग एक

1. जन्म और माता-पिता

गांधी परिवार बनिया जाति से संबंध रखता है। ऐसा माना जाता है कि गांधी परिवार पहले पंसारी के धंधे से जुड़ा हुआ था। लेकिन मेरे दादा से शुरू करते हुए पिछली तीन पीढ़ियां काठियावाड़ की कई रियासतों में दीवान के पद पर काम करने लगी थीं। ऐसा लगता है कि मेरे दादा, उत्तम चंद गांधी उर्फ ओता गांधी स्वाभिमानी व्यक्ति थे। राजनैतिक उठा-पटक के कारण उन्हें पोरबंदर छोड़ना पड़ा था और वे आश्रय लेने के लिए जूनागढ़ चले गए थे। वहां उन्होंने जूनागढ़ नवाब को बाएं हाथ से सलाम किया। किसी ने उन्हें सरेआम ये अभद्रता करते देखा तो इसका कारण पूछा। उन्होंने उत्तर दिया, ''दायां हाथ तो पोरबंदर को अर्पित किया जा चुका है।''

ओता गांधी ने पहली पत्नी के गुज़र जाने के बाद दूसरा विवाह किया था। पहले विवाह से उन्हें चार संतानें हुईं और दूसरे विवाह से दो। अपने बचपन को याद करता हूं तो ऐसा कभी भी नहीं लगा कि ओता गांधी की ये संतानें एक ही मां से नहीं जन्मी थीं। इन छः भाइयों में से पांचवें क्रम पर थे करमचंद उर्फ कबा गांधी और छठे क्रम पर थे तुलसीदास गांधी। दोनों भाई बारी-बारी से पोरबंदर के दीवान रहे। कबा गांधी मेरे पिता थे। पोरबंदर के दीवान का पद छोड़ने के बाद वे राजस्थानिक अदालत के सदस्य रहे। अब ये अदालत नहीं रही है लेकिन एक समय ऐसा था कि ये अदालत सरपंचों और उनकी जमात के बीच झगड़े निपटाने में बहुत महत्त्वपूर्ण भूमिका निभाती थी।

इसके बाद वे राजकोट के और थोड़े समय के लिए वांकानेर के दीवान भी रहे। मृत्यु के समय वे राजकोट दरबार के पेंशनर थे।

कबा गांधी ने भी एक के बाद एक, चार विवाह किए। उनकी पत्नियां एक के बाद एक गुज़र गई थीं। पहली दो पत्नियों से उन्हें दो पुत्रियां हुईं और अंतिम पत्नी पुतलीबाई से एक पुत्री और तीन पुत्र हुए। सबसे अंतिम पुत्र मैं हूं।

मेरे पिता परिवार के प्रति स्नेह रखनेवाले, सत्य के प्रति आस्था रखनेवाले, पराक्रमी, उदार लेकिन क्रोधी व्यक्ति थे। वे थोड़े-बहुत विषयासक्त भी रहे होंगे। ये बात इससे भी सिद्ध होती है कि उन्होंने अंतिम विवाह चालीस बरस की उम्र में किया था। वे भ्रष्ट नहीं थे। शुद्ध निष्पक्ष न्याय करने के लिए उनकी ख्याति हमारे परिवार में और बाहर भी खूब थी। राज्य के प्रति उनकी वफादारी पर उंगली नहीं उठाई जा सकती थी। एक बार ऐसा हुआ कि एक अंग्रेज़ साहब ने राजकोट के ठाकुर साहब का अपमान कर दिया। यह अंग्रेज़ राज्य का सहायक राजनैतिक एजेंट था और पिताजी ठाकुर साहब के दरबार में दीवान थे। पिताजी विरोध में खड़े हो गए। अंग्रेज़ साहब नाराज़ हो गया। कहा गया कि कबा गांधी माफी मांगें। पिताजी ने माफी मांगने से इनकार कर दिया। अब हुआ यह कि माफी न

मांगने के कारण पिताजी को कुछ घंटों के लिए हवालात में भी रहना पड़ा। साहब ने जब देखा कि पिताजी तब भी नहीं डिगे तो हारकर साहब ने उन्हें छोड़ देने का हुक्म दिया।

पिताजी धन संचय के लोभ में कभी नहीं पड़े। इसका परिणाम ये हुआ कि वे हम भाइयों के लिए बहुत मामूली सम्पत्ति ही छोड़ गए थे।

पिताजी की पूरी शिक्षा-दीक्षा अनुभवों से ही अर्जित की गई थी। आजकल हम जिसे गुजराती की पांचवीं कक्षा की पढ़ाई कह सकते हैं, इतना तो उनका अध्ययन रहा ही होगा। उन्हें इतिहास और भूगोल की नाममात्र की भी जानकारी नहीं थी। हां, व्यावहारिक ज्ञान तो उनका इतना उच्च कोटि का था कि बारीक से बारीक समस्याओं को सुलझाने में उनका सानी नहीं था और वे इस बात को अच्छी तरह से जानते थे कि हज़ार आदमियों से भी काम कैसे लिया जाता है। धार्मिक शिक्षा न के बराबर थी। लेकिन मंदिरों आदि में जाते रहने से और कथा-पाठ आदि सुनते रहने से उन्हें उतना धर्म-ज्ञान तो हो ही गया था जितना असंख्य हिंदुओं को सहज भाव से हो जाता है। जीवन के अंतिम वर्षों में, एक पारिवारिक मित्र और विद्वान ब्राह्मण के कहने पर पिताजी ने गीता का पाठ शुरू कर दिया था और वे प्रतिदिन पूजा-पाठ के समय ऊंचे स्वर में कुछेक श्लोकों का पाठ करने लगे थे।

मेरे मन में इस बात की गहरी छाप है कि मेरी मां साध्वी महिला थीं। वे बहुत श्रद्धालु थीं। पूजा-पाठ के बिना कभी भोजन न करतीं। हमेशा हवेली, वैष्णव मंदिर जातीं। जब से मैंने होश संभाला है, मुझे याद नहीं पड़ता कि उन्होंने कभी चातुर्मास का व्रत तोड़ा हो। वे कठिन से कठिन उपवास करतीं और बिना किसी बाधा के उन्हें पूरा भी करतीं। व्रत रखते हुए वे अगर बीमार भी पड़ जाएं तो भी व्रत-भंग न करतीं। एक बार की घटना मुझे याद आती है कि उन्होंने चंद्रायण के व्रत रखे हुए थे और वे बीमार पड़ गईं। बीमारी में भी उन्होंने व्रत तोड़े नहीं। चार्तुमास यानी बरसात के चार महीनों के दिनों में एक ही बार भोजन करना तो उनके लिए सामान्य बात थी। उन्हें इतने से भी संतोष न होता। एक बार तो ये निर्णय कर लिया कि चौमासे में वे दो दिन छोड़कर तीसरे दिन ही भोजन करेंगी। लगातार दो-तीन उपवास रख लेना तो उनके लिए साधारण-सी बात होती। एक चातुर्मास में उन्होंने व्रत लिया था कि सूर्य भगवान के दर्शन करके ही भोजन करेंगी। बरसात के उन दिनों में, चौमासे में हम सब बच्चों का यही काम रह गया था कि बादलों की तरफ ताकते रहो कि कब सूर्य देवता दर्शन दें और कब मां भोजन करें। ये तो जानी-मानी बात है ही कि बरसात के दिनों में सूर्य भगवान के दर्शन दुर्लभ हो जाते हैं। मुझे ऐसे ही एक दिन की याद है। ज्यों ही हमने सूर्य को देखा तो बोले, मां, मां, सूरज दीखा। मां उतावली में जब तक आतीं, तब तक सूर्य महाराज जी फिर से बादलों की ओट में जा छिपे, 'कोई बात नहीं, आज मेरे नसीब में खाना नहीं लिखा है।' चेहरे पर शिकन लाए बिना यह कहकर मां लौट जातीं और अपने काम-धंधे में लग जातीं।

मां बहुत व्यवहारकुशल थीं। राजदरबार की सब बातें जानतीं। रनिवास में उनकी समझदारी की बहुत कद्र होती थी। जब मैं छोटा बच्चा था तो कई बार मां मुझे अपने साथ दरबारगढ़ में ले जाती थीं। ठाकुर साहब की विधवा मां के साथ मां के जो संवाद होते, उनमें से कई मुझे अभी भी याद हैं।

ऐसे माता-पिता के घर में संवत् 1925 भादो सुदी के बारहवें दिन अर्थात 2 अक्तूबर, 1869 को पोरबंदर अथवा सुदामापुरी में मेरा जन्म हुआ। मेरा बचपन पोरबंदर में ही

बीता। मुझे याद आता है कि मुझे किसी स्कूल में भर्ती किया गया था। मुश्किल से मैं कुछ पहाड़े सीख पाया था। मुझे इतना भर याद आता है कि उस समय मैं भी दूसरे बच्चों की देखादेखी अपने शिक्षक को गाली देना सीख गया था। उस समय का और कुछ भी याद नहीं आता। इससे मैं इस बात का अनुमान लगा सकता हूं कि मैं मंद बुद्धि ही रहा होऊंगा और मेरी स्मरण-शक्ति भी उन कच्चे पापड़ों की तरह रही होगी जिनके गीत हम बच्चे गाया करते थे। मुझे वे पंक्तियां यहां देनी ही चाहिए :

एक इक्कम एक : पापड़ गया जल
पापड़ कच्चा, ...हमारा गया...

पहली खाली जगह में मास्टरजी का नाम होता था। मैं अपने मास्टरजी को अमर नहीं करना चाहता। दूसरी खाली जगह में दी हुई गाली होती थी जिसे भरने की ज़रूरत नहीं।

2. बचपन

पिताजी जब पोरबंदर से राजस्थानिक कोर्ट में सदस्य बनकर राजकोट गए तो उस समय मेरी उम्र सात बरस के आसपास रही होगी। मुझे राजकोट के ग्रामीण स्कूल में भर्ती कराया गया। इस स्कूल में बिताए दिन मुझे अच्छी तरह से याद हैं। शिक्षकों के नाम-धाम तक याद हैं। पोरबंदर की तरह यहां की भी पढ़ाई के बारे में जानने लायक कुछ खास नहीं है। मैं मुश्किल से साधारण श्रेणी का ही विद्यार्थी रहा होऊंगा। पहले गांव की शाला, फिर उपनगर की शाला और फिर वहां से हाई स्कूल। इस पूरी यात्रा में मेरे जीवन के बारह वर्ष बीत गए। मुझे याद नहीं पड़ता कि इस पूरी अवधि में मैंने किसी अध्यापक से या साथियों से कोई बेईमानी की हो। यह भी याद नहीं आता कि इस अरसे में मेरा कोई मित्र ही बना हो। मैं बहुत ही शर्मीला लड़का हुआ करता था। स्कूल में मैं अपने काम से काम रखता था। घंटी बजने पर स्कूल पहुंचता और स्कूल बंद होते ही घर की तरफ भागता। यही मेरी दिनचर्या थी। 'भागना' शब्द जानबूझकर लिख रहा हूं क्योंकि किसी से भी बात करना मुझे अच्छा नहीं लगता था। साथ ही यह डर भी लगा रहता कि कहीं कोई मेरा मज़ाक न उड़ाए।

हाई स्कूल के पहले ही वर्ष में एक ऐसी घटना हुई जिसका यहां उल्लेख करना उचित रहेगा। शिक्षा विभाग के निरीक्षक मिस्टर जाइल्स स्कूल का निरीक्षण करने आए हुए थे। उन्होंने पहली कक्षा के विद्यार्थियों को पांच शब्द लिखवाए। इनमें से एक शब्द केटल (kettle) था। मैंने इस शब्द की वर्तनी गलत लिखी थी। मास्टरजी ने अपने जूते की ठोकर मारकर मुझे सचेत किया। भला मैं क्यों सचेत होने लगा? मुझे ये आभास ही न हो सका कि मास्टरजी मुझे साथवाले बच्चे की तख्ती देखकर वर्तनी ठीक कर लेने के लिए कह रहे हैं। मैं तो यही मानकर चल रहा था कि शिक्षकगण तो वहां इसलिए हैं कि हम एक-दूसरे की तख्ती देखकर नकल न करें। सब बच्चों के पांचों शब्द सही निकले और मैं अकेला बेवकूफ निकला! शिक्षक ने बाद में मुझे मेरी बेवकूफी समझाई, लेकिन मेरे मन पर उनके समझाने का कोई असर न हुआ। मैं दूसरे बच्चों की तख्ती देखकर नकल करना कभी सीख ही न सका।

इसके बावजूद शिक्षक के प्रति मेरे आदर-भाव में कभी कोई कमी नहीं आई। बड़ों के दोष न देखने का गुण मुझमें सहज भाव से ही था। बाद में इन शिक्षक महोदय के दूसरे दोष भी मेरी जानकारी में आए थे। फिर भी उनके प्रति मेरे आदर-भाव में कोई कमी नहीं आई। मैं यह बात जानता ही था कि बड़ों की आज्ञा का पालन करना ही चाहिए। वे जो कहें, वही करना है। जो वे करें, उसके फैसले करनेवाले हम न बनें।

उसी समय के दो और प्रसंग मुझे हमेशा याद रहेंगे। आमतौर पर यह होता था कि स्कूल की किताबों के अलावा कुछ और पढ़ने में मेरी कभी रुचि नहीं रही थी। सब याद कर लेना चाहिए। कोई उलाहना दे, यह सहन करने से परे था, मास्टरजी को धोखा नहीं देना चाहिए, ये सब बातें थीं, जिनके कारण मैं पाठ याद करता था। लेकिन मन में आलस बना रहता। इसके कारण कई बार पाठ याद न हो पाते। ऐसे में भला कुछ और पढ़ने की इच्छा ही कैसे होती! तभी पिताजी की खरीदी हुई एक किताब पर मेरी निगाह पड़ी। ये थी—श्रवण पितृ-भक्ति नाटक। ये किताब पढ़ने की मेरी इच्छा हुई और मैं बहुत चाव से इसे पढ़ गया। उन दिनों बायोस्कोप यानी शीशे में चित्र दिखानेवाले भी घर-घर आया करते थे। उनके पास भी मुझे ऐसे चित्र देखने को मिले जिनमें श्रवण कुमार अपने माता-पिता को कांवर में बिठाकर यात्रा पर ले जाता है। दोनों चीज़ों का मुझ पर बहुत गहरा प्रभाव पड़ा। मन में इच्छा होती कि मैं भी श्रवण कुमार जैसा बनूं। श्रवण कुमार की मृत्यु पर उसके माता-पिता का विलाप मुझे अभी भी याद आता है। उस ललित छंद को मैंने बाजे पर बजाना भी सीख लिया था। मुझे बाजा बजाने का शौक था और पिताजी ने मुझे एक बाजा दिलवा भी दिया था।

उस समय की दूसरी घटना भी एक नाटक से ही जुड़ी हुई है। उन्हीं दिनों एक नाटक कम्पनी आई थी और उनका नाटक देखने की अनुमति मुझे मिल गई थी। नाटक हरिश्चंद्र की कथा पर था। उस नाटक को देखते हुए मैं थकता ही नहीं था। बार-बार नाटक देखने का मन करता। लेकिन मुझे बार-बार वहां कौन जाने देता? लेकिन मैंने मन ही मन ये नाटक सैकड़ों बार खेला होगा। मुझे हरिश्चंद्र के सपने आते। सब लोग हरिश्चंद्र की तरह सत्यवादी क्यों नहीं होते? ये धुन बनी रहती। हरिश्चंद्र पर जैसी विपत्तियां पड़ीं, वैसी विपत्तियों को भोगना और सत्य का पालन करना ही वास्तविक सत्य है। मैं यह मानकर चल रहा था कि जिस तरह की विपत्तियां नाटक में दिखाई गई हैं, ठीक वैसी ही विपत्तियां हरिश्चंद्र को झेलनी ही पड़ी होंगी। हरिश्चंद्र के दुख को जानकर, उन्हें यांद करके मैं बहुत रोया हूं। आज मैं अपनी बुद्धि से इस बात को समझता हूं कि हरिश्चंद्र कोई ऐतिहासिक चरित्र नहीं थे, फिर भी मेरे विचारों में हरिश्चंद्र और श्रवण कुमार आज भी जीवित हैं। मेरा मानना है कि अगर मैं आज भी इन नाटकों को देखूं तो अपने आंसुओं को रोकना मेरे लिए संभव नहीं होगा।

3. बाल-विवाह

काश, मुझे ये प्रसंग न लिखना पड़ता। लेकिन इस कथा में मुझे ऐसे कई कड़वे घूंट पीने पड़ेंगे। जब सत्य का पुजारी होने का दावा किया है तो मैं कुछ और कर ही नहीं सकता।

यह लिखते हुए मेरा मन अकुला रहा है कि तेरह बरस की उम्र में मेरा विवाह हो गया था। आज मैं अपनी नज़रों के सामने मेरी देखभाल में रह रहे बारह-तेरह बरस के बच्चों को देखता हूं। उन्हें देखता हूं और अपने विवाह को याद करता हूं तो मुझे अपने ऊपर ही दया आती है। मेरी इच्छा होती है कि मेरी जैसी स्थिति से बच पाने के लिए इन्हें बधाई दूं। तेरहवें बरस में हुए अपने बाल-विवाह के पक्ष में देने के लिए मुझे एक भी नैतिक तर्क नहीं सूझता।

पाठकगण यह न समझें कि मैं सगाई की बात कर रहा हूं। काठियावाड़ में विवाह का अर्थ लग्न ही होता है सगाई नहीं। सगाई का अर्थ तो ये होता है कि दो बच्चों को विवाह के बंधन में बांधने के लिए माता-पिताओं के बीच करार हुआ है। सगाई टूट सकती है। सगाई होने के बाद यदि वर की मृत्यु हो जाए तो कन्या विधवा नहीं हो जाती। सगाई होने के बाद वर-वधू के बीच कोई संबंध नहीं होता। सगाई माता-पिताओं के बीच शुद्ध करार होता है और बच्चों का इसमें कुछ भी मतलब नहीं होता। बच्चों को सगाई का पता भी नहीं होता। मुझे लगता है कि मेरी एक के बाद एक करके तीन सगाइयां हुई थीं। ये तीन सगाइयां कब हुईं, मुझे पता तक नहीं। मुझे बताया गया था कि एक-एक करके दो कन्याएं गुज़र गईं। इसलिए मैं मान सकता हूं कि मेरी तीन सगाइयां हुई थीं। कुछ ऐसा याद आता है कि मेरी तीसरी सगाई सात बरस की उम्र के आस-पास हुई थी। लेकिन इस बात की कोई जानकारी नहीं है मुझे कि तीसरी सगाई के समय मुझसे क्या कहा गया था। विवाह में वर और वधू, दोनों उपस्थित रहते हैं। विवाह के समय कुछ रीति-रिवाज होते हैं और मैं जो कुछ लिख रहा हूं, वह विवाह के विषय में ही है। अपने विवाह के बारे में मुझे सब कुछ याद है।

पाठक जान ही चुके हैं कि हम तीन भाई थे। सबसे बड़े भाई का विवाह हो ही चुका था। मंझले भाई मुझसे दो या तीन बरस बड़े थे। घर के बड़े-बुजुर्गों ने ये फैसला किया कि मंझले भाई का, मेरे चाचा के छोटे बेटे का, जिसकी उम्र मुझसे एकाध बरस ही अधिक रही होगी, और मेरा विवाह एक साथ ही कर दिया जाए। इसमें हमारे भले की बात कहीं नहीं थी। हमारी इच्छा का तो प्रश्न ही नहीं उठता था। सारी बात बुजुर्गों की सुविधा और खर्च की थी।

हिन्दू समाज में विवाह होना कोई मामूली बात नहीं मानी जाती। वर-वधू के माता-पिता विवाह कराने के पीछे बरबाद हो जाते हैं। वे धन तो लुटाते ही हैं, समय भी कम बरबाद नहीं करते। महीनों पहले से तैयारियां शुरू हो जाती हैं। कपड़े बन रहे हैं, गहने तैयार हो रहे हैं, बिरादरी के भोजन आदि के लिए हिसाब लगाए जा रहे हैं, कितने प्रकार के पकवान बनेंगे, इस बात पर होड़ लग रही है, महिलाएं अपने बैठे गले से ही गा-गाकर अपना गला और बिठाए जा रही हैं, बीमार पड़ रही हैं, पड़ोसियों की शांति में विघ्न डाला जा रहा है। लेकिन पड़ोसी भी तो अपने यहां इस तरह के आयोजन होने पर यही सब करते होंगे। इसलिए शोरगुल, जूठन, दूसरी गंदगियां, सबकुछ उदासीन भाव से सहन करते चलते हैं।

इस तरह का झमेला तीन बार करने के बजाय एक ही बार निपटा लिया जाए तो कितना अच्छा रहे? खर्चे तो बचेंगे ही, विवाह भी ठाठ से हो जाएंगे। कारण ये था कि तीन ब्याह एक साथ रचाने पर पैसा खुले हाथों खर्च किया जा सकता है। पिताजी और चाचाजी

बूढ़े हो चले थे। और मैं पिताजी की सबसे आखिरी संतान। इसलिए उनके मन में यह लालच भी रहा होगा कि आखिरी ब्याह का भी आनंद लूट ही लिया जाए। ये बात थी और इस तरह की दूसरी बातें थीं कि तीनों विवाह एक साथ रचाने का फैसला किया गया। और जैसा कि मैं बता ही चुका हूं, विवाहों की तैयारियां और साज-सामान जुटाने का काम महीनों पहले ही शुरू हो चुका था।

हम भाइयों को तो तैयारियां देखकर ही पता चला कि विवाह हो रहे हैं। उस समय के बारे में तो मुझे यही याद आता है कि मेरे मन में यही अभिलाषा रही होगी कि अच्छे कपड़े पहनने को मिलेंगे, बाजे बजेंगे, बारात के समय घोड़े पर चढ़ने को मिलेगा, खूब बढ़िया पकवान खाने को मिलेंगे और एक नयी साथिन के साथ हास्य-विनोद करने को मिलेगा। विषय-भोग का चस्का तो बाद में लगा। वह चस्का भी कैसे लगा, इसके बारे में मैं बता तो सकता हूं लेकिन पाठक इसके बारे में जिज्ञासा न ही रखें। मैं अपनी शरम पर परदा डालना चाहता हूं। जो कुछ बतलाने लायक है, वह आगे आएगा ही। किंतु जिस बात को मैंने अपनी निगाह के सामने रखा है, उसका इन सारी बातों के ब्योरों से कुछ खास लेना-देना है नहीं।

हम दोनों भाइयों को राजकोट से पोरबंदर ले जाया गया। वहां हल्दी चढ़ाने आदि की रस्में हुईं। इन रस्मों आदि में खूब मज़ा आया लेकिन यहां उनके ब्योरों के बिना भी काम चल सकता है।

पिताजी थे तो दीवान लेकिन थे तो कर्मचारी ही और तिस पर राज-भक्त। इसलिए पराधीन भाव से ही काम कर सकते थे। ठाकुर साहब ने उन्हें आखिरी पलों तक जाने ही न दिया। अंत में जब उन्हें छोड़ा भी तो ब्याह के दो दिन पहले जाने दिया। उनके लिए एक खास डाकगाड़ी का इंतज़ाम किया गया लेकिन...लेकिन इन्सान कुछ सोचता है और ईश्वर कुछ और तय करके रखता है। राजकोट से पोरबंदर की दूरी एक सौ बीस मील है। बैलगाड़ी से पांच दिन का रास्ता था। पिताजी तीन दिन में ही आ पहुंचे। पहुंचने के निकट थे कि उनका टांगा ही उलट गया। पिताजी को गंभीर चोटें आईं। हाथ पर पट्टी, पीठ पर पट्टी। शादियों के लिए उनके और हमारे सारे उत्साह पर पानी फिर गया। लेकिन विवाह तो होने ही थे। विधि के विधान को कौन टाल सकता है भला? सब काम मुहूर्त के हिसाब से ही होने थे। मैं तो ब्याह के बाल-उत्साह में पिताजी के दर्द को ही भुला बैठा!

मैं पितृ-भक्त तो था ही लेकिन विषय-भक्त भी तो उतना ही था न। यहां विषय का अर्थ एक इंद्रिय का विषय नहीं है बल्कि सम्पूर्ण भोग है। माता-पिता की भक्ति के लिए हमें सब सुखों का त्याग कर देना चाहिए, इसका ज्ञान तो आगे चलकर मिलना ही था। इस पर तुर्रा यह कि मानो मुझे इस भोगेच्छा का दंड भुगतना ही हो, कुछ इस तरीके से मेरे जीवन में एक ऐसी अप्रिय घटना घटी कि उसकी टीस मुझे आज तक सालती है। जब भी निष्कुलानंद जी का ये पद :

वैराग्य बिना त्याग नहीं टिकता रे
करिए कोटि उपाय जी...

गाता या पढ़ता हूं तो वह अप्रिय और कचोटनेवाली घटना मुझे याद आ जाती है और मुझे शर्मिंदा कर जाती है।

पिताजी बेशक शारीरिक पीड़ा भोग रहे थे लेकिन बाहर से प्रसन्न चित्त दिखते हुए विवाह में पूरी तरह से शामिल रहे। पिताजी किन-किन प्रसंगों में कहां-कहां बैठे थे, ये सब मुझे आज भी जस का तस याद है। मैं उस समय इस बात की कल्पना भी नहीं कर सकता था कि एक दिन ऐसा भी आएगा कि मैं अपने बाल-विवाह के लिए पिताजी को बुरी तरह से कोसूंगा। उस समय तो सबकुछ अच्छा और मन को भला लगनेवाला ही लग रहा था। ब्याह रचाने का शौक था और जो कुछ पिताजी कर रहे हैं, ठीक ही कर रहे हैं, ऐसा ही तो लगता था। इन्हीं कारणों से उस समय की सब स्मृतियां ताज़ा बनी हुई हैं। अब भी सब जस का तस याद है कि हम मंडप में बैठे, फेरे डाले गए, हमने एक-दूजे को मीठा कंसार खाया-खिलाया और उसके बाद से वर-वधू की तरह एक साथ रहने लगे! वह पहली रात! दो अबोध बच्चे जाने-अनजाने सांसारिक झमेलों में कूद पड़े! भाभी ने पाठ पढ़ाया कि पहली रात कैसा बरताव करना चाहिए। मेरी पत्नी को ये सब किसने सिखाया, यह पूछने की बात याद नहीं आती। अब भी उससे पूछा जा सकता है लेकिन पूछने का मन नहीं करता। पाठक ये जान लें कि मुझे ऐसा लगता है कि हम दोनों एक-दूजे से डरते थे। एक-दूसरे से शर्माते तो थे ही। मैं ये सब कैसे जानूं कि क्या बातें करनी चाहिए और कैसे करनी चाहिए। जो सिखाया-समझाया गया था, वह भी कैसे काम आता! लेकिन इस बारे में कुछ सीखना ज़रूरी होता है क्या? जहां संस्कार गहरे हों, वहां सब सिखाना-पढ़ाना कोई अर्थ नहीं रखता। हम धीरे-धीरे एक-दूजे को पहचानने लगे, आपस में बात करने लगे। ये बात भी थी कि हम दोनों हम-उम्र थे लेकिन मैंने तो पतिवाला शासन चलाना शुरू कर दिया।

4. पति परमेश्वर

जिन दिनों हमारा विवाह हुआ, उन दिनों, याद नहीं कि पैसे-पैसे की या पाई-पाई की, निबंधों की छोटी-छोटी पुस्तिकाएं निकला करती थीं। इन पुस्तिकाओं में दम्पत्ति प्रेम, कम खर्ची, बाल-विवाह आदि के बारे में चर्चा रहती थी। उनमें से कुछ निबंध मेरे हाथ लगते तो मैं पढ़ जाता। मेरी ये आदत तो थी ही कि पढ़े हुए में जो अच्छा न लगे, उसे भूल जाओ और जो अच्छा लगे, उसे जीवन में ढाल लो। मैंने पढ़ा था कि एक पत्नी-व्रत का पालन करना पति का धर्म है। बात मन को रम गई। मैं तो वैसे ही सत्य का पुजारी ठहरा, इसलिए पत्नी को धोखा देने की बात सोच ही नहीं सकता था। इसी में से ये बात भी समझ में आई कि दूसरी स्त्री से संबंध नहीं रखने चाहिए। उम्र कम हो तो एक पत्नी-व्रत भंग होने की संभावना बहुत कम रहती है।

लेकिन इन सद्‌विचारों का एक बुरा परिणाम भी निकला। अगर मुझे एक पत्नी-व्रत पालना चाहिए तो पत्नी को भी तो एक पतिव्रत पालना चाहिए। इस विचार के आते ही मैं ईर्ष्यालु पति बन गया। ये विचार मुझ पर हावी हो गया कि ये व्रत पालना चाहिए के बजाय पलवाना चाहिए। और अगर ये व्रत पलवाने की बात है तो मुझे पत्नी पर निगाह रखनी चाहिए। मेरे पास पत्नी की पवित्रता के बारे में शक करने का कोई कारण नहीं था। परंतु ईर्ष्या कारण कहां देखती है भला? मुझे हमेशा ये जानना ही चाहिए कि मेरी पत्नी कहां जाती है, इसलिए मेरी अनुमति के बिना वह कहीं जा ही नहीं सकती। यही बात हम

दोनों के बीच दुखद झगड़े का कारण बन गई। बिना अनुमति के कहीं जा नहीं सकती तो एक तरह की कैद ही हुई ना! लेकिन कस्तूरबाई ऐसी कैद सहन करनेवाली थी ही नहीं। जहां भी जाने की इच्छा होती, मुझसे पूछे बिना चली जाती। मैं यदि दबाने की कोशिश करता तो वह और अधिक छूट लेती। मैं इस बात से और अधिक चिढ़ता। इसके चलते हम दोनों बच्चों के बीच अबोला होना मामूली बात हो गई। कस्तूरबाई ने जो भी छूट ली, उसे मैं दोषरहित मानता हूं। जिस बच्ची के मन में पाप नहीं है, वह देव दर्शन के लिए जाने के लिए या किसी से मिलने जाने के लिए दबाव क्यों सहन करे? यदि मैं उस पर दबाव डालता था तो वह भी मुझ पर दबाव क्यों न डाले? पर ये बात तो अब समझ में आ रही है। उस समय तो मुझ पर अपना पतित्व सिद्ध करने की धुन सवार थी।

लेकिन पाठक ये मानकर न चलें कि हमारे इस दाम्पत्य जीवन में कहीं मिठास नहीं थी। मेरे टेढ़ेपन की जड़ प्रेम में थी। मेरी इच्छा थी कि मेरी पत्नी आदर्श स्त्री बने। मेरी भावना यह भी थी कि वह स्वस्थ बने, स्वस्थ रहे, मैं जो सीखूं, वह भी सीखे, मैं जो पढ़ूं, वह भी पढ़े, और इस तरह से हम एक-दूसरे में घुले-मिले रहें।

कस्तूरबाई में यही भावना थी या नहीं, मुझे इस बात की खबर नहीं है। वह निरक्षर थी। स्वभाव से वह सीधी, स्वतंत्र लेकिन मेहनती औरत थी। मेरे साथ तो बहुत ही कम बोलती। उसे अपने अज्ञान को लेकर कोई मलाल नहीं था। उन दिनों मैंने कभी उसकी यह इच्छा जानने की कोशिश नहीं की कि वह भी मेरी तरह पढ़-लिख लेती तो अच्छा होता। इससे मैं यह मानकर चल रहा हूं कि मेरी भावना एकपक्षीय थी। मेरा विषय-सुख एक ही स्त्री पर आश्रित था और मैं उस सुख की गूंज चाहता था। जहां प्रेम एक पक्ष की ओर से हो तो भी सर्वांश में दुख तो नहीं ही होता।

मुझे कह लेने दीजिए कि मैं अपनी पत्नी के प्रति विषयासक्त था। स्कूल में भी उसके खयाल आते रहते। मन में हमेशा ये भाव बना ही रहता कि कब रात हो और कब हम मिलें। वियोग सहन नहीं होता था। अपनी कितनी ही बेसिर-पैर की बातों से मैं कस्तूरबाई को जगाए ही रहता। मेरा मानना है कि इस आसक्ति के साथ-साथ यदि मुझमें कर्तव्य की भावना न होती तो मैं बीमार होकर कब का मृत्यु को वरण कर चुका होता अथवा इस संसार में बोझ बनकर जीता रहता। सवेरा होते ही नित्य कर्मों में लग जाना चाहिए, और किसी को धोखा तो नहीं ही दिया जा सकता, ये सोचकर मैं कितने ही संकटों से बच पाया हूं।

मैं लिख ही चुका हूं कि कस्तूरबाई निरक्षर थी। मेरी बहुत इच्छा थी कि उसे पढ़ाऊं। लेकिन मेरी विषय-वासना मुझे पढ़ाने ही कैसे देती। पहली बात तो यह थी कि ये पढ़ाना जबरदस्तीवाला पढ़ाना था। दूसरे, पढ़ाने का काम रात में एकांत में ही हो सकता था। बुजुर्गों के सामने तो पत्नी की तरफ देखा भी नहीं जा सकता था। बात करने का तो प्रश्न ही नहीं उठता था। उन दिनों काठियावाड़ में घूंघट निकालने का बेकार का जंगली रिवाज था; आज भी यह कुरीति देखने को मिल जाती है। इन कारणों से कस्तूरबाई को पढ़ाने की सारी परिस्थितियां मेरे खिलाफ थीं। इसलिए मैं इस बात को स्वीकार करता हूं कि जवानी में कस्तूरबाई को पढ़ाने के जितने भी प्रयास मैंने किए, वे सभी लगभग असफल रहे। जब तक मैं विषय-आसक्ति की नींद से जागता, तब तक मैं सार्वजनिक जीवन में कूद

चुका था। इसलिए अधिक समय दे पाने की मेरी स्थिति नहीं रही थी। शिक्षक के माध्यम से पढ़ाने के मेरे प्रयास भी निष्फल रहे। इसका परिणाम यह हुआ कि आज भी कस्तूरबाई मुश्किल से पत्र लिख पाती है और साधारण गुजराती ही समझ पाती है। मैं मानता हूं कि यदि मेरा प्रेम विषय-आसक्ति से दूषित न होता तो आज कस्तूरबाई भी एक विदुषी महिला होती। पढ़ाई में जो आलस वह दिखाती थी, मैं उसे आसानी से जीत सकता था क्योंकि मैं जानता हूं कि शुद्ध प्रेम में कुछ भी असंभव नहीं होता।

अपनी पत्नी के प्रति विषय-आसक्त होते हुए भी मैं किस तरह से बच सका, इसका एक कारण मैं ऊपर गिना चुका हूं। एक और कारण है जिसका उल्लेख करना ज़रूरी है। सैकड़ों अनुभवों से मैं इस नतीजे पर पहुंचा हूं कि यदि आपकी निष्ठा सच्ची है तो खुद भगवान आपकी रक्षा करते हैं। हिंदू समाज में बाल-विवाह बहुत बड़ी कुरीति है। परंतु इसके साथ ही उसमें थोड़ी-सी मुक्ति दिलानेवाली प्रथा भी जुड़ी हुई है। माता-पिता बालक वर और बालिका वधू को लम्बे समय तक एक साथ रहने नहीं देते। बालिका वधू का आधे से अधिक समय मायके में ही बीतता है। हमारे मामले में भी ऐसा ही हुआ। मतलब यह कि तेरह बरस की उम्र से लेकर अठारह बरस की उम्र तक हम छिटपुट मिलाकर कुल तीन बरस से अधिक एक साथ नहीं रहे होंगे। छः-आठ महीने साथ रहे होते कि इस बीच वधू के माता-पिता का बुलावा आ ही जाता। उस समय तो ये बुलावा बहुत बुरा लगता था लेकिन शायद इन्हीं बुलावों के कारण हम बच गए। और फिर, अठारह बरस की उम्र में तो मैं इंग्लैंड ही चला गया था। इससे लम्बे समय का सुंदर वियोग बना। इंग्लैंड से लौटने के बाद भी हम मुश्किल से छः महीने साथ-साथ रहे होंगे क्योंकि तब मैं राजकोट और मुंबई के बीच आता-जाता रहता था। इतने में ही दक्षिण अफ्रीका से बुलावा आ गया। इस बीच तो मैं अच्छी तरह से होश में आ चुका था। तब तक विषयासक्ति से मेरा मोह भंग हो चुका था।

5. हाई स्कूल में

मैं यह पहले लिख ही चुका हूं कि जिस समय मेरा विवाह हुआ, मैं हाई स्कूल में पढ़ता था। उस समय हम तीनों भाई एक ही स्कूल में पढ़ते थे। सबसे बड़े भाई काफी ऊपर की कक्षा में थे और जिस भाई के साथ-साथ मेरा विवाह हुआ था, वे मुझसे एक कक्षा आगे थे। विवाह का परिणाम यह भी रहा कि हम दोनों भाइयों का एक वर्ष बेकार गया। मेरे भाई के लिए तो परिणाम इससे भी बुरा रहा। विवाह के बाद तो उनका स्कूल जाना ही बंद हो गया। ये तो भगवान ही बेहतर जानता होगा कि इस तरह से कितने नौजवानों का भविष्य चौपट हो जाता होगा। पढ़ाई और विवाह जैसी दोनों बातें एक साथ हिंदू समाज में ही देखी जा सकती हैं।

मेरी पढ़ाई जारी रही। हाई स्कूल में मैं मंद बुद्धि विद्यार्थियों में नहीं गिना जाता था। शिक्षकों के स्नेह का पात्र मैं लगातार बना रहा। हर वर्ष स्कूल की तरफ से माता-पिता को प्रमाणपत्र भेजे जाते थे जिनमें बच्चों की पढ़ाई और आचरण के बारे में लिखा होता था। मेरे बारे में कभी भी किसी भी प्रमाणपत्र में मेरी पढ़ाई या आचरण के बारे में कभी कोई

टीका-टिप्पणी नहीं हुई। दूसरी कक्षा के बाद मुझे इनाम भी मिले और पांचवीं और छठी कक्षा में मुझे क्रमशः चार रुपये और दस रुपये मासिक की छात्रवृत्ति भी मिली थी। ये सब पाने के पीछे मेरी होशियारी कम और भाग्य का योगदान अधिक था। ये छात्रवृत्तियां सभी विद्यार्थियों के लिए नहीं थीं लेकिन काठियावाड़ के सोरठवासियों में से जो बच्चे सबसे पहले नम्बर पर आते थे, उनके लिए थीं। अब चालीस-पचास विद्यार्थियों की कक्षा में भला सोरठवासी बच्चे कितने रहे होंगे?

मेरी अपनी स्मृति यह कहती है कि उस समय मुझे अपनी होशियारी पर कोई गर्व नहीं था। इनाम मिलता या छात्रवृत्ति मिलती तो मुझे आश्चर्य होता था। लेकिन अपने चरित्र को लेकर मैं बहुत सजग रहता था। आचरण में कोई चूक हो जाए तो मुझे रोना आ जाता था। मेरे लिए यह बात सहन करने से परे थी कि मेरे हाथों ऐसा कोई काम हो जाए कि शिक्षक को मुझे डांटना पड़े या मेरे प्रति उनकी ऐसी धारणा बने। एक बार की बात याद आती है कि मुझे मार खानी पड़ी थी। मार खाने का दुख नहीं था लेकिन सबसे बड़ा दुख इस बात का था कि मैं दंड का पात्र माना गया। मैं खूब रोया। यह मामला पहली या दूसरी कक्षा का है। एक और प्रसंग है जो सातवीं कक्षा का है। उस समय दोराबजी एदलजी गीमी हैड मास्टर थे। वे बच्चों में बहुत लोकप्रिय थे। इसका कारण ये था कि वे नियमों का पालन करवाते, व्यवस्थित तरीके से काम करते और काम लेते थे और खूब अच्छी तरह से पढ़ाते थे। उन्होंने ऊंची कक्षाओं के लिए कसरत और क्रिकेट अनिवार्य कर दिए थे। मुझे उनसे चिढ़ थी। इनके अनिवार्य बनने से पहले मैं कभी कसरत, क्रिकेट या फुटबॉल के खेल में गया ही न था। न जाने का एक ही कारण मेरे पास था कि मैं बहुत शर्मीला लड़का था। अब मैं देखता हूं कि खेलों के प्रति मेरी अरुचि मेरी भूल थी। उस समय मेरा ये गलत खयाल बना हुआ था कि शिक्षा के साथ कसरत का कोई संबंध नहीं है। बाद में ये बात मेरी समझ में आई कि पढ़ाई में व्यायाम का अर्थात शारीरिक शिक्षा का मानसिक शिक्षा के समान ही स्थान होना चाहिए।

फिर भी मुझे यह कहना चाहिए कि कसरत में न जाने से मुझे नुकसान नहीं हुआ। इसका कारण यह रहा कि मैंने किताबों में यह सलाह पढ़ी थी कि खुली हवा में घूमना चाहिए और ये सलाह मुझे अच्छी लगी थी। इस कारण से हाई स्कूल तक आते-आते मुझे हवाखोरी की आदत पड़ चुकी थी। यह आदत अंत तक बनी रही। टहलना भी तो एक तरह का व्यायाम है और इससे मेरा शरीर एक तरह से सुगठित बना।

कसरत के प्रति अरुचि का दूसरा यह कारण था कि मेरे मन में पिताजी की सेवा करने की तीव्र इच्छा थी। स्कूल की छुट्टी होते ही मैं सीधे घर पहुंचता और पिताजी की सेवा में जुट जाता। जब कसरत अनिवार्य कर दी गई तो इस सेवा में व्यवधान पड़ा। मैंने निवेदन किया कि पिताजी की सेवा करने के लिए मुझे कसरत से छुट्टी दी जाए। परंतु गीमी साहब भला छुट्टी क्यों देने लगे? एक शनिवार के दिन सुबह का स्कूल था। शाम चार बजे कसरत के लिए जाना था। मेरे पास घड़ी नहीं थी। आकाश में बादल छाये हुए थे इसलिए समय का कोई भान नहीं रहा। मैं बादलों के कारण धोखा खा गया। कसरत के लिए पहुंचा तो सब लोग जा चुके थे। दूसरे दिन गीमी साहब ने हाज़िरी देखी तो मुझे अनुपस्थित पाया। मुझसे कारण पूछा गया। मैंने तो सही-सही बता दिया कि क्या हुआ

था। उन्होंने मेरी बात को सच नहीं माना और एक आना या दो आना (याद नहीं कि एक या दो) का जुर्माना ठोक दिया।

मुझे झूठा ठहरा दिया गया। मुझे बहुत दुख हुआ। अब मैं यह कैसे सिद्ध करूं कि मैं झूठ नहीं बोल रहा। कोई उपाय न सूझा। मन मसोसकर रह गया। रोया। एक बात समझ में आ गई कि सच बोलनेवाले और सच्चा काम करनेवाले को लापरवाह भी नहीं रहना चाहिए। अपनी पढ़ाई के समय ये मेरी पहली और आखिरी लापरवाही थी। मुझे धुंधली-सी याद है कि मैं ये जुर्माना माफ़ करवा सका था। कसरत से आखिर मुझे मुक्ति मिल ही गई। पिताजी ने हैडमास्टरजी को एक पत्र लिखा कि स्कूल के बाद के मेरे समय का सदुपयोग वे अपनी सेवा के लिए करना चाहते हैं। इसकी वजह से मुझे मुक्ति मिल गई थी।

व्यायाम के बदले मैंने टहलने का सिलसिला जारी रखा। इस कारण से शरीर को तंदुरुस्त रखने के लिए व्यायाम न करने की गलती के लिए मुझे सज़ा नहीं भोगनी पड़ी। लेकिन एक दूसरी गलती की सज़ा मैं आज तक भोग रहा हूं। मैं नहीं जानता कि यह गलत विचार मेरे मन में कैसे घर कर गया था कि पढ़ाई के लिए सुंदर हस्तलेख आवश्यक नहीं है। यह विचार मेरे इंग्लैंड जाने तक बना ही रहा। बाद में, और खासकर दक्षिण अफ्रीका में मैंने वकीलों के और दक्षिण अफ्रीका में जन्मे और पढ़े-लिखे नवयुवकों के मोती के दानों जैसे अक्षर देखे तो मैं शरमाया और पछताया। मैंने पाया कि खराब हस्तलेख को अधूरी शिक्षा की निशानी माना जाना चाहिए। मैंने बाद में अपनी हस्तलिपि सुधारने की कोशिश की लेकिन बूढ़ा तोता भी कभी राम-राम कहना सीखता है भला! जवानी में मैंने जिसकी उपेक्षा की, उसे आज तक सुधार नहीं सका। हर नवयुवक और नवयुवती को चाहिए कि मेरे उदाहरण से सबक ले और इस बात को समझे कि सुंदर हस्तलेख शिक्षा का अनिवार्य अंग है। अच्छी हस्तकला सीखने के लिए चित्रकला सीखनी ज़रूरी है। मैं तो इस नतीजे पर पहुंचा हूं कि बच्चों को चित्रकला पहले सिखाई जानी चाहिए। जिस तरह से बच्चा पक्षियों और वस्तुओं को देखकर याद रखता है और आसानी से पहचानता है, इसी तरह अक्षर पहचानना सीखे और जब चित्रकला सीखकर चित्र बनाने लगे तभी वह अक्षर ज्ञान शुरू करे और लिखना सीखे। तभी उसके लिखे अक्षर छपे हुए अक्षरों के समान सुंदर बनेंगे।

उस समय की पढ़ाई-लिखाई के समय की दो और बातें याद आती हैं। विवाह के कारण एक वर्ष बरबाद हो चुका था। उसे बचा लेने के बारे में दूसरी कक्षा के अध्यापक ने मेरे सामने एक प्रस्ताव रखा था। परिश्रमी बच्चों को उस समय इसके लिए अनुमति मिल जाया करती थी। इस सुविधा के अनुसार मैं दूसरी कक्षा में छः महीने रहा और गरमी की छुट्टियों से पहले होनेवाली परीक्षा में मुझे चौथी कक्षा में बिठा दिया गया। इसी कक्षा से थोड़ी पढ़ाई अंग्रेजी के माध्यम से होने लगी थी। मेरे कुछ पल्ले न पड़ता। ज्यामिति की पढ़ाई भी चौथी कक्षा से ही शुरू होती थी। उस विषय में भी मैं पिछड़ा हुआ था और मेरी कुछ समझ न आता। ज्यामिति के अध्यापक बहुत अच्छी तरह से समझाते थे लेकिन मेरे कुछ पल्ले पड़े तब ना! कई बार निराशा मन को घेर लेती। कभी-कभी यह भी मन में आता कि एक ही वर्ष में दो कक्षाएं पास करने का विचार छोड़कर फिर से तीसरी कक्षा में लौट जाऊं। लेकिन ऐसा करने में मुझे लाज लगती थी और उन शिक्षक पर भी आंच आती जिन्होंने मेरी लगन पर विश्वास करके मुझे एक कक्षा ऊपर चढ़ाने की सिफारिश की

थी। इस डर के मारे एक कक्षा नीचे उतरने का विचार तो छोड़ ही दिया। जब बहुत परिश्रम करके युक्लिड की तेरहवीं प्रमेय तक पहुंचा तो अचानक मुझे ज्ञान हुआ कि अरे, ज्यामिति से सरल विषय तो कोई और है ही नहीं। इसमें तो केवल बुद्धि का सीधा और सरल प्रयोग करना है और इसमें मुश्किल कैसी? इसके बाद तो ज्यामिति मेरे लिए हमेशा ही एक सरल और सरस विषय बना रहा।

ज्यामिति की तुलना में संस्कृत ने मुझे ज्यादा परेशान किया। ज्यामिति में रटने जैसी कोई बात तो थी ही नहीं, जबकि मेरे विचार से संस्कृत में सबकुछ रटना ही होता था। यह विषय भी चौथी कक्षा से ही शुरू हुआ था। छठी कक्षा में मैं रह गया। संस्कृत के अध्यापक बहुत कड़े स्वभाव के थे। उन्हें यह लोभ बना रहता कि बच्चों को जितना अधिक सिखाया जा सके, सिखा दिया जाए। संस्कृत कक्षा और फारसी कक्षा में एक तरह की होड़ लगी रहती थी। फारसी सिखानेवाले मौलवी नरम स्वभाव के थे। विद्यार्थी आपस में बात किया करते कि फारसी सीखना तो बहुत आसान है और कि फारसी के अध्यापक भी बहुत भले हैं। बच्चे जितना काम करते हैं, वे उतने में ही संतोष कर लेते हैं। मैं भी फारसी के आसान होने की बात सुनकर ललचाया और एक दिन जा बैठा फारसी की कक्षा में। संस्कृत के अध्यापक को यह जानकर बहुत दुख हुआ। उन्होंने मुझे बुलाया और कहा, ''तू यह तो समझ कि तू किनका लड़का है? क्या तू अपने धर्म की भाषा नहीं सीखेगा? तुझे अगर कोई कठिनाई है तो मुझे बता। मैं तो सब बच्चों को बढ़िया संस्कृत सिखाना चाहता हूं। आगे चलकर तो संस्कृत में रस के घूंट पीने को मिलेंगे। तुझे इस तरह से हारना नहीं चाहिए। चल, फिर से मेरी कक्षा में बैठ।'' मैं शरमाया। अध्यापक के प्रेम की अनदेखी न कर सका। आज भी मेरी आत्मा मास्टर कृपाशंकर का उपकार मानती है। क्योंकि जितनी संस्कृत मैंने उस समय सीखी, अगर उतनी भी न सीखी होती तो आज मैं संस्कृत के शास्त्रों में जितना रस ले पाता हूं, बिलकुल भी न ले पाता। मुझे तो इस बात का भी पश्चात्ताप है कि मैं संस्कृत अधिक क्यों नहीं सीख पाया। कारण यह है कि ये बात मेरी समझ में बाद में आई कि किसी भी हिन्दू बच्चे को संस्कृत का अध्ययन किए बिना तो रहना ही नहीं चाहिए।

अब तो मैं यह मानता हूं कि भारत में उच्च शिक्षा के पाठ्यक्रम में अपनी मातृभाषा के अतिरिक्त हिन्दी, संस्कृत, फारसी, अरबी और अंग्रेज़ी का स्थान होना चाहिए। भाषाओं की इतनी बड़ी संख्या से डरने की कोई बात नहीं है। भाषा विधिपूर्वक सिखाई जाए और हम पर यह बोझ न हो कि सारे विषय अंग्रेज़ी भाषा के माध्यम से ही सोचने और सीखने हैं, तो इतर भाषाएं सीखने में एक तो भारस्वरूप नहीं लगेगा और भाषाएं सीखने में आनंद भी आएगा। इसके अतिरिक्त, जो व्यक्ति एक भाषा सही तरीके से सीख लेता है, उसके लिए दूसरी भाषाओं का ज्ञान पाना सरल और सहज हो जाता है। वास्तव में तो हिन्दी, गुजराती और संस्कृत एक ही भाषा मानी जा सकती हैं। इसी तरह से फारसी और अरबी को भी एक ही परिवार की भाषाएं माना जाए। हालांकि फारसी भाषा संस्कृत से मिलती-जुलती लगती है, और अरबी का मेल हिब्रू से है, फिर भी दोनों का विकास इस्लाम धर्म के आने के बाद ही हुआ है, इसलिए दोनों के बीच निकट का नाता है। उर्दू को मैं अलग भाषा मानकर नहीं चल रहा क्योंकि उसके व्याकरण का समावेश हिन्दी में हो जाता है। उसके शब्द तो फारसी और अरबी के ही हैं। उम्दा उर्दू जाननेवाले के लिए तो अरबी और

फारसी का ज्ञान वैसे ही ज़रूरी है जैसे हिन्दी, गुजराती, बंगाली और मराठी जानने वाले के लिए संस्कृत के ज्ञान की ज़रूरत है।

6. दुखद प्रसंग-1

मैं यह बात कह ही चुका हूं कि हाई स्कूल में मेरे थोड़े-से ही पक्के दोस्त थे। जिसे ऐसी दोस्ती का नाम दिया जा सके, ऐसे मेरे दो ही दोस्त अलग-अलग समय पर रहे। एक दोस्त के साथ नाता लम्बे समय तक नहीं चला, हालांकि उसे भी मैंने छोड़ा नहीं था। जब मेरी दोस्ती दूसरे लड़के से हुई तो पहले ने मुझे छोड़ दिया। दूसरे दोस्त के साथ मेरा नाता दुखद प्रसंग लिए हुए है। यह नाता कई बरस तक बना रहा। इस दोस्ती को निभाने के पीछे मेरी सुधारक की दृष्टि काम कर रही थी।

यह दोस्त पहले मेरे मंझले भाई का दोस्त हुआ करता था। वह मेरे भाई का ही सहपाठी था। मैं ये देख पा रहा था कि उसमें कई दोष हैं। लेकिन मैंने इस दोस्त को विश्वसनीय और सगा मान लिया था। मेरी मां, मेरी पत्नी और मेरे भाई, तीनों को उससे मेरी दोस्ती अखरती थी। पत्नी की चेतावनी को भला मेरे जैसा स्वामिभानी पति क्यों मानने लगा? मां की आज्ञा का उल्लंघन मैं करता ही न था। बड़े भाई की बात मैं हमेशा सुनता था। लेकिन मैंने बड़े भाई को यह कहकर शांत कर दिया, ''उसके जो दोष आप गिनाते हैं, मैं जानता हूं। उसके गुण तो आप जानते ही नहीं। वह मुझे गलत रास्ते पर नहीं ले जा सकता क्योंकि उससे मेरा संबंध उसे सुधारने मात्र का है। मुझे विश्वास है कि वह अगर सुधर जाए तो सचमुच बहुत अच्छा आदमी निकलेगा। मैं चाहता हूं कि आप मेरे बारे में निश्चिंत रहें।''

मैं नहीं मानता कि मेरी बात सुनकर उन्हें संतोष हुआ होगा लेकिन उन्होंने मुझ पर विश्वास किया और मुझे मेरी राह जाने दिया।

बाद में मैं देख पाया कि मेरा अनुमान सही नहीं था। सुधार करने के लिए भी व्यक्ति को गहरे पानी में नहीं पैठना चाहिए। जिसे आप सुधारना चाहते हैं, उसके साथ आपकी मित्रता हो ही नहीं सकती। मित्रता में तो अद्वैत भाव होता है। संसार में ऐसी मित्रता शायद ही कहीं देखने को मिले। मित्रता समान गुणवाले मित्रों में ही शोभा पाती है और निभती है। ऐसा हो ही नहीं सकता कि मित्र एक दूजे पर असर न डालें। इसलिए मित्रता में सुधार की गुंजाइश बहुत कम होती है। कहने का मेरा मतलब यह है कि घनिष्ठ मित्रता अनिष्टकारी होती है क्योंकि व्यक्ति दूसरे के अवगुणों को ग्रहण करने में देर नहीं लगाता। गुण ग्रहण करने के लिए सही दिशा में प्रयास करने की ज़रूरत होती है। जो व्यक्ति आत्मा की, ईश्वर की मित्रता चाहता है, उसे एकाकी रहना चाहिए, अथवा पूरे संसार को ही मित्र मानकर चलना चाहिए। ऊपर मैंने जो बात कही है, उसके पीछे के विचार सही हों या गलत, नहीं जानता लेकिन घनिष्ठ मित्रता बढ़ाने का मेरा प्रयास असफल रहा।

जिस समय मैं इन मित्र महोदय के सम्पर्क में आया, उस समय राजकोट में सुधारपंथ ज़ोर-शोर से चल रहा था। मेरे इस मित्र ने बताया कि कई अध्यापक चोरी-छुपे शराब पीते हैं और मांस भी खाते हैं। मित्र ने राजकोट के कई दूसरे गणमान्य व्यक्तियों के नाम भी गिनाए। मेरे पास हाई स्कूल के कई विद्यार्थियों के नाम भी आए जो मांस खा रहे थे।

मुझे आश्चर्य हुआ और दुख भी हुआ। जब मैंने इसका कारण पूछा तो मित्र ने तर्क दिया–''हम मांसाहार नहीं करते इसलिए प्रजा के रूप में हम निर्वीर्य हैं, कमज़ोर हैं। अंग्रेज़ लोग हम पर राज कर रहे हैं, उसका कारण यही है कि वे मांसाहारी हैं। तुम तो जानते ही हो कि मैं कितना बलशाली हूं और कितना दौड़ सकता हूं। इसका कारण भी मांसाहार ही है। मांसाहारी को फोड़े-फुंसी नहीं होते, होते भी हैं तो तुरंत ठीक हो जाते हैं। हमारे शिक्षक-गण मांस खा रहे हैं। कितने ही नामचीन लोग मांस खा रहे हैं। ये सब लोग बिना जाने-बूझे तो ये काम नहीं कर रहे। तुम्हें भी मांस खाना चाहिए। मांस खाकर तो देखो कि तुम कितने हट्टे-कट्टे हो जाते हो।''

मांस खाने के पक्ष में ये सारे तर्क एक ही दिन में नहीं दिए गए थे। कई-कई उदाहरण देते हुए इस तरह के तर्क बार-बार दिए गए। मेरे मंझले भाई तो भ्रष्ट हो ही चुके थे। उन्होंने भी इन तर्कों की पुष्टि की। अपने भाई की तुलना में और इन मित्र महाशय की तुलना में तो मैं सींकिया पहलवान था। दोनों ही के शरीर अधिक गठीले थे, मेरी तुलना में तगड़े थे। हिम्मत भी उनमें अधिक थी। इन मित्र के पराक्रम मुझे मुग्ध किए रहते। वे मनचाही दूरी तक दौड़ लगा सकते थे। गति तो उनकी कमाल की थी। खूब ऊंची और लम्बी कूद लगा लेते थे। उनमें मार सहन करने की शक्ति भी खूब थी। अपनी इस शक्ति का प्रदर्शन वे मेरे सामने समय-समय पर करते रहते थे। जो शक्ति हमारे पास नहीं होती, उसे दूसरों में देखकर आश्चर्य तो होता ही है। मेरे साथ भी ऐसा ही हुआ। आश्चर्य में से मोह पैदा हुआ। मेरे शरीर में दौड़ने और भागने की शक्ति नहीं के बराबर थी। मैं सोचा करता, काश, मैं भी इन मित्र महोदय की तरह बलशाली बन सकता।

एक बात और भी थी कि मैं बहुत डरपोक था। चोर, भूत, सांप आदि का डर हमेशा सताता रहता। ये डर मुझे हैरान भी बहुत करते थे। रात में कहीं अकेले जाने की हिम्मत नहीं होती थी। अंधेरे में तो कहीं जाता ही नहीं था। बत्ती जलाए बिना सोने के बारे में सोच भी नहीं सकता था। कहीं इधर से भूत न आ जाए, उधर से चोर न आ जाए या तीसरी तरफ से कहीं से सांप न निकल आए। इसलिए दीये की ज़रूरत तो पड़ती ही थी। पास में सोई हुई और जवानी की दहलीज पर पांव रखती पत्नी से मैं अपने डर की बात कैसे कहता! मैं यह बात समझ चुका था कि वह मुझसे ज्यादा हिम्मतवाली है और इस कारण से मुझे शरम भी आती थी। सांप आदि से डरना तो जैसे वह जानती ही न थी। अंधेरे में ही अकेली चली जाती थी। मेरे ये मित्र मेरी इन सारी कमज़ोरियों को जानते थे। वे मुझसे यहां तक कहा करते थे कि वे जिंदा सांप हाथ में पकड़ सकते हैं। चोर से उन्हें डर लगता नहीं था। भूत-प्रेत में तो विश्वास करने का प्रश्न ही नहीं था। उन्होंने ये बात मेरे मन में कूट-कूटकर भर दी कि ये सब मांसाहार का प्रताप है।

उन्हीं दिनों गुजराती के प्रसिद्ध कवि नर्मद का ये पद स्कूलों में गाया जाता था :

अंग्रेज़ कर रहे राज, देशी दबे हुए
देशी दबे हुए, देखो शरीर दोनों के
अंग्रेज़ पांच हाथ के,
बराबर पांच सौ के।

इन सारी बातों का मुझ पर बहुत गहरा प्रभाव पड़ा। मैं पिघल गया। मांसाहार एक अच्छी चीज़ है। मांसाहार का सेवन करके मैं बलवान बनूंगा, मेरी हिम्मत बढ़ेगी, समूचा देश मांसाहार करे तो अंग्रेज़ों को हराया जा सकता है, ये सब बातें मैं मानने लग गया।

प्रयोग के रूप में मांसाहार शुरू करने का दिन तय किया गया। ये काम गुप्त रूप में किया जाना था। इस निश्चय, इस आरम्भ का अर्थ सब पाठक नहीं समझ सकेंगे। गांधी परिवार वैष्णव सम्प्रदाय से संबंध रखता है। मेरे माता-पिता बहुत कट्टर वैष्णव माने जाते थे। हमेशा वैष्णव मंदिर जाते थे। कई मंदिर तो परिवार के ही माने जाते थे। और फिर गुजरात में जैन सम्प्रदाय का बहुत ज़ोर माना जाता है। उसका असर हर काम में, हर जगह पाया जाता है। इसलिए मांसाहार का जैसा विरोध और तिरस्कार गुजरात में और वह भी वैष्णवों में और श्रावकों में पाया जाता है, वैसा भारत में या सारी दुनिया में कहीं नहीं पाया जाता। ऐसे मेरे संस्कार थे।

मैं ठहरा माता-पिता का परम भक्त। मैं यह मानकर चल रहा था कि मेरे मांसाहार की खबर पाकर तो मेरे माता-पिता बिना मौत के ही मारे जाएंगे। जाने-अनजाने मैं सत्य का सेवक तो था ही। मैं ऐसा तो नहीं कह सकता कि उस समय इस बात का ज्ञान नहीं था कि मेरे मांसाहारी हो जाने का मतलब मेरे माता-पिता को धोखा देना होगा।

ऐसी हालत में मांसाहार करने का मेरा निर्णय मेरे लिए बहुत गम्भीर और भयंकर बात थी। लेकिन मैं तो सुधार करने पर तुला हुआ था। मांसाहार करने का शौक तो था नहीं। मैं इस बात को लेकर मांसाहार शुरू नहीं कर रहा था कि उसमें स्वाद होता है। मुझे तो बलवान बनने की और हिम्मतवाला बनने की धुन सवार थी। दूसरों को भी वैसा ही बनने के लिए आमंत्रित करना था और फिर अंग्रेज़ों को हराकर भारत को आज़ाद कराना था। तब तक मैंने स्वराज्य शब्द नहीं सुना था। लेकिन मैं जानता था कि आज़ादी क्या होती है। सुधार के इस जोश में मैं होश खो बैठा। अब चूंकि ये काम गोपनीय तरीके से करने की बात तय हो ही चुकी थी, मुझे लगा कि किसी काम को माता-पिता से छुपकर करने मात्र से सांच पर आंच नहीं आएगी।

7. दुखद प्रसंग-2

तय किया हुआ दिन आया। उस वक्त की अपनी हालत बता पाना मुझसे हो नहीं पाएगा। एक तरफ सुधार का उत्साह था, अपने जीवन में होनेवाले इतने महत्त्वपूर्ण परिवर्तन के लिए कुतूहल था तो दूसरी तरफ चोर की तरह छुपकर काम करने की शरम भी थी। मुझे याद नहीं पड़ता कि इन सबमें कौन-सी बात सबसे ऊपर थी। हम नदी की तरफ सुनसान जगह की खोज में चले। बहुत दूर जाकर एक ऐसा कोना खोजा जहां कोई देख न सके और वहां पर मैंने अब तक कभी न देखी गई वस्तु देखी। मैंने मांस देखा। साथ में भटियारखाने की डबलरोटी थी। दोनों ही चीज़ें मुझे अच्छी नहीं लगती थीं। मांस चमड़े जैसा लगता था। मुझसे खाया ही न गया। मुझे मितली आ गई और खाना छोड़ देना पड़ा।

मेरी वह रात बहुत बुरी बीती। नींद आंखों से कोसों दूर थी। सपने में ऐसा भास होता था मानो मरा हुआ बकरा मेरे शरीर के अंदर जीवित हो और रुदन कर रहा हो।

मैं चौंककर जाग उठता, पछताता और फिर सोचता कि मुझे तो मांस खाना ही है, हिम्मत नहीं हारनी है। मित्र भी हार माननेवाले नहीं थे। अब उन्होंने मांस को अलग-अलग तरीके से पकाने, सजाने और ढंकने का प्रबंध किया। अब की बार नदी किनारे ले जाने के बजाय, मित्र ने किसी बावर्ची के साथ गुपचुप बात करके, छुपते-छुपाते एक सरकारी डाकबंगले में ले जाने की बात तय की और मुझे कुर्सी-मेज पर बैठकर मांस भक्षण का लालच दिया।

इसका असर पड़ा। डबलरोटी के प्रति नफरत कम हुई, बकरे पर अब तक जो दया आ रही थी, वह कम हुई और मांस का तो कह नहीं सकता, लेकिन मांसवाले पदार्थों में स्वाद आने लगा। इस तरह से एक बरस बीता होगा और इस अरसे में पांच-छः बार तो मांस खाया ही होगा। हर बार डाकबंगला भी सुलभ नहीं होता था। और फिर मांस के स्वादिष्ट माने जानेवाले पदार्थ भी हमेशा तैयार नहीं हो सकते थे। उस पर तुर्रा ये कि ऐसे पकवानों पर खर्चा भी होता ही था। मेरे पास तो फूटी कौड़ी नहीं होती थी, देता कहां से। सारे खर्च की व्यवस्था मित्र महोदय को ही करनी होती थी। मुझे आज तक इस बात की खबर नहीं है कि वे इस सबकी व्यवस्था कहां से और कैसे करते थे। उनका इरादा तो मुझे मांस खाने का चस्का लगाने का और मुझे भ्रष्ट करने का था, इसलिए वे पैसे भी अपनी जेब से ही खर्च करते थे। लेकिन उनके पास भी तो कारूं का ख़जाना नहीं था, इसलिए इस तरह की दावतें कभी-कभार ही हो सकती थीं।

जब-जब ऐसा भोजन जीमने को मिलता, घर का खाना तो खाया ही नहीं जा सकता था। जब भी मां खाने के लिए बुलाती तो, "आज भूख नहीं है, या खाना हजम नहीं हुआ है" जैसे बहाने गढ़ने पड़ते थे। ऐसा कहते समय हर बार मुझे भारी आघात लगता। ऐसा झूठ और वो भी मां के सामने!! और अगर मां-पिता को पता चल जाए कि सुपुत्रजी तो मांसाहारी हो गए हैं तो उन पर बिजली ही टूट पड़ेगी। ऐसे विचार मेरे मन को कचोटते रहते थे।

ऐसे में मैंने निश्चय किया, "मांस खाना ज़रूरी है, इस बात का प्रचार करके इस हिंदुस्तान को सुधारेंगे।" लेकिन मां-बाप को धोखा देना और झूठ बोलना तो मांस न खाने से भी बुरा है। इसलिए माता-पिता के जीतेजी मांस नहीं खाना चाहिए। उनकी मृत्यु के बाद हर तरह से स्वतंत्र होने के बाद सार्वजनिक तरीके से मांस खाना चाहिए। और जब तक उचित समय न आए, मांसाहार का त्याग करना चाहिए। अपने इस निश्चय से मैंने अपने मित्र को अवगत करा दिया। तब से जो मांस छूटा, हमेशा के लिए छूट गया। हमारे माता-पिता कभी जान ही न पाए कि उनके दो सुपुत्र मांसाहारी कर चुके हैं।

माता-पिता को धोखा न देने के पवित्र विचार से मैंने मांसाहार छोड़ा लेकिन उस मित्र से मित्रता नहीं छूटी। मैं तो मित्र को सुधारने चला था लेकिन अपना ही होश न रहा कि कब गर्त में जा गिरा।

उसी की संगत में मैं व्यभिचार में भी पड़ सकता था। लेकिन मेरी किस्मत अच्छी थी कि मैं बाल-बाल बचा। एक बार मेरे ये मित्र महाशय मुझे वेश्याओं की बस्ती में ले गए। वहां पर एक बाई के मकान के बारे में सारी जानकारी दी और अंदर भेज दिया। मुझे वहां कुछ पैसे-वैसे तो देने नहीं थे। हिसाब-किताब हो चुका था। मुझे तो मात्र दिलबहलाव करना था। मैं घर के भीतर घुस तो गया लेकिन ईश्वर जिसे बचाना चाहता है, वह गिरने की कामना रखते हुए भी पवित्र रह सकता है। उस कोठरी में तो मैं बिलकुल अंधा बन

गया। मेरे मुंह से बोल ही न फूटें। शरम के मारे उस औरत के पास खटिया पर जा बैठा लेकिन कुछ बोल ही न पाया। औरत ने गुस्से में मुझे दो-चार खरी-खोटी सुनाई और बाहर का रास्ता दिखा दिया।

उस समय तो मुझे ऐसा लगा कि मेरी मर्दानगी पर बट्टा लगा है और मैंने चाहा कि धरती फटे और मैं उसमें समा जाऊं। लेकिन इस तरह से बचके निकल आने के लिए मैंने सदा ही ईश्वर का आभार माना है। मेरे जीवन में ऐसे ही दूसरे चार प्रसंग आए हैं। मैं तो यही कहूंगा कि उनमें से मैं कई मौकों पर बिना प्रयास के, परिस्थितिवश ही बाहर निकलकर आया हूं। विशुद्ध दृष्टि से देखें तो इन प्रसंगों में मेरा पतन ही माना जाएगा। मैंने विषय की इच्छा की, इससे यही तो माना जाएगा कि मैं आसक्त हुआ और विषय को भोग चुका। फिर भी लौकिक दृष्टि से इच्छा करने पर भी जो व्यक्ति प्रत्यक्ष द र्न से बचता है, वही हमारी निगाह में बचा हुआ माना जाएगा। और इन प्रसंगों में मैं, इसी तरह से इतनी ही हद तक बचा हुआ माना जाऊंगा। इसके अलावा कई काम ऐसे भी होते हैं जिनसे बचना व्यक्ति के लिए और उसके सम्पर्क में रहनेवालों के लिए बहुत लाभदायक होता है। और जब विचार-शुद्धि हो जाए तो उस कार्य से बचकर निकल आने के लिए वह ईश्वर के प्रति आभार मानता है। जिस तरह से हम यह अनुभव करते हैं कि पतन से बचने का प्रयास करते हुए भी मनुष्य का कई बार पतन हो जाता है और इसी तरह यह भी होता है कि गिरना चाहते हुए भी मनुष्य कई संयोगों के कारण गिरने से बच जाता है। दोनों बातें अनुभवसिद्ध हैं। इसमें पुरुषार्थ कहां है, भाग्य कहां है, अथवा किन नियमों के वशीभूत होकर मनुष्य गिरता या संभलता है, ये सारे गूढ़ प्रश्न हैं। आज तक इन प्रश्नों का उत्तर नहीं मिला है। यह कहना भी कठिन है कि इनके अंतिम उत्तर कभी मिलेंगे भी या नहीं।

लेकिन अभी हम आगे बढ़ें। अभी तक मुझे इस बात का होश नहीं आया था कि इन मित्र महाशय की मित्रता मेरे लिए अनिष्टकारी है। इस बात का अहसास होने से पहले मुझे अभी कुछ और कड़वे अनुभव होने थे। इसका बोध तो मुझे तभी हुआ जब मैंने उनके अनपेक्षित दोषों का प्रत्यक्ष दर्शन किया। लेकिन मैं यहां पर यथासंभव काल के क्रम के अनुसार अपने अनुभव लिख रहा हूं, इसलिए दूसरे अनुभव आगे आएंगे।

हां, उस समय की एक बात का उल्लेख यहीं करना होगा। हम पति-पत्नी के बीच जो भी मतभेद होता या कलह होता, उसके पीछे इन मित्र महाशय की मित्रता भी एक कारण रहती। मैं यह बात कह ही चुका हूं कि मैं जैसा प्रेमी था, वैसा ही वहमी पति भी था। मेरे वहम की आग में घी डालने का काम ये मित्रता करती थी क्योंकि मित्र की सच्चाई पर अविश्वास करने का मेरे पास कोई कारण नहीं होता था। अपने इन्हीं मित्र की बातों में आकर मैंने अपनी पत्नी को कितने कष्ट दिए हैं, इसका कोई हिसाब नहीं। इस हिंसा के लिए मैं अपने-आपको कभी माफ नहीं कर सका हूं। ऐसे दुख हिंदू स्त्री ही सहन करती है और इस कारण स्त्री को मैंने सदा सहनशीलता की मूति के रूप में देखा है। नौकर पर झूठा शक किया जाए तो वह नौकरी छोड़ देता है। पुत्र पर ऐसा शक हो तो वह पिता का घर छोड़ देता है। दो मित्रों के बीच कहीं शक आ बैठे तो मित्रता टूट जाती है लेकिन स्त्री को पति पर शक हो तो मन मसोसकर बैठी रहती है। और अगर पति पत्नी पर शक कर बैठे तो बेचारी पत्नी का भाग्य ही फूट जाता है। वह जाए तो जाए कहां? उच्च समाज की

मानी जानेवाली स्त्री भी अदालत के दरवाजे खटखटाकर सात फेरों का संबंध खत्म करके तलाक भी नहीं मांग सकती। वहां पर भी तो इकतरफा न्याय उसके हिस्से में आएगा। इसी तरह का न्याय मैंने उसे दिया, इस दुख को मैं कभी भूल नहीं सकता।

इस संदेह की जड़ तो तभी कटी जब मुझे अहिंसा का सूक्ष्म ज्ञान हुआ यानि मैं जब ब्रह्मचर्य की महिमा को समझ पाया और ये बात मेरी बुद्धि में बैठी कि पत्नी पति की दासी नहीं, सहधर्मिणी होती है, सहचारिणी होती है। दोनों एक-दूजे के दुख-सुख के बराबर के साझीदार होते हैं। और कि भला-बुरा करने की जितनी स्वतंत्रता पति को होती है, उतनी ही पत्नी को भी होती है। अपने जीवन में आए संदेह के उस काल खंड को याद करता हूं तो मुझे अपनी मूर्खता और विषयांध निर्दयता पर क्रोध आता है और मित्र-विषयक अपनी मूर्च्छा पर दया आती है।

8. चोरी और प्रायश्चित

मांसाहार के समय के और उससे कुछ पहले के दोषों का वर्णन अभी रह गया है। ये बातें विवाह पूर्व की अथवा उसके तुरंत बाद की हैं।

मेरे एक रिश्तेदार के साथ मुझे बीड़ी-सिगरेट पीने का चस्का लगा। हमारे पास पैसे तो होते नहीं थे। हम दोनों में से किसी को यह पता नहीं था कि सिगरेट पीने से कोई फायदा होता है या उसकी गंध में कोई आनंद होता है। लेकिन हमें लगा कि सिगरेट का धुआं उड़ाने में ही असली मज़ा है। मेरे चाचा को सिगरेट पीने की लत थी। उन्हें और दूसरे बुजुर्गों को धुआं उड़ाते देख हमारी भी सिगरेट फूंकने की इच्छा हुई। गांठ में पैसे तो थे नहीं, इसलिए चाचा सिगरेट पीने के बाद जो ठूंठ फेंक देते, हमने उन्हें ही चुराकर पीना शुरू कर दिया।

लेकिन सिगरेट के ये ठूंठ हर समय तो मिल नहीं सकते थे और इनमें से धुआं भी बहुत नहीं निकलता था। इसलिए नौकर की जेब में पड़े पैसों में से एकाध पैसा चुराने की आदत डाली और इन पैसों से हम बीड़ी खरीदने लगे। लेकिन अब सवाल पैदा हुआ कि उसे संभालकर रखें कहां? हम जानते थे कि बुजुर्गों की निगाह के सामने तो हम बीड़ी-सिगरेट पी ही नहीं सकते। जैसे-तैसे दो-चार पैसे चुराकर कुछ हफ्ते काम चलाया। इस बीच पता चला कि एक तरह का पौधा होता है (उसका नाम तो मैं भूल ही गया हूं) जिसके डंठल सिगरेट की तरह जलते हैं और फूंके जा सकते हैं। हमने ऐसे डंठल खोजे और उन्हें सिगरेट की तरह फूंकने लगे।

लेकिन इससे हमें संतोष न हुआ। अपनी पराधीनता हमें अखरने लगी। हमें दुख इस बात का था कि बड़ों की आज्ञा के बिना हम कुछ भी नहीं कर सकते थे। हम ऊब गए और हमने आत्महत्या का फैसला कर डाला!

पर आत्महत्या कैसे करें? ज़हर कौन देगा? हमने सुना कि धतूरे के बीज खाने से मृत्यु हो जाती है। हम जंगल में जाकर धतूरे के बीज ले आए। शाम का समय तय किया। केदारनाथजी के मंदिर में दीपमाला में घी चढ़ाया, भगवान के दर्शन किए और सुनसान जगह की तलाश की। लेकिन ज़हर खाने की हिम्मत न हो। अगर तुरंत मृत्यु न हुई तो क्या होगा? मरने से लाभ क्या? क्यों न पराधीनता ही सह ली जाए? फिर भी दो-चार बीज खाए। अधिक

बीज खाने की हिम्मत ही न हुई। हम दोनों ही मौत से डरे और तय किया कि रामजी के मंदिर में दर्शन करके शांत हो जाएं और आत्महत्या करने की बात भूल जाएं।

मैं इस बात को समझ पाया कि मन में आत्महत्या का विचार लाना कितना आसान है और सचमुच आत्महत्या करना कितना मुश्किल। इसलिए जब कोई आत्महत्या करने की धमकी देता है तो मुझ पर उसका बहुत कम असर होता है या यह भी कहा जा सकता है कि बिलकुल भी नहीं होता।

आत्महत्या के इस विचार का नतीजा ये हुआ कि हम दोनों की सिगरेट चुराकर पीने की और नौकरों की जेब से पैसे चुराकर सिगरेट फूंकने की आदत जाती रही। बड़े होकर सिगरेट पीने की कभी इच्छा ही नहीं हुई। मैं हमेशा यही मानकर चलता रहा कि सिगरेट पीने की आदत जंगली, गंदी और नुक़सानदायक है। मैं आज तक इस बात को समझ नहीं सका हूं कि पूरी दुनिया में सिगरेट-बीड़ी पीने या धूम्रपान करने का इतना शौक क्यों है? रेलगाड़ी के जिस डिब्बे में सिगरेट पी जाती है, उसमें बैठना मेरे लिए मुश्किल हो जाता है और धुएं से मेरा दम घुटने लगता है।

सिगरेट के ठूंठ चुराने और इस सिलसिले में नौकर की जेब से पैसे चुराने का दोषी तो मैं हूं ही, एक और चोरी का जो दोष हुआ मुझसे, मैं उसे ज्यादा गम्भीर मानता हूं। सिगरेट पीने के दोष के समय मेरी उम्र बारह या तेरह बरस की रही होगी। शायद इससे भी कम हो। दूसरी चोरी के समय मेरी उम्र पंद्रह बरस के आसपास थी। यह चोरी मेरे मांसाहारी भाई के सोने के कड़े के एक टुकड़े की थी। उन पर मामूली-सा, लगभग पच्चीस रुपये का कर्ज हो गया था। हम दोनों भाई इस बात को लेकर परेशान थे कि ये कर्ज कैसे चुकाया जाए। मेरे भाई के हाथ में खरे सोने का कड़ा था। उसमें से एक तोला सोना काट लेना मुश्किल न था।

कड़ा कटा। कर्ज चुकाया गया। लेकिन मेरे लिए यह बात सहन करना आसान न था। मैंने तय किया कि आगे से कभी चोरी नहीं करूंगा। मुझे ऐसा भी लगा कि पिताजी के सामने जाकर अपना गुनाह भी कबूल कर लेना चाहिए। लेकिन जुबान ही न खुले। इस बात का डर तो था ही नहीं कि पिताजी पीटेंगे। इस बात की कोई याद नहीं थी कि कभी उन्होंने किसी भाई को पीटा-वीटा हो। लेकिन खुद तो दुखी होंगे ही ना! शायद सिर फोड़ लें! मैंने यह सोचा कि यह जोखिम उठाते हुए भी अपने दोष को कबूल करना ही होगा। इसके बिना शुद्धि नहीं होगी।

आखिर मैंने तय किया कि एक पत्र लिखकर अपना दोष स्वीकार कर लिया जाए और माफी मांग ली जाए। मैंने पत्र लिखकर उन्हें हाथों-हाथ थमा दिया। पत्र में मैंने सब दोष स्वीकार किए और सज़ा मांगी। आग्रहपूर्वक यह विनती भी की कि वे अपने-आपको दुख में न डालें और भविष्य में ऐसा अपराध फिर न करने की प्रतिज्ञा की।

मैंने कांपते हाथों से पत्र पिताजी के हाथ में थमाया। मैं उनके तख्त के सामने बैठ गया। उन दिनों वे भगंदर के रोग से पीड़ित थे। इस कारण बिस्तर पर ही पड़े रहते थे। खटिया के बदले तख्त से काम लेते थे।

उन्होंने पत्र पढ़ा। उनकी आंखों से मोती टपकने लगे। पत्र भीग गया। उन्होंने पल भर के लिए आंखें मूंदी, पत्र फाड़ डाला। पत्र पढ़ने के लिए वे उठे थे, वापिस लेट गए।

मैं भी रोया। पिताजी का दुख समझ सका। यदि मैं चित्रकार होता तो उस पल का सम्पूर्ण चित्र बना सकता था। वह दृश्य आज भी मेरी आंखों के सामने जस का तस झिलमिला रहा है।

मोती की बूंदों के उस प्रेम-बाण ने मुझे बेध डाला। मैं शुद्ध हो गया। इस प्रेम को तो वही जान सकता है जिसे इसका अनुभव हुआ हो।

राम की भक्ति का बाण जिसे लगा हो, वही जान सकता है।

मेरे लिए ये अहिंसा का साक्षात पाठ था। उस समय तो मैंने इसमें पिता के प्रेम के अतिरिक्त कुछ न देखा। परंतु आज मैं इसे शुद्ध अहिंसा के नाम से पहचान सकता हूं। ऐसी अहिंसा जब विराट रूप धारण कर लेती है तो उसके स्पर्श से कौन बच सकता है। ऐसी विराट अहिंसा की थाह लेना असंभव है।

ऐसी शांत क्षमा पिता के स्वभाव के प्रतिकूल थी। मैं तो ये मानकर चल रहा था कि वे गुस्सा होंगे, कड़वे बोल बोलेंगे, शायद सिर भी फोड़ें, लेकिन उन्होंने जिस तरह से अपार शांति धारण की, मेरे विचार से उसके पीछे अपराध की सरल स्वीकृति थी। जो व्यक्ति अधिकारी के सामने स्वेच्छा से और निष्कपट भाव से अपने दोष को स्वीकार कर लेता है और फिर कभी वैसा अपराध न करने की प्रतिज्ञा करता है तो वह शुद्धतम प्रायश्चित करता है।

मैं जानता हूं कि इस स्वीकृति से पिताजी मेरे बारे में निर्भय बने और मेरे प्रति उनका असीम प्रेम और भी बढ़ गया।

9. पिताजी की मृत्यु और मेरी दोहरी शरम

उस समय मैं सोलह बरस का था। इससे पहले हम देख ही चुके हैं कि पिताजी भगंदर की बीमारी के कारण पूरी तरह से बिस्तर पर थे। उनकी सेवा में मां, घर का एक पुराना नौकर और मैं रहते थे। मेरे जिम्मे नर्स का काम था। उनके घाव धोना, उसमें दवा डालना, मरहम लगाने का समय होने पर मरहम लगाना, उन्हें दवा पिलाना और जब घर पर दवा तैयार करनी हो तो दवा तैयार करना, ये सब खास काम मैं करता था। एक नियम-सा बन गया था कि रात को हमेशा उनके पैर दबाता और उनकी अनुमति मिलने पर या उनके सो जाने पर ही मैं सोने जाता था। उनकी सेवा करना मुझे बहुत अच्छा लगता था। मुझे याद नहीं आता कि मैं उनकी इस तरह से सेवा करने से कभी चूका होऊं। उन दिनों हाई स्कूल में तो था ही। इसलिए खाने-पीने के अलावा मेरा सारा समय या तो स्कूल में बीतता या पिताजी की सेवा में। जिस दिन पिताजी की आज्ञा मिलती या उनकी तबीयत ठीक रहती, मैं शाम को टहलने निकल जाता।

इसी वर्ष पत्नी गर्भवती हुई। आज मैं इस बात को देख सकता हूं कि इसमें दोहरी शरम की बात थी। पहली शरम तो इस बात की थी कि पढ़ाई का समय होते हुए भी मैं संयम से नहीं रह पाया था और दूसरी कि हालांकि मैं स्कूल की पढ़ाई को अपना धर्म मानता था, और उससे भी अधिक मैं अपने माता-पिता की सेवा को इस हद तक अपना धर्म समझता था कि श्रवण कुमार को अपना आदर्श मानकर चलता था, इस सबके होते हुए भी मैं विषय-वासना को अपने ऊपर हावी होने से रोक नहीं पाया था। मेरे कहने का अर्थ यह

है कि मैं हालांकि रोज़ रात को पिताजी के पैर दबाता तो था, मेरा मन अपने शयन कक्ष की ओर दौड़ता रहता था। और ये सब ऐसे समय में होता था जब धर्मशास्त्र, वैद्यक शास्त्र और नीतिशास्त्र के अनुसार स्त्री के संग-साथ की अनुमति नहीं होती। जैसे ही मुझे सेवा के काम से छुट्टी मिलती, मैं खुश हो जाता और सीधे अपने शयन कक्ष की ओर भागता।

पिताजी की बीमारी बढ़ती ही जा रही थी। वैद्यों ने अपने लेप आजमाए, हकीमों ने मरहम पट्टियां आजमाईं, साधारण हज्जाम ने घरेलू दवाएं भी आजमाकर देख लीं। अंग्रेज़ डॉक्टर ने भी अपनी अक्ल के घोड़े दौड़ाए। अंग्रेज़ डॉक्टर ने सुझाया कि ऑपरेशन ही अब इसका एकमात्र इलाज है। एक पारिवारिक मित्र वैद्यजी ने पिताजी की इस अवस्था में ऐसे ऑपरेशन के लिए हामी नहीं भरी। अब हुआ ये कि कई तरह की दवाओं की जो बोतलें खरीदी गई थीं, सब बेकार गईं और ऑपरेशन नहीं हुआ। वैद्यराज हुनरमंद और प्रसिद्ध थे। मेरा ये मानना है कि अगर ऑपरेशन होने देते तो पिताजी के घाव भरने में दिक्कत न आती। वैसे भी ऑपरेशन बंबई के एक प्रसिद्ध सर्जन ही करनेवाले थे। लेकिन पिताजी का अंत काल निकट था और सही राह किसी को सूझ नहीं रही थी। पिताजी बिना ऑपरेशन कराए ही बंबई से लौट आए। अपने साथ वे वह सारा सामान भी लेते आए जो ऑपरेशन के लिए खरीदा गया था। वे और अधिक जीने की आशा छोड़ चुके थे। कमज़ोरी बढ़ती जा रही थी और ऐसी स्थिति आ गई थी कि उन्हें अपने सारे काम बिस्तर पर ही करने पड़ रहे थे। लेकिन उन्होंने आखिरी घड़ी तक इसका विरोध ही किया और तकलीफ सहते रहे। वैष्णव धर्म का यह कठोर नियम है।

बाहरी शुद्धि एकदम आवश्यक है लेकिन पश्चिमी चिकित्साशास्त्र ने हमें सिखाया है कि मल-मूत्र विसर्जन और स्नान आदि की समस्त क्रियाएं बिस्तर पर लेटे-लेटे पूरी स्वच्छता के साथ की जा सकती हैं। इसमें रोगी को कोई कष्ट नहीं उठाना पड़ता। जब भी देखें मरीज का बिस्तर स्वच्छ ही रहता है। इस तरह से साधी गई स्वच्छता को मैं वैष्णव धर्म का ही नाम दूंगा। परंतु उस समय मैं अचरज में पड़ जाता जब देखता कि पिताजी नहाने वगैरह के लिए बिस्तर छोड़ने की जिद कर रहे हैं। उनके प्रति मेरा मन श्रद्धा से भर जाता।

अवसान की काली रात निकट आई। उन दिनों मेरे चाचा राजकोट में थे। मुझे ऐसा याद आता है कि पिताजी की बढ़ती हुई बीमारी का समाचार पाकर ही वे आए थे। दोनों भाइयों में अटूट प्रेम था। चाचा दिन भर पिताजी के सिरहाने बैठे रहते और रात के समय हम सबको सोने के लिए जाने के लिए कहकर वहीं पिताजी के पास ही सो रहते। हममें से कोई भी तो नहीं जानता था कि ये रात आखिरी रात होनेवाली है। वैसे डर तो हमेशा बना ही रहता था।

उस समय रात के दस या साढ़े दस बजे होंगे। मैं पिताजी के पैर दबा रहा था। चाचा ने कहा, "अब तू जा। मैं बैठूंगा।" मैं खुश हुआ और सीधे अपने शयन कक्ष में चला आया। पत्नी तो बेचारी गहरी नींद में थी। मैं भला उसे सोने कैसे देता! मैंने जगाया उसे। अभी पांच-सात मिनट ही बीते होंगे कि नौकर ने आकर दरवाजा खटखटाया। मुझे धक्का-सा लगा, "उठो, बापू बहुत बीमार हैं।" नौकर ने बताया। मैं तो जानता ही था कि बहुत बीमार हैं। इसलिए उसके कहे बहुत बीमार का खास अर्थ मैं समझ गया। बिस्तर से एकदम कूदा मैं।

"ज़रा फिर से कहना, बात क्या है?"

''बापू गुज़र गए।'' जवाब मिला।

अब मेरा पछताना किस काम आता? मुझे बहुत शरम आई। मैं बहुत दुखी हो गया। भागकर पिताजी की कोठरी में गया। ये बात मेरी समझ में आ गई कि अगर मैं विषयांध न होता तो पिताजी के अंतिम पलों में मुझे उनसे दूर न रहना पड़ता और मैं अंत तक उनके पैर दबाता रहता। अब तो मुझे चाचा के मुंह से ही सुनना पड़ा, ''बापू हमें छोड़कर चले गए।'' अपने बड़े भाई के परम भक्त चाचा अंतिम सेवा का गौरव पा गए। पिताजी को समीप आ रहे अपने अंत काल का आभास हो चुका था। उन्होंने इशारा करके लिखने का सामान मंगवाया और कागज पर लिखा, ''तैयारी करो।''

इतना लिखकर उन्होंने अपने हाथ पर बंधा ताबीज तोड़कर फेंक दिया। सोने की माला भी तोड़कर फेंक दी। एक ही पल में उनकी आत्मा अनंत यात्रा पर निकल गई।

पिछले अध्याय में अपनी जिस शरम का जिक्र मैंने किया है, वह यही शरम है। सेवा के समय विषयासक्ति। इस काले दाग़ को मैं आज तक न तो मिटा सका और न ही भूल ही सका। और इस बात को मैंने हमेशा माना है कि बेशक मेरे माता-पिता के प्रति मेरी अपार भक्ति थी, उनके लिए मैं सबकुछ त्याग सकता था, सेवा के समय मेरा मन विषय को नहीं छोड़ पाया। उस सेवा में ये अक्षम्य त्रुटि थी। इसी कारण से बेशक मैं एक पत्नी-व्रत का पालन करता रहा, मैं विषयांध भी रहा। इससे मुक्त होने में मुझे बहुत समय लगा और मुक्त होने से पहले कई धर्मसंकट झेलने पड़े।

अपनी इस दोहरी शरम की बात समाप्त करने से पहले मैं यहां ये बताता चलूं कि पत्नी ने तब जिस बच्चे को जन्म दिया था, वह दो-चार दिन ही जीकर चला गया। और कुछ हो भी कैसे सकता था! जो मां-बाप अथवा बाल दम्पत्ति इस उदाहरण से सीख लेना चाहें, ले लें।

10. धर्म की झांकी

छः या सात बरस से शुरू करते हुए मैंने सोलह बरस की उम्र तक पढ़ाई की लेकिन स्कूल में कहीं भी धर्म की शिक्षा नहीं मिली। यह भी कहा जा सकता है कि अध्यापकों से जो कुछ सहजता से मिलना चाहिए था, वह नहीं मिला। फिर भी वातावरण से कुछ न कुछ तो मिलता ही रहा। यहां धर्म को उदार अर्थ में लेना चाहिए। धर्म अर्थात् आत्मबोध, आत्मज्ञान।

मेरा जन्म वैष्णव सम्प्रदाय में हुआ। इसलिए वैष्णव मंदिर में जाने के अवसर बार-बार आते रहे। लेकिन उसके प्रति मन में श्रद्धा नहीं आ पायी। वैष्णव मंदिर का वैभव मुझे भाया नहीं। वहां चलनेवाली अनीति की बातों से मन उसके प्रति उदासीन होता चला गया। वहां से मुझे कुछ भी न मिला।

लेकिन जो कुछ मुझे वैष्णव मंदिर में न मिला, वही सबकुछ अपनी धाय रम्भा से मिला। रम्भा हमारे परिवार की पुरानी नौकरानी थी। उसका प्रेम मुझे आज भी याद आता है। मैं यह बात पहले ही बता चुका हूं कि मुझे भूत-प्रेतों से डर लगता था। रम्भा ने ही मुझे समझाया कि इसकी दवा राम-नाम है। मुझे तो राम-नाम से भी अधिक श्रद्धा रम्भा पर थी। इसलिए बचपन में भूत-प्रेत आदि से बचने के लिए मैंने राम-नाम जपना शुरू कर

दिया। ये राम-नाम बहुत दिनों तक न चल पाया। लेकिन बचपन में जो बीज बोया गया था, वह नष्ट नहीं हुआ। राम-नाम आज भी मेरे लिए अमोघ शक्ति है। मैं मानता हूं कि उसके पीछे रम्भा बाई का बीज ही है।

इसी अरसे के दौरान मेरे एक चाचा के लड़के ने हम दो भाइयों को राम-रक्षा का पाठ सिखाने का सिलसिला जमाया। वे खुद रामायण के भक्त थे। हमने राम-रक्षा का पाठ याद कर लिया और प्रतिदिन स्नान के बाद उसके नित्य पाठ का नियम बनाया। जब तक पोरबंदर में रहे, ये नियम चलता रहा। राजकोट के वातावरण में यह मंत्र टिक न सका। यह भी था कि इस क्रिया के पीछे भी कोई खास श्रद्धा नहीं थी। अब तक इसलिए चल रहा था कि बड़े भाई के प्रति मन में आदर-भाव था और दूसरे, यह अभिमान भी था कि शुद्ध उच्चारण के साथ हम राम-रक्षा का पाठ कर पाते हैं।

लेकिन जिस बात का मेरे मन पर गहरा असर पड़ा, वह था रामायण का पारायण। पिताजी की बीमारी के कारण कुछ समय पोरबंदर में बीता था। वहां वे प्रतिदिन रात के समय रामजी के मंदिर में रामायण सुनते थे। जो पंडितजी कथा सुनाते थे, वे बीलेश्वर के लाधा महाराज थे। वे रामचंद्रजी के परम भक्त थे। उनके बारे में कहा जाता था कि उन्हें कोढ़ की बीमारी हो गई थी तो उन्होंने दवा लेने के बजाय बीलेश्वर महाराज पर चढ़ाए गए बेल पत्र लेकर कोढ़वाले अंगों पर बांधे और राम नाम का जाप शुरू कर दिया। अंत में उनका कोढ़ जड़मूल से नष्ट हो गया। ये बात सच है या नहीं, हम सुननेवालों ने तो सच ही मानी। हां, इतना तो सच है ही कि जब लाधा महाराज ने कथा बांचनी शुरू की तो वे पूरी तरह से निरोगी थे। उनका कंठ बहुत मीठा था। वे दोहे और चौपाइयां गाते और उनके अर्थ समझाते। वे स्वयं रस के सागर में गोते लगाते और श्रोताओं को भी रस-विभोर कर देते। उस समय मेरी उम्र तेरह बरस की रही होगी। लेकिन अभी भी मुझे याद है कि उनके कथावाचन में मुझे बहुत रस मिलता था। उस समय जो रामायण सुनने का अवसर मिला, वही रामायण के प्रति मेरे अत्यधिक प्रेम की बुनियाद है। आज मैं तुलसीदास-कृत रामायण को भक्तिमार्ग का सर्वोत्तम ग्रंथ मानता हूं।

कुछ महीनों के बाद हम राजकोट आए। वहां रामायण का पाठ नहीं होता था। एकादशी के दिन भागवत कथा ज़रूर पढ़ी जाती थी। मैं कभी-कभी उसे सुनने बैठता था। लेकिन कथावाचक भट्टजी उसमें रस पैदा नहीं कर पाए। आज मैं यह बात देख सकता हूं कि भागवत गीता एक ऐसा ग्रंथ है जिसके पाठ से धर्म रस की सृष्टि की जा सकती है। मैंने तो उसे गुजराती में बहुत चाव से पढ़ा है। लेकिन इक्कीस दिन के अपने उपवास काल में भारत भूषण पंडित मदन मोहन मालवीय के श्रीमुख से भागवत गीता के मूल संस्कृत में कुछ अंश सुने तो मेरे मन में आया कि यदि बचपन में ही उनके समान किसी भागवत भक्त की वाणी में भागवत गीता सुनी होती तो इस ग्रंथ के प्रति बचपन में ही असीम प्रेम हो जाता। बचपन में मिले शुभ-अशुभ संस्कार बहुत गहरी जड़ें जमाते हैं, यह मेरा अनुभव कहता है। और अब यह बात मुझे बहुत अखरती है कि मैं बचपन में ही बहुत से श्रेष्ठ ग्रंथों का पाठ नहीं सुन पाया।

राजकोट में मुझे अनायास ही सभी सम्प्रदायों के प्रति एक समान भाव रखने की शिक्षा मिली। मैंने हिन्दू धर्म के प्रत्येक सम्प्रदाय का मान करना सीखा, क्योंकि माता-पिता

वैष्णव मंदिर में, शिव मंदिर में और राम मंदिर में भी जाते थे और हम भाइयों को भी साथ ले जाते या हमें भेजते थे।

इसके अलावा पिताजी के पास जैन स्वावलम्बियों में से भी मिलने-जुलनेवाले आते ही रहते थे। पिताजी उन्हें भिक्षा भी देते। वे पिताजी के साथ धर्म और लोकाचार की बातें करते। पिताजी के मुसलमान और पारसी मित्र तो थे ही। वे अपने-अपने धर्म की चर्चा करते जिसे पिताजी बहुत सम्मानपूर्वक और कई बार रस लेकर सुना करते। पिताजी की *नर्स होने* के नाते मैं अक्सर ऐसी चर्चाओं के समय मौजूद रहता। इस सारे वातावरण का प्रभाव मुझ पर यह पड़ा कि मुझमें सभी धर्मों के लिए एक समान भाव पैदा हो गया।

केवल ईसाई धर्म अपवाद बना रहा। इस धर्म के प्रति कुछ अरुचि-सी रही। उन दिनों कुछ ईसाई लोग हाई स्कूल के एक कोने में खड़े होकर कुछ भाषण वगैरह दिया करते थे। वे हिन्दू देवी-देवताओं की और हिन्दू धर्म माननेवालों की बुराई किया करते। मुझसे यह सहन न होता। मैं एकाध बार ही उनका भाषण सुनने के लिए खड़ा रहा होऊंगा। दूसरी बार वहां खड़े होने की इच्छा ही नहीं हुई।

उन्हीं दिनों एक प्रसिद्ध हिन्दू व्यक्ति के ईसाई होने की बात सुनी। गांव में होहल्ला मचा कि उन्हें ईसाई धर्म की दीक्षा देते समय गोमांस खिलाया गया और शराब पिलाई गई। उनकी पोशाक भी बदल दी गई और ईसाई बन जाने के बाद वे कोट-पतलून और हैट पहनने लगे। इन बातों से मुझे पीड़ा पहुंची। मेरे मन ने यह तर्क दिया कि जिस धर्म के कारण मांस खाना पड़े, शराब पीनी पड़े और पोशाक बदलनी पड़े, उसे धर्म कैसे कहा जाए! तब यह भी सुनने में आया कि जो महाशय ईसाई बने थे, उन्होंने अपने पूर्वजों के धर्म की, रीति-रिवाजों की और देश की निंदा करना शुरू कर दिया था। इन सारी बातों के कारण मेरे मन में ईसाई धर्म के प्रति अरुचि-सी हो गई।

इस तरह से हालांकि मेरे मन में सभी धर्मों के प्रति समभाव जागा, फिर भी यह नहीं कहा जा सकता था कि मेरे मन में ईश्वर के प्रति आस्था थी। उन्हीं दिनों पिताजी के पुस्तकालय में से मनुस्मृति का भाषांतर मेरे हाथ लगा। उसमें संसार की उत्पत्ति आदि की बातें पढ़ीं। श्रद्धा नहीं जमी इन बातों के प्रति, बल्कि नास्तिकता ही पैदा हुई।

मुझे अपने दूसरे चाचा के लड़के की बुद्धि पर विश्वास था। मेरे ये भाई अभी जीवित हैं। मैंने अपनी शंका उनके सामने रखी। लेकिन वे मेरी बात का समाधान न कर सके। उन्होंने उत्तर दिया, ''उम्र बढ़ने के साथ-साथ ऐसे प्रश्नों का उत्तर तुम खुद देना सीख जाओगे। बच्चों को ऐसे प्रश्न नहीं पूछने चाहिए।'' मैं चुप रहा। मन को शांति न मिली। मनुस्मृति के खाद्य-अखाद्य विषयवाले अध्याय में और दूसरे अध्यायों में भी मैंने चल रही प्रथाओं का विरोध पाया। इस शंका का समाधान मांगने पर भी मुझे लगभग ऊपर बताई गई जैसी ही प्रतिक्रिया मिली। तब मैंने मन को यही कहकर समझा लिया कि कभी तो बुद्धि के पट खुलेंगे, अधिक पढ़ूंगा और समझूंगा।

उस समय तो मैं मनुस्मृति को पढ़कर अहिंसा का पाठ सीख ही न सका।

मांसाहार की बात तो हो ही चुकी है। उसे तो मनुस्मृति का समर्थन ही मिला। ऐसा भी लगा कि सर्प और खटमल आदि को मारना नीति है। मुझे याद आता है कि उस समय मैंने धर्म समझकर खटमल आदि का नाश किया था।

लेकिन एक बात मेरे मन में गहरे गड़ गई—यह संसार नीति पर ही टिका हुआ है। नीति का समावेश सत्य में है। सत्य की खोज तो करनी ही पड़ेगी। मेरे मन में सत्य की महिमा दिन-प्रतिदिन बढ़ती ही चली गई। सत्य की व्याख्या विस्तृत होती चली गई और अभी भी विस्तार पा ही रही है।

फिर मेरे सामने नीतिविषयक एक छप्पय आया जो मेरे मन में बस गया। बुराई का बदला बुराई नहीं, भलाई ही हो सकता है। ये वाक्य मेरे जीवन का सूत्र वाक्य बन गया। इस वाक्य ने जैसे मुझ पर शासन करना शुरू कर दिया। मेरे मन में यह अनुराग पैदा हो गया कि बुरे के प्रति भी भले की भावना रखी जाए और उसका भला किया जाए। मैंने इसके अनगिनत प्रयोग किए।

वह चमत्कारी छप्पय इस प्रकार है :

पाणी आपने पाय, भलुं भोजन तो दीजे
आवी नमावे शीश, दंडवत कोडे कीजे
आपण घासे दाम, काम महोरोनुं करीए
आप उगारे प्राण, ते तणा दुखमा मरीए
गुण केडे ते गुण दश गणो मन, वाचा, कर्मे करी
अवगुण केडे जो गुण करे, ते जगमां जीत्यो सही।

(जो हमें पानी पिलाए, उसे हम अच्छा भोजन कराएं। जो हमारे सामने सिर नवाए, उसे हम उमंग से दंडवत प्रणाम करें। जो हम पर एक पैसा खर्च करे, उस पर हम मुहरें न्यौछावर कर दें। जो हमारा उपकार करे हम उसके लिए कर्म से, मन से और वचन से दस गुना करके दिखाएं। लेकिन जग में सच्चा जीवन तो उसी का है जो अपकार के बदले भी उपकार करे।)

11. इंग्लैंड गमन की तैयारी

सन 1887 में मैंने मैट्रिक की परीक्षा पास की। उन दिनों देश की और गांधी परिवार की गरीबी का यह आलम था कि अहमदाबाद में और बंबई में दो परीक्षा केन्द्र हों तो ऐसी स्थिति में काठियावाड़ निवासी निकट का परीक्षा केन्द्र अहमदाबाद ही पसंद करते थे। मैंने भी वही किया। यह पहली बार था कि मैंने राजकोट से अहमदाबाद की यात्रा अकेले ही की।

घर के बड़े-बुजुर्गों की इच्छा थी कि पास होने के बाद मैं आगे की पढ़ाई के लिए कॉलेज जाऊं। एक कॉलेज बंबई में था और दूसरा कॉलेज भावनगर में था। भावनगर का खर्च कम था इसलिए यही तय किया गया कि भावनगर के शामल दास कॉलेज में दाखिला ले लिया जाए। कॉलेज में कुछ भी मेरे पल्ले नहीं पड़ता था। सबकुछ मुश्किल लगता। अध्यापकों के व्याख्यानों में न तो रस आता और न ही मैं उन्हें समझ पाता। इसमें अध्यापकों का कोई दोष नहीं था। मेरी खुद की कमज़ोरी थी। शामल दास कॉलेज के उस समय के अध्यापक तो श्रेष्ठ माने जाते थे। पहला सत्र पूरा करके मैं घर आया।

परिवार के एक पुराने मित्र और सलाहकार मावजी दवे थे। वे विद्वान और व्यवहार-कुशल ब्राह्मण थे। पिताजी के स्वर्गवास के बाद भी उन्होंने परिवार से नाता बनाए रखा

था। इन्हीं छुट्टियों में वे घर आए। मां और बड़े भाई के साथ बात करते हुए उन्होंने मेरी पढ़ाई के बारे में पूछताछ की। मैं शामल दास कॉलेज में पढ़ता हूं, ये जानकर वे बोले, "ज़माना बदल गया है। तुम भाइयों में से कोई कबा गांधी की गद्दी संभालना चाहे तो बिना पढ़ाई के अब नहीं होगा। यह लड़का अभी पढ़ रहा है इसलिए गद्दी संभालने की जिम्मेवारी इसे उठानी चाहिए। इसे अभी बीए करने में ही चार-पांच बरस लग जाएंगे और इतना समय लगाने के बाद भी इसे पचास-साठ रुपये की ही नौकरी मिलेगी, दीवानगिरी नहीं। और उसके बाद अगर आप इसे मेरे लड़के की तरह वकील बनाते हैं तो चार-पांच बरस और कहीं नहीं गए। और तब तक तो दीवानगिरी के लिए बहुत सारे वकील भी तैयार हो जाएंगे। आपको तो इसे इंग्लैंड भेजना चाहिए। केवल राम (मावजी दवे के बेटे का नाम) का तो ये कहना है कि इंग्लैंड में पढ़ाई आसान है। तीन बरस में पढ़-पढ़ाके आ जाएगा। खर्च भी चार-पांच हज़ार से अधिक नहीं होगा। ज़रा नए आए बैरिस्टरों को तो देखो, कैसे ठाठ से रहते हैं! वे चाहें तो उन्हें दीवानगिरी आज ही मिल सकती है। मेरी तो यही सलाह है कि मोहनदास को इसी बरस इंग्लैंड भेज दो। मेरे बेटे केवल राम के वहां कई दोस्त हैं, उनके नाम वह सिफारिशी पत्र दे देगा तो इसे वहां कोई परेशानी नहीं होगी।"

जोशीजी (हम मावजी दवे को इसी नाम से बुलाते थे) ने अपनी सलाह के बारे में कोई शंका न रखते हुए मेरी तरफ देखकर पूछा, "क्यों, तुझे इंग्लैंड जाना अच्छा लगेगा या यहीं पढ़ते रहना?" मुझे जो भाता था, वही वैद्यजी को बता दिया। मैं वैसे ही कॉलेज की मुश्किलों से डरा हुआ था। मैंने कहा, "मुझे इंग्लैंड भेजा जाए तो बहुत अच्छा हो। मुझे नहीं लगता कि कॉलेज में झटपट पास हो सकूंगा। लेकिन क्या मुझे डॉक्टरी पढ़ने के लिए नहीं भेजा जा सकता?"

मेरे भाई बीच में बोले, "पिताजी को ये अच्छा नहीं लगता था। तेरी बात निकलने पर यही कहते थे कि हम वैष्णव होकर हाड़-मांस की चीर-फाड़ का काम न करें। पिताजी तो तुझे वकील ही बनाना चाहते थे।"

जोशीजी ने समर्थन किया, "मुझे गांधीजी की तरह डॉक्टरी के पेशे से नफरत नहीं है। हमारे शास्त्र इस धंधे की निंदा नहीं करते। पर डॉक्टर बनकर तू दीवान नहीं बन सकता। मैं तो तुझे दीवान से भी ऊंचे पद पर बैठा देखना चाहता हूं। तभी तो तुम्हारे बड़े कुटुम्ब का निर्वाह हो सकेगा। ज़माना हर दिन बदलता जा रहा है और मुश्किल होता जा रहा है। इसलिए बैरिस्टर बनने में ही समझदारी है।" मां की तरफ मुड़े और बोले, "आज तो मैं जा रहा हूं। मेरी बात पर अच्छी तरह से सोचना। यही उम्मीद करता हूं कि जब अगली बार आऊं तो इसके जाने की तैयारियों की खबर मिले।"

जोशीजी गए तो मैं हवाई किले बनाने बैठ गया।

बड़े भाई सोच में पड़ गए—पैसा कहां से आएगा? और फिर मेरे जैसे नौजवान को इतनी दूर कैसे भेजा जाए?

मां को कुछ नहीं सूझा। दूर जाने देने की बात उन्हें जंची ही नहीं। लेकिन पहले तो उन्होंने यही कहा, "हमारे परिवार में अब बुजुर्ग तो चाचा ही हैं। इसलिए पहली सलाह तो उन्हीं से ली जानी चाहिए। वे जो भी कहें, हमें वैसा ही सोचना होगा।"

बड़े भाई को एक और विचार सूझा, "पोरबंदर राज्य पर हमारा हक है। लेली साहब एडमिनिस्ट्रेटर हैं। हमारे परिवार के बारे में उनकी राय अच्छी है। चाचाजी पर वे खास मेहरबान हैं। हो सकता है, वे राज्य की तरफ से तेरी कुछ मदद ही कर दें।"

मुझे ये सब अच्छा लगा। मैं पोरबंदर जाने के लिए तैयार हुआ। उन दिनों रेल नहीं थी। बैलगाड़ी का रास्ता था। पहुंचने में पांच दिन लगते थे। मैं यह बात बता ही चुका हूं कि मैं डरपोक था। लेकिन इस बार मेरा डर भाग गया। इंग्लैंड जाने की इच्छा ही मुझसे काम करवा रही थी। मैं घोराजी तक बैलगाड़ी से गया। घोराजी से आगे, एक दिन पहले पहुंच जाने के विचार से मैंने ऊंट की सवारी कर ली। ऊंट की सवारी का ये मेरा पहला अनुभव था।

मैं पोरबंदर पहुंचा। चाचा को साष्टांग प्रणाम किया। सारी बात सुनाई। उन्होंने सोचकर जवाब दिया, "मैं नहीं जानता कि इंग्लैंड जाने पर हम धर्म की रक्षा कर सकते हैं या नहीं। लेकिन जब सारी बातें सुनता हूं तो शक होता है। इसके अलावा जब मैं बड़े बैरिस्टरों से मिलता हूं तो उनके रहन-सहन में और साहबों के रहन-सहन में कोई फर्क नहीं पाता। वे खाने-पीने में कोई परहेज नहीं मानते। सिगरेट तो उनके मुंह में से कभी छूटती ही नहीं। पोशाक देखो तो वह भी नंगी। ये सब हमारे कुटुम्ब को शोभा न देगा। लेकिन मैं तेरी हिम्मत में बाधा नहीं डालना चाहता। मैं तो खुद कुछ ही दिन में यात्रा पर निकलने वाला हूं। अब मुझे कुछ ही बरस तो जीना है। मृत्यु के किनारे बैठा मैं तुझे इंग्लैंड जाने की, समुद्र पार जाने की अनुमति कैसे दूं? लेकिन मैं बाधक नहीं बनूंगा। सच्ची अनुमति तो तेरी मां की है। अगर वह तुझे इजाज़त दे तो खुशी-खुशी जाना। इतना कहना कि मैं तुझे रोकूंगा नहीं। मेरा आशीष तो तेरे साथ है ही।"

मैंने कहा, "इससे अधिक की आशा तो मैं आपसे रख नहीं सकता। अब मुझे मां को ही मनाना होगा। लेकिन लेली साहब के नाम आप मुझे सिफारिशी पत्र तो देंगे ना!"

चाचा ने कहा, "सो मैं कैसे दे सकता हूं? लेकिन साहब भले आदमी हैं। तू पत्र लिख। परिवार का परिचय देना। वे ज़रूर तुझे मिलने का समय देंगे और उन्हें रुचे तो तेरी मदद भी करेंगे।"

मैं नहीं जानता कि चाचा ने लेली साहब के नाम सिफारिशी पत्र क्यों नहीं दिया। मुझे धुंधली-सी याद है कि इंग्लैंड जाने के धर्म विरुद्ध काम में इस तरह से सीधी मदद करने में उन्हें संकोच हुआ।

मैंने लेली साहब के नाम पत्र लिखा। उन्होंने अपने रिहायशी बंगले पर मिलने के लिए मुझे बुलाया। उस बंगले की सीढ़ियां चढ़ते-चढ़ते वे मुझसे मिले और यह कहकर ऊपर चले गए, "तू बीए कर ले। फिर मुझसे मिलना। अभी कोई मदद नहीं दी जा सकेगी।" मैं बहुत तैयारी करके, बहुत सारे वाक्य रट करके गया था। नीचे झुककर दोनों हाथों से सलाम किया था। पर मेरी सारी मेहनत पर पानी फिर गया।

मेरी निगाह पत्नी के गहनों पर गई। बड़े भाई के प्रति मेरे मन में असीम आदर था। उनकी उदारता की कोई सीमा नहीं थी। मेरे प्रति उनका प्रेम पिता के प्रेम-जैसा था।

मैं पोरबंदर से विदा हुआ। राजकोट लौटकर उन्हें सारी बातें बताईं। जोशीजी के साथ भी सलाह-मशविरा किया गया। उन्होंने यहां तक सिफारिश की कि अगर कर्ज़ लेकर भी मुझे भेजना पड़ता है तो भेजा जाए। मैंने अपनी पत्नी के हिस्से के गहने बेचने का सुझाव

रखा। गहने बेचकर दो-तीन हज़ार रुपये से अधिक नहीं मिल सकते थे। भाई ने इस बात का बीड़ा उठाया कि जैसे भी होगा, वे रुपये जुटाएंगे।

मां ये सब कैसे समझतीं! उन्होंने हर तरह की पूछताछ शुरू कर दी। कोई कहे कि इंग्लैंड जाकर नौजवान बिगड़ जाते हैं। किसी ने बताया कि वे मांस खाना शुरू कर देते हैं। किसी ने यह बता दिया कि वहां शराब के बिना तो चलता ही नहीं। जितने मुंह उतनी बातें। मां ने ये सारी बातें मुझे सुनाईं। मैंने कहा, ''पर मां तू मेरा विश्वास नहीं करेगी क्या? मैं तुझे धोखा नहीं दूंगा। सौगंध खाकर कहता हूं कि मैं इन तीनों चीज़ों से बचूंगा। अगर ऐसा ही खतरा होता तो जोशीजी भला क्यों जाने देते?''

मां बोली, ''मुझे तेरा विश्वास है मेरे बच्चे, पर दूर देश में क्या होगा? मेरा तो दिमाग ही काम नहीं करता। मैं बेचरजी स्वामी से पूछूंगी।'

बेचरजी स्वामी मोढ़ बनिए से बने हुए जैन साधु थे। वे भी जोशीजी की तरह हमारे सलाहकार थे। उन्होंने हमारी मदद की। कहने लगे, ''मैं इस लड़के से इन तीनों चीज़ों के बारे में व्रत रखवाऊंगा। फिर इसे जाने देने में कोई दिक्कत नहीं होगी।'' उन्होंने मुझसे प्रतिज्ञाएं लिवाईं। मैंने मांस, मदिरा और स्त्री-संसर्ग से दूर रहने की प्रतिज्ञा की। मां की आज्ञा मिल गई।

हाई स्कूल में विदाई समारोह हुआ। राजकोट का एक युवक इंग्लैंड जा रहा है, इस बात को लेकर आश्चर्य व्यक्त किया जा रहा था। मैं अपनी बात कहने के लिए कुछ लिख कर ले गया था। मुश्किल से अपना लिखा पढ़ पाया। मुझे इतना भर याद है कि मेरा सिर घूम रहा था और शरीर कांप रहा था।

बड़े बुजुर्गों का आशीर्वाद लेकर बंबई के लिए रवाना हुआ। बंबई की ये मेरी पहली यात्रा थी। बड़े भाई मेरे साथ आए थे। अब अच्छे काम में सौ विघ्न आते ही हैं। बंबई का बंदरगाह जल्दी छूट न सका।

12. बिरादरी बाहर

मां की आज्ञा और आशीर्वाद लेकर और कुछ ही महीने के बच्चे को पत्नी की गोद में छोड़ कर मैं उमंगों से भरा बंबई पहुंचा। पहुंच तो गया लेकिन वहां पर मित्रों ने भाई के कान भरे कि जून-जुलाई में तो हिंद महासागर में तूफान आते हैं और चूंकि ये मेरी पहली ही समुद्री यात्रा है, इसलिए मुझे दीवाली के बाद यानी नवम्बर में जाना चाहिए। और किसी ने तो समंदर में जलयान के डूब जाने की बात भी कही। ये सब बातें सुनकर बड़े भाई घबराए। उन्होंने ऐसा खतरा उठाकर मुझे तुरंत रवाना करने से इनकार कर दिया और मुझे बंबई में अपने एक दोस्त के हवाले छोड़कर खुद अपनी नौकरी पर हाजिर होने के लिए राजकोट वापिस चले गए। वे सारे पैसे एक बहनोई के पास छोड़ गए और कुछ मित्रों से भी मेरी मदद करने की सिफारिश कर गए। बंबई में मेरे लिए वक्त काटना मुश्किल हो गया। मुझे इंग्लैंड के ही सपने आते रहते।

इस बीच बिरादरी में खलबली मच गई। बिरादरी की सभा बुलवाई गई। अभी तक कोई मोढ़ बनिया इंग्लैंड नहीं गया था। और मैं जा रहा हूं इसलिए मुझसे जवाब तलब

किया जाना चाहिए! मुझे बिरादरी की पंचायत में हाजिर होने का आदेश मिला। मैं वहां गया। मुझे पता नहीं है कि मुझमें अचानक हिम्मत कहां से आ गई। हाजिर होने में न तो मुझे संकोच हुआ और न ही डर लगा। बिरादरी के सरपंच के साथ दूर का कोई रिश्ता भी था। पिताजी के साथ उनके मधुर संबंध रहे थे। उन्होंने मुझसे कहा, "बिरादरी का ये खयाल है कि तुमने इंग्लैंड जाने का जो फैसला किया है, वह सही नहीं है। हमारे धर्म में समुद्र पार करने की मनाही है। और फिर यह भी सुना जाता है कि वहां पर धर्म की रक्षा नहीं हो पाती। वहां पर साहब लोगों के साथ खाना-पीना पड़ता है।"

मैंने जवाब दिया, "मुझे तो लगता है कि इंग्लैंड जाने में लेशमात्र भी अधर्म नहीं है। मुझे तो वहां पर जाकर पढ़ाई ही करनी है। और जिन बातों का आपको डर है, मैं अपनी मां के सामने प्रतिज्ञा करके आया हूं इसलिए मैं इन सबसे दूर रह सकूंगा।"

सरपंच बोले, "पर हम तुझसे कहते हैं कि वहां पर धर्म की रक्षा नहीं हो सकती तो नहीं हो सकती। तू जानता है कि तेरे पिताजी के साथ मेरे कैसे संबंध थे। तुझे मेरी बात माननी ही चाहिए।"

"आपके साथ उनके संबंधों के बारे में मैं जानता हूं। आप मेरे पिता के समान हैं। लेकिन इस बारे में मैं लाचार हूं। मैं इंग्लैंड जाने का अपना फैसला बदल नहीं सकता। एक विद्वान ब्राह्मण मेरे पिता के मित्र थे और हमारे सलाहकार हैं। वे भी यही मानते हैं कि मेरे इंग्लैंड जाने में कोई दोष नहीं है। मुझे इसके लिए अपनी मां और बड़े भाई की अनुमति भी मिल चुकी है।" मैंने जवाब में कहा।

"तो तू जाति का हुक्म नहीं मानेगा?"

"मैं लाचार हूं। मेरा खयाल है कि इसमें जाति को दखल नहीं देना चाहिए।"

इस जवाब से सरपंच गुस्सा हो गए। उन्होंने मुझे दो-चार खरी-खोटी सुनाई।

मैं निश्चिंत बैठा रहा। सरपंच ने हुक्म जारी किया, "आज से ये लड़का बिरादरी से बाहर माना जाएगा। जो कोई इसकी मदद करेगा या इसे विदा करने जाएगा, पंच उससे जवाब-तलब करेंगे और उससे सवा रुपया दंड लिया जाएगा।"

मुझ पर उनके इस फैसले का कोई असर नहीं हुआ। मैंने सरपंच से विदा ली। अब सोचना ये था कि मेरे बड़े भाई पर इस फैसले का क्या असर होता है। कहीं वे डर गए तो? सौभाग्य से वे नहीं डिगे और मुझे लिख भेजा कि बिरादरी के फैसले के बावजूद वे मुझे इंग्लैंड जाने से रोकेंगे नहीं।

इस घटना के बाद तो मेरी अधीरता और बढ़ गई। अगर कहीं भाई पर दबाव पड़ा तो? दूसरा कोई विघ्न इस बीच आ खड़ा हुआ तो? इसी चिंता में मेरे दिन बीत रहे थे कि इस बीच खबर आई कि 4 सितम्बर को रवाना होनेवाले स्टीमर में जूनागढ़ के एक वकील बैरिस्टरी के लिए इंग्लैंड जानेवाले हैं। बड़े भाई ने जिन मित्रों से मेरे बारे में कह रखा था, मैं उनसे जाकर मिला। उन्होंने भी यही कहा कि ये मौका चूकना नहीं चाहिए। समय बहुत कम बचा था। मैंने भाई साहब को तार भेजा और जाने की अनुमति मांगी। अनुमति मिल गई। मैंने बहनोई से पैसे मांगे तो उन्होंने बिरादरी के हुक्म का रोना रोया। वे खुद बिरादरी बाहर होने के लिए तैयार न थे। मैं अपने परिवार के एक मित्र के पास पहुंचा और उनसे विनती की कि वे मुझे किराये वगैरह के लिए जरूरी धन दे दें और बाद में मेरे भाई से ले

लें। इन मित्र महाशय ने मेरी बात मान ली। इतना ही नहीं, मेरी हिम्मत भी बढ़ाई। मैंने उनका आभार माना, पैसे लिए और टिकट कटाई।

इंग्लैंड यात्रा का सारा सामान तैयार करना था। एक अन्य अनुभवी मित्र ने सब सामान तैयार करा दिया। मुझे सबकुछ अजीब-सा लग रहा था। कुछ पसन्द आ रहा था और कुछ ऐसा भी था जो पसन्द नहीं आ रहा था। जिस नैक टाई को मैं बाद में शौक से पहनने लगा था, इस समय वह बिलकुल अच्छी नहीं लग रही थी। वास्केट भी नंगी पोशाक की तरह लग रही थी।

लेकिन इंग्लैंड जाने का शौक सबसे ऊपर था। इन छोटी-छोटी अरुचियों के कोई मायने नहीं थे। रास्ते में खाने के लिए ढेर-सा सामान ले लिया था।

मेरी यात्रा के लिए बर्थ मेरे मित्रों ने त्र्यंबक राय मजमुदार (जूनागढ़ के वकील का नाम) के केबिन में ही तय करवा दी थी। उनसे मेरे बारे में कह भी दिया था। वे तो अधेड़ उम्र के अनुभवी व्यक्ति थे। मैं ठहरा दुनियावी अनुभवों से शून्य अठारह बरस का नौजवान। मजमुदार ने मेरे मित्रों से कहा, ''आप इसकी चिंता न करें।''

इस तरह से मैंने 4 सितम्बर 1888 को बंबई का बंदरगाह छोड़ा।

13. आखिर पहुंचा इंग्लैंड

जहाज में मुझे समुद्र की वजह से ज़रा-सी भी तकलीफ नहीं हुई। लेकिन जैसे-जैसे दिन बीतते जाते, मेरी परेशानी बढ़ती जाती। स्टुअर्ड के साथ बात करने में भी शरम आती। अंग्रेज़ी में बात करने की तो वैसे भी आदत नहीं थी। मजमुदार को छोड़कर बाकी सभी मुसाफिर अंग्रेज़ ही थे। उनके साथ मैं बोल ही न पाता। अंग्रेज़ मुझसे बात करने की कोशिश करते तो मैं समझ न पाता और अगर समझ भी लेता तो यह न सूझता कि जवाब क्या देना है। बोलने से पहले हर वाक्य को मन ही मन सिलसिलेवार बिठाना पड़ता था। छुरी-कांटे से खा नहीं पाता था और किसी से यह पूछने की हिम्मत न होती कि किस पकवान में मांसाहार है या नहीं। इसलिए मैं खाना खाने के लिए कभी मेज पर तो गया ही नहीं। अपने केबिन में ही खा लेता था। खास तौर पर अपने साथ कुछ मिठाइयां लेता आया था, उन्हीं से काम चलाता रहा। मजमुदार किसी तरह का संकोच न करते। वे सबके साथ हिलमिल गए थे। बिना संकोच डेक पर चले जाते थे। मैं सारा-सारा दिन केबिन में ही दुबका बैठा रहता था। कभी-कभार जब डेक पर बहुत कम लोग होते, तभी वहां जा कर थोड़ी देर के लिए बैठ जाता। मजमुदार मुझे समझाते कि सबके साथ घुलो-मिलो। खुले मन से सबसे बात करो। वे मुझसे ये भी कहते कि वकील की जीभ तो कैंची की तरह खूब चलनी चाहिए। वकील होने के नाते वे अपने अनुभव सुनाते, बताते कि अंग्रेज़ी हमारी भाषा तो है नहीं, इसलिए गलतियां तो होंगी ही। फिर भी खुलकर बोलते रहना चाहिए। इस पर भी मैं अपना डर छोड़ न पाता।

मुझ पर तरस खाकर एक भले अंग्रेज़ ने मुझसे बात करनी शुरू की। वे उम्र में बड़े थे। मैं क्या खाता हूं, कौन हूं, कहां जा रहा हूं, किसी से बात क्यों नहीं करता, जैसे प्रश्न वे पूछते। उन्होंने मुझे सलाह दी कि मुझे खाने की मेज पर जाना चाहिए। मांस न खाने

के मेरे आग्रह पर वे हंसे और मुझ पर तरस खाकर बोले, 'यहां तो (पोर्ट सइद पहुंचने से पहले) ठीक है लेकिन बिस्के की खाड़ी में पहुंचने से पहले तुम अपने इरादे बदल दोगे। इंग्लैंड में तो इतनी ठंड पड़ती है कि मांस खाए बिना चलता ही नहीं।' मैंने कहा, ''मैंने तो सुना है कि वहां लोग मांसाहार के बिना रह सकते हैं?''

वे बोले, 'ये बात गलत है। अपने परिचितों के दायरे में मैं तो किसी ऐसे आदमी को नहीं जानता जो मांस न खाता हो। देखो, मैं शराब पीता हूं लेकिन तुम्हें पीने के लिए नहीं कहता। लेकिन मैं समझता हूं कि मांस तो तुम्हें खाना ही चाहिए।'

मैंने कहा, ''मैं आपकी सलाह के लिए आपका आभार मानता हूं, लेकिन मैं मांस न खाने के बारे में अपनी मां को दिए वचन से बंधा हुआ हूं। इस कारण से मैं मांस नहीं खा सकता। अगर मांस खाए बिना काम ही न चला तो मैं हिन्दुस्तान वापिस लौट जाऊंगा, लेकिन मांस तो नहीं ही खाऊंगा।'

बिस्के की खाड़ी आई। वहां पर भी मुझे न तो मांस की ज़रूरत पड़ी और न ही मदिरा की। मुझसे कहा गया कि मैं मांस न खाने के बारे में प्रमाणपत्र ले लूं। इसलिए मैंने इन अंग्रेज़ मित्र से प्रमाणपत्र मांगा। उन्होंने खुशी-खुशी दे दिया। मैं काफी अरसे तक ये प्रमाणपत्र धन की तरह संभाले रहा। बाद में मुझे पता चला कि ये प्रमाणपत्र तो मांस खाते हुए भी लिए जा सकते हैं। इसलिए इन पर से मेरा मोह भंग हो गया। अगर किसी को मेरी कही बात पर भरोसा नहीं है तो ऐसे मामले में प्रमाणपत्र दिखाकर क्या हासिल हो जाएगा?

यात्रा के सुख-दुख सहते हुए आखिर हम साउथम्पटन बंदरगाह पर आ पहुंचे। मुझे याद आता है कि ये शनिवार का दिन था। जहाज पर मैं काले कपड़े पहनता था। मित्रों ने मेरे लिए जो कपड़े सिलवाए थे, उनमें फलालेन का एक सफेद सूट भी था। विदेशी धरती पर उतरते समय मैं ये कपड़े पहनूंगा तो अच्छा लगेगा, मैंने ये सोच रखा था। मैं फलालेन का सफेद सूट पहनकर उतरा। सितम्बर के आखिरी दिन थे। मैंने पाया कि वहां पर इस तरह के कपड़ों में मैं अकेला ही था। मेरी पेटियां और उनकी चाबियां तो ग्रिंडले कम्पनी के एजेंट पहले ही ले जा चुके थे। सबकी देखादेखी मैंने भी अपनी चाबियां उन्हें थमा दी थीं।

मेरे पास चार सिफारिशी पत्र थे। डॉक्टर प्राणजीवन मेहता के नाम, दलपतराम शुक्ल के नाम, प्रिंस रणजीत सिंह जी के नाम और दादा भाई नौरोजी के नाम। मैंने साउथम्पटन से डॉक्टर प्राणजीवन मेहता को एक तार भेजा था। जहाज में किसी ने सलाह दी थी कि विक्टोरिया होटल में ठहरना चाहिए। ये सोचकर मैं और मजमुदार विक्टोरिया होटल में गए। मैं तो अपने सफेद सूट के कारण शरम से गड़ा ही जा रहा था। जिस पर होटल में जाकर पता चला कि अगले दिन रविवार है इसलिए ग्रिंडलेज़ से सामान यहां पर सोमवार से पहले नहीं पहुंचेगा। मेरी परेशानी और बढ़ गई।

सात-आठ बजे के आसपास डॉक्टर मेहता आए। उन्होंने प्रेम-भरे मज़ाक किए। मैंने अनजाने में ही रेशमी रोओंवाली उनकी टोपी देखने के खयाल से उठाई। उस पर मैंने उल्टा हाथ फेर दिया। हाथ लगते ही टोपी के रोएं खड़े हो गए। डॉक्टर मेहता ने देखा और मुझे तुरंत रोका। उनके रोकने के पीछे इरादा रहा होगा कि दोबारा ऐसा न हो। लेकिन चूक तो हो ही चुकी थी।

यूं समझिए कि यहीं से यूरोप के रीति-रिवाजों के संबंध में मेरी शिक्षा का श्रीगणेश हुआ। डॉक्टर मेहता हंसते-हंसते बहुत-सी बातें समझाते जाते थे। किसी की चीज़ को छूना नहीं चाहिए; किसी से जान-पहचान होने पर जो प्रश्न हिन्दुस्तान में यूं ही पूछे जा सकते हैं, वे यहां नहीं पूछे जा सकते; बातें करते समय आवाज़ ऊपर नहीं उठनी चाहिए; हिन्दुस्तान में अंग्रेज़ों से बात करते समय सर कहने का जो रिवाज है, उसकी यहां पर कोई ज़रूरत नहीं; सर तो नौकर अपने मालिक को या अपने बड़े अफसर को कहता है। फिर उन्होंने होटल में रहने में होनेवाले खर्च की भी चर्चा की और सुझाया कि किसी निजी परिवार में रहने की ज़रूरत पड़ेगी। यह तय किया गया कि इस विषय पर सोमवार को और विचार किया जाएगा। कई सलाहें देकर डॉक्टर मेहता विदा हुए।

होटल में तो मजमुदार और मुझे, हम दोनों को यही लगा कि यहां कहां आ फंसे। होटल महंगा तो था ही। माल्टा से एक सिन्धी यात्री जहाज पर सवार हुए थे। मजमुदार की उनसे अच्छी जान-पहचान हो गई थी। ये सिन्धी यात्री लंदन के अच्छे जानकार थे। उन्होंने हमारे लिए दो कमरे किराये पर लेने की जिम्मेदारी उठाई। हम सहमत हुए और सोमवार को जैसे ही सामान मिला, बिल चुकाकर इन सिन्धी सज्जन द्वारा तय किए गए कमरों में हम शिफ्ट कर गए।

मुझे याद है कि होटल का मेरे हिस्से का बिल लगभग तीन पौंड का हुआ था। मैं तो बिल देखकर दंग ही रह गया। तीन पौंड देने के बाद भी भूखा रहा। होटल की कोई चीज़ मुझे रुचती नहीं थी। एक चीज़ ली और वह नहीं रुची; दूसरी ली, लेकिन दाम तो दोनों के ही चुकाने पड़े। यह कहना ठीक होगा कि अभी तो मेरा काम बम्बई से लाए हुए खाने के सामान से ही चल रहा था।

इन नए कमरों में भी मैं बहुत परेशान रहा। देश की याद खूब आती थी। मां का प्रेम आंखों के आगे झिलमिलाता रहता। रात ढलती और मैं रोना शुरू कर देता। घर की यादें जैसे लहरों की तरह एक के बाद बढ़ती जातीं। ऐसे में भला नींद आ ही कैसे सकती थी? इस दुख की चर्चा किसी से की भी नहीं जा सकती थी, करने से फायदा भी क्या था? मैं खुद नहीं जानता था कि किस उपाय से मुझे आश्वासन मिलेगा। यहां के लोग विचित्र, रहन-सहन विचित्र, घर भी विचित्र, घरों में रहने का ढंग भी विचित्र! मैं ये बात बिलकुल भी तो नहीं जानता था कि क्या कहने और क्या करने से यहां के शिष्टाचार के नियमों का उल्लंघन होगा। तिस पर खाने-पीने का परहेज; और जो कुछ खाने योग्य आहार था, वह सूखा तथा बेस्वाद लगता था। इस कारण मेरी दशा सरोते के बीच सुपारी जैसी हो गई। इंग्लैंड में रहना मुझे अच्छा नहीं लगता था और देश वापिस लौटा नहीं जा सकता था। ये मेरा ही तो आग्रह था कि इंग्लैंड पहुंच जाने पर तो तीन साल वहां पूरे करने ही हैं।

14. मेरी पसन्द

डॉक्टर मेहता सोमवार को मुझसे मिलने विक्टोरिया होटल पहुंचे। वहां उन्हें हमारा नया पता मिला; इससे वे नयी जगह पर आकर मिले। मेरी मूर्खता के कारण जहाज में मुझे दाद हो गई थी। जहाज में खारे पानी से नहाना-धोना होता था। उसमें साबुन घुलता नहीं था।

लेकिन मैंने तो साबुन का उपयोग करने ही में समझदारी समझी। इससे शरीर साफ होने के बजाय चीकट हो गया। उससे दाद हो गई। डॉक्टर को दिखाया। उन्होंने मुझे जलाने वाली दवा–एसिटिक एसिड दी। इस दवा ने मुझे खूब रुलाया था। डॉक्टर मेहता ने हमारे कमरे वगैरह देखे और सिर हिलाया, "यह जगह काम की नहीं। इस देश में आकर पढ़ने के बजाय यहां के जीवन और रीति-रिवाजों के अनुभव लेना ही अधिक मायने रखता है। इसके लिए किसी परिवार में रहना ज़रूरी है। लेकिन अभी तो मैंने सोचा है कि तुम्हें कुछ शिक्षा मिल सके, इसके लिए–के घर रहो। मैं तुम्हें वहां ले जाऊंगा।"

मैंने उनका सुझाव आभारपूर्वक मान लिया। मैं मित्र के घर पहुंचा। उनके स्वागत-सत्कार में कोई कमी नहीं थी। उन्होंने मुझे अपने सगे भाई की तरह रखा, अंग्रेज़ी तौर-तरीके सिखाए; यह कह सकता हूं कि अंग्रेज़ी में थोड़ी-बहुत बातचीत करने की आदत उन्हीं ने डलवाई।

मेरे खाने-पीने का प्रश्न तो जैसे यक्ष प्रश्न हो गया। बिना नमक और मसालोंवाली साग-सब्जी रुचती नहीं थी। घर की मालकिन मेरे लिए कुछ बनाए तो क्या बनाए? सवेरे तो जई के आटे का दलिया बनता। उससे पेट कुछ तो भर जाता। लेकिन दोपहर और शाम को मैं हमेशा भूखा रहता। मित्र मुझे रोज़ मांस खाने के लिए उकसाते। मैं प्रतिज्ञा की आड़ लेकर चुप हो जाता। उनके तर्कों का जवाब देना मेरे बस में नहीं था। दोपहर को सिर्फ ब्रेड, पत्तोंवाली एक भाजी और मुरब्बे पर गुज़ारा करता था। यही खुराक शाम के लिए भी थी। मैं देखता कि ब्रेड के तो दो-तीन स्लाइस ही लेने का रिवाज है। इससे अधिक मांगते शरम लगती थी। मुझे डटकर खाने की आदत थी। भूख खूब चमकती थी और खूब खुराक मांगती थी। दोपहर या शाम को दूध नहीं मिलता था। मेरी यह हालत देखकर एक मित्र एक दिन चिढ़ गए और बोले, "अगर तुम मेरे सगे भाई होते, तो मैं तुम्हें निश्चय ही वापस भेज देता। वहां की हालत जाने बिना निरक्षर मां के सामने की गई प्रतिज्ञा का मूल्य ही क्या? वह तो प्रतिज्ञा ही नहीं कही जा सकती। मैं तुमसे कहता हूं कि कानून इसे प्रतिज्ञा नहीं मानेगा। ऐसी प्रतिज्ञा से चिपके रहना तो निरा अंधविश्वास ही कहा जाएगा। और ऐसे अंधविश्वास में फंसे रहकर तुम इस देश से अपने देश में कुछ भी नहीं ले जा सकोगे। तुम तो कहते हो कि तुम मांस खा चुके हो। तुम्हें वह अच्छा भी लगा है। जहां खाने की ज़रूरत नहीं थी, वहां तो खा लिया और जहां खाने की खास ज़रूरत है वहां जनाब छोड़ रहे हैं। यह कितनी हैरानी की बात है।"

मैं टस से मस न हुआ।

ऐसी बहसें रोज़ हुआ करतीं। मेरे पास छत्तीस रोगों की एकमात्र दवा एक 'ना' ही थी। मित्र मुझे जितना समझाते, मेरी दृढ़ता उतनी ही बढ़ती जाती। मैं रोज़ प्रभु से रक्षा की याचना करता और मुझे रक्षा मिल भी जाती। मैं नहीं जानता था कि ईश्वर कौन है। लेकिन रम्भा की दी हुई श्रद्धा अपना काम कर रही थी।

एक दिन मित्र ने मेरे सामने बेन्थम का एक ग्रंथ पढ़ना शुरू किया। उपयोगितावाद वाला अध्याय पढ़ा। मैं घबराया। भाषा ऊंची थी। मैं मुश्किल से समझ पाया। उन्होंने व्याख्या की। मैंने उत्तर दिया, "मैं आपसे माफी चाहता हूं। मैं ऐसी बारीक बातें समझ नहीं पाता। मैं स्वीकार करता हूं कि मांस खाना चाहिए, लेकिन मैं अपनी प्रतिज्ञा का बंधन तोड़

नहीं सकता। उसके लिए मैं कोई तर्क नहीं दे सकता। मुझे विश्वास है कि तर्क में मैं आपसे कभी जीत नहीं सकता। लेकिन मूर्ख समझकर अथवा हठी समझकर इस मामले में मुझे मेरे हाल पर छोड़ दीजिए। मैं आपके प्रेम को समझता हूं। आपको मैं अपना परम हितैषी मानता हूं। मैं यह भी देख रहा हूं कि आपको दुख होता है, इसी से आप इतना आग्रह करते हैं। लेकिन मैं लाचार हूं। अपनी प्रतिज्ञा नहीं तोड़ सकता।''

मित्र देखते रहे। उन्होंने किताब बंद कर दी। ''बस, अब मैं बहस नहीं करूंगा,'' कह कर वे चुप हो गए। मैं खुश हुआ। इसके बाद उन्होंने बहस करना छोड़ दिया।

लेकिन मेरे बारे में उनकी चिंता कम न हुई। वे सिगरेट पीते थे, शराब पीते थे। लेकिन उन्होंने मुझसे कभी नहीं कहा कि इनमें से किसी एक का भी मैं सेवन करूं। उलटे, वे तो मना ही करते रहे। उनकी चिंता ये थी कि मांसाहार के बिना मैं कमज़ोर हो जाऊंगा और इंग्लैंड में निश्चिंत होकर रह न सकूंगा।

इस तरह से एक महीने तक मैं हर मामले में नौसिखिया बना रहा। मित्र का घर रिचमण्ड में था, इसलिए मैं हफ्ते में एक या दो बार ही लंदन जा पाता था। डॉक्टर मेहता और भाई दलपत राम शुक्ल ने सोचा कि अब मुझे किसी परिवार में रहना चाहिए। शुक्ल जी ने वेस्ट केन्सिंग्टन में एक एंग्लो-इंडियन का घर खोज निकाला और मुझे वहां टिकाया। घर की मालकिन एक विधवा थी। उससे मैंने मांस-त्याग की बात कही। बुढ़िया ने मेरी देखभाल की जिम्मेदारी ली। मैं वहां रहने लगा।

वहां भी मुझे रोज़ भूखा ही रहना पड़ता था। मैंने घर से मिठाई वगैरह, खाने की चीज़ें मंगाई थीं, लेकिन वे अभी आई नहीं थीं। सबकुछ फीका-फीका लगता था। बुढ़िया हमेशा पूछती, लेकिन वह भी करे तो करे क्या? तिस पर मैं अभी तक शर्माता था। बुढ़िया की दो बेटियां थीं। वे आग्रह करके थोड़ी अधिक ब्रेड दे देतीं लेकिन वे बेचारी क्या जानें कि उनकी पूरी की पूरी ब्रेड खाने पर ही मेरा पेट भर सकता था।

लेकिन अब मैं होशियार हो चला था। अभी तक पढ़ाई शुरू नहीं हुई थी। मुश्किल से समाचार पत्र पढ़ने लगा था। यह शुक्लजी का प्रताप था। हिन्दुस्तान में मैंने समाचार पत्र कभी पढ़े नहीं थे। लेकिन लगातार पढ़ते रहने के अभ्यास से उन्हें पढ़ने का शौक मैं पैदा कर सका था। डेली न्यूज, डेली टेलीग्राफ और पेलमेल गजट–इन समाचार पत्रों को सरसरी निगाह से देख जाता था। लेकिन शुरू-शुरू में तो इसमें मुश्किल से एक घंटा खर्च होता होगा।

मैंने घूमना-फिरना शुरू किया। मुझे निरामिष अर्थात् शाकाहारी खाना देनेवाले होटल की खोज करनी थी। घर की मालकिन ने भी कहा था कि खास लंदन में ऐसे होटल मौजूद हैं। मैं रोज़ दस-बारह मील चल लेता था। किसी मामूली से होटल में जाकर पेट भर खाना खा लेता था। लेकिन उससे संतोष न होता था। इसी तरह भटकता हुआ एक दिन मैं फैरिंग्डन स्ट्रीट पहुंचा और वहां वेजिटेरियन रेस्तरां (शाकाहारी होटल) का नाम पढ़ा। मुझे वह आनंद हुआ, जो किसी बच्चे को मनचाही चीज़ मिलने से होता है। हर्ष-विभोर होकर अंदर घुसने से पहले मैंने दरवाजे के पास की शीशेवाली खिड़की में बिक्री के लिए किताबें देखीं। उनमें मुझे सॉल्ट की *शाकाहार के पक्ष में* नाम की किताब दिखी। एक शिलिंग में मैंने वह खरीद ली और फिर खाना खाने बैठा। इंग्लैंड आने के बाद यहां पहली बार भर पेट भोजन मिला। ईश्वर ने मेरी भूख मिटाई।

सॉल्ट की किताब पढ़ी। मुझ पर उसका अच्छा प्रभाव पड़ा। इस किताब को पढ़ने के दिन से मैं स्वेच्छापूर्वक, अर्थात विचारपूर्वक, शाकाहार में विश्वास करने लगा। मां के सामने ली गई प्रतिज्ञा अब मुझे विशेष आनंद देने लगी और जिस तरह अब तक मैं यह मानता चला आ रहा था कि सब मांसाहारी बनें तो अच्छा हो और पहले केवल सत्य की रक्षा के लिए तथा बाद में प्रतिज्ञा-पालन के लिए ही मैं मांस-त्याग करता था और भविष्य में किसी दिन स्वयं आज़ादी से, सार्वजनिक रूप में, मांस खाकर दूसरों को खानेवालों के दल में शामिल करने की उमंग रखता था, उसी तरह अब स्वयं शाकाहारी बने रहकर दूसरों को वैसा बनाने का लोभ मुझमें जागा।

15. सभ्य पोशाक में

शाकाहार पर मेरी श्रद्धा दिन पर दिन बढ़ती जा रही थी। सॉल्ट की किताब ने आहार के विषय में अधिक किताबें पढ़ने की मेरी जिज्ञासा को और भड़काया। जितनी किताबें मुझे मिलीं, मैंने खरीद लीं और पढ़ डालीं। उनमें हावर्ड विलियम्स की *आहार-नीति* नाम की किताब में अलग-अलग युगों के ज्ञानियों, अवतारों और पैगम्बरों के आहार का और आहार-विषयक उनके विचारों का ब्यौरा दिया गया है। पाइथागोरस, ईसामसीह इत्यादि को उसने केवल शाकाहारी सिद्ध करने का प्रयास किया है। डॉक्टर मिसेज एना किंग्सफर्ड की *उत्तम आहार की रीति* नाम की किताब भी आकर्षक थी। साथ ही, डॉक्टर एलिन्सन के स्वास्थ्यविषयक लेखों ने भी इसमें अच्छी मदद की। वे दवा के बदले केवल आहार के परिवर्तन से ही रोगी को निरोग करने की पद्धति का समर्थन करते थे। डॉक्टर एलिन्सन स्वयं शाकाहारी थे और बीमारों को केवल शाकाहार की ही सलाह देते थे। इन सब किताबों के अध्ययन का परिणाम यह हुआ कि मेरे जीवन में आहार-विषयक प्रयोगों ने महत्त्व का स्थान प्राप्त कर लिया। शुरू में इन प्रयोगों में स्वास्थ्य की दृष्टि काम कर रही थी। बाद में धार्मिक दृष्टि महत्त्वपूर्ण हो गई। इस बीच मेरे उन मित्र को तो मेरी चिंता बनी ही रही। उन्होंने प्रेमवश यह माना कि अगर मैं मांस नहीं खाऊंगा, तो कमज़ोर हो जाऊंगा, यही नहीं, बल्कि मैं बेवकूफ बना रहूंगा, क्योंकि अंग्रेज़ों के समाज में घुल-मिल ही नहीं सकूंगा। वे जानते थे कि मैं शाकाहार-विषयक किताबें पढ़ता रहता हूं। उन्हें डर लगा कि इन किताबों के पढ़ने से मैं भ्रमित-चित्त बन जाऊंगा, प्रयोगों में मेरा जीवन व्यर्थ चला जाएगा, मुझे जो करना है उसे मैं भूल जाऊंगा और पोथी-पंडित बन बैठूंगा।

इस विचार से उन्होंने मुझे सुधारने का एक आखिरी प्रयास किया। उन्होंने मुझे नाटक दिखाने के लिए आमंत्रित किया। वहां जाने से पहले मुझे उनके साथ हॉबर्न होटल में भोजन करना था। मुझे तो ये एक महल जैसा ही लगा। विक्टोरिया होटल छोड़ने के बाद ऐसे होटल में जाने का मेरा यह पहला अनुभव था। विक्टोरिया होटल का अनुभव तो बहुत खराब था; क्योंकि ऐसा मानना होगा कि वहां मैं बेहोशी की हालत में था।

सैकड़ों के बीच हम दो मित्र एक मेज के सामने बैठे। मित्र ने पहली प्लेट मंगाई। वह सूप की थी। मैं परेशान हुआ। मित्र से क्या पूछता? मैंने तो वेटर को अपने पास बुलाया।

मित्र समझ गए। चिढ़कर मुझसे पूछा, 'क्या है?'

मैंने धीरे से संकोचपूर्वक कहा, 'मैं जानना चाहता हूं कि इसमें मांस है या नहीं?'

'ऐसे होटल में यह जंगलीपन नहीं चल सकता। अगर तुम्हें अब भी यही किच-किच करनी हो तो तुम बाहर जाकर किसी छोटे से होटल में खाना खा लो और बाहर ही मेरी राह देखो।'

मैं इस प्रस्ताव से खुश होकर उठा और दूसरे होटल की खोज में निकला। पास ही एक शाकाहारी होटल था। लेकिन वह तो बंद हो चुका था। मुझे समझ नहीं आया कि अब क्या करना चाहिए। मैं भूखा रहा। हम नाटक देखने गए। मित्र ने उक्त घटना के बारे में एक भी शब्द मुंह से नहीं निकाला। मेरे पास तो कहने को था ही क्या?

लेकिन यह हमारे बीच का अंतिम मित्र-युद्ध था। न तो हमारे संबंध टूटे, न उनमें कटुता आई। उनके सारे प्रयासों के मूल में रहे हुए प्रेम को मैं पहचान सका था। इस कारण विचार और आचार की भिन्नता के रहते हुए भी उनके प्रति मेरा आदर बढ़ गया।

लेकिन मैंने सोचा कि मुझे उनका डर दूर करना चाहिए। मैंने निश्चय किया कि मैं जंगली नहीं रहूंगा। सभ्यता के लक्षण अपनाऊंगा और दूसरी तरह से समाज से समरस होने योग्य बनकर शाकाहार की अपनी विचित्रता को छिपा लूंगा। मैंने सभ्यता सीखने के लिए अपनी सामर्थ्य से बाहर का और छिछला रास्ता पकड़ा।

विलायती होने पर भी बम्बई के कटे-सिले कपड़े अच्छे अंग्रेज़ी समाज में शोभा नहीं देंगे, इस विचार से मैंने आर्मी और नेवी स्टोर में कपड़े सिलवाए। उन्नीस शिलिंग का (उस ज़माने के लिहाज से तो यह कीमत बहुत ही ज्यादा कही जाएगी) *चिमनी हैट* सिर पर पहना। इतने से संतोष न हुआ तो बॉण्ड स्ट्रीट में, जहां शौकीन लोगों के कपड़े सिलते थे, दिल पर पत्थर रखकर दस पौंड देकर शाम की पोशाक सिलवाई। भोले और बादशाही दिलवाले बड़े भाई से मैंने दोनों जेबों में लटकाने लायक सोने की एक बढ़िया चेन मंगवाई और वह मिल भी गई। बंधी-बंधाई टाई पहनना शिष्टाचार में नहीं आता था, इसलिए टाई बांधने की कला सीखी। अपने देश में तो दर्पण परिवार के नाई के सामने बैठकर दाढ़ी बनानेवाले दिन ही देखने को मिलता था, लेकिन यहां तो बड़े आईने के सामने खड़े रहकर ठीक से टाई बांधने में और जुल्फें संवारकर सीधी मांग निकालने में रोज़ लगभग दस मिनट तो बरबाद होते ही थे। बाल मुलायम नहीं थे, इसलिए उन्हें अच्छी तरह मुड़े हुए रखने के लिए ब्रश (झाड़ू ही समझिए!) के साथ रोज़ हाथापाई होती थी और हैट पहनते तथा उतारते समय हाथ तो मानो मांग को सहेजने के लिए सिर पर पहुंच ही जाता था। और बीच-बीच में, सभा-समाज में बैठे-बैठे, मांग पर हाथ फिराकर बालों को जमाने की एक और क्रिया बराबर चलती ही रहती थी।

लेकिन इतनी टीमटाम ही काफी न थी। सिर्फ सभ्य पोशाक से सभ्य इन्सान थोड़े ही बना जा सकता था? मैंने सभ्यता के दूसरे कई बाहरी गुण भी जान लिए थे और मैं उन्हें सीखना चाहता था। सभ्य पुरुष को नाचना आना चाहिए। फ्रेंच भाषा पर उसकी अच्छी पकड़ होनी चाहिए; क्योंकि फ्रेंच इंग्लैंड के पड़ोसी देश फ्रांस की भाषा थी, और सारे यूरोप की भाषा भी थी और मुझे यूरोप में घूमने की बहुत इच्छा थी। इसके अलावा, सभ्य पुरुष को लच्छेदार भाषण देना भी आना चाहिए। मैंने नृत्य सीखने का फैसला किया। एक क्लास में भरती हुआ। एक सत्र के लिए करीब तीन पौंड जमा किए। तीन सप्ताह क्लास

में जाकर करीब छह सबक सीखे होंगे। पैर ठीक से लय और ताल के हिसाब से नहीं पड़ते थे। पियानो बजता था, पर वह क्या कह रहा है, कुछ समझ में नहीं आता था। एक, दो, तीन चलता, लेकिन उसके बीच का अंतर तो वह बाजा ही बताता था, जो मेरी समझ से परे था। तो अब क्या किया जाए? ये तो बाबाजी की बिल्लीवाला किस्सा हुआ। चूहों को भगाने के लिए बिल्ली, बिल्ली के लिए गाय, यों बाबाजी का परिवार बढ़ा; उसी तरह मेरे लोभ का परिवार भी बढ़ा। वायलिन बजाना सीख लूं, तो सुर और ताल की समझ हो जाए। तीन पौंड वायलिन खरीदने में गंवाए और कुछ वायलिन बजाना सीखने के लिए भी दिए। भाषण कला सीखने के लिए एक तीसरे शिक्षक का घर खोजा। उन्हें भी एक गिन्नी तो भेंट की ही। बेल की *स्टैंडर्ड एलोक्युशनिस्ट* किताब खरीदी। पिट के एक भाषण के साथ शुरुआत की।

इन बेल साहब ने मेरे कान में घंटी (बेल) बजाई। मैं जागा।

मुझे कौन-सा इंग्लैंड में जीवन बिताना है? लच्छेदार भाषण देना सीखकर मैं क्या करूंगा? नाच-नाचकर मैं सभ्य कैसे बनूंगा? वायलिन तो अपने देश में भी सीखा जा सकता है। मैं ठहरा विद्यार्थी। मुझे विद्या-धन बढ़ाना चाहिए। मुझे अपने पेशे से संबंध रखनेवाली तैयारी करनी चाहिए। मैं अपने सदाचार से सभ्य समझा जाऊं तो ठीक है, नहीं तो मुझे यह लोभ छोड़ देने चाहिए।

इन्हीं विचारों की धुन में मैंने इस आशय को स्पष्ट करनेवाला पत्र भाषण सिखाने वाले शिक्षक को भेजा। उनसे मैंने दो या तीन पाठ सीखे थे। नृत्य-शिक्षिका को भी ऐसा ही एक पत्र लिखा। वायलिन शिक्षिका के घर वायलिन लेकर पहुंचा। उन्हें बताया कि वायलिन जितने में भी बिकता हो, मेरी तरफ से बेच दें। उनके साथ कुछ मैत्रीपूर्ण संबंध हो गया था। इस कारण मैंने उनसे अपने मोह की चर्चा की। नाच आदि के जंजाल में से निकल जाने की मेरी बात उन्हें पसंद आई।

सभ्य बनने की मेरी यह सनक लगभग तीन महीने तक चली होगी। पोशाक की टीमटाम तो बरसों चली। लेकिन अब मैंने विद्यार्थी का बाना धारण किया।

16. बदलाव

कोई यह न मानकर चले कि नाच आदि के मेरे प्रयोग उस समय की मेरी स्वच्छंदता के सूचक हैं। पाठकों ने देखा होगा कि उनमें कुछ समझदारी भी थी। मोह के उस काल में भी मैं एक हद तक सावधान था। पाई-पाई का हिसाब रखता था। खर्च का अंदाज रखता था। मैंने हर महीने पंद्रह पौंड से अधिक खर्च न करने की सीमा बांध रखी थी। गाड़ी में आने-जाने का या डाक का खर्च और अख़बार वगैरह खरीदने में खर्च की गई पाई-पाई का हिसाब भी हमेशा लिखता था, और सोने से पहले हमेशा अपनी नकदी का हिसाब-किताब मिला लिया करता था। यह आदत अंत तक बनी रही और मैं जानता हूं कि इससे सार्वजनिक जीवन में मेरे हाथों लाखों रुपयों का जो लेन-देन हुआ है, उसमें मैं काफी हद तक किफायत से काम ले सका हूं और आगे भी मेरी देखरेख में जितने भी आंदोलन चले, उनमें मैंने कभी कर्ज नहीं लिया, बल्कि हर आंदोलन में कुछ न कुछ बचाकर ही दिखाया। यदि हर नवयुवक

उसे मिलनेवाले थोड़े रुपयों का भी हिसाब सावधानी के साथ रखेगा, तो उसका लाभ वह भी उसी तरह अनुभव करेगा, जिस तरह भविष्य में मैंने और जनता ने किया।

अपने रहन-सहन पर मेरा कुछ नियंत्रण था, इस कारण मैं देख सका कि मुझे कितना खर्च करना चाहिए। अब मैंने अपने खर्च कम करके आधे पर ले आने का निर्णय लिया। हिसाब जांचने से पता चला कि गाड़ी-भाड़े का मेरा खर्च काफी होता था। फिर किसी न किसी परिवार में रहने से हर हफ्ते कुछ खर्च तो होता ही था। किसी दिन परिवार के सदस्यों को बाहर खाने के लिए ले जाने का शिष्टाचार बरतना भी ज़रूरी था। कभी उनके साथ दावत में जाना पड़ता, तो गाड़ी का किराया अलग से जुड़ जाता था। कोई लड़की साथ हो, तो मर्द होने के नाते शिष्टाचारवश उसका खर्च चुकाना ज़रूरी हो जाता था। जब बाहर जाता, तो खाने के लिए घर न पहुंच पाता। वहां तो पैसे पहले से ही चुकाये रहते और बाहर खाने के पैसे अलग से देने पड़ते। मैंने देखा कि इस तरह के कई खर्चों से बचा जा सकता है। महज शरम की वजह से होनेवाले खर्चों से बचने की बात भी समझ में आई।

अब तक तो मैं परिवारों में रहता आया था। अब मैंने अपना ही कमरा लेकर रहने का फैसला किया और यह भी तय किया कि काम के अनुसार और अनुभव पाने के लिए अलग-अलग मुहल्लों में घर बदलता रहूंगा। घर मैंने ऐसी जगह पसंद किए कि जहां से काम की जगह पर आधे घंटे में पैदल पहुंचा जा सके और गाड़ी का किराया बचे। इससे पहले जहां जाना होता, वहां का गाड़ी का किराया हमेशा चुकाना पड़ता और घूमने के लिए अलग से समय निकालना पड़ता था। अब काम पर जाते हुए ही घूमने की व्यवस्था जम गई, और इस व्यवस्था के कारण मैं रोज़ आठ-दस मील तक आसानी से घूम लेता था। खासकर इस एक आदत के कारण मैं इंग्लैंड में शायद ही कभी बीमार पड़ा होऊंगा। मेरा शरीर काफी मज़बूत हो गया।

परिवार में रहना छोड़कर मैंने दो कमरे किराये पर लिए। एक सोने के लिए और दूसरा बैठक के रूप में इस्तेमाल के लिए। यह बदलाव का दूसरा दौर कहा जा सकता है। तीसरा दौर अभी आना बाकी था।

इस तरह से खर्च आधा रह गया। लेकिन समय का क्या हो? मैं जानता था कि बैरिस्टरी की परीक्षा के लिए बहुत ज्यादा पढ़ना जरूरी नहीं है; इसलिए मुझे कोई चिंता नहीं थी। लेकिन मेरी परेशानी ये थी कि अंग्रेज़ी में मेरा हाथ तंग था। लेली साहब (बाद में सर फ्रेड्रिक) के शब्द—तुम बी.ए. हो जाओ, फिर आना—मुझे कचोटते थे। मैंने सोचा, मुझे बैरिस्टर बनने के अलावा कुछ और भी पढ़ना चाहिए। ऑक्सफोर्ड और केम्ब्रिज की पढ़ाई का पता लगाया। कई मित्रों से मिला। मैंने देखा कि वहां जाने से खर्च बहुत बढ़ जाएगा और पढ़ाई लम्बी खिंचेगी। मैं तीन साल से अधिक रह नहीं सकता था। किसी मित्र ने बताया, 'अगर तुम्हें कोई कठिन परीक्षा ही देनी हो, तो तुम लंदन की मैट्रिक्युलेशन की परीक्षा पास कर लो। उसमें मेहनत काफी करनी पड़ेगी और तुम्हारा सामान्य ज्ञान बढ़ेगा। खर्च बिलकुल नहीं बढ़ेगा।' मुझे यह सुझाव अच्छा लगा। लेकिन परीक्षा के विषय देखकर मैं चौंका। लेटिन और दूसरी एक आधुनिक भाषा अनिवार्य थी। लेटिन कैसे सीखी जाए? लेकिन मित्र ने सुझाया, 'वकील के लिए लेटिन बहुत उपयोगी है। लेटिन जाननेवाले के लिए कानूनी किताबें समझना आसान हो जाता है, और रोमन लॉ की परीक्षा में एक प्रश्न

पत्र तो केवल लेटिन भाषा में ही होता है। इसके अलावा, लेटिन जानने से अंग्रेज़ी भाषा पर प्रभुत्व बढ़ता है।' इन सब तर्कों का मुझ पर असर हुआ। मैंने सोचा, मुश्किल हो चाहे न हो, लेकिन लेटिन तो सीख ही लेनी है। फ्रेंच की शुरू की हुई पढ़ाई को भी पूरा करना है। इसलिए तय किया कि दूसरी भाषा फ्रेंच हो।

मैट्रिक्युलेशन की एक प्राइवेट कक्षा चलती थी। उसमें प्रवेश ले लिया। हर छठे महीने परीक्षा होती थी। मेरे पास मुश्किल से पांच महीने का समय था। यह काम मेरे बूते के बाहर था। नतीजा यह हुआ कि सभ्य बनने की जगह मैं अत्यंत उद्यमी विद्यार्थी बन गया। टाइम टेबल बनाया। एक-एक मिनट का उपयोग किया। लेकिन मेरी बुद्धि या स्मरण-शक्ति ऐसी नहीं थी कि दूसरे विषयों के अतिरिक्त लेटिन और फ्रेंच की तैयारी कर सकूं। परीक्षा में बैठा। लेटिन में फेल हो गया। दुख तो हुआ, लेकिन हिम्मत नहीं हारा। लेटिन में मन रमने लगा था। मैंने सोचा कि दूसरी बार परीक्षा में बैठने से फ्रेंच और अच्छी हो जाएगी और विज्ञान में नया विषय ले लूंगा। प्रयोगों के अभाव में रसायनशास्त्र मुझे रुचता ही न था। हालांकि अब देखता हूं कि उसमें खूब रस आना चाहिए था। हिंदुस्तान में तो यह विषय सीखा ही था, इसलिए लंदन की मैट्रिक के लिए भी पहली बार इसी को पसंद किया था। इस बार प्रकाश और ऊष्मा (Light) और (Heat) विषय लिए। यह विषय आसान माना जाता था। मुझे भी आसान लगा।

एक बार फिर परीक्षा देने की तैयारी के साथ ही अपने रहन-सहन में और सादगी लाने का प्रयास शुरू किया। मैंने पाया कि अभी अपने परिवार की गरीबी के अनुरूप मैं अपने जीवन में उतनी सादगी नहीं ला पाया हूं। बड़े भाई की अपनी आर्थिक तंगी के बावजूद मेरे लिए उनकी उदारता की बात ने मुझे व्याकुल बना दिया। वे खुले हाथ मेरी मांगें पूरी कर रहे थे। मैंने देखा कि जो लोग हर महीने 15 पौंड या 8 पौंड खर्च करते थे, उन्हें तो छात्रवृत्तियां मिलती थीं। मैं देखता था कि मुझसे भी अधिक सादगी से रहनेवाले लोग भी हैं। मैं ऐसे गरीब विद्यार्थियों के संपर्क में आता रहा था। एक विद्यार्थी लंदन की गरीब बस्ती में हफ्ते के दो शिलिंग देकर एक कोठरी में रहता था और लोकार्ट की कोको की सस्ती दुकान में दो पेनी का कोको और ब्रेड खाकर गुज़ारा करता था। उससे होड़ लेने की तो मेरी औकात नहीं थी, लेकिन मैंने पाया कि मैं बेशक दो के बदले एक कमरे में रह सकता हूं और आधी रसोई अपने हाथ से भी बना सकता हूं। इस तरह से मैं हर महीने चार या पांच पौंड में अपना निर्वाह कर सकता हूं। सादे रहन-सहन पर किताबें भी पढ़ चुका था। दो कमरे छोड़ दिए और हफ्ते के आठ शिलिंग पर एक कमरा किराये पर लिया। एक अंगीठी खरीदी और सुबह का खाना अपने हाथ से बनाना शुरू किया। इसमें मुश्किल से बीस मिनट लगते थे। जई के आटे का दलिया बनाने और कोको के लिए पानी उबालने में कितना समय लगता? दोपहर का खाना बाहर खा लेता और शाम को फिर कोको बनाकर ब्रेड के साथ खा लेता। इस तरह मैं एक से सवा शिलिंग के अंदर रोज़ के अपने खाने का इंतज़ाम करना सीख गया। यह मेरी अधिक से अधिक पढ़ाई का समय था, जीवन सादा बन जाने से समय अधिक बचा। दूसरी बार परीक्षा में बैठा और पास हुआ।

लेकिन पाठक यह न मानकर चलें कि सादगी से मेरा जीवन नीरस बन गया होगा। उलटे, इन बदलावों के कारण मेरी आंतरिक और बाह्य स्थिति के बीच समरसता पैदा हुई,

पारिवारिक स्थिति के साथ मेरे रहन-सहन का मेल बैठा, जीवन में और अर्थ भरे और मेरी आत्मा आनंद से भर उठी।

17. खुराक के प्रयोग

मैं जैसे-जैसे जीवन की गहराई में उतरता गया, वैसे-वैसे मुझे बाहर और भीतर के आचरण में बदलाव करने की ज़रूरत का पता चलता गया। जिस गति से रहन-सहन और खर्च में बदलाव हुए, उसी गति से अथवा उससे भी अधिक वेग से मैंने खुराक में बदलाव करना शुरू किया। मैंने पाया कि शाकाहार-विषयक अंग्रेज़ी किताबों में लेखकों ने बहुत बारीकी से विचार किया था। उन्होंने धार्मिक, वैज्ञानिक, व्यावहारिक और वैद्यकीय दृष्टि से शाकाहार की छानबीन की थी। नैतिक दृष्टि से उन्होंने यह सोचा था कि मनुष्य को पशु-पक्षियों पर जो श्रेष्ठता मिली है, वह उन्हें मारकर खाने के लिए नहीं, बल्कि उनकी रक्षा के लिए है; या जिस तरह से मनुष्य एक-दूसरे का उपयोग करते हैं, लेकिन एक-दूसरे को खाते नहीं, उसी प्रकार पशु-पक्षी भी उपयोग के लिए हैं, खाने के लिए नहीं और उन्होंने देखा कि खाना भोग के लिए नहीं, बल्कि जीने के लिए ही है। इस कारण कइयों ने आहार में मांस का ही नहीं बल्कि अंडों और दूध का भी त्याग सुझाया और किया। विज्ञान की दृष्टि से और मनुष्य की शरीर-रचना को देखकर कई लोग इस नतीजे पर पहुंचे कि मनुष्य को खाना पकाकर खाने की ज़रूरत ही नहीं है; वह पेड़ पर कुदरती तौर पर पके हुए फल, वनपक्व फल ही खाने के लिए जनमा है। दूध उसे केवल मां का ही पीना चाहिए। दांत निकलने के बाद तो उसे चबा सकने लायक खुराक ही लेनी चाहिए। वैद्यकीय दृष्टि से उन्होंने मिर्च-मसालों का त्याग सुझाया और व्यावहारिक अथवा आर्थिक दृष्टि से उन्होंने बताया कि कम-से-कम खर्चवाली खुराक शाकाहार ही हो सकती है। मुझ पर इन चारों दृष्टिकोणों का प्रभाव पड़ा और शाकाहार देनेवाले होटलों में मैं चारों दृष्टिकोणों वाले व्यक्तियों से मिलने लगा। इंग्लैंड में इनका एक समाज था और उनका एक साप्ताहिक पत्र भी निकलता था। मैं साप्ताहिक पत्र का ग्राहक बना और समाज का सदस्य। कुछ ही समय में मुझे उसकी कमेटी में ले लिया गया। यहां पर मेरा परिचय ऐसे लोगों से हुआ, जो शाकाहारियों में गणमान्य माने जाते थे। मैं प्रयोगों में व्यस्त हो गया।

घर से जो मिठाई-मसाले वगैरह मंगाए थे, वे लेने बंद कर दिए, और मन दूसरी बातों में रमने लगा। इस कारण मसालों का प्रेम कम हो गया, और जो सब्जी रिचमंड में बिना मसाले के बेस्वाद मालूम होती थी, वह अब सिर्फ उबाली हुई स्वादिष्ट लगने लगी। ऐसे अनेक अनुभवों से मैंने यह सीखा कि स्वाद का सच्चा स्थान जीभ नहीं, बल्कि मन है।

आर्थिक कारण तो मेरे सामने थे ही। उन दिनों एक संप्रदाय ऐसा था, जो चाय-कॉफी को हानिकारक मानता था और कोको का समर्थन करता था। मैं यह समझ चुका था कि केवल उन्हीं वस्तुओं का सेवन करना चाहिए जिनके बिना शरीर का काम नहीं चलता। इस कारण मैंने चाय और कॉफी पीना छोड़ दिया और कोको को अपनाया।

जिस होटल में मैं जाया करता था, वह दो हिस्सों में बंटा हुआ था। एक में जितना मन हो उतनी चीज़ें खाओ। पैसे उसी हिसाब से देने होते थे। इसमें एक बार में शिलिंग-दो

शिलिंग का भी खर्च हो जाता था। इस हिस्से में अच्छी हैसियत के लोग जाते थे। दूसरे हिस्से में छह पेनी में तीन चीज़ें और ब्रेड का एक स्लाइस मिलता था। जिन दिनों मैंने खूब किफायत शुरू की थी, उन दिनों मैं अक्सर छह पेनीवाले हिस्से में जाता था।

इन सब प्रयोगों के साथ छोटे-मोटे प्रयोग तो बहुत होते रहे। कभी स्टार्चवाला आहार छोड़ा, कभी सिर्फ ब्रेड और फल पर ही रहा और कभी पनीर, दूध और अंडों का ही सेवन किया।

यह आखिरी प्रयोग उल्लेखनीय है। यह पंद्रह दिन भी नहीं चला। स्टार्च-रहित आहार का समर्थन करनेवालों ने अंडों के तो सब गुणगान किए और यह सिद्ध किया था कि अंडे मांस नहीं हैं। यह तो स्पष्ट ही है कि अंडे खाने से किसी जीवित प्राणी को दुख नहीं पहुंचता, इस तर्क के भुलावे में आकर मैंने मां के सामने की हुई प्रतिज्ञा के रहते भी अंडे खाए, लेकिन मेरा यह मोह क्षणिक था। प्रतिज्ञा का नया अर्थ करने का मुझे अधिकार न था। अर्थ तो प्रतिज्ञा करानेवाले का ही माना जा सकता था। मांस न खाने की प्रतिज्ञा करानेवाली मां को अंडों का तो खयाल ही नहीं हो सकता था, इसे मैं जानता था। इस कारण प्रतिज्ञा के रहस्य का बोध होते ही मैंने अंडे छोड़े और ये प्रयोग भी छोड़ा।

यह एक सूक्ष्म रहस्य है और ध्यान में रखने योग्य है। इंग्लैंड में मैंने मांस की तीन व्याख्याएं पढ़ी थीं। एक के अनुसार मांस का अर्थ पशु-पक्षी का मांस था। इसलिए ये व्याख्याकार उसका त्याग करते थे, लेकिन मछली खाते थे; अंडे तो खाते ही थे। दूसरी व्याख्या के अनुसार साधारण मनुष्य जिसे जीव के रूप में जानता है, उसका त्याग किया जाता था। इसके अनुसार मछली त्याज्य थी, लेकिन अंडे खाए जा सकते थे। तीसरी व्याख्या में आम तौर पर जितने भी जीव माने जाते हैं, उनके और उनसे उत्पन्न होनेवाले पदार्थों के त्याग की बात कही गई थी। इस व्याख्या के अनुसार अंडों का और दूध का भी त्याग किए जाने की बात थी। यदि मैं इनमें से पहली व्याख्या को मानता, तो मछली भी खा सकता था। लेकिन मैं समझ गया था कि मेरे लिए तो मां की व्याख्या ही पत्थर की लकीर है। इसलिए यदि मुझे उनके सामने ली गई प्रतिज्ञा का पालन करना हो, तो अंडे खाने ही नहीं चाहिए। इस कारण मैंने अंडे खाने छोड़ दिए। मेरे लिए यह बहुत कठिन हो गया, क्योंकि बारीकी से पूछताछ करने पर पता चला कि शाकाहारवाले होटल में भी अंडों वाली बहुत-सी चीज़ें बनती थीं। कहने का मतलब ये कि वहां भी संयोग से मुझे तब तक परोसनेवालों से पूछताछ करनी पड़ी थी, जब तक कि मैं अच्छा जानकार न हो गया; क्योंकि कई तरह के पुडिंग में और कई तरह के केक में तो अंडे होते ही थे। इस कारण, एक तरह से तो मैं जंजाल से छूटा, क्योंकि थोड़ी और बिलकुल सादी चीज़ें ही ले सकता था। दूसरी तरफ थोड़ा आघात भी लगा, क्योंकि मुझे कई ऐसी चीज़ें छोड़नी पड़ी थीं जिन्हें खाने का मुझे चस्का लगा हुआ था। लेकिन वह आघात क्षणिक था। प्रतिज्ञा-पालन का स्वच्छ, सूक्ष्म और स्थायी स्वाद उस क्षणिक स्वाद की तुलना में मुझे अधिक प्रिय लगा।

लेकिन सच्ची परीक्षा तो आगे होनेवाली थी, और वह एक दूसरे व्रत के निमित्त से। जिसे राम रखे, उसे कौन चखे?

इस अध्याय को समाप्त करने से पहले प्रतिज्ञा के अर्थ के विषय में कुछ कहना ज़रूरी है। मेरी प्रतिज्ञा मां के सामने किया हुआ एक करार था। दुनिया में बहुत से झगड़े केवल करार के अर्थ के कारण होते हैं। इकरारनामा कितनी ही स्पष्ट भाषा में क्यों न लिखा

जाए, तो भी भाषाशास्त्री राई का पर्वत कर देंगे। इसमें सभ्य-असभ्य का भेद नहीं रहता। स्वार्थ सबको अंधा बना देता है। राजा से लेकर रंक तक सभी लोग करारों के खुद को अच्छे लगनेवाले अर्थ करके दुनिया को, खुद को और भगवान को धोखा देते हैं। इस प्रकार पक्षकार लोग जिस शब्द अथवा वाक्य का अपने अनुकूल पड़नेवाला अर्थ करते हैं, न्यायशास्त्र में उसे द्वि-अर्थी मध्यम पद कहा गया है। स्वर्ण न्याय तो यह है कि विपक्ष ने हमारी बात का जो अर्थ माना हो, वही सच माना जाए; हमारे मन में जो हो वह खोटा अथवा अधूरा है और ऐसा ही दूसरा स्वर्ण न्याय यह है कि जहां दो अर्थ हो सकते हों, वहां दुर्बल पक्ष जो अर्थ करे, वही सच माना जाना चाहिए। इन दो स्वर्ण मार्गों का त्याग होने से ही अक्सर झगड़े होते हैं और अधर्म चलता है और इस अन्याय की जड़ असत्य है। जिसे सत्य के ही मार्ग पर जाना है, उसे स्वर्ण मार्ग सहज भाव से मिल जाता है। उसे शास्त्र नहीं खोजने पड़ते। मां ने मांस शब्द का जो अर्थ माना और जिसे मैं उस समय समझा, वही मेरे लिए सच्चा था। वह अर्थ नहीं जिसे मैं अपने अधिक अनुभव से या अपनी विद्वत्ता के मद में सीखा-समझा था।

इस समय तक के मेरे प्रयोग आर्थिक और स्वास्थ्य की दृष्टि से होते थे। इंग्लैंड में उन्होंने धार्मिक स्वरूप ग्रहण नहीं किया था। धार्मिक दृष्टि से मेरे कठिन प्रयोग दक्षिण अफ्रीका में हुए, जिनकी छानबीन आगे करनी होगी। लेकिन कहा जा सकता है कि उनका बीज इंग्लैंड में बोया गया था।

जो आदमी नया धर्म स्वीकार करता है, उसमें उस धर्म के प्रचार का जोश उस धर्म में जन्मे हुए लोगों की तुलना में अधिक पाया जाता है। इंग्लैंड में तो शाकाहार एक नया धर्म ही था और मेरे लिए भी वह वैसा ही माना जाएगा, क्योंकि बुद्धि से तो मैं मांसाहार का हिमायती बनने के बाद ही इंग्लैंड गया था। शाकाहार की नीति को ज्ञानपूर्वक तो मैंने इंग्लैंड में ही अपनाया था। इसलिए मेरी स्थिति नए धर्म में प्रवेश करने जैसी बन गई थी, और मुझमें नवधर्मी का जोश आ गया था। इस कारण उस समय मैं जिस बस्ती में रहता था, उसमें मैंने शाकाहारी सोसाइटी की स्थापना करने का निश्चय किया। इस बस्ती का नाम बेज़वॉटर था। इसमें सर एडविन आर्नल्ड रहते थे। मैंने उन्हें उप-सभापति बनने को निमंत्रित किया। वे बने। डॉक्टर ओल्डफील्ड सभापति बने। मैं मंत्री बना। यह संस्था कुछ समय तक तो अच्छी चली; लेकिन कुछ महीनों के बाद दम तोड़ गई क्योंकि मैंने एक खास अवधि के बाद अपने नियमों के कारण वह बस्ती छोड़ दी। लेकिन अल्प अवधि के और इस छोटे से अनुभव से मुझे संस्थाओं का गठन करने और उन्हें चलाने का कुछ अनुभव मिला।

18. शर्मीलापन–मेरी ढाल

मैं शाकाहारी सभा की कार्यकारिणी समिति का सदस्य चुन लिया गया था और उसकी सभी बैठकों में हाजिर भी रहता था लेकिन बोलने के लिए मेरी जीभ खुलती ही न थी। डॉक्टर ओल्डफिस्ट मुझसे कहते, 'मेरे साथ तो तुम काफी बात कर लेते हो लेकिन समिति की बैठक में तुम्हारा मुंह ही नहीं खुलता। तुम्हें तो नरमक्खी की उपमा दी जानी चाहिए।' मैं इस विनोद को समझ गया। मक्खियां निरंतर उद्यमशील रहती हैं। लेकिन नरमक्खी

हमेशा खाती-पीती रहती है और कोई काम नहीं करती। समिति में जब सभी लोग अपनी-अपनी बात कह रहे होते तो मैं गूंगा बनकर बैठा रहता था। ऐसा नहीं था कि कुछ बोलने का मेरा मन न होता लेकिन मैं बोलता तो क्या बोलता! सभी सदस्य मुझे अपने से अधिक जानकार लगते थे। फिर भी कभी किसी विषय पर बोलने की ज़रूरत महसूस होती मैं जब तक कुछ कहने की हिम्मत जुटा पाता, तब तक दूसरे विषय पर बात छिड़ जाती। बहुत दिन तक ऐसा ही चलता रहा।

इस बीच समिति में एक गम्भीर विषय उठा। उसमें भाग न लेना मुझे अन्याय होने देने जैसा लगा। गूंगे की तरह मत देकर शांत रहने में नामर्दगी महसूस हुई। टेम्स आयरन वर्क्स के मालिक मिस्टर हिल्स इस सभा के अध्यक्ष थे। वे नीति के कट्टर हिमायती थे। यह कहा जा सकता था कि ये सभा उन्हीं के पैसों से चल रही थी। समिति के कई सदस्य तो उन्हीं के आसरे पल रहे थे। इस समिति में डॉक्टर एलिन्सन भी थे। उन दिनों ये आंदोलन चल रहा था कि कृत्रिम उपायों से संतानोत्पत्ति पर नियंत्रण रखा जाए। डॉक्टर एलिन्सन इन उपायों के हिमायती थे और मज़दूरों के बीच इसका प्रचार-प्रसार कर रहे थे। मिस्टर हिल्स को ये उपाय नीति विरोधी लगे। उनके विचार से शाकाहारी सभा केवल आहार में सुधार पर विचार करने के लिए ही नहीं थी बल्कि ये नीति-विषयक निर्णय लेने के लिए भी थी। इसलिए उनकी राय थी कि डॉक्टर एलिन्सन जैसे समाज विरोधी विचार रखनेवाले व्यक्तियों को इस सभा में नहीं रहना चाहिए। इसलिए डॉक्टर एलिन्सन को सभा से निष्कासित करने का प्रस्ताव आया। मैं इस चर्चा में खूब रस ले रहा था। डॉक्टर एलिन्सन के कृत्रिम उपायोंवाले विचार मेरी दृष्टि में भी भयंकर थे। इनके विरोध में मैं मिस्टर हिल्स के विरोध को सही और शुद्ध नीति मान रहा था। मिस्टर हिल्स के प्रति मेरे मन में बहुत सम्मान था। मैं उनकी उदारता के कारण उनका आदर करता था लेकिन मुझे इस बात में भी साफ अन्याय दिखायी दिया कि शुद्ध नीति के नियमों को न माननेवाले को उसकी अश्रद्धा के कारण शाकाहारी सभा में से बाहर निकाल दिया जाए। मुझे ये लगा कि स्त्री-पुरुष के संबंधों के बारे में मिस्टर हिल्स के विचार उनके निजी विचार थे। सभा के सिद्धांतों के साथ उनका कुछ भी लेना-देना नहीं था। सभा का उद्देश्य तो शाकाहार का प्रचार-प्रसार करना था। अन्य नीतियां इसके दायरे में नहीं आती थीं। इसलिए मेरा मानना था कि दूसरी अनेक नीतियों का अनादर करनेवाले, उन्हें न माननेवाले का भी समिति में स्थान हो सकता है।

समिति में मेरे जैसे विचार रखनेवाले दूसरे लोग भी थे। लेकिन मुझे तो अपने विचार सामने रखने का जोश चढ़ा हुआ था। अब मेरे सामने यक्ष प्रश्न बन गया कि अपने विचारों को सामने रखा कैसे जाए। बोलने की मेरी हिम्मत नहीं थी। इसलिए मैंने फैसला किया कि अपने विचार लिखकर अध्यक्ष महोदय को दे दिए जाएं। मैं अपना लेख ले गया। जहां तक मुझे याद आता है मैं अपने लेख को पढ़ पाने की हिम्मत भी नहीं जुटा सका था। अध्यक्ष महोदय ने यह लेख दूसरे सदस्य से पढ़वाया। डॉक्टर एलिन्सन का पक्ष हार गया। इस तरह से मैं अपने पहले ही युद्ध में हारनेवाले पक्ष की तरफ रहा। लेकिन मुझे इस बात का पूरा संतोष रहा कि मैंने सच्चाईवाले पक्ष के समर्थन में अपनी बात कही थी। मुझे कुछ ऐसा याद आता है कि उसके बाद मैंने उस समिति से त्यागपत्र दे दिया था।

मेरा शर्मीलापन इंग्लैंड में आखिर तक बना रहा। किसी से मिलने जाने पर भी, जहां मैंने पांच-सात व्यक्ति एकसाथ देखे, मैं गूंगा बन जाता था।

मैं एक बार वेंटनर नाम के बंदरगाह गया था। वहां पर मजमुदार भी थे। वहां के एक शाकाहारी घर में हम दोनों एकसाथ टिके थे। *एथिक्स ऑफ डायट* के लेखक इसी बंदरगाह पर रहते थे। हम उनसे मिले। वहां शाकाहार को प्रोत्साहित करने के लिए एक सभा आयोजित की गई। वहां पर हम दोनों को बोलने का निमंत्रण मिला। दोनों ने निमंत्रण स्वीकार कर लिया। मैंने इस बात को जान ही लिया था कि लिखे हुए भाषण को पढ़ने में कोई दोष नहीं माना जाता। मैंने देखा था कि बहुत से लोग अपने विचारों को सिलसिलेवार और संक्षेप में प्रकट करने के लिए अपना लिखा हुआ पढ़ते थे। मैंने भी अपना भाषण लिख लिया। बोलने की तो हिम्मत ही नहीं थी। जब मैं अपना ही लिखा हुआ भाषण पढ़ने के लिए खड़ा हुआ तो पढ़ ही न सका। आंखों के सामने अंधेरा छा गया और हाथ-पैर कांपने लगे। मेरा भाषण मुश्किल से एक फुलस्केप कागज़ का रहा होगा। मजमुदार ने यह पढ़कर सुनाया। श्रोतागण उनकी बातों का स्वागत तालियों की गड़गड़ाहट के साथ करते थे। मैं शरमाया और बोल न पाने की अपनी कमज़ोरी के लिए दुखी हुआ।

इंग्लैंड में सार्वजनिक रूप से बोलने का अंतिम प्रयास मुझे इंग्लैंड छोड़ते समय करना पड़ा था। इंग्लैंड छोड़ने से पहले मैंने अपने शाकाहारी मित्रों को हॉबर्न रेस्तरां में खाने के लिए न्यौता दिया था। मैंने सोचा कि शाकाहारी होटल में तो शाकाहारी भोजन मिलता ही है, लेकिन जो होटल मांसाहारी भोजन परोसते हैं, वहां पर भी अगर शाकाहारी भोजन मिलने लगे तो क्या बात है! इस बात पर विचार करके मैंने रेस्तरां के मैनेजर के साथ विशेष प्रबंध करके वहां पर भोज दिया। यह नया प्रयोग शाकाहारियों में तो लोकप्रियता पा गया लेकिन मेरी तो फजीहत हो गई। इस तरह के भोजन के इंतज़ाम में भोग का भी अंश रहता है। लेकिन पश्चिम में इसे कला के रूप में विकसित किया गया है। भोजन के समय विशेष सजावट और विशेष टीमटाम की व्यवस्था रहती है। बाजे बजते हैं और भाषण दिए जाते हैं। इस छोटे से भोज में भी ये सब आडम्बर तो था ही। मेरे भाषण का समय आया। मैं उठ खड़ा हुआ। खूब सोच-समझकर बोलने की तैयारी की थी। मैंने थोड़े से ही वाक्य लिखे थे लेकिन पहले ही वाक्य से आगे न बढ़ सका। एडीसन के विषय में पढ़ते हुए मैंने उनके संकोची स्वभाव के बारे में पढ़ा था। हाउस ऑफ कॉमंस में उनके पहले भाषण के बारे में कहा जाता है कि उन्होंने 'मेरी धारणा है,' 'मेरी धारणा है,' 'मेरी धारणा है' (आइ कन्सीव) यह वाक्य तीन बार कहा लेकिन इस वाक्य से आगे न बढ़ सके। अंग्रेजी शब्द 'कन्सीव' का अर्थ धारणा तो है ही, उसका अर्थ गर्भधारण भी है। इसलिए जब एडिसन इससे आगे न बढ़ सके तो लोकसभा के एक मज़ाकिया सदस्य ने कहा, 'इन सज्जन ने तीन बार गर्भधारण किया लेकिन पैदा कुछ भी न कर सके।' यह कहानी मैंने सोच रखी थी और एक छोटा-सा मज़ाकिया भाषण देने का मेरा इरादा था। इसलिए मैंने अपने भाषण की शुरूआत इसी कहानी से की लेकिन गाड़ी वहीं पर अटक गई। सोचा-समझा हुआ सबकुछ भूल गया और मज़ाकिया भाषण करने के बजाय मैं खुद मज़ाक का पात्र बन बैठा। 'सज्जनो, आप सबने मेरा निमंत्रण स्वीकार किया, इसके लिए मैं आपका आभार मानता हूं' इतना कहकर मुझे बैठ जाना पड़ा।

ये कहा जा सकता है कि मेरा शर्मीला स्वभाव दक्षिण अफ्रीका में आकर ही छूटा। बिलकुल ही छूट गया, ये तो आज भी नहीं कहा जा सकता। बोलते समय सोचना तो पड़ता ही है। नए समाज के सामने बोलते हुए सकुचाता हूं। बोलने से बचा जा सके तो ज़रूर बच जाता हूं। ऐसी स्थिति तो आज भी नहीं आ पाई है कि मित्रमंडली में बैठे हुए कोई खास बात कर सकूं या बात करने की इच्छा ही होती हो।

अपने इस शर्मीले स्वभाव के कारण मेरी फज़ीहत तो हुई लेकिन कभी मेरा नुक़सान नहीं हुआ। बल्कि मैं अब देख सकता हूं कि इस कारण से मेरा फायदा ही हुआ है। बोलने में होनेवाला संकोच पहले मुझे दुख देता था लेकिन अब सुखकर लगता है। इसका सबसे बड़ा फायदा तो यही हुआ कि मैं शब्दों की किफायत करना सीख गया। मुझे अपने विचारों पर नियंत्रण रखने की आदत सहज ही पड़ गई। मैं अपने-आपको ये प्रमाणपत्र दे सकता हूं कि मेरी ज़ुबान या कलम से बिना सोचे-समझे या बिना तौले शायद ही कोई शब्द निकलता हो। याद नहीं पड़ता कि अपने किसी लेख या भाषण के किसी अंश के कारण कभी मुझे शर्मिंदगी उठानी पड़ी हो या पछताना पड़ा हो। मैं अनेक संकटों से बच गया हूं और मुझे अपना बहुत-सा समय बचा लेने का फायदा हुआ है।

अनुभव ने मुझे यह भी सिखाया है कि सत्य के पुजारी को मौन रहना ही चाहिए। लोग जाने-अनजाने भी अक्सर बातें बढ़ा-चढ़ाकर करते ही हैं या जो कुछ कहने योग्य है, उसे छुपाते हैं, या दूसरे तरीके से कहते हैं। ऐसे सारे संकटों से बचने के लिए भी मितभाषी होना आवश्यक है। कम बोलनेवाला सोचे-समझे बिना नहीं बोलेगा। वह अपने हर शब्द को पहले तौलता है। अक्सर लोग बोलने के लिए अधीर हो जाते हैं। 'मुझे भी कुछ कहना है' इस आशय की पर्ची किस सभापति को नहीं मिलती? फिर उसे बोलने के लिए जो समय दिया जाता है, वह पूरा नहीं पड़ता। वह बोलने के लिए और समय मांगता है। और ऐसा भी होता है कि वह बिना अनुमति के ही बोलता चला जाता है। शायद ही ऐसा होता हो कि इन लोगों के इस तरह से बोलने से दुनिया को कोई लाभ होता हो। लेकिन ये तो तय है कि इतना समय बरबाद हुआ। इसलिए हालांकि मेरी लज्जा शुरू-शुरू में मुझे दुख देती थी, लेकिन आज भी उसे याद करके मुझे आनंद होता है। इससे मुझे परिपक्व होने का लाभ मिला। सत्य की अपनी पूजा में मुझे इससे सहायता मिली।

19. असत्य रूपी विषय

चालीस साल पहले इंग्लैंड जानेवाले हिन्दुस्तानी विद्यार्थी आज की तुलना में कम थे। खुद विवाहित होने पर भी अपने को कुंआरा बताने का उनमें चलन था। उस देश में स्कूल या कॉलेज में पढ़नेवाले कोई विद्यार्थी विवाहित नहीं होते। विवाहित के लिए विद्यार्थी-जीवन नहीं होता। हमारे यहां तो प्राचीन काल में विद्यार्थी ब्रह्मचारी ही कहलाता था। बाल-विवाह की प्रथा तो इस ज़माने की ही देन है। कह सकते हैं कि इंग्लैंड में बाल-विवाह जैसी कोई चीज़ है ही नहीं। इसलिए भारत के युवकों को यह स्वीकार करते हुए शरम लगती है कि वे विवाहित हैं। विवाह की बात छिपाने का दूसरा एक कारण यह है कि अगर विवाह प्रकट हो जाए, तो जिस परिवार में रहते हैं, उसकी जवान लड़कियों के साथ घूमने-फिरने और

हंसी-मज़ाक करने का मौका हाथ से जाता रहेगा। इस तरह के हंसी-मज़ाक में आम तौर पर गलत भावना नहीं होती। माता-पिता इस तरह की मित्रता पसंद भी करते हैं। वहां युवक और युवतियों के बीच ऐसे संपर्क की ज़रूरत भी मानी जाती है, क्योंकि वहां तो प्रत्येक युवक को अपना जीवन-साथी स्वयं खोजना होता है। इसलिए इंग्लैंड में जो संबंध स्वाभाविक माना जाता है, उसे हिन्दुस्तान का नवयुवक इंग्लैंड पहुंचते ही जोड़ना शुरू कर दे, तो नतीजा भयंकर ही होगा। कई बार, ऐसे नतीजे सामने भी आए हैं। फिर भी, हमारे नवयुवक इस मोह-माया में फंसे हुए थे। हमारे नवयुवकों ने उस सोहबत के लिए असत्य आचरण पसंद किया, जो अंग्रेज़ों की दृष्टि से कितना ही निर्दोष होते हुए भी हमारे लिए त्याज्य है। इस फंदे में मैं भी फंस गया। पांच-छह साल से विवाहित और एक बच्चे का बाप होते हुए भी मैंने अपने को कुंआरा बताने में संकोच नहीं किया। लेकिन इसका स्वाद मैंने थोड़ा ही चखा। मेरे शर्मीले स्वभाव ने, मेरे मौन ने, मुझे बहुत कुछ बचा लिया। जब मैं बोल ही न पाता था, तो कौन लड़की फालतू बैठी थी जो मुझसे बात करती? मेरे साथ घूमने के लिए भी शायद ही कोई लड़की निकलती।

मैं जितना शर्मीला था उतना ही डरपोक भी था। वेंटनर में जिस परिवार में मैं रहता था, वैसे परिवार में घर की बेटी हो तो वह, सभ्यता के विचार से ही सही, मेरे जैसे विदेशी को घुमाने ले जाती। सभ्यता के इस विचार से प्रेरित होकर इस घर की मालकिन की लड़की मुझे वेंटनर के आसपास की सुंदर पहाड़ियों पर ले गई। वैसे मेरी चाल कुछ धीमी नहीं थी, लेकिन उसकी चाल मुझसे भी तेज थी। इसलिए मुझे उसके पीछे-पीछे घिसटना पड़ा। वह तो रास्ते भर बातों के गुब्बारे उड़ाती चली, जब कि मेरे मुंह से कभी 'हां' या कभी 'ना' की आवाज़ भर निकलती थी। बहुत हुआ तो 'कितना सुंदर है!' कह देता। इससे ज्यादा बोल न पाता। वह तो हवा में उड़ती चली जाती और मैं यह सोचता रहता कि वापस घर कब पहुंचूंगा। फिर भी यह कहने की हिम्मत न पड़ती कि 'चलो, अब लौट चलें।' इतने में हम एक पहाड़ी की चोटी पर जा पहुंचे। लेकिन अब उतरा कैसे जाए? अपने ऊंची एड़ीवाले जूतों के बावजूद बीस-पचीस साल की वह युवती बिजली की तरह ऊपर से नीचे उतर गई, जब कि मैं शर्मिंदा होकर अभी यही सोच रहा था कि ढलान से कैसे उतरा जाए! वह नीचे खड़ी हंसती है; मुझे हिम्मत बंधाती है; ऊपर आकर हाथ का सहारा देकर नीचे ले जाने को कहती है! मैं अपने-आपको भला इतना नाज़ुक कैसे मान लेता? मुश्किल से पैर जमाता हुआ, कहीं बैठता हुआ, मैं नीचे उतरा। उसने मज़ाक में 'शा–ब्बा–श!' कहकर मुझ शर्माये हुए को और अधिक शर्मिंदा किया। इस तरह के मज़ाक से मुझे शर्मिंदा करने का उसे हक था।

लेकिन हर जगह मैं इस तरह कैसे बच पाता? ईश्वर मेरे अंदर से असत्य का विष निकालना चाहता था। वेंटनर की तरह ही ब्राइटन भी समुद्र-किनारे हवाखोरी की जगह है। एक बार मैं वहां गया था। जिस होटल में मैं ठहरा था, उसमें खुशहाल स्थिति की एक विधवा बुढ़िया भी हवाखोरी के लिए आकर टिकी थी। यह मेरा पहले वर्ष का समय था–वेंटनर के पहले का। यहां मीनू में खाने की सभी चीज़ों के नाम फ्रेंच भाषा में लिखे थे। मैं उन्हें समझता न था। मैं बुढ़ियावाली मेज पर ही बैठा था। बुढ़िया ने देखा कि मैं अजनबी हूं और कुछ परेशानी में भी हूं। उसने बातचीत शुरू की।

'तुम अजनबी-से मालूम होते हो। किसी परेशानी में भी हो। अभी तक कुछ खाने को भी नहीं मंगाया है।'

मैं मीनू पढ़ रहा था और वेटर से पूछने की तैयारी कर रहा था। इसलिए मैंने उस भद्र महिला को धन्यवाद दिया और कहा, 'यह मीनू मेरी समझ में नहीं आ रहा है। मैं शाकाहारी हूं। इसलिए यह जानना ज़रूरी है कि इनमें से कौन-सी चीज़ें मेरे लायक हैं।'

उस महिला ने कहा, 'तो लो, मैं तुम्हारी मदद करती हूं और मीनू समझा देती हूं। तुम्हारे खाने लायक चीज़ें मैं तुम्हें बता सकूंगी।'

मैंने धन्यवादपूर्वक उसकी सहायता स्वीकार की। यहां से हमारा जो संबंध जुड़ा, सो मेरे इंग्लैंड में रहने तक और उसके बाद भी बरसों तक बना रहा। उसने मुझे लंदन का अपना पता दिया और हर रविवार को अपने घर भोजन के लिए आने के लिए आमंत्रित किया। वह दूसरे अवसरों पर भी मुझे अपने यहां बुलाती थी, कोशिश करके मेरा शर्मीलापन छुड़ाती थी, जवान लड़कियों से जान-पहचान कराती थी और उनसे बातचीत करने को ललचाती थी। अपने घर रहनेवाली एक महिला के साथ बहुत बातें करवाती थी। कभी-कभी हमें अकेला भी छोड़ देती थी।

शुरू में मुझे यह सब बहुत कठिन लगा। बात करना सूझता न था। मज़ाक भी क्या किया जाए! लेकिन वह बुढ़िया मुझे होशियार बनाती रही। मैं सीखने लगा। हर रविवार की राह देखने लगा। उस महिला के साथ बातें करना भी मुझे अच्छा लगने लगा।

बुढ़िया हर दिन अपने आकर्षण का जाल बड़ा करती जाती। मुझे लुभाती जाती। उसे हम दोनों के इस संग-साथ में रस आने लगा। उसने तो हम दोनों का हित ही चाहा होगा।

अब मैं क्या करूं? मैंने सोचा, 'क्या ही अच्छा होता, अगर मैं इस भद्र महिला से अपने विवाह की बात कह देता? उस दशा में क्या वह चाहती कि किसी के साथ मेरा ब्याह हो? अब भी देर नहीं हुई है। मैं सच-सच कह दूं, तो और संकट से बच जाऊंगा।' यह सोचकर मैंने उसे एक पत्र लिखा। अपनी स्मृति के आधार पर नीचे उसका सार देता हूं, 'जब से हम ब्राइटन में मिले, आप मुझ पर प्रेम बरसाती रही हैं। मां जिस तरह अपने बेटे की चिंता करती है, उसी तरह आप मेरी चिंता करती हैं। आप तो यह भी मानती हैं कि मुझे ब्याह कर लेना चाहिए, और यही सोचकर आप मेरा परिचय युवतियों से कराती हैं। ऐसे संबंध के अधिक आगे बढ़ने से पहले ही मुझे आपसे यह कहना चाहिए कि मैं आपके प्रेम के योग्य नहीं हूं। मैं आपके घर आने लगा तभी मुझे आपसे यह कह देना चाहिए था कि मैं विवाहित हूं। मैं जानता हूं कि हिन्दुस्तान के जो विद्यार्थी विवाहित होते हैं, वे इस देश में अपने विवाह की बात बताते नहीं। इससे मैंने भी उस रिवाज का अनुकरण किया। लेकिन अब मैं देखता हूं कि मुझे अपने विवाह की बात बिलकुल छिपानी नहीं चाहिए थी। मुझे साथ में यह भी कह देना चाहिए कि मेरा विवाह बचपन में हुआ है और मेरा एक बेटा भी है। आपसे इस बात को छिपाने का अब मुझे बहुत दुख होता है; लेकिन अब भगवान ने सच कह देने की हिम्मत दी है, इससे मुझे आनंद होता है। क्या आप मुझे माफ करेंगी? जिस महिला के साथ आपने मेरा परिचय कराया है, उसके साथ मैंने कोई अनुचित छूट नहीं ली, इसका विश्वास मैं आपको दिलाता हूं। मुझे इस बात का पूरा-पूरा पता है कि मुझे ऐसी छूट नहीं लेनी चाहिए। लेकिन आप तो स्वाभाविक रूप से यह चाहती हैं कि किसी

के साथ मेरा संबंध जुड़ जाए। आपके मन में यह बात आगे न बढ़े, इसके लिए भी मुझे आपके सामने सत्य प्रकट कर देना चाहिए।

'यदि इस पत्र के मिलने पर आप मुझे अपने यहां आने के लिए अयोग्य समझेंगी, तो मुझे उससे ज़रा भी बुरा नहीं लगेगा। आपकी ममता के लिए तो मैं आपका चिरऋणी बन चुका हूं। मुझे स्वीकार करना चाहिए कि अगर आप मेरा त्याग न करेंगी, तो उसे मैं आपके प्रेम की एक नयी निशानी समझूंगा और उस प्रेम के योग्य बनने का सदा प्रयास करता रहूंगा।'

पाठक समझ लें कि यह पत्र मैंने क्षण-भर में नहीं लिख डाला था। न जाने कितने ड्राफ्ट तैयार किए होंगे। लेकिन यह पत्र भेजकर मैंने अपने सिर का एक बड़ा बोझ उतार डाला।

लगभग लौटती डाक से मुझे उस विधवा महिला का उत्तर मिला। उसने लिखा था, 'खुले दिल से लिखा तुम्हारा पत्र मिला। हम दोनों खुश हुईं और खूब हंसीं। तुमने जिस असत्य से काम लिया, वह तो क्षमा के योग्य ही है। लेकिन तुमने अपनी सही स्थिति प्रकट कर दी यह अच्छा ही हुआ। मेरा न्यौता कायम है। अगले रविवार को हम ज़रूर तुम्हारी राह देखेंगी, तुम्हारे बाल-विवाह की बातें सुनेंगी और तुम्हारा मज़ाक उड़ाने का आनंद भी लूटेंगी। विश्वास रखो कि हमारी मित्रता तो जैसी थी वैसी ही रहेगी।'

इस प्रकार मैंने अपने अंदर घुसे हुए असत्य के विष को बाहर निकाल दिया और फिर तो अपने विवाह आदि की बात करने में मुझे कहीं घबराहट नहीं हुई।

20. धर्मों का परिचय

इंग्लैंड में रहते मुझे कोई एक बरस हुआ होगा। इस बीच दो थियॉसॉफिस्ट मित्रों से मेरी पहचान हुई। दोनों सगे भाई थे और अविवाहित थे। उन्होंने मुझसे भगवत गीता की चर्चा की। वे एडविन आर्नल्ड का गीता का अनुवाद पढ़ रहे थे। लेकिन उन्होंने मुझे अपने साथ संस्कृत में गीता पढ़ने के लिए आमंत्रित किया। मैं शरमाया, क्योंकि मैंने गीता संस्कृत में या मातृभाषा में पढ़ी ही नहीं थी। मुझे उनसे कहना पड़ा कि मैंने गीता पढ़ी ही नहीं है, पर मैं उसे आपके साथ पढ़ने को तैयार हूं। संस्कृत का मेरा अध्ययन भी नहीं के बराबर ही है। मैं उसे इतना ही समझ पाऊंगा कि अनुवाद में कोई गलत अर्थ होगा, तो उसे सुधार सकूंगा। इस प्रकार मैंने उन भाइयों के साथ गीता पढ़ना शुरू किया। दूसरे अध्याय के अंतिम श्लोकों में से–

ध्यायतो विषयान्पुंसः संगस्तेषूपजायते।
संगात्संजायते कामः कामाक्रोधोऽभिजायते॥
क्रोधाद् भवति सम्मोहः सम्मोहात्स्मृतिविभ्रमः।
समृतिभ्रंशाद् बुद्धिनाशो बुद्धिनाशात्प्रणश्यति॥

इन श्लोकों का मेरे मन पर गहरा असर पड़ा। उनकी लय मेरे कानों में गूंजती ही रही। उस समय मुझे लगा कि भगवद्गीता अमूल्य ग्रंथ है। यह मान्यता धीरे-धीरे बढ़ती गई और आज तत्वज्ञान के लिए मैं उसे सर्वोत्तम ग्रन्थ मानता हूं। निराशा के समय में इस ग्रन्थ ने मेरी अमूल्य सहायता की है। मैं इसके लगभग सभी अंग्रेज़ी अनुवाद पढ़ गया हूं। लेकिन एडविन आर्नल्ड का अनुवाद मुझे श्रेष्ठ प्रतीत होता है। उसमें मूल ग्रन्थ के भाव

की रक्षा की गई है और वह ग्रन्थ अनुवाद-जैसा नहीं लगता। भगवद्गीता मेरे नित्य पाठ का ग्रंथ तो कई बरस बाद बनी।

इन्हीं भाइयों ने मुझे सुझाव दिया कि मैं सर एडविन आर्नल्ड द्वारा तैयार किया गया बुद्धचरित पढ़ूं। अब तक तो मुझे यही पता था कि सर एडविन आर्नल्ड ने गीता का अनुवाद किया है। मैंने बुद्धचरित भागवत गीता से भी अधिक रस लेकर पढ़ा। यह किताब इतनी रोचक थी कि पूरी करने के बाद ही छोड़ी जा सकी।

ये बंधु मुझे एक बार ब्लैवट्स्की लॉज में भी लेकर गए। वहां पर मेरी भेंट मिसेज ब्लैवट्स्की और मिसेज बीसेंट से कराई गई। मिसेज बीसेंट हाल ही में थियोसोफिकल सोसाइटी से जुड़ी थीं। इसलिए समाचार पत्रों में इसके बारे में जो भी समाचार छपते थे, मैं उन्हें रस लेकर पढ़ा करता था। इन बंधुओं ने मुझे ये भी सुझाव दिया कि मैं इस सोसाइटी में शामिल हो जाऊं। मैंने विनम्रतापूर्वक मना कर दिया और कहा कि मेरा धर्मज्ञान नहीं के बराबर है इसलिए मैं किसी भी पंथ में शामिल नहीं हो सकता। मुझे ऐसा याद आता है कि इन भाइयों की सलाह पर ही मैंने मैडम ब्लैवट्स्की की किताब 'की टू थियोसोफी' पढ़ी थी। इस किताब को पढ़कर मेरी इच्छा हुई कि मैं हिंदू धर्म की पुस्तकें भी पढ़ूं। तब पादरियों के मुंह से सुना गया यह वचन कि हिन्दू धर्म तो अंधविश्वासों से भरा हुआ है, मेरे मन से निकल गया।

लगभग इन्हीं दिनों एक शाकाहारी होटल में मुझे मैंचेस्टर के एक ईसाई सज्जन मिले। उन्होंने मुझसे ईसाई धर्म की चर्चा की। मैंने उन्हें राजकोट का अपना अनुभव सुनाया। ये सुनकर वे दुखी हुए। वे बोले, 'मैं खुद शाकाहारी हूं। मद्यपान भी नहीं करता। यह सच है कि बहुत से ईसाई मांस खाते हैं और शराब पीते हैं लेकिन ईसाई धर्म यह कहीं नहीं कहता कि आपको कर्तव्य मानकर इनका या इनमें से एक का सेवन करना पड़ेगा। मेरी सलाह है कि आप खुद बाइबिल पढ़ें। मैंने उनकी सलाह मान ली। उन्होंने खुद ही बाइबिल खरीदकर दी। मेरा ऐसा खयाल है कि वे खुद बाइबिल बेचा करते थे। उन्होंने मुझे जो बाइबिल बेची उसमें मानचित्र और विषय सूची आदि दिए हुए थे। मैंने उसे पढ़ना शुरू किया। लेकिन मैं पुराना इकरार (ओल्ड टेस्टामेंट) पढ़ ही न सका। सृष्टि रचना यानी जेनेसिस वाला अध्याय तो पढ़ते ही मुझे नींद आ जाती।

लेकिन की यह कह सकने के लिए कि मैंने बाइबिल पढ़ रखी है, मैंने बिना कोई रस लिए और बिना समझे बहुत सारे अध्याय कष्टपूर्वक पढ़े थे।

लेकिन जब मैं नए इकरार (न्यू टेस्टामेंट) तक पहुंचा तो कुछ अलग ही तरह का अनुभव हुआ। मुझ पर यीशू मसीह के गिरि प्रवचन का बहुत प्रभाव पड़ा। यह अध्याय मैंने ह्रदय में बसा लिया। मेरी बुद्धि ने इसकी तुलना भागवत गीता से की। 'जो तुमसे कुर्ता मांगे उसे अंगरखा भी दे दो। जो तुम्हारे बाएं गाल पर थप्पड़ मारे तो अपना दायां गाल भी आगे कर दो।' ये पढ़कर मुझे असीम आनंद हुआ। मुझे 18वीं सदी के गुजराती के प्रसिद्ध कवि शामल भट्ट के छप्पय की याद आ गई। मेरे बाल मन ने भागवत गीता, आर्नल्ड कृत बुद्धचरित और यीशू मसीह के वचनों को एक साथ मिला दिया। ये बात मन में घर कर गई कि त्याग में धर्म है।

इस पठन-पाठन से दूसरे धर्ममनीषियों की जीवनियां पढ़ने की इच्छा हुई। किसी मित्र ने कार्लाइल की हीरोज़ एंड हीरो वर्शिप (विभूतियां और विभूति पूजा) पढ़ने की सलाह दी।

उसमें से मैंने पैगम्बर हज़रत मुहम्मद वाला अध्याय पढ़ा तो मुझे उनकी महानता, वीरता और उनकी तपश्चर्या का पता चला। मैं धर्म के परिचय में इससे आगे न बढ़ सका।

अपनी परीक्षा की पाठ्य-पुस्तकों के अलावा मैं कुछ और पढ़ने का समय ही नहीं निकाल पाया। लेकिन मैंने मन ही मन इस बात का फैसला किया कि मुझे धार्मिक पुस्तकें पढ़नी चाहिए और सभी मुख्य धर्मों का कम से कम परिचय तो पा ही लेना चाहिए।

नास्तिकता के बारे में भी कुछ जाने बिना कैसे चलता? ब्रेडला का नाम तो सभी भारतीय जानते ही थे। वे घनघोर नास्तिक माने जाते थे। इसलिए उनके बारे में एक किताब पढ़ी। उस किताब का नाम नहीं याद आ रहा है। उसका मुझ पर कुछ भी प्रभाव न पड़ा। नास्तिकता के सहारा रेगिस्तान को मैं आसानी से पार कर गया। मिसेज ऐनी बीसेंट का उस समय खूब नाम था। वे नास्तिक से आस्तिक बनी हैं, इस बात ने भी मुझे नास्तिकता के प्रति उदासीन बना दिया। मैंने एनी बीसेंट की किताब 'मैं थियोसोफिस्ट कैसे बनी?' पढ़ ली थी। उन्हीं दिनों ब्रेडला का देहांत हुआ था। मैं उनकी शव-यात्रा में मौजूद था। मेरा खयाल है कि कोई भी हिंदुस्तानी वहां ऐसा नहीं बचा होगा जो वहां न पहुंचा हो। कई पादरी भी उनके प्रति सम्मान प्रकट करने के लिए मौजूद थे। वापिस लौटते समय हम सब एक जगह पर ट्रेन का इंतज़ार कर रहे थे। वहीं पर एक समूह में से किसी पहलवान नास्तिक ने इन पादरियों में से एक के साथ बहस शुरू कर दी, 'क्यों साहब, आप कहते हैं न कि ईश्वर है?'

उस भले आदमी ने बहुत ही धीमे स्वर में जवाब दिया, 'हां, मैं कहता तो हूं।'

पहलवान हंसा और पादरी को जैसे मात दे रहा हो, कुछ इस ढंग से बोला, 'आप ये तो स्वीकार करते हैं कि पृथ्वी की परिधि 28,000 मील है?'

'बेशक।'

'तो ज़रा बताइए तो कि ईश्वर का कद कितना होगा और वह कहां रहता होगा?'

'यदि हम मानें तो वह हम दोनों के हृदय में निवास करता है।'

'जाकर बच्चों को बहलाइए, बच्चों को।' यह कहकर उस पहलवान ने दर्प के साथ हम लोगों की तरफ देखा।

इस संवाद के कारण नास्तिकता के प्रति मेरी नफरत और बढ़ गई।

21. निर्बल के बल राम

धर्मशास्त्र की और दुनिया के धर्मों की कुछ जानकारी तो मुझे मिली लेकिन ये सब मनुष्य को बचा सके, इतनी नहीं थी। जब व्यक्ति पर संकट आता है तो न तो उसे भान होता है न ज्ञान। जब नास्तिक बच जाता है तो यही कहता है कि मैं तो संयोग से बच गया। लेकिन ऐसे ही समय में आस्तिक यही कहता है कि ईश्वर ने बचाया। जब परिणाम सामने आ जाता है तो आस्तिक व्यक्ति यह मानकर चलता है कि धर्मों के अध्ययन और संयम से ही ईश्वर उसके हृदय में वास करता है। उसे ऐसा मान लेने का अधिकार है लेकिन बचते समय वह नहीं जानता कि उसे संयम ने बचाया या किसी और ने। जिस व्यक्ति को अपने संयम बल पर अभिमान होता है, सब जानते हैं कि उसका संयम धूल में मिलते देर नहीं लगती। ऐसी स्थिति में शास्त्र ज्ञान धरे के धरे रह जाते हैं।

बौद्धिक ज्ञान के इस खोखलेपन का अनुभव मुझे इंग्लैंड में हुआ। पहले भी ऐसे अवसर आते रहे थे जब मैं संकटों से बाहर निकल आया करता था लेकिन तब उनका वर्गीकरण नहीं कर सका था। उस समय मेरी उम्र बहुत कम थी। लेकिन अब तो मैं बीस बरस का होने को आया था और गृहस्थ आश्रम का ठीक-ठाक अनुभव ले चुका था।

मेरे इंग्लैंड गमन के अंतिम वर्ष में अर्थात 1890 में पोर्ट्समाउथ में शाकाहारियों का एक सम्मेलन हुआ था। उसमें मुझे और एक हिंदुस्तानी मित्र को आमंत्रित किया गया था। हम दोनों वहां गए थे। हम दोनों को एक महिला के घर पर ठहराया गया था।

पोर्ट्समाउथ खलासियों का बंदरगाह कहलाता है। वहां पर अधिकतर घर ऐसी स्त्रियों के होते हैं जो वेश्याएं तो नहीं होतीं लेकिन उन्हें चरित्रवान भी नहीं कहा जा सकता। ऐसे ही एक घर में हम टिके थे। ऐसा नहीं कहा जा सकता कि स्वागत समिति ने जानबूझकर ऐसे ही घरों में मेहमानों को टिकाने की व्यवस्था की थी। लेकिन पोर्ट्समाउथ जैसे बंदरगाह में जब मुसाफिरों को ठहराने के लिए घरों की तलाश होती है तो यह कहना मुश्किल हो जाता है कि कौन-सा घर अच्छा है और कौन-सा बुरा।

रात हुई। हम सभा से घर लौटे। खाना खाने के बाद ताश खेलने बैठे। इंग्लैंड में अच्छे भले घरों में भी इस तरह से मेहमानों के साथ महिलाएं ताश खेलने बैठती ही हैं। ताश खेलते हुए निर्दोष मज़ाक तो चलता ही रहता है। लेकिन यहां पर तो वीभत्स मज़ाक होना शुरू हो गया। मैं नहीं जानता था कि मेरे साथी इस मामले में मंजे हुए खिलाड़ी हैं। मुझे इस हंसी-मज़ाक में मज़ा आने लगा। मैं भी इसमें शामिल हो गया। मामला शब्दों से क्रिया की ओर बढ़ने लगा था। ताश की गड्डियां एक तरफ सरकाई जा रही थीं। मैं भी आगे बढ़ने की तैयारी में था कि तभी मेरे भले मानस साथी को खटका लगा, 'अरे, तुम ये सब क्यों करने लगे भला! ये तुम्हारा काम नहीं है। चलो फूटो यहां से।' मैं शरमाया। मुझमें चेतना लौटी। मन ही मन मैंने अपने मित्र का उपकार माना। मां के सामने ली गई प्रतिज्ञा याद आई। मैं भागा। कांपता-थरथराता अपने कमरे में पहुंचा। दिल ज़ोरों से धड़क रहा था। मेरी हालत ठीक वैसी ही थी जैसी किसी कातिल के हाथ से छूटे हुए शिकार की होती है।

मुझे अहसास है कि पर-स्त्री को देखकर मेरे मन में विकार आने और उसके साथ रंगरेलियां मनाने की इच्छा होने का मेरे जीवन का यह पहला अवसर था। मैं पूरी रात सो नहीं सका। मुझ पर तरह-तरह के विचार जैसे हमला कर रहे थे। घर छोड़ दूं क्या? भाग जाऊं क्या? मैं कहां हूं? अगर मैं सावधान न रहूं तो मेरी क्या हालत हो? मैंने खूब सावधान होकर व्यवहार करने का फैसला किया। घर तो नहीं ही छोड़ना है। लेकि , जैसे भी हो सके, पोर्ट्समाउथ जल्दी ही छोड़ देना है। सम्मेलन दो दिन से अधिक नहीं चलने वाला था। इसलिए जैसा कि मुझे याद पड़ता है, मैंने पोर्ट्समाउथ दूसरे ही दिन छोड़ दिया था। मेरे साथी पोर्ट्समाउथ में ही कुछ दिन रुके रहे।

उस समय मैं इन बातों को बिलकुल भी नहीं जानता था कि धर्म क्या है, ईश्वर क्या है और वह हममें किस तरह से काम करता है। उस समय तो लौकिक दृष्टि से मुझे यही समझ में आया कि ईश्वर ने मुझे बचा लिया है। लेकिन मुझे विविध क्षेत्रों में ऐसे अनुभव हुए हैं। मैं जानता हूं कि 'ईश्वर ने ही मुझे बचाया' इस वाक्य का अर्थ आज मैं अच्छी

तरह से समझने लगा हूं। लेकिन मैं यह भी जानता हूं कि मैं इस वाक्य का मूल्य आज भी अच्छी तरह से आंक नहीं सका हूं। इसे तो अनुभव से ही आंका जा सकता है। लेकिन मैं ये कह सकता हूं कि कई आध्यात्मिक मामलों में, वकालत के मामलों में, संस्थाएं चलाने में, राजनीति के मामलों में ईश्वर ने ही मुझे बचाया है। मेरा यह भी अनुभव रहा है कि जब हम सारी उम्मीदें छोड़ देते हैं और हाथ पर हाथ धरकर बैठ जाते हैं, तब कहीं न कहीं से मदद भरे हाथ हमारी तरफ बढ़ ही जाते हैं। स्तुति करना, प्रार्थना करना, उपासना करना ये सब वहम नहीं हैं बल्कि ये सब भी उतने ही सच हैं जितने सच हमारा खाना-पीना, चलना-फिरना हैं। बल्कि इन कामों की तुलना में अधिक सच हैं। इस बात में कोई अतिशयोक्ति नहीं है कि यही सच हैं और बाकी सब मिथ्या हैं।

ऐसी उपासना, ऐसी प्रार्थना ये सब निरे वाणी विलास नहीं होते। इनके मूल में कंठ नहीं, हृदय होता है। इसलिए यदि हम हृदय की निर्मलता तक पहुंच जाएं, और मन के तारों को कस लें तो जो सुर उसमें से निकलेंगे, वे ईश्वरीय होंगे। हमें स्वर्ग की-सी अनुभूति कराएंगे। उनका आनंद उठाने के लिए जीभ की ज़रूरत नहीं होती। ऐसी उपासना तो स्वभाव से ही अद्भुत होती है। मेरे मन में इस बात को लेकर कोई शंका नहीं है कि विकार रूपी मन के मैल से मन को शुद्ध करने के लिए उपासना से बढ़कर कोई राम-बाण उपाय नहीं। लेकिन इस प्रसाद को ग्रहण करने के लिए हमारे भीतर नम्रता का वास होना चाहिए।

22. नारायण हेमचंद्र

इन्हीं दिनों नारायण हेमचंद्र इंग्लैंड आए थे। लेखक के रूप में मैंने उनका नाम सुन रखा था। उनसे मैं नेशनल इंडियन एसोसिएशन की मिस मैनिंग के घर पर मिला। मिस मैनिंग जानती थीं कि मैं सबके साथ घुल-मिल नहीं पाता। मैं जब भी उनके घर जाता, गूंगे की तरह एक कोने में बैठा रहता। कोई मुझसे बात करता, तभी मैं बोलता।

उन्होंने नारायण हेमचंद्र से मेरा परिचय कराया।

वे अंग्रेज़ी नहीं जानते थे। वे विचित्र कपड़े पहने हुए थे। बेढंगी से पैंट पहनी हुई थी। ऊपर सिलवटोंवाला, गले की तरफ मैल से चीकट, बादामी रंग का कोट पहना हुआ था। नेकटाई या कॉलर नहीं थे। कोट पारसी डिज़ाइन का था लेकिन बेढंगा था। सिर पर ऊन की बनी हुई टोपी थी। नारायण हेमचंद्रजी ने लम्बी दाढ़ी बढ़ा रखी थी।

उनका कद इकहरा और ठिंगना कहा जा सकता था। मुंह पर चेचक के दाग थे। चेहरा गोल, नाक न तो नुकीली थी, न चपटी। वे अपनी दाढ़ी पर हाथ फेरते रहते।

सब लोगों के बीच नारायण हेमचंद्र विचित्र जान पड़ते थे और सबके बीच अलग-थलग नज़र आते थे।

"मैंने आपका बहुत नाम सुना है। आपके कुछ लेख भी मैंने पढ़े हैं। क्या आप मेरे घर पधारेंगे?"

नारायण हेमचंद्र की आवाज़ खुरदरी-सी थी। चेहरे पर मुस्कुराहट लाते हुए वे बोले, "ज़रूर, कहां रहते हो तुम?"

"स्टोर स्ट्रीट में।"

"तब तो हम पड़ोसी ठहरे। मुझे अंग्रेज़ी सीखनी है। सिखाओगे तुम मुझे?"

मैंने उत्तर दिया, "अगर मैं आपकी मदद कर सकूं तो मुझे खुशी होगी। मैं अपनी सामर्थ्य भर प्रयास करूंगा। आप कहें तो मैं आपके यहां चला आया करूं?"

"नहीं, नहीं, मैं ही तुम्हारे घर आऊंगा। मेरे पास एक पाठमाला है। उसे लेता आऊंगा।"

हमने समय तय किया। हमारे बीच गहरा स्नेह संबंध बन गया।

नारायण हेमचंद्र को व्याकरण बिलकुल नहीं आती थी। वे 'घोड़ा' को क्रिया पद बना देते और 'दौड़ना' को संज्ञा। उनके ऐसे मनोरंजक किस्से तो मुझे कई याद हैं। लेकिन नारायण हेमचंद्र तो ऐसे थे मानो मेरा पढ़ाया घोटकर पी जाएंगे। वे ऐसे व्यक्ति नहीं थे जो व्याकरण के मेरे अल्प ज्ञान से मुग्ध हो जाते। उन्हें इस बात की भी कोई शरम नहीं थी कि उन्हें व्याकरण नहीं आती।

"मैं तुम्हारी तरह किसी स्कूल में नहीं पढ़ा हूं। अपने विचार प्रकट करने में मुझे व्याकरण की कभी ज़रूरत ही महसूस नहीं हुई। बताओ, तुम बांग्ला जानते हो क्या? मैं जानता हूं। मैं बंगाल में घूमा हूं। महर्षि देवेन्द्रनाथ टैगोर की पुस्तकों के गुजराती अनुवाद मैंने ही गुजराती पाठकों को दिए हैं। मैं तो कई भाषाओं के साहित्य का अनुवाद गुजराती समाज को देना चाहता हूं। अनुवाद करते समय मैं शब्दार्थ के झमेले में नहीं पड़ता, भावार्थ देकर ही मुझे संतोष मिल जाता है। मेरे बाद दूसरे भले ही ज्यादा देते रहें। मैं तो बिना व्याकरण के मराठी जानता हूं, हिंदी जानता हूं, और अब अंग्रेज़ी भी जानने लग गया हूं। मुझे तो शब्द भंडार चाहिए। तुम ये न समझो कि सिर्फ अंग्रेज़ी जानने भर से मुझे संतोष मिल जाएगा। मुझे तो फ्रांस जाना है और फ्रेंच भाषा भी सीखनी है। मैं जानता हूं कि फ्रेंच में साहित्य का विपुल भंडार है। हो सका तो जर्मनी भी जाऊंगा और जर्मन भाषा भी सीख लूंगा।"

नारायण हेमचंद्र की बातें इस तरह से चलती ही रहीं। भाषाएं सीखने और यात्राएं करने के लिए उनमें उत्साह की कोई कमी नहीं थी।

"तब आप अमेरिका तो ज़रूर ही जाएंगे?"

"ज़रूर, उस नयी दुनिया को देखे बगैर मैं वापिस कैसे लौट सकता हूं!"

"लेकिन आपके पास इतने पैसे कहां हैं?"

"मुझे पैसों से क्या लेना-देना? मुझे कौन-सा तुम्हारी तरह टीमटाम से रहना है! मेरा खाना कितना और पहनना कितना? अपनी किताबों से मुझे जो थोड़ा-बहुत मिल जाता है और मित्र लोग जो दे देते हैं, मेरे लिए काफी है। मैं तो सब जगह तीसरे दर्जे में ही यात्रा करता हूं। अमेरिका की यात्रा भी डेक पर ही करूंगा।"

नारायण हेमचंद्र की सादगी तो उनकी खुद की ही बात थी। उनकी पवित्रता भी उनकी अपनी ही थी। अभिमान तो उन्हें छू तक नहीं गया था। लेकिन लेखक के रूप में वे अपनी शक्ति पर ज़रूरत से अधिक विश्वास करते थे।

हम रोज़ मिला करते। हम दोनों के विचारों और व्यवहार में बहुत अधिक समानता थी। दोनों ही शाकाहारी थे। दोपहर का भोजन अक्सर एक साथ ही कर लिया करते। ये मेरे जीवन का वह काल था जब मैं सतरह शिलिंग साप्ताहिक का कमरा लेकर गुज़ारा कर रहा था और अपना खाना खुद बनाता था। मैं कभी उनके कमरे में चला जाता तो कभी

वे मेरे कमरे पर चले आते। मैं अंग्रेज़ी तरीके की रसोई बनाता था। उन्हें देसी तरीके से बनाई गई रसोई जीमे बिना संतोष न होता। खाने में दाल तो होनी ही चाहिए। मैं गाजर वगैरह का सूप बनाता तो वे जैसे मुझ पर दया करते हुए ले लेते। वे कहीं से मूंग खोज लाए थे। एक दिन वे मेरे लिए मूंग बनाकर लाए थे जिन्हें मैंने बहुत चाव से खाया। फिर तो हम दोनों के बीच लेने-देने का व्यवहार बढ़ता ही चला गया। मैं अपने पकाये व्यंजन उन्हें खिलाता और वे अपनी पकाई रसोई का आस्वाद मुझे कराते।

उन दिनों कार्डिनल मैनिंग का नाम बहुत प्रसिद्ध था। गोदी के मज़दूरों की हड़ताल चल रही थी। जॉन बर्न्स और कार्डिनल मैनिंग के प्रयासों से हड़ताल जल्द ही खत्म हो गई। कार्डिनल मैनिंग की सादगी के बारे में डिज़रायेली ने एक लेख लिखा था। वही मैंने नारायण हेमचंद्र को पढ़कर सुनाया।

''तब तो मुझे इस साधु पुरुष से ज़रूर मिलना चाहिए।''

''वे तो बहुत बड़े आदमी हैं। आपसे भला कैसे मिलेंगे?''

''मैं जैसे बतलाता हूं, वैसे मिलेंगे। तुम उनके नाम एक खत लिखो। उन्हें मेरा परिचय देते समय बताना कि मैं एक लेखक हूं। उन्हें लिखना कि उनके परोपकारी कार्य के लिए मैं उन्हें धन्यवाद देना चाहता हूं और उनसे मिलना चाहता हूं। उन्हें बताना कि मुझे अंग्रेज़ी नहीं आती इसलिए मैं तुम्हें दुभाषिये के रूप में ले जाना चाहता हूं।''

मैंने इस आशय का पत्र लिख दिया। दो-तीन दिन में ही कार्डिनल मैनिंग का उत्तर एक पोस्टकार्ड में आ गया। उन्होंने मिलने का समय दिया था।

हम दोनों गए। मैंने रिवाज के अनुसार मुलाकात के समय पहने जानेवाले कपड़े पहने थे। नारायण हेमचंद्र तो जैसे थे वैसे ही चल दिए। वही उनकी पतलून और वही उनका कोट। मैंने मज़ाक किया। उन्होंने मेरी बात को हंसी में उड़ा दिया और बोले, ''तुम सभ्य लोग डरपोक होते हो। महापुरुष किसी की पोशाक नहीं देखा करते। वे तो सामनेवाले का दिल परखते हैं।''

हमने कार्डिनल मैनिंग के महल में प्रवेश किया। घर महल सरीखा ही था। हमारे बैठते ही एक बहुत दुबले-पतले, बूढ़े और ऊंचे पुरुष ने कमरे में प्रवेश किया। हम दोनों के साथ हाथ मिलाए। नारायण हेमचंद्र का स्वागत किया।

''मैं आपका समय नहीं लूंगा। मैंने तो आपके बारे में सुना था। हड़ताल को रोकने में आपने जो काम किया, उसके लिए मैं आपका उपकार मानना चाहता हूं। संसार के साधु पुरुषों के दर्शन लाभ का मेरा नियम है। इस कारण से मैंने आपको इतना कष्ट दिया।'' उन्होंने मुझसे इस वाक्य का अनुवाद करके सुनाने के लिए कहा।

''मुझे आपके आने से खुशी हुई है। आशा है, यहां पर आपका ठहरना सुखपूर्वक होगा और आप यहां के लोगों के सम्पर्क में आएंगे। ईश्वर आपका भला करे।'' यह कहकर कार्डिनल मैनिंग उठ गए।

एक बार नारायण हेमचंद्र मेरे घर धोती-कुर्ता पहनकर चले आए। भली मकान मालकिन ने दरवाजा खोला और उन्हें देखकर डर गई। मेरे पास आकर (मेरे पाठक जानते ही होंगे कि मैं अपने घर बदलता ही रहता था इसलिए मकान मालकिन नारायण हेमचंद्र को पहचानती नहीं थी।) बोली, ''कोई पागल-सा आदमी तुमसे मिलना चाहता है।''

मैं दरवाजे की तरफ लपका तो वहां नारायण हेमचंद्र को खड़े पाया। मैं दंग रह गया। पर उनके चेहरे पर हंसी के अलावा कुछ भी न था।

"क्या आपको लड़कों ने तंग नहीं किया?"

जवाब में वे बोले, "बच्चे मेरे पीछे दौड़ते रहे, मैंने कुछ ध्यान नहीं दिया तो चुप हो गए।"

कुछ दिन इंग्लैंड में रहने के बाद नारायण हेमचंद्र पेरिस गए। वहां उन्होंने फ्रेंच भाषा का अध्ययन किया और फ्रेंच पुस्तकों का अनुवाद करने लगे। उनके अनुवाद को जांचने लायक फ्रेंच मैं जानता था इसलिए नारायण हेमचंद्रजी ने उसे देख लेने के लिए मुझसे कहा। मैंने देखा कि ये अनुवाद नहीं था, केवल भावार्थ था।

आखिर उन्होंने अमेरिका जाने का अपना निश्चय पूरा किया। वे बड़ी मुश्किल से डेक का या तीसरे दर्जे का टिकट पा सके थे। अमेरिका में धोती-कुर्ता पहनकर निकलने के कारण वे 'असभ्य पोशाक' पहनने के अपराध में पकड़ लिए गए थे। मुझे याद पड़ता है कि बाद में वे छूट गए थे।

23. विशाल प्रदर्शनी

1890 में पेरिस में एक विशाल प्रदर्शनी हुई थी। उसकी तैयारियों के बारे में मैं पढ़ता रहता था। पेरिस देखने की मन में बहुत उमंग थी। मैंने सोचा कि अगर ये प्रदर्शनी देखने चला जाऊं तो दोहरा लाभ होगा। प्रदर्शनी में एफिल टावर देखने का आकर्षण बहुत बड़ा था। यह टावर सिर्फ लोहे का बना है। एक हज़ार फुट ऊंचा है। इस टावर के बनने से पहले लोग इस बात की कल्पना भी नहीं कर सकते थे कि एक हज़ार फुट ऊंची इमारत खड़ी रह सकती है। प्रदर्शनी में और भी बहुत कुछ देखने लायक था।

मैंने पेरिस में एक शाकाहारी होटल के बारे में पढ़ा था। उसमें मैंने एक कमरा तय किया। गरीब मुसाफिर की तरह यात्रा करते हुए पेरिस पहुंचा। वहां सात दिन रुका। देखने लायक अधिकतर चीज़ें पैदल घूम-फिरकर ही देखीं। मेरे पास हमेशा पेरिस का नक्शा और उस प्रदर्शनी की गाइड रहती। इन दोनों के सहारे रास्ते खोजता और खास-खास जगहें और चीज़ें देखता रहा।

मुझे इस बात के अलावा कुछ और याद नहीं आता कि प्रदर्शनी बहुत बड़ी और विविधतापूर्ण थी। एफिल टावर पर तो दो-तीन बार चढ़ा, इसलिए यही बात ठीक से याद आती है। पहली मंजिल पर खाने-पीने की सुविधा थी। यह बात कहने भर के लिए कि मैंने इतनी ऊंची जगह पर खाना खाया था, मैंने साढ़े सात शिलिंग फूंककर वहां पर खाना खाया था।

पेरिस के प्राचीन गिरजाघरों की याद बनी हुई है। उनकी भव्यता और गिरजाघरों के भीतर मिलनेवाली शांति भुलाए नहीं भूलती। नोत्रदाम की कारीगरी और भीतरी चित्रकारी की याद बनी हुई है। उस समय यह विचार मेरे मन में आया था कि जिन लोगों ने लाखों रुपये खर्च करके स्वर्ग सरीखे ऐसे मंदिर बनवाए हैं, उनके दिल में गहराई तक ईश्वर प्रेम भरा रहा होगा।

पेरिस के फैशन, पेरिस की स्वच्छंदता और उसके भोग-विलास के बारे में मैंने बहुत पढ़ा था। इन सबके प्रमाण वहां गली-गली में देखने को मिल जाते थे। लेकिन एक बात थी कि ये गिरजाघर भोग-विलास के इन अड्डों से बिलकुल अलग दिखाई पड़ते थे। गिरजाघरों में प्रवेश करते ही जैसे बाहर की अशांति लुप्त हो जाती। लोगों का व्यवहार ही बदल जाता। लोगबाग अदब से पेश आते। गिरजाघरों में कोई शोरशराबा नहीं था। हर समय मिस मरियम की मूर्ति के सामने कोई न कोई व्यक्ति प्रार्थना करता नज़र आ ही जाता। ये सब भ्रम नहीं है बल्कि हृदय की भावना है, ये प्रभाव उस समय मेरे दिल पर पड़ा था और बाद में बढ़ता ही गया था।

मिस मरियम की मूर्ति के सामने घुटने टेककर पूजा करनेवाले लोग संगमरमर की मूर्ति की नहीं, बल्कि उसमें विद्यमान उस शक्ति को पूजते थे, जिसे उन्होंने अपने मन में धारण किया था। मुझे इस बात की धुंधली-सी याद है कि उस समय मुझे ऐसा प्रतीत हुआ था कि ऐसा करके वे ईश्वर की महिमा घटाते नहीं बल्कि बढ़ाते ही थे।

एफिल टावर के बारे में कुछ कहना ज़रूरी लग रहा है। मैं नहीं जानता कि आज एफिल टावर का क्या उपयोग हो रहा है। प्रदर्शनी में जाने के बाद प्रदर्शनी संबंधी बातें तो सुनने-पढ़ने में आती ही थीं। इनमें टावर की प्रशंसा भी होती थी और आलोचना भी। मुझे याद आता है कि इसकी निंदा करनेवालों में सबसे अग्रणी थे तॉलस्ताय। उन्होंने लिखा था कि एफिल टावर मनुष्य की मूर्खता का प्रतीक है। ये मनुष्य के ज्ञान की धरोहर नहीं। उन्होंने अपने लेख में लिखा था कि दुनिया में कई तरह के व्यसन माने जाते हैं और इनमें से जो तम्बाखू का नशा होता है, उसे सबसे खराब नशा माना जाता है। उनका मानना था कि आदमी शराब पीकर कुकर्म करने के लिए इतना प्रेरित नहीं होता जितना सिगरेट और तम्बाखू के सेवन से होता है। शराब पीनेवाला तो पागल हो जाता है लेकिन सिगरेट पीनेवाले की अक्ल पर धूआं छा जाता है। इससे होता ये है कि वह हवाई किले बनाने लगता है। तॉलस्ताय ने यह कहकर अपना मत दिया था कि एफिल टावर ऐसी ही धुएं वाली ऐय्याशी का नतीजा है।

एफिल टावर में कुछ सौंदर्य तो है ही नहीं। ऐसा तो नहीं ही कहा जा सकता कि इसके कारण प्रदर्शनी की शोभा बढ़ी हो। ये एक नयी चीज़ थी, बड़ी चीज़ थी इसलिए हज़ारों लोग उसे देखने के लिए उस पर चढ़े। ये टावर प्रदर्शनी के लिए एक खिलौने की तरह थी। जब तक हम मोह में फंसे होते हैं, हम बच्चे बने रहते हैं। ये बात इस टावर को देखकर अच्छी तरह से समझी जा सकती है। मानना चाहो तो इसकी उपयोगिता इतनी-भर है।

24. बैरिस्टर तो हो गए, अब क्या?

जिस काम के लिए, यानी बैरिस्टर बनने के लिए मैं इंग्लैंड गया था, उसकी चर्चा तो मैंने अब तक छोड़ ही रखी थी। अब वह समय आ गया है कि उसके बारे में कुछ लिखा जाए।

बैरिस्टर बनने के लिए दो चीज़ों की ज़रूरत थी। एक तो थी 'टर्म' पूरे करना अर्थात सत्र में उपस्थित रहना। पूरे बरस में चार सत्र होते थे। ऐसे बारह सत्रों में उपस्थित रहना होता था। दूसरी चीज़ थी कानून की परीक्षाएं देना। सत्रों में उपस्थिति का अर्थ होता था–

'दावतें उड़ाना'। हर सत्र में लगभग 24 दावतें होती थीं। उनमें से 6 में शामिल होना होता था। यह ज़रूरी नहीं था कि इन दावतों में शामिल होते हुए खाना खाया ही जाए, लेकिन निश्चिंत समय पर उपस्थित रहकर भोजन की समाप्ति तक वहां बैठे रहना ज़रूरी होता था। आम तौर पर तो सब खाते-पीते ही थे। खाने में अच्छे और स्वादिष्ट व्यंजन होते और पीने के लिए उम्दा किस्म की शराबें। अलबत्ता, उनके दाम चुकाने होते थे। ये रकम ढाई से तीन शिलिंग के बीच होती थी। रुपये में गिनें तो दो-तीन रुपये। वहां पर ये कीमत बहुत कम मानी जाती थी क्योंकि बाहर के किसी रेस्तरां में शराब पीने बैठो तो इतनी रकम तो शराब में ही खर्च हो जाती थी। खाने की तुलना में शराब में खर्च अधिक होता था। ये बात हम हिन्दुस्तानियों के गले से न उतरे यदि हम सभ्य समाज के न हों। इंग्लैंड में जाकर जब मुझे ये सारी बातें पता चलीं तो मुझे आघात ही लगा था। मैं इस बात को समझ ही नहीं पाता था कि शराब पीने के पीछे लोगबाग इतना धन लुटाने की हिम्मत ही कैसे जुटा पाते हैं!

बाद में समझना सीखा। शुरू-शुरू में तो मैं कुछ भी खा न पाता। कारण ये था कि मेरे लिए चुनने के लिए ब्रेड, उबले आलू और गोभी के अलावा कुछ भी न होता। पहले तो इनमें कोई स्वाद ही न आता इसलिए खा न पाता लेकिन बाद में जब इन चीज़ों में स्वाद आने लगा, तब तक मुझमें इतना साहस आ गया था कि दूसरे व्यंजन भी ले सकूं।

वहां पर विद्यार्थियों के लिए एक तरह के और बैंचरों (विद्या मंदिर के वरिष्ठों) के लिए दूसरी तरह के व्यंजनों की व्यवस्था रहती थी। मेरे साथ एक पारसी विद्यार्थी थे। वे भी शाकाहारी थे। हम दोनों शाकाहार का प्रचार करना चाहते थे इसलिए हमने यह मांग रखी कि हमें बैंचरों के लिए परोसे जानेवाले भोजन में से शाकाहारी आदमी के लायक खाने की चीज़ें चुनने की आज़ादी दी जाए। हमारी मांग मान ली गई। इससे हमें 'बैंचरों' की मेज़ से फल और दूसरी शाकभाजी वगैरह मिलने लगीं।

चार आदमियों के बीच शराब की दो बोतलें मिलती थीं। शराब तो मेरे किसी काम की थी नहीं। इसलिए होता ये कि हर मेज़ पर बैठी चौकड़ी की तरफ से मेरी मांग होती रहती। कारण ये था कि मेरे न पीने के कारण उस मेज़ पर बैठे बाकी तीन शराब की दो बोतलों का मज़ा लूट सकते थे। इसके अलावा, इन सत्रों में बीच-बीच में ग्रैंड नाइट के आयोजन भी होते रहते। उन दिनों 'पोर्ट' और 'शेरी' के अलावा 'शैम्पेन' भी सर्व की जाती थी। 'शैम्पेन' की लज्जत तो कुछ और ही मानी जाती है। इसलिए ग्रैंड नाइट के आयोजनों वाली रात मुझ गरीब की कीमत बहुत बढ़ जाती और उस रात वहां मौजूद रहने का न्यौता मुझे मिलता।

इस बात को मैं न तब समझ पाया था और न आज ही समझ पाया हूं कि खान-पान की इन दावतों से बैरिस्टरी का स्तर भला कैसे बढ़ता होगा। हां, एक समय ऐसा ज़रूर रहा था जब इन दावतों में थोड़े से विद्यार्थी ही शामिल होते थे और उनके तथा बैंचरों के बीच बातचीत होती, भाषण वगैरह दिए जाते। ये माना जा सकता था कि इनसे व्यावहारिक ज्ञान मिलता होगा। अच्छी-बुरी जैसी भी हो, सभ्यता विद्यार्थियों के हिस्से में आती ही थी और वे भाषण कला के गुर सीखते थे। मेरे समय तक आते-आते ये बातें असंभव हो चली थीं। विद्यार्थियों के साथ बैठना तो दूर, वे अछूतों की तरह उनसे दूरी बनाकर बैठते थे। बाद में तो इन पुरानी परम्पराओं का कोई मतलब ही नहीं रह गया था। अलबत्ता, पुरातन इंग्लैंड में ये परम्पराएं बनी रहीं।

कानून की पढ़ाई आसान थी। बैरिस्टरों को मज़ाक में 'डिनर बैरिस्टर' ही कहा जाता था। सब जानते ही थे कि परीक्षाओं की कीमत रत्ती-भर भी नहीं है। हमारे समय में दो परीक्षाएं होती थीं। रोमन लॉ और इंग्लैंड का कानून। दो भागों में दी जानेवाली इन परीक्षाओं के लिए पाठ्य-पुस्तकें तय थीं। शायद ही कोई इन किताबों को पढ़ता हो। रोमन लॉ के लिए लिखे हुए छोटे-छोटे नोट्स मिला करते थे। मैंने कई लोगों को देखा था जो पंद्रह दिन में इन नोट्स का रट्टा लगाकर पास हो जाया करते थे। यही बात इंग्लैंड के कानून के बारे में भी थी। इस कानून पर लिखी पर्चियों को दो-तीन महीनों में पढ़-पढ़ाकर पास होनेवाले विद्यार्थी भी मैंने देखे थे। परीक्षाओं में प्रश्न सरल होते थे और परीक्षक उदार। पिच्चानवे से निनानवे प्रतिशत विद्यार्थी रोमन लॉ में पास हो जाते थे और इंग्लैंड के कानून में पास होनेवाले विद्यार्थियों का प्रतिशत पिचहत्तर के आसपास रहता। इसलिए फेल होने का डर बहुत कम रहता। ऊपर से तुर्रा ये कि ये परीक्षाएं वर्ष में एक बार नहीं, बल्कि चार-चार बार होती थीं।

ऐसी सुविधाओंवाली परीक्षाएं भला किसी के लिए बोझ कैसे हो सकती थीं!

लेकिन मैंने इन्हें अपने लिए बोझ बना लिया। मुझे ये लगा कि कुछ किताबें तो मूल रूप में पढ़ी ही जानी चाहिए। ऐसी किताबें न पढ़ने में मुझे बेईमानी लगी। इसलिए मैंने मूल पुस्तकें खरीदने में अच्छा-खासा धन खर्च किया। रोमन लॉ को मैंने लेटिन में ही पढ़ने का फैसला किया। इंग्लैंड की मैट्रिक्यूलेशन की परीक्षा में मैंने लेटिन सीखी ही थी, वह यहां पर बहुत काम आई। वह पढ़ाई बेकार नहीं गई। दक्षिण अफ्रीका में रोमन-डच को कॉमन लॉ माना जाता है। उसे समझने में जस्टिनियन का अध्ययन मेरे लिए बहुत उपयोगी सिद्ध हुआ।

इंग्लैंड के कानून को पढ़ने में मुझे नौ महीने का समय लग गया और इसके लिए मुझे अच्छी-खासी मेहनत करनी पड़ी। इसका कारण ये रहा कि ब्रूम के कॉमन लॉ की किताब को समझने में ही मेरा दम निकल गया। स्नेल की इक्विटी ने भी अच्छीखासी सिरदर्दी ही दी क्योंकि उसे समझना भी मेरे लिए टेढ़ी खीर था हालांकि उसे पढ़कर मुझे बहुत आनंद मिला। व्हाइट और ट्यूडर के कई मुकदमे ऐसे थे जिन्हें पढ़कर आनंद आता था और ज्ञानवर्धन भी हुआ। मैं विलियम्स और एडवर्ड्स की अचल सम्पत्ति और गडीव की चल सम्पत्ति संबंधी किताबें खूब रस लेकर पढ़ गया। विलियम्स की किताब ने तो मुझे उपन्यास का-सा मज़ा दिया। उस किताब को पढ़ते समय ज़रा-सी भी ऊब नहीं हुई। कानून की किताबें इतनी रुचि के साथ पढ़ने के कारण ही ये हो पाया था कि हिंदुस्तान वापिस आने के बाद मैं मायने का हिंदू लॉ पढ़ सका था। मैं यहां पर हिन्दुस्तान के कानून की बात नहीं करूंगा।

परीक्षाएं पूरी हुई। मैं 1891 की दस जून को बैरिस्टर बन गया। ग्यारह जून को मैंने इंग्लैंड की हाई कोर्ट में ढाई शिलिंग की फीस देकर अपना नाम दर्ज करवाया। 13 जून को मैं वापिस हिंदुस्तान की तरफ चला।

लेकिन मेरी निराशा और मेरा डर मुझे विचलित कर रहे थे। मैं अनुभव कर रहा था कि मैंने कानून की पढ़ाई तो कर ली थी लेकिन ये डर भी था कि वकालत करने लायक कोई चीज़ तो मैं सीख ही नहीं पाया हूं।

मेरी इस व्यथा-कथा के लिए अलग से एक अध्याय की ज़रूरत पड़ेगी।

25. मेरी परेशानी

बैरिस्टर कहलाना तो आसान काम था लेकिन बैरिस्टरी का काम करना नाकों चने चबाने जैसा काम था। मैंने कानून की पढ़ाई तो कर ली थी लेकिन वकालत करना नहीं सीख पाया था। कानून की पढ़ाई करते समय मैंने कई धर्म सिद्धांत पढ़े थे जो मुझे अच्छे भी लगे थे लेकिन ये मेरी समझ से परे था कि इन सबका उपयोग भला अपने पेशे में कैसे किया जा सकेगा। एक सूक्ति थी–अपनी सम्पत्ति का उपयोग आप इस तरह करें कि दूसरे की सम्पत्ति को नुक़सान न पहुंचे। मैं इस बात को समझ ही न सका कि वकालत करते समय इस सूक्ति को अपने मुवक्किल के हित में कैसे उपयोग में लाया जा सकेगा। मैंने ऐसे मामलों का भी अध्ययन किया जिनमें इस सिद्धांत का उपयोग हुआ था। लेकिन फिर भी मुझे समझ में नहीं आया कि आखिर इसका उपयोग किसी मामले में कैसे किया जा सकेगा।

इसके अलावा जो कानून मैंने पढ़े थे, उनमें हिन्दुस्तान के कानूनों का नामोनिशान तक नहीं था। मैं समझ नहीं पाता था कि हिन्दूशास्त्र और इस्लामी कानून किस तरह से कानून हैं। मैंने अर्जी दाखिल करना तक नहीं सीखा था। मेरी परेशानी की कोई सीमा नहीं थी। मैंने फीरोजशाह मेहता का नाम सुना था। वे अदालतों में सिंह की तरह गर्जना किया करते थे। मैं सोचता कि इंग्लैंड में उन्होंने ये कला कैसे सीखी होगी! उनके जितनी होशियारी सीखने के लिए तो मुझे जीवन-भर एड़ियां रगड़नी होंगी। मेरे मन में एक दूसरी ही शंका सिर उठाने लगी कि मैं वकालत करके रोजी-रोटी भी कमा पाऊंगा या नहीं।

ये उलझन तब से मेरा पीछा कर रही थी जब मैं कानून का विद्यार्थी ही था। मैंने अपनी परेशानियां दो-एक मित्रों के सामने रखीं। मित्रों ने सुझाव दिया कि मुझे दादा भाई नौरोजी से सलाह लेनी चाहिए। मैं ये बात पहले लिख ही चुका हूं कि मेरे पास दादा भाई नौरोजी के नाम एक सिफारिशी पत्र था। इस पत्र का उपयोग मैंने देर से किया। भला मुझे ऐसे महान पुरुष से मिलने जाने का क्या अधिकार था? कहीं उनका भाषण होता था तो मैं ज़रूर सुनने जाता था और एक कोने में बैठा आंखें और कान तृप्त करता रहता था। विद्यार्थियों से संपर्क बनाए रखने के लिए उन्होंने एक मंडली बनाई थी। मैं उसमें जाता रहता था। विद्यार्थियों के प्रति दादाभाई की चिंता देखकर और उनके प्रति विद्यार्थियों का आदर देखकर मुझे आनंद होता था। आखिर मैंने उन्हें अपने पास का सिफारिशी पत्र देने की हिम्मत की। मैं उनसे मिला। उन्होंने मुझसे कहा था, "तुम मुझसे मिलना चाहो और कोई सलाह लेना चाहो तो ज़रूर मिलना।" लेकिन मैंने उन्हें कभी कोई कष्ट नहीं दिया। किसी भारी कठिनाई के अलावा उनका समय लेना मुझे पाप जान पड़ा। इसलिए उक्त मित्र की सलाह मानकर दादाभाई के सामने अपनी कठिनाइयां रखने की मेरी हिम्मत न पड़ी।

उन्हीं मित्र ने या किसी और ने मुझे सुझाया कि मैं मिस्टर फ्रेडरिक पिंकट से मिलूं। मिस्टर पिंकट कंजर्वेटिव (अनुदार) दल के थे। लेकिन हिन्दुस्तानियों के प्रति उनका प्रेम निर्मल और निःस्वार्थ था। कई विद्यार्थी उनसे सलाह लेते थे। इसलिए उन्हें पत्र लिखकर मैंने मिलने का समय मांगा। उन्होंने समय दिया। मैं उनसे मिला। इस मुलाकात को मैं कभी भूल नहीं सका। वे मुझे मित्र की तरह मिले। मेरी निराशा को तो उन्होंने हंसकर ही उड़ा दिया, "क्या तुम यह मानते हो कि सबके लिए फीरोजशाह मेहता बनना ज़रूरी है? फीरोजशाह मेहता या बदरुद्दीन तैयब जी तो एक-दो ही होते हैं। तुम तय समझो कि

साधारण वकील बनने के लिए बहुत अधिक होशियारी की ज़रूरत नहीं होती। साधारण ईमानदारी और लगन से व्यक्ति वकालत का पेशा आराम से चला सकता है। सब मुकदमे उलझनोंवाले नहीं होते। अच्छा, यह तो बताओ कि तुम्हारा साधारण पठन-पाठन क्या है?''

जब मैंने अपनी पढ़ी हुई कुछ ही किताबों की बात की, तो मैंने देखा कि वे थोड़े निराश हुए। लेकिन वह निराशा क्षणिक थी। तुरंत ही उनके चेहरे पर हंसी छा गई और वे बोले, ''अब मैं तुम्हारी मुश्किल को समझ गया हूं। साधारण विषयों की तुम्हारी पढ़ाई बहुत कम है। तुम्हें दुनिया का ज्ञान नहीं है। इसके बिना वकील का काम नहीं चल सकता। तुमने तो हिन्दुस्तान का इतिहास भी नहीं पढ़ा है। वकील को मनुष्य-स्वभाव का ज्ञान होना चाहिए। उसे चेहरा देखकर मनुष्य को परखना आना चाहिए। साथ ही, हरेक हिन्दुस्तानी को हिन्दुस्तान के इतिहास का भी ज्ञान होना चाहिए। वकालत के साथ इसका कोई संबंध नहीं है, लेकिन तुम्हें इसकी जानकारी होनी चाहिए। मैं देख रहा हूं कि तुमने के और मेलेसन की 1857 के गदर की किताब भी नहीं पढ़ी है। उसे तो तुम फौरन पढ़ डालो और जिन दो किताबों के नाम देता हूं, उन्हें मनुष्य की परख के विचार से पढ़ जाना।'' यह कहकर उन्होंने लेवेटर और शेमेलपेनिक की मुख-सामुद्रिक-विद्या (फिजियोग्नॉमी) विषयक किताबों के नाम लिख दिए।

मैंने उन वयोवृद्ध मित्र का बहुत आभार माना। उनकी उपस्थिति में तो मेरा भय क्षण भर के लिए दूर हो गया। लेकिन बाहर निकलने के बाद मेरी घबराहट फिर से शुरू हो गई। चेहरा देखकर आदमी को परखने की बात को रटता हुआ और उन दो किताबों का विचार करता हुआ मैं घर पहुंचा। दूसरे दिन लेवेटर की किताब खरीदी। शेमेलपेनिक की किताब उस दुकान पर नहीं मिली। लेवेटर की किताब पढ़ी, लेकिन वह तो स्नेल से भी अधिक कठिन जान पड़ी। रस भी नहीं के बराबर ही मिला। शेक्सपियर के चेहरे का अध्ययन किया। लेकिन लंदन की सड़कों पर चलनेवाले शेक्सपियरों को पहचानने की शक्ति तो मिली ही नहीं।

लेवेटर की किताब से मुझे कोई ज्ञान नहीं मिला। मिस्टर पिंकट की सलाह का सीधा लाभ मुझे कम ही मिला, लेकिन उनके स्नेह का बड़ा लाभ मिला। उनके हंसमुख और उदार चेहरे की याद बनी रही। मैंने उनके इन वचनों पर श्रद्धा रखी कि वकालत करने के लिए फीरोजशाह मेहता की होशियारी और याददाश्त वगैरह की ज़रूरत नहीं है; ईमानदारी और लगन से काम चल सकेगा। इन दो गुणों की पूंजी तो मेरे पास काफी मात्रा में थी। इसलिए दिल में कुछ आशा जागी।

के और मेलेसन की किताब मैं इंग्लैंड में नहीं पढ़ पाया। लेकिन मौका मिलते ही उसे पढ़ डालने का निश्चय कर लिया था। यह इच्छा दक्षिण अफ्रीका में पूरी हुई।

इस प्रकार, निराशा में मामूली-सी आशा का पुट लेकर मैं कांपते पैरों 'एस एस आसाम' जहाज से बंबई के बंदरगाह पर उतरा। उस समय बंदरगाह में समुद्र नाराज़ था, इस कारण लांच में बैठकर किनारे पर आना पड़ा।

भाग दो

1. रायचंदजी

पिछले अध्याय में मैंने लिखा था कि मुंबई के तट पर समुद्र तूफानी था। जून-जुलाई में हिंद महासागर के लिए यह एक सामान्य-सी बात थी। अदन से ही समुद्र की यही हालत थी। सब लोग बीमार चल रहे थे और मैं अकेला ही मौज कर रहा था। तूफान देखने के लिए डेक पर खड़ा रहता। कई बार भीग भी जाता। सुबह के नाश्ते के समय हममें से एक या दो यात्री ही उपस्थित रहते। जई के दलिए की प्लेट को हमें अपनी गोद में रखना पड़ता। वरना हालत ये हो जाती कि सारा दलिया ही गोद में बिखर जाता।

मेरा खयाल है, बाहर जो तूफान चल रहा था, मेरे भीतर चल रहे तूफान का ही प्रतीक रूप था। लेकिन एक बात थी कि बाहरी तूफान के चलते मैं जिस तरह से शांत चित्त बना रह सका था, मैं अपने भीतर चल रहे तूफान के बारे में भी यही बात कह सकता हूं। जाति-बिरादरी का प्रश्न तो सिर पर मंडरा ही रहा था। काम-धंधे की चिंता के बारे में मैं लिख ही चुका हूं। ये बात भी थी कि मैं सुधारक का चोला धारण कर चुका था, इस कारण मैंने अपने मन में कई तरह के सुधार करने की कल्पना कर रखी थी। इन सब मसलों की भी चिंता थी। कुछ ऐसी चिंताएं भी आ खड़ी हुईं जिनके बारे में सोचा ही न था।

जब हम तट पर पहुंचे तो मेरे बड़े भाई वहां पर मौजूद थे ही। उन्होंने डॉक्टर मेहता और उनके बड़े भाई से पहचान कर ली थी। डॉक्टर मेहता का आग्रह था कि मैं उन्हीं के घर पर ठहरूं इसलिए मुझे वहीं ले जाया गया। इस प्रकार जो संबंध हम दोनों के बीच इंग्लैंड में बना था, वह भारत में आकर भी बना रहा और इसने दोनों परिवारों के बीच विस्तार पाया।

मैं अपनी मां के दर्शनों के लिए अधीर हो रहा था। मैं ये बात नहीं जानता था कि मां का स्वर्गवास हो चुका है। अपने आंचल में मुझे छुपा लेनेवाली मां नहीं रही थी। घर पहुंचने पर ही मुझे ये दुखद खबर दी गई और मुझे स्नान कराया गया। हालांकि ये खबर मुझे इंग्लैंड में भी दी जा सकती थी लेकिन मुझे वहां ये सुनकर आघात न लगे इसलिए बड़े भाई साहब ने यह तय कर रखा था कि मुझे बंबई पहुंचने पर ही मां के न रहने के बारे में बताया जाए। मैं अपने दुख पर परदा डालना चाहता हूं। पिताजी की मृत्यु के समय जो आघात मुझे पहुंचा था, मां की मृत्यु की खबर से मिला आघात उससे बहुत अधिक था। मेरे कई मनसूबों पर पानी फिर गया। लेकिन मुझे याद आता है कि मैं इस खबर के मिलने पर फूट-फूटकर रोया नहीं था। मैंने अपने आंसू पी लिए थे और वैसा ही व्यवहार करता रहा था मानो मां की मृत्यु ही न हुई हो।

डॉक्टर मेहता ने अपने घर पर जिन महानुभावों से परिचय कराया था, उनमें से एक का उल्लेख किए बिना बात नहीं बनेगी। उनके भाई रेवाशंकर जगजीवनजी तो मेरे जन्म

भर के मित्र बन गए। लेकिन मैं जिनकी चर्चा करना चाहता हूं वे हैं कवि रायचंद या राजचंद्र। वे डॉक्टर मेहता के बड़े भाई के दामाद थे और साथ ही रेवाशंकर जगजीवन के नाम की आभूषणों की गद्दी के भागीदार थे। उस समय उनकी उम्र पच्चीस बरस से अधिक नहीं थी लेकिन मैं उनसे पहली ही मुलाकात में ये बात देख पाया था कि वे चरित्रवान हैं और भरपूर ज्ञान रखते हैं। वे शतावधानी माने जाते थे। शतावधानी वह व्यक्ति होता है जो एक साथ सैकड़ों चीज़ें याद रखने या सैकड़ों काम एक साथ कर सकने का दुर्लभ गुण रखता है। और डॉक्टर मेहता ने मुझसे शतावधानी का नमूना देखने के लिए कहा। मैंने भाषा ज्ञान का अपना भंडार खाली कर दिया और कवि महोदय ने मेरे कहे सारे शब्दों को उसी क्रम से सुना दिया जिस क्रम से वे कहे गए थे। उनकी इस शक्ति को देखकर मुझे ईर्ष्या हुई लेकिन मैं मुग्ध न हो सका। अलबत्ता, उनकी जिन बातों ने मुझे मुग्ध किया, वे मेरी जानकारी में बाद में आईं। ये बातें थीं उनका दृढ़ चरित्र और आत्मदर्शन करने की उनकी उत्कट चाह। मुझे बाद में ये भी पता चला था कि वे आत्मदर्शन के लिए ही अपना जीवन व्यतीत कर रहे थे। मुक्तानंद का यह पद उनकी जुबान पर तो रहता ही था, ये उनके हृदय में भी अंकित था।

हसतां रमतां प्रगट हरि देखुं रे
मारूं जीव्यूं सफल तव लेखूं रे
मुक्तानंदनो नाथ विहारी रे
ओधा जीवनदोरी हमारी रे

(जब हंसते-खेलते हर काम में मुझे हरि के दर्शन हों तभी मैं अपने जीवन को सफल मानूंगा। मुक्तानंद कहते हैं कि मेरे स्वामी तो भगवान हैं और वे ही मेरे जीवन की डोर हैं।)

वे खुद हज़ारों रुपये का कारोबार करते, हीरों और मोतियों की परख करते, अपने व्यापार की समस्याएं सुलझाने में लगे रहते लेकिन इन सब कामों में उनका मन न रमता। उनका प्रिय विषय तो पुरुषार्थ ही था। उनका ध्यान हरि दर्शन पर रहता। उनकी गद्दी पर कुछ और हो न हो, कोई न कोई धार्मिक ग्रंथ या डायरी तो हमेशा रहती ही थी। व्यापार संबंधी बातें पूरी हुईं कि धर्म ग्रंथ खुल जाते या वे डायरी खोलकर बैठ जाते। उनके लेखों का जो संग्रह प्रकाशित हुआ है, उसका अधिकांश भाग इसी डायरी से ही लिया गया है। जो व्यक्ति लाखों रुपये के व्यापार की बातें करते-करते अचानक ही आत्म-ज्ञान की गूढ़ बातों में रम जाए, उसकी प्रकृति व्यापारी की नहीं, विशुद्ध ज्ञानी की कही जाएगी। उनकी इस प्रकृति का परिचय मुझे एक बार नहीं, कई बार हुआ था। मैंने उन्हें कभी भी अपना संतुलन खोते नहीं देखा। मेरे साथ उनके रिश्तों में कहीं भी स्वार्थ नहीं था। उनसे मेरे बहुत निकट के संबंध रहे हैं। उस समय मेरी हालत भिखारी बैरिस्टर वाली थी। लेकिन मैं जब भी उनकी दुकान पर पहुंचता, वे मेरे साथ धर्म-चर्चा करने के अलावा और कोई बात ही नहीं करते थे। उस समय तो मेरी ये हालत थी कि मैं भविष्य के लिए अब तक अपनी दिशा ही तय नहीं कर पाया था फिर भी ये तो नहीं कह सकता था कि धर्म-चर्चा में मुझे रस आता था, लेकिन रायचंदजी की बातें मैं बड़े मनोयोग से सुनता था। उसके बाद तो मैं अनेक धर्माचार्यों के सम्पर्क में आया और मैंने खुद अनेक धर्मों के आचार्यों से मिलने के प्रयास किए हैं लेकिन मुझ पर जो प्रभाव रायचंदजी ने डाला था, उसकी तुलना नहीं की

जा सकती। उनके कहे अनेक वचन सीधे ही मेरे दिल में उतर जाते थे। मैं उनकी बुद्धिमत्ता का विशेष सम्मान किया करता था। उनकी ईमानदारी के लिए भी मेरे मन में उतना ही आदर था। इसलिए मुझे विश्वास था कि वे कभी भी मुझे जानबूझकर गलत रास्ते पर नहीं ले जाएंगे और मेरे साथ अपने मन की बात ही कहेंगे। इस कारण मैं अपने आध्यात्मिक संकटों में उन्हीं के आश्रय में जाया करता था।

रायचंदजी के प्रति इतना आदर-सम्मान होते हुए भी मैं कभी उन्हें धर्म गुरू के रूप में अपने हृदय में स्थान न दे सका। मेरी वह खोज तो आज तक चल रही है।

हिंदू धर्म में गुरू पद को दी गई महत्ता के प्रति मेरी आस्था है। इस वचन में बहुत कुछ सच्चाई छुपी हुई है कि गुरू बिना ज्ञान नहीं मिलता। अक्षर ज्ञान देनेवाले अधूरे या कम ज्ञानी गुरू से काम चल सकता है लेकिन आत्मदर्शन करानेवाले अधूरे शिक्षक से काम नहीं चलाया जा सकता। गुरू पद तो सम्पूर्ण ज्ञानी को ही शोभा देता है। सच्चे गुरू की खोज में ही सफलता निहित है। इसका कारण ये है कि जैसी शिष्य की योग्यता होगी उसे गुरू भी वैसा ही मिलेगा। इस बात को इस तरह से भी लिया जा सकता है कि योग्यता पाने के लिए प्रत्येक साधक को यथासंभव प्रयास करने का पूरा अधिकार है। और इस प्रयास का फल मिले ही, ये तो ईश्वर के हाथों में है।

इस तरह से हालांकि मैं रायचंदजी को अपने हृदय का स्वामी तो नहीं बना सका, फिर भी मैं यह बात बताता चलूंगा कि किस तरह से मुझे समय-समय पर उनका मार्ग-दर्शन और सहारा मिलता रहा। यहां पर तो इतना कहना ही काफी होगा कि मेरे जीवन पर जिन तीन महानुभावों का सबसे अधिक प्रभाव पड़ा, उनमें रायचंदजी अपने जीवंत सम्पर्क के कारण, टॉलस्टाय अपनी किताब *वैकुंठ तेरे हृदय में हैं* के कारण और रस्किन अपनी किताब *अन टु दिस लास्ट सर्वोदय* के कारण सबसे ऊपर हैं। लेकिन इन प्रसंगों की चर्चा मैं यथास्थान करूंगा।

2. सांसारिक क्षेत्र में प्रवेश

बड़े भाई ने मुझसे बहुत उम्मीदें बांध रखी थीं। उन्हें धन का, कीर्ति का और पद का लोभ बहुत अधिक था। हां, दिल से वे शहंशाह थे। इतने उदार थे कि फिजूलखर्ची करने में जरा भी नहीं चूकते। इस कारण से और अपने भोले स्वभाव के कारण वे बहुत जल्दी मित्र बना लेते थे। अपनी इस मित्रमंडली के माध्यम से वे मेरे लिए बहुत सारे केस लानेवाले थे। वे यह भी मानकर चल रहे थे कि मैं खूब कमाकर लाऊंगा इसलिए उन्होंने घर के खर्च अनाप-शनाप बढ़ा रखे थे। उन्होंने मेरे लिए वकालत का मैदान तैयार करने में कोई कसर नहीं छोड़ रखी थी।

जात-बिरादरी का मसला अपनी जगह पर था। अब उसमें दो गुट बन गए थे। एक पक्ष ने तो मुझे तुरंत ही बिरादरी में शामिल कर लिया लेकिन दूसरा पक्ष मुझे वापिस न लेने की जिद पर डटा रहा। बिरादरी में शामिल करनेवाले गुट को संतुष्ट करने के उद्देश्य से बड़े भाई मुझे राजकोट ले जाने से पहले नाशिक ले गए। वहां मुझे गंगा स्नान कराया गया। राजकोट पहुंचने पर पूरी बिरादरी को भोज दिया गया।

मुझे इस काम में कोई रुचि नहीं थी। लेकिन बड़े भाई के प्रति मेरे मन में अगाध प्रेम था। मुझे ये मानने में कोई हिचक नहीं है कि मेरे मन में उनके प्रति ऐसा ही भक्ति-भाव था। इसलिए उनकी इच्छाओं को शिरोधार्य मानकर मैं बिना कुछ भी कहे उनकी सारी बातें मानता चला गया। बिरादरी का मसला इस तरह से आसानी से हल हो गया।

बिरादरी के जिस गुट से मैं बहिष्कृत था, उसमें वापिस जाने के लिए मैंने कोई प्रयास नहीं किया। इतना ही नहीं, मैंने बिरादरी के बुजुर्गों के प्रति अपने मन में कोई रोष भी नहीं रखा। इनमें ऐसे लोग भी शामिल थे जो मुझे तिरस्कार भाव से देखते थे। उनके प्रति भी मेरा व्यवहार विनम्र था। मुझे बिरादरी से बहिष्कृत करने के पीछे जो कानून था, मैं उसका पूरा आदर करता था। अपने सास-ससुर के घर या अपनी बहन के घर भी मैं पानी तक नहीं पीता था। वे बेशक छुपे तौर पर ये सब करना चाहते लेकिन जो काम मैं सबकी नज़रों के सामने न कर सकूं, ऐसे काम को छुपकर करने में मेरा मन गवाही नहीं देता था।

मुझे याद नहीं आता कि मेरे इस तरह के व्यवहार के कारण मुझे फिर कभी बिरादरी की तरफ से कोई कष्ट दिया गया हो। इतना ही नहीं, बिरादरी के जिस गुट से मैं आज तक बहिष्कृत माना जाता हूं, उनकी ओर से भी मुझे मान-सम्मान मिलता रहा है और वे लोग मेरे प्रति उदार ही रहे हैं। वे मेरे कामों में मेरी सहायता भी करते रहे हैं। मुझसे कभी ये अपेक्षा नहीं की गई कि मैं कभी बिरादरी के काम भी आऊं। मेरा ये मानना है कि मेरे प्रति जो मधुर व्यवहार किया गया, वह इसी कारण हो सका क्योंकि मैंने किसी भी तरह का विरोध नहीं किया था। यदि मैंने बिरादरी में वापिस शामिल होने के लिए हायतौबा मचाई होती, इधर-उधर से सिफारिशें लगाई होतीं, बिरादरीवालों के साथ छेड़छाड़ की होती तो वे ज़रूर मेरा विरोध करते और नतीजा ये होता कि मैं तो इंग्लैंड से लौटकर उदासीन और निर्लिप्त बने रहने के बजाय बेकार के इन झमेलों में फंस जाता। तब मैं केवल इन्हीं दुष्चक्रों में अपना समय गंवाता रहता।

पत्नी के साथ मैं अपने संबंध जिस रूप में चाहता था, उस रूप में अब तक नहीं ढल पाए थे। इंग्लैंड जाकर और वहां से लौटकर भी मैं अपने विद्वेषी स्वभाव से मुक्त नहीं हो पाया था। हर बात में मैं मीन-मेख निकालता और अपने संशय को दबा न पाता। नतीजा ये हुआ कि मैं अपनी मनोकामनाएं पूरी न कर पाया। मेरा मानना था कि पत्नी को अक्षर ज्ञान तो होना ही चाहिए, उसे लिखना-पढ़ना आना चाहिए। मैं ये काम खुद करना चाहता था लेकिन मैं अपनी कामवासना के चक्कर में फंसा रहने के कारण ये नहीं कर पा रहा था। अपनी इस कमज़ोरी को छुपाने के लिए मैं अपना गुस्सा पत्नी पर उतारता। एक समय तो ऐसा भी आ गया कि मैंने उसे मायके भेज दिया और बहुत अधिक कष्ट देने के बाद ही उसे वापिस बुलाना स्वीकार किया। बाद में मैं ये बात अनुभव कर पाया कि इस सबमें मेरी नादानी के अलावा कुछ भी नहीं था।

मैं बच्चों की पढ़ाई को लेकर भी कुछ सुधार करना चाहता था। बड़े भाई साहब के बच्चे थे और एक पुत्र मैं छोड़कर गया था जो अब चार बरस का होने को आया था। मैंने सोचा था कि इन बच्चों को व्यायाम कराऊंगा, तंदरुस्त बनाऊंगा और अपने सान्निध्य में रखूंगा। बड़े भाई मेरी इस योजना से सहमत थे। इस काम में मैं बहुत कम सफलता पा

सका था। बच्चों का साथ मुझे बहुत अच्छा लगता था और उनसे हंसी-मज़ाक करने की मेरी आदत अब तक बनी हुई है। उस समय से मेरी ये धारणा बन गई है कि मैं बच्चों का अच्छा शिक्षक बन सका हूं।

यह भी साफ लग रहा था कि खाने-पीने में भी सुधार करना होगा। घर में चाय-कॉफी पहले ही प्रवेश कर चुकी थीं। बड़े भाई साहब यह मानकर चल रहे थे कि इंग्लैंड से मेरे घर पर वापिस लौटने से पहले इंग्लैंड की कुछ तो हवा घर में आ ही जानी चाहिए। इसलिए चीनी-मिट्टी के बरतन और चाय वगैरह के बरतन जो पहले घर में केवल दवा के रूप में काम आते थे और पढ़े-लिखे मेहमानों के आने पर ही बाहर निकाले जाते थे, अब तो सबके लिए प्रयोग में लाए जाने लगे। परिवर्तन की ऐसी ही हवा में मैं आ पहुंचा। जई के दलिए को घर में जगह मिली। चाय-कॉफी ने कोको के लिए जगह खाली की। लेकिन ये परिवर्तन नाममात्र को ही रह गया क्योंकि चाय-कॉफी अपनी जगह रहे और कोको ने भी अपनी जगह बना ली। जूते-मोजे तो पहले ही घर का रास्ता देख चुके थे, अब मेरे आने से पैंट और पतलून से घर पवित्र हुआ।

इस तरह खर्च बढ़ा। नयी-नयी चीज़ें आईं। घर पर सफेद हाथी बंध गया। लेकिन इस खर्च के लिए धन लाया कहां से जाए? राजकोट में तुरंत काम-धंधा शुरू करता हूं, तो जग-हंसाई होती है। मेरे पास तो इतना भी ज्ञान न था कि राजकोट में पास हुए वकील के मुकाबले में खड़ा हो सकूं, तिस पर फीस उससे दस गुनी लेने का दावा! कौन मूर्ख मुवक्किल मुझे काम देता? या कोई ऐसा मूर्ख मिल भी जाए, तो क्या मैं अपने अज्ञान में धृष्टता और विश्वासघात की बढ़ोतरी करके अपने ऊपर संसार का ऋण और बढ़ा लूं?

मित्रों की सलाह यही रही कि मुझे कुछ समय के लिए बंबई जाकर हाईकोर्ट की वकालत का अनुभव पाना और हिन्दुस्तान के कानून का अध्ययन करना चाहिए और कोई मुकदमा मिल सके तो उसके लिए कोशिश करनी चाहिए। मैं बंबई के लिए रवाना हुआ।

वहां जाकर घर बसाया। रसोइया रखा। रसोइया भी मेरे जैसा ही था। ब्राह्मण था। मैंने उसे नौकर की तरह कभी रखा ही नहीं। यह ब्राह्मण नहाता तो था, लेकिन धोता नहीं था। उसकी धोती मैली, जनेऊ मैला। शास्त्रों के अध्ययन से उसे कोई मतलब नहीं। लेकिन उससे अच्छा रसोइया कहां से लाता?

"क्यों रविशंकर (उसका नाम रविशंकर था), तुम रसोई बनाना तो जानते नहीं, लेकिन संध्या पूजा आदि का क्या हाल है?"

"क्या बताऊं भाईसाहब, हल मेरा संध्या-तर्पण है और कुदाल खट करम है। अपने राम तो ऐसे ही ब्राह्मण हैं। कोई आप जैसा निबाह ले तो निभ जाएं, नहीं तो आखिर अपनी खेती तो है ही।"

मैं समझ गया। मुझे रविशंकर का शिक्षक बनना होगा। समय मेरे पास बहुत था। आधी रसोई रविशंकर बनाता और आधी मैं। मैंने इंग्लैंड की शाकाहारवाली खुराक के प्रयोग यहां शुरू किए। एक स्टोव खरीदा। मैं खुद तो पंगत में बैठकर खाने की परंपरा को मानता ही न था। रविशंकर को भी उसका आग्रह न था। इसलिए हमारी पटरी ठीक जम गई। शर्त या मुसीबत, जो कहो सो यह थी कि रविशंकर ने मैल से नाता न तोड़ने और रसोई साफ न रखने की सौगन्ध ले रखी थी!

लेकिन मैं चार-पांच महीने से अधिक बंबई में रह ही नहीं सकता था, क्योंकि खर्च बढ़ता जाता था और आमदनी कुछ भी न थी।

इस तरह मैंने संसार में प्रवेश किया। बैरिस्टरी मुझे अखरने लगी। आडम्बर बहुत, कुशलता कम। जवाबदारी का ख्याल मुझे परेशान कर रहा था।

3. पहला मुकदमा

बंबई में एक ओर मेरी कानून की पढ़ाई शुरू हुई, दूसरी ओर मेरे आहार के प्रयोग चले और उनमें मेरे मित्र वीरचंद्र गांधी मेरे साथ हो लिए। तीसरी तरफ भाई ने मेरे लिए मुकदमे खोजने की कोशिश शुरू की।

कानून की पढ़ाई का काम धीमी चाल से चला। सिविल प्रोसीजर कोड किसी भी तरह गले नहीं उतरता था। एविडेन्स एक्ट की पढ़ाई ठीक चली। वीरचंद्र गांधी सॉलिसिटर बनने की तैयारी कर रहे थे। इसलिए वे वकीलों के बारे में बहुत-कुछ बताते रहते थे। 'फीरोजशाह मेहता की होशियारी का कारण उनका अगाध कानूनी ज्ञान है। 'एविडेन्स एक्ट' तो उनको जबानी याद है। धारा 32 के हर एक मुकदमे की उन्हें जानकारी है। बदरुद्दीन तैयबजी की होशियारी ऐसी है कि न्यायाधीश भी उनके सामने पानी भरते हैं। बहस करने की उनकी शक्ति अद्‌भुत है।'

इधर मैं इन महारथियों की बातें सुनता और उधर मेरी घबराहट बढ़ जाती।

वे कहते, ''पांच-सात साल तक बैरिस्टर का अदालत में जूतियां फटकारते रहना हैरानी की बात नहीं माना जाता। इसलिए मैंने सॉलिसिटर बनने का निश्चय किया है। कोई तीन साल के बाद भी तुम अपना खर्च चलाने लायक कमा लो, तो कहना होगा कि तुमने खूब प्रगति कर ली।''

खर्च हर महीने बढ़ता जाता था। बाहर बैरिस्टर की तख्ती लटकाए रहना और घर में बैरिस्टरी करने की तैयारी करना! मेरा मन इन दो के बीच कोई मेल नहीं बिठा पाता था। इसलिए कानून की मेरी पढ़ाई व्यग्र चित्त से होती थी। एविडेन्स एक्ट में कुछ रुचि पैदा होने की बात ऊपर कह चुका हूं। मेइन का 'हिन्दू लॉ' मैंने बहुत बार पढ़ा, लेकिन मुकदमा लड़ने की हिम्मत न आई। अपना दुखड़ा किसके आगे रोऊं?

इतने में मुझे ममीबाई का मुकदमा मिला। स्मॉल कॉज कोर्ट (छोटी अदालत) में जाना था। मुझसे कहा गया, ''दलाल को कमीशन देना पड़ेगा!'' मैंने साफ इनकार कर दिया।

''लेकिन फौजदारी अदालत के सुप्रसिद्ध फलां वकील, जो हर महीने तीन-चार हज़ार कमाते हैं, भी कमीशन तो देते हैं।''

''मुझे कौन-सी उनकी बराबरी करनी है? मुझे तो हर महीने 300 रुपये मिल जाएं तो काफी हैं। पिताजी को इससे अधिक कहां मिलते थे?''

''लेकिन वह ज़माना लद गया। बंबई का खर्च ज्यादा है। तुम्हें कारोबारी दृष्टि से भी सोचना चाहिए।''

मैं टस-से-मस न हुआ। कमीशन मैंने नहीं ही दिया। फिर भी ममीबाई का मुकदमा तो मुझे मिला। मुकदमा आसान था। मुझे ब्रीफ करने के (मेहनताने के) 30 रुपये मिले। मुकदमा एक दिन से ज्यादा चलनेवाला नहीं था।

मैं पहली बार स्मॉल कॉज कोर्ट में गया। मैं प्रतिवादी की तरफ से था, इसलिए मुझे जिरह करनी थी। मैं खड़ा तो हुआ, पर पैर कांपने लगे। सिर चकराने लगा। मुझे ऐसा लगा, मानो अदालत घूम रही है। सवाल कुछ सूझते ही न थे। जज हंसा होगा। वकीलों को तो मज़ा आया ही होगा। लेकिन मेरी आंखों के सामने तो अंधेरा था—मैं देखता क्या?

मैं बैठ गया। दलाल से कहा, "मुझसे यह मुकदमा नहीं चल सकेगा। आप पटेल को सौंपिए। मुझे दी हुई फीस वापस ले लीजिए।"

पटेल को उसी दिन के 51 रुपये देकर वकील किया गया। उनके लिए तो वह बच्चों का खेल था।

मैं भागा। मुझे याद नहीं कि मेरी मुवक्किल जीती या हारी। मैं शरमाया। मैंने तय किया कि जब तक पूरी हिम्मत न आ जाए, कोई मुकदमा नहीं लूंगा; और फिर दक्षिण अफ्रीका जाने तक कभी अदालत में गया ही नहीं। इस निश्चय के पीछे कोई आधार तो था नहीं। ऐसा कौन बेकार बैठा था, जो हारने के लिए अपना मुकदमा मुझे देता? इसलिए मैं निश्चय न करता तो भी कोई मुझे अदालत में जाने की तकलीफ़ देनेवाला नहीं था!

लेकिन बंबई में मुझे अभी एक और मुकदमा मिलनेवाला था। इस मुकदमे में अर्जी-दावा तैयार करना था। एक गरीब मुसलमान की ज़मीन पोरबंदर में जब्त हुई थी। मेरे पिताजी का नाम जानकर वह उनके बैरिस्टर लड़के के पास आया था। मुझे उसका मामला लचर लगा। लेकिन मैंने अर्जी-दावा तैयार कर देना कबूल कर लिया। टाइपिंग का खर्च मुवक्किल को देना था। मैंने अर्जी-दावा तैयार कर लिया। मित्रों को दिखाया। उन्होंने पास कर दिया और मुझे कुछ-कुछ विश्वास हुआ कि मैं अर्जी-दावे लिखने लायक तो ज़रूर बन सकूंगा—असल में मैं इसी लायक था।

मेरा काम बढ़ता गया। मुफ्त में अर्जियां लिखने का धंधा करता तो अर्जियां लिखने का काम तो मिलता, लेकिन उससे दाल-रोटी कैसे चलती?

मैंने सोचा कि मैं शिक्षक का काम तो कर ही सकता हूं। मैंने अंग्रेज़ी का अच्छा अध्ययन किया था। इसलिए मैंने सोचा कि यदि किसी हाईस्कूल में मैट्रिक की कक्षा में अंग्रेज़ी पढ़ाने का काम मिल जाए तो कर लूं। खर्च का गड्ढा कुछ तो भरे!

मैंने अखबारों में विज्ञापन पढ़ा : 'आवश्यकता है, अंग्रेज़ी शिक्षक की; प्रतिदिन एक घंटे के लिए। वेतन 75 रुपये' यह एक प्रसिद्ध हाईस्कूल का विज्ञापन था। मैंने प्रार्थना पत्र भेजा। मुझे साक्षात्कार के लिए बुलाया गया। मैं बड़ी उमंगों के साथ मिलने गया। लेकिन जब प्रधानाचार्य को पता चला कि मैं बी.ए. नहीं हूं, तो उन्होंने मुझे खेदपूर्वक विदा कर दिया।

"लेकिन मैंने लंदन की मैट्रिक्युलेशन परीक्षा पास की है। लेटिन मेरी दूसरी भाषा थी।" मैंने कहा।

"सो ठीक है, लेकिन हमें तो ग्रेज्युएट की ही ज़रूरत है।"

मैं लाचार हो गया। मेरी हिम्मत टूट गई। बड़े भाई भी चिंतित हुए। हम दोनों ने सोचा कि बंबई में और समय बिताना बेकार है। मुझे राजकोट में ही जमना चाहिए। भाई स्वयं छोटे वकील थे। मुझे अर्जी-दावे लिखने का कुछ-न-कुछ काम तो दे ही सकते थे। फिर राजकोट में तो घर का खर्च चलता ही था। इसलिए बंबई का खर्च कम कर डालने से बड़ी

बचत हो जाती। मुझे यह सुझाव जंचा। यों कुल लगभग छह महीने रहकर बंबई का घर मैंने समेट लिया।

जब तक बंबई में रहा, मैं रोज़ हाईकोर्ट जाता था। लेकिन मैं यह तो नहीं कह सकता कि वहां मैंने कुछ सीखा। सीखने लायक समझ ही मुझमें नहीं थी। कभी-कभी तो मुकदमा समझ में न आता और उसकी कार्रवाई में रुचि न रहती, तो बैठा-बैठा झपकियां भी लेता रहता। यों झपकियां लेनेवाले दूसरे साथी भी मिल जाते थे। इससे मेरी शरम का बोझ हलका हो जाता था। आखिर मैं यह समझने लगा कि हाईकोर्ट में बैठकर ऊंघना फैशन के खिलाफ नहीं है। फिर तो शरम की कोई वजह ही न रह गई।

यदि इस युग में भी मेरे समान कोई बेकार बैरिस्टर बंबई में हों, तो उनके लिए अपना एक छोटा-सा अनुभव यहां मैं लिख देता हूं।

घर गिरगांव में होते हुए भी मैं शायद ही कभी गाड़ी-भाड़े का खर्च करता था। ट्राम में भी शायद ही बैठता था। अक्सर गिरगांव से हाईकोर्ट तक रोज़ाना पैदल ही जाता था। इसमें पूरे 45 मिनट लगते थे और वापसी में तो बिना चूक किए पैदल ही घर आता था। दिन में धूप लगती थी, लेकिन मैंने उसे सहन करने की आदत डाल ली थी। इस तरह मैंने काफी पैसे बचाए। बंबई में मेरे साथी बीमार पड़ते थे, लेकिन मुझे याद नहीं है कि मैं एक दिन भी बीमार पड़ा होऊं। जब मैं कमाने लगा तब भी इस तरह पैदल ही ऑफिस जाने की आदत मैंने आखिर तक कायम रखी। इसका लाभ मैं आज तक उठा रहा हूं।

4. पहला आघात

बंबई से निराश होकर मैं राजकोट पहुंचा। वहां अलग ऑफिस खोला। गाड़ी कुछ चली। अर्जियां लिखने का काम मिलने लगा और हर महीने औसत 300 रुपये की आमदनी होने लगी। अर्जी-दावे लिखने का यह काम मुझे मेरी होशियारी के कारण नहीं मिल रहा था, कारण था जान-पहचान। बड़े भाई के साथ काम करनेवाले वकील की वकालत जमी हुई थी। उनके पास जो बहुत महत्त्व के अर्जी-दावे आते अथवा जिन्हें वे महत्त्व का मानते, उनका काम तो बड़े बैरिस्टर के पास ही जाता था। उनके गरीब मुवक्किलों के अर्जी-दावे लिखने का काम मुझे मिलता था।

बंबई में कमीशन नहीं देने का मेरा जो सिद्धांत था, मानना होगा कि वह यहां कायम न रहा। मुझे दोनों स्थितियों का भेद समझाया गया था। वह इस तरह से था : बंबई में सिर्फ दलाल को पैसे देने की बात थी; यहां वकील को देने हैं। मुझसे कहा गया था कि बंबई की तरह यहां भी सब बैरिस्टर बिना अपवाद के अमुक प्रतिशत कमीशन देते हैं। अपने भाई के इस तर्क का कोई जवाब मेरे पास न था, "तुम देखते हो कि मैं दूसरे वकील का साझेदार हूं। हमारे पास आनेवाले मुकदमों में से जो तुम्हें देने लायक होते हैं, वे तुम्हें देने की मेरी इच्छा तो रहती ही है। लेकिन यदि तुम मेरे मेहनताने का हिस्सा मेरे साझीदार को न दो, तो मेरी स्थिति कितनी खराब हो जाए? हम साथ रहते हैं, इसलिए तुम्हारे मेहनताने का लाभ मुझे तो मिल ही जाता है। लेकिन मेरे साझीदार का क्या हो? अगर वही मुकदमा वे किसी दूसरे को दें, तो उसके मेहनताने में उन्हें ज़रूर हिस्सा मिलेगा।" मैं इस

तर्क के भुलावे में आ गया और मैंने अनुभव किया कि अगर मुझे बैरिस्टरी करनी है, तो ऐसे मामलों में कमीशन न देने का आग्रह मुझे नहीं रखना चाहिए। मैं ढीला पड़ा। मैंने अपने मन को मना लिया, अथवा स्पष्ट शब्दों में कहूं तो धोखा दिया। लेकिन इसके अलावा दूसरे किसी भी मामले में कमीशन देने की बात मुझे याद नहीं है।

हालांकि मेरी गाड़ी चल निकली, लेकिन इन्हीं दिनों मुझे अपने जीवन का पहला आघात पहुंचा। अंग्रेज़ अधिकारी कैसे होते हैं, इसे मैं कानों से तो सुनता था, लेकिन आंखों से देखने का मौका मुझे अब मिला।

पोरबंदर के भूतपूर्व राणा साहब को गद्दी मिलने से पहले मेरे भाई उनके मंत्री और सलाहकार थे। भाई पर इस आशय का आरोप लगाया गया था कि उन दिनों उन्होंने राणा साहब को गलत सलाह दी थी। उस समय के पोलिटिकल एजेंट के पास यह शिकायत पहुंची थी और मेरे भाई के बारे में उनकी राय अच्छी नहीं रही थी। इस अधिकारी से मैं इंग्लैंड में मिला था। कह सकता हूं कि वहां उन्होंने मुझसे अच्छी दोस्ती कर ली थी। भाई ने सोचा कि इस परिचय का लाभ उठाकर मुझे पोलिटिकल एजेंट से दो शब्द कहने चाहिए और उनकी जो खराब राय बनी है, उसे सुधरवाने की कोशिश करनी चाहिए। मुझे यह बात बिलकुल अच्छी नहीं लगी। मैंने सोचा : मुझे इंग्लैंड के मामूली से परिचय का लाभ नहीं उठाना चाहिए। अगर मेरे भाई ने कोई बुरा काम किया है, तो सिफारिश से क्या होगा? अगर नहीं किया है, तो वे विधिवत् प्रार्थना-पत्र भेजें या अपने निर्दोष होने पर विश्वास रखकर निर्भय रहें। यह तर्क भाई के गले से नीचे न उतरा। उन्होंने कहा, "तुम काठियावाड़ को नहीं जानते। तुम्हें दुनियादारी अभी सीखनी है। यहां तो जान-पहचान से सारे काम चलते हैं। तुम्हारे जैसा भाई अपने परिचित अधिकारी से सिफारिश के दो शब्द कहने का मौका आने पर पीछे हट जाए, तो यह सही नहीं कहा जाएगा।"

मैं भाई की इच्छा को टाल नहीं सका। मैं अपनी मर्जी के खिलाफ गया। अफसर के पास जाने का मुझे कोई अधिकर नहीं था। मुझे पता था कि जाने में मेरे स्वाभिमान को ठेस पहुंचेगी। फिर भी मैंने उससे मिलने का समय मांगा। मुझे समय मिला और मैं मिलने गया। पुराने परिचय की याद दिलाई, लेकिन मैंने तुरंत ही देखा कि इंग्लैंड और काठियावाड़ में फर्क है। अपनी कुर्सी पर बैठे हुए अफसर और छुट्टी पर गए हुए अफसर में फर्क होता है। अधिकारी ने परिचय की बात मान ली, लेकिन इसके साथ ही वह और अकड़ गया। मैंने उसकी अकड़ में देखा और आंखों में पढ़ा, मानो वे कह रही हों कि 'उस परिचय का लाभ उठाने के लिए तो तुम नहीं आए हो न?' यह समझते हुए भी मैंने अपनी बात शुरू की। साहब अधीर हो गए। बोले, "तुम्हारे भाई धोखेबाज हैं। मैं तुमसे ज्यादा बातें सुनना नहीं चाहता। मुझे समय नहीं है। तुम्हारे भाई को कुछ कहना हो तो वे विधिवत् प्रार्थना-पत्र दें।" यह उत्तर काफी था, सच था। लेकिन गरज तो बावली होती है न? मैं अपनी बात कहे जा रहा था। साहब उठे, "अब तुम्हें जाना चाहिए।"

मैंने कहा, "लेकिन मेरी पूरी बात तो सुन लीजिए।"

साहब खूब चिढ़ गए। बोले, "चपरासी, इसे बाहर का रास्ता दिखाओ।"

"हजूर" कहता हुआ चपरासी दौड़ा आया। मैं तो अब भी कुछ-न-कुछ बड़बड़ा ही रहा था। चपरासी ने मुझे हाथ से धक्का देकर दरवाजे के बाहर कर दिया।

साहब गए। चपरासी गया। मैं चला, अकुलाया, खीझा। मैंने तुरंत एक पत्र घसीटा : ''आपने मेरा अपमान किया है। चपरासी के जरिए मुझ पर हमला किया है। आप माफी नहीं मागेंगे, तो मैं आप पर मानहानि का विधिवत् दावा करूंगा।'' मैंने यह चिट्ठी भेजी। थोड़ी ही देर में साहब का सवार जवाब दे गया। उसका सार यह था :

''तुमने मेरे साथ असभ्यता का व्यवहार किया। जाने के लिए कहने पर भी तुम नहीं गए, इससे मैंने ज़रूर अपने चपरासी को तुम्हें दरवाजा दिखाने के लिए कहा। चपरासी के कहने पर भी तुम ऑफिस से बाहर नहीं गए, तब उसने तुम्हें ऑफिस से बाहर कर देने के लिए आवश्यक बल का प्रयोग किया। तुम्हें जो करना हो सो करने के लिए तुम स्वतंत्र हो।''

यह जवाब जेब में डालकर मैं मुंह लटकाए घर लौटा। भाई को सारा हाल सुनाया। वे दुखी हुए। भला वे मुझे क्या तसल्ली देते? मैंने वकील मित्रों से चर्चा की। मैं दावा दायर करना कहां जानता था? उन दिनों सर फीरोजशाह मेहता अपने किसी मुकदमे के सिलसिले में राजकोट आए हुए थे। मेरे जैसा नया बैरिस्टर उनसे कैसे मिल सकता था? लेकिन उन्हें बुलानेवाले वकील के द्वारा पत्र भेजकर मैंने उनकी सलाह पुछवाई। उनका उत्तर था, ''गांधी से कहिए, ऐसे अनुभव तो सब वकील-बैरिस्टरों को हुए होंगे। तुम अभी नए ही हो। इंग्लैंड की खुमारी अभी उतरी नहीं है। तुम अंग्रेज़ अधिकारियों को पहचानते नहीं हो। अगर तुम्हें सुख से रहना हो और दो पैसे कमाने हों, तो मिली हुई चिट्ठी फाड़ डालो और जो अपमान हुआ है उसे पी जाओ। मामला चलाने से तुम्हें एक पाई का भी लाभ न होगा। उलटे, तुम बरबाद हो जाओगे। तुम्हें अभी जीवन का अनुभव पाना है।''

मुझे यह सीख जहर की तरह कड़वी लगी, लेकिन उस कड़वे घूंट को पी जाने के अलावा और कोई उपाय न था। मैं अपमान को भूल तो न सका, लेकिन मैंने उसका सदुपयोग किया। मैंने नियम बना लिया, ''मैं फिर कभी अपने को ऐसी स्थिति में नहीं पड़ने दूंगा, इस तरह किसी की सिफारिश नहीं करूंगा।'' इस नियम का मैंने कभी उल्लंघन नहीं किया। इस आघात ने मेरे जीवन की दिशा बदल दी।

5. दक्षिण अफ्रीका जाने की तैयारी

उस अधिकारी के यहां मेरे जाने में ज़रूर दोष था। लेकिन अधिकारी की अधीरता, उसके रोष और गुस्से में आने के सामने मेरा दोष छोटा हो गया। गुस्से में आने से दोष इतना बड़ा नहीं था कि चपरासी द्वारा धकियाया जाता। मैं उसके पास पांच मिनट भी न बैठा होऊंगा। उसे तो मेरा बोलना ही सहन नहीं हुआ। वह मुझसे शिष्टतापूर्वक जाने को कह सकता था, लेकिन उसके अधिकार के मद की कोई सीमा नहीं थी। बाद में मुझे पता चला कि इस अधिकारी के पास धीरज नाम की कोई चीज़ थी ही नहीं। अपने यहां आनेवाले का अपमान करना उसके लिए साधारण बात थी। मर्जी के खिलाफ कोई बात मुंह से निकलते ही साहब का मिजाज बिगड़ जाता था।

मेरा ज्यादातर काम तो उसी की अदालत में रहता था। खुशामद मैं कर ही नहीं सकता था। मैं इस अधिकारी को अनुचित तरीके से रिझाना नहीं चाहता था। उसे नालिश की धमकी देकर मैं नालिश न करूं और उसे कुछ भी न लिखूं, यह भी मुझे अच्छा न लगा।

इस बीच मुझे काठियावाड़ के रियासती षड्यंत्रों का भी कुछ अनुभव हुआ। काठियावाड़ अनेक छोटे-छोटे राज्यों का प्रदेश है। यहां मुत्सद्दियों का बड़ा समाज होना स्वाभाविक ही था। राज्यों के बीच बारीक षड्यंत्र चलते, पद पाने के लिए साजिशें होतीं, राजा कच्चे कान का और परवश रहता। साहबों के अर्दलियों तक की खुशामद की जाती। साहब का सचिव तो साहब से भी सवाया होता; क्योंकि वही तो साहब की आंख, कान और दुभाषिये का काम करता था। सचिव की इच्छा ही कानून थी। सचिव की आमदनी साहब की आमदनी से ज्यादा मानी जाती थी। संभव है, इसमें अतिशयोक्ति हो, लेकिन सचिव के मामूली वेतन की तुलना में उसका खर्च ज़रूर ज्यादा होता था।

यह वातावरण मुझे विष-सा प्रतीत हुआ। मैं अपनी स्वतंत्रता की रक्षा कैसे कर सकूंगा, इसकी चिंता बराबर बनी रहती। मैं उदासीन हो गया। भाई ने मेरी उदासीनता देखी। एक विचार यह आया कि कहीं नौकरी कर लूं, तो मैं इन खटपटों से मुक्त रह सकता हूं। पर बिना खटपट के दीवान का या न्यायाधीश का पद कैसे मिल सकता था? वकालत करने में साहब के साथ का झगड़ा बाधक बनता था।

पोरबंदर में एडमिनिस्ट्रेशन–नाबालिगी शासन–था। वहां मुझे राणा साहब के लिए कुछ सत्ता पाने का प्रयास करना था। मेरे लोगों से लगान उचित से अधिक दर पर वसूल किया जाता था। इस सिलसिले में भी मुझे वहां एडमिनिस्ट्रेटर से मिलना था। मैंने देखा कि एडमिनिस्ट्रेटर हालांकि हिन्दुस्तानी हैं, फिर भी उनका रौब-दाब तो साहब से भी अधिक है। वे होशियार थे, लेकिन उनकी होशियारी का लाभ जनता को अधिक मिला हो, यह मैं देख नहीं सका। मैं राणा साहब को थोड़ी सत्ता दिला सका। कहना होगा कि मैं मेरे लोगों को तो कुछ भी न दिला सका। उनके मामले की पूरी जांच हुई हो, ऐसा भी मैंने अनुभव नहीं किया।

इसलिए इस काम में भी मैं थोड़ा निराश ही हुआ। मैंने अनुभव किया कि मेरे मुवक्किलों को न्याय नहीं मिला। न्याय पाने के लिए मेरे पास कोई साधन न था। बहुत करें तो पोलिटिकिल एजेंट या गवर्नर साहब के सामने अपील की जा सकती है। वे राय देंगे, 'हम इस मामले में दखल नहीं दे सकते।' ऐसे फैसलों के पीछे कोई कानून-कायदा हो, तब तो कुछ आशा भी की जा सके। लेकिन यहां तो साहब की मर्जी ही कानून है!

मैं अकुलाया।

इसी बीच भाई के पास पोरबंदर की एक मेमन फर्म का संदेशा आया, "दक्षिण अफ्रीका में हमारा व्यापार है। हमारी फर्म बड़ी है। वहां हमारा एक बड़ा मुकदमा चल रहा है। चालीस हजार पौंड का दावा है। मामला बहुत लम्बे समय से चल रहा है। हमारे पास अच्छे-से-अच्छे वकील-बैरिस्टर हैं। अगर आप अपने भाई को भेजें, तो वे हमारी मदद करें और उन्हें भी कुछ मदद मिल जाए। वे हमारा मामला हमारे वकील को अच्छी तरह समझा सकेंगे। इसके अलावा, वे नया देश देखेंगे और कई नए लोगों से उनकी जान-पहचान होगी।"

भाई ने मुझसे चर्चा की। मैं इस सबका अर्थ समझ न सका। मैं यह जान न सका कि मुझे सिर्फ वकील को समझाने का ही काम करना पड़ेगा या अदालत में भी जाना होगा। फिर भी मैं ललचाया।

दादा अब्दुल्ला के साझेदार स्वर्गीय सेठ अब्दुल करीम झवेरी से भाई ने मेरी मुलाकात कराई। सेठ ने कहा, "आपको ज्यादा मेहनत नहीं करनी होगी। बड़े-बड़े साहबों से हमारी दोस्ती है। उनसे आपकी जान-पहचान होगी। आप हमारी दुकान में भी मदद कर सकेंगे। हमारे यहां अंग्रेज़ी पत्र-व्यवहार बहुत होता है। आप उसमें भी मदद कर सकेंगे। आप हमारे बंगले में ही रहेंगे। इससे आप पर खर्च का बिलकुल बोझ नहीं पड़ेगा।"

मैंने पूछा, "आप मेरी सेवाएं कितने समय के लिए चाहते हैं? आप मुझे वेतन क्या देंगे?"

"हमें आपकी ज़रूरत एक साल से ज्यादा नहीं रहेगी। आपको पहले दर्जे का टिकट देंगे और ठहरने-खाने के खर्च के अलावा 105 पौंड देंगे।"

इसे वकालत नहीं कह सकते। यह नौकरी थी। लेकिन मुझे तो जैसे भी बने हिन्दुस्तान छोड़ना था। नया देश देखने को मिलेगा और अनुभव मिलेगा, सो अलग। भाई को 105 पौंड भेजूंगा तो घर का खर्च चलाने में कुछ मदद होगी। यह सोचकर मैंने वेतन के बारे में बिना कुछ झिकझिक किए ही सेठ अब्दुल करीम का प्रस्ताव स्वीकार कर लिया और मैं दक्षिण अफ्रीका जाने के लिए तैयार हो गया।

6. नेटाल पहुंचा

इंग्लैंड जाते समय वियोग के विचार से जो दुख हुआ था, वह दक्षिण अफ्रीका जाते समय न हुआ। मां तो गुज़र ही चुकी थी। मैंने दुनिया का और यात्रा का अनुभव पाया था। राजकोट और बंबई के बीच तो आना-जाना लगा ही रहता था। इसलिए इस बार केवल पत्नी का वियोग ही दुखदायी था। इंग्लैंड से आने के बाद एक और पुत्र का पिता बना था। हमारे बीच के प्रेम में अभी विषय-भोग का प्रभाव तो था ही, फिर भी उसमें निर्मलता आने लगी थी। इंग्लैंड से मेरे लौटने के बाद हम दोनों बहुत कम साथ रह पाए थे। और शिक्षक की तरह मेरी योग्यता जो भी रही हो, लेकिन मैं पत्नी का शिक्षक बना था इसलिए और पत्नी में जो कई सुधार मैंने कराए थे उन्हें निबाहने के लिए भी हम दोनों साथ रहने की आवश्यकता अनुभव करते थे। लेकिन अफ्रीका मुझे अपनी तरफ खींच रहा था। उसने वियोग को सह्य बना दिया।

"एक साल के बाद तो हम फिर मिलेंगे ही न?" पत्नी को यह कहकर और सान्त्वना देकर मैंने राजकोट छोड़ा और मैं बंबई पहुंचा।

मुझे दादा अब्दुल्ला के बंबईवाले एजेंट के जरिए टिकट खरीदना था। लेकिन स्टीमर में कोई केबिन खाली न था। हालत यह थी कि अगर इस मौके को चूक जाता तो मुझे एक महीने तक बंबई की हवा खानी पड़ती। एजेंट ने कहा, "हमने कोशिश तो बहुत की, लेकिन हमें टिकट नहीं मिल सका। आप डेक में जाएं तो जा सकते हैं। भोजन की व्यवस्था सैलून में हो सकेगी।" वह ज़माना मेरे लिए पहले दर्जे की यात्रा का था। क्या बैरिस्टर डेक का यात्री बनकर जाए? मैंने डेक में जाने से इनकार कर दिया। मुझे एजेंट पर शक हुआ। मैं यह मान ही न सका कि पहले दर्जे का टिकट मिल ही नहीं सकता। एजेंट की अनुमति लेकर मैंने ही टिकट पाने की कोशिश की। मैं स्टीमर पर पहुंचा। बड़े अधिकारी से मिला।

पूछताछ करने पर उसने सरल भाव से उत्तर दिया, "हमारे यहां इतनी भीड़ शायद ही कभी होती है। लेकिन इस स्टीमर से मोजाम्बिक के गवर्नर-जनरल जा रहे हैं, इससे सारी सीटें भर गई हैं।"

"तो आप मेरे लिए किसी तरह जगह निकाल ही नहीं सकते?"

अफसर ने मेरी तरफ देखा। फिर वह हंसा और बोला, "एक उपाय है। मेरे केबिन में एक बर्थ खाली रहती है। उसमें हम यात्री को नहीं लेते, लेकिन आपको मैं वह जगह देने के लिए तैयार हूं।" मैं खुश हुआ। अफसर का आभार माना। सेठ से बात करके टिकट कटाया, और 1893 के अप्रैल महीने में उमंगों से भरा मैं दक्षिण अफ्रीका में अपना भाग्य आजमाने के लिए चल पड़ा।

पहला बंदरगाह लामू पड़ता था। वहां पहुंचने में करीब तेरह दिन लगे। रास्ते में कप्तान से अच्छी मित्रता हो गई। कप्तान को शतरंज खेलने का शौक था, लेकिन वह अभी नौसिखिया ही था। उसे अपने से कमज़ोर खेलनेवाले साथी की ज़रूरत थी। इसलिए उसने मुझे खेलने के लिए आमंत्रित किया। मैंने शतरंत का खेल कभी देखा न था। उसके विषय में सुना काफी था। खेलनेवाले कहते थे कि इस खेल में खासी बुद्धि लगती है। कप्तान ने कहा कि वह खुद मुझे सिखाएगा। मैं उसे अच्छा शिष्य मिला, क्योंकि मुझमें असीम धैर्य था। मैं हारता ही रहता था। इससे कप्तान का सिखाने का उत्साह बढ़ता जाता था। मुझे शतरंज का खेल पसंद आया, लेकिन मेरा यह शौक कभी जहाज के नीचे न उतरा। उसमें मेरी गति राजा-रानी आदि की चाल जान लेने से अधिक न बढ़ सकी।

लामू बंदरगाह आया। स्टीमर वहां तीन-चार घंटे ठहरनेवाला था। मैं बंदरगाह देखने नीचे उतरा। कप्तान भी गया था। उसने मुझसे कहा, "यहां का बंदरगाह दगाबाज है। तुम जल्दी लौट आना।"

गांव तो बिलकुल छोटा-सा था। वहां के डाकखाने में गया, तो हिन्दुस्तानी कर्मचारी दिखाई दिए। इससे मुझे खुशी हुई। मैंने उनसे बातचीत की। हब्शियों से मिला। उनके रहन-सहन में रुचि पैदा हुई। इसमें थोड़ा समय चला गया। डेक के दूसरे भी कई यात्री थे। मैंने उनसे जान-पहचान कर ली थी। वे रसोई बनाने और आराम से भोजन करने के लिए नीचे उतरे थे। मैं उनकी नाव में बैठा। बंदरगाह में ज्वार काफी था। हमारी नाव में बोझ ज्यादा था। लहरों का ज़ोर इतना अधिक था कि नाव की रस्सी स्टीमर की सीढ़ी के साथ किसी तरह बंध ही नहीं पाती थी। नाव सीढ़ी के पास पहुंचती और हट जाती। स्टीमर खुलने की पहली सीटी बजी। मैं घबराया। कप्तान ऊपर से देख रहा था। उसने स्टीमर को पांच मिनट के लिए रुकवाया। स्टीमर के पास ही एक छोटी-सी नाव थी। एक मित्र ने उसे दस रुपये देकर मेरे लिए तय किया, और इस छोटी नाव ने मुझे उस नाव में से उठा लिया। स्टीमर की सीढ़ी उठ चुकी थी। मुझे रस्सी से ऊपर खींच लिया गया और स्टीमर चल दिया। दूसरे यात्री रह गए। कप्तान की दी हुई चेतावनी का अर्थ अब मेरी समझ में आया।

जहाज लामू से मुम्बासा और वहां से जंजीबार पहुंचा। जंजीबार में तो काफी ठहरना था—आठ या दस दिन। वहां नए स्टीमर पर सवार होना था।

मुझ पर कप्तान के प्रेम का पार न था। इस प्रेम ने मेरे लिए उलटा रूप धारण किया। उसने मुझे अपने साथ सैर के लिए दावत दी। एक अंग्रेज़ मित्र को भी बुलाया था। हम

तीनों कप्तान की नाव पर सवार हुए। मैं इस सैर का मतलब बिलकुल नहीं समझ पाया था। कप्तान को क्या पता कि मैं ऐसे मामलों में निपट अनाड़ी हूं। हम लोग हब्शी औरतों की बस्ती में पहुंचे। एक दलाल हमें वहां ले गया। हममें से हर व्यक्ति एक-एक कोठरी में घुस गया। लेकिन मैं तो शरम का मारा वहां गुमसुम ही बैठा रहा। उस बेचारी औरत के मन में क्या विचार उठे होंगे, सो तो वही जाने। कप्तान ने आवाज़ दी। मैं जैसा अंदर घुसा था वैसा ही बाहर निकला। कप्तान मेरे भोलेपन को समझ गया। पहले तो मैं बहुत ही शर्मिंदा हुआ। लेकिन मैं यह काम किसी भी दशा में पसंद नहीं कर सकता था, इसलिए मेरी शर्मिंदगी तुरंत ही दूर हो गई, और मैंने इसके लिए ईश्वर का उपकार माना कि उस महिला को देखकर मेरे मन में तनिक भी विकार उत्पन्न नहीं हुआ। मुझे अपनी इस दुर्बलता पर घृणा हुई कि मैं कोठरी में घुसने से ही इनकार करने का साहस न दिखा सका।

मेरे जीवन की ऐसी यह तीसरी परीक्षा थी। कितने ही नवयुवक शुरू में निर्दोष होते हुए भी झूठी शरम के कारण बुराई में फंस जाते होंगे। मैं अपने पुरुषार्थ के कारण नहीं बचा था। अगर मैंने कोठरी में घुसने से साफ इनकार किया होता, तो वह मेरा पुरुषार्थ माना जाता। मुझे तो अपनी रक्षा के लिए केवल ईश्वर का ही उपकार मानना चाहिए। लेकिन इस घटना के कारण ईश्वर में मेरी श्रद्धा बढ़ी और झूठी शरम छोड़ने की कुछ हिम्मत भी मुझमें आई।

जंजीबार में एक हफ्ता बिताना था, इसलिए एक घर किराये पर लेकर मैं शहर में रहा। शहर को खूब घूम-घूमकर देखा। जंजीबार की हरियाली की कल्पना मलाबार को देखकर ही की जा सकती है। वहां के विशाल वृक्ष और वहां के बड़े-बड़े फल वगैरा देखकर मैं तो दंग ही रह गया।

जंजीबार से मैं मोजाम्बिक और वहां से लगभग मई के अंत में नेटाल पहुंचा।

7. अनुभवों की पिटारी

नेटाल के बंदरगाह को डरबन कहते हैं और वह नेटाल बंदरगाह के नाम से भी पहचाना जाता है। मुझे लेने के लिए अब्दुल्ला सेठ आए थे। स्टीमर के घाट (डेक) पर पहुंचने पर जब नेटाल के लोग अपने मित्रों को लेने स्टीमर पर आए, तभी मैं समझ गया कि यहां हिन्दुस्तानियों की अधिक इज्जत नहीं है। अब्दुल्ला सेठ को पहचाननेवाले उनके साथ जैसा बरताव करते थे, उसमें भी मुझे एक प्रकार की असभ्यता दिखाई पड़ी थी, जो मुझे व्यथित करती थी। अब्दुल्ला सेठ इस असभ्यता को सह लेते थे। वे उसके आदी बन गए थे। मुझे जो देखते वे कुछ कुतूहल की दृष्टि से देखते थे। अपनी पोशाक के कारण मैं दूसरे हिन्दुस्तानियों से कुछ अलग पड़ जाता था। मैंने उस समय 'फ्राक कोट' वगैरह पहने थे और सिर पर बंगाली ढंग की पगड़ी बांधी थी।

अब्दुल्ला सेठ मुझे घर ले गए। उनके कमरे की बगल में एक कमरा था, वह उन्होंने मुझे दिया। न वे मुझे समझते, और न मैं उन्हें समझता। उन्होंने अपने भाई के दिए हुए पत्र पढ़े और वे ज्यादा घबराए। उन्हें लगा कि भाई ने तो उनके घर एक सफेद हाथी ही बांध दिया है। मेरा साहबी रहन-सहन उन्हें खर्चीला मालूम हुआ। उस समय मेरे लिए कोई खास काम न था। उनका मुकदमा तो ट्रांसवाल में चल रहा था। मुझे तुरंत वहां भेजकर

क्या करते? इसके अलावा, मेरी होशियारी या ईमानदारी का विश्वास भी किस हद तक किया जाए? प्रिटोरिया में वे मेरे साथ रह नहीं सकते थे। प्रतिवादी प्रिटोरिया में रहता था। मुझ पर उसका गलत प्रभाव पड़ जाए तो क्या हो? यदि वे मुझे इस मुकदमे का काम न सौंपें, तो दूसरे काम तो उनके क्लर्क मुझसे बहुत अच्छा कर सकते थे। क्लर्कों से गलती हो तो उन्हें उलाहना दिया जा सकता था, और मैं गलती करूं तो? काम या तो मुकदमे का था या फिर क्लर्क का था। इनके अलावा तीसरा कोई काम न था। इसलिए यदि मुकदमे का काम न सौंपा जाता, तो मुझे घर बैठे खिलाने की नौबत आती।

अब्दुल्ला सेठ बहुत कम पढ़े-लिखे थे, लेकिन उनके पास अनुभव का ज्ञान बहुत था। उनकी बुद्धि तेज थी और खुद उन्हें इसका भान था। रोज़ाना के अभ्यास से उन्होंने सिर्फ बातचीत करने लायक अंग्रेज़ी का ज्ञान पा लिया था। लेकिन अपनी इस अंग्रेज़ी से ही वे अपने सब काम निकाल लेते थे। वे बैंक के मैनेजरों से बातचीत करते थे, यूरोपियन व्यापारियों के साथ सौदे कर लेते थे और वकीलों को अपने मामले समझा सकते थे। हिन्दुस्तानी उनकी बहुत इज्जत करते थे। उन दिनों उनकी फर्म हिन्दुस्तानियों की फर्मों में सबसे बड़ी अथवा बड़ी फर्मों में एक तो थी ही। अब्दुल्ला सेठ स्वभाव से वहमी थे।

उन्हें इस्लाम पर अभिमान था। वे इस्लामी दर्शन की चर्चा के शौकीन थे। अरबी नहीं जानते थे फिर भी कहना होगा कि उन्हें कुरान शरीफ की और आम तौर पर इस्लाम के धार्मिक साहित्य की अच्छी जानकारी थी। दृष्टांत तो उन्हें जबानी याद ही थे। उनके संपर्क से मुझे इस्लाम का काफी व्यावहारिक ज्ञान हो गया। हम एक-दूसरे को पहचानने लगे। उसके बाद तो वे मेरे साथ खूब धर्म-चर्चा करते थे।

मेरे पहुंचने के दूसरे या तीसरे दिन वे मुझे डरबन की अदालत दिखाने ले गए। वहां कुछ जान-पहचान कराई। अदालत में मुझे अपने वकील के पास बैठाया। मजिस्ट्रेट मुझे बार-बार देखता रहा। उसने मुझे पगड़ी उतारने के लिए कहा। मैंने इनकार किया और अदालत छोड़ दी।

मेरे भाग्य में यहां भी लड़ाई ही बदी थी।

अब्दुल्ला सेठ ने मुझे पगड़ी उतारने का रहस्य समझाया : मुसलमानी पोशाक पहना हुआ आदमी अपनी मुसलमानी पगड़ी पहन सकता है। लेकिन दूसरे हिन्दुस्तानियों को अदालत में पैर रखते ही अपनी पगड़ी उतार लेनी चाहिए।

इस बारीक भेद को समझाने के लिए मुझे कुछ तथ्यों की जानकारी देनी होगी।

इन दो-तीन दिनों में ही मैंने देख लिया था कि हिन्दुस्तानी अफ्रीका में अपने-अपने गुट बनाकर बैठ गए थे। एक भाग मुसलमान व्यापारियों का था—वे अपने को 'अरब' कहते थे। दूसरा भाग हिन्दू या पारसी क्लर्कों, मुनीमों या गुमाश्तों का था। हिन्दू क्लर्क अधर में लटकते थे। कोई 'अरब' में मिल जाते थे। पारसी अपना परिचय परसियन के नाम से देते थे। व्यापार के अलावा भी इन तीनों का आपस में थोड़ा-बहुत संबंध ज़रूर था। एक चौथा और बड़ा समुदाय तमिल, तेलुगु और उत्तर हिन्दुस्तान के गिरमिटिया तथा गिरमिट-मुक्त हिन्दुस्तानियों का था। गिरमिट का अर्थ है वह इकरार यानी 'एग्रिमेण्ट', जिसके अनुसार उन दिनों गरीब हिन्दुस्तानी पांच साल तक मज़दूरी करने के लिए नेटाल जाते थे। गिरमिट 'एग्रिमेण्ट' का ही अपभ्रंश है और उसी से गिरमिटिया शब्द बना है। इस

वर्ग के साथ दूसरों का व्यवहार केवल काम की दृष्टि से ही रहता था। अंग्रेज़ इन गिरमिट वालों को 'कुली' के नाम से पहचानते थे; और चूंकि वे संख्या में अधिक थे, इसलिए दूसरे हिन्दुस्तानियों को भी 'कुली' कहते थे, कुली के बदले 'सामी' भी कहते। 'सामी' ज्यादातर तमिल नामों के अंत में लगनेवाला प्रत्यय है। सामी अर्थात् स्वामी। स्वामी का मतलब तो मालिक हुआ। इसलिए जब कोई हिन्दुस्तानी सामी शब्द से चिढ़ता और उसमें कुछ हिम्मत होती, तो वह अपने को 'सामी' कहनेवाले अंग्रेज़ से कहता, "तुम मुझे 'सामी' कहते हो, लेकिन जानते हो कि 'सामी' का मतलब मालिक होता है? मैं तुम्हारा मालिक तो हूं नहीं।" यह सुनकर कोई अंग्रेज़ शरमा जाता, कोई चिढ़कर ज्यादा गालियां देता और कोई-कोई मारता भी; क्योंकि उसकी दृष्टि से तो 'सामी' शब्द निन्दासूचक ही हो सकता था। उसका अर्थ मालिक करना तो उसे अपमानित करने के बराबर ही हो सकता था।

इसलिए मैं 'कुली बैरिस्टर' कहलाया। व्यापारी 'कुली व्यापारी' कहलाते थे। कुली का मूल अर्थ मज़दूर तो भुला दिया गया। मुसलमान व्यापारी यह शब्द सुनकर गुस्सा होता और कहता, 'मैं कुली नहीं हूं। मैं तो अरब हूं।' या 'मैं व्यापारी हूं।' कोई थोड़ा विनयशील अंग्रेज़ होता तो यह सुनकर माफी भी मांग लेता।

ऐसी दशा में पगड़ी पहनने का प्रश्न एक महत्त्व का प्रश्न बन गया। पगड़ी उतारने का मतलब था अपमान सहन करना। मैंने तो सोचा कि मैं हिन्दुस्तानी पगड़ी को विदा कर दूं और अंग्रेज़ी टोपी पहन लूं, ताकि उसे उतारने में अपमान न जान पड़े और मैं झगड़े से बच जाऊं।

लेकिन अब्दुल्ला सेठ को यह सुझाव अच्छा न लगा। उन्होंने कहा, "अगर आप इस वक्त यह बदलाव करेंगे, तो उससे अनर्थ होगा। जो दूसरे लोग देश की ही पगड़ी पहनना चाहेंगे, उनकी स्थिति नाजुक बन जाएगी। इसके अलावा, आपको तो देशी पगड़ी ही शोभा देगी। आप अंग्रेज़ी टोपी पहनेंगे तो आपकी गिनती 'वेटरों' में होगी।"

इन वाक्यों में दुनियावी समझदारी थी, देशाभिमान था और थोड़ा संकोच भी था। दुनियावी समझदारी तो स्पष्ट ही है। देशाभिमान के बिना पगड़ी का आग्रह नहीं हो सकता; और संकोच के बिना 'वेटर' की टीका संभव नहीं। गिरमिटिया हिन्दुस्तानी हिन्दू, मुसलमान और ईसाई इन तीन भागों में बंटे हुए थे। जो गिरमिटिया हिन्दुस्तानी ईसाई बन गए, उनकी संतान ईसाई कहलाई। सन् 1893 में भी ये बड़ी संख्या में थे। वे सब अंग्रेज़ी पोशाक ही पहनते थे। उनका एक खासा वर्ग होटलों में नौकरी करके अपनी आजीविका चलाता था। अब्दुल्ला सेठ के वाक्यों में अंग्रेज़ी कैप की जो टीका थी, वह इन्हीं लोगों को लक्ष्य में रखकर की गई थी। इसके मूल में मान्यता यह थी कि होटल में 'वेटर' का काम करना बुरा है। आज भी यह भेद बहुतों के मन में बसा हुआ है।

कुल मिलाकर अब्दुल्ला सेठ का तर्क मुझे अच्छा लगा। मैंने पगड़ी के किस्से को लेकर अपने और पगड़ी के बचाव में समाचारपत्रों के नाम एक पत्र लिखा। अखबारों में मेरी पगड़ी की खूब चर्चा हुई। 'अनवेलकम विज़िटर'–अवांछित अतिथि–शीर्षक से अखबारों में मेरी चर्चा हुई और तीन-चार दिन के अंदर ही मैं अनायास दक्षिण अफ्रीका में प्रसिद्धि पा गया। किसी ने मेरा पक्ष लिया और किसी ने मेरी धृष्टता की खूब निंदा की।

मेरी पगड़ी तो लगभग अंत तक बनी रही। कब गई सो हम अंतिम भाग में देखेंगे।

8. प्रिटोरिया की राह पर

मैं जल्द ही डरबन में रहनेवाले ईसाई हिंदुस्तानियों के सम्पर्क में आ गया। वहां की अदालत के दुभाषिया मिस्टर पॉल रोमन कैथोलिक थे। उनसे परिचय हुआ और प्रोटेस्टैंट मिशन के शिक्षक स्वर्गीय मिस्टर सुभान गॉडफ्रे से भी परिचय हुआ। इन्हीं के पुत्र जेम्स गॉडफ्रे यहां दक्षिण अफ्रीका के भारतीय प्रतिनिधिमंडल में 1924 में भारत आए थे। इन्हीं दिनों स्वर्गीय पारसी रुस्तमजी से भी परिचय हुआ। मैं तभी स्वर्गीय आदमजी मियांखान के सम्पर्क में आया। ये सब लोग आपस में एक-दूसरे से कभी नहीं मिलते थे। वे सिर्फ कारोबार के सिलसिले में ही आपस में मिलते थे। लेकिन ये लोग बाद में एक-दूसरे के काफी निकट आ गए थे। ये बात हम आगे चलकर देखेंगे।

मैं इस तरह से जान-पहचान का दायरा बढ़ाने में लगा हुआ था कि इतने में फर्म के वकील की ओर से पत्र मिला कि मुकदमे की तैयारी की जानी चाहिए और खुद अब्दुल्ला सेठ को प्रिटोरिया आना चाहिए या किसी प्रतिनिधि को भेजना चाहिए।

अब्दुल्ला सेठ ने यह पत्र मुझे पढ़ने के लिए दिया और पूछा, ''जाओगे तुम प्रिटोरिया?''

मैंने कहा, ''मुझे केस समझाइए, तभी कुछ कह सकूंगा। अभी तो मैं जानता ही नहीं कि वहां जाकर क्या करूंगा।'' उन्होंने तब अपने वकीलों से कहा कि मुझे मामला समझा दिया जाए।

मैंने जब मामले को समझना शुरू किया तो पाया कि मुझे बिलकुल शुरू से ही शुरू करना होगा। जब मैं जंजीबार पहुंचा था तो मैं वहां की अदालत का काम देखने गया था। एक पारसी वकील किसी गवाह का बयान ले रहे थे और बहीखातों में जमा-उधार के सवाल पूछ रहे थे। मैं तो जमा-उधार के बारे में कुछ जानता ही न था। बहीखाते के बारे में मैंने न तो हाईस्कूल में पढ़ा था और न ही इंग्लैंड में ही।

और जिस मामले के लिए मैं दक्षिण अफ्रीका आया था, उसका सारा दारोमदार बहीखातों पर ही था। जिसे बहीखातों की जानकारी हो वही इस मामले को समझ और समझा सकता है। जब मुनीम बताता कि इधर जमा किए और उधर नामे डाले तो बात मेरे सिर के ऊपर से गुज़र जाती। मैं और भ्रम में पड़ जाता। मैं पी नोट का मतलब भी नहीं जानता था। शब्दकोष में खोजने पर ये शब्द मिला ही नहीं। जब मैंने मुनीमजी के सामने अपनी अज्ञानता प्रकट की तो उन्होंने बताया कि पी नोट प्रामिसरी नोट को ही कहते हैं। मैंने बहीखाते की किताब खरीदी और पूरी पढ़ डाली। थोड़ा-सा तो आत्मविश्वास आया। मामला समझ में आने लगा। मैंने पाया कि अब्दुल्ला सेठ बहीखाता लिखना नहीं जानते थे, लेकिन उनका व्यावहारिक ज्ञान इतना अधिक था कि बहीखाते की बारीक गुत्थियां भी फौरन सुलझा सकते थे। मैंने उन्हें बताया, ''मैं जाने के लिए तैयार हूं।''

सेठ ने पूछा, ''ठहरोगे कहां?''

मैंने जवाब दिया, ''आप जहां कहेंगे, ठहर जाऊंगा।''

''मैं अपने वकील को लिख दूंगा। वह तुम्हारे ठहरने का प्रबंध कर देगा। प्रिटोरिया में मेरे कई मेमन दोस्त हैं। मैं उन्हें भी लिखूंगा लेकिन उनके यहां ठहरना ठीक नहीं होगा। उन लोगों का हमारे सामनेवाली पार्टी के साथ उठना-बैठना है। तुम्हारे पास मेरे निजी पत्र

आते रहेंगे। अगर उनमें से कोई ये कागज़ात देख ले तो हमारे केस पर फर्क पड़ सकता है। उनके साथ तुम्हारा जितना कम संबंध हो, उतना ही अच्छा।'' सेठजी ने समझाया।

मैंने कहा, ''आपके वकील मुझे जहां ठहराएंगे, ठहर जाऊंगा। नहीं हुआ तो कोई घर खोज लूंगा। आप निश्चिंत रहें। आपकी एक भी निजी बात बाहर नहीं जाएगी। लेकिन मैं मिलता-जुलता तो सभी से रहूंगा। मैं तो चाहूंगा कि सामनेवाली पार्टी से भी दोस्ती करूं। अगर हो सका तो मैं इस बात की भी कोशिश करूंगा कि ये मामला अदालत से बाहर ही सुलझ जाए। आखिर तैयब सेठ आपके अपने ही तो हैं।''

सामनेवाली पार्टी के स्वर्गीय तैयब हाजी खान महमद अब्दुल्ला सेठ के नजदीकी रिश्तेदार थे।

मैंने देखा कि मामला अदालत से बाहर ही सुलझाने की बात सुनकर सेठ चौंक-से गए। लेकिन जब ये बात हुई थी तो मुझे डरबन पहुंचे छः-सात दिन ही हुए थे। हम दोनों एक दूजे को जानने-समझने लगे थे। मैं अब 'सफेद हाथी' तो नहीं ही रहा था।

''हां आ आ आ, अगर अदालत से बाहर ही समझौता हो जाएगा तो उससे अच्छी बात भला और क्या हो सकती है! आखिर हम रिश्तेदार हैं और एक-दूसरे को अच्छी तरह से पहचानते हैं। लेकिन तैयब सेठ इतनी आसानी से माननेवाले नहीं हैं। अगर हम भोले बन जाएं तो वे तो हमारे पेट में से भी बात निकलवा लें। इसलिए तुम जो भी करो, समझ-बूझकर करना।''

मैंने जवाब दिया, ''आप बिलकुल भी चिंता न करें। मुझे मुकदमे की बात तैयब सेठ से या किसी और से करने की ज़रूरत नहीं है। मैं तो इतना ही कहूंगा कि आप दोनों आपस में समझौता कर लें तो बेकार की मुकदमेबाजी से बचेंगे और वकीलों के घर तो नहीं भरने पड़ेंगे।''

मैं सातवें या आठवें दिन डरबन से रवाना हुआ। मेरे लिए फर्स्ट क्लास का टिकट कटाया गया। वहां पर रेल में सोने के लिए बर्थ के लिए पांच शिलिंग का अलग टिकट कटाना होता था। अब्दुल्ला सेठ ने ये टिकट भी ले लेने का आग्रह किया लेकिन मैंने हठवश, अभिमानवश और पांच शिलिंग बचाने की अपनी कंजूसी के कारण बिस्तर लेने के लिए ये टिकट लेने से इनकार कर दिया।

अब्दुल्ला सेठ ने मुझे समझाया, ''देखो, ये पराया मुल्क है। ये हिंदुस्तान नहीं है। ऊपरवाले की मेहरबानी है। तुम पैसों को लेकर कंजूसी मत करो। जो सुविधाएं चाहिए, वे तो लेनी ही चाहिए।''

मैंने उनका आभार माना और निश्चिंत रहने के लिए कहा।

ट्रेन लगभग 9 बजे नेटाल की राजधानी मेरित्सबर्ग पहुंची। यहां पर बिस्तर दिया जाता था। रेलवे के किसी कर्मचारी ने आकर पूछा, ''आपको बिस्तर चाहिए क्या?''

''मेरे पास अपना बिस्तर है।'' मैंने जवाब दिया।

वह चला गया। इस बीच एक यात्री आया। उसने मेरी तरफ देखा। मुझे अलग रंग की चमड़ीवाला पाकर वह परेशान हुआ। बाहर निकला और दो-एक अफसरों को लेकर आया। किसी ने मुझसे कुछ भी न कहा। आखिर एक अफसर आया। वह बोला, ''इधर आओ। तुम्हें आखिरी डिब्बे में जाना है।''

"मेरे पास पहले दर्जे का टिकट है।" मैंने बताया।

उसने जवाब दिया, "उसका कोई मतलब नहीं। मैं तुमसे कह रहा हूं कि तुम्हें आखिरी डिब्बे में जाना है। अब जाना है तो जाना है।"

"मैं कहता हूं कि मुझे इस डिब्बे में डरबन से बिठाया गया है और मेरा इरादा इसी डिब्बे में बैठकर यात्रा करने का है।"

अफसर बोला, "ये नहीं हो सकता। तुम्हें उतरना ही होगा और अगर नहीं उतरोगे तो तुम्हें सिपाही उतारेगा।"

मैं भी अड़ गया, "सिपाही उतारे तो उतारे, मैं अपने आप तो नहीं उतरूंगा।"

सिपाही आया और उसने मुझे धक्का मारकर नीचे उतार दिया। मेरा सामान उतार दिया गया। मैंने दूसरे डिब्बे में जाने से इनकार कर दिया। ट्रेन चल दी। मैं वेटिंग रूम में बैठा। अपना हैंडबैग साथ में रखा। बाकी सामान को हाथ भी न लगाया। रेलवेवालों से उसे अपने कब्जे में लेकर कहीं रख दिया।

सरदी का मौसम था। दक्षिण अफ्रीका के ऊंचाईवाले प्रदेशों में कड़ाके की ठंड पड़ती है। मेरित्सबर्ग भी ऊंचाईवाले प्रदेश में था इसलिए खूब ठंड लगी। मेरा ओवरकोट मेरे सामान में था। पर सामान मांगने की हिम्मत न हुई। कहीं फिर अपमान कर दिया तो? ठंड में कांपता रहा। कमरे में बत्ती नहीं थी। आधी रात के करीब एक और यात्री आया। मुझे ऐसा लगा कि वह बात करना चाहता है लेकिन मैं ही बात करने की हालत में नहीं था।

मैंने अपने कर्तव्य पर विचार किया, 'या तो मुझे अपने अधिकारों के लिए लड़ना चाहिए या फिर हिंदुस्तान वापिस लौट जाना चाहिए। नहीं तो जो अपमान हो उन्हें सहन करते हुए प्रिटोरिया पहुंचना चाहिए और केस निपटाकर अपने देश लौट जाना चाहिए। मुकदमा अधूरा छोड़कर भागना तो नामर्दगी कहलाएगी। मुझे जो कष्ट सहना पड़ा है, वह तो बाहरी कष्ट है। यही गहराई तक पैठे हुए महारोग का लक्षण है। आइसबर्ग की तरह इसका अंश मात्र ही दिखाई दे रहा है। इस महारोग का नाम है रंग-भेद। यदि मुझमें इस गहरे रोग को मिटाने की शक्ति हो तो मुझे उस शक्ति का उपयोग करना चाहिए। ऐसा करते हुए मुझे जो कष्ट झेलने पड़ेंगे, वे झेलूंगा और उनका विरोध रंग-भेद को मिटाने की दृष्टि से ही करना चाहिए।"

मैंने फैसला कर लिया। जैसे भी हो, दूसरी ट्रेन से यात्रा जारी रखते हुए प्रिटोरिया जाऊंगा।

सवेरे ही सवेरे मैंने जनरल मैनेजर को शिकायत का एक लम्बा टेलिग्राम भेजा। दादा अब्दुल्ला को भी खबर भेजी। अब्दुल्ला सेठ तुरंत जनरल मैनेजर से मिले। जनरल मैनेजर ने अपने अधिकारियों के बर्ताव का पक्ष लिया लेकिन बतलाया कि स्टेशन मास्टर से कह दिया गया है कि आगे की मेरी यात्रा बिना किसी बाधा के पूरी कराने की व्यवस्था करे। अब्दुल्ला सेठ ने मेरित्सबर्ग के हिंदुस्तानी व्यापारियों को मुझसे मिलने और मेरी सुख-सुविधा का खयाल रखने के लिए टेलिग्राम भेजा। उन्होंने दूसरे स्टेशनों पर भी इसी आशय के टेलिग्राम भेजे। इससे हुआ ये कि व्यापारी लोग मुझसे मिलने के लिए स्टेशन पर आए। उन्होंने अपने ऊपर होनेवाले अत्याचारों की कहानी मुझे सुनाई और मुझसे कहा कि आप पर जो बीती है, उसमें तो हैरान होने की कोई बात ही नहीं है। जब हिंदुस्तानी लोग पहले या दूसरे दर्जे में यात्रा करते हैं तो अधिकारी और यात्री अड़चनें डालते ही हैं। ऐसी ही बातें

सुनने-सुनाने में सारा दिन बीत गया। रात हुई। ट्रेन आई। मेरे लिए बर्थ सुरक्षित थी। मैंने डरबन में बिस्तर का जो टिकट कटाने से इनकार कर दिया था, वह मेरित्सबर्ग में कटाया।

ट्रेन मुझे चार्ल्सटाउन की तरफ ले चली।

9. मुसीबतों की अगली किस्त

ट्रेन चार्ल्सटाउन सुबह के वक्त पहुंचती थी। उन दिनों चार्ल्सटाउन से जोहान्सबर्ग जाने के लिए ट्रेन नहीं होती थी। घोड़ोंवाली बग्घी मिलती थी। बीच में एक रात स्टैंडरटन में रुकना पड़ता था। मेरे पास कोच का टिकट था। मेरे एक दिन देरी से पहुंचने के कारण वह टिकट रद्द नहीं हुआ था। इसके अलावा, अब्दुल्ला सेठ ने कोच के एजेंट के नाम चार्ल्सटाउन में भी टेलिग्राम भेजा था।

लेकिन जब परेशान करना हो तो बहानों की क्या कमी! बग्घीवाले ने मुझे निरा अजनबी आदमी मानकर बताया कि मेरी टिकट तो रद्द हो चुकी है। मैंने ठीक-ठाक जवाब दिया। टिकट रद्द हो चुकी है, ये कहने के पीछे कारण ये नहीं था कि कोच में जगह नहीं है। कारण तो दूसरा ही था। सभी सवारियां बग्घी के भीतर ही बैठती थीं। लेकिन मैं तो कुली वाली गिनती में था। अजनबी दिखाई दे रहा था। इसलिए बग्घीवाले के मन में ये था कि मुझे अंदर गोरी सवारियों के साथ न बिठाना पड़े, तो बेहतर। बग्घी के बाहर अर्थात कोचवान के बगल में दोनों तरफ दो सीटें थीं। नियमानुसार उनमें से एक पर बग्घी कम्पनी का गोरा आदमी बैठता था। वह खुद अंदर जाकर बैठ गया और मुझे कोचवान के पास बिठा दिया। मैं समझ गया कि ये तो सरासर अपमान है, अन्याय है। लेकिन मैंने इस अपमान के घूंट को पी जाना ही बेहतर समझा। मैं ऐसी स्थिति में नहीं था कि ज़ोर-जबरदस्ती करके अंदर बैठ सकता। मैं बहस करने लगूं तो बग्घी छूट सकती थी और मेरा एक दिन बरबाद हो सकता था। और फिर दूसरे दिन मुझ पर क्या बीतेगी, ये तो ऊपरवाला ही बता सकता था। इसलिए मैं समझदारी से काम लेकर बाहर कोचवान के पास ही बैठ गया। लेकिन मैं मन ही मन बहुत कुढ़ रहा था।

लगभग तीन बजे के करीब बग्घी पारडीकोप पहुंची। अब वह गोरा आदमी मेरीवाली जगह पर बैठना चाहता था। उसे सिगरेट पीनी थी। थोड़ी ताजी हवा भी खानी होगी। इसलिए उसने कोचवान के पास ही पड़ा एक मैला-सा बोरा उठाकर पैर रखने के पाटिए पर बिछाया और मुझसे कहा, ''सामी, तू यहां बैठ जा। मुझे कोचवान के पास बैठना है।'' ये अपमान सहन करना मेरे बस में नहीं था। इसलिए मैंने डरते-डरते कहा, ''आपने मुझे यहां बिठाया और मैंने ये अपमान सह लिया। मेरी जगह तो अंदर थी लेकिन आप अंदर बैठ गए और मुझे यहां बिठाया। अब आपको बाहर बैठना है और सिगरेट पीनी है इसलिए आप मुझे अपने पैरों में बिठाना चाहते हो। मैं अंदर बैठने के लिए तो तैयार हूं लेकिन आपके पैरों में नहीं बैठूंगा।''

मैंने इतना ही कहा था कि मुझ पर तमाचे बरसाए जाने लगे और वह गोरा आदमी मुझे घसीटकर नीचे खींचने लगा। सीट के पास ही पीतल की कमानियां थीं। मैंने उन कमानियों को कसकर पकड़ लिया। मैंने तय कर लिया कि बेशक मेरे हाथों की हड्डियां

टूट जाएं लेकिन मैं इन्हें छोडूंगा नहीं। मुझ पर जो बीत रही थी, भीतर बैठे सब यात्री देख रहे थे। वह अंग्रेज़ मुझे गालियां दे रहा था, खींच रहा था, मार भी रहा था। लेकिन मैं चुप था। वह बलवान था, मैं बलहीन। सवारियों में से कुछ लोगों को मुझ पर दया आई और वे बोल उठे, ''अरे भाई, उस बेचारे को वहां बैठा रहने दो। बेकार में मत मारो। बात उसकी सही है। उसे वहां नहीं तो अंदर हमारे पास बैठने दो।'' पहलावाला अंग्रेज़ बिगड़ा, ''हर्गिज नहीं।'' लेकिन वह थोड़ा शर्मिंदा तो ज़रूर हुआ। इतना भी हुआ कि उसने मुझे मारना बंद कर दिया और मेरी बांह छोड़ दी। दो-चार गालियों का प्रसाद और दे दिया। एक होटेन्टाट नौकर दूसरी तरफ वाले फट्टे पर बैठा था, उसे अपने पैरों के पास बिठाकर खुद उसकी जगह पर जा बैठा।

सवारी अंदर जा बैठीं। सीटी बजी। बग्घी चली। मेरी छाती तो धड़क ही रही थी। मुझे शक हो रहा था कि मैं जिंदा अपनी मंजिल तक पहुंच भी सकूंगा या नहीं। वह गोरा मेरी तरफ बराबर घूरकर ही देखता रहा। उंगली उठा-उठाकर बड़-बड़ कर रहा था, ''याद रख, स्टैंडरटन पहुंचकर तुझे मज़ा चखाता हूं।'' मैं तो गूंगे की तरह चुपचाप बैठा रहा और भगवान से अपनी रक्षा के लिए प्रार्थना करता रहा।

रात हुई। स्टैंडरटन पहुंचे। वहां कई हिंदुस्तानी चेहरे दिखाई दिए। मुझे तसल्ली हुई। नीचे उतरते ही हिंदुस्तानी भाइयों ने बताया, ''हम लोग आपको ईसा सेठ की दुकान पर ले जाने के लिए यहां खड़े हैं। हमारे पास दादा अब्दुल्ला का टेलिग्राम है।'' मुझे बहुत अच्छा लगा। उनके साथ सेठ ईसा हाजी सुमार की दुकान पर पहुंचा। सेठ और उनके मुनीमों और कर्मचारियों ने मुझे चारों तरफ से घेर लिया। मैंने अपनी आपबीती उन्हें सुनाई। वे बहुत दुखी हुए और अपने कड़वे अनुभव सुनाते हुए मुझे आश्वस्त किया।

मैं उन्हें अपने साथ हुए बग्घी एजेंट के व्यवहार के बारे में बताना चाहता था। मैंने एजेंट के नाम पत्र लिखा। उस गोरे ने जो धमकी दी थी, उसके बारे में बताया और यह आश्वासन चाहा कि सुबह आगे की यात्रा शुरू होने पर मुझे सवारियों के साथ अंदर बिठाया जाए। मैंने ये पत्र एजेंट के पास भेजा। एजेंट ने संदेश भेजा, ''स्टैंडरटन से बड़ी बग्घी जाती है और कोचवान वगैरह बदल जाते हैं। आपने जिस आदमी के खिलाफ शिकायत की है, वह कल नहीं रहेगा। आपको दूसरी सवारियों के साथ ही बिठाया जाएगा।'' इस संदेश को पाकर मैं थोड़ा निश्चिंत हुआ। मुझे मारनेवाले उस अंग्रेज़ पर किसी तरह का मुकदमा करने का मैंने फैसला किया ही नहीं था, इसलिए वह मामला वहीं पर समाप्त हो गया।

सवेरे ईसा सेठ के आदमी मुझे बग्घी तक ले गए और मुझे ठीक-ठाक जगह मिल गई। मैं बिना किसी हैरानी-परेशानी के जोहान्सबर्ग पहुंच गया।

स्टैंडरटन छोटा-सा गांव था, जबकि जोहान्सबर्ग विशाल नगर है। अब्दुल्ला सेठ ने तार तो वहां भी दे ही दिया था। मुझे मुहम्मद कासम कमरुद्दीन की दुकान का अता-पता भी दे दिया था। उनका आदमी बग्घी स्टैंड पर पहुंचा था लेकिन न तो मैं उसे देख पाया और न ही वह मुझे पहचान पाया। मैंने होटल में जाना तय किया। दो-चार होटलों के नाम जान लिए थे। गाड़ी तय की। गाड़ीवाले से ग्रैंड नेशनल होटल ले चलने के लिए कहा। वहां पहुंचने पर मैनेजर के पास गया। कमरा मांगा। मैनेजर दो पल तक मेरे चेहरे की तरफ

निहारता रहा। फिर शिष्टता से बोला, ''मुझे अफसोस है, सब कमरे भरे पड़े हैं।'' और मुझे विदा कर दिया। अब मैंने गाड़ीवान से मुहम्मद कासम कमरुद्दीन की दुकान पर ले चलने के लिए कहा। वहां पर अब्दुल गनी सेठ मेरी राह देख रहे थे। उन्होंने मेरा गर्मजोशी से स्वागत किया। मैंने उन्हें होटल की अपनी आपबीती सुनाई। वे खिलखिलाकर हंस पड़े, ''वे हमें होटल में कैसे ठहरने देंगे!''

मैंने पूछा, ''क्यों नहीं?''

''सो तो आप कुछ दिन यहां रहकर जान ही जाएंगे। इस देश में तो हमीं रह सकते हैं क्योंकि हमें चार पैसे कमाने हैं। इसलिए तरह-तरह के अपमान सहते हुए भी यहां पड़े हुए हैं।'' इतना कहकर उन्होंने ट्रांसवाल में हिंदुस्तानियों के साथ होनेवाले अत्याचारों का कच्चा चिट्ठा सुनाया।

इन अब्दुल गनी सेठ के बारे में हम आगे और जानेंगे। वे बोले, ''ये मुल्क आपके जैसे लोगों के लिए नहीं है। देखिए, कल आपको प्रिटोरिया जाना है। वहां जाने के लिए तो आपको तीसरे दर्जे की ही टिकट मिलेगी। ट्रांसवाल में नेटाल से ज्यादा तकलीफें हैं। यहां पर हिंदुस्तानियों को पहले या दूसरे दर्जे की टिकटें नहीं दी जातीं।''

''आपने इसके लिए पूरी कोशिश नहीं की होगी!'' मैंने कहा।

अब्दुल गनी सेठ बोले, ''हमने पत्राचार तो किया है। लेकिन मैं ये बात स्वीकार करता हूं कि हमारे ज्यादातर लोग पहले या दूसरे दर्जे में बैठना ही कहां चाहते हैं?''

मैंने रेलवे की नियमावली मांगी। नियम पढ़े। नियमों में इस बात की गुंजाइश थी। ट्रांसवाल के नियम बारीकी से नहीं बनाए जाते थे। फिर रेलवे के नियमों का तो पूछना ही क्या!

मैंने सेठजी से कहा, ''मैं तो फर्स्ट क्लास में ही जाऊंगा। और वैसे न जा सका तो प्रिटोरिया यहां से 37 मील ही तो है। मैं वहां जाने के लिए घोड़ागाड़ी कर लूंगा।''

अब्दुल गनी सेठ ने इसमें लगनेवाले खर्च और समय की तरफ मेरा ध्यान खींचा। लेकिन फर्स्ट क्लास में यात्रा करने की मेरी बात से वे सहमत थे। मैंने स्टेशन मास्टर को पत्र लिखा। उसमें अपने बैरिस्टर होने की बात लिखी। यह भी बताया कि मैं हमेशा फर्स्ट क्लास में ही यात्रा करता हूं। प्रिटोरिया तुरंत पहुंचने की ज़रूरत की बात उन्हें बताई। मैंने यह भी लिखा कि पत्र का उत्तर पाने का इंतजार करने लायक समय मेरे पास नहीं रहेगा इसलिए पत्र का जवाब पाने के लिए खुद ही स्टेशन पर पहुंचूंगा और फर्स्ट क्लास का टिकट पाने की आशा रखूंगा। व्यक्तिगत रूप से जवाब पाने के पीछे एक वजह थी। मैं ये मानकर चल रहा था कि स्टेशन मास्टर लिखित में तो ना ही कहेंगे। फिर कुली बैरिस्टर कैसे रहते होंगे, इसकी कल्पना करना भी उसके लिए मुश्किल ही होगा। इसलिए अगर मैं पूरी साहबी पोशाक में उनके सामने जा खड़ा होऊं और उससे बात करूं तो वह मेरी स्थिति समझेगा और शायद टिकट भी दे देगा। ये सोचकर मैं फ्रॉक कोट, टाई, वगैरह पहनकर स्टेशन पहुंचा। गिन्नी निकालकर मैंने स्टेशन मास्टर के सामने रखी और फर्स्ट क्लास का टिकट मांगा। वे बोले, ''आपने ही मुझे चिट्ठी लिखी है?''

मैंने कहा, ''जी, लिखी है। यदि आप मुझे टिकट देंगे तो मैं आपका आभारी रहूंगा। मुझे आज ही प्रिटोरिया पहुंचना है।''

स्टेशन मास्टर हंसे। उन्हें मुझ पर दया आई। वे बोले, "मैं ट्रांसवालवासी नहीं हूं, मैं हॉलेंडवासी हूं। मैं आपकी भावनाओं को समझ सकता हूं। मेरी सहानुभूति है आपके लिए। मैं आपको टिकट देना चाहता हूं। लेकिन एक शर्त है—यदि गार्ड आपको उतार दे या तीसरे दर्जे में भेज दे तो आप मुझे फंसाएंगे नहीं। और न रेलवे पर दावा ही करेंगे। मैं चाहता हूं कि आपकी यात्रा बिना किसी झंझट के पूरी हो। आप मुझे भले आदमी लग रहे हैं।"

ये कहकर उन्होंने मुझे टिकट दे दिया। मैंने उनका उपकार माना और उन्हें विश्वास दिलाया।

अब्दुल गनी सेठ मुझे विदा करने आए थे। वे ये करिश्मा देखकर हैरान भी हुए और खुश भी। लेकिन मुझे चेताया, "आप ठीक-ठाक प्रिटोरिया पहुंच जाएं तो मैं बेड़ा पार समझूंगा। मुझे तो डर लग रहा है कि गार्ड आपको फर्स्ट क्लास में बैठने नहीं देगा। अगर वह बैठने भी दे तो यात्री नहीं बैठने देंगे।"

मैं फर्स्ट क्लास में ही बैठा। ट्रेन चली। जर्मिस्टन पहुंचने पर गार्ड टिकट जांचने के लिए आया। मुझे देखते ही खीझ उठा। उंगली का इशारा करके मुझसे कहा, "जा तीसरे दर्जे में।" मैंने उसे अपनी फर्स्ट क्लास की टिकट दिखाई। वह बोला, "इसका कोई मतलब नहीं। जाओ तीसरे दर्जे में।"

इस डिब्बे में एक ही अंग्रेज़ यात्री था। उसने गार्ड को ही धमकाना शुरू कर दिया, "आप इस भले आदमी को क्यों परेशान कर रहे हो? दिखाई नहीं दे रहा कि इसके पास फर्स्ट क्लास का टिकट है! मुझे इनके यहां बैठने में कोई तकलीफ नहीं है।" ये कहकर उसने मेरी तरफ देखा और कहा, "आप आराम से बैठिए।"

गार्ड बड़बड़ाया, "आपको कुली के साथ बैठना है तो मुझे क्या करना!" और वह चल दिया।

रात करीब आठ बजे ट्रेन प्रिटोरिया पहुंची।

10. प्रिटोरिया में पहला दिन

मुझे उम्मीद थी कि प्रिटोरिया स्टेशन पर दादा अब्दुल्ला के वकील की तरफ से कोई न कोई आदमी मुझे लेने आया होगा। मैं जानता था कि कोई हिंदुस्तानी तो मुझे लेने नहीं ही आया होगा क्योंकि किसी भी हिंदुस्तानी के घर न रहने के वचन से मैं बंधा हुआ था। वकील ने किसी भी आदमी को स्टेशन पर नहीं भेजा था। बाद में मुझे पता चला कि मुझे तो रविवार को पहुंचना था इसलिए थोड़ी असुविधा उठाए बिना वे किसी को भेज नहीं सकते थे। मैं हैरान-परेशान। सोच में पड़ गया कि कहां जाऊं! ये डर भी था कि कोई होटल मुझे ठहरने भी देगा या नहीं।

1893 का प्रिटोरिया स्टेशन 1914 के प्रिटोरिया स्टेशन से बिलकुल अलग था। धीमी रौशनीवाली बत्तियां जल रही थीं। यात्री भी बहुत अधिक नहीं थे। मैंने तय किया कि पहले सब यात्री चले जाएं तो और जब टिकट कलेक्टर को थोड़ी फुर्सत होगी तो उसके पास जाऊंगा, टिकट दूंगा और यदि वह मुझे किसी साधारण होटल में या किसी घर का पता बताएगा तो वहां जाकर ठहर जाऊंगा या फिर रात को स्टेशन पर ही पड़ा रहूंगा। इतना पूछने की भी हिम्मत नहीं होती थी क्योंकि अपमानित होने का डर था।

स्टेशन खाली हो गया। मैंने टिकट कलेक्टर को टिकट दिया और पूछताछ शुरू की। उसने विनम्रतापूर्वक उत्तर दिए लेकिन मैंने देखा कि वह मेरी अधिक मदद नहीं कर सकता था। उसी के पास एक अमेरिकी नीग्रो सज्जन खड़े थे। उन्होंने मुझसे बातचीत शुरू की।

"मैं देख रहा हूं कि आप बिलकुल अजनबी हैं और यहां आपका कोई मित्र नहीं है। अगर आप मेरे साथ चलें तो मैं आपको एक छोटे-से होटल लिए चलता हूं। होटल का मालिक अमेरिकन है और मैं उसे अच्छी तरह से जानता हूं। मेरा खयाल है, वह आपको टिका लेगा।"

मुझे थोड़ा शक तो हुआ लेकिन मैंने उन सज्जन का आभार माना और उनके साथ जाना स्वीकार किया। वे मुझे जॉन्स्टन के फैमिली होटल में ले गए। पहले उन्होंने मिस्टर जॉन्स्टन को एक तरफ ले जाकर कुछ बातचीत की। मिस्टर जॉन्स्टन मुझे एक रात के लिए अपने होटल में ठहराने के लिए तैयार हो गए। लेकिन इस शर्त पर कि खाना मुझे अपने कमरे में ही खाना होगा।

मिस्टर जॉन्स्टन ने कहा, "मैं आपको विश्वास दिलाता हूं कि मेरे मन में काले-गोरे का कोई भेद नहीं है लेकिन मेरे सारे ग्राहक गोरे ही हैं। यदि मैं आपको डाइनिंग हॉल में खाना खिलाऊं तो शायद बुरा मान जाएंगे और हो सकता है, होटल छोड़कर ही चले जाएं।"

मैंने जवाब दिया, "आप मुझे एक रात के लिए अपने यहां ठहरने दे रहे हैं, ये क्या आपका कम बड़ा उपकार है! इस देश की हालत से मैं काफी कुछ परिचित हो चुका हूं। मैं आपकी कठिनाई को समझ सकता हूं। मुझे आप खुशी-खुशी कमरे में खाना दे सकते हैं। उम्मीद करता हूं कल तक मेरे लिए कोई दूसरा इंतजाम हो जाएगा।"

मुझे कमरा दिया गया। मैं भीतर पहुंचा। एकांत मिलने पर मैं भोजन की राह देखता हुआ विचारों में खो गया। इस होटल में अधिक यात्री नहीं रहते थे। थोड़ी देर में खाना लानेवाले वेटर के बजाय मैंने मिस्टर जॉन्स्टन को आते देखा। वे बोले, "मैंने आपको आपके कमरे में खाना देने की बात कही थी। बाद में मुझे इस बात पर शर्मिंदगी हुई। मैंने अपने गोरे ग्राहकों से इस बारे में बात की और आपके बारे में उनकी राय जाननी चाही। आप उनके साथ डाइनिंग रूम में खाना खाएं, इस बात पर किसी को कोई आपत्ति नहीं है। इसके अलावा आप यहां पर जितने दिन भी रहना चाहें, उन्हें कोई आपत्ति नहीं होगी। इसलिए आप आइए और डाइनिंग हॉल में खाना खाइए और जब तक चाहें यहां रहिए।"

मैंने एक बार फिर उनका आभार माना और डाइनिंग हॉल में जाकर डटकर भोजन किया।

दूसरे दिन सवेरे मैं वकील से मिलने गया। उनका नाम था ए डब्ल्यू बेकर। मैं उनसे मिला। अब्दुल्ला सेठ ने मुझे उनके बारे में सबकुछ बता दिया था। इसलिए उनसे पहली मुलाकात में मुझे कोई आश्चर्य नहीं हुआ। वे मुझसे प्रेमपूर्वक मिले और मेरे बारे में कई बातें पूछीं। मैंने सब बातें बतलाईं। वे बोले, "बैरिस्टर के नाते तो आपका यहां पर अधिक उपयोग न हो सकेगा। इस मुकदमे के लिए हमने अच्छे से अच्छे बैरिस्टर कर रखे हैं। मुकदमा लम्बा है और इसमें कई गुत्थियां हैं। इसलिए मैं आपसे ज़रूरी तथ्य आदि लेने का काम ही ले सकूंगा। लेकिन एक फायदा ज़रूर होगा कि अपने मुवक्किल के साथ अब पत्राचार करने में मुझे आसानी हो जाएगी और उनसे जो भी तथ्य आदि मंगवाने होंगे,

आपके जरिए मंगवाए जा सकेंगे। अभी मैंने आपके ठहरने के लिए कोई मकान तो तलाश नहीं किया है। सोचा था, आपको देख लूंगा तो वह भी हो जाएगा। यहां रंग-भेद बहुत है। मकान मिलना आसान नहीं होता। लेकिन मैं एक महिला को जानता हूं। वह गरीब है। एक बेकरीवाले की औरत है। मेरा खयाल है, वह आपको ठहरा लेगी। उसकी भी थोड़ी-बहुत मदद हो जाएगी। चलिए, हम पहले वहीं चलें।''

यह कहकर वे मुझे वहां ले चले। मिस्टर बेकर ने पहले उस महिला को एक तरफ ले जाकर कुछ बात की। महिला ने मुझे अपने घर पर ठहराना स्वीकार कर लिया। हफ्ते के पैंतीस शिलिंग देने की बात तय हुई।

मिस्टर बेकर वकील तो थे ही, कट्टर पादरी भी थे। वे अभी भी जीवित हैं और अब सिर्फ पादरी का काम ही करते हैं। वकालत उन्होंने छोड़ दी है। पैसे की कोई कमी नहीं। उन्होंने मेरे साथ अब तक पत्र-व्यवहार जारी रखा है। हमारे पत्रों का विषय एक ही होता है। वे अपने पत्रों में अलग-अलग ढंग से ईसाई धर्म की विशेषताओं की चर्चा मेरे साथ करते हैं। वे इस बात का भी प्रतिपादन करते हैं कि ईसा को ईश्वर का एकमात्र पुत्र और संकटमोचक माने बिना परम शांति नहीं मिल सकती है।

हमारी पहली ही मुलाकात में मिस्टर बेकर ने धर्म के बारे में मेरी मनःस्थिति जान ली थी। मैंने उन्हें बता दिया, ''मैं जन्म से हिंदू हूं। इस धर्म का भी मुझे बहुत अधिक ज्ञान नहीं है। दूसरे धर्मों के बारे में भी मैं कम ही जानता हूं। मैं कहां हूं, क्या मानता हूं, मुझे क्या मानना चाहिए, ये सब बातें मैं नहीं जानता। अपने धर्म का गंभीर अध्ययन करना चाहता हूं। मैं ये भी चाहता हूं कि दूसरे धर्मों के बारे में भी अपने ज्ञान को बढ़ाऊं।''

ये सब सुनकर मिस्टर बेकर बहुत खुश हुए और मुझसे बोले, ''मैं खुद साउथ अफ्रीका जनरल मिशन का एक डाइरेक्टर हूं। मैंने अपने खर्च से एक गिरजाघर बनवाया है। उसमें मैं समय-समय पर धर्म-संबंधी व्याख्यान दिया करता हूं। मैं रंग-भेद नहीं मानता। मेरे साथ काम करनेवाले कुछ दूसरे साथी भी हैं। हम प्रतिदिन एक बजे कुछ मिनटों के लिए मिलते हैं और आत्मा की शांति तथा प्रकाश (ज्ञान के उदय) के लिए प्रार्थना करते हैं। आप उसमें आएंगे तो मुझे अच्छा लगेगा। मैं वहां पर अपने साथियों से आपका परिचय करा दूंगा। वे सब भी आपसे मिलकर प्रसन्न होंगे और मुझे विश्वास है कि इस स्नेह सम्मेलन से आपको भी अच्छा लगेगा। मैं आपको पढ़ने के लिए कुछ धार्मिक किताबें भी दूंगा। लेकिन असली किताब तो बाइबिल ही है। मेरी खास सलाह है कि आप उसे जरूर पढ़ें।''

मैंने मिस्टर बेकर का आभार माना और अपने वश में होने पर रोज़ाना एक बजे उनकी मंडली में पहुंचकर प्रार्थना में भाग लेना स्वीकार किया।

''तो कल एक बजे यहीं आ जाना। हम एक साथ प्रार्थना के लिए चलेंगे।''

हम विदा हुए। अभी मैं इतनी फुर्सत में नहीं था कि इससे अधिक विचार कर सकता। मैं मिस्टर जॉन्स्टन के पास गया। बिल चुकाया। नए घर में पहुंचा। वहां भोजन किया। घर की मालकिन भली स्त्री थीं। उन्होंने मेरे लिए शाकाहारी भोजन तैयार किया था। इस परिवार में घुल-मिल जाने में मुझे देर नहीं लगी। खाना खाकर मैं उन मित्र से मिलने के लिए निकला जिनके नाम दादा अब्दुल्ला ने पत्र दिया था। उनसे परिचय हुआ। हिंदुस्तानियों की दुर्दशा की कई बातें उनसे जानने को मिलीं। वे आग्रह करने लगे कि उनके घर पर ही

रहूं। मैंने उन्हें धन्यवाद दिया और बताया कि मेरे ठहरने की व्यवस्था हो चुकी है। वे आग्रह करने लगे कि जिस चीज़ की भी ज़रूरत हो, निःसंकोच कहूं।

सांझ ढली। नाश्ता किया और मैं अपने कमरे में पहुंचकर विचारों की यात्रा पर चल दिया। मेरे लिए तुरंत किए जानेवाला कोई भी काम नहीं था। अब्दुल्ला सेठ को इसके बारे में बता दिया। मिस्टर बेकर से मेरी मित्रता का क्या अर्थ हो सकता है! उनके धर्म बंधुओं से मिलकर मुझे क्या मिल जानेवाला है? मुझे ईसाई धर्म का अध्ययन किस सीमा तक करना चाहिए! हिंदू धर्म का साहित्य कहां मिलेगा? बिना हिंदू धर्म को समझे मैं ईसाई धर्म को कैसे समझ पाऊंगा? मैं एक ही फैसला कर सका। जो भी पढ़ने को मिले, निष्पक्ष भाव से पढ़ते चलो और मिस्टर बेकर के समुदाय को वही जवाब दिए जाएं जो उस समय ईश्वर सुझाए। जब तक मैं अपने धर्म को अच्छी तरह से समझ न लूं, दूसरे धर्मों को अपनाने के बारे में नहीं सोचना चाहिए। इसी तरह सोचते-सोचते मैं गहरी नींद में सो गया।

11. ईसाई समाज के साथ सम्पर्क

अगले दिन एक बजे मैं मिस्टर बेकर की प्रार्थना सभा में गया। वहां पर मिस हैरिस, मिस गैब, मिस्टर कोट्स आदि के साथ परिचय हुआ। सभी लोगों ने घुटनों के बल बैठकर आराधना की। मैंने भी उनका अनुकरण किया। प्रार्थना में जिसकी जो इच्छा होती, वह ईश्वर से मांगता। ये बातें तो होती ही थीं कि दिन शांति से बीते और हम पर ईश्वर की कृपा बनी रहे, ईश्वर हमारे मन के कपाट खोले।

मेरे लिए भी प्रार्थना की गई, "हे प्रभु, हमारे बीच जो नया व्यक्ति आया है, तू उसका मार्ग प्रशस्त करना। तूने हमें जिस शांति का उपहार दिया है, उसे भी देना। जिस यीशु ने हमें मुक्ति दी है, उसे भी देना। हम सब ये यीशु के नाम पर मांगते हैं।" इस प्रार्थना में भजन-कीर्तन नहीं था। वे लोग ईश्वर से कोई एक चीज़ मांगते और समूह बिखर जाता। यह समय सबके लिए दोपहर के भोजन का समय होता था, इसलिए प्रार्थना करके सबके सब अपने-अपने भोजन के लिए चले जाते थे। प्रार्थना में पांच मिनट से अधिक का समय न लगता।

मिस हैरिस और मिस गैब चिरकुमारियां थीं। विवाह नहीं किया था दोनों ने। वे एक साथ रहती थीं। मिस्टर बेकर क्वेकर थे। मिस हैरिस और मिस गैब ने मुझे हर रविवार चार बजे चाय के लिए अपने घर आने का न्यौता दिया। मिस्टर कोट्स की मुझे हर रविवार को हफ्ते भर की अपनी धार्मिक डायरी सुननी पड़ती। मैंने इस बीच कौन कौन-सी किताबें पढ़ीं और मुझ पर उनका क्या असर पड़ा, ये सब बातें होतीं। दोनों महिलाएं अपने मीठे अनुभव सुनातीं और उन्हें मिली परम शांति की बात करतीं।

मिस्टर कोट्स साफ दिल के चुस्त नौजवान क्वेकर थे। उनके साथ मेरे बहुत निकट के संबंध बने। हम कई बार एक साथ घूमने भी जाया करते। वे मुझे दूसरे ईसाइयों के घर भी ले जाते थे।

मिस्टर कोट्स ने मुझे ढेर सारी किताबें दीं। जैसे-जैसे हमारा परिचय गाढ़ा होता गया, वे मुझे अच्छी-अच्छी किताबें पढ़ने के लिए देते रहे। मैंने भी केवल श्रद्धावश उन किताबों को पढ़ना स्वीकार किया। इन किताबों के बारे में हम चर्चा भी करते थे।

1893 में मैंने ऐसी बहुत-सी किताबें पढ़ीं। उनमें से कई के तो अब मुझे नाम भी याद नहीं हैं। लेकिन उनमें से सिटी टेम्पल पर डाक्टर पारकर की टीका, पियर्सन की मेनी इनफॉलिबल प्रूफ्स, बटलर की ऐनेलॉजी आदि किताबें थीं। इन किताबों के कुछ हिस्से तो समझ में ही न आते, कुछ अच्छे न लगते तो कुछ अच्छे भी लग जाते। ये सारी बातें मैं मिस्टर कोट्स को बताता रहता। मेनी इनफॉलिबल प्रूफ्स का मतलब है कई अचूक प्रमाण, अर्थात लेखक की राय में बाइबिल में जिस धर्म का उल्लेख है, उसके समर्थन में प्रमाण। इस किताब का मुझ पर जरा भी असर नहीं हुआ। पारकर की टिप्पणी को नीतिसम्मत माना जा सकता है, लेकिन जिस व्यक्ति को ईसाई धर्म की प्रचलित मान्यताओं के बारे में कोई शंका हो तो उसे कोई मदद नहीं मिल सकती। मुझे बटलर की किताब बहुत मुश्किल और गंभीर लगी। उसे अच्छी तरह से समझने के लिए पांच-सात बार पढ़ना होगा। ये किताब मुझे इस तरह की लगी मानो नास्तिकों को आस्तिक बनाने का काम करना हो। उसमें ईश्वर के अस्तित्व के बारे में जो तर्क दिए गए थे, मेरे किसी काम के नहीं थे। क्योंकि वह समय मेरी नास्तिकता का नहीं था। पर यीशु के अद्वितीय अवतार के बारे में और ईश्वर तथा मनुष्य के बीच के संबंधों में उनकी सार्थक भूमिका के बारे में जो तर्क दिए गए थे, मेरे गले से नीचे नहीं उतरे।

लेकिन मिस्टर कोट्स हार माननेवाले व्यक्ति नहीं थे। उनके प्रेम का ओर-छोर नहीं था। उन्होंने मेरे गले में वैष्णवी कंठी देखी। ये उन्हें मेरा अंधविश्वास प्रतीत हुआ और वे दुखी हुए। "ये अंधविश्वास तुम जैसों को शोभा नहीं देता। लाओ तोड़ दूं इसे" वे बोले।

"ये कंठी तो नहीं टूट सकती। ये मेरी मां की भेंट है।"

"क्या तुम इन सब बातों में विश्वास करते हो?"

"मैं इसका गूढ़ार्थ तो नहीं जानता। मुझे ऐसा भी नहीं लगता कि अगर मैं इसे नहीं पहनूंगा तो मेरा अहित हो जाएगा। लेकिन ये माला मेरी मां ने मुझे प्रेमपूर्वक पहनाई थी, इसे पहनाने में उन्होंने मेरा कल्याण माना था। अब मैं इसे बिना किसी कारण तो त्याग नहीं सकता। समय बीतने के साथ ये कमज़ोर होती चली जाएगी और टूट भी सकती है। तब दूसरी कंठी पहनने का मुझे लोभ नहीं रहेगा। पर मेरी ये माला टूट नहीं सकती।"

मिस्टर कोट्स मेरे तर्क की कद्र न कर सके क्योंकि उन्हें तो मेरे धर्म के प्रति ही अनास्था थी। वे तो ये आशा पाले हुए थे कि मुझे अज्ञान के अंधे कुएं से बाहर निकाल लेंगे। वे मुझे ये बताना चाहते थे कि भले ही दूसरे धर्मों में कुछ न कुछ सत्य होता हो, मोक्ष तो पूर्ण रूप से ईसाई धर्म को स्वीकार किए बिना मिल ही नहीं सकता। जब तक यीशु आपके पक्ष में न खड़े हों, आपके पाप धुल ही नहीं सकते और आपके सारे सत्कर्म और पुण्य धरे रह जाते हैं।

मिस्टर कोट्स ने जिस तरह से मुझे किताबों का परिचय कराया था, उसी तरह से उन्होंने मुझे ऐसे लोगों से भी मिलवाया जिन्हें वे ईसाइयत में गले-गले तक डूबे व्यक्ति मानते थे।

इन परिचियों में से एक था—प्लीमथ ब्रदर्न का एक परिवार। प्लीमथ ब्रदर्न नाम का एक ईसाई संप्रदाय है। मिस्टर कोट्स के माध्यम से मैं जिन व्यक्तियों के परिचय में आया, उनमें से कई बहुत अच्छे थे। ऐसा लगता था कि ये लोग ईश्वर से डरते थे। लेकिन इस परिवार

के एक सदस्य ने मेरे सामने ये तर्क रखा, "आप हमारे धर्म की विशेषताओं को नहीं समझ सकते। आपकी बातों से हमें पता चलता है कि आप पल-पल अपनी ही भूलों के बारे में सोचते रहते हैं। आप हमेशा सुधार करने में लगे होते हैं। और जब आप सुधार नहीं कर पाते तो प्रायश्चित करते हैं, पश्चात्ताप करते हैं। इस कार्य-कारण के झमेले से आपको मुक्ति कब मिलेगी? शांति तो आपको मिल ही नहीं सकती। आप ये तो स्वीकार करते ही हैं कि हम पापी हैं। दूसरी तरफ अब आप हमारे विश्वास की, आस्था की पूर्णता देखिए। हमारे प्रयासों का कोई अर्थ नहीं लेकिन मुक्ति तो फिर भी चाहिए ही ना। पाप का बोझ कम कैसे हो? हम इसे प्रभु यीशु मसीह पर छोड़ दें। वही तो है जो ईश्वर का निष्पाप पुत्र है। ये यीशु का वरदान ही तो है कि जो ईश्वर को मानते हैं, यीशु उनके पाप धो देता है। ईश्वर की ये अगाध उदारता है। हम यीशु की मुक्ति की इस योजना को स्वीकार करते हैं इसलिए हम पापों से अलग भी हो जाते हैं। पाप तो मनुष्य से होते ही रहेंगे। इस जगत में निष्पाप भला रहा ही कैसे जा सकता है! यीशु ही ने तो सारे संसार के पापों का प्रायश्चित एक ही बार में कर डाला। जो लोग यीशु के महान बलिदान को स्वीकार करते हैं, वे ऐसा करके परम शांति पाते हैं। कहां तो आपकी अशांति और कहां हमारी शांति!"

उनका ये तर्क मेरे गले से नीचे बिलकुल नहीं उतरा। मैंने नम्रतापूर्वक उत्तर दिया, "यदि सर्वमान्य ईसाई धर्म यही है तो मुझे स्वीकार नहीं है। मैं पाप के परिणाम से मुक्ति नहीं चाहता। मैं तो पाप कर्म से, पाप करने की आदत से मुक्ति की चाह रखता हूं। जब तक मुझे वह मुक्ति नहीं मिलती, मुझे अपनी ये अशांति ही प्रिय है।"

प्ली.मथ ब्रदर्न ने उत्तर दिया, "मैं आपको विश्वास दिलाता हूं कि आपके प्रयास किसी काम के नहीं हैं। आप मेरी बात पर फिर से विचार करना।"

और इन महोदय ने जैसा कहा, मैंने अपने व्यवहार द्वारा वैसा करके दिखा भी दिया। मैंने जानबूझकर अनीति की राह अपनाई।

लेकिन ये भी था कि सभी ईसाई इस तरह की धारणा नहीं रखते थे। ये बात मैं अपने पूर्व परिचयों से जान ही चुका था। मिस्टर कोट्स खुद धर्मभीरु और निर्मल हृदय वाले व्यक्ति थे। वे हृदय की शुद्धि की संभावना में विश्वास करते थे। मैं जिन महिलाओं के सम्पर्क में आया था, वे भी इसी तरह की थीं। मेरे हाथ जो किताबें लगी थीं, उनमें से कई भक्ति से भरी थीं। इसलिए हुआ ये कि इस परिचय से मिस्टर कोट्स को ही घबराहट होने लगी। लेकिन मैंने उन्हें शांत किया और विश्वास दिलाया कि प्लीमथ ब्रदर्न की उचित-अनुचित धारणाओं से मैं प्रभावित होनेवाला नहीं हूं और ईसाई धर्म के बारे में गलत राय नहीं बनाऊंगा। मेरी कठिनाइयां तो बाइबिल के बारे में और उसके गूढ़ अर्थों के बारे में थीं।

12. हिंदुस्तानियों से परिचय

ईसाई संबंधों के बारे में और अधिक लिखने से पहले उसी समय के दूसरे अनुभवों का उल्लेख करना चाहूंगा। नेटाल में जो स्थान दादा अब्दुल्ला का था, प्रिटोरिया में वही स्थान सेठ तायबजी हाजी खान मुहम्मद का था। उनके बिना तो एक भी सार्वजनिक काम नहीं हो सकता था। उनसे तो मैंने पहले सप्ताह में ही परिचय पा लिया था। मैंने उनसे अनुरोध

किया कि मैं प्रिटोरिया के सभी हिंदुस्तानियों से सम्पर्क करना चाहता हूं। मैंने हिंदुस्तानियों की स्थिति का अध्ययन करने की अपनी इच्छा जतलाई और इस काम में उनकी मदद मांगी। उन्होंने खुशी-खुशी मेरी मदद करने के लिए हामी भर दी।

मेरा पहला कदम तो यही था कि सभी हिंदुस्तानियों की एक सभा बुलवाकर उनके सामने सारी स्थितियों का बखान करूं। सेठ हाजी मुहम्मद हाजी जूसब के घर पर ये सभा हुई। उनके नाम मेरे पास एक सिफारिशी पत्र था। इस सभा में मेमन व्यापारी खास तौर पर आए थे। कुछेक हिंदू भी थे। वैसे प्रिटोरिया में हिंदुओं की आबादी कम थी।

ये मेरी जिंदगी का पहला भाषण माना जा सकता है। मैंने बहुत तैयारी की थी। मुझे सत्य पर बोलना था। मैं व्यापारियों के मुंह से सुनता चला आ रहा था कि व्यापार में तो सत्य चल ही नहीं सकता। इस बात को मैं तब भी नहीं मानता था और अब भी नहीं मानता हूं। आज भी ऐसे व्यापारी मित्र हैं जो व्यापार और सत्य के बीच कोई नाता नहीं मानते। वे लोग व्यापार को व्यवहार और सत्य को धर्म मानते हैं। और तर्क ये देते हैं कि व्यापार एक बात है और धर्म दूसरी बात। उनका यह मानना है कि व्यापार में शुद्ध सत्य चल ही नहीं सकता। उसमें तो सत्य का प्रयोग बोलने-बरतने में यथासंभव ही हो सकता है। मैंने अपने भाषण में इस स्थिति का डटकर विरोध किया और व्यापारियों को उनके दोहरे कर्तव्य के बारे में बताया। मैंने उन्हें बताया कि परदेस में रहने के कारण उनकी जिम्मेवारी अपने देश की तुलना में दुगुनी हो जाती है क्योंकि यहां पर जो थोड़े बहुत हिंदुस्तानी हैं, उन्हीं के व्यवहार से करोड़ों हिंदुस्तानियों का मूल्यांकन किया जाता है।

मैं ये देख ही चुका था कि हिंदुस्तानियों का रहन-सहन अंग्रेज़ों की तुलना में गंदगी भरा था। मैंने इस तरफ भी उनका ध्यान दिलाया। मैंने इस बात पर भी ज़ोर दिया कि हिंदू, मुसलमान, पारसी, ईसाई, अथवा गुजराती, मद्रासी, पंजाबी, सिंधी, कच्छी, सुरती वगैरह सब लोग आपसी भेदभाव भूलकर मिलजुलकर रहें।

और अंत में मैंने ये सुझाव दिया कि एक संगठन बनाया जाए जो हिंदुस्तानियों की समस्याओं और तकलीफ़ों के समाधान के बारे में अधिकारियों से मिले और अर्जियां दे। मैंने उन्हें ये भी बताया कि मुझे जितना समय मिलेगा, मैं ये काम बिना वेतन लिए कर दिया करूंगा।

मैंने देखा कि मेरी बातों का सभा पर बहुत अच्छा प्रभाव पड़ा था।

मेरे भाषण के बाद चर्चा हुई। कई लोगों ने मुझे तथ्यों की जानकारी देने का प्रस्ताव रखा। मेरी हिम्मत बढ़ी। मैंने पाया कि इस सभा में अंग्रेज़ी जाननेवाले लोग कम ही थे। मुझे लगा कि ऐसे परदेस में रहते हुए अंग्रेज़ी का ज्ञान हो तो अच्छा ही होगा। इसलिए मैंने ये सलाह दी कि जिन्हें भी फुर्सत हो, वे अंग्रेज़ी सीख लें। मैंने यह भी बताया कि ज्यादा उम्र हो जाने के बाद भी पढ़ा जा सकता है और इस तरह से पढ़नेवालों के उदाहरण भी दिए। अगर इस तरह की कोई कक्षा चलती है या कोई भी अकेले-दुकेले आकर पढ़ना चाहता है तो उसे पढ़ाने की जिम्मेवारी मैंने ले ली। कोई कक्षा तो नहीं शुरू हुई, अलबत्ता, तीन आदमी अपनी सुविधा से और उनके घर जाकर पढ़ाने की शर्त पर पढ़ने के लिए तैयार हुए। इनमें से दो मुसलमान थे। और इन दोनों में से एक नाई था। दूसरा क्लर्क था। तीसरा आदमी हिंदू था और छोटा-मोटा दुकानदार था। मैंने सबको पढ़ाना स्वीकार कर

लिया। मुझे पढ़ाने की अपनी क्षमता के बारे में कोई शक तो था ही नहीं। बेशक मेरे चेले पढ़ते-पढ़ते थक गए हों लेकिन मैं पढ़ाते हुए नहीं थका। कई बार ऐसा भी होता कि मैं पढ़ाने के लिए उनके घर जाता और उन्हें फुर्सत न होती। मैं धीरज न खोता। इनमें से किसी को भी अंग्रेज़ी का गहराई से अध्ययन तो करना नहीं था। लेकिन ये तो हुआ ही कि इनमें से दो ने आठ-दस महीने में अच्छी-खासी अंग्रेज़ी सीख ली थी। दो आदमियों ने हिसाब-किताब रखना और साधारण पत्राचार करना तो सीख ही लिया। नाई को तो अपने ग्राहकों के साथ बात करने लायक अंग्रेज़ी ही सीखनी थी। बाकी दो को ये फायदा हुआ कि अपनी अंग्रेज़ी के बल पर उन्होंने बेहतर तरीके से कमाने की शक्ति भी पा ली थी।

सभा के जो परिणाम आए, मुझे उससे संतोष हुआ। जहां तक मुझे याद आता है, ये फैसला हुआ कि हर महीने या हर हफ्ते इस तरह की सभा की जाए। कुल मिलाकर ये सभा नियमित रूप से हो ही जाती थी और उसमें विचार-मंथन होता था। परिणाम ये हुआ कि प्रिटोरिया में शायद ही कोई ऐसा हिंदुस्तानी बचा हो जिसे मैं न जानता होऊं या जिसके हालात के बारे में मुझे पता न हो। हिंदुस्तानियों की हालत की जानकारी मिलने का फायदा ये हुआ कि अब मेरी इच्छा होने लगी कि मैं प्रिटोरिया में रहनेवाले ब्रिटिश एजेंट से भी सम्पर्क करूं। मैं जेकोब्स डि-वेट से मिला। उनकी सहानुभूति हिंदुस्तानियों की तरफ थी। बेशक उनके पास बहुत अधिक अधिकार नहीं थे लेकिन उन्होंने यथासंभव मदद करने का आश्वासन दिया। उन्होंने इस बात की भी अनुमति दे दी कि जब भी ज़रूरत हो, उनसे मिला जा सकता है। मैंने रेलवे के अधिकारियों के साथ पत्र-व्यवहार करना शुरू किया और उन्हें बताया कि उन्हीं के नियमों के अनुसार हिंदुस्तानियों को उच्च श्रेणी में यात्रा करने से रोका नहीं जा सकता। इसका शुभ परिणाम ये हुआ कि हमारे पत्र का उत्तर मिला कि जिन हिंदुस्तानियों ने अच्छे कपड़े पहने हुए होंगे, उन्हें ऊंचे दर्जे के टिकट दिए जाएंगे। इसे पूरी सुविधा तो नहीं कहा जा सकता था क्योंकि ये बात तो स्टेशन मास्टर ही तय करता कि किसने अच्छे कपड़े पहने हुए हैं।

ब्रिटिश एजेंट ने मुझे हिंदुस्तानियों के बारे में हुए पत्र-व्यवहार के संबंध में कई दस्तावेज़ पढ़ने को दिए। तैयब सेठ ने भी कागज़ दिखाए थे। इनसे मुझे पता चला कि ऑरेंज फ्री स्टेट से किस तरह से निर्दयता से हिंदुस्तानियों को बाहर निकाल दिया गया था। संक्षेप में कहूं तो मुझे ट्रांसवाल और ऑरेंज फ्री स्टेट के हिंदुस्तानियों की आर्थिक, सामाजिक और राजनैतिक स्थिति का गहरा अध्ययन करने का अवसर प्रिटोरिया में ही मिला था। तब मैंने इस बात की ज़रा-सी भी कल्पना नहीं की थी कि आगे चलकर इस अध्ययन का कितना लाभ मुझे मिलनेवाला है। मेरे लिए तो यही तय था कि बरस पूरा होते ही और अगर मुकदमा उससे पहले समाप्त हो जाता है तो तभी मुझे स्वदेश लौट ही जाना है।

लेकिन ईश्वर ने तो कुछ और ही तय कर रखा था।

13. कुली होने का मतलब

यहां पर ट्रांसवाल और ऑरेंज फ्री स्टेट के हिंदुस्तानियों की स्थिति का पूरी तरह से चित्रण नहीं किया जा सकता। जो पाठक इसकी जानकारी चाहते हैं, उन्हें 'दक्षिण अफ्रीका के सत्याग्रह का इतिहास' पढ़ना चाहिए। लेकिन यहां उसकी रूपरेखा देनी आवश्यक है।

ऑरेंज फ्री स्टेट में तो एक कानून बनाकर सन् 1888 या उससे पहले हिंदुस्तानियों के सब अधिकार छीन लिए गए थे। अब वहां पर उनके लिए इतना ही बचा था कि होटलों में वेटर के रूप में काम कर लें या ऐसी ही कोई छोटी-मोटी मज़दूरी कर लें। वहां पर जो हिंदुस्तानी व्यापारी थे, उन्हें थोड़ा बहुत मुआवजा देकर बाहर खदेड़ दिया गया था। हिंदुस्तानी व्यापारियों ने विरोध के रूप में आवेदन वगैरह भेजे लेकिन नकारखाने में तूती की आवाज़ कौन सुनता?

ट्रांसवाल में 1885 में एक और कड़ा कानून बनाया गया। 1886 में उसमें कुछ सुधार किए गए। इसके परिणामस्वरूप हर हिंदुस्तानी को प्रवेश शुल्क के नाम पर तीन पौंड जमा कराने होते थे। उनके लिए अलग से ज़मीन निर्धारित कर दी गई थी और वे केवल वहीं पर ज़मीन के मालिक हो सकते थे। लेकिन वास्तव में ये मालिकी हक भी दिखावे भर का था। उन्हें मताधिकार भी नहीं दिया गया था। ये तो खास एशियावासियों के लिए बने कानून थे। इसके अलावा जो कानून अश्वेतों के लिए बनाए गए थे, वे सब भी एशियावासियों पर भी लागू होते थे। इन कानूनों के अनुसार हिंदुस्तानी लोग फुटपाथ पर अधिकारपूर्वक नहीं चल सकते थे और रात 9 बजे के बाद बिना अनुमति पत्र लिए बाहर नहीं निकल सकते थे। इस अंतिम कानून को हिंदुस्तानियों पर कमोबेश लागू किया ही जाता था। जो लोग अरब माने जाते थे, उनके लिए ये मेहरबानी की जाती कि वे इस कानून के दायरे से बाहर मान लिए जाते। कहने का मतलब ये कि पुलिस जिसे चाहे, कानून के अंदर मान ले और जिसे चाहे, कानून के दायरे से बाहर रखे।

इन दोनों कानूनों का मुझ पर क्या प्रभाव पड़ेगा, इसकी जांच मुझे करनी थी। मैं अक्सर मिस्टर कोट्स के साथ रात को घूमने जाया करता था। घर वापिस आते-आते कई बार रात के दस भी बज जाते थे। अब ऐसे में पुलिस मुझे पकड़े तो? इस बात का जितना डर मुझे होता था, उससे अधिक डर मिस्टर कोट्स को होता था। इसका कारण ये था कि वे अपने हब्शियों को खुद अनुमति पत्र देते थे। वे मुझे किस तरह से अनुमति पत्र दे सकते थे भला! मालिकों को ही ये अधिकार था कि वे अपने नौकर को अनुमति पत्र दे सकते थे। मैं अनुमति पत्र लेना चाहूं और वे देना भी चाहें तो भी नहीं दिया जा सकता था। ऐसा करना विश्वासघात माना जाता।

इसलिए मिस्टर कोट्स या उनके कोई मित्र मुझे वहां के सरकारी वकील डॉक्टर क्राउज़े के पास लेकर गए। पता चला कि हम दोनों एक ही 'इन' से निकले हुए बैरिस्टर हैं। वे इस बात को पचा नहीं पा रहे थे कि मुझे रात नौ बजे के बाद घर से बाहर निकलने के लिए अनुमति पत्र लेना चाहिए। उन्होंने मेरे प्रति सहानुभूति दर्शायी। मुझे अनुमति पत्र देने के बजाय अपनी ओर से एक पत्र दिया। पत्र का आशय ये था कि मैं जिस समय जहां चाहे, जाऊं, पुलिस उसमें दखल नहीं देगी। मैं हमेशा उस पत्र को अपने साथ रखकर ही घर से निकलता था। कभी उसका इस्तेमाल करने की ज़रूरत ही नहीं पड़ी। लेकिन इसे तो केवल संयोग ही माना जा सकता है।

डॉक्टर क्राउज़े ने मुझे अपने घर आने का निमंत्रण दिया। मैं ये कह सकता हूं कि हम दोनों के बीच मित्रता हो चली थी। मैं कभी-कभी उनके यहां जाने लगा। उनके माध्यम से उनके भाई से परिचय हुआ। वे जोहान्सबर्ग में पब्लिक प्रॉसीक्यूटर थे और उनका नाम

डॉक्टर क्राउज़े से भी अधिक था। बोअर युद्ध के दौरान उन पर एक अंग्रेज़ अधिकारी का खून कराने का षड्यंत्र रचने का मुकदमा चला था और उन्हें सात बरस के कारावास की सज़ा भी मिली थी। बैंचरों द्वारा उनकी डिग्री भी छीन ली गई थी। लड़ाई खत्म हो जाने के बाद वे जेल से छूट गए थे और पूरे सम्मान के साथ ट्रांसवाल की अदालत में आए थे और फिर से अपना काम करने लगे थे। उनके साथ बने मेरे ये संबंध बाद में मेरे लिए सार्वजनिक कार्यों में बहुत उपयोगी रहे थे और मेरे कई सार्वजनिक काम इनके कारण आसान हो गए थे।

फुटपाथ पर चलनेवाला प्रश्न मेरे लिए कई गंभीर परिणाम लेकर आया। मैं हमेशा प्रेसिडेंट स्ट्रीट के रास्ते से एक खुले मैदान में सैर करने के लिए जाता था। इस मोहल्ले में प्रेसिडेंट क्रूगर का घर था। ये घर किसी भी तरह के दिखावे से परे था। इसके आसपास चारदीवारी तक नहीं थी। आसपास के घरों में और इस घर में कोई अंतर ही न दिखाई देता। प्रिटोरिया में कई लखपतियों के घर इस घर की तुलना में बहुत बड़े, आलीशान और अहातेवाले थे। प्रेसिडेंट की सादगी जगजाहिर थी। ये घर किसी अधिकारी का है, इस बात का पता घर के बाहर पहरा देनेवाले संतरी को देखकर चलता था। मैं अकसर इस सिपाही के बिलकुल पास से ही होकर निकलता था। पर वह मुझे कुछ भी नहीं कहता था। सिपाही समय-समय पर अपनी ड्यूटी बदलते रहते थे। एक बार एक सिपाही ने बिना चेतावनी दिए, फुटपाथ पर से उतर जाने के लिए कहे बिना ही मुझे धक्का मारा, लात मारी और नीचे धकेल दिया। मैं तो गहरी सोच में पड़ गया। इससे पहले कि मैं उस भले आदमी से लात मारने का कारण ही पूछ पाता, डॉक्टर कोट्स ने, जो संयोग से उसी समय घोड़े पर सवार वहां से गुजर रहे थे, मुझे पुकारा और बोले, "गांधी, मैंने सब देखा है। आप मुकदमा चलाना चाहें तो मैं गवाही दूंगा। मुझे इस बात का खेद है कि आप पर इस तरह से हमला किया गया।"

मैंने कहा, "इसमें अफसोस करने लायक कुछ नहीं। सिपाही बेचारा क्या जाने! उसके लिए तो सारे काले एक समान। वह हब्शियों को इसी तरह से पटरी पर से उतारता होगा। इसलिए उसने मुझे भी धक्का दिया। मैंने तो नियम ही बना लिया है कि मुझ पर व्यक्तिगत रूप से जो गुजरेगी उसके लिए कभी अदालत के दरवाजे नहीं खटखटाऊंगा। इसलिए मैं मुकदमा तो नहीं ही चलाऊंगा।"

"ये तो आपने अपने स्वभाव के अनुरूप बात कही है। लेकिन इस बात पर एक बार फिर सोचना। ऐसे आदमी को कुछ तो सबक सिखाना ही चाहिए।"

इतना कहकर उन्होंने सिपाही को ताना मारा। मैं ये सारी बात समझ नहीं पाया। सिपाही डचभाषी था और वे उसके साथ डच में ही बात कर रहे थे। सिपाही ने मुझसे माफी मांगी। लेकिन मैं तो उसे पहले ही माफ कर चुका था।

लेकिन उसके बाद से मैंने वह रास्ता ही छोड़ दिया। दूसरे सिपाहियों को भला इस घटना की क्या खबर होगी। मैं खुद आगे बढ़कर लात खाने क्यों जाऊं? इसलिए मैंने सैर करने के लिए दूसरा रास्ता चुन लिया।

इस घटना ने प्रवासी भारतीयों के प्रति मेरी सोच को और अधिक तेज कर दिया। मैंने हिन्दुस्तानियों से इस बारे में बात की कि मैं इसके बारे में ब्रिटिश एजेंट से बात करूंगा और प्रसंग आने पर इसके लिए एक टेस्ट केस चलाने के बारे में भी सोचूंगा।

इस तरह से पढ़कर, सुनकर और अनुभव करके मैं हिन्दुस्तानियों की दुर्दशा के बारे में ज्ञान पाता रहा। मैंने देखा कि स्वाभिमान की रक्षा चाहनेवाले हिन्दुस्तानियों के लिए दक्षिण अफ्रीका में कोई जगह नहीं है। मेरा मन इस तरह के विचारों में व्यस्त रहने लगा कि इस स्थिति को कैसे बदला जाए।

लेकिन अभी तो मेरा मुख्य धर्म दादा अब्दुल्ला के मुकदमे को ही संभालना था।

14. केस की तैयारी

प्रिटोरिया में मुझे जो एक साल मिला, वह मेरे जीवन का अमूल्य समय था। सार्वजनिक काम करने की अपनी शक्ति का कुछ अनुमान मुझे यहीं पर हुआ। उसे सीखने का अवसर भी यहीं पर मिला। मेरी धार्मिक भावना अपने आप गति पकड़ने लगी। मैं ये भी कह सकता हूं कि सच्ची वकालत भी मैंने यहीं पर सीखी। नया बैरिस्टर पुराने बैरिस्टर के ऑफिस में बैठकर जो कुछ सीखता है, मैं यहीं पर सीख पाया। यहीं पर मुझमें ये विश्वास जागा कि वकील के नाते मैं बिलकुल निकम्मा तो नहीं ही रहूंगा। वकील बनने की कुंजी भी मेरे हाथ में यहीं पर लगी।

दादा अब्दुल्ला का मुकदमा कोई मामूली मुकदमा नहीं था। दावा 40,000 पौंड यानी लगभग 6 लाख रुपये का था। दावा व्यापार के सिलसिले में था इसलिए इसमें बहीखातों की गुत्थियां बहुत थीं। दावे का कुछ आधार तो प्रॉमिसरी नोटों पर और कुछ प्रॉमिसरी नोट लिखकर देने के वचन निभाने पर था। बचाव ये था कि प्रॉमिसरी नोट धोखा देकर लिखवाए गए थे और उनका पूरा मुआवजा नहीं मिला था। इसमें कानून और तथ्य, दोनों की बहुत भूलभुलइयां थीं। बहीखातों की भी बहुत उलझनें थीं।

दोनों ही पक्षों ने नामी-गिरामी सॉलिसिटर और बैरिस्टर नियुक्त किए हुए थे इसलिए मुझे दोनों पक्षों के काम का अनुभव पाने का सुंदर अवसर मिला। सॉलिसिटर के लिए वादी का मुकदमा तैयार करने और तथ्य जुटाने का सारा काम मुझे ही करना था। उसमें से सॉलिसिटर कितना रखता है और सॉलिसिटर द्वारा तैयार की गई सामग्री में से बैरिस्टर कितनी सामग्री का उपयोग करता है, ये सब बातें देखने का मौका मुझे मिलता था। मैं इस बात को भी समझ रहा था कि इस केस को तैयार करने में मुझे अपनी ग्रहण-शक्ति का और व्यवस्था संभालने की शक्ति का अनुमान तो हो ही जाएगा।

मैंने केस में पूरी दिलचस्पी ली। मैं उसमें डूब-सा गया। आगे-पीछे के सारे दस्तावेज़ पढ़ डाले। मुवक्किल के विश्वास की और उसकी चालाकी की कोई सीमा न थी। इससे मेरा काम बहुत आसान हो गया। मैंने बहीखातों का भी बहुत बारीकी से अध्ययन कर लिया। बहुत से कागज़ात गुजराती में थे इसलिए उनका अनुवाद भी मुझे ही करना पड़ता था। इससे अनुवाद करने की मेरी क्षमता बढ़ी।

मैंने कड़ी मेहनत की। मैं ऊपर लिख ही चुका हूं कि धार्मिक चर्चा आदि करने में और सार्वजनिक काम करने में मेरी बहुत दिलचस्पी थी और मैं इन कामों के लिए समय भी निकाल लेता था, बेशक ये चीज़ें मेरे लिए बहुत अधिक महत्त्व की नहीं थीं। मैं मुकदमे की तैयारी को प्रमुखता देता था। इस सिलसिले में कानूनी किताबें पढ़ने या कोई और

किताब पढ़ने की ज़रूरत होती तो मैं ये काम हमेशा पहले ही कर लिया करता था। इसका परिणाम ये हुआ कि मुकदमे के तथ्यों पर मेरी इतनी मजबूत पकड़ हो गई जितनी शायद वादी या प्रतिवादी पक्ष को भी नहीं होगी। इसकी वजह ये थी कि मेरे पास तो दोनों ही पक्षों के कागज़ात रहते थे।

मुझे स्वर्गीय मिस्टर पिंकट के शब्द याद आए। उनका अधिक समर्थन बाद में दक्षिण अफ्रीका के प्रसिद्ध बैरिस्टर स्वर्गीय मिस्टर लेनर्ड ने एक अवसर पर किया था। उन्होंने कहा था, 'तथ्य तीन-चौथाई कानून होते हैं।' मुझे एक केस याद आता है। उस केस में मैं जानता था कि न्याय तो मुवक्किल की तरफ है लेकिन कानून उसके विरुद्ध जाता है। मैं निराश होकर मिस्टर लेनर्ड की मदद लेने के लिए दौड़ा। तथ्यों की दृष्टि से केस उन्हें भी मजबूत दिखायी दिया। वे बोले, "गांधी, मैंने एक बात सीखी है कि यदि हम तथ्यों पर ठीक-ठाक नियंत्रण कर लें तो कानून अपने आप हमारी तरफ हो जाएगा। हम इस केस के तथ्यों को समझ लें।" ये कहकर उन्होंने मुझे केस के तथ्यों को एक बार फिर से पढ़ने और समझ लेने की सलाह दी और बाद में मिलने के लिए कहा। उन्हीं तथ्यों का एक बार फिर अध्ययन करने पर, उन्हें जांचने, परखने पर मैंने उन्हें अलग ही रूप में समझा। तभी मुझे उसी से मिलते-जुलते एक पुराने मुकदमे का पता चला जो कि दक्षिण अफ्रीका में ही चला था। मैं खुशी से भरा मिस्टर लेनर्ड के पास पहुंचा। वे खुश हुए और बोले, "अच्छी बात है, हम ये मुकदमा ज़रूर जीतेंगे। ज़रा इस बात का ध्यान रखना होगा कि केस किस जज की अदालत में जाएगा।"

दादा अब्दुल्ला के केस की तैयारी करते समय मैं तथ्यों की महिमा को इस सीमा तक नहीं समझ पाया था। तथ्य का अर्थ है—सच्ची बात। सच्चाई पर डटे रहने से कानून अपने आप हमारे पक्ष में आ खड़ा होता है।

मैंने ये भी देख लिया कि केस में दादा अब्दुल्ला का पक्ष मजबूत है। कानून को उनकी मदद करनी ही चाहिए।

लेकिन मैंने देखा कि ये मुकदमा लड़नेवाले दोनों ही पक्ष, जो आपस में एक दूसरे के रिश्तेदार हैं और एक ही नगर के निवासी हैं, बरबाद हो जाएंगे। कोई भी यह भविष्यवाणी नहीं कर सकता था कि मुकदमा खत्म कब होगा। अदालत में चलता रहे तो उसे चाहो जितना लम्बा खींचा जा सकता था। मुकदमे को लम्बा खींचने में दोनों पक्षों में से किसी भी पक्ष को फायदा न होता। इसलिए हो सके तो ये मुकदमा जल्दी ही निपट जाए, ये दोनों पक्ष ही चाहते थे।

मैंने तैयब सेठ से विनती की। झगड़े को आपस में ही निपटा लेने की सलाह दी। उन्हें अपने वकील से मिलने के लिए कहा। यदि दोनों ही पक्ष अपने-अपने विश्वास के किसी व्यक्ति को पंच चुन लें तो मामला निपटाने में देर नहीं लगेगी। वकीलों के खर्च इतने बढ़ते जा रहे थे कि उसमें उनके जैसे बड़े व्यापारी भी डूब जाते। दोनों ही इतनी चिंताओं के साथ मुकदमा लड़ रहे थे कि किसी और बात की तरफ निश्चिंत होकर ध्यान ही नहीं दे पाते थे। वैर तो दोनों का आपस में बढ़ ही रहा था। मुझे वकालत के काम से ही नफरत हो गई। वकील के नाते तो दोनों के ही वकीलों को अपने-अपने मुवक्किल को जिताने के लिए कानूनी दांव-पेंच खेलने थे। मैं इस केस से ही पहली बार जान पाया कि जीतनेवाले पक्ष

को पूरा मुआवजा तो कभी मिल ही नहीं सकता। अब आप दूसरे पक्ष से कितना निकलवा पाते हैं, इसकी भी तो एक सीमा ही होगी। जब कि मुवक्किल इससे कहीं अधिक खर्च कर चुका होता है। ये सब मेरी सहनशक्ति से बाहर था। मैंने अनुभव किया कि मेरा धर्म तो यही है कि दोनों पक्षों में मित्रता करा दी जाए, और दोनों रिश्तेदारों में मेल करा दिया जाए। मैंने समझौते की राह खोजने के लिए जी-तोड़ मेहनत की। तैयब सेठ मान गए। आखिर पंच नियुक्त किए गए। उनके सामने केस चला। दादा अब्दुल्ला केस जीत गए।

लेकिन मुझे इतने-भर से ही संतोष न हुआ। यदि पंच के फैसले पर अमल किया जाता तो तैयब हाजी खान मुहम्मद इतना रुपया एक साथ नहीं दे सकते थे। दक्षिण अफ्रीका में बसे हुए पोरबंदर के मेमन व्यापारियों के बीच एक अलिखित समझौता था कि मर जाएंगे लेकिन दीवालिया नहीं होंगे। तैयब सेठ सैंतीस हज़ार पौंड और मुकदमे का खर्च एक साथ दे ही नहीं सकते थे। एक तरफ तो वे एक पैसा कम न देते और दूसरी तरफ दीवालिया भी नहीं होना था। रास्ता एक ही निकल सकता था कि दादा अब्दुल्ला उन्हें धन चुकाने के लिए काफी लम्बी अवधि की मोहलत दे दें।

दादा अब्दुल्ला उदार हो गए और तैयब सेठ को धन चुकाने के लिए काफी लम्बी अवधि की मोहलत दे दी। पंच नियुक्त कराने में मुझे जितनी मेहनत करनी पड़ी थी, उससे कहीं अधिक मेहनत मुझे ये लम्बी अवधि तय कराने में करनी पड़ी। दोनों ही पक्ष परम प्रसन्न हुए। दोनों की ही प्रतिष्ठा बढ़ी। मेरी तो प्रसन्नता की सीमा नहीं थी। मैंने असली वकालत सीखी। मैंने मनुष्य के भीतर छुपे अच्छे गुणों को खोजना और मनुष्य के हृदय में प्रवेश करना सीखा। मैंने देखा कि वकील का कर्तव्य तो दोनों पक्षों के बीच खुदी हुई खाई को पाटना होता है। ये शिक्षा मेरे मन में इतनी गहरी उतर गई कि अपनी वकालत के अगले बीस बरसों में मेरा अधिकांश समय अपने ऑफिस में बैठकर सैकड़ों मामलों को आपस में सुलझाने में ही बीता होगा। मैंने इसमें कुछ भी नहीं खोया। यह भी नहीं कह सकता कि धन खोया होगा। आत्मा तो खोई ही नहीं।

15. धार्मिक मंथन

अब एक बार फिर वह समय आ गया है कि मैं अपने ईसाई मित्रों के साथ अपने सम्पर्कों पर विचार करूं। मेरे भविष्य को लेकर मिस्टर बेकर की चिंता बढ़ती ही जा रही थी। वे मुझे अपने साथ वेलिंगटन समारंभ में ले गए। प्रोटेस्टैंट ईसाइयों में ये प्रथा है कि वे कुछेक वर्षों के अंतराल पर धर्म जागरण अर्थात आत्मशुद्धि के लिए प्रयास करते हैं। इसे धर्म की पुनःप्रतिष्ठा या धर्म के पुनरुद्धार का नाम भी दिया जा सकता है। ऐसा ही एक सम्मेलन वेलिंगटन में था। इसके सभापति वहां के प्रसिद्ध धर्मप्राण पादरी रेवरेंड एंड्रू मरे थे। मिस्टर बेकर ये आशा संजोए हुए थे कि इस सम्मेलन में होनेवाली जागृति, वहां आने वाले श्रद्धालुओं के धार्मिक उत्साह और उनकी शुद्धता का मुझ पर कुछ ऐसा प्रभाव पड़ेगा कि मैं बस, ईसाई बने बिना रह ही नहीं पाऊंगा।

मिस्टर बेकर के पास एक और हथियार था–प्रार्थना की शक्ति। प्रार्थना को लेकर उनके मन में बहुत अधिक आस्था थी। उन्हें पूरा विश्वास था कि सच्चे मन से, अंतःकरण

से की गई प्रार्थना ईश्वर ज़रूर सुनते हैं। वे मुझे ये उदाहरण देते कि ये प्रार्थना की ही शक्ति है कि ब्रिस्टॉल के जॉर्ज मूलर (एक प्रसिद्ध श्रद्धालु ईसाई) जैसे व्यक्ति का कामकाज चलता है। प्रार्थना के विषय में मैंने उनकी सारी बातें तटस्थ होकर सुनीं। मैंने उन्हें बताया कि यदि ईसाई बनने की अंतरात्मा की आवाज़ मेरे भीतर से उठी तो उसे स्वीकार करने में दुनिया की कोई भी ताकत बाधक नहीं बन सकेगी। अंतरात्मा की आवाज़ के वश में होना तो मैं कई बरस पहले सीख चुका था। उसके वश में होने में मुझे आनंद आता था। अंतरात्मा की आवाज़ के विरुद्ध जाना मेरे लिए कठिन और कष्टकर था।

हम वेलिंगटन गए। मुझ 'सांवले' साथी को अपने साथ रखना मिस्टर बेकर को भारी पड़ गया। मेरे कारण उन्हें कई बार तकलीफें उठानी पड़तीं। रास्ते में हमें रुकना था क्योंकि बेकर के सम्प्रदायवाले रविवार के दिन यात्रा नहीं करते थे और बीच में रविवार पड़ गया था। रास्ते में होटल में और फिर स्टेशन पर पहले तो मुझे प्रवेश देने से ही मना कर दिया गया और बहुत झिक-झिक करने के बाद जब होटल में जगह मिली तो होटल के मालिक ने डाइनिंग हॉल में खाना खिलाने से ही इनकार कर दिया। लेकिन मिस्टर बेकर आसानी से हार माननेवाले नहीं थे। वे होटल में ठहरनेवालों के अधिकारों के बारे में डटे रहे। लेकिन मैं उनकी कठिनाइयों को समझ रहा था। वेलिंगटन में भी मैं उनके साथ ही ठहरा था। वहां भी वे छोटी-मोटी अड़चनों से बच नहीं पाए थे। वे अपने सद्भाव से उन्हें छुपाए रहते थे। लेकिन ये बातें मेरी निगाह से छुप नहीं पाती थीं।

सम्मेलन में श्रद्धालु ईसाइयों का मेलमिलाप हुआ। उनकी श्रद्धा देखकर मुझे अच्छा लगा। मिस्टर मरे से मुलाकात हुई। मैंने देखा कि कई लोग मेरे लिए प्रार्थना कर रहे थे। उनके कई भजन मुझे प्रिय लगे।

सम्मेलन तीन दिन तक चलता रहा। सम्मेलन में आनेवालों की धार्मिक भावना को मैं समझ सका और उसकी सराहना कर सका। लेकिन मुझे अपने विश्वास में, अपने धर्म में परिवर्तन करने का कोई कारण न मिला। मैं यह मान ही न सका कि बिना ईसाई बने मैं स्वर्ग जा ही नहीं सकता या मुझे मोक्ष मिल ही नहीं सकता। जब यही बात मैंने अपने भले ईसाई मित्रों को बताई तो उन्हें चोट पहुंची लेकिन मैं कर ही क्या सकता था।

मेरी मुश्किलें सचमुच गहरी थीं। 'एक यीशू मसीह ही ईश्वर के पुत्र हैं। उन्हें मानने वाला तर जाता है।' ये बात मेरे गले से नीचे नहीं उतरती थी। यदि ईश्वर के पुत्र हो सकते हैं तो हम सब भी उन्हीं की संतानें हैं। यदि यीशू ईश्वर तुल्य हैं, ईश्वर ही हैं तो हम सभी मनुष्य भी ईश्वर के समान ही हैं। मनुष्य को भी ईश्वर का स्थान दिया जा सकता है। यीशू की मृत्यु से और उनके रक्त से संसार के पाप धुलते हैं, इसे जस का तस सच मानने के लिए मेरी बुद्धि तैयार ही नहीं होती थी। रूपक के रूप में बेशक इसे सच मान लिया जाए। इसके अतिरिक्त, ईसाई ये बात मानते हैं कि मनुष्य में ही आत्मा का वास होता है, अन्य जीवों में नहीं, और देह के नाश के साथ उसका सम्पूर्ण नाश हो जाता है, जबकि मैं इसके विपरीत मानकर चलता था। मैं यीशू को एक त्यागी, महात्मा, दैविक शिक्षक के रूप में तो स्वीकार कर सकता था लेकिन उन्हें अद्वितीय पुरुष के रूप में मानना मेरे लिए संभव नहीं था। यीशू की मृत्यु ने संसार के सामने एक अद्वितीय दृष्टांत रखा था लेकिन उनकी मृत्यु में कोई गूढ़ चमत्कारिक प्रभाव भी था, इसे मेरा हृदय स्वीकार करने के लिए तैयार नहीं

था। ईसाइयों के पवित्र जीवन में मुझे कोई ऐसी अद्वितीय बात नज़र नहीं आई जो दूसरे धर्मावलम्बियों के जीवन में न मिली हो। उनमें होनेवाले परिवर्तन मैंने दूसरों के जीवन में वैसे ही घटित होते देखे थे। सिद्धांतों की दृष्टि से भी देखें तो मुझे ईसाई धर्म के सिद्धांतों में कोई अलौकिक बात दिखाई नहीं दी। त्याग की दृष्टि से देखें तो हिंदू धर्म के माननेवालों में मुझे उच्चस्तरीय त्याग के दर्शन हुए। मैं ईसाई धर्म को सम्पूर्णता में या सर्वोपरि धर्म के रूप में स्वीकार कर ही नहीं सका।

मैंने अपने इस हृदय-मंथन से अवसर आने पर जब अपने ईसाई मित्रों को अवगत कराया तो वे मुझे इसका कोई संतोषजनक उत्तर नहीं दे सके।

लेकिन जिस तरह से मैं ईसाई धर्म को स्वीकार नहीं कर पाया, उसी तरह से हिंदू धर्म की सम्पूर्णता के विषय में या उसके सर्वोपरि होने के बारे में भी उस समय निश्चय नहीं कर पाया था। हिंदू धर्म की खामियां मेरी आंखों के सामने झिलमिलाती रहतीं। छूआछूत को यदि हिंदू धर्म का अंग मानें तो वह सड़ा हुआ अंग है और ऐसा लगता है कि इसे बाद में जोड़ा गया है। अनेक सम्प्रदायों की, अनेक जातियों आदि की उपस्थिति ही मेरे गले से नीचे नहीं उतरती। इस बात का क्या अर्थ हुआ कि केवल वेद ही ईश्वर के रचे हुए हैं। यदि वेद ईश्वर की ओर से भेंट हैं तो कुरान और बाइबिल क्यों नहीं?

मेरे ईसाई मित्र जिस तरह से मेरा धर्म बदलने के प्रयासों में लगे ही रहते थे, उसी तरह से मेरे मुसलमान मित्र भी पीछे नहीं रहते थे। अब्दुल्ला सेठ मुझे इस्लाम का अध्ययन करने के लिए ललचाते रहते। इस्लाम की खूबियों की चर्चा तो उनकी जुबान पर ही रहती थी।

मैंने अपनी कठिनाइयों से रायचंद भाई को अवगत कराया। इसी सिलसिले में हिंदुस्तान के दूसरे धर्मावलम्बियों के साथ भी पत्र-व्यवहार शुरू किया। उनकी ओर से मेरे पत्रों के उत्तर भी आए। रायचंद भाई के पत्र से मुझे बहुत शांति मिली। उन्होंने मुझे धीरज धरने और हिंदू धर्म का गहराई से अध्ययन करने की सलाह दी। उनके एक वाक्य का भावार्थ ये था : निष्पक्ष भाव से विचार करने पर मुझे यह प्रतीत हुआ है कि हिंदू धर्म में जो सूक्ष्म और गूढ़ विचार हैं, आत्मा के निरीक्षण की जो संकल्पना है, दया का जो विस्तार है, ये सब बातें दूसरे धर्मों में नहीं हैं।

मैंने जनाब सेल द्वारा अनूदित कुरआन खरीदा और पढ़ना शुरू किया। इस्लाम धर्म की कुछ और किताबें भी लीं। इंग्लैंड में ईसाई मित्रों के साथ पत्र-व्यवहार शुरू किया। उनमें से एक ने एडवर्ड मेटलैंड से मेरा परिचय कराया। उनके साथ मेरा पत्र-व्यवहार चलता रहा। उन्होंने ऐना किंग्सफर्ड के साथ मिलकर 'परफेक्ट वे' (उत्तम मार्ग) नाम की किताब का सह-लेखन किया था। ये किताब उन्होंने मुझे पढ़ने के लिए भेजी। इसमें प्रचलित ईसाई धर्म का खंडन किया गया था। उन्होंने मेरे नाम 'बाइबिल का नया अर्थ' नाम की किताब भी भेजी। ये किताबें मुझे पसंद आईं। इनके माध्यम से हिंदू मत की ही पुष्टि हुई। टॉलस्ताय की 'वैकुंठ तेरे हृदय में है' नाम की किताब ने तो जैसे मुझे अभिभूत कर दिया। इस किताब का मुझ पर बहुत गहरा प्रभाव पड़ा। इस किताब की स्वतंत्र विचार शैली, उसकी अनुभवजन्य नीति और उसकी सत्यता के आगे मिस्टर कोट्स की किताबें फीकी पड़ गईं।

इस तरह से मेरा अध्ययन मुझे ऐसी दिशा में ले चला जो मेरे ईसाई मित्रों की दिशा के विपरीत जाता था। एडवर्ड मेटलैंड के साथ मेरा पत्र-व्यवहार काफी लम्बे समय तक चला। कवि (रायचंद भाई) के साथ पत्र-व्यवहार तो अंत तक चलता रहा। उन्होंने मेरे लिए कई किताबें भेजी थीं जिन्हें मैं चाव से पढ़ गया। इन किताबों में 'पंचीकरण', 'मणिरत्न माला', योग वासिष्ठ की रचना 'मुमुक्षु प्रकरण', हरिभद्र सूरी की किताब 'षडदर्शन समुच्चय' आदि शामिल थीं।

इस तरह से कहें तो हालांकि मैंने ईसाई मित्रों की सोच से अलग ही रास्ता अपना लिया था, फिर भी उनके संसर्ग ने मेरे भीतर धर्म संबंधी जो जिज्ञासाएं जगाई थीं, उनके लिए मैं सदा के लिए उनका ऋणी हो गया। उनके साथ बने ये संबंध मुझे हमेशा याद रहेंगे। ऐसे मधुर और पवित्र संबंध भविष्य में बढ़ते ही रहे, कभी कम नहीं हुए।

16. कल की क्या खबर!

खबर नहीं इस जुग में कल की
समझ मन! को जाने कल की?

मुकदमा पूरा हो जाने के बाद मेरे लिए प्रिटोरिया में टिके रहने का कोई औचित्य नहीं रहा। मैं डरबन गया। वहां पहुंचकर मैंने हिंदुस्तान वापिस जाने की तैयारी शुरू की। ये भला कैसे हो सकता था कि अब्दुल्ला सेठ मुझे बिना मान-सम्मान के जाने देते। उन्होंने मेरे सम्मान में सिडनहैम में एक सामूहिक भोज का आयोजन किया।

पूरा दिन वहीं बीतनेवाला था। मेरे निकट ही कुछ समाचार पत्र पड़े थे। मैं इन्हें ही देख रहा था। एक अखबार के एक कोने में मैंने एक छोटा-सा समाचार देखा। समाचार का शीर्षक था–'इंडियन फ्रेंचाइज़! अर्थात हिंदुस्तानी मताधिकार।' इस समाचार का आशय यह था कि हिंदुस्तानियों को नेटाल की विधानसभा के लिए सदस्य चुनने का जो अधिकार मिला हुआ है, उसे छीन लिया जाए। इससे संबंधित कानून पर विधानसभा में बहस चल रही थी। मैं इस कानून के बारे में अनजान था। इस भोज में जितने भी लोग शामिल थे, उनमें से किसी को भी हिंदुस्तानियों के अधिकार छीननेवाले इस बिल की कोई खबर नहीं थी।

मैंने अब्दुल्ला सेठ से इस बारे में पूछा। उन्होंने बताया, "इन बातों को भला हम क्या जानें! हां, कारोबार पर कोई संकट आता है तो हमें उसका पता चलता है। अब देखो ना, ऑरेंज फ्री स्टेट में हमारे कारोबार को तो खत्म ही कर डाला गया। हमने उसके लिए भाग-दौड़ की, लेकिन हम तो लाचार ठहरे। अखबार भी पढ़ते हैं तो उसमें सिर्फ इतनी ही खबर देखते हैं कि भाव-ताव की जानकारी मिल सके। कानूनी बातों की भला हमें क्या जानकारी मिल सकती है! हमारे आंख-कान तो हमारे गोरे वकील ही हैं।"

"लेकिन यहां पर जन्मे और अंग्रेज़ी जाननेवाले इतने सारे नौजवान हिंदुस्तानी यहां पर हैं। वे भी तो कुछ कर सकते हैं?"

अब्दुल्ला सेठ ने अपने सिर पर हाथ मारा और बोले, "अरे भाई, उनसे हमें क्या मिल सकता है? उन बेचारों को इन सबकी क्या समझ होगी! वे तो हमारे पास भी नहीं फटकते!

और सच पूछो तो हम भी उन्हें कहां समझते हैं! और जहां तक पादरियों की बात है, वे तो ठहरे गोरे और वे अंग्रेजों के अधीन।"

मेरी तो आंखें खुली रह गईं। इस समाज को तो अपनाया जाना चाहिए। ईसाई धर्म का क्या यही अर्थ है! ईसाई हो जाने भर से क्या वे हिंदुस्तानी नहीं रहे! परदेसी हो गए!

लेकिन मुझे तो अपने देश के लिए रवाना होना था। इसलिए मैंने अपने इन विचारों को प्रकट नहीं किया। मैंने अब्दुल्ला सेठ से पूछा, "लेकिन अगर ये कानून इसी तरह से पास हो गया तो आप सबको तो बहुत मुसीबत में डाल देगा। सरकार का ये कदम तो यहां पर से हिंदुस्तानियों की आबादी ही खत्म कर देने की दिशा में उठाया गया कदम है। इससे तो हमारा स्वाभिमान ही खत्म हो जाएगा।"

"हो सकता है। लेकिन मैं आपको फरेंचाइज (अंग्रेज़ी भाषा के कई शब्द इसी तरह से मुख सुख के हिसाब से बिगाड़कर बोले जाते थे। मताधिकार कहो तो किसी को समझ में नहीं आता था।) का इतिहास बताता हूं। हमें तो इसका सिर-पैर समझ में नहीं आता। लेकिन तुम तो जानते ही हो कि हमारे सबसे बड़े वकील मिस्टर एस्कम्ब हैं। वे बहुत बड़े बहसबाज हैं। खूब लड़ सकते हैं। उनके और यहां के जेट्टी इंजीनियर के बीच खूब तू तू मैं मैं होती रहती है। मिस्टर एस्कम्ब के विधानसभा में जाने पर ये लड़ाई बाधक बनती थी। उन्होंने हमें अपनी स्थिति के बारे में बताया। उनके कहने पर हम सबने अपने नाम मताधिकार सूची में लिखवाए और उनके समर्थन में वोट डाले। अब तुम ही देखो कि हम अपने मतों का मूल्य तुम्हारी तरह क्यों नहीं आंक पाए। लेकिन अब तुम जो कुछ कह रहे हो, हमारी समझ में आ रहा है। कहो तो, तुम क्या सलाह देते हो!"

वहां पर मौजूद दूसरे मेहमान हम दोनों की बातचीत ध्यान से सुन रहे थे। उनमें से एक ने कहा, "मैं आपसे एक सच्ची बात कहूं! अगर आप इस स्टीमर से न जाएं और एकाध महीना रुक जाएं तो आप जैसी कहेंगे, हम वैसी लड़ाई लड़ेंगे।"

सब लोग बोल पड़े, "ये सच बात है। अब्दुल्ला सेठ, आप गांधी भाई को रोक लीजिए।"

अब अब्दुल्ला सेठ ठहरे उस्ताद आदमी। वे बोले, "अब इन्हें रोकने का मुझे कोई अधिकार नहीं। और अगर है भी तो मुझसे ज्यादा अधिकार आप लोगों का है। लेकिन आप जो कुछ कह रहे हैं, ठीक कह रहे हैं। हम सब मिलकर इन्हें रोकें। लेकिन ये तो ठहरे बैरिस्टर। इनकी फीस का क्या होगा?"

मैं परेशान हुआ और बीच में बात काटकर बोला, "अब्दुल्ला सेठ, इसमें मेरी फीस की बात ही नहीं उठती। सार्वजनिक सेवा में फीस कैसी! अगर मैं रुकूंगा तो एक सेवक की तरह रुकूंगा। लेकिन मैं इन सब महानुभावों को ठीक से पहचानता भी नहीं। लेकिन अगर आपको ये यकीन हो कि ये भाई लोग ठीक से काम कर सकते हैं तो मैं एक महीना रुकने के लिए तैयार हूं। ये बात सही है कि आपको मुझे कुछ धन नहीं देना पड़ेगा लेकिन ये भी सच है कि ऐसे काम बिना पैसों के हो ही नहीं सकते। हमें टेलिग्राम भेजने की ज़रूरत पड़ेगी, कुछ साहित्य छपवाना होगा, इधर-उधर आना-जाना होगा, इसलिए किराया-भाड़ा लगेगा। ये भी हो सकता है कि हमें स्थानीय वकीलों की मदद लेनी पड़े। मैं यहां के कायदे-कानून से परिचित नहीं हूं। मुझे कानून की किताबें देखने की ज़रूरत पड़ेगी। और सबसे बड़ी बात, ये काम एक हाथ से नहीं होते, सबको मिल-जुलकर काम करना पड़ता है।"

बहुत सारी आवाज़ें एक साथ सुनाई दीं, ''खुदा की मेहरबानी है। पैसे तो इकट्ठे हो ही जाएंगे। लोगों की भी कोई कमी नहीं। आप तो बस, रुकने के लिए हां कर दीजिए।''

अब ये सभा सभा नहीं रही थी। विदाई पार्टी अब कार्यकारिणी समिति का रूप ले चुकी थी। मैंने सलाह दी कि हमें जल्दी से खाना खाकर घर पहुंचना चाहिए। मैंने मन ही मन लड़ाई की रूपरेखा तय कर ली। यह जानकारी ले ली कि मताधिकार कितने लोगों को प्राप्त है। मैंने एक महीना और रुकने का निश्चय कर लिया।

और इस तरह से ईश्वर ने दक्षिण अफ्रीका में मेरे स्थायी निवास की नींव डाली और स्वाभिमान की लड़ाई का बीज इस तरह से रोपा गया।

17. नेटाल में बसना

1893 में सेठ हाजी मुहम्मद हाजी दादा नेटाल के हिंदुस्तानी समाज के प्रमुख नेता माने जाते थे। जहां तक जमीन-जायदाद का मामला था, सेठ अब्दुल्ला हाजी आदम प्रमुख थे लेकिन वे और दूसरे लोग भी सार्वजनिक कामों में सेठ हाजी मुहम्मद को ही पहला स्थान देते थे। इसलिए अब्दुल्ला सेठ के घर पर उनके ही सभापतित्व में एक सभा हुई। इस सभा में फ्रेंचाइज़ी बिल का विरोध करने का निर्णय लिया गया।

स्वयंसेवकों के नाम लिखे गए। इस सभा में नेटाल में जन्मे हिंदुस्तानियों को अर्थात ईसाई नौजवानों को इकट्ठा किया गया था। मिस्टर पॉल डरबन की अदालत के दुभाषिए थे। मिस्टर सुभान गॉडफ्रे मिशन स्कूल के हैडमास्टर थे। वे दोनों भी सभा में आए थे और उनके प्रभाव के कारण उस समाज के नौजवान बड़ी संख्या में आए थे। वे सबके सब स्वयंसेवक बन गए।

अधिकांश व्यापारी तो आए ही थे। उनमें से प्रमुख लोग इस तरह से थे : आदम सेठ दाउद महमद, महमद कासम कमरूदीन, सेठ आदमजी मियांजान, ए कोलंदावेल्लु पिल्लै, सी लच्छीराम, रंगसामी पडियाजी, आदम जीवा वगैरह थे। पारसी रुस्तमजी तो थे ही। कर्मचारियों के वर्ग में से पारसी माणेकजी, जोशी, नरसीराम वगैरह दादा अब्दुल्ला इत्यादि की फर्मों के नौकर थे। इन सबको सार्वजनिक काम से जोड़े जाने पर बहुत आश्चर्य हुआ। इस प्रकार के सार्वजनिक काम के लिए बुलाए जाने और उसमें आगे बढ़कर हाथ बंटाने का ये उनका पहला ही अनुभव था। सामने जो संकट आ पड़ा था, उसके सामने ऊंच-नीच, छोटे-बड़े, मालिक-नौकर, हिंदू-मुसलमान, पारसी, ईसाई, गुजराती, मद्रासी, सिंधी वगैरह के सब भेद मिट गए थे। सबके सब भारत की संतानें और सेवक बन गए थे।

बिल की दूसरी सुनवाई या तो हो चुकी थी या होनेवाली थी। उस समय विधानसभा में जो भाषण चल रहे थे उनमें यह बात कही जा रही थी कि इतने कड़े कानून के खिलाफ भी हिंदुस्तानियों की ओर से कोई विरोध नहीं हो रहा है। इसे हिंदुस्तानी समाज की लापरवाही का और मताधिकार के उपयोग करने की अयोग्यता का प्रमाण माना जा रहा था।

मैंने सभा को पूरी वस्तुस्थिति से अवगत कराया। सबसे पहला काम तो यही तय किया गया कि विधानसभा के अध्यक्ष को एक तार भेजकर अनुरोध किया जाए कि वे इस बिल पर बहस फिलहाल स्थगित करें। इसी तरह का तार मुख्यमंत्री सर जॉन रॉबिन्सन को

भी भेजा गया और दादा अब्दुल्ला के मित्र होने के नाते इसी तरह का तार मिस्टर एस्कम्ब को भी भेजा गया। इस तार का उत्तर देते हुए अध्यक्ष महोदय ने बताया कि बिल पर बहस दो दिन के लिए स्थगित की जा रही है। सब बहुत खुश हुए।

प्रार्थनापत्र तैयार किया गया। उसकी तीन प्रतियां भेजनी थीं। प्रेस में देने के लिए भी प्रतियां तैयार करनी थीं। जितने भी मिल सकें, प्रार्थनापत्र के लिए उतने हस्ताक्षर जुटाने थे। ये सारा का सारा काम एक ही रात में पूरा करना था। वहां उपस्थित पढ़े-लिखे स्वयंसेवक और दूसरे लोग लगभग सारी रात जागकर काम करते रहे। उनमें से सुंदर हस्तलेख में लिखनेवाले एक वृद्ध सज्जन मिस्टर आर्थर थे। उन्होंने बहुत ही सुंदर हस्तलिपि में प्रार्थनापत्र की नकल तैयार की। दूसरों ने इसकी दूसरी प्रतियां तैयार कीं। एक आदमी बोलता जाता था और पांच आदमी लिखते जाते थे। इस तरह से पांच प्रतियां एक साथ तैयार कर ली गईं। व्यापारी स्वयंसेवक अपनी-अपनी गाड़ी में और दूसरे लोग अपने खर्चे पर किराये की गाड़ियों में हस्ताक्षर लेने की मुहिम पर निकल पड़े।

प्रार्थनापत्र भेजा गया। समाचारपत्रों में छपा। उस पर अनुकूल टिप्पणियां हुईं। विधानसभा पर भी असर तो पड़ा। उसकी चर्चा भी बहुत हुई। प्रार्थनापत्र में दिए गए तर्कों का खंडन करनेवाले उत्तर दिए गए। लेकिन ये उत्तर सतही ही थे। बिल तो पास हो ही गया।

सब जानते थे कि परिणाम यही निकलनेवाला है। लेकिन कौम में एक नए जीवन का संचार हुआ। ये बात सबकी समझ में आ गई कि हम एक कौम हैं, केवल व्यापार संबंधी अधिकारों के लिए ही नहीं, बल्कि कौम के अधिकारों के लिए भी लड़ना हम सबका धर्म है।

उन दिनों लॉर्ड रिपन उपनिवेश मंत्री थे। ये तय किया गया कि उनके पास एक विस्तृत आवेदन पत्र भेजा जाए। इस आवेदन पत्र के लिए जितने अधिक हो सकें, हस्ताक्षर जुटाए जाने थे। ये काम एक दिन में पूरा होनेवाला नहीं था। स्वयंसेवक नियुक्त किए गए और सबने मिल-जुलकर काम पूरा करने का बीड़ा उठाया।

आवेदन पत्र लिखने में मैंने जान लगा दी। मुझे जो भी साहित्य मिलता गया, मैं पढ़ता गया। हिंदुस्तान में हम एक प्रकार के मताधिकार का उपभोग करते हैं, इस सिद्धांत के तर्क को और हिंदुस्तानियों की आबादी कम है, इस व्यावहारिक तर्क को मैंने अपनी बात के केंद्र में रखा।

आवेदन पत्र पर दस हज़ार हस्ताक्षर मिले। एक पखवाड़े में आवेदन पत्र भेजने लायक हस्ताक्षर मिल गए। पाठक इस बात को छोटी-मोटी बात न समझें कि नेटाल जैसी जगह में एक पखवाड़े में दस हज़ार हस्ताक्षर जुटा लिए गए। हस्ताक्षर पूरे नेटाल से लेने थे। लोग इस तरह के काम के अभ्यस्त नहीं थे। यह तय किया गया था कि जिस किसी भी व्यक्ति से हस्ताक्षर लिए जाएं, तब तक उसके हस्ताक्षर न लिए जाएं जब तक वह समझ न ले कि वह आखिर हस्ताक्षर कर ही क्यों रहा है। इसलिए खास तौर पर तैयार किए गए स्वयंसेवकों को भेजकर ही हस्ताक्षर जुटाए जा सकते थे। गांव बहुत दूर-दूर बसे हुए थे। ये काम तभी जल्दी पूरा किया जा सकता था जब स्वयंसेवक लगन से काम करें। ऐसा ही हुआ। सबने मिलजुलकर बहुत उत्साह से काम किया। काम करनेवालों में सेठ दाउद महमद, पारसी रुस्तमजी, आदमजी मियांजान और आमद जीवा के चेहरे इस समय मेरी आंखों के सामने मूर्तियों की तरह झिलमिला रहे हैं। ये सब मिलकर बहुत सारे हस्ताक्षर

लाए थे। दाउद सेठ अपनी गाड़ी लेकर दिन भर घूमा करते। किसी ने जेब खर्च तक नहीं मांगा। दादा अब्दुल्ला का घर धर्मशाला या सार्वजनिक ऑफिस में बदल चुका था। शिक्षित लोग तो मेरे आस-पास ही बने रहते थे। उनका और दूसरे कामों से जुड़े लोगों के खाने-पीने का सारा इंतज़ाम दादा अब्दुल्ला के घर पर ही था। इस तरह से सभी स्वयंसेवकों पर कुछ न कुछ आर्थिक बोझ पड़ा।

आवेदन पत्र भेजा गया। उसकी एक हज़ार प्रतियां छपवाई गई थीं। इस कारण हिंदुस्तान की जनता को पहली बार नेटाल का परिचय हुआ। जितने भी समाचारपत्रों और सार्वजनिक नेताओं के नाम मैं जानता था, उन सबके पास इसकी प्रतियां भेजी गईं।

'टाइम्स ऑफ इंडिया' ने इस पर अग्रलेख लिखा और हिंदुस्तानियों की मांग का उचित समर्थन किया। इंग्लैंड में भी आवेदन पत्र की प्रतियां सभी पार्टियों के नेताओं को भेजी गई थीं। वहां पर लंदन के 'टाइम्स' ने इसके समर्थन में लिखा। इससे आशा बंधने लगी कि शायद बिल को मंजूरी न मिले।

अब मेरी हालत ऐसी हो गई थी कि नेटाल नहीं छोड़ सकता था। सब लोगों ने चारों तरफ से मुझे घेर लिया था और इस बात के बहुत अधिक आग्रह किए जाने लगे कि मैं स्थायी रूप से नेटाल में ही बस जाऊं। मैंने अपनी कठिनाइयां गिनवाईं। मैं मन ही मन यह निश्चय कर ही चुका था कि मैं सार्वजनिक खर्चे पर तो नहीं ही रहूंगा। मुझे अलग से अपना घर बसाने की ज़रूरत महसूस हुई। उस समय मैंने यह भी तय किया था कि घर अच्छा और अच्छे मोहल्ले में लेना चाहिए।

मैंने ये भी सोचा कि दूसरे बैरिस्टरों की तरह रहूंगा तो इससे हिंदुस्तानी समाज की इज्ज़त भी बढ़ेगी। मुझे लगा कि इस तरह के घर को चलाने के लिए मुझे हर बरस तीन सौ पौंड की ज़रूरत तो पड़ेगी ही। मैंने फैसला किया कि अगर मुझे इतनी रकम की वकालत की गारंटी मिल जाती है, तो मैं यहां रहने के बारे में सोच सकता हूं। इस बात से मैंने अपनी कौम को अवगत करा दिया।

साथियों ने तर्क दिया, "लेकिन आप इतनी ही रकम सार्वजनिक कामों के लिए लेते रहें, ये हमें चलता है। और ये रकम इकट्ठा करना भी हमारे लिए आसान है। वकालत करते हुए जो आपको मिले, सो आपका।"

मैंने उत्तर दिया, "मैं इस तरह से पैसे नहीं ले सकता। मैं जो सार्वजनिक काम करूंगा, मैं उस काम की इतनी कीमत नहीं समझता। मुझे इस काम में कोई वकालत तो करनी नहीं है। मुझे तो लोगों से काम ही तो लेना होगा। उसके लिए भला मैं पैसे कैसे ले सकता हूं? फिर ये भी होगा कि मुझे सार्वजनिक काम के लिए आपसे पैसे निकलवाने होंगे। अगर मैं ज्यादा पैसे लूं तो आपसे इतनी रकम निकलवाने में मुझे संकोच होगा और मामला अटक जाएगा। कौम से तो मैं इस काम के लिए 300 पौंड से ज्यादा ही खर्च कराऊंगा।"

"लेकिन हम अब आपको पहचानने लगे हैं। आप कौन से अपने लिए पैसे मांग रहे हैं! आपके रहने का खर्च तो हमें देना ही चाहिए।"

"ये तो आपका स्नेह है और आपका तात्कालिक उत्साह बोल रहा है। हम ये कैसे मान लें कि बाद में यही स्नेह और उत्साह बने रहेंगे? ऐसे भी अवसर आएंगे जब मुझे आपसे कड़वी बातें कहनी पड़ सकती हैं। उस समय मैं आपके स्नेह की रक्षा कर पाऊंगा

या नहीं, ये तो ईश्वर ही जाने। लेकिन असली बात तो ये है कि मुझे आपसे सार्वजनिक काम के लिए पैसे नहीं लेने चाहिए। आप बस, इतना वचन दे दें कि अपने वकालत संबंधी काम मुझे ही देंगे। मेरे लिए इतना ही काफी है। आपके लिए शायद ये भी भारी पड़ेगा। मैं कोई गोरा बैरिस्टर तो हूं नहीं। मुझे कैसे पता चलेगा कि मेरे काम की तारीफ हो रही है या नहीं। मैं तो ये भी नहीं जानता कि मुझसे कैसी वकालत हो पाएगी। इसलिए आप मुझे पहले से वकालत की फीस दे दें तो ये भी आपके लिए जोखिम ही तो होगा। इतना ही नहीं, आप मुझे वकालत के लिए मेहनताना देंगे, वह मेरे सार्वजनिक काम के कारण ही तो होगा।''

इस सारी चर्चा का ये परिणाम निकला कि बीस व्यापारियों ने मिलकर मेरे लिए एक बरस के लिए वकालत का काम देना तय कर दिया। ये भी हुआ कि दादा अब्दुल्ला मुझे विदाई पर जो भेंट देना चाहते थे, उसके बदले उन्होंने मेरे लिए ज़रूरी फर्नीचर खरीद लिया।

और इस तरह से मैं नेटाल में ही बस गया।

18. रंग भेद

अदालतों का प्रतीक चिह्न तराजू होता है। इसे एक अंधी, निष्पक्ष लेकिन चतुर बुढ़िया थामे हुए है। विधाता ने उसे अंधी बनाया है ताकि वह मुंह देखकर तिलक न करे बल्कि जिस व्यक्ति में कुछ गुण हों उसी के माथे पर टीका लगाए। इसके विपरीत, नेटाल की अदालत में तो वहां की वकीलों की सभा मुंह देखकर तिलक करने को तैयार बैठी थी। लेकिन अदालत ने अपने प्रतीक चिह्न की रक्षा कर ली।

मुझे वकालत करने के लिए प्रमाणपत्र लेना था। मेरे पास बंबई की हाईकोर्ट का प्रमाणपत्र था। इंग्लैंड का प्रमाणपत्र बंबई की हाईकोर्ट के कार्यालय में जमा कराया हुआ था। प्रवेश के प्रार्थनापत्र के साथ चरित्र के दो प्रमाणपत्रों की ज़रूरत होती थी। मुझे ऐसा लगा कि ये प्रमाणपत्र गोरों से ले लिए जाएं तो ठीक रहेगा। अब्दुल्ला सेठ के जरिए मेरे सम्पर्क में आए दो प्रसिद्ध गोरे व्यापारियों के प्रमाणपत्र मैंने ले लिए थे। प्रार्थनापत्र किसी वकील के माध्यम से भेजा जाना चाहिए था और साधारण नियम ये था कि ऐसा प्रमाणपत्र अटार्नी जनरल बिना पारिश्रमिक लिए प्रस्तुत करें। मिस्टर एस्कम्ब अटार्नी जनरल थे। हम जानते ही हैं कि मिस्टर एस्कम्ब अब्दुल्ला सेठ के वकील थे। मैं उनसे मिला और उन्होंने खुशी-खुशी मेरा प्रार्थनापत्र प्रस्तुत करना स्वीकार कर लिया।

इतने में अचानक वकीलों की सभा से मुझे एक नोटिस मिला। नोटिस में मेरे अदालत में प्रवेश पर विरोध दर्ज किया गया था। गिनाए गए कारणों में से एक यह था कि मैंने अपने प्रार्थनापत्र के साथ अपना मूल प्रमाणपत्र नहीं लगाया था। लेकिन विरोध का मुख्य मुद्दा ये था कि अदालत में वकीलों के प्रवेश के लिए नियम बनाते समय यह संभव न माना गया होगा कि कोई काला या पीला आदमी कभी प्रवेश के लिए प्रार्थनापत्र लेकर हाजिर हो जाएगा! नेटाल गोरों के उद्यम से ही बसाया गया था और इसलिए उसमें गोरों की ही प्रधानता होनी चाहिए। अगर काले भी प्रवेश करने लगेंगे तो भला गोरों का वर्चस्व कैसे बना रह पाएगा। इससे उनका सुरक्षा तंत्र कमज़ोर पड़ जाएगा।

इस विरोध के समर्थन के लिए वकील सभा ने एक प्रसिद्ध वकील की सेवाएं ली थीं। इस वकील के साथ भी दादा अब्दुल्ला का संबंध था। उन्होंने मुझे दादा के माध्यम से बुलवाया। उन्होंने मेरे साथ ईमानदारी और सच्चाई के साथ बात की। उन्होंने मेरे अतीत के बारे में पूछा। मैंने बता दिया। मेरी बात सुनकर वे बोले, ''मुझे तो आपके विरुद्ध कुछ कहना नहीं है। मुझे तो बस, इसी बात का डर था कि आप कहीं यहीं जन्मे धूर्त तो नहीं हैं। दूसरी बात ये कि आपके पास मूल प्रमाणपत्र नहीं है। इससे मेरे संदेह को बल मिला। यहां पर ऐसे लोग भी मौजूद हैं जो दूसरों के प्रमाणपत्र का उपयोग कर लेते हैं। आपने गोरों के जो प्रमाणपत्र प्रस्तुत किए हैं, उनका मुझ पर कोई प्रभाव नहीं पड़ा। वे आपको क्या जानें? उनके साथ आपकी पहचान है ही कितनी?''

मैंने उन्हें टोका, ''लेकिन मेरे लिए तो यहां सभी नए हैं। दादा अब्दुल्ला से भी मेरा परिचय यहीं पर हुआ है।''

''ठीक है, लेकिन आप तो कहते हैं कि वे आपके गांव के हैं और आपके पिताजी वहां पर दीवान थे। इस नाते वे आपके खानदान को तो पहचानते ही होंगे। अगर आप उनका शपथ पत्र पेश कर दें तो मुझे कोई आपत्ति नहीं होगी। मैं वकील सभा को लिख दूंगा कि आपका विरोध मुझसे नहीं हो सकेगा।''

मुझे गुस्सा तो आया लेकिन मैं उसे पी गया। मैंने सोचा, अगर मैंने अब्दुल्ला सेठ से लेकर प्रमाणपत्र दिया होता तो उसे ठुकरा दिया जाता और किसी गोरे का प्रमाणपत्र मांगा जाता। इसके अलावा, मेरे जन्म के साथ वकालत की मेरी योग्यता का क्या संबंध हो सकता है! अगर मैं दुष्ट या कंगाल माता-पिता का लड़का होऊं तो मेरी योग्यता जांचते समय मेरे विरुद्ध उसका उपयोग क्यों किया जाए! लेकिन इन सब प्रश्नों को काबू में रख कर मैंने जवाब दिया, ''हालांकि मैं ये बात स्वीकार नहीं करता कि ये सब तथ्य मांगने का वकील सभा को अधिकार है, फिर भी आप जैसा चाहते हैं, मैं वैसा शपथपत्र प्राप्त करने के लिए तैयार हूं।''

अब्दुल्ला सेठ का शपथपत्र तैयार किया और वकील को सौंप दिया। वकील साहब ने संतोष व्यक्त किया। लेकिन वकील सभा की संतुष्टि नहीं हुई। वकील सभा ने मेरे प्रवेश के विरुद्ध अपना विरोध पत्र अदालत में प्रस्तुत किया। न्यायालय ने मिस्टर एस्कम्ब का जवाब सुने बिना ही वकील सभा का विरोध रद्द कर दिया। मुख्य न्यायाधीश ने कहा, ''प्रार्थी के असली प्रमाणपत्र प्रस्तुत न करने के तर्क में कोई दम नहीं है। यदि उसने झूठी शपथ ली होगी तो उस पर उसके लिए झूठी शपथ लेने का फौजदारी मुकदमा चल सकेगा और उसका नाम वकीलों की सूची में से निकाल दिया जाएगा। न्यायालय के कानून में काले-गोरे का भेद नहीं है। मुझे मिस्टर गांधी को वकालत करने से रोकने का अधिकार नहीं है। उनका प्रार्थनापत्र स्वीकार किया जाता है। मिस्टर गांधी, आप शपथ ले सकते हैं।''

मैं उठा। मैंने रजिस्ट्रार के सामने शपथ ली। शपथ लेते ही मुख्य न्यायाधीश ने कहा, ''अब आपको अपनी पगड़ी उतार देनी चाहिए। एक वकील होने के नाते आपको वकीलों से संबंध रखनेवाले पोशाक संबंधी नियम का पालन तो करना ही चाहिए।''

मैं अपनी सीमा समझ गया। डरबन के मजिस्ट्रेट की अदालत में जिस पगड़ी को पहने रखने का आग्रह मैंने रखा था, उसे मैंने यहां छोड़ दिया। पगड़ी उतारने के खिलाफ मेरे

पास तर्क थे लेकिन अभी मुझे बड़ी लड़ाइयां लड़नी थीं। पगड़ी पहने रहने का हठ करके मैं अपनी लड़ने की कला को यहीं समाप्त नहीं करना चाहता था। इससे तो शायद उस पर बट्टा ही लगता।

अब्दुल्ला सेठ और दूसरे मित्रों को मेरी ये नरमी (या कमज़ोरी) अच्छी नहीं लगी। उनका विचार था कि मुझे वकील होने के नाते पगड़ी पहने रहने का आग्रह करना चाहिए था। मैंने उन्हें समझाने का प्रयास किया, जैसा देस वैसा भेस' इस कहावत का मतलब समझाया और कहा, ''हिंदुस्तान में गोरे अफसर या जज पगड़ी उतारने के लिए कहें तो विरोध करने की बात समझ में आती है। नेटाल जैसे देश में और यहां के न्यायालय के एक अधिकारी के नाते न्यायालय के रीति-रिवाजों का ऐसा विरोध करना मुझे शोभा नहीं देता।''

इस और ऐसे ही कुछ तर्कों से मैंने अपने मित्रों को शांत तो किया लेकिन मुझे नहीं लगता कि एक ही चीज़ को अलग-अलग परिस्थितियों में अलग-अलग तरीके से देखने के औचित्य के बारे में मैं उन्हें संतोषजनक तरीके से समझा सका था।

लेकिन मेरे जीवन में तो आग्रह और अनाग्रह कदम से कदम मिलाकर चलते रहे हैं। मैंने बाद में इसका अनुभव कई बार किया कि सत्याग्रह में तो इसके बिना आप चल ही नहीं सकते। समझौते करने की अपनी इस आदत के कारण मेरे प्राण कितनी ही बार संकट में पड़े हैं और मेरे मित्र मुझसे असंतुष्ट हुए हैं। लेकिन सत्य तो वज्र के समान कठोर होता है ना, साथ ही कमल के समान कोमल भी।

वकील सभा के विरोध ने दक्षिण अफ्रीका में मेरे लिए दूसरे विज्ञापन का काम किया। अधिकतर समाचारपत्रों ने मेरे प्रवेश के विरोध की निंदा की और वकीलों पर ईर्ष्या का आरोप लगाया। इस विज्ञापन से मेरा आगे का काम काफी हद तक आसान हो गया।

19. नेटाल इंडियन कांग्रेस

वकालत का काम मेरे लिए गौण था और ये हमेशा गौण ही बना रहा। नेटाल में अपने टिके रहने को सार्थक बनाने के लिए मेरे लिए ये ज़रूरी था कि मैं सार्वजनिक काम में जुट जाता। भारतीय मताधिकार के रोक के कानून पर प्रार्थनापत्र देकर हाथ पर हाथ धरे बैठे रहना ही काफी नहीं था। उपनिवेश मंत्री पर दबाव बनाए रखने के लिए ये ज़रूरी था कि आंदोलन को जारी रखा जाए। इस काम के लिए एक स्थायी संगठन खड़ा करने की ज़रूरत थी। इसके लिए मैंने सेठ अब्दुल्ला और दूसरे मित्रों के साथ सलाह की और हम सबने ये फैसला किया कि स्थायी प्रकृति का एक संगठन बनाया जाए।

संस्था के नामकरण ने मुझे धर्मसंकट में डाल दिया। इस संस्था को किसी भी पार्टी के साथ पक्षपात नहीं करना था। मैं इस बात को जानता था कि पुरानी विचारधारा के लोग कांग्रेस नाम को पसंद नहीं करते थे। लेकिन हिंदुस्तान के प्राण तो कांग्रेस में बसते थे। कांग्रेस की शक्ति बढ़ाने की ही बात थी। उस नाम को छुपाया जाए या उससे संकोच किया जाए, ये दोनों ही बातें कमज़ोरी दर्शाती थीं। इसलिए मैंने अपने तर्क देते हुए संस्था का नाम कांग्रेस ही रखने का सुझाव दिया और इस तरह से सन् 1894 में मई की 22 तारीख को नेटाल इंडियन कांग्रेस का जन्म हुआ।

दादा अब्दुल्ला का ऊपरवाला बड़ा कमरा पूरी तरह से भर गया था। सभी लोगों ने इस संस्था का उत्साहपूर्वक स्वागत किया। संस्था का विधान सीधा-सादा रखा गया था। चंदा ज़रूर ज्यादा था। हर महीने कम से कम पांच शिलिंग देनेवाला व्यक्ति ही इसका सदस्य बन सकता था। यह भी निश्चय किया गया कि धनी व्यापारियों को रिझाकर, बहला-फुसलाकर अधिक धन भी लिया जा सकता है। अब्दुल्ला सेठ से हर महीने दो पौंड लेने तय हुए। दूसरे दो सज्जनों ने भी इतनी ही राशि देना स्वीकार किया। मैंने सोचा कि इस मामले में मुझे तो संकोच करना ही नहीं चाहिए। इसलिए मैंने अपने नाम के आगे हर महीने एक पौंड लिखवाया। ये तय था कि ये रकम मेरे लिए कुछ ज्यादा ही थी। लेकिन मैंने ये भी सोचा कि अगर मेरा खर्च पूरा होता रहा तो मेरे लिए हर महीने एक पौंड निकालना बहुत भारी नहीं पड़ेगा। ईश्वर ने मेरी गाड़ी चला ही दी। एक-एक पौंड देनेवाले सज्जनों की संख्या काफी रही। दस शिलिंग देनेवाले उनसे ज्यादा थे। इसके अलावा ऐसे बहुत से लोग थे जो बेशक सदस्य तो नहीं बने लेकिन अपनी इच्छा से कुछ भी भेंटस्वरूप दे सकते थे।

अनुभव ने हमें सिखाया कि चंदा वसूल करने के लिए भी बार-बार याद दिलाना पड़ता है। डरबन से बाहर रहनेवालों के यहां बार-बार जाकर चंदा वसूल करना संभव नहीं था। शुरुआती दिक्कतों ने सिर उठाना शुरू कर दिया। डरबन में भी कई-कई चक्कर लगाने के बाद ही पैसे मिलते थे। अब मैं था मंत्री सो पैसे उगाहने की जिम्मेवारी भी मेरी ही बनती थी। अब मेरे लिए ये ज़रूरी हो गया कि अपने क्लर्क को दिन-भर इसी काम में उलझाए रहूं। वह बेचारा भी परेशान हो गया। मैंने अनुभव किया कि अगर चंदे की वसूली मासिक के बजाय वार्षिक कर दी जाए तो सबको सुभीता रहेगा। वार्षिक चंदा एडवांस में लेने की बात भी सोची गई। इसके लिए एक सभा बुलाई गई। सभी लोगों ने मेरे सुझाव का स्वागत किया और कम से कम तीन पौंड वार्षिक चंदा लेने के बारे में फैसला हुआ। इससे वसूली का काम बहुत आसान हो गया।

मैंने ये बात शुरू में ही सीख ली थी कि किसी भी काम की शुरुआत कर्ज लेकर तो नहीं ही करनी चाहिए। दूसरे कामों के बारे में बेशक लोगों का विश्वास किया जा सकता है, लेकिन पैसे देने के बारे में किए गए वादे का विश्वास नहीं किया जा सकता। ये बात मैं देख चुका था कि जो रकम लोग लिखवा चुके होते थे, उसे चुकाने के धर्म का पालन वे नियमित रूप से नहीं करते थे। इसमें नेटाल के भारतीय अपवाद नहीं थे। इसलिए नेटाल कांग्रेस ने भी कभी कर्ज लेकर कोई काम नहीं किया।

सदस्य बनाने में साथियों ने असीम उत्साह दर्शाया। उन्हें इस काम में आनंद आता था। अनमोल अनुभव तो होते ही थे। बहुत से लोग ऐसे होते जो खुशी-खुशी अपना नाम लिखवाते और हाथों-हाथ पैसे भी दे जाते। अलबत्ता, दूर-दूर बसे गांवों के मामले में थोड़ी कठिनाई होती। लोग सार्वजनिक काम का अर्थ नहीं समझते थे। कई बार तो ऐसा भी होता कि कई जगह लोग अपने यहां आने का न्यौता भेजते और किसी बड़े व्यापारी के यहां ठहराने की व्यवस्था भी करते।

इस तरह की यात्राओं में से एक में शुरू में ही हमारे सामने एक कठिनाई आ खड़ी हुई। एक व्यापारी से हमें 6 पौंड मिलने की बात थी लेकिन वह तीन पौंड से आगे बढ़कर

ही न दे। उससे अगर हम तीन पौंड लेने पर राजी हो जाते तो आगे हमें दूसरों से ज्यादा रकम न मिल पाती। पड़ाव भी उन्हीं महाशय के घर पर था। हम सबका भूख के मारे बुरा हाल लेकिन जब तक चंदा न मिले, भोजन कैसे करते। हमने इन महाशय को खूब समझाया। लेकिन वे तो हाथ ही न धरने दें। गांव के दूसरे व्यापारियों ने भी उन्हें समझाया। सारी रात बकझक करने में ही बीत गई। गुस्सा तो कई साथियों को आया लेकिन किसी ने भी विनय नहीं छोड़ी। सुबह हो गई तो जनाब पसीजे और 6 पौंड देने पर राजी हुए। हमें भोजन कराया। ये घटना टोंगाट की है। इसका प्रभाव उत्तरी छोर पर सुदूर स्टेंगर तक और भीतरी इलाकों में चार्ल्सटाउन तक पड़ा। इस घटना के बाद से चंदावसूली का हमारा काम आसान हो गया।

लेकिन हमारा उद्देश्य धन जुटाना मात्र ही तो नहीं था। मैं इस बात का मर्म भी जान चुका था कि ज़रूरत से अधिक धन जमा करने का मतलब क्या होता है।

सभा की बैठकें ज़रूरत के अनुसार हफ्ते में या महीने में होती थीं। उसमें पहले तो पिछली बैठक का कार्य विवरण पढ़ा जाता और कई प्रश्नों पर चर्चा होती। चर्चा करने की और कम से कम शब्दों में अपनी बात कहने की आदत तो लोगों को थी नहीं। ये भी था कि लोग खड़े होकर अपनी बात कहने में झिझकते। जब लोगों को सभा के नियम-कायदे समझाए गए तो लोगों ने उनकी कद्र करनी शुरू की। इससे उन्हें ये बात पता चली कि ये सारी चीज़ें उनके फायदे की हैं। जिन लोगों ने कभी सार्वजनिक रूप से अपनी बात कभी कही नहीं थी, वे भी इस तरह के कामों में बोलने और विचार-विमर्श करने लग गए।

मैं इस बात को भी जानता था कि सार्वजनिक कामों में ऐसे छोटे-छोटे बहुत सारे काम निकल आते हैं जिनमें बहुत पैसा खर्च हो जाता है। शुरू-शुरू में तो मैंने यही सोचा था कि रसीदबुक भी न छपवाई जाए। मेरे ऑफिस में साइक्लोस्टाइल मशीन थी। उसी पर रसीदें छपवा लीं। रिपोर्ट भी मैं इसी तरीके से तैयार कर लेता था। जब तिजोरी में काफी धन जमा हो गया, सदस्य भी खूब बन गए, काम बढ़ा तभी रसीदें वगैरह छपवाना शुरू किया। इस तरह की किफायत हर संस्था के लिए ज़रूरी होती है। इसके बाद भी मैं जानता हूं कि इस तरह की सीमाएं सब जगह बांधना संभव नहीं होता। इसलिए मैंने उचित समझा कि छोटी-सी, आकार ग्रहण करती संस्था के शुरुआती विकास काल के ब्यौरे दे दूं।

लोग रसीद की परवाह नहीं करते थे। फिर भी उन्हें आग्रहपूर्वक रसीद दी जाती थी। इस सबके कारण शुरुआती समय से ही पैसे-पैसे का हिसाब-किताब साफ रहा। और मैं मानता हूं कि आज भी नेटाल कांग्रेस के ऑफिस में सन् 1894 के पूरे ब्यारैवाले बहीखाते मिल जाएंगे। किसी भी संस्था के लिए सबसे अधिक सम्मान की बात यह होती है कि उसका हिसाब-किताब साफ रहे। हिसाब-किताब के बिना कोई भी संस्था न तो प्रतिष्ठित रह पाती है और न ही स्वच्छ। शुद्ध हिसाब-किताब के बिना शुद्ध सत्य की रक्षा की ही नहीं जा सकती।

कांग्रेस ने जिस दूसरे काम का बीड़ा उठाया था, वह था उपनिवेशों में जन्मे पढ़े-लिखे हिंदुस्तानियों की सेवा करना। इसके लिए 'कॉलोनियल बॉर्न इंडियन एजुकेशनल एसोसिएशन' की स्थापना की गई। इसमें आम तौर पर नवयुवक ही सदस्य थे। उनके लिए चंदे की दर भी बहुत कम थी। इस संस्था के जरिए उनकी ज़रूरतों का पता चलता था और उनकी

विचार-शक्ति बढ़ती थी। हिंदुस्तानी व्यापारियों के साथ उनके संबंध विकसित होते थे और उन्हें भी समाज की सेवा के अवसर मिलते थे। इस संस्था का स्वरूप वाद-विवाद के मंच जैसा था। नियमित रूप से इसकी बैठकें आयोजित की जातीं। इन बैठकों में नवयुवक नियमित रूप से अलग-अलग विषयों पर भाषण देते और आलेख पढ़ते थे। इसी प्रयोजन को ध्यान में रखकर एक छोटा-सा पुस्तकालय भी स्थापित किया गया था।

कांग्रेस ने जो तीसरा काम हाथ में लिया था वह था बाहर के काम। इसके अंतर्गत दक्षिण अफ्रीका के अंग्रेज़ी समाज के बीच तथा बाहर इंग्लैंड और हिंदुस्तान में नेटाल की वास्तविक स्थिति पर प्रकाश डालने का काम किया जाता था। इस बात को ध्यान में रख कर मैंने दो पुस्तिकाएं लिखीं। पहली किताब थी–दक्षिण अफ्रीका में रहनेवाले अंग्रेजों से अनुरोध। इस पुस्तिका में उदाहरण और प्रमाण देकर बताया गया था कि नेटाल में दरअसल भारतीय जनता किस हालत में रहती है। दूसरी पुस्तिका थी–भारतीय मताधिकार–एक विनती। इस पुस्तिका में भारतीय मताधिकार के इतिहास को आंकड़ों और उदाहरणों सहित बताया गया था। मैंने ये दोनों पुस्तिकाएं बहुत अध्ययन और परिश्रम के बाद लिखी थीं। इनके परिणाम भी वैसे ही सुखद मिले। इनका व्यापक प्रचार-प्रसार किया गया था।

इस काम का लाभ ये हुआ कि दक्षिण अफ्रीका में हिंदुस्तानियों के कई मित्र बन गए। इंग्लैंड और हिंदुस्तान में सभी दलों की तरफ से मदद मिली, काम करने के लिए दिशा मिली और हमारे मिशन ने ठोस आकार पाया।

20. बालासुंदरम

'जाकी रही भावना जैसी प्रभु मूरत तिन देखी वैसी' वाला नियम मैंने अपने बारे में कई बार घटते देखा है। मैं हमेशा जनता की अर्थात गरीबों की सेवा करना चाहता रहा और हमेशा ऐसे संयोग बनते रहे कि गरीबों के साथ मेरा नाता हमेशा ही बनता रहा।

हालांकि नेटाल इंडियन कांग्रेस में वही हिंदुस्तानी शामिल हुए थे जिन्होंने उपनिवेशों में जन्म लिया था, और उसमें क्लर्की वगैरह का काम करनेवालों ने ही प्रवेश लिया था, लेकिन फिर भी मज़दूर, गिरमिटिया समाज के लोग उसमें शामिल नहीं हुए थे। उन्होंने कांग्रेस को अपनाया नहीं था। ये वर्ग ऐसा था जो चंदा जमा करके और उसमें दाखिल होकर कांग्रेस को अपना नहीं सका था। उनके मन में कांग्रेस के प्रति प्रेम तभी तो उपजता जब कांग्रेस उनके लिए कुछ करके दिखाती, उनकी सेवा करती। ऐसा मौका अपने आप ही आ गया और ऐसे समय पर आया जब मैं खुद या कांग्रेस, दोनों ही, शायद ही इसके लिए तैयार थे। मुझे वकालत शुरू किए अभी दो-चार महीने ही हुए थे। कांग्रेस भी अभी अपनी बाल्यावस्था में थी। उन्हीं दिनों साफा हाथ में लिए बालासुंदरम नाम का एक मदरासी रोता-कलपता मेरे सामने आ खड़ा हुआ। उसके कपड़े तार-तार थे और वह थर-थर कांप रहा था। मुंह से उसके खून निकल रहा था और उसके आगे के दो दांत टूटे हुए थे। उसके मालिक ने उसे बुरी तरह से पीट दिया था। मेरा क्लर्क तमिल जानता था। उसके माध्यम से मैंने पूरी स्थिति जानी। बालासुंदरम डरबन के एक नामी गोरे आदमी के यहां नौकरी करता था। उसका मालिक किसी कारण से उस पर गुस्सा हुआ होगा। उसने

अपने होश गंवाकर बालासुंदरम की जमकर पिटाई कर दी। नतीजा ये हुआ कि बालासुंदरम के दो दांत टूट गए।

मैंने उसे डॉक्टर के पास भेजा। उस दिनों सिर्फ गोरे डॉक्टर ही हुआ करते थे। मुझे चोट के सिलसिले में डॉक्टरी प्रमाणपत्र की ज़रूरत थी। प्रमाणपत्र लेकर मैं बालासुंदरम को मजिस्ट्रेट के पास लेकर गया। वहां पर बालासुंदरम का शपथपत्र पेश किया। उसे पढ़कर मजिस्ट्रेट गोरे मालिक पर बहुत गुस्सा हुआ। मजिस्ट्रेट ने मालिक के नाम समन जारी करने का हुक्म दे डाला।

मेरी नीयत मालिक को सज़ा दिलाने की तो थी नहीं। मैं तो बालासुंदरम को उसके शिकंजे से छुड़वाना चाहता था। मैंने गिरमिटिया लोगों से संबंधित सभी कानूनों का अध्ययन किया। यदि कोई साधारण नौकर अपनी नौकरी छोड़ता तो मालिक उसके खिलाफ दीवानी मुकदमा तो कर सकता था लेकिन उस पर फौजदारी मुकदमा नहीं चलाया जा सकता था। गिरमिट में और साधारण नौकर की हैसियत में बहुत फर्क था। लेकिन जो सबसे बड़ा फर्क था, वो ये था कि अगर गिरमिटिया मालिक को छोड़ दे तो उसे फौजदारी गुनाह माना जाता था और उसके लिए कैद की सज़ा भी हो सकती थी। इसीलिए सर विलियम विल्सन हंटर ने इस स्थिति को लगभग गुलाम की स्थिति के बराबर माना था। गुलाम की ही तरह गिरमिटिया को भी मालिक की सम्पत्ति ही माना जाता था।

बालासुंदरम को उसके मालिक के शिकंजे से छुड़वाने के दो ही तरीके थे। पहला तरीका तो ये था कि गिरमिट लोगों के लिए जो अधिकारी तैनात किया जाता था और जिसे एक तरह से गिरमिटिया लोगों का रक्षक माना जाता था, अगर बालासुंदरम का गिरमिट ही रद्द कर दे या दूसरे के नाम लिखवा दे और दूसरा उपाय ये था कि उसका मालिक खुद ही उसे त्यागने को तैयार हो जाए। मैं बालासुंदरम के मालिक से मिला। उससे कहा मैंने, "मैं आपको कोई सज़ा नहीं दिलाना चाहता लेकिन ये बात तो आप जानते ही हैं कि इस आदमी को सख्त मार पड़ी है। अगर आप इसका गिरमिट दूसरे आदमी के नाम पर लिखवाने के लिए तैयार हो जाएं तो मेरी संतुष्टि हो जाएगी।" मालिक भी यही चाहता था। इसके बाद मैं रक्षक अधिकारी से मिला। उसने भी उसके लिए अपनी सहमति देना स्वीकार कर लिया। लेकिन उसने एक शर्त जोड़ दी कि मैं बालासुंदरम के लिए नया मालिक खोजकर दूँ। अब मुझे नए अंग्रेज़ मालिक की खोज करनी थी। हिंदुस्तानियों को गिरमिटिया मज़दूर रखने की अनुमति नहीं थी। तब तक मेरा परिचय कुछेक अंग्रेज़ों से ही था। मैं उनमें से एक से मिला। उसने मुझ पर मेहरबानी करके बालासुंदरम को अपने पास रखना स्वीकार कर लिया। मैंने उसकी कृपा को आभारपूर्वक स्वीकार कर लिया। मजिस्ट्रेट ने मालिक को दोषी ठहराकर यह लिख दिया कि वह बालासुंदरम का गिरमिट दूसरे मालिक के नाम लिखा जाना स्वीकार करता है।

बालासुंदरम के मामले की बात गिरमिटिया समाज में हर तरफ फैल गई और मुझे उनका भाईबिरादर मान लिया गया। मुझे अच्छा लगा। मेरे ऑफिस में आनेवाले गिरमिटिया लोगों की संख्या बहुत बढ़ गई और इससे मुझे उनके सुख-दुख जानने में बहुत सुविधा हो गई।

बालासुंदरम के मामले की गूंज सुदूर मद्रास तक जा पहुंची। उस प्रदेश के जिन-जिन इलाकों से लोग नेटाल के गिरमिट में आते, गिरमिटिया लोगों से उन्हें पूरी खबर मिल

जाती। वैसे यह मामला इतना महत्त्वपूर्ण नहीं था, बस, लोगों को यह जानकर सुख मिलता और आश्चर्य होता कि उनके लिए सार्वजनिक रूप से काम करनेवाला कोई व्यक्ति आ गया है। ये बात उन्हें आश्वस्त करती थी।

मैं यह बात ऊपर बता ही चुका हूं कि बालासुंदरम अपना साफा हाथ में लेकर मेरे ऑफिस में आया था। इस घटना में बहुत करुणा का अंश है। बेइज़्ज़ती जो जुड़ी ही हुई है। पगड़ी उतारने का मेरा किस्सा तो आप जान ही चुके हैं। गिरमिटिया लोग और दूसरे अनजान हिंदुस्तानी जब किसी गोरे के घर के भीतर जाते तो उसके सम्मान के प्रतीक के रूप में पगड़ी उतार लिया करते थे। ये बंधी हुई पगड़ी हो, या टोपी हो या लपेटा हुआ साफा ही क्यों न हो। दोनों हाथों से सलाम करना ही काफी नहीं माना जाता था। बालासुंदरम ने भी यही सोचा था कि मेरे सामने भी इसी तरह से आना चाहिए। मेरे सामने बालासुंदरम का इस तरह से आना मेरे लिए पहला अनुभव था। मुझे शरम आई। मैंने बालासुंदरम को साफा बांध लेने के लिए कहा। उसने बहुत संकोच के साथ साफा बांधा था। लेकिन ऐसा करने पर उसे जो खुशी मिली होगी, मुझसे छुपी न रह सकी।

मैं आज तक इस पहेली को हल नहीं कर पाया हूं कि दूसरों को अपमानित करके लोग अपने-आपको सम्मानित कैसे समझ लेते हैं।

21. तीन पौंड का टैक्स

बालासुंदरम के मामले ने मेरा संबंध हिंदुस्तानी गिरमिटिया समाज से जोड़ दिया। लेकिन उन पर टैक्स लगाने का जो आंदोलन चला, इसका नतीजा ये हुआ कि मुझे उनकी स्थिति का गहराई से अध्ययन करना पड़ा।

उसी बरस, 1894 में नेटाल सरकार ने एक ऐसे कानून का ड्राफ्ट तैयार किया जिसके अनुसार प्रत्येक हिंदुस्तानी गिरमिटिया को सालाना 25 पौंड यानी लगभग 375 रुपये का टैक्स चुकाना पड़ता। इस प्रारूप को पढ़कर तो जैसे मैं हतप्रभ ही रह गया। इसे मैंने स्थानीय कांग्रेस के सामने रखा। कांग्रेस में ये प्रस्ताव पास किया गया कि इस मामले में जो भी कार्रवाई करने या आंदोलन करने की ज़रूरत पड़ेगी, किया जाएगा।

इसे समझने के लिए हमें इतिहास में थोड़ा-सा पीछे जाना होगा।

1860 में जब नेटाल में बसे हुए गोरों ने देखा कि वहां पर गन्ने की खूब अच्छी फसल हो सकती है तो उन्होंने इसके लिए मज़दूरों की तलाश शुरू की। अगर मज़दूर न मिलते तो न तो गन्ना उगाया जा सकता था और न ही चीनी ही बनाई जा सकती थी। ये सब कर पाना नेटाल के जुलु, हब्शी मज़दूरों के बस में नहीं था। इसलिए नेटालवासी गोरों ने भारत सरकार के साथ सलाह-मशविरा करके हिंदुस्तानी मज़दूरों को नेटाल में लाने की अनुमति ले ली थी। उन्हें ये लालच दिया गया था कि वे पांच बरस तक मज़दूरी करेंगे और उसके बाद उन्हें ये छूट मिल जाएगी कि वे नेटाल में स्वतंत्र रूप से रह सकेंगे। उन्हें ज़मीन का पूरा मालिक बनने के अधिकार की बात भी की गई थी। उस समय गोरों के मन में तो यही था कि हिंदुस्तानी मज़दूर अपने पांच बरस पूरे करने के बाद ज़मीन भी जोतें और अपनी मेहनत का लाभ नेटाल को ही दें।

हिंदुस्तानी मज़दूरों ने आशा से कहीं अधिक काम करके दिखाया। खूब सब्जियां उगाईं। फूल उगाए। हिंदुस्तान की कई तरह की उत्तम तरकारियों की खेती की। जो साग-सब्जियां पहले से होती थीं, उनके दाम कम कर दिए। हिंदुस्तान से आम लाकर उगाए। लेकिन इसके साथ ही उन्होंने इनका व्यापार करना भी शुरू कर दिया। घर बनाने के लिए ज़मीनें खरीद लीं और कई मज़दूर ऐसे भी निकले जो अब मज़दूर न रहकर अच्छे ज़मींदार और मकान-मालिक बन गए। मज़दूरों में ये मकान-मालिक और ज़मींदार बननेवालों की देखादेखी कुछ स्वतंत्र व्यापारी भी उनके पीछे-पीछे चले आए। उनमें सबसे पहले पहुंचने वालों में से स्वर्गीय सेठ अबूबकर आमद थे। उन्होंने वहां पर अपना काम-धंधा खूब जमाया। अब बारी गोरे व्यापारियों के चौंकने की थी। जब उन्होंने पहले-पहल हिंदुस्तानी मज़दूरों का स्वागत किया था तो उन्हें इस बात का अंदाजा नहीं था कि उनके भीतर इतनी व्यापार शक्ति भी छुपी हुई है। गोरों को हिंदुस्तानी मज़दूरों के इस हद तक जाने में कोई आपत्ति नहीं थी कि वे स्वतंत्र किसान बने रहें लेकिन उस वक्त गोरों का परेशान होना स्वाभाविक ही था जब हिंदुस्तानी मज़दूर व्यापारी बनकर उनकी ही प्रतिस्पर्धा में खड़े होने लगे।

हिंदुस्तानियों के विरोध के बीज इसी तथ्य में छुपे हुए थे। अब इसी मामले में एक और मामला आ जुड़ा। हमारा अलग तरह का रहन-सहन, हमारी सादगी, कम लाभ पाकर ही संतुष्ट रह जाना, स्वच्छता और बीमारी के बारे में जानकारी के प्रति लापरवाही, घर-आंगन को साफ-सुथरा रखने में हमारा आलसी होना, घर-बार की मरम्मत में कंजूसी, हम सबके अलग-अलग धर्म, इन सारी बातों ने आग में घी का काम किया। इन बातों से विरोध और भड़का।

ये विरोध इस रूप में सामने आया कि हिंदुस्तानी मज़दूरों को मत देने का जो अधिकार मिला हुआ था, उसे छीन लिया गया और गिरमिटिया लोगों पर टैक्स लगाने का कानून बनाने की बात शुरू की गई। वैसे भी कानून से बाहर हिंदुस्तानियों को कई तरह से सताने की घटनाएं शुरू हो ही चुकी थीं।

पहला सुझाव तो यही सामने आ रहा था कि गिरमिट पूरा होने के कुछ दिन पहले ही हिंदुस्तानियों को जबरदस्ती वापिस हिंदुस्तान भेज दिया जाए। इस तरह से ये होता कि उनके करार की मियाद हिंदुस्तान में पूरी होती। लेकिन इस शर्त को हिंदुस्तानी सरकार मानने से इनकार कर सकती थी। इसलिए विकल्प के रूप में ये सुझाव दिए गए–

- मज़दूरी का करार पूरा होने पर गिरमिटिया वापिस हिंदुस्तान जाए, या
- हर दूसरे बरस नया गिरमिट लिखवाया जाएगा और ऐसी स्थिति में उसके वेतन में थोड़ी-सी वृद्धि कर दी जाए।
- अगर वह वापिस नहीं जाएगा और मजूदरी का नया करार भी नहीं करेगा तो वह प्रतिवर्ष 25 पौंड का टैक्स भरे।

इन सुझावों को स्वीकार कराने के लिए सर हेनरी बीन्स और मिस्टर मेमन को लेते हुए एक प्रतिनिधिमंडल हिंदुस्तान भेजा गया। उस वक्त लॉर्ड एलविन वायसराय थे। उन्होंने 25 पौंड के टैक्स की बात तो नहीं मानी अलबत्ता, हर हिंदुस्तानी से तीन पौंड का टैक्स लेने की मंजूरी दे दी। मुझे उस समय लगता था और अब भी लगता है कि ये

वायसराय की गंभीर भूल थी। उनके निर्णय में हिंदुस्तान के हित का ज़रा-सा भी खयाल नहीं किया गया था। नेटाल के गोरों के लिए ऐसी सुविधा जुटाना उनके धर्म में कहीं नहीं आता था। तीन-चार वर्ष के बाद ये टैक्स हर ऐसे (गिरमिट मुक्त) हिंदुस्तानी की पत्नी से और उसके 16 बरस से बड़े हर लड़के से और 13 बरस या उससे बड़ी उमर की हर लड़की से भी लेने का फैसला थोप दिया गया। इस तरह से पति-पत्नी और दो बच्चोंवाले परिवार से, जिसमें पति को अधिक से अधिक 14 शिलिंग प्रतिमास ही मिलते हों, 12 पौंड अर्थात 180 रुपये का टैक्स लेना भारी जुल्म ही माना जाएगा। दुनिया में इस तरह से गरीब लोगों से ऐसा भारी टैक्स लेने की मिसाल नहीं थी।

इस टैक्स के खिलाफ बड़ी लड़ाई छेड़ी गई। यदि नेटाल इंडियन कांग्रेस की तरफ से आवाज़ न उठायी जाती तो शायद वायसराय 25 पौंड का टैक्स मंजूर भी कर लेते। इस बात को भी माना जा सकता है कि इस टैक्स को 25 पौंड से कम करवाकर 3 पौंड पर लाना भी कांग्रेस के आंदोलन का ही प्रताप हो। लेकिन ये मेरी सोच की भूल भी हो सकती है। ये भी तो हो सकता है कि हिंदुस्तानी सरकार ने शुरू से ही 25 पौंड के टैक्स के प्रस्ताव को नामंजूर कर दिया हो। ये भी हो सकता है कि कांग्रेस विरोध करती या नहीं; वह तीन पौंड का टैक्स ही स्वीकार करती। तीन पौंड का टैक्स स्वीकार करने पर भी हिंदुस्तानी सरकार के हित प्रभावित होते ही थे। हिंदुस्तान के हितों के रक्षक के रूप में तैनात वायसराय को ऐसा अमानवीय टैक्स कभी स्वीकार नहीं करना चाहिए था।

अब टैक्स को 25 पौंड से तीन पौंड करवा लेने का यश भला कांग्रेस क्या ही लेती। कांग्रेस को तो यही मलाल रहा कि वह गिरमिटिया समाज के हितों की पूरी तरह से रक्षा नहीं कर सकी। लेकिन कांग्रेस ने अपने इस लक्ष्य को कभी भी नज़रों से ओझल नहीं होने दिया कि उसे एक दिन तीन पौंड का ये टैक्स हटवाकर ही दम लेना है। लेकिन इस निश्चय को पूरा करने में पूरे बीस बरस खप गए। इस युद्ध में नेटाल के ही नहीं, बल्कि समूचे दक्षिण अफ्रीका के हिंदुस्तानियों को शामिल होना पड़ा। इस महत्त्वपूर्ण लड़ाई में कई हिंदुस्तानी गोलियां खाकर शहीद भी हुए। दस हज़ार से अधिक हिंदुस्तानियों को जेल की चक्की पीसनी पड़ी।

लेकिन अंतिम जीत सत्य की ही हुई। हिंदुस्तानियों की तपस्या रंग लाई और सत्य के प्रति सबकी आस्था और बढ़ी। इस लड़ाई को लड़ने के लिए सबकी अटल श्रद्धा की, अटूट धैर्य की और निरंतर जूझते रहने की ज़रूरत थी। यदि हमारी कौम हारकर बैठ जाती, हाथ पर हाथ धरकर हार मान लेती, और कांग्रेस भी लड़ाई लड़ने के अपने मकसद से पीछे हट जाती, टैक्स को अनिवार्य मानते हुए सरकार के आगे झुक जाती तो इसके कलंक से न तो स्थानीय हिंदुस्तान बच पाता, बल्कि पूरे हिंदुस्तान के माथे पर कलंक की ये बिंदी लगी रह जाती।

22. धर्मों का तुलनात्मक अध्ययन

इस तरह से मैं हिंदुस्तानी समाज की सेवा के रंग में रंग गया था। इसके पीछे यही अभिलाषा काम कर रही थी कि मैं आत्मदर्शन कर सकूं। मैंने जन-जन की सेवा का बीड़ा

इसीलिए उठाया था कि मैं मानता था कि ईश्वर का साक्षात्कार सेवा में ही होगा। मैं हिंदुस्तान की सेवा करता था क्योंकि ये सेवा मुझे सहज ही मिल गई थी। मेरी अपनी इच्छा भी सेवा करने की ही थी। मुझे सेवा कर्म कहीं खोजने नहीं जाना पड़ा था। मैं तो यात्रा करने, काठियावाड़ के षड्यंत्रों से बचने और आजीविका कमाने की नीयत से दक्षिण अफ्रीका आया था। लेकिन मेरी यात्रा ईश्वर की खोज की दिशा में और आत्मदर्शन की दिशा में मुड़ गई।

इस खोज में ईसाई मित्रों ने ज्ञान की मेरी भूख और बढ़ा दी। अब यह किसी भी तरह शांत होनेवाली नहीं थी। मैं शांत होना भी चाहता तो ईसाई बंधु-बांधव उसे शांत न होने देते, डरबन में मिस्टर स्पैंसर वॉल्टन ने, जो उस समय दक्षिण अफ्रीका के मिशन के प्रधान थे, मुझे खोज निकाला था। मैं उनके परिवार में एक सदस्य-सा बन गया था। इस संबंध के मूल में प्रिटोरिया में हुआ एक सम्मेलन था। मिस्टर वॉल्टन की जीवन शैली कुछ अलग ही तरह की थी। मुझे ये तो याद नहीं कि उन्होंने मेरे सामने ईसाई बनने का प्रस्ताव रखा था या नहीं, लेकिन उन्होंने अपना जीवन मेरे सामने खोलकर रख दिया था। अपनी आदतों, अपनी पसंद और नापसंद और कार्यों के संसार में मुझे झांकने दिया था। उनकी पत्नी बहुत विनम्र लेकिन तेजस्विनी महिला थीं। मुझे इस दम्पत्ति की जीवन शैली अच्छी लगती थी। हम दोनों ही इस बात को जानते थे कि हमारे बीच कुछ मौलिक मतभेद हैं। ये मतभेद ऐसे नहीं थे जो आपसी चर्चा से मिटाए जा सकते। संबंधों में जहां उदारता होती है, सहिष्णुता होती है, और सत्य का अंश होता है, वहां मतभेदों का होना भी स्वाभाविक ही होता है। मुझे इस दम्पत्ति की विनम्रता, उद्यमशीलता और कर्तव्य-परायणता अच्छे लगते थे। हम बीच-बीच में आपस में मिलते रहते।

इस संबंध ने मुझे जागृत रखा। धार्मिक किताबों के अध्ययन के लिए मुझे जितनी फुर्सत प्रिटोरिया में मिल गई थी, अब असंभव थी। लेकिन जो भी थोड़ा बहुत समय बचता, उसका उपयोग मैं अध्ययन के लिए ही करता था। पत्र-व्यवहार मैं करता ही रहता था। रायचंद भाई मेरा मार्गदर्शन कर ही रहे थे। किसी मित्र ने नर्मदा शंकर की किताब 'धर्म विचार' मेरे पास भेजी। किताब की प्रस्तावना मेरे बहुत काम आई। मैंने नर्मदा शंकर के विलासी जीवन की बातें सुनी थीं। किताब की प्रस्तावना में उन्होंने अपने जीवन में आए परिवर्तनों के बारे में लिखा था। इसने मुझे आकर्षित किया और इस कारण से किताब के प्रति मेरे मन में आदर-भाव उत्पन्न हुआ। मैं पूरी किताब ध्यानपूर्वक पढ़ गया। मैंने मैक्समूलर की किताब 'हिंदुस्तान क्या सिखाता है?' बहुत रुचि के साथ पढ़ी। थियोसोफिकल सोसाइटी द्वारा प्रकाशित उपनिषदों का भाषांतर मैं पढ़ गया। इसे पढ़कर हिंदू धर्म के प्रति मेरा आदर और बढ़ गया। उसकी विशेषताएं मुझे समझ में आने लगीं। लेकिन इससे दूसरे धर्मों के प्रति मेरे मन में आदर में कोई कमी नहीं आई। मैंने वाशिंगटन इर्विंग द्वारा तैयार किया गया मुहम्मद का चरित्र और कार्लाइल द्वारा रचित मुहम्मद स्तुति भी पढ़ी। मुहम्मद पैगम्बर के प्रति मेरा सम्मान और बढ़ा। मैंने 'जरथुस्त के वचन' नाम की किताब भी पढ़ी।

इस तरह से मैंने अलग-अलग धर्मों का थोड़ा-थोड़ा ज्ञान प्राप्त किया। आत्मनिरीक्षण की मेरी क्षमता बढ़ी। जो पढ़ता था और जो अच्छा लगता था, उसे अपने आचरण में ढालने की आदत पड़ी। इस तरह से मैंने हिंदू धर्म में दी गई प्राणायाम संबंधी कुछ क्रियाएं

करनी शुरू कीं। ये मैं यथासंभव किताबें पढ़कर ही किया करता था। लेकिन ये सब मैं साध नहीं पाया। मैं इनमें आगे नहीं बढ़ पाया। मैंने सोचा था कि हिंदुस्तान वापिस जाने के बाद मैं किसी शिक्षक की देखरेख में इनका अभ्यास किया करूंगा। लेकिन ये विचार, विचार ही रहा और कभी पूरा न हो सका।

मैं अब टॉलस्ताय की किताबों को अधिक समय देने लगा। उनकी 'गॉस्पेल्स इन ब्रीफ', 'व्हॉट टू डू' इत्यादि किताबों ने मुझ पर गहरा असर डाला। इन किताबों से मैं ये बात अच्छी तरह से समझ सका कि विश्व प्रेम मनुष्य को किस ऊंचाई तक ले जा सकता है।

इन्हीं दिनों एक और ईसाई परिवार से मेरे संबंध बने। उनकी इच्छा का मान करते हुए मैं हर रविवार उनके साथ वेस्लियन गिरजाघर जाया करता था। अक्सर ऐसा भी होता कि रविवार की शाम मुझे भोजन करने के लिए उनके घर पर ही रुक जाना पड़ता। वेस्लियन गिरजे का मुझ पर अच्छा असर नहीं पड़ा। वहां होनेवाले प्रवचन मुझे शुष्क प्रतीत होते। वहां जो लोग आते थे, वे भी भक्ति-भाव से शून्य ही लगते। ग्यारह बजे के इस समाज को देखकर हमेशा ऐसा लगता कि ये लोग भक्ति करने तो नहीं ही आए हैं बल्कि थोड़ा-सा दिलबहलाव के लिए और थोड़ा रिवाजों की पूर्ति के लिए ये सांसारिक जीव इकट्ठे होते हैं। कभी-कभी ऐसा भी होता कि मुझे नींद के झोंके आने लगते। मुझे बहुत शरम आती। लेकिन जब मैं देखता कि नींद के झोंके लेनेवाला मैं अकेला नहीं, बल्कि कई दूसरे लोग भी हैं तो मेरी शरम कुछ कम होती। लेकिन अपनी यह हालत मुझे खराब तो लगती ही थी। आखिर मैंने गिरजे में जाना ही बंद कर दिया।

अब ये बात भी हुई कि मैं रविवार के दिन जिस ईसाई परिवार के घर पर जाया करता था, वहां जाने से भी मुझे मुक्ति मिल गई। घर की जो मालकिन थी, वह बेशक भली और भोली थी लेकिन संकीर्ण मानसिकता की थी। हर बार उनके साथ कुछ न कुछ धर्म संबंधी चर्चा तो होती ही रहती थी। उन दिनों मैं घर पर 'लाइट ऑफ एशिया' पढ़ रहा था। एक दिन बातों ही बातों में हम यीशू मसीह और बुद्ध के जीवन की तुलना करने लग गए। मैंने कहा, "आप गौतम में दया भाव देखिए। ये दया असीम थी और मनुष्य जाति की सीमाओं को लांघकर प्राणिमात्र तक पहुंच गई थी। जब आप उनके कंधे पर खेलते हुए मेमने का चित्र देखते हैं तो क्या आपके हृदय में प्रेम हिलोर नहीं लेने लग जाता! मैं प्राणिमात्र के प्रति ऐसा प्रेम यीशू मसीह के चरित्र में नहीं देख पाता।"

इन महोदया का दिल दुखा। मैं इस बात को समझ गया। मैंने अपनी बात को आगे नहीं बढ़ाया। हम खाने के कमरे में पहुंचे। उनका पांच बरस का हंसमुख बच्चा भी हमारे साथ था। मुझे बच्चे मिल जाएं तो भला मुझे और क्या चाहिए। मैं उसके साथ दोस्ती कर ही चुका था। मैंने उसकी थाली में रखे मांस के टुकड़े का मज़ाक उड़ाया और अपनी थाली में रखे सेब की तारीफ कर दी। बेचारा निर्दोष बच्चा झांसे में आ गया और सेब की तारीफ में शामिल हो गया। लेकिन मां? उस बेचारी को तो दुख ही होना था।

मैं सतर्क हुआ। चुप्पी साध गया। फिर मैंने बातचीत का विषय ही बदल दिया।

अगले हफ्ते मैं सावधान होकर उनके घर तो गया लेकिन जैसे मेरे पैरों में बेड़ियां पड़ गई हों। मुझे ये सूझा ही नहीं कि मैं खुद ही उनके घर जाना बंद कर दूं और ऐसा करना उचित भी नहीं लगा। लेकिन उस भली महिला ने मुझे मुश्किल से उबार लिया।

"मिस्टर गांधी, आप इस बात का बुरा नहीं मानेंगे लेकिन मुझे ये कहना ही होगा कि मेरे बच्चे पर आपकी संगत का बुरा असर पड़ रहा है। अब वह रोज ही मांस खाने में आनाकानी करता है। वह आपसे हुई चर्चा के बहकावे में आकर फल मांगता है। ये मुझसे नहीं निभ पाएगा। मेरा बच्चा मांसाहार छोड़ने से बेशक बीमार न पड़े, कमज़ोर तो वह हो ही जाएगा। मैं ये सब सहन नहीं कर पाऊंगी। आपकी बातें हम सयानों के बीच तो शोभा दे सकती हैं, लेकिन बच्चों पर तो उसका बुरा असर ही पड़ेगा।"

"मैडम, मुझे इस बात का दुख है। आप मां हैं और इस नाते मैं आपका दुख समझ सकता हूं। मेरे भी बच्चे हैं। आपकी इस आपत्ति का हल बहुत आसान है। मेरे बोलने का जो असर बच्चे पर होता है उससे अधिक असर उस पर इस बात का देखने का होता है कि मैं क्या खाता हूं और क्या नहीं खाता। इसलिए सबसे अच्छा उपाय तो यही है कि अगले रविवार से मैं आपके घर ही न आऊं। इससे हमारी मित्रता पर कोई आंच नहीं आएगी।"

उस भद्र महिला ने प्रसन्न होकर कहा, "मैं आपका आभार मानती हूं।"

23. घर-बार की व्यवस्था

मैं बंबई में और विलायत में घर-बार बसा चुका था लेकिन वहां पर और नेटाल में घर बसाने में फर्क था। नेटाल में मेरे कई खर्च तो सिर्फ प्रतिष्ठा बनाए रखने के लिए ही होते थे। मैं ये मानकर चल रहा था कि बैरिस्टर होने के नाते और हिंदुस्तानियों का प्रतिनिधि होने के नाते मुझे ठाठ-बाट से रहना चाहिए। इसलिए मैंने एक अच्छे से इलाके में बढ़िया-सा घर ले रखा था। खाना बेशक सादा रहता था। लेकिन मेरे घर पर अंग्रेज़ों और हिंदुस्तानी मेहमानों का आना-जाना लगा रहता था इसलिए घर का खर्च हमेशा ज्यादा ही हो जाता।

घर में नौकर की कमी तो अब सब जगह खलती ही थी। किसी को नौकर की तरह रखना मुझे कभी आया ही नहीं।

मेरे साथ मेरा एक साथी रहता था। एक रसोइया भी रखा हुआ था। वह परिवार के सदस्य की तरह हो गया था। ऑफिस में जो क्लर्क रखे हुए थे, उनमें से भी जिन्हें अपने घर पर रखा जा सकता था, मैंने ठहरा रखा था। मैं ये मानता हूं कि मेरा ये प्रयोग ठीक-ठाक चल रहा था। लेकिन इसमें भी मुझे कटु सांसारिक अनुभव हुए।

मेरे साथ जो व्यक्ति रहता था, वह बहुत ही तेज था और मेरे विचार से मेरे प्रति वफादार भी था। लेकिन उसे पहचानने में मुझसे भूल हो गई। ऑफिस के एक क्लर्क को मैंने घर पर ठहराया हुआ था। मेरे इस साथी को क्लर्क के साथ ईर्ष्या होने लगी। इस महाशय ने ऐसा जाल बुना कि मैं क्लर्क पर शक करने लगा। ये क्लर्क बेचारा बहुत ही स्वतंत्र स्वभाव का था। उसने घर और ऑफिस, दोनों ही छोड़ दिए। मुझे दुख हुआ। कहीं उसके साथ अन्याय तो नहीं हो गया है! ये बात मुझे कुरेदने लगी।

इस बीच, जिस रसोइये को मैंने रखा हुआ था, उसे किसी कारण से कहीं और जाना पड़ा। उसे मैंने अपने एक मित्र की देखभाल के लिए रखवाया था। उसकी जगह एक दूसरे रसोइये को रखा। बाद में मुझे इस नए आदमी के बारे में पता चला कि ये तो बहुत चलता पुर्जा किस्म का आदमी था। लेकिन मेरे सामने वह देवदूत बनकर आया था।

इस रसोइये को आए अभी दो-तीन दिन ही हुए होंगे। इस बीच उसने मेरे घर पर मेरी जानकारी के बिना चल रहे अनाचार को देख लिया। उसने मुझे चेताने का फैसला किया। लोगबाग ये मानकर चलते थे कि मैं सब पर विश्वास कर लेता हूं और कुल मिलाकर भला आदमी हूं। इसलिए जब इस रसोइये ने मेरे ही घर पर कुकर्म होते देखा तो उसे ये असहनीय प्रतीत हुआ।

मैं दोपहर के भोजन के लिए ऑफिस से एक बजे घर आया करता था। उस दिन बारह बजे का समय रहा होगा। इतने में वह रसोइया हांफता-हांफता आया और मुझसे कहने लगा, ''आपको कुछ देखना हो तो इसी पल मेरे साथ चलिए।''

मैंने कहा, ''इस बात का क्या मतलब? बताओ तो सही कि तुम मुझसे क्या कहना चाहते हो और इस समय मुझे घर पर चलकर क्या देखना है?''

रसोइया बोला, ''आप नहीं चलेंगे तो पछताएंगे। इससे अधिक मैं आपको कुछ नहीं बता सकता।''

उसकी दृढ़ता से मैं प्रभावित हुआ। मैं अपने क्लर्क को साथ लेकर घर की तरफ चला। रसोइया आगे-आगे चला।

घर पहुंचने पर वह मुझे दूसरी मंजिल पर ले गया। जिस कमरे में वह साथी रहता था, उसे दिखाकर बोला, ''इस कमरे को खोलकर देखिए।''

अब मैं समझ गया। मैंने कमरे का दरवाजा खटखटाया।

जवाब कैसे मिलता! मैंने बहुत ज़ोर से दरवाजा दोबारा खटखटाया। दीवारें कांप उठीं। दरवाजा खुला। मैंने अंदर एक बदचलन औरत को देखा। मैंने उससे कहा, ''बहन, तुम तो यहां से चली ही जाओ। अब फिर कभी इस घर में पैर मत रखना।''

उस साथी से कहा, ''आज से तुम्हारा-मेरा संबंध खत्म होता है। मैं खूब ठगा गया हूं और मूर्ख बना हूं। मुझे अपने विश्वास का ये सिला तो नहीं मिलना चाहिए था!''

वह बिगड़ने लगा। उसने मेरी पोल खोलने की धमकी दी।

''मेरे पास कुछ भी छुपा हुआ नहीं है। मैंने जो कुछ किया है, उसे तुम खुशी-खुशी प्रकट करो। लेकिन तुम्हारे साथ तो मेरे संबंध आज से खत्म ही हुए।''

वह व्यक्ति और गरम होने लगा। मैंने नीचे खड़े क्लर्क से कहा, ''तुम जाओ। पुलिस सुपरिंटेंडेंट से मेरा सलाम कहना और उसे बताना कि मेरे एक साथी ने मुझे धोखा दिया है। मैं उसे अब अपने घर में नहीं रखना चाहता। फिर भी वह निकलने से इनकार करता है। मेहरबानी करके मेरी मदद कीजिए।''

अपराध में दीनता होती है। मेरे इतना कहने से वह ढीला पड़ा। माफी मांगने लगा। सुपरिंटेंडेंट से यहां आदमी न भेजने के लिए गिड़गिड़ाने लगा और तुरंत घर छोड़कर जाने के लिए राज़ी हो गया। उसने घर छोड़ दिया।

इस घटना ने मुझे अपने जीवन में सही समय पर सचेत कर दिया। इस बात को मैं इस घटना के बाद ही स्पष्ट तौर पर देख पाया कि ये व्यक्ति मेरे लिए मोह रूप में था और अनिष्टकारी था। इस साथी को अपने पास रखना मेरे लिए अच्छे काम के लिए बुरे साधन को अपनाने जैसा हुआ। मैंने बबूल बोकर उसमें आम लगने की आशा की थी। उस व्यक्ति का चालचलन ठीक नहीं था फिर भी मैं ये मानकर चल रहा था कि वह मेरे प्रति वफादार

है। उसे सुधारने के प्रयास में मैं खुद एक तरह से गंदगी में लिथड़ गया था। मैंने अपने हितैषियों की सलाह की अनदेखी की थी। मोह ने मुझे अंधा और डरपोक बना दिया था।

यदि इस दुर्घटना से मेरी आंख न खुली होती, मुझे सत्य का पता न चलता तो बहुत संभव है कि मैं इस मामले में जिस तरह से निःसंग रह सका, वैसा होने में मैं कभी समर्थ न हो पाता। मेरी प्रगति अधूरी ही रहती क्योंकि वह व्यक्ति मेरी प्रगति में आड़े आता। वह मेरा कितना ही कीमती समय ले जाता। उस व्यक्ति में इतनी शक्ति थी कि मुझे अंधकार में रखे रहता और गलत रास्ते पर ले जाता रहता।

लेकिन जिसका रखवाला स्वयं राम हो, उसे भला कौन नुक़सान पहुंचा सकता है। मेरी निष्ठा शुद्ध थी इसलिए अपनी गलतियों के बावजूद मैं बच गया और अपने ही अनुभव में मैं सावधान हो गया।

उस रसोइये को शायद भगवान ने ही मेरे पास भेजा था। उसे खाना बनाना आता नहीं था, इसलिए मेरे यहां नहीं रह सकता था। लेकिन उसके आए बिना कोई दूसरा तो मुझे जागृत नहीं कर सकता था। ऐसा भी नहीं था कि वह औरत मेरे घर पर पहली बार लाई गई हो। लेकिन इस रसोइये जितनी हिम्मत औरों में हो ही कैसे सकती थी। सब लोग इस बात को जानते थे कि मैं अपने उस साथी पर कितना विश्वास करता था।

इतनी सेवा करके उस रसोइये ने तो उसी दिन और उसी पल जाने की अनुमति चाही। कहने लगा, ''मैं आपके घर में नहीं रह सकता। आप ठहरे भोले भंडारी। यहां मेरा काम नहीं।''

मैंने उसे रोकने का आग्रह नहीं किया।

ये बात भी मुझे अब पता चली कि मेरे क्लर्क के प्रति मुझमें शक का बीज बोनेवाला भी वही साथी था। उसके साथ हुए अन्याय की भरपाई करने की मैंने बहुत कोशिश की लेकिन उसे संतुष्ट न कर सका। मुझे इस बात का सदा ही दुख रहा। फूटे बरतन में भले ही कितने ही पक्के जोड़ लगा दिए जाएं, वह जोड़ा हुआ ही कहलाएगा। पहले जैसा कभी नहीं बन पाएगा।

24. देश की ओर

मुझे दक्षिण अफ्रीका में रहते हुए तीन बरस हो चले थे। मैं अब सब लोगों को पहचानने लगा था और लोग भी मुझे पहचानने लगे थे। 1896 में मैंने छः महीने के लिए अपने देश जाने की अनुमति मांगी। मैं देख रहा था कि मुझे लम्बे समय तक दक्षिण अफ्रीका में ही रहना होगा। ये कहा जा सकता है कि मेरी वकालत ठीक-ठाक चल रही थी। सार्वजनिक कामों में भी लोग मेरी उपस्थिति की ज़रूरत महसूस करते ही थे। मैं भी करता ही था। इस बात को ध्यान में रखते हुए मैंने सपरिवार दक्षिण अफ्रीका में ही रहने का निश्चय किया और इसके लिए अपने देश होकर आना उचित समझा। फिर, मैंने ये भी देखा कि देश जाकर कुछ सार्वजनिक काम भी किए जा सकते हैं। मैंने सोचा कि देश में लोकमत जागृत करके यहां के भारतीयों के मामले के बारे में लोगों की दिलचस्पी पैदा की जा सकती है। तीन पौंड का टैक्स एक नासूर की तरह टीस मारता रहता था। जब तक ये टैक्स रद्द न हो जाए, चित्त को शांति कैसे मिल सकती थी!

लेकिन सवाल ये था कि मैं स्वदेश चला जाऊं तो कांग्रेस का और शिक्षामंडल का काम कौन संभालेगा? दो साथियों पर मेरी निगाह पड़ी—आदमजी मियांजान और पारसी रुस्तमजी। व्यापारी समाज में बहुत सारे ऐसे व्यक्ति थे जो ये काम कर सकते थे लेकिन मंत्री पद का काम संभालने, नियमित रूप से काम करने और दक्षिण अफ्रीका में जन्मे हिंदुस्तानियों का दिल जीत सकने की योग्यता रखनेवाले ये दो ही सज्जन थे जिन्हें सबसे आगे गिना जा सकता था। मंत्री पद पर काम करने के लिए साधारण अंग्रेज़ी तो आनी ही चाहिए थी। मैंने कांग्रेस से इन दोनों में से स्वर्गीय मियांजान आदमजी को मंत्री पद देने की सिफारिश की और इसे मान लिया गया। अनुभवों से ये चयन बहुत अच्छा सिद्ध हुआ। अपनी लगन, उदारता, मिठास और विवेक से मियांजान ने सबको संतुष्ट किया। सभी को ये विश्वास हो गया कि मंत्री का काम करने के लिए किसी वकील, बैरिस्टर या बहुत पढ़े-लिखे डिग्रीधारी की ज़रूरत नहीं है।

1896 के मध्य में मैं पोंगोला स्टीमर में स्वदेश के लिए रवाना हुआ। यह स्टीमर कलकत्ता जा रहा था।

स्टीमर में बहुत से यात्री थे। इनमें दो अंग्रेज़ अधिकारी भी थे। दोनों के साथ मेरी मित्रता हो गई। एक के साथ मैं रोज़ाना एक घंटा शतरंज खेलता था। स्टीमर के डॉक्टर ने मुझे एक किताब दी—तमिल शिक्षक। इसलिए मैंने तमिल सीखनी शुरू कर दी। नेटाल में मैंने देखा था कि मुसलमानों के साथ अधिक निकट का नाता रखने के लिए मुझे उर्दू सीखनी चाहिए और मद्रासी भाइयों के साथ वैसा ही संबंध स्थापित करने के लिए मुझे तमिल सीखनी चाहिए।

उर्दू के लिए उस अंग्रेज़ सहयात्री की मांग पर मैंने डेक मुसाफिरों में से एक अच्छा मुंशी खोज निकाला और हमारी पढ़ाई अच्छी तरह से चलने लगी। अंग्रेज़ अधिकारी की स्मरण-शक्ति मुझसे कहीं बेहतर थी। मैं आसानी से उर्दू अक्षर पहचान न पाता, लेकिन वे जिस शब्द को एक बार देख लेते, उसे कभी भूलते ही नहीं थे। मैं और ज्यादा मेहनत करने लगा। फिर भी उनकी बराबरी न कर सका।

तमिल की पढ़ाई भी ठीक चलती रही। इस पढ़ाई में किसी की मदद नहीं मिल सकती थी। वैसे ये किताब भी इस तरीके से लिखी गई थी कि किसी की मदद की ज़रूरत ही न पड़े।

मुझे उम्मीद थी कि स्वदेश पहुंचने के बाद भी इस तरह से शुरू की गई पढ़ाई को जारी रख सकूंगा। लेकिन ऐसा हो नहीं पाया। 1893 के बाद तो मेरा अध्ययन और मेरी पढ़ाई आम तौर पर जेलों में ही हुई। इन दोनों भाषाओं का ज्ञान मुझे जेलों में ही बढ़ाने का मौका मिला। तमिल की पढ़ाई मैंने दक्षिण अफ्रीका की जेल में आगे बढ़ाई और उर्दू की येरवडा जेल में। लेकिन तमिल भाषा बोलना मैं कभी नहीं सीख पाया। पढ़ना बेशक ठीक से सीखा था लेकिन अभ्यास न रहने के कारण उसे भी अब भूलता जा रहा हूं। इस बात का अभाव आज भी मुझे सालता है। दक्षिण अफ्रीका के भाई-बंधुओं से मुझे असीम प्यार मिला है। उस प्रेम की याद मुझे हर पल बनी रहती है। जब भी किसी तमिल या तेलुगूभाषी को देखता हूं तो उनकी श्रद्धा, उनकी उद्यमशीलता और उनमें से बहुतों का निःस्वार्थ त्याग मुझे याद हो आता है। और खास बात ये कि ये सारे लोग निरक्षर थे। जैसे

पुरुष थे, वैसी ही उनकी स्त्रियां थीं। दक्षिण अफ्रीका की लड़ाई ही निरक्षरों की लड़ाई थी और इस लड़ाई के योद्धा भी निरक्षर ही थे। ये गरीबों की लड़ाई थी और गरीब ही इस लड़ाई में शहीद हुए थे।

इन भले और भोले भारतवासियों का दिल जीतने में मेरे लिए भाषा कभी भी बाधक नहीं बनी। उन्हें टूटी-फूटी हिंदी और टूटी-फूटी अंग्रेज़ी ही आती थी और इससे हमारा काम चल जाता था। लेकिन मेरे लिए तमिल और तेलुगू सीखने का प्रयोजन ही अलग था—ये था उनके प्रेम का प्रतिदान। तमिल तो कुछ हद तक सीख भी ली थी। बेशक तेलुगू सीखने का प्रयास हिंदुस्तान में किया था लेकिन मामला ककहरा सीखने से आगे नहीं बढ़ सका।

मैं बेशक तमिल और तेलुगू भाषाएं नहीं सीख पाया और अब तो शायद ही सीख पाऊं इसलिए ये आशा रखे हुए हूं कि कभी ये द्राविड़ भाषाभाषी हिंदुस्तानी भाषा सीख लेंगे। दक्षिण अफ्रीका में बसे द्राविड़ 'मदरासी' तो फिर भी थोड़ी बहुत हिंदुस्तानी बोल ही लेते हैं, लेकिन मुश्किल अंग्रेज़ी पढ़े-लिखों की है। ऐसा लगता है कि अंग्रेज़ी का ज्ञान ही हमारे लिए भाषाएं सीखने में बाधक बनकर सामने आ खड़ा होता है।

लेकिन ये तो विषयांतर हो गया। हम अपनी यात्रा पूरी करें।

अभी 'पोंगोला' के कप्तान का परिचय बाकी है। हम दोनों मित्र बन गए थे। कप्तान भला आदमी था और 'प्लीमथ ब्रदर्न' सम्प्रदाय का था। यही वजह रही कि हम दोनों के बीच नौकाशास्त्र की बातों के बजाय अध्यात्म की चर्चाएं अधिक होती थीं। कप्तान ने नीति और धार्मिक श्रद्धा के बीच भेद करके बताया। उसके विचार में बाइबिल की शिक्षा तो बच्चों का खेल था। इसकी खूबी ही उसकी सरलता में है। उसका मानना था कि बच्चे, महिलाएं, पुरुष यदि ईसा को और उनके बलिदान को स्वीकार कर लें तो सबके पाप धुल जाएं। इस 'प्लीमथ ब्रदर' से मिलकर मुझे प्रिटोरियावाले 'प्लीमथ ब्रदर' की याद ताज़ा हो आई। कप्तान को वह धर्म नीरस और लगता था जिस धर्म में नीति की रखवाली करनी पड़े। हमारी मित्रता और आध्यात्मिक चर्चा के मूल में मेरा शाकाहारी होना था। मैं मांस क्यों नहीं खाता? गोमांस में क्या दोष है? क्या ईश्वर ने पेड़-पौधों की तरह ही पशु-पक्षियों को भी मनुष्य के आहार और आनंद के लिए ही धरती पर नहीं भेजा है? ऐसी चर्चा करते समय आध्यात्मिक चर्चा बीच में आ ही जाती थी।

हम एक-दूसरे को अपनी बात समझा ही न सके। मैं अपने इस विचार को लेकर अड़ा हुआ था कि धर्म और नीति एक ही सिक्के के दो पहलू हैं। कप्तान अपने मत पर जमा हुआ था।

चौबीस दिन के बाद ये आनंददायक यात्रा पूरी हुई और मैं हुगली के सौंदर्य को निहारता हुआ कलकत्ता उतरा। मैंने उसी दिन बंबई जाने का टिकट कटाया।

25. हिंदुस्तान के बारे में

कलकत्ता से बंबई जाते हुए रास्ते में प्रयाग पड़ता था। वहां पर ट्रेन 45 मिनट के लिए रुकती थी। इस बीच मैंने शहर का एक चक्कर लगाने का फैसला किया। मुझे केमिस्ट की दुकान से दवा भी खरीदनी थी। केमिस्ट ऊंघता हुआ बाहर आया। दवा देने में उसने बहुत

देर लगा दी। मैं स्टेशन वापिस पहुंचा तो गाड़ी चल चुकी थी। भले स्टेशन मास्टर ने मेरे लिए गाड़ी एक मिनट के लिए रुकवाई भी थी लेकिन मुझे वापिस न आते देख मेरा सामान नीचे उतरवा लेने की समझदारी दिखाई थी।

मैं केलनर के होटल में ठहरा और वहीं से अपने काम का श्रीगणेश करने का फैसला किया। मैं वहां के 'पायनीयर' अख़बार की ख्याति सुन चुका था। मैं जानता था कि ये अख़बार जनता की आकांक्षाओं के खिलाफ काम करता है। मुझे ऐसा याद आता है कि उस समय मिस्टर चेज़नी (जूनियर) उसके संपादक थे। लेकिन मुझे तो सभी पक्षों से मिल कर उनकी सहायता लेनी थी। इसलिए मैंने मिस्टर चेज़नी को मुलाकात के लिए पत्र लिखा। यह भी बता दिया कि ट्रेन छूट जाने के कारण मुझे अगले ही दिन प्रयाग छोड़ ब्देना है। उत्तर में उन्होंने मुझे तुरंत ही मिलने के लिए बुलाया। मुझे खुशी हुई। उन्होंने ध्यानपूर्वक मेरी बात सुनी। कहने लगे, "आप जो भी लिखकर भेजेंगे, उस पर मैं तुरंत अपनी टिप्पणी लिखूंगा।" उन्होंने ये भी कहा, "लेकिन मैं आपसे ये तो नहीं कह सकता कि आपकी सभी मांगों को स्वीकार कर ही सकूंगा। हमें तो 'कॉलोनियल' दृष्टिकोण को भी समझना और देखना होगा।"

मैंने उत्तर दिया, "मेरे लिए तो इतना ही काफी है कि आप इस मामले की तह में जाएंगे और इसे चर्चा का मुद्दा बनाएंगे। मैं इस शुद्ध न्याय के अलावा न कुछ मांगता हूं और न चाहता ही हूं।"

दिन का बाकी समय मैंने पवित्र त्रिवेणी संगम के दर्शन करने और अपने सामने पड़े काम की योजना बनाने में बिताया।

इस अचानक हुई मुलाकात ने मुझ पर नेटाल में हुए हमले का बीज बोया?

बंबई में रुके बिना मैं सीधे ही राजकोट चला गया और वहां पर एक पुस्तिका लिखने में जुट गया। पुस्तिका लिखने में और छपाने आदि में पूरा एक महीना निकल गया। किताब का आवरण हरे रंग का था इसलिए बाद में ये पुस्तिका हरी पुस्तिका के नाम से प्रसिद्ध हुई। इसमें दक्षिण अफ्रीका के हिंदुस्तानियों की स्थिति का चित्रण करने के लिए मैंने जानबूझकर नरम भाषा अपनाई थी। इससे पहले मैं नेटाल में लिखी हुई दो पुस्तिकाओं का उल्लेख कर ही चुका हूं। उन पुस्तिकाओं की तुलना में इस पुस्तिका की भाषा नरम थी। मैं जानता था कि छोटा दुख भी दूर से देखने पर बड़ा ही दिखाई देता है।

हरी पुस्तिका की दस हज़ार प्रतियां छपवाई गई थीं और इसे पूरे हिंदुस्तान के सभी समाचारपत्रों और सभी पार्टियों के प्रसिद्ध व्यक्तियों को भेजा गया था। 'पायनीयर' में सबसे पहले उस पर लेख आया। उसका सारांश बना और इंग्लैंड गया। वहां से उसका फिर से सारांश बना और रायटर के जरिए नेटाल पहुंचा। तीन पंक्तियों का तार था ये। नेटाल में बसे हिंदुस्तानियों के साथ होनेवाले व्यवहार का जो चित्र मैंने खींचा था, उसका लघु रूप था ये। इसमें मेरे शब्द नहीं थे। लेकिन उसका जो असर हुआ, वह हम आगे देखेंगे। धीरे-धीरे करके सभी प्रमुख अखबारों ने इस मामले पर बहस छेड़ी।

इस पुस्तिका को डाक से भेजने के लिए पैकेट तैयार कराने का काम मुश्किल था और पैसे देकर कराने में खर्च बहुत आता। मैंने आसान रास्ता खोजा। मुहल्ले के सब बच्चों को इकट्ठा किया और उनसे सवेरे के समय दो-तीन घंटे, जितने भी हो सकें, समय देने के

लिए कहा। लड़कों ने खुशी-खुशी से इतनी सेवा देना स्वीकार कर लिया। मैंने अपनी तरफ से उन्हें अपने पास जमा होनेवाले काम में आ चुके डाक टिकट और आशीर्वाद देना स्वीकार किया। लड़कों ने हंसते-हंसते सारा काम पूरा कर दिया। इस तरह से छोटे बच्चों को स्वयंसेवक बनाने का ये मेरा पहला प्रयोग था। इन बच्चों में से दो आज भी मेरे साथी हैं।

इन्हीं दिनों बंबई में पहली बार प्लेग का प्रकोप हुआ। चारों तरफ अफरातफरी मची हुई थी। राजकोट में भी प्लेग फैलने का डर था। मैंने सोचा कि मैं कम से कम स्वास्थ्य विभाग में तो काम कर ही सकता हूं। मैंने अपनी सेवाएं देने के लिए राज्य सरकार को पत्र लिखा। राज्य ने इसके लिए जो कमेटी बनाई, उसमें मुझे भी रख लिया। मैंने पाखानों की सफाई पर ज़ोर दिया और कमेटी ने निर्णय लिया कि गली-गली जाकर पाखानों की जांच की जाए। गरीब लोगों ने तो अपने पाखानों की जांच करने देने में कोई आनाकानी नहीं की बल्कि उन्हें जिन सुधारों की सलाह दी गई, वे भी उन्होंने किए लेकिन बड़े लोगों के घरों का मुआयना करने जब हम निकले तो हमें पाखाने का निरीक्षण करने की इजाज़त तक नहीं दी गई। सुधार की बात तो जाने ही दीजिए। आम तौर पर हमारा अनुभव यह रहा कि धनी वर्ग के लोगों के पाखाने ज्यादा गंदे थे। उनमें अंधेरा था, बदबू थी और बेहद गंदगी थी। खुड्डी पर कीड़े रेंग रहे थे। वहां जाना जीते-जी नरक में जाने जैसा था। हम तो बिलकुल साधारण सुझाव ही दे रहे थे। मैला ज़मीन पर न गिराकर कूंडे में गिराएं। पानी की व्यवस्था ऐसी हो कि वह रिसकर ज़मीन में जाने के बजाय कूंडे में ही जमा हो। खुड्डी और भंगी के आने की जगह के बीच जो दीवार बनाई जाती है, उसे तोड़ दिया जाए ताकि भंगी भीतर तक जाकर अच्छी तरह से सफाई कर सके। इससे पाखाने थोड़े बड़े भी हो जाएंगे और उनमें हवा और रौशनी आ सकेगी। बड़े लोगों ने तो इन सुझावों को मानने में ही बहुत आनाकानी की और आखिर उन पर अमल भी नहीं ही किया।

कमेटी को भंगियों की बस्ती में भी जाना था। कमेटी के सदस्यों में से केवल एक ही मेरे साथ वहां जाने के लिए तैयार हुए। एक तो भंगियों की बस्ती में जाना और वह भी पाखानों के निरीक्षण के लिए! लेकिन जब मैं भंगियों की बस्ती में पहुंचा तो सुखद आश्चर्य हुआ। अपने जीवन में मैं पहली ही बार उस दिन भंगी बस्ती देखने गया था। भंगी लोगों ने जब हमें देखा तो हैरान रह गए। मैंने उनके पाखाने देखने की इच्छा व्यक्त की। वे बोले, "हमारे यहां पाखाने कैसे? हमारे पाखाने तो जंगल में हैं। पाखाने तो आप जैसे बड़े लोगों के होते हैं।"

मैंने पूछा, "तो क्या आप हमें अपने घर देखने देंगे?"

"आइए ना भाई साहब, आपकी जहां भी इच्छा हो, जाइए। ये ही तो हमारे घर हैं।"

मैं घर के भीतर गया और घर की तथा आंगन की सफाई देखकर खुश हो गया। घर खूब लिपा-पुता हुआ था। आंगन में झाड़ू लगाई गई थी। थोड़े बहुत बरतन थे जो साफ थे और चमचमा रहे थे। मुझे लगा कि इस बस्ती के भीतर बीमारी आ ही नहीं सकती।

मैं यहां एक पाखाने के बारे में बताए बिना नहीं रह सकता। हर घर में एक नाली तो थी ही। उसमें पानी भी गिराया जाता था और पेशाब भी किया जाता था। इसलिए वहां शायद ही कोई ऐसी कोठरी हो जिसमें दुर्गंध न हो। लेकिन एक घर ऐसा भी मिला जिसमें

नाली और पाखाना दोनों ही सोने के कमरे में दिखे। उस पर तुर्रा ये कि घर भर की गंदगी नाली के रास्ते नीचे उतरती थी। कोठरी की ये हालत थी कि खड़े रहना मुश्किल। पाठक इस बात का अंदाजा लगा सकते हैं कि घर के लोग वहां सोते कैसे होंगे।

कमेटी के लोगों ने वैष्णव मंदिर का भी निरीक्षण किया। मंदिर के मुखियाजी से गांधी परिवार के मधुर संबंध थे। मुखियाजी ने हमें हवेली देखने की अनुमति दे दी और ये आश्वासन भी दिया कि वे यथासंभव सभी सुधार करवा देंगे। उन्होंने मंदिर का वह हिस्सा कभी नहीं देखा था। मंदिर में रोज़ाना जो भी जूठन इकट्ठी होती थी, या पत्तलें जमा होती थीं, उन्हें मंदिर के पिछवाड़े दीवार के ऊपर से फेंक दिया जाता था। कचरे का ये ढेर चील-कौवों का अड्डा बन गया था। पाखाने तो गंदे थे ही। मैं नहीं जानता कि मुखिया जी कितना सुधार करवा पाए। हां, मंदिर के भीतर गंदगी देखकर दुख तो हुआ ही। हम ये आशा तो रख ही सकते हैं कि जिस मंदिर को हम पवित्र स्थान मानते हैं, वहां पर स्वस्थता के नियमों का पालन तो होना ही चाहिए। स्मृति ग्रंथों में भीतरी-बाहरी सफाई के बारे में बहुत कुछ लिखा गया है, ये बात लगातार मेरे ध्यान में बनी रही।

26. राजनिष्ठा और सुश्रूषा

ब्रिटिश संविधान के प्रति शुद्ध राजनिष्ठा जितनी मैंने अपने आपमें देखी है शायद ही किसी और में दिखी हो। मैं ये देख सकता हूं कि सत्य पर मेरे स्वाभाविक प्रेम के कारण ही यह राजनिष्ठा टिकी रही थी। राजनिष्ठा का या किसी दूसरी चीज़ का स्वांग मैं कभी कर ही न सका। नेटाल में मैं जब किसी सभा में जाता तो 'गॉड सेव द किंग' गीत ज़रूर गाता था। मुझे लगता था कि मुझे ये गीत गाना चाहिए। ब्रिटिश राजनीति में दोष तो मैं तब भी देखता ही था लेकिन फिर भी कुल मिलाकर ये नीति मुझे अच्छी लगती थी। उस समय मैं ये मानता था कि ब्रिटिश शासन और उसके शासकों का रुख कुल मिलाकर जनता का पोषण करनेवाला है।

दक्षिण अफ्रीका में मुझे इसके विपरीत स्थिति नज़र आती थी। वहां मुझे वर्ण भेद दिखाई देता था। मैं ये मान लेता था कि ये क्षणिक और स्थानीय स्थिति है। इस कारण राजनिष्ठा में मैं अंग्रेजों से भी आगे बढ़ जाने के प्रयास किया करता था। मैंने लगन के साथ मेहनत करके 'गॉड सेव द किंग' गीत की लय और धुन सीख ली थी। जब ये गीत सभाओं में गाया जाता तो मैं उसमें अपना सुर मिला दिया करता था। मैं कोई भी ऐसा अवसर छोड़ता नहीं था जहां बिना आडम्बर के राजनिष्ठा का प्रदर्शन किया जा सके।

मैंने अपने पूरे जीवन में इस राजनिष्ठा को कभी भुनाया नहीं। इससे व्यक्तिगत लाभ उठाने के बारे में मैंने कभी सोचा ही नहीं। राजभक्ति को हमेशा एक ऋण माना है और उसे चुकाया है।

जिस समय मैं हिंदुस्तान लौटा तो उस समय महारानी विक्टोरिया की हीरक जयंती की तैयारियां चल रही थीं। राजकोट में भी एक समिति बनाई गई थी। मुझे उसमें आमंत्रित किया गया। मैंने इसे स्वीकार कर लिया। पर मुझे उसमें दम्भ की बू आई। मैंने पाया कि उसमें दिखावा बहुत है। ये देखकर मुझे बहुत दुख हुआ। ये प्रश्न मेरे सामने आ

खड़ा हुआ कि समिति में बना रहूं या उसे छोड़ दूं। आखिर मैंने ये निर्णय लिया कि अपने कर्तव्य का पालन करके ही मैं संतोष का अनुभव करूं।

एक सुझाव ये आया था कि वृक्षारोपण किया जाए। इसमें मुझे ढोंग दिखाई दिया। ऐसा लगा कि वृक्षारोपण केवल साहब लोगों को खुश करने के लिए किया जा रहा है। मैंने लोगों को ये समझाने की कोशिश की कि वृक्षारोपण के लिए कोई विवशता नहीं है, ये तो एक सुझाव मात्र है। वृक्ष लगाने ही हैं तो पूरे मन से लगाइए या मत लगाइए। मुझे ऐसा याद पड़ता है कि जब मैं लोगों से ये बात कहता था तो लोग इसे हंसी में उड़ा देते थे। मैंने अपने हिस्से का पेड़ खूब जतन से लगाया था और मुझे याद पड़ता है कि ये पेड़ ठीक तरह से बड़ा भी हुआ था।

'गॉड सेव द किंग' गीत मैंने अपने परिवार के बच्चों को भी सिखाया था। मुझे ये भी याद आता है कि इसे मैंने ट्रेनिंग कॉलेज के विद्यार्थियों को भी सिखाया था। लेकिन ये बात मुझे याद नहीं है कि ये वही अवसर था या सातवें एडवर्ड के राज्यारोहण का अवसर था। आगे चलकर ये गीत गाना मुझे खटकने लगा। जैसे-जैसे मेरे मन में अहिंसा संबंधी विचार प्रबल होते गए, मैं अपने विचारों और वाणी के बारे में बहुत अधिक सतर्क रहने लगा। इस गीत में दो पंक्तियां इस तरह से हैं–

उसके शत्रुओं का नाश कर
उसके षड्यंत्रों को विफल कर।

ये गाते हुए मुझे खटका लगा। मैंने अपने मित्र डॉक्टर बूथ के सामने अपनी समस्या रखी। उन्होंने भी इस बात को स्वीकार किया कि ये गीत अहिंसक व्यक्तियों को गाना शोभा नहीं देता। ये बात कैसे मान ली जाए कि शत्रु कहलानेवाले लोग दगा ही करेंगे? ये बात भी कैसे मानी जा सकती है कि जिन्हें हमने अपना शत्रु माना, वे बुरे ही होंगे? ईश्वर से तो न्याय ही मांगा जा सकता है। डॉक्टर बूथ ने मेरे इस तर्क को स्वीकार किया। उन्होंने अपने समाज में गाए जाने के लिए एक नए ही गीत की रचना की। डॉक्टर बूथ का विशेष परिचय हम आगे पाएंगे।

राजनिष्ठा की तरह मुझमें सुश्रूषा, सेवा-भाव का गुण भी स्वाभाविक रूप से था। रोगियों, चाहे वे अपने हों या पराये, की सेवा करने का मुझे शौक था। राजकोट में रहते हुए दक्षिण अफ्रीका संबंधी मेरा काम चल ही रहा था। इस बीच मैं बंबई हो आया। मेरा ये इरादा था कि खास-खास शहरों में सभाएं करके विशेष रूप से लोकमत प्राप्त किया जाए। इस विचार से मैं वहां गया था। सबसे पहले मैं न्यायमूर्ति रानडे से मिला। उन्होंने मेरी बात ध्यान से सुनी और सर फीरोज़शाह मेहता से मिलने की सलाह दी। बाद में मैं न्यायमूर्ति बदरुद्दीन तैयब जी से भी मिला। उन्होंने भी मेरी बात सुनी और वही सलाह दी और कहा, "जस्टिस रानडे और मैं आपका बहुत कम मार्गदर्शन कर पाएंगे। हमारी स्थिति तो आप जानते ही हैं। हम सार्वजनिक काम में हाथ नहीं बंटा सकते। लेकिन हम मन से तो आपके साथ हैं ही सही। सच्चे मार्गदर्शक तो सर फीरोज़शाह हैं।"

सर फीरोज़शाह से तो मुझे मिलना ही था। लेकिन इन दो माननीय व्यक्तियों के मुख से उनकी सलाह पर चलने की बात सुनकर मुझे इस बात का विशेष बोध हुआ कि सर फीरोज़शाह को कितना मान दिया जाता था।

मैं सर फीरोज़शाह से मिला। मैं उनके तेजोमय व्यक्तित्व की चकाचौंध के लिए तैयार था ही। उनके लिए जो विशेषण प्रयोग में लाए जाते थे, मैं उनसे परिचित था। मैं 'बंबई के शेर' और 'बंबई के बेताज बादशाह' से मिल रहा था। लेकिन इस बादशाह ने मुझे डराया नहीं। वे मुझसे वैसे ही प्रेम से मिले जैसे कोई पिता अपने पुत्र से मिलता है। मुझे उनसे उनके चैम्बर में मिलना था। उनके आसपास उनसे मिलने-जुलनेवालों का जमावड़ा तो लगा ही रहता था। वहां पर वाच्छा थे, कामा थे। मेहताजी ने उनसे मेरी पहचान कराई। वाच्छा का नाम भी मैं सुन चुका था। वे सर फीरोज़शाह के दाहिने हाथ माने जाते थे। मुझे वीरचंद गांधी ने अंकशास्त्री के रूप में उनका परिचय दिया था। वे बोले, "गांधी, हम फिर मिलेंगे।"

इस सारी बातचीत में मुश्किल से दो मिनट लगे होंगे। सर फीरोज़शाह ने मेरी बात सुन ली। जस्टिस रानडे और जस्टिस बदरुद्दीन तैयब से मुलाकात की बात भी मैंने उन्हें बताई। उन्होंने कहा, "गांधी, मुझे तुम्हारे लिए आम सभा करनी होगी। मुझे तुम्हारी मदद करनी चाहिए।" फिर वे अपने क्लर्क की ओर मुड़े और उसे सभा का दिन निश्चित करने के लिए कहा। मुझसे कहा कि मैं सभा से एक दिन पहले आकर उनसे मिलूं। मैं निश्चिंत होकर मन ही मन खुश होता हुआ घर लौटा।

बंबई की इस यात्रा में मैं वहां पर रह रहे अपने बहनोई से मिलने गया। वे बीमार चल रहे थे। घर में गरीबी ने डेरा डाला हुआ था। मेरी बहन की हालत ऐसी नहीं थी कि अकेले उनकी सेवा कर सके। बीमारी गंभीर थी। मैंने उनसे अपने साथ राजकोट चलने के लिए कहा। वे मान गए। बहन-बहनोई को लेकर मैं राजकोट पहुंचा। बीमारी उम्मीद से ज्यादा गंभीर हो गई। मैंने उन्हें अपने ही कमरे में रखा। मैं सारा दिन उनके पास ही बना रहता था। रात को भी जागना पड़ता था। एक तरफ उनकी सेवा कर रहा था और दूसरी तरफ दक्षिण अफ्रीका का काम संभाले हुए था। बहनोई को बचाया नहीं जा सका। उनका स्वर्गवास हो गया। लेकिन उनके अंतिम दिनों में उनकी सेवा करने का जो अवसर मुझे मिला, इससे मुझे बहुत संतोष मिला।

सेवा-भाव के मेरे इस शौक ने आगे चलकर और विस्तार पाया। इसकी सीमा इतनी बढ़ गई कि कई बार मैं सेवा करने के पीछे अपना काम-धंधा छोड़ देता था। अपनी पत्नी को और अपने पूरे परिवार को भी सेवा के काम में लगा देता था। मैंने अपनी इस आदत को शौक का नाम दिया है क्योंकि मैंने पाया है कि जब ये गुण आनंद देने लगते हैं तो ही निभ सकते हैं। खींचतानकर की गई सेवा या दिखावे के लिए की गई सेवा या लोक-लाज के लिए की गई सेवा से सेवा पानेवाला आदमी पस्त हो जाता है और जो आदमी ऐसी सेवा करता है वह भी मुरझा जाता है। जिस सेवा में आनंद न हो वह न तो सेवा पानेवाले को फलती है न सेवा करनेवाले को। जिस सेवा में आनंद हो, उसके आगे तो सारे ऐशो-आराम भी फीके और उसके आगे धन कमाने का भी कोई अर्थ नहीं।

27. बंबई में सभा

अपने बहनोई के देहांत के दूसरे ही दिन मुझे बंबई की सभा के लिए निकलना था। इस बीच मुझे इतना समय भी नहीं मिल पाया था कि सभा के लिए दिए जानेवाले भाषण को

तैयार करने के बारे में सोच सकूं। लम्बे जागरण के कारण थकान भी महसूस हो रही थी। आवाज़ भारी हो रही थी। मैं ये सोचता हुआ बंबई पहुंचा कि ईश्वर मेरी रक्षा करेंगे और जैसे-तैसे निभा ले जाऊंगा। भाषण लिखने की बात तो मैंने सपने में भी नहीं सोची थी।

सभा की तारीख से एक दिन पहले शाम को पांच बजे मैं आज्ञानुसार सर फीरोज़शाह के ऑफिस में हाजिर हो गया।

उन्होंने पूछा, "गांधी, तुम्हारा भाषण तैयार है?"

मैंने डरते-डरते जवाब दिया, "जी नहीं, मैंने तो जबानी ही बोलने की बात सोची है।"

"बंबई में ये नहीं चलेगा। यहां की रिपोर्ट बहुत खराब है। अगर हमें अपनी इस सभा से कोई फायदा उठाना है तो तुम्हारा भाषण लिखा हुआ होना ही चाहिए। और वह रातों-रात छप जाना चाहिए। भाषण रात में लिख सकते हो?"

मैं घबरा गया लेकिन मैंने ये हामी भर दी कि लिखने की कोशिश करूंगा।

बंबई के सिंह बोले, "तो मुंशी भाषण लेने के लिए तुम्हारे पास कब आए?"

मैंने उत्तर दिया, "ग्यारह बजे।"

सर फीरोज़शाह ने अपने मुंशी को समय पर भाषण ले लेने और रातों-रात छपा लेने का आदेश दिया और मुझे विदा किया।

दूसरे दिन मैं सभा में गया। वहीं पर मैं यह महसूस कर सका कि भाषण लिखवा लेने के उनके निर्णय के पीछे कितनी बुद्धिमानी थी। ये सभा फरामजी कावसजी इंस्टीट्यूट के सभागृह में थी। मैंने ये सुन रखा था कि जिस सभा में सर फीरोज़शाह बोलनेवाले हों, वहां खड़े होने तक की जगह नहीं मिलती थी। ऐसी सभाओं में विद्यार्थी समाज बहुत रुचि लेता था।

किसी भी ऐसी सभा का ये मेरा पहला अनुभव था। मुझे ये विश्वास हो गया था कि मुझे कोई भी नहीं सुन सकेगा। मैंने कांपते-कांपते अपना भाषण पढ़ना शुरू किया। सर फीरोज़शाह मुझे प्रोत्साहित करते जाते थे और कह रहे थे, "ज़रा और ऊंची आवाज़ में।" मेरा खयाल है कि उनके इस तरह के प्रोत्साहन से मेरी आवाज़ और डूबती जाती थी।

पुराने मित्र केशवराव देशपांडे मेरी सहायता के लिए आगे बढ़े। मैंने अपना भाषण उन्हें थमा दिया। उनकी आवाज़ बेशक अच्छी थी लेकिन भला श्रोता उन्हें क्यों सुनने लगे! 'वाच्छा', 'वाच्छा' की आवाज़ों से हॉल गूंजने लगा। वाच्छा उठे। उन्होंने देशपांडे के हाथ से कागज लिया और मेरा काम बन गया। सभा में तुरंत शांति छा गई और सबने शुरू से आखिर तक भाषण सुना। जैसी कि प्रथा थी, बीच-बीच में शेम-शेम की आवाजें आती रहीं और तालियां भी बजती रहीं। मैं खुश हुआ।

सर फीरोज़शाह को मेरा भाषण अच्छा लगा। मुझे गंगा नहाने जैसा संतोष मिला।

इस सभा का एक फायदा ये हुआ कि देशपांडे और एक दूसरे पारसी सज्जन का मन पसीज उठा और दोनों ही मेरे साथ दक्षिण अफ्रीका जाने के बारे में सोचने लगे। पारसी सज्जन तो आज एक सरकारी अधिकारी हैं इसलिए उनका नाम लेने में संकोच हो रहा है। उनके निश्चय को सर खुरशेदजी ने डिगा दिया। इस डिगाने के पीछे एक पारसी महिला थी। इस सज्जन के सामने प्रश्न था कि शादी करें या दक्षिण अफ्रीका जाएं। उन्होंने शादी करने को ही अधिक मान्यता दी। लेकिन इस पारसी मित्र की ओर से एक दूसरे पारसी

सज्जन रुस्तमजी ने प्रायश्चित किया और पारसी महिला की ओर से दूसरी पारसी महिलाओं ने त्याग किया और वे आज भी सेविका के रूप में काम करके और खादी को अपनाकर जीवन से वैराग्य लेकर अपना कर्तव्य पूरा कर रही हैं। इसलिए इस दम्पत्ति को मैंने क्षमा कर दिया है। देशपांडे के सामने बेशक शादी-ब्याह का प्रलोभन तो न था लेकिन वे जा नहीं पाए थे तो जंजीबार में तैयबजी नाम के एक सज्जन मिले थे। उन्होंने भी वहां आने की आशा बंधाई थी। लेकिन वे भला दक्षिण अफ्रीका क्यों आने लगे? उनके न आने के अपराध का बदला अब्बास तैयबजी चुका रहे हैं। लेकिन बैरिस्टर मित्रों को दक्षिण अफ्रीका आने के जितने भी लालच मैंने दिए, वे सब बेकार गए।

यहां पर मुझे पेस्तनजी पादशाह की याद आ रही है। उनके साथ इंग्लैंड में ही मेरे मधुर संबंध बन गए थे। पेस्तनजी से मेरा परिचय लंदन के एक शाकाहारी होटल में हुआ था। मुझे पता था कि उनके भाई बरज़ोरजी दीवाने के नाम से जाने जाते थे। उनसे मेरी मुलाकात तो नहीं हुई थी लेकिन मित्र लोग बताते थे कि वे सनकी हैं। घोड़े पर दया दिखाते हुए ट्राम पर न बैठते। अद्‌भुत स्मरण-शक्ति के होते हुए भी डिग्रियां नहीं लेते थे। स्वभाव के इतने आजाद थे कि किसी से भी दबते नहीं थे। और पारसी होते हुए भी शाकाहारी थे। पेस्तनजी अपने भाई की तरह तो नहीं थे लेकिन होशियार माने जाते थे। उनकी ये ख्याति इंग्लैंड में भी थी। लेकिन हमारे बीच जो संबंध बने थे, वे शाकाहार के कारण थे। उनकी होशियारी की बराबरी करना मेरे बस की बात नहीं थी।

बंबई में मैंने पेस्तनजी को खोज निकाला। उन दिनों वे हाईकोर्ट के प्रोथोनोटरी थे। जिस समय हमारी मुलाकात हुई वे गुजराती के एक वृहद् शब्दकोष पर काम कर रहे थे। दक्षिण अफ्रीका के काम में मदद मांगने की दृष्टि से मैंने एक भी मित्र को छोड़ा नहीं था। पेस्तनजी पादशाह ने तो मुझे ही दक्षिण अफ्रीका न जाने की सलाह दे डाली। बोले, "मुझसे तो आपकी मदद क्या ही हो पाएगी। मुझे तो आपका ही दक्षिण अफ्रीका जाना पसंद नहीं है। यहां अपने ही देश में कौन से कम काम पड़े हैं! देखिए, अपनी भाषा का ही सबसे बड़ा काम पड़ा हुआ है। मुझे विज्ञान संबंधी पारिभाषिक शब्दों के पर्यायवाची शब्द ढूंढ़ने हैं। ये तो एक काम हुआ। ज़रा देश की गरीबी का खयाल करो। दक्षिण अफ्रीका में हमारे भाई-बंधु तकलीफ में हैं, ये सच है लेकिन इसके लिए आपके जैसे आदमी का वहां खप जाना मैं सहन नहीं कर सकता। यदि हम यहां पर राजसत्ता अपने हाथ में ले लें तो वहां पर उनकी मदद अपने आप हो जाएगी। आपको तो मैं समझा नहीं सकता लेकिन ये ज़रूर देखूंगा कि आपके साथ दूसरा कोई न जाए।" उनकी बातें मुझे अच्छी नहीं लगीं। लेकिन पेस्तनजी पादशाह के प्रति मेरा मान बढ़ गया। उनके देश-प्रेम और भाषा-प्रेम ने मुझे मुग्ध कर दिया। इस मामले के बाद से हम दोनों के बीच संबंध और मजबूत हो गए। मैं उनके दृष्टिकोण को अच्छी तरह से समझ पाया था। लेकिन मुझे लगा कि दक्षिण अफ्रीका का काम छोड़ने के बजाय मुझे उसे और भी निष्ठा के साथ पूरा करना चाहिए। जो देशभक्त होता है उसे देश-सेवा के किसी भी पक्ष की उपेक्षा नहीं करनी चाहिए और गीता का यह श्लोक मेरे सामने था ही–

श्रेयान् स्वधर्मो विगुणः परधर्मात् स्वनुष्ठितात्
स्वधर्मे निधनं श्रेयः परधर्मो यावहः ॥

28. पुणे और मद्रास

सर फीरोज़शाह मेहता ने मेरा रास्ता आसान कर दिया था। मैं बंबई से पूना गया। मुझे पता था कि पूना में दो पार्टियां थीं। मैं तो सबको मदद लेने के लिए तैयार बैठा था। मैं लोकमान्य तिलक से मिला। वे बोले, ''सभी पार्टियों की मदद लेने का आपका विचार सही है। आपके मामले में कोई मतभेद हो ही नहीं सकता। लेकिन आपके लिए एक ऐसा सभापति चाहिए तो तटस्थ हो। आप प्रोफेसर भांडारकर से मिलिए। वे आजकल किसी आंदोलन में शामिल नहीं होते। लेकिन संभव है कि वे आपके काम के लिए आगे आ जाएं। उनसे मिलिए और मुझे बताइए कि क्या हुआ। मैं आपकी पूरी मदद करना चाहता हूं। आप प्रोफेसर गोखले से भी मिलेंगे ही। मेरे पास आप जब भी आना चाहें, निःसंकोच आएं।''

लोकमान्य के ये मेरे प्रथम दर्शन थे। मैं उनकी लोकप्रियता का कारण तुरंत ही समझ गया।

वहां से मैं प्रोफेसर गोखले के पास गया। वे फर्ग्यूसन कॉलेज में थे। मुझसे बहुत प्रेम से मिले और मुझे अपना बना लिया। उनसे भी मेरी ये पहली ही मुलाकात थी। लेकिन ऐसा लगा, उनसे पहले भी कई बार मिल चुका हूं। सर फीरोज़शाह मुझे हिमालय जैसे, लोकमान्य समुद्र जैसे और गोखले गंगा जैसे लगे। गंगा में मैं नहा सकता था। हिमालय पर चढ़ा नहीं जा सकता था। समुद्र में डूबने का डर था। गंगा की गोद में तो खेला जा सकता था। उसमें डोंगी में बैठकर सैर की जा सकती थी। गोखले ने बारीकी से मेरी जांच की। ठीक उसी तरह से जिस तरह से बच्चे को स्कूल में दाखिल कराते समय की जाती है। उन्होंने मुझे बताया कि मुझे किस-किससे और कैसे मिलना चाहिए। उन्होंने मेरा भाषण देखने के लिए मांगा। उन्होंने मुझे कॉलेज की व्यवस्था दिखलाई। जब ज़रूरत हो तब मिलने के लिए भी कहा। डॉक्टर भांडारकर के जवाब की खबर देने के लिए कहा और मुझे विदा किया। राजनीति के क्षेत्र में जो स्थान जीतेजी गोखलेजी ने मेरे हृदय में पाया, और आज भी उनके स्वर्गवास के बाद जो स्थान उन्हें मिला हुआ है, वह अद्वितीय है।

रामकृष्ण भांडारकार ने भी मेरा पुत्रवत स्वागत किया। मैं उनके यहां दोपहर के समय पहुंचा था। ऐसे समय पर भी मैं अपना काम कर रहा था, यह बात उस उद्यमशील शिक्षाशास्त्री को अच्छी लगी। और तटस्थ सभापति के लिए मेरे आग्रह की बात सुनकर वे बोले, 'देट्स इट, देट्स इट। (ये ठीक है, ये ठीक है।)।''

बातचीत के अंत में वे बोले, ''तुम चाहे किसी से भी पूछकर देख लो, वह यही बतलाएगा कि मैं आजकल किसी भी राजनैतिक काम में हिस्सा नहीं लेता हूं। लेकिन मैं तुम्हें खाली हाथ नहीं लौटा सकता। तुम्हारा मामला इतना मज़बूत है और तुम्हारी उद्यमशीलता इतनी स्तुत्य है कि मैं आने से इनकार कर ही नहीं सकता। ये तो अच्छा ही हुआ कि तुम तिलक और गोखले से मिल चुके हो। उनसे कहो कि मैं दोनों पार्टियों द्वारा बुलाई गई सभा में खुशी-खुशी आऊंगा और सभापति पद स्वीकार करूंगा। समय के बारे में मुझसे पूछने की ज़रूरत नहीं है। दोनों पार्टियों को जो भी समय ठीक लगेगा, मैं आ जाऊंगा।'' ये कहकर धन्यवाद और आशीर्वाद के साथ मुझे विदा किया।

बिना किसी हो-हल्ले के, बिना किसी टीमटाम के एक सादे से घर में पूना की इस विद्वान मंडली और त्यागमयी टीम ने सभा आयोजित की और मुझे पूरे उत्साह के साथ विदा किया।

वहां से मैं मद्रास गया। मद्रास तो जैसे पागल हो उठा। बालासुंदरम के किस्से का सभा पर अनुकूल प्रभाव पड़ा। मैंने जो भाषण देना था, वह कुछ ज्यादा ही लम्बा था। पूरा छपा हुआ था। लेकिन सभा ने उसका एक-एक शब्द ध्यानपूर्वक सुना। सभा के अंत में सब लोग उस हरी पुस्तिका पर टूट पड़े। मद्रास में संशोधन और परिवर्तन के साथ उसकी दूसरी आवृत्ति की दस हज़ार प्रतियां छपाई थीं। अधिकांश प्रतियां निकल गईं। लेकिन मैंने पाया कि दस हज़ार प्रतियों की ज़रूरत नहीं थी। मैंने लोगों के उत्साह का कुछ ज्यादा ही आकलन कर लिया था। मेरे भाषण का प्रभाव तो अंग्रेज़ी जाननेवाले समाज पर ही पड़ा था। उस अकेले समाज के लिए मद्रास शहर में दस हज़ार प्रतियों की ज़रूरत नहीं थी।

यहां पर मुझे सबसे अधिक सहायता स्वर्गीय जी परमेश्वरन से मिली। वे मद्रास स्टैंडर्ड के संपादक थे। उन्होंने इस मामले का गहराई से अध्ययन किया था। वे मुझे समय-समय पर अपने ऑफिस में बुलवाते रहते थे और मेरा मार्गदर्शन करते रहते थे। मैं हिंदू अख़बार के संपादक जी सुब्रह्मणियम से भी मिला था। दोनों ने इस मामले में पूरी हमदर्दी दिखाई थी। लेकिन जी परमेश्वरन पिल्ले ने तो इस मामले के लिए मुझे अपने अखबार का मनचाहा उपयोग करने दिया था। और मैंने निःसंकोच उसका उपयोग किया भी। सभा पाच्याप्पा हॉल में हुई थी और मेरा खयाल है इसके सभापति डॉक्टर सुब्रह्मणियम ही थे। मद्रास में सबके साथ खास तौर पर अंग्रेज़ी में ही बात करनी पड़ती थी लेकिन मुझे इतने लोगों से जितना स्नेह और उत्साह मिला, मैं वहां पर भी घर जैसा माहौल पा सका। प्रेम की बात ही कुछ और है। वह सारे बंधन तोड़ने की ताकत रखता है।

29. जल्दी लौटिए

मद्रास से मैं कलकत्ता गया। कलकत्ता में मेरी कठिनाइयों का कोई अंत नहीं था। वहां मैं 'ग्रेट ईस्टर्न' होटल में ठहरा। किसी से भी मेरी जान-पहचान नहीं थी। होटल में डेली टेलिग्राफ के प्रतिनिधि मिस्टर एलर थार्प से परिचय हुआ। वे बंगाल क्लब में रहते थे। उन्होंने मुझे क्लब में आने का न्यौता दिया। उस समय उन्हें इस बात का पता नहीं था कि होटल के दीवानखाने में किसी हिंदुस्तानी को नहीं ले जाया जा सकता। उन्हें इस प्रतिबंध का बाद में पता चला। बाद में वे मुझे अपने कमरे में लेकर गए। हिंदुस्तानियों के प्रति स्थानीय अंग्रेजों के इस तिरस्कार भाव को देखकर वे दुखी हुए। मुझे दीवानखाने में न ले जा पाने के लिए उन्होंने माफी मांगी।

'बंगाल के देव' सुरेन्द्रनाथ बैनर्जी से तो मुझे मिलना ही था। मैं उनसे मिला। जब मैं उनसे मिला तो उनके आसपास दूसरे मुलाकाती भी बैठे हुए थे।

वे बोले, ''मुझे डर है कि लोग आपके काम में दिलचस्पी नहीं लेंगे। आप देख ही रहे हैं कि यहां देश में भी कम कठिनाइयां नहीं हैं। फिर भी आपसे जितना भी बन पड़े, कीजिए। इस काम में आपको महाराजाओं की मदद की भी ज़रूरत पड़ेगी। आप ब्रिटिश इंडिया एसोसिएशन के प्रतिनिधियों से मिलिए। राजा सर प्यारी मोहन मुकर्जी और

महाराजा टैगोर से भी मिलिए। दोनों ही उदार स्वभाव के हैं और सार्वजनिक कामों में काफी हिस्सा लेते हैं।''

मैं इन सज्जनों से मिला। लेकिन वहां पर मेरी दाल न गली। दोनों ही ने कहा, ''कलकत्ते में सार्वजनिक सभा करना हंसी-खेल नहीं। लेकिन आप करना ही चाहें तो उसका सारा दारोमदार सुरेन्द्रनाथ बनर्जी पर रहेगा।''

मेरी कठिनाइयां बढ़ती जा रही थीं। मैं 'अमृत बाजार पत्रिका' के ऑफिस में गया। वहां पर जो भी सज्जन मुझे मिले, यही मानकर चल रहे थे कि मैं कोई रमता जोगी होऊंगा। 'बंगवासी' ने तो हद ही कर दी। मुझे एक घंटे तक बिठाए ही रखा। संपादक महोदय दूसरों के साथ गप्पबाजी में लगे हुए थे। लोग आ रहे थे, जा रहे थे लेकिन संपादक को मेरी तरफ देखने की फुर्सत ही न थी। एक घंटे तक राह देखने के बाद जब मैंने उनसे अपनी बात कही तो वे बोले, ''आप देख नहीं रहे, हमारे पास कितना काम पड़ा है। आप जैसे तो कई हमारे पास आते रहते हैं। बेहतर हो कि आप वापिस ही चले जाएं। हमें आपकी बात नहीं सुननी है।''

मुझे एक पल के लिए दुख तो हुआ लेकिन मैं संपादक का दृष्टिकोण समझ गया। 'बंगवासी' की ख्याति मैंने सुन रखी थी। मैं ये भी देख सका था कि संपादक के पास आने-जाने वालों का तांता लगा हुआ था। वे सब उनके परिचित थे। उनका अख़बार हमेशा भरा रहता था। उस समय दक्षिण अफ्रीका का नाम भी कोई मुश्किल से जानता था। नित नए लोग अपने दुखड़े लेकर आते ही होंगे। उनके लिए तो अपना दुख सबसे बड़ा दुख रहता होगा। लेकिन संपादक के पास ऐसे दुखियारों की भीड़ लगी ही रहती होगी। वह अकेला बेचारा सबके लिए क्या-क्या करे। लेकिन जो दुख पा रहा होता है उसकी निगाह में संपादक बड़ी तोप चीज़ हुआ करता है। हालांकि संपादक खुद भी इस बात को जानता है कि उसकी सत्ता उसके दफ्तर की दहलीज भी नहीं लांघ पाती।

मैं हारा नहीं। मैंने दूसरे संपादकों से मिलना जारी रखा। अपनी बनाई रीत के अनुसार मैं अंग्रेजों से भी मिला। 'स्टेट्समैन' और 'इंग्लिशमैन' दोनों ही दक्षिण अफ्रीका के सवाल के महत्त्व को जानते थे। उन्होंने लम्बे-लम्बे साक्षात्कार छापे। 'इंग्लिशमैन' के मिस्टर साण्डर्स ने मुझे जैसे अपना लिया। मुझे उनके दफ्तर और अख़बार का भरपूर लाभ उठाने की छूट मिल गई। उन्होंने अपने अग्रलेख में काट-छांट करने की छूट भी मुझे दे दी। इस बात को कहने में कोई अतिशयोक्ति नहीं होगी कि हम दोनों के बीच स्नेह संबंध स्थापित हो गया। उन्होंने यथासंभव मेरी मदद करते रहने का वचन दिया। मैंने पाया कि अपने इस वचन का उन्होंने अक्षरशः पालन किया और जब तक वे बहुत बीमार नहीं हो गए, मुझसे पत्र-व्यवहार करते रहे। मेरे जीवन में ऐसे अनेक मधुर संबंध जुड़े हैं जिनके बारे में मैं सोच भी नहीं सकता था। मुझे मिस्टर सांडर्स में बड़बोलेपन का न होना और सत्य के प्रति निष्ठा, ये गुण बहुत अच्छे लगे थे। उन्होंने मुझसे बहस करने में कोई कसर नहीं छोड़ी थी। इससे वे यह अनुभव कर पाए कि दक्षिण अफ्रीका के गोरों के पक्ष को निष्पक्ष भाव से रखने और भारतीय पक्ष से उसकी तुलना करने में मैंने कोई कमी नहीं छोड़ रखी थी।

मेरा अनुभव तो यही कहता है कि सामनेवाले को न्याय देकर हम खुद भी जल्दी ही न्याय पा जाते हैं।

इस प्रकार अनजाने में ही मदद मिल जाने से मुझे ये आशा बंधने लगी कि यहां पर भी सार्वजनिक सभा हो सकती है। इतने ही में डरबन से तार मिला : 'पार्लियामेंट जनवरी में जुटेगी। जल्दी लौटिए।'

इससे समाचारपत्रों में एक पत्र लिखकर मैंने तुरंत वापिस लौट जाने की ज़रूरत बताई और कलकत्ता छोड़ दिया। दादा अब्दुल्ला के बंबई एजेंट को तार दिया कि पहले ही स्टीमर से मेरे जाने की व्यवस्था करें। दादा अब्दुल्ला ने अपना खुद का 'कुरलैंड' नाम का स्टीमर खरीद लिया था। उन्होंने इसमें मुझे और मेरे परिवार को मुफ्त ले जाने का आग्रह किया। मैंने उनका आग्रह धन्यवादसहित स्वीकार कर लिया और मैं दिसम्बर के शुरू के दिनों में 'कुरलैंड' स्टीमर से पत्नी, दो बच्चों और अपने स्वर्गीय बहनोई के एकमात्र पुत्र को लेकर दूसरी बार दक्षिण अफ्रीका के लिए रवाना हुआ। इस स्टीमर के साथ ही दूसरा स्टीमर नादरी भी डरबन के लिए रवाना हुआ। दादा अब्दुल्ला उसके एजेंट थे। दोनों स्टीमरों में कुल मिलाकर 800 हिंदुस्तानी तो रहे ही होंगे। उनमें से आधे से अधिक यात्री ट्रांसवाल जानेवाले थे।

भाग तीन

1. तूफान-I

परिवार के साथ ये मेरी पहली समुद्री यात्रा थी। मैं ये बात कई बार लिख चुका हूं कि हिंदू समाज में बचपन में ही विवाह हो जाने के कारण और मध्यम वर्गवालों में पति के प्रायः पढ़े-लिखे और पत्नी के निरक्षर होने के कारण अक्सर पति और पत्नी के जीवन में अंतर होता है और पति को पत्नी के शिक्षक की भूमिका निभानी पड़ती है। मुझे अपनी पत्नी और बच्चों के कपड़ों का, खाने-पीने का और बोलचाल का भी ख्याल रखना पड़ता था। मुझे उन्हें रीति-रिवाज सिखाने पड़ते थे। उन दिनों की कितनी ही बातों को याद करके आज भी मुझे हंसी आ जाती है। हिंदू पत्नी अपने पति को परमेश्वर मानकर ही चलती है और हिंदू पति भी अपने-आपको पत्नी का ईश्वर मानने लगता है। इसलिए पति अपनी पत्नी को जैसे भी नचाए, उसे नाचना होता है।

मैं जिस समय की ये बात लिख रहा हूं, उस समय मैं ये मानकर चल रहा था कि सभ्य माने जाने के लिए हमारा बाहरी रंग-ढंग यथासंभव यूरोपीय लोगों से मिलता-जुलता होना चाहिए। ऐसा करने से ही लोगों पर प्रभाव पड़ता है और बिना प्रभाव पड़े देश-सेवा तो हो नहीं सकती।

इस बात को ध्यान में रखकर पत्नी और बच्चों के कपड़े-लत्ते मैंने ही पसंद किए। भला अपनी पत्नी और बच्चों का परिचय काठियावाड़ के बनियों के रूप में कराना मुझे कैसे अच्छा लगता? हिन्दुस्तानियों में पारसियों को सबसे अधिक सलीकेदार माना जाता है। इसलिए जहां यूरोपीय पोशाकों को अपनाना उचित नहीं लगा, पारसी पोशाकें अपना ली गईं। पत्नी के लिए पारसी महिलाओं के ढबवाली साड़ियां खरीदीं। बच्चों को पारसी कोट-पतलून पहनाए। सबके लिए जूते और मोजे तो ज़रूरी थे ही। पत्नी और बच्चों को महीनों तक ये चीज़ें नहीं रुचीं। जूते काटते थे। मोजों से बदबू आती थी। पैर सूज जाते। लेकिन इन सारी तकलीफों के जवाब मेरे पास थे। मेरे उत्तर सही हों या न हों, मेरी आज्ञा के पालन का दबाव तो था ही। इसलिए पोशाकों में इस बदलाव को पत्नी और बच्चों ने मजबूरी में स्वीकार कर ही लिया। उतनी ही लाचारी से और अरुचि से वे खाना खाने में छुरी-कांटे का प्रयोग करने लगे। बाद में जब मेरा मोह भंग हुआ तो उन्होंने फिर से पोशाकों, जूते-मोजों और छुरी-कांटे आदि को त्यागा। शुरू में जिस तरह से इन चीज़ों को अपनाना दुखदायी था, एक बार आदत पड़ जाने के बाद उनका त्याग करना भी उतना ही कष्टप्रद रहा। लेकिन आज मैं देखता हूं तो पाता हूं कि हम सब सुधारों की केंचुल उतारकर हलके हो गए हैं।

इसी स्टीमर में हमारे कुछ रिश्तेदार और परिचित भी यात्रा कर रहे थे। मैं उनके साथ और स्टीमर के दूसरे सहयात्रियों के साथ खूब मिलता-जुलता रहता था। ये स्टीमर मेरे

मुवक्किल और मित्र का था, इसलिए अपने घर जैसा लगता था और मैं आज़ादी से कहीं भी घूम-फिर सकता था।

स्टीमर किसी दूसरे बंदरगाह पर रुके बिना सीधे नेटाल तक जानेवाला था। इस तरह से कुल अठारह दिन की यात्रा थी। हमारे पहुंचने में अभी तीन-चार दिन बाकी थे कि तेज समुद्री तूफान आ गया मानो ये हमारे पहुंचने पर उठनेवाले तूफान की अग्रिम चेतावनी दे रहा हो। इस दक्षिणी प्रदेश में दिसम्बर का महीना गर्मी और बरसात का होता है। इसलिए दक्षिणी समुद्र में इन दिनों छोटे-मोटे समुद्री तूफान आते ही रहते हैं। लेकिन ये तूफान इतना बड़ा और भयानक था कि सारे यात्री घबरा गए।

ये दृश्य देखने लायक था। दुख ने सबको आपस में एक कर दिया था। सारे भेद-भाव भुला दिए गए। सब लोग अपने-अपने ईश्वर को दिल से याद करने लगे। हिंदू-मुसलमान, सबके सब मिलकर ईश्वर और अल्लाह को याद करने लगे। कुछ लोगों ने मनौतियां मांगीं। कप्तान भी सब लोगों से मिला और उन्हें दिलासा देते हुए बोला, "हालांकि इसे तेज तूफान माना जा सकता है लेकिन मैंने इससे कहीं तेज तूफान अपने जीवन में देखे हैं। अगर स्टीमर मज़बूत हो तो अचानक डूबता नहीं।" इस तरह से उसने यात्रियों को बहुत समझाया लेकिन इससे किसी की तसल्ली नहीं हुई। स्टीमर से ऐसी आवाज़ें आती थीं मानो कहीं से टूट जाएगा या उसमें अभी ही कहीं छेद हो जाएगा। जब स्टीमर हिचकोले खाता तो ऐसा लगता मानो अभी उलट ही जाएगा। डेक पर तो कोई रह ही नहीं सकता था। सबके सब एक ही बात कहते सुने जा सकते थे—अब तो भगवान ही मालिक है। जैसे रखेगा, रहेंगे।

जहां तक मुझे याद आता है, हमने इसी चिंता में चौबीस घंटे तो बिताए ही होंगे। आखिर बादल छंटे। सूर्य भगवान ने दर्शन दिए। कप्तान ने कहा, "आखिर तूफान चला गया है।"

लोगों के चेहरों से चिंता के बादल छंटे और इसी के साथ ही ईश्वर भी गायब हो गया। लोग मौत का डर भूल गए और हाथों-हाथ गाना-बजाना और खाना-पीना शुरू हो गया। मोह का वातावरण फिर से छा गया। लोग नमाज पढ़ते और भजन भी गाते लेकिन तूफान के समय जो गंभीरता तारी हो गई थी, वह अब जा चुकी थी।

लेकिन इस तूफान के कारण मैं यात्रियों के बहुत निकट आ गया था। ये कहा जा सकता है कि मुझे तूफान का डर नहीं था या यूं कहें कि कम से कम था। मैं लगभग इसी तरह के तूफान पहले भी झेल चुका था। मुझे समुद्र से न तो उल्टी आती थी और न ही चक्कर ही आते थे। इसलिए मैं यात्रियों के बीच निर्भय होकर घूम सकता था। उन्हें हिम्मत बंधा सकता था और कप्तान की भविष्यवाणियां उन्हें सुना सकता था। ये स्नेह संबंध मेरे लिए बहुत उपयोगी सिद्ध हुआ।

हमने 18 या 19 दिसम्बर को डरबन में लंगर डाला। 'नादरी' भी उसी दिन आ पहुंचा था। लेकिन असली तूफान से साक्षात्कार तो अभी बाकी था।

2. तूफान-II

हम देख चुके हैं कि अट्ठारह दिसम्बर के आसपास दोनों स्टीमरों ने डरबन के बंदरगाह पर लंगर डाले। दक्षिण अफ्रीका में बंदरगाहों पर यात्रियों के स्वास्थ्य की पूरी जांच की

जाती है। यदि रास्ते में किसी को छूतवाली, सूतक की बीमारी हो गई हो तो स्टीमर को सूतक यानी क्वैरंटाइन में रखा जाता है। हमने जिस समय बंबई छोड़ा था तो उस समय वहां पर प्लेग का प्रकोप चल ही रहा था, इसलिए हमें इस बात का डर था ही कि छूत का संकट आएगा। बंदरगाह में लंगर डालने के बाद स्टीमर को सबसे पहले पीला झंडा फहराना होता है। डॉक्टरी जांच के बाद जब डॉक्टर–ठीक है का संकेत दे देता है तभी पीला झंडा उतारा जाता है और फिर यात्रियों के रिश्तेदारों को स्टीमर पर आने की अनुमति मिलती है।

इसी कारण से हमारे स्टीमर पर भी पीला झंडा फहरा रहा था। डॉक्टर आए। जांच करके उन्होंने पांच दिन का सूतक घोषित कर दिया। कारण ये था कि उनके अनुसार प्लेग के कीटाणु तेईस दिन तक जिंदा रहते हैं। इसलिए ये आदेश दिया गया कि बंबई से रवानगी के तेईस दिन की अवधि पूरी होने तक स्टीमर को क्वैरंटाइन में रखा जाए।

लेकिन इस क्वैरंटाइन की आज्ञा के पीछे जो कारण था, वह केवल स्वास्थ्य का नहीं था। डरबन के गोरे नागरिक हमें उलटे पैरों वापिस भेजने के जो आंदोलन कर रहे थे, वह भी रोके जाने के इस आदेश के पीछे काम कर रहा था।

दादा अब्दुल्ला की ओर से हमें शहर में चल रहे इस आंदोलन के समाचार मिलते रहते थे। गोरे लोग लगातार सभाएं करने में जुटे हुए थे। दादा अब्दुल्ला के नाम धमकियां दी जा रही थीं, उन्हें लालच भी दिए जा रहे थे। ये भी कहा जा रहा था कि अगर दादा अब्दुल्ला दोनों स्टीमरों को वापिस ले जाएं तो गोरे लोग उनके नुक़सान की भरपाई करने के लिए भी तैयार थे। दादा अब्दुल्ला किसी की धमकी से डरनेवालों में से नहीं थे। इस वक्त दुकान पर सेठ अब्दुल करीम हाजी आदम थे। उन्होंने ये प्रतिज्ञा की थी कि भले ही कितना भी नुक़सान क्यों न हो जाए, वे अपने स्टीमरों को बंदरगाह पर लाएंगे और यात्रियों को सुरक्षित उतारेंगे। मेरे नाम उनके लम्बे-लम्बे पत्र लगातार आते रहते थे। सौभाग्य से इसी समय स्वर्गीय मनसुखलाल हीरालाल नाजर मुझसे मिलने के लिए डरबन आ पहुंचे थे। वे समझदार और बहादुर आदमी थे। उन्होंने हिंदुस्तानी कौम को अच्छी सलाह दी। मिस्टर लाटन वकील थे। वे भी नाजर की ही तरह बहादुर थे। उन्होंने गोरों की हरकत की निंदा की और इस अवसर पर हिंदुस्तानी जनता को जो सलाह उन्होंने दी, वे एक वकील के रूप में नहीं, बल्कि एक सच्चे मित्र के नाते दी।

इस तरह से डरबन में द्वंद्व युद्ध छिड़ गया था। एक तरफ थे मुट्ठी भर गरीब हिंदुस्तानी और उनके गिने-चुने अंग्रेज़ शुभचिंतक और दूसरी तरफ धनबल, बाहुबल, विद्याबल और संख्याबल में बहुत अधिक अंग्रेज़। हर तरह से बलशाली इस समुदाय को राजसत्ता का बल भी मिला हुआ था। नेटाल सरकार खुले आम इनकी मदद के लिए आ खड़ी हुई थी। मिस्टर हेनरी एस्कम्ब, जो मंत्रिमंडल में थे और उसके कार्यकर्ता थे, इन गोरों की सभाओं में खुलेआम भाग लेते थे।

कहने का अर्थ ये कि हमें तट से परे रोका जाना केवल स्वास्थ्य के कारणों से ही नहीं था। इसके पीछे प्रयोजन यही था कि किसी तरह एजेंट को या यात्रियों को डरा-धमकाकर वापिस भेज दिया जाए। एजेंट को तो धमकी मिल ही रही थी। अब हमारे नाम भी धमकियां आने लगीं। 'अगर तुम लोग वापिस नहीं गए तो तुम सबको समंदर में डुबाकर

मार दिया जाएगा। लौट जाओगे तो शायद वापसी का भाड़ा भी दे दिया जाए।' मैं यात्रियों के बीच घूमा-फिरा। उन्हें धीरज बंधाता रहा। नादरी के यात्रियों को भी धीरज के संदेश भेजे। यात्री शांत रहे और उन्होंने धैर्य का परिचय दिया।

यात्रियों के मनोरंजन के लिए स्टीमर पर खेलों का प्रबंध किया गया था। बड़े दि का त्यौहार आया। कप्तान ने उस दिन पहले दर्जे के यात्रियों को भोज दिया। यात्रियों म खास तौर पर मैं और मेरे परिवार के सदस्य थे। भोजन के बाद भाषण देने का रिवाज था ही; मैंने पश्चिमी सभ्यता पर भाषण दिया। मैं जानता था कि ये वक्त गंभीर किस्म के भाषण देने का नहीं है। लेकिन मैं कोई दूसरा भाषण दे ही नहीं सकता था। मैं मौज-मजे में हिस्सा ले रहा था लेकिन मेरा मन तो डरबन में चल रही लड़ाई में ही लगा हुआ था। क्योंकि इन सारे हमले के केंद्र में मैं ही था। मुझ पर दो आरोप थे :

पहला कि मैंने हिंदुस्तान में नेटाल में बसे गोरों की निंदा की थी और दूसरा मैं नेटाल को हिंदुस्तानियों से भर देना चाहता था।

और इसलिए खासकर नेटाल में बसाने के लिए कुरलैंड और नादरी में हिंदुस्तानियों को भरकर लाया था।

मैं अपनी जिम्मेवारी जानता था। मेरे कारण दादा अब्दुल्ला भारी नुक़सान में पड़ गए थे। यात्रियों की जान खतरे में थी। अपने परिवार को साथ लाकर मैंने उन्हें भी संकट में डाल दिया था।

लेकिन मैं खुद बिलकुल निर्दोष था। मैंने किसी को भी नेटाल आने के लिए लालच नहीं दिया था। नादरी के यात्रियों को तो मैं पहचानता तक नहीं था। कुरलैंड पर अपने दो-तीन रिश्तेदारों को छोड़कर बाकी यात्रियों के नाम तक मैं नहीं जानता था। मैंने हिंदुस्तान में रहते हुए नेटाल के अंग्रेजों के नाम एक भी ऐसा शब्द नहीं कहा था जो मैं पहले नेटाल में न कह चुका होऊं। और जो कुछ मैंने कहा था उसके लिए मेरे पास काफी प्रमाण थे।

इस सबके कारण उस सभ्यता के प्रति मेरे मन में खेद उत्पन्न हुआ जिसकी उपज नेटाल का अंग्रेज़ी समाज था और जिसके वे प्रतिनिधि और हिमायती थे। मेरे मन को ये ही विचार व्यथित किए रहते थे और मैंने इस छोटी-सी सभा में इन्हीं विचारों को सामने रखा। श्रोताओं ने इन्हें स्वीकार कर लिया। मैंने जिस भाव से अपने विचार रखे कप्तान आदि ने उन्हें उसी भाव से ग्रहण किया। मैं ये तो नहीं जानता कि मेरे विचार उनके जीवन में कितना परिवर्तन लाए। लेकिन मेरे इस भाषण के बाद कप्तान से और दूसरे अधिकारियों के साथ पश्चिमी सभ्यता के बारे में मेरी कई बातें हुईं।

मैंने पश्चिमी सभ्यता को मुख्य रूप से हिंसक और पूर्व की सभ्यता को अहिंसक बताया। प्रश्नकर्ताओं ने मेरे सिद्धांतों को मुझी पर लागू कर दिया। सबसे अधिक कप्तान ने मुझसे पूछा, "गोरे जिस तरह की धमकी दे रहे हैं, उसी के अनुसार अगर वे आपको चोट पहुंचाएं तो आप अहिंसा के अपने सिद्धांत को किस तरह से लागू करेंगे?"

मैंने जवाब दिया, "मुझे आशा है कि ईश्वर मुझे इतनी बुद्धि और हिम्मत देगा कि मैं उन्हें माफ कर सकूं और उन पर मुकदमा न चलाने की बात कर सकूं। आज भी मेरी उनसे कोई नाराज़गी नहीं है। मुझे तो उनके अल्प ज्ञान और संकुचित दृष्टि के लिए अफसोस

होता है। मैं ये बात समझता हूं कि वे जो कुछ कह रहे हैं और कर रहे हैं, उसे वे शुद्ध भाव से उचित ही मानकर चल रहे हैं। इसलिए मेरे पास उनसे नाराज़ होने का कोई कारण नहीं।'' पूछनेवाला हंसा। शायद उसे मेरी बात पर विश्वास नहीं हुआ।

हमारे दिन इसी तरह से बीतते और लम्बे होते गए। सूतक समाप्त करने की अवधि जैसे तय ही नहीं की गई हो। इस विभाग के अधिकारी से पूछो तो वह कहता, ''ये मेरे बस से बाहर की बात है। सरकार मुझे आदेश दे तो मैं आप लोगों को आज ही उतरने की अनुमति दे दूं।''

अंत में मुझे और यात्रियों को अल्टिमेटम दिए गए। दोनों को ही धमकी दी गई कि तुम्हारी जान खतरे में है। दोनों ने ही नेटाल में उतरने के अपने अधिकार के बारे में लिखा और अपने निर्णय से अवगत कराया कि कैसा भी संकट क्यों न हो, हम अपने इस अधिकार पर डटे रहेंगे।

आखिर तेईसवें दिन अर्थात, 13 जनवरी, 1897 के दिन स्टीमरों को आज़ाद किया गया और यात्रियों को उतरने का आदेश दिया गया।

3. कसौटी

जहाज बंदरगाह पर लगा। यात्री उतरे। लेकिन मेरे बारे में मिस्टर एस्कम्ब ने कप्तान के पास संदेशा भेजा था, ''गांधी को और उनके परिवार को शाम के समय उतारिए। गोरे उनके विरुद्ध बहुत उत्तेजित हो गए हैं और उनकी जान जोखिम में है। पोर्ट सुपरिण्टेण्डेण्ट मिस्टर टेटम उन्हें शाम को अपने साथ ले जाएंगे।''

कप्तान ने मुझे इस संदेश की खबर दी। मैंने इस हिसाब से चलना स्वीकार किया। लेकिन इस संदेश को मिले अभी आधा घंटा भी नहीं हुआ था कि मिस्टर लाटन आए और कप्तान से मिलकर बोले, ''यदि मिस्टर गांधी मेरे साथ चलें, तो मैं उन्हें अपनी जिम्मेदारी पर ले जाना चाहता हूं। स्टीमर के एजेंट के वकील के नाते मैं आपसे कहता हूं कि मिस्टर गांधी के बारे में जो संदेश आपको मिला है, उसके बंधन से आप मुक्त हैं।'' कप्तान से ये बातचीत करके वे मेरे पास आए और मुझसे कुछ इस तरह की बातें करने लगे, ''आपको बेशक अपनी जान की परवाह न हो, तो मैं चाहता हूं श्रीमती गांधी और बच्चे गाड़ी में रुस्तम सेठ के घर जाएं और आप तथा मैं आम रास्ते से पैदल चलें। मुझे यह बिलकुल अच्छा नहीं लगेगा कि आप अंधेरा घिरने पर शहर में चुपचाप दाखिल हों। मुझे तो लगता है कि आपका बाल भी बांका न होगा। अब तो सबकुछ शांत है। गोरे सब तितर-बितर हो गए हैं। पर भले ही कुछ भी हो, मेरी राय में आपको छिपे तौर पर शहर में नहीं जाना चाहिए।''

मैं सहमत हो गया। मेरी पत्नी और बच्चे गाड़ी में बैठकर रुस्तमजी सेठ के घर सही-सलामत पहुंच गए। कप्तान की अनुमति लेकर मैं मिस्टर लाटन के साथ उतरा। रुस्तमजी सेठ का घर वहां से लगभग दो मील की दूरी पर था।

जैसे ही हम जहाज से उतरे, कुछ लड़कों ने मुझे पहचान लिया और वे 'गांधी, गांधी' चिल्लाने लगे। हाथों-हाथ कुछ लोग इकट्ठा हो गए और शोर-शराबा बढ़ गया। मिस्टर

लाटन ने जब देखा कि भीड़ तो बढ़ती जाएगी, तो उन्होंने रिक्शा मंगवाया। मुझे रिक्शे में बैठना कभी अच्छा नहीं लगता था। उस पर सवार होने का मेरा ये पहला ही अनुभव होने जा रहा था। लेकिन लड़के भला क्यों बैठने देते? उन्होंने रिक्शावाले को धमकाया और वह भाग खड़ा हुआ।

हम आगे बढ़े। भीड़ भी बढ़ती गई। अच्छी-खासी भीड़ जमा हो गई थी। सबसे पहले तो भीड़ ने मुझे मिस्टर लाटन से अलग कर दिया। फिर मुझ पर पत्थरों और सड़े अंडों की बरसात शुरू कर दी। किसी ने मेरी पगड़ी ही उछालकर फेंक दी। फिर लातें जमानी शुरू हुईं।

मुझे गश आ गया। मैंने पास के घर की जाली पकड़ ली और दम साधा। वहां पर खड़े रहना तो संभव ही न था। तमाचे पड़ने लगे।

इतने में पुलिस अधिकारी की पत्नी, जो मुझे पहचानती थी, उसी रास्ते से गुजरी। मुझे देखते ही वह मेरे पास आकर खड़ी हो गई और धूप के न रहते भी उसने अपनी छतरी खोल ली। इससे भीड़ कुछ नरम पड़ी। अब मुझ पर प्रहार करने हों, तो मिसेस एलेक्जेंडर को बचाकर ही किये जा सकते थे।

इसी बीच मुझ पर मार पड़ते देख कोई हिंदुस्तानी नौजवान पुलिस थाने की तरफ दौड़ लिया। सुपरिंटेंडेंट एलेक्जेंडर ने मुझे घेरकर बचा लेने के लिए एक टुकड़ी भेजी। वह समय पर पहुंची। मेरा रास्ता पुलिस थाने के पास होकर ही जाता था। सुपरिंटेंडेंट ने मुझे थाने में ही आश्रय लेने का सुझाव दिया। मैंने इनकार कर दिया और कहा, "जब लोगों को अपनी भूल पता चलेगी तो वे खुद शांत हो जाएंगे। मुझे उनकी न्याय बुद्धि पर विश्वास है।"

पुलिस के दस्ते के साथ मैं सही-सलामत पारसी रुस्तमजी के घर पहुंचा। मेरी पीठ पर गुम चोट लगी थी। एक जगह थोड़ा-सा खून निकल आया था। स्टीमर के डॉक्टर दादा बरजोर वहीं मौजूद थे। उन्होंने मेरी अच्छी तरह से सेवा-सुश्रूषा की।

वैसे तो भीतर शांति थी, लेकिन बाहर गोरों ने घर को घेर लिया था। सांझ हो चुकी थी। अंधेरा हो चला था। बाहर हजारों लोग तीखी आवाज में चिल्ला रहे थे और 'गांधी को हमें सौंप दो' की आवाजें लगा रहे थे। परिस्थिति को भांपकर सुपरिंटेंडेंट एलेक्जेंडर वहां पहुंच गये थे और भीड़ को धमकी से नहीं, बल्कि उसका मन बहलाकर वश में रखे हुए थे।

फिर भी वे निश्चिंत तो नहीं ही थे। उन्होंने मुझे इस आशय का संदेशा भेजा, "यदि आप अपने मित्र के घर, माल-असबाब और अपने बाल-बच्चों की खैरियत चाहते हों, तो जैसे मैं कहूं उसी तरह आपको घर से छिपे तौर पर निकल जाना चाहिए।"

एक ही दिन में मुझे एक-दूसरे के विपरीत दो काम करने का अवसर आया। जिस समय प्राणों का भय केवल काल्पनिक लग रहा था, तब मिस्टर लाटन ने मुझे खुले आम बाहर निकलने की सलाह दी और मैंने उसे मान लिया। ज़ब संकट सचमुच मेरे सामने आ खड़ा हुआ, तब दूसरे मित्र ने इससे उलटी सलाह दी और मैंने उसे भी मान लिया। ये कौन कह सकता है कि मैं अपने प्राण बचाने के संकट से डरा या दोस्त की जान और माल को जोखिम से बचाने के लिए या फिर अपने परिवार के प्राण बचाने की खातिर या तीनों कारणों से? कौन निश्चयपूर्वक कह सकता है कि स्टीमर से हिम्मत दिखाकर मेरा उतरना और बाद में संकट के ठीक सामने आने पर छुपाकर भाग निकलना उचित था? लेकिन जो घटनाएं घट चुकीं उन पर इस तरह की चर्चा करने का कोई मतलब नहीं। उनका उपयोग यही है कि

जो हो चुका है, उसे समझें और उससे जितना सीखने को मिले, सीखें। किस मौके पर कोई आदमी क्या करेगा, यह निश्चयपूर्वक कहा ही नहीं जा सकता। इसी तरह हम यह भी देख सकते हैं कि व्यक्ति के बाहरी आचरण से उसके गुणों की जो परीक्षा की जाती है, वह अधूरी होती है और उसका अनुमान ही लगाया जा सकता है।

सो कुछ भी हो, भागने की हड़बड़ी में उलझ जाने से मैं अपनी चोटों को भूल गया। मैंने हिंदुस्तानी सिपाही की वर्दी पहनी। कभी सिर पर मार पड़े तो उससे बचने के लिए सिर पर पीतल की एक प्लेट रखी और ऊपर से मद्रासी फैशन का बड़ा साफा बांधा। खुफिया पुलिस के दो जवान साथ में थे। उनमें से एक ने हिंदुस्तानी व्यापारी की पोशाक पहनी और अपना चेहरा हिंदुस्तानी की तरह रंग लिया। दूसरे ने क्या पहना, वह मैं भूल गया हूं। हम पास की गली में से होकर पड़ोस की एक दूकान में पहुंचे और गोदाम में लगी हुई बोरों की ढेरियों को अंधेरे में लांघते हुए दूकान के दरवाजे से भीड़ में घुसकर आगे निकल गये। गली के नुक्कड़ पर एक गाड़ी खड़ी थी, उसमें बैठाकर मुझे अब उसी थाने में ले गये, जिसमें आश्रय लेने की सलाह सुपरिंटेंडेंट एलेक्जेंडर ने पहले दी थी। मैंने सुपरिंटेंडेंट एलेक्जेंडर का और खुफिया पुलिस के अधिकारियों का आभार माना।

इस तरह से जब एक तरफ से मुझे ले जाया जा रहा था, उसी समय दूसरी तरफ सुपरिंटेंडेंट एलेक्जेंडर भीड़ से गाना गवा रहे थे। उस गीत के भाव कुछ इस तरह थे :

'चलो, हम गांधी को फांसी पर लटका दें,
इमली के उस पेड़ पर फांसी पर लटका दें'

जब सुपरिंटेंडेंट एलेक्जेंडर को मेरे सही-सलामत थाने पर पहुंच जाने की खबर मिली तो उन्होंने भीड़ से कहा, ''आपका शिकार तो इस दूकान में से सही-सलामत निकल भागा है।'' भीड़ में किसी को गुस्सा आया, कोई हंसा, कइयों ने इस बात को मानने से ही इनकार किया।

इस पर सुपरिंटेंडेंट एलेक्जेंडर ने कहा, ''तो आप लोग जिसे भी चुनें उसे मैं अंदर ले जाऊं और वह खुद तलाश करके देख ले। अगर आप गांधी को ढूंढ़ निकालें, तो मैं उसे आपके हवाले कर दूंगा। न ढूंढ़ सकें तो आपको यहां से चले जाना होगा। मुझे यह विश्वास तो है ही कि आप पारसी रुस्तमजी का मकान हरगिज नहीं जलाएंगे और न गांधी के बीवी-बच्चों को कष्ट पहुंचाएंगे।''

भीड़ ने अपने प्रतिनिधि चुने। उन्होंने तलाशी ली और आकर निराशाजनक समाचार सुनाए। सब सुपरिंटेंडेंट एलेक्जेंडर की सूझ-बूझ और चतुराई की दाद देते हुए, लेकिन मन ही मन कुछ गुस्सा होते हुए, बिखर गये।

उस समय के उपनिवेश मंत्री स्वर्गीय मिस्टर चेम्बरलेन ने तार भेजकर सूचित किया कि मुझ पर हमला करनेवालों पर मुकदमा चलाया जाए और मुझे न्याय दिलाया जाए। मिस्टर एस्कम्ब ने मुझे अपने पास बुलाया। मुझे लगी चोट के लिए खेद प्रकट करते हुए उन्होंने कहा, ''आप यह तो मानेंगे ही कि आपको जरा-सी भी आंच आए तो मुझे उससे जरा-सी भी खुशी नहीं हो सकती। आपने मिस्टर लाटन की सलाह मानकर जहाज से तुरंत उतर जाने का साहस किया। आपको ऐसा करने का हक था, लेकिन आपने मेरे संदेश को माना होता, तो यह दुखद घटना न घटती। अब अगर आप हमला करनेवालों को पहचान सकें,

तो मैं उन्हें गिरफ्तार करवाने और उन पर मुकदमा चलाने को तैयार हूं। मिस्टर चेम्बरलेन भी यही चाहते हैं।''

मैंने जवाब दिया, ''मुझे किसी पर मुकदमा नहीं चलाना है। हो सकता है, हमला करनेवालों में से एक-दो को मैं पहचान भी लूं, पर उन्हें सजा दिलाने से मुझे क्या मिलेगा? और फिर, मैं हमला करनेवालों को दोषी भी नहीं मानता। उन्हें तो यही बताया गया है कि मैंने हिंदुस्तान में बातें बढ़ा-चढ़ाकर कहीं और नेटाल के गोरों को बदनाम किया है। वे इस बात को मानकर गुस्सा हो गये तो इसमें हैरानी की क्या बात? दोष तो बड़ों का और मुझे कहने की इजाजत दें तो, आपका माना जाना चाहिए। आप लोगों को सही रास्ता दिखा सकते थे, पर आपने भी रायटर के तार को सही माना और यह मान लिया कि मैंने बढ़ा-चढ़ाकर बातें की होंगी। मुझे किसी पर मुकदमा नहीं चलाना है। जब सच्चाई सामने आएगी और लोगों को पता चलेगा, तो वे खुद पछताएंगे।''

''तो आप मुझे यह बात लिखकर दे देंगे? मुझे मिस्टर चेम्बरलेन को इस आशय का तार भेजना पड़ेगा। मैं नहीं चाहता कि आप जल्दीबाजी में कुछ भी लिखकर दे दें। मेरी यही इच्छा है कि आप मिस्टर लाटन से और अपने दूसरे मित्रों से सलाह-मशविरा करके जो उचित जान पड़े सो करें। हां, मैं यह स्वीकार करता हूं कि यदि आप हमला करनेवालों पर मुकदमा नहीं चलाएंगे, तो हर कहीं शांति स्थापित करने में मुझे मदद मिलेगी और आपकी प्रतिष्ठा तो तय है, बढ़ेगी ही।''

मैंने जवाब दिया, ''इस बारे में मैं अपना मन बना चुका हूं। यह तय समझिए कि मुझे किसी पर मुकदमा नहीं चलाना है। ये बात मैं आपको यहीं लिखकर दे देना चाहता हूं।''

यह कहकर मैंने जैसा उन्होंने चाहा वैसा पत्र लिखकर दे दिया।

4. शान्ति

हमले के दो-एक दिन बाद जब मिस्टर एस्कम्ब से मेरी मुलाकात हुई तो मैं पुलिस थाने में ही था। मेरी रक्षा के लिए एक-दो सिपाही मेरे साथ रहते थे, पर दरअसल जब मुझे मिस्टर एस्कम्ब के पास ले जाया गया तब तो रक्षा की ज़रूरत रही नहीं थी।

जिस दिन मैं जहाज से उतरा उसी दिन, अर्थात पीला झण्डा उतरने के बाद तुरंत ही 'नेटाल एडवरटाइज़र' नाम के समाचार पत्र का प्रतिनिधि मुझसे मिलकर गया था। उसने मुझसे कई प्रश्न पूछे थे और उनके उत्तर में मैंने प्रत्येक आरोप का पूरा-पूरा जवाब दे दिया था। सर फीरोज़शाह मेहता के प्रताप से उस समय मैंने हिन्दुस्तान में एक भी भाषण बिना लिखे नहीं दिया था। अपने उन सभी भाषणों और लेखों का संग्रह तो मेरे पास था ही। मैंने वे सब उसे दिखाए और सिद्ध कर दिखाया कि मैंने हिन्दुस्तान में ऐसी एक भी बात नहीं कहीं, जो अधिक कड़े शब्दों में दक्षिण अफ्रीका में मैं पहले न कह चुका होऊं। मैंने यह भी बताया कि 'कुरलैंड' और 'नादरी' के यात्रियों को लाने में मेरा कोई हाथ नहीं था। उनमें अधिकतर तो पुराने ही थे और कई लोग नेटाल में रहनेवाले नहीं थे बल्कि ट्रांसवाल जानेवाले थे। उन दिनों नेटाल में मन्दी चल रही थी। ट्रांसवाल में बहुत अधिक कमाई होती थी। इस कारण अधिकतर हिन्दुस्तानी वहीं जाना पसंद करते थे।

इस खुलासे का और हमलावरों पर मुकदमा दायर करने से मेरे इनकार करने का इतना अधिक असर पड़ा कि गोरे शर्मिंदा हुए। समाचारपत्रों ने मुझे निर्दोष सिद्ध किया और दंगा करनेवालों की निन्दा की। कुल मिलाकर तो मुझे लाभ ही हुआ, और मेरा लाभ मेरे काम का ही लाभ था। इससे भारतीय समाज की प्रतिष्ठा बढ़ी और मेरा मार्ग और आसान हो गया।

तीन या चार दिन ही बाद मैं अपने घर गया और कुछ ही दिनों में व्यवस्थित तरीके से अपना कामकाज करने लगा। इस घटना के कारण मेरी वकालत भी बढ़ गई।

लेकिन यदि इस तरह से हिन्दुस्तानियों की प्रतिष्ठा बढ़ी, तो उनके प्रति गोरों का द्वेष भी बढ़ा। गोरों को लगने लगा कि हिन्दुस्तानियों में मजबूती से लड़ने की शक्ति है। इससे उनका डर और बढ़ गया। नेटाल की विधानसभा में दो कानून पेश हुए। इनसे हिन्दुस्तानियों की कठिनाइयां और बढ़ गईं। एक कानून से भारतीय व्यापारियों के धंधे को नुक़सान पहुंचा, दूसरे से हिन्दुस्तानियों के आने-जाने पर अंकुश लग गया। सौभाग्य से मताधिकार की लड़ाई के समय यह फैसला हो ही चुका था कि हिन्दुस्तानियों के खिलाफ हिन्दुस्तानी के नाते कोई कानून नहीं बनाया जा सकता। मतलब यह कि कानून में रंग-भेद या जाति-भेद नहीं होना चाहिए। इसलिए ये दोनों कानून उनकी भाषा को देखते हुए तो सब पर लागू होते जान पड़ते थे, लेकिन उनका मूल उद्देश्य केवल हिन्दुस्तानी कौम पर दबाव डालना ही था।

इन कानूनों ने मेरा काम बहुत ज्यादा बढ़ा दिया और साथ ही हिन्दुस्तानियों में जागृति भी बढ़ाई। हिन्दुस्तानियों को ये कानून इस तरह समझा दिए गए कि इनकी बारीक-से-बारीक बातों से भी कोई हिन्दुस्तानी अनजान न रह सके। हमने इनके अनुवाद भी प्रकाशित कर दिए। मामला आखिर इंग्लैंड पहुंचा। लेकिन कानून नामंजूर नहीं हुए।

मेरा अधिकतर समय सार्वजनिक काम में ही बीतने लगा। मनसुखलाल नाजर मेरे साथ रहे। उनके नेटाल में होने की बात मैं ऊपर लिख ही चुका हूं। वे सार्वजनिक काम में अधिक हाथ बंटाने लगे, जिससे मेरा काम कुछ हलका हो गया।

मेरी अनुपस्थिति में सेठ आदमजी मियांखान ने अपने मंत्री पद पर खूब जमकर काम किया था। उन्होंने सदस्य बढ़ाए थे और स्थानीय कांग्रेस के कोष में लगभग एक हजार पौंड की वृद्धि की थी। यात्रियों पर हुए हमले के कारण और ऊपर बताए कानूनों के कारण जो जागृति पैदा हुई, उससे मैंने इस वृद्धि में भी और आगे बढ़ाने का विशेष प्रयास किया और कोष में लगभग पांच हजार पौंड जमा हो गए। मेरे मन में यह लोभ था कि यदि कांग्रेस का स्थायी कोष हो जाए, उसके लिए ज़मीन ले ली जाए और उसका किराया आने लगे तो कांग्रेस की हिम्मत और बढ़ेगी। सार्वजनिक संस्था का यह मेरा पहला अनुभव था। मैंने अपना विचार साथियों के सामने रखा। सबने इसका स्वागत किया। इमारतें खरीदी गईं और वे किराये पर उठा दी गईं। उनके किराये से कांग्रेस का मासिक खर्च आसानी से चलने लगा। संपत्ति का मज़बूत ट्रस्ट बन गया। वह संपत्ति आज भी मौजूद है, पर अंदर ही अंदर वह आपसी कलह का कारण बन गई है और जायदाद का किराया आजकल अदालत में जमा होता है।

यह दुखद घटना तो मेरे दक्षिण अफ्रीका छोड़ने के बाद घटी, लेकिन सार्वजनिक संस्थाओं के लिए स्थायी कोष बनाने के बारे में मेरे विचार दक्षिण अफ्रीका में ही बदल चुके

थे। कई सार्वजनिक संस्थाओं को शुरू करने और उनके प्रबंध की जिम्मेदारी संभालने के बाद मैं इस दृढ़ निश्चय पर पहुंचा हूं कि किसी भी सार्वजनिक संस्था को स्थायी कोष पर ही फलने-फूलने का प्रयास नहीं करना चाहिए। इसमें उसकी नैतिक अधोगति का बीज छुपा रहता है।

सार्वजनिक संस्था का अर्थ है, लोगों की स्वीकृति और लोगों के धन से चलनेवाली संस्था। ऐसी संस्था को जब लोगों की सहायता न मिले, तो उसे जीवित रहने का अधिकार ही नहीं रहता। देखा यह गया है कि स्थायी संपत्ति के भरोसे चलनेवाली संस्था लोकमत से स्वतंत्र हो जाती है और कितनी ही बार वह विपरीत आचरण भी करती है। हिन्दुस्तान में हमें पग-पग पर इसका अनुभव होता रहा है। कितनी ही धार्मिक मानी जानेवाली संस्थाओं के हिसाब-किताब का कोई ठिकाना ही नहीं रहता। उनके ट्रस्टी ही उनके मालिक बने बैठे हैं और वे किसी के प्रति उत्तरदायी भी नहीं हैं। मुझे इसमें कोई शक नहीं है कि जिस तरह प्रकृति खुद प्रतिदिन उत्पन्न करती और प्रतिदिन खाती है, वैसी ही व्यवस्था सार्वजनिक संस्थाओं की भी होनी चाहिए। जिस संस्था को लोग मदद देने के लिए तैयार न हों, उसे सार्वजनिक संस्था के रूप में जीवित रहने का अधिकार ही नहीं है। प्रतिवर्ष मिलनेवाला चन्दा ही उन संस्थाओं की अपनी लोकप्रियता और उनके संचालकों की ईमानदारी की कसौटी है, और मेरी यह राय है कि हर एक संस्था को इस कसौटी पर कसा जाना चाहिए।

मेरे यह सब लिखने से कोई गलतफहमी नहीं होनी चाहिए। यह टिप्पणी उन संस्थाओं पर लागू नहीं होती, जिन्हें भवन इत्यादि की ज़रूरत होती है। सार्वजनिक संस्थाओं के दैनिक खर्च का आधार लोगों से मिलनेवाला चन्दा ही होना चाहिए।

ये विचार दक्षिण अफ्रीका के सत्याग्रह के दिनों में और गहरे हुए। छह वर्षों की वह महान लड़ाई स्थायी कोष के बिना चली, हालांकि उसके लिए लाखों रुपयों की ज़रूरत थी। मुझे ऐसे अवसरों की याद है कि जब अगले दिन का खर्च कहां से आएगा, इसकी मुझे खबर नहीं होती थी। लेकिन आगे जिन विषयों की चर्चा की जानेवाली है, उनका उल्लेख यहां नहीं करूंगा। पाठकों को मेरे इस मत का समर्थन इस कथा में उचित प्रसंग पर यथास्थान मिल जाएगा।

5. बच्चों की शिक्षा

सन् 1897 की जनवरी में मैं जब डरबन में उतरा था, तब मेरे साथ तीन बच्चे थे। मेरा भानजा लगभग दस वर्ष की उमर का, मेरा बड़ा लड़का नौ वर्ष का और दूसरा लड़का पांच वर्ष का। प्रश्न था कि इन सबको कहां पढ़ाया जाए?

मैं अपने बच्चों को गोरों के लिए चलनेवाले स्कूल में भेज सकता था, लेकिन वह केवल मेहरबानी और अपवादस्वरूप होता। दूसरे, सब हिन्दुस्तानी बच्चे वहां पढ़ नहीं सकते थे। हिन्दुस्तानी बच्चों को पढ़ाने के लिए ईसाई मिशन के स्कूल थे, लेकिन मैं उनमें अपने बच्चों को भेजने के लिए तैयार न था। वहां दी जानेवाली शिक्षा मुझे पसन्द नहीं थी। वहां गुजराती माध्यम से शिक्षा मिलती ही कहां से? सारी शिक्षा अंग्रेज़ी में ही दी जाती थी,

या बहुत कोशिश की जाती, तो अशुद्ध तमिल या हिन्दी में दी जा सकती थी। लेकिन इन और ऐसी अन्य खामियों को सहन करना मेरे बस में नहीं था।

मैं खुद बच्चों को पढ़ाने की थोड़ी-बहुत कोशिश करता था। लेकिन ये बहुत अनियमित था। मैं अपनी रुचि के अनुकूल गुजराती शिक्षक खोज न सका।

मैं परेशान हुआ। मैंने ऐसे अंग्रेज़ी शिक्षक के लिए विज्ञापन दिया, जो बच्चों को मेरी रुचि के अनुकूल पढ़ा सके। मैंने सोचा कि इस तरह जो शिक्षक मिलेगा उसके द्वारा थोड़ी नियमित शिक्षा होगी और बाकी मैं खुद, जैसे भी बन पड़ेगी, दूंगा। एक अंग्रेज़ महिला को 7 पौंड के वेतन पर रखकर गाड़ी कुछ आगे बढ़ाई।

बच्चों के साथ मैं केवल गुजराती में ही बात करता था। इससे उन्हें थोड़ी-बहुत गुजराती सीखने को मिल जाती थी। मैं उन्हें स्वदेश भेजने के लिए तैयार न था। उस समय भी मेरा यह खयाल था कि छोटे बच्चों को माता-पिता से अलग नहीं रहना चाहिए। सुव्यवस्थित घर में बच्चों को जो शिक्षा सहज ही मिल जाती है, वह छात्रालयों में नहीं मिल सकती। इसलिए बच्चे ज्यादातर समय मेरे साथ ही रहे। भानजे और बड़े बेटे को मैंने कुछ महीनों के लिए देश में अलग-अलग छात्रालयों में ज़रूर भेजा, लेकिन वहां से उन्हें तुरंत वापस बुला लिया था। बाद में मेरा बड़ा बेटा, वयस्क होने पर, अपनी इच्छा से अहमदाबाद के हाईस्कूल में पढ़ने के लिए दक्षिण अफ्रीका छोड़कर देश चला गया था। अपने भानजे को जो शिक्षा मैं दे सका, उससे उसे संतोष था, ऐसा मैं मान सकता हूं। भरी जवानी में कुछ ही दिनों की बीमारी के बाद, उसका देहान्त हो गया। मेरे दूसरे तीन बेटे कभी किसी स्कूल में गए ही नहीं। दक्षिण अफ्रीका के सत्याग्रह के सिलसिले में मैंने जो विद्यालय खोला था, उसमें उन्होंने थोड़ी-बहुत नियमित पढ़ाई की थी।

मेरे ये प्रयोग अधूरे थे। बच्चों को मैं खुद जितना समय देना चाहता था उतना दे नहीं सका। इस कारण से और दूसरे कारणों से मैं अपनी इच्छा के अनुसार उन्हें अक्षर-ज्ञान नहीं दे पाया। इसके लिए मेरे सभी बच्चों को मुझसे थोड़ी बहुत शिकायत भी रही है, क्योंकि जब भी वे किसी 'बी.ए.', 'एम.ए.' और 'मैट्रिक्युलेट' के भी संपर्क में आते, तब उन्हें ये कमी बहुत सालती कि वे खुद किसी स्कूल में नहीं पढ़ पाए हैं।

इस पर भी मेरी अपनी राय यही है कि जो अनुभव-ज्ञान उन्हें मिला है, माता-पिता का जो संपर्क वे पा सके हैं, स्वतंत्रता का जो मूल पाठ उन्हें सीखने को मिला है, वह सब उन्हें न मिलता अगर मैंने उन्हें किसी भी तरह के स्कूल में भेजने की बात मान ली होती। उनके बारे में आज मैं जितना बेफिक्र हूं तब न होता। और जो सादगी तथा सेवा-भाव उन्होंने सीखे हैं वे मुझसे अलग रहकर इंग्लैंड में या दक्षिण अफ्रीका में शिक्षा पा करके वे सीख न पाते; बल्कि उनका बनावटी रहन-सहन देश के प्रति मेरे काम में मेरे लिए शायद रुकावट ही डालता।

हालांकि मैं उन्हें जितना चाहता था उतना अक्षर-ज्ञान नहीं दे सका, तो भी जब मैं अपने पिछले बरसों पर निगाह डालता हूं तो मेरे मन में यह खयाल नहीं आता कि जहां तक हो सका, मैंने उनके प्रति अपने धर्म का पालन नहीं किया और न ही मुझे उसके लिए पश्चात्ताप ही होता है। इसके विपरीत, अपने बड़े बेटे के बारे में मैं जो दुखद परिणाम देखता हूं तो मुझे हमेशा ही लगा है कि वह मेरे अधकचरे अतीत की गूंज है। अगर मेरे

बच्चे बैरिस्टर आदि की डिग्री पाते तो क्या बुरा होता? मुझे उनके पंख काट देने का क्या अधिकार था? मैंने उन्हें ऐसी स्थिति में क्यों नहीं रखा कि वे उपाधियां पाकर मनचाहा जीवन-मार्ग पसन्द कर सकते? इस तरह के तर्क मेरे कितने ही मित्रों ने मेरे सामने रखे हैं।

मुझे इन तर्कों में कोई दम नहीं दिखाई दिया। मैं अनेक विद्यार्थियों के सम्पर्क में आया हूं। दूसरे बच्चों पर मैंने दूसरे प्रयोग भी किए हैं, या कराने में सहायक हुआ हूं। उनके नतीजे भी मैंने देखे हैं। वे बच्चे और मेरे लड़के आज एक ही उम्र के हैं। मैं नहीं मानता कि वे मनुष्यता में मेरे बेटों से आगे बढ़े हुए हैं, या उनसे मेरे बेटे कुछ अधिक सीख सकते हैं।

फिर भी, एक बात तो है कि मेरे प्रयोग का अंतिम परिणाम तो भविष्य ही बता सकता है। यहां इस विषय की चर्चा करने का प्रयोजन तो यह है कि मनुष्य-जाति के विकास का अध्ययन करनेवाले लोग गृह-शिक्षा और स्कूली शिक्षा के भेद का और माता-पिता द्वारा अपने जीवन में किए हुए बदलावों का उनके बच्चों पर जो असर पड़ता है उसका कुछ अन्दाजा लगा सकें।

इसके अलावा, इस अध्याय का एक उद्देश्य यह भी है कि सत्य का पुजारी इस प्रयोग से यह देख सके कि सत्य की आराधना उसे कहां तक ले जाती है, और स्वतंत्रता देवी का उपासक यह देख सके कि वह देवी कैसा बलिदान चाहती है। बच्चों को अपने साथ रखते हुए भी अगर मैंने स्वाभिमान का त्याग किया होता, दूसरे भारतीय बच्चे जिसे न पा सकें, उसकी अपने बच्चों के लिए इच्छा न रखने का विचार न पाला होता, तो मैं अपने बच्चों को अक्षर-ज्ञान ज़रूर दे सकता था। लेकिन उस दशा में स्वतंत्रता और स्वाभिमान का जो मूल पाठ वे सीखे वह न सीख पाते। और जहां स्वतंत्रता तथा अक्षर-ज्ञान के बीच ही चयन करना हो, वहां कौन कहेगा कि स्वतंत्रता अक्षर-ज्ञान से हजार गुनी अधिक अच्छी नहीं है?

सन् 1920 में मैंने जिन नौजवानों को स्वतंत्रता छीननेवाले स्कूलों और कॉलेजों को छोड़ने का आह्वान किया था, और मैंने जिनसे कहा था कि स्वतंत्रता के लिए निरक्षर रहकर आम रास्ते पर गिट्टी तोड़ना गुलामी में रहकर अक्षर-ज्ञान पाने से कहीं अच्छा है, वे शायद अब मेरी बात के मर्म को समझ सकेंगे।

6. सेवा-भाव

वकालत का मेरा काम ठीकठाक चल रहा था, लेकिन मुझे उससे संतोष नहीं होता था। मेरे मन में मन्थन चलता ही रहता था कि जीवन अधिक सादा होना चाहिए और कुछ शारीरिक सेवा-कार्य होना चाहिए।

ऐसे में, एक दिन कोढ़ से पीड़ित एक अपंग आदमी मेरे घर आया। मेरा दिल नहीं माना कि उसे सिर्फ़ खाना खिलाकर विदा कर दूं। मैंने उसे एक कोठरी में ठहराया, उसके घाव साफ किए और उसकी सेवा की।

लेकिन ये व्यवस्था बहुत दिन तक तो चल नहीं सकती थी। उसे हमेशा के लिए घर में रखने की सुविधा मेरे पास नहीं थी और न मुझमें इतनी हिम्मत ही थी। इसलिए मैंने उसे गिरमिटियों के लिए चलनेवाले एक सरकारी अस्पताल में भिजवा दिया।

लेकिन इससे मेरी तसल्ली न हुई। मन में हमेशा यह विचार बना रहता कि सेवा-सुश्रूषा का ऐसा कुछ काम मैं हमेशा करता रहूं, तो कितना अच्छा हो! डॉक्टर बूथ सेण्ट एडम्स मिशन के मुखिया थे। वे हमेशा अपने पास आनेवालों को मुफ्त दवा दिया करते थे। बहुत भले और दयालु आदमी थे। पारसी रुस्तमजी की दानशीलता के कारण डॉक्टर बूथ की देखरेख में एक बहुत छोटा-सा अस्पताल खुला। मेरी बहुत इच्छा हुई कि मैं इस अस्पताल में नर्स का काम करूं। उसमें दवा देने के लिए एक से दो घंटों का काम रहता था। इस काम के लिए दवा बनाकर देनेवाले किसी वेतनभोगी आदमी की या स्वयंसेवक की ज़रूरत थी। मैंने यह काम अपने जिम्मे लेने और अपने समय में से इतना समय निकालने का फैसला किया। वकालत का मेरा बहुत-सा काम तो दफ्तर में बैठकर सलाह देने, दस्तावेज तैयार करने या झगड़ों का निपटारा कराने का होता था। कुछ मामले मजिस्ट्रेट की अदालत में जाते थे। उनमें से ज्यादातर मामले विवादास्पद नहीं होते थे। ऐसे मामलों को चलाने की जिम्मेदारी मिस्टर खान ने, जो मेरे बाद आए थे और जो उस समय मेरे साथ ही रहते थे, अपने सिर पर ले ली और मैं उस छोटे-से अस्पताल में काम करने लगा।

रोज़ सवेरे ही वहां जाना होता था। आने-जाने में और अस्पताल का काम करने में रोज़ाना लगभग दो घंटे लगते थे। इस काम से मुझे थोड़ी शांति मिली। मेरे जिम्मे जो काम था वह बीमार की हालत समझकर उसे डॉक्टर को समझाने और डॉक्टर की लिखी दवा तैयार करके बीमार को देने का था। इस काम से मैं दुखी और बीमार हिन्दुस्तानियों के निकट संपर्क में आया। उनमें से ज्यादातर तमिल, तेलुगू या उत्तर भारत के गिरमिटिया होते थे।

यह अनुभव मेरे लिए भविष्य में बहुत उपयोगी सिद्ध हुआ। बोअर-युद्ध के समय घायलों की सेवा-सुश्रूषा के काम में और दूसरे बीमारों की सेवा में मुझे इससे बड़ी मदद मिली।

बच्चों के पालन-पोषण का प्रश्न तो मेरे सामने था ही। दक्षिण अफ्रीका में मेरे दो बच्चे और हुए। उन्हें किस तरह से पाल-पोसकर बड़ा किया जाए, इस प्रश्न को हल करने में मुझे इस काम ने मदद की। मेरा स्वतंत्र स्वभाव मेरी कड़ी परीक्षा लेता था, और आज भी लेता है। हम पति-पत्नी ने तय किया था कि प्रसूति आदि के काम शास्त्रीय रीति से करेंगे। इसलिए हालांकि डॉक्टर और नर्स के लिए कह दिया गया था, तो भी प्रश्न था कि कहीं ऐन मौके पर डॉक्टर न मिला और कहीं दाई ही भाग गई, तो मेरी क्या हालत होगी? दाई तो हिन्दुस्तानी ही रखनी थी। पढ़ी-लिखी सयानी हिन्दुस्तानी दाई हिन्दुस्तान में भी मुश्किल से मिलती है, तब दक्षिण अफ्रीका की तो बात ही क्या कही जाए? इसलिए मैंने जचगी के लिए सारी ज़रूरी बातें सीख लीं। डॉक्टर त्रिभुवन दास की 'माने शिखामण' (मां को सीख) नाम की किताब मैंने पढ़ डाली। यह कहा जा सकता है कि उसमें अपने हिसाब से ज़रूरी बदलाव लागू करके अपने आखिरी दो बच्चों को मैंने खुद पाला-पोसा। हर बार दाई की मदद कुछ ही समय के लिए ली—दो महीने से ज्यादा तो ली ही नहीं; वह भी खास तौर पर पत्नी की सेवा के लिए ही। बच्चों को नहलाने-धुलाने का काम शुरू में मैंने ही किया।

आखिरी बच्चे के जन्म के समय मेरी पूरी-पूरी परीक्षा हो गई। पत्नी को प्रसव-वेदना अचानक ही शुरू हुई। डॉक्टर घर पर न थे। दाई को बुलवाना था। वह पास होती तो भी उससे प्रसव कराने का काम न हो पाता। अतः प्रसव के समय का सारा काम मुझे अपने

ही हाथों से करना पड़ा। सौभाग्य से मैंने इस विषय को 'माने शिखामण' किताब में ध्यान से पढ़ लिया था, इसलिए मुझे कोई घबराहट नहीं हुई।

मैंने देखा कि अपने बच्चों के ठीक-ठाक लालन-पालन के लिए माता-पिता, दोनों को बच्चे पालने और उनकी देखभाल का सारा काम सीख लेना चाहिए। चूंकि मैं इस विषय को जानता था, इसलिए पग-पग पर मुझे अपने सतर्क कार्यों का लाभ मिलता रहा। मेरे बच्चे आज जिस सामान्य स्वास्थ्य का लाभ उठा रहे हैं, उसे वे उठा न पाते, अगर मैंने इस विषय का सामान्य ज्ञान पाकर उस पर अमल न किया होता। हम लोगों में यह भ्रम फैला हुआ है कि पहले पांच वर्षों में बच्चे को कुछ सिखाने-पढ़ाने की ज़रूरत ही नहीं होती। लेकिन सच तो यह है कि पहले पांच बरसों में ही बच्चे को जो मिलता है वह बाद में कभी नहीं मिलता। मैं यह बात अनुभव से कह सकता हूं कि बच्चे की शिक्षा मां के पेट से ही शुरू होती है। माता-पिता की गर्भकाल की शारीरिक और मानसिक स्थिति का प्रभाव बच्चे पर पड़ता है। मां की गर्भ के समय की प्रकृति और मां के आहार-विहार के अच्छे-बुरे फलों की विरासत लेकर बच्चा जन्म लेता है। जन्म के बाद वह माता-पिता का अनुकरण करने लगता है और चूंकि वह खुद असहाय होता है, इसलिए उसके विकास का आधार माता-पिता पर रहता है।

जो समझदार दम्पति इन बातों पर विचार करेंगे वे पति-पत्नी के संसर्ग को कभी भी विषय-वासना की तृप्ति का साधन नहीं बनाएंगे, बल्कि जब उन्हें संतान की इच्छा होगी तभी सहवास करेंगे। रति-सुख एक स्वतंत्र वस्तु है, इस धारणा में मुझे तो घोर अज्ञान ही दिखाई पड़ता है। जनन-क्रिया पर संसार के अस्तित्व का आधार है। संसार ईश्वर की लीलाभूमि है, उसकी महिमा का प्रतिबिम्ब है। उसके विधिवत विकास के लिए ही रति-क्रिया बनी, इस बात को समझनेवाला मनुष्य विषय-वासना को बहुत कोशिश करके भी नियंत्रण में रखेगा और रति-सुख के कारण होनेवाली संतति की शारीरिक, मानसिक और आध्यात्मिक रक्षा के लिए जो ज्ञान पाने की ज़रूरत हो, उसे पाकर उसका लाभ अपनी संतान को देगा।

7. ब्रह्मचर्य-I

अब ब्रह्मचर्य के विषय में कुछ विचार करने का समय आ गया है। एक पत्नी-व्रत का तो विवाह के समय से ही मेरे हृदय में स्थान था। पत्नी के प्रति वफादारी सत्य के प्रति मेरी निष्ठा का अंग थी। लेकिन अपनी पत्नी के साथ भी ब्रह्मचर्य का पालन करना चाहिए, इसका स्पष्ट बोध मुझे दक्षिण अफ्रीका में ही हुआ। किस प्रसंग से या किस किताब के प्रभाव से यह विचार मेरे मन में आया, सो आज मुझे ठीक से याद नहीं आता। इतना ही याद है कि इसमें रायचन्द भाई का प्रभाव मुख्य रूप से काम कर रहा था।

उनके साथ हुआ एक संवाद मुझे याद आता है। एक बार मैं ग्लैडस्टन के प्रति मिसेज ग्लैडस्टन के प्रेम की प्रशंसा कर रहा था। मैंने कहीं पढ़ा था कि पार्लियामेंट की सभा में भी मिसेज ग्लैडस्टन अपने पति को चाय बनाकर पिलाती थीं। इस स्थिति का पालन इस अनुशासन-बद्ध दम्पत्ति के जीवन का एक नियम बन गया था। मैंने कवि को वह प्रसंग

पढ़कर सुनाया और उसके संदर्भ में दम्पत्ति प्रेम की प्रशंसा की। रायचन्द भाई बोले, ''इसमें तुम्हें महत्त्व की कौन-सी बात लगी? मिसेज ग्लैडस्टन का पत्नीत्व या उनका सेवा-भाव? यदि वे ग्लैडस्टन की बहन होतीं तो? या उनकी वफादार नौकरानी होतीं और उतने ही प्रेम से चाय देतीं तो? ऐसी बहनों, ऐसी नौकरानियों के उदाहरण क्या हमें आज नहीं मिलते? और, नारी-जाति के बदले ऐसा प्रेम यदि तुमने पुरुष-जाति में देखा होता, तो क्या तुम्हें सुखद आश्चर्य न होता? मेरे इस कथन पर विचार करना।''

रायचन्द भाई खुद विवाहित थे। याद आता है कि उस समय तो मुझे उनके ये वचन कठोर लगे थे, लेकिन इन वचनों ने मुझे चुम्बक की तरह जकड़ लिया। मुझे लगा कि पुरुष सेवक की ऐसी स्वामी-भक्ति का मूल्य पत्नी की पति-निष्ठा के मूल्य से हज़ार गुना अधिक है। पति-पत्नी में एकता होती है, इसलिए उनमें परस्पर प्रेम हो तो कोई अचरज नहीं। मालिक और नौकर के बीच वैसा प्रेम प्रयासपूर्वक विकसित करना होता है। दिन-पर-दिन कवि के वचनों की शक्ति मेरी दृष्टि में बढ़ती गई।

मैंने अपने-आपसे पूछा—मुझे अपनी पत्नी के साथ कैसा सम्बन्ध रखना चाहिए? पत्नी को विषय-भोग का साधन बनाने में पत्नी के प्रति वफादारी कहां रहती है? जब तक मैं विषय-वासना के अधीन रहता हूं, तब तक तो मेरी वफादारी का मूल्य साधारण ही माना जाएगा। यहां मुझे यह कहना चाहिए कि हमारे आपस के सम्बन्ध में पत्नी कभी मुझ पर भारी नहीं पड़ी। इस दृष्टि से मैं जब चाहता तभी मेरे लिए ब्रह्मचर्य का पालन कर पाना सुलभ था। मेरी कमज़ोरी या मेरी आसक्ति ही मुझे रोक रही थी।

जाग्रत होने के बाद भी दो बार तो मैं विफल ही रहा। प्रयास करता लेकिन गिर पड़ता। प्रयास में मुख्य उद्देश्य ऊंचा नहीं था। मुख्य उद्देश्य था, संतानोत्पत्ति को रोकना। उसके बाहरी उपचारों के बारे में मैंने इंग्लैंड में कुछ पढ़ा था। डॉक्टर एलिन्सन के इन उपायों के प्रचार का उल्लेख मैं शाकाहारविषयक अध्याय में कर चुका हूं। उसका थोड़ा और क्षणिक प्रभाव मुझ पर पड़ा था। पर मिस्टर हिल्स ने उसका जो विरोध किया था और आंतरिक साधन के—संयम के—समर्थन में जो कहा था, उसका प्रभाव मुझ पर बहुत अधिक पड़ा और अनुभव से वह चिरस्थायी बन गया। इसलिए, संतानोत्पत्ति की ज़रूरत नहीं है, यह बात ध्यान में आते ही मैंने संयम-पालन का प्रयास शुरू कर दिया।

संयम-पालन की कठिनाइयों की कोई सीमा न थी। हमने अलग चारपाइयां रखीं। रात में पूरी तरह थकने के बाद ही सोने की कोशिश करते। इन सारे प्रयासों का कोई खास नतीजा मैं तुरंत नहीं देख सका। लेकिन आज अपने अतीत पर निगाह डालते हुए देखता हूं कि इन सब प्रयासों ने मुझे अपने अंतिम फैसले पर डटे रहने का बल दिया।

अंतिम फैसला तो मैं सन् 1906 में ही कर सका था। उस समय सत्याग्रह शुरू नहीं हुआ था। मुझे उसका सपना तक नहीं आया था। बोअर-युद्ध के बाद नेटाल में जुलू 'विद्रोह' हुआ। उस समय मैं जोहान्सबर्ग में वकालत करता था। लेकिन मैंने पाया कि इस 'विद्रोह' के मौके पर भी मुझे अपनी सेवा नेटाल सरकार को अर्पण करनी चाहिए। मैंने सेवा अर्पण की और वह मान ली गई। उसके बारे में आगे बात करेंगे। लेकिन इस सेवा के सिलसिले में मेरे मन में संयम-पालन के तीव्र विचार कुलबुलाने लगे। अपने स्वभाव के अनुसार मैंने साथियों से इसकी चर्चा की। मैंने अनुभव किया कि संतानोत्पत्ति और संतान

का लालन-पालन सार्वजनिक सेवा की विरोधी बातें हैं। इस 'विद्रोह' में शामिल होने के लिए मुझे जोहान्सबर्ग की अपनी गृहस्थी उजाड़ देनी पड़ी थी। टीमटाम से बसाए गए घर को और साजो-सामान को, जिसे बसाए मुश्किल से एक महीना बीता होगा, मैंने छोड़ दिया। बीवी-बच्चों को फीनिक्स में रखा और मैं डोली उठानेवालों की टुकड़ी लेकर निकल पड़ा। कठिन यात्रा करते हुए मैंने पाया कि यदि मुझे लोक सेवा में ही डूबना हो, तो पुत्रेषणा और वित्तेषणा का यानी संतान के मोह और धन के मोह का त्याग करना चाहिए और वानप्रस्थ-धर्म का पालन करना चाहिए।

'विद्रोह' में तो मुझे डेढ़ महीने से ज्यादा का समय नहीं देना पड़ा, लेकिन इन छह हफ्तों का ये समय मेरे जीवन का बेहद मूल्यवान समय था। इस समय मैंने व्रत के महत्त्व को गहराई से समझा। मैंने देखा कि व्रत बंधन नहीं होता बल्कि स्वतंत्रता का द्वार होता है। आज तक मुझे अपने प्रयासों में वांछित सफलता न मिलने का कारण यही था कि मैं अपने निश्चयों में दृढ़ नहीं होता था। मुझे अपनी शक्ति पर विश्वास नहीं था, ईश्वर की कृपा पर विश्वास नहीं था, और इस कारण मेरा मन कई तरह की उलझनों में और विकारों की भंवर में डोलता रहता था। मैंने देखा कि व्रत का पालन न करने से इन्सान मोह में पड़ता है। और व्रत का पालन करने का प्रयास करने से बंधे होने का सुख व्यभिचारों से छुटकारा दिलाता ही है, इसकी तुलना एक पत्नीव्रत से की जा सकती है। यह वचन निर्बलता की निशानी है, और इसमें सूक्ष्म रूप से भोग की वासना छिपी होती है। जो वस्तु त्याज्य है, उसका सर्वथा त्याग करने में भला हानि कैसे हो सकती है? जो सांप मुझे डंसने वाला है, उसका त्याग मैं निश्चयपूर्वक करता हूं, त्याग का केवल प्रयास नहीं करता। मैं जानता हूं कि केवल प्रयास के भरोसे रहने में मृत्यु ही होनेवाली है। केवल प्रयास में सांप की विकरालता के स्पष्ट ज्ञान का अभाव है। इसी तरह जिस वस्तु के त्याग का हम केवल प्रयास करते हैं उस वस्तु के त्याग के औचित्य के बारे में हमें स्पष्ट रूप से बोध नहीं हुआ है, यही सिद्ध होता है। 'आगे चलकर मेरे विचार बदल जाएं तो?' ऐसी शंका करके हम प्रायः व्रत लेने से डरते हैं। इस विचार में स्पष्ट दर्शन का अभाव ही है। इसीलिए निष्कुलानन्द ने कहा है—

'त्याग न टके रे वैराग बिना'

जहां किसी वस्तु के प्रति संपूर्ण वैराग्य पैदा हो गया है, वहां उसके विषय में व्रत लेना ज़रूरी हो जाता है।

8. ब्रह्मचर्य-II

खूब अच्छी तरह से चर्चा करने और गहराई से सोचने-विचारने के बाद सन् 1906 में मैंने ब्रह्मचर्य के व्रत के पालन का फैसला लिया। व्रत लेने के दिन तक मैंने अपनी पत्नी के साथ सलाह नहीं की थी; लेकिन व्रत लेते समय की। उसने इस बात को लेकर मेरा कोई विरोध नहीं किया।

यह व्रत मेरे लिए बहुत कठिन सिद्ध हुआ। मेरी शक्ति कम थी। मैं सोचता रहता कि विकारों को किस तरह से दबा सकूंगा। अपनी पत्नी के साथ विकारयुक्त संबंध का त्याग

मुझे एक अनोखी बात मालूम होती थी। फिर भी मैं यह साफ देख सकता था कि यही मेरा कर्तव्य है। मेरी नीयत साफ थी। मैं यह सोचकर कि भगवान मुझे शक्ति देगा, इसमें कूद पड़ा।

आज बीस बरस बाद उस व्रत की बात याद करते हुए मुझे सुखद आश्चर्य होता है। संयम का पालन करने की आदत तो मुझमें 1901 से ही बनी हुई थी, और मैं संयम का पालन कर भी रहा था; लेकिन जिस स्वतंत्रता और आनंद का उपभोग मैं अब करने लगा, मुझे याद नहीं आता कि 1906 से पहले मुझे ऐसे आनंद की अनुभूति हुई हो। कारण ये था कि तब मैं वासना के जाल में फंसा हुआ था। किसी भी समय उसके वश हो सकता था। अब वासना के चंगुल से मैं मुक्त हो चुका था।

साथ ही, मैं अब ब्रह्मचर्य की महिमा को और अधिक गहराई से समझने लगा। व्रत मैंने फीनिक्स में लिया था। घायलों की सेवा-सुश्रूषा के काम से छुट्टी पाने पर मैं फीनिक्स गया था। वहां से मुझे तुरंत जोहान्सबर्ग जाना था। मैं वहां गया और एक महीने के अंदर ही सत्याग्रह की लड़ाई शुरू हो गई। मानो यह ब्रह्मचर्य-व्रत मुझे उसके लिए तैयार करने ही आया हो। सत्याग्रह की रूपरेखा क्या होगी, इसकी कोई कल्पना मैंने पहले से नहीं कर रखी थी। सत्याग्रह का उत्स अचानक और किसी की भी इच्छा के विपरीत हो गया। लेकिन मैंने देखा कि उससे पहले के मेरे सारे कदम—फीनिक्स जाना, जोहान्सबर्ग का भारी घर-खर्च कम कर देना और अंत में ब्रह्मचर्य-व्रत पालन करने के बारे में फैसला करना—मानो सब उसकी तैयारी के रूप में ही थे।

ब्रह्मचर्य के संपूर्ण पालन का अर्थ है, ब्रह्म-दर्शन। यह ज्ञान मुझे किसी शास्त्र से नहीं हुआ। यह अर्थ मेरे सामने धीरे-धीरे अनुभव-सिद्ध होता गया। उससे संबंध रखनेवाले शास्त्र वाक्य मैंने बाद में पढ़े। ब्रह्मचर्य में शरीर-रक्षण, बुद्धि-रक्षण और आत्मा का रक्षण समाहित है, इसे मैं व्रत लेने के बाद दिन-प्रतिदिन और अधिक महसूस करने लगा। अब ब्रह्मचर्य को एक घोर तपश्चर्या के रूप में रहने देने के बदले उसे रसमय बनाना था, उसी के सहारे निभाना था, इसलिए अब ब्रह्मचर्य मेरे सामने नित-नए रूप धरकर आने लगा।

इस तरह से हालांकि मैं इस व्रत में से नया रसपान कर रहा था, तो भी कोई यह न माने कि मुझे उसके कारण होनेवाली कठिनाइयों से दो-चार नहीं होना पड़ता था। अब मैं छप्पन बरस का होने को आया। फिर भी, इसकी कठोरता का अनुभव तो मुझे होता ही है। यह एक ऐसा व्रत है जिससे आप पूरी तरह पार नहीं पा सकते। ये बात मैं पूरी गहराई से समझ रहा हूं और निरंतर जागृति की ज़रूरत महसूस करता हूं।

ब्रह्मचर्य का पालन करना हो तो मैंने खुद अनुभव किया है कि यदि स्वाद को जीत लिया जाए, तो ब्रह्मचर्य का पालन बहुत आसान हो जाता है। इस कारण अब से बाद के मेरे आहार-संबंधी प्रयोग केवल शाकाहार की दृष्टि से नहीं, बल्कि ब्रह्मचर्य की दृष्टि से होने लगे। मैंने प्रयोग करके अनुभव किया कि आहार थोड़ा हो, सादा हो, बिना मिर्च-मसाले का हो और यदि हो सके, तो बिना पकाया हुआ हो। ब्रह्मचारी का आहार—सबसे पहले आपको स्वाद की इंद्रिय पर नियंत्रण रखना होगा। इसे अपने विषय में तो मैंने छह वर्ष तक प्रयोग करके देखा है। जब मैं सूखे और हरे पके फलों का ही आहार लिया करता था तब जिस निर्विकार अवस्था का अनुभव मैंने किया, वैसा अनुभव आहार में परिवर्तन

करने के बाद मुझे नहीं हुआ। फलाहार के दिनों में ब्रह्मचर्य स्वाभाविक हो गया था। दुग्धाहार के कारण वह कष्ट-साध्य बन गया है। मुझे फलाहार से दुग्धाहार पर क्यों जाना पड़ा, इसकी चर्चा मैं आगे करूंगा। यहां तो इतना ही कहना काफी है कि ब्रह्मचारी के लिए दूध का आहार व्रत-पालन में बाधक होता है, इस विषय में मुझे कोई शंका नहीं है। कोई इसका यह अर्थ न लगाए कि ब्रह्मचारी-मात्र के लिए दूध का त्याग इष्ट है। ब्रह्मचर्य पर आहार का कितना प्रभाव पड़ता है, इसके संबंध में बहुत सारे प्रयोग करने होंगे। दूध के समान स्नायु-पोषक और उतनी ही सरलता से पचनेवाला फलाहार मुझे अभी तक मिला नहीं; और न कोई वैद्य, हकीम या डॉक्टर ऐसे फलों या अन्न बता सका है। दूध से विकार पैदा होते हैं, यह जानते-मानते हुए भी मैं उसके त्याग की सलाह अभी किसी को नहीं दे सकता।

ब्रह्मचर्य के पालन में जिस तरह हम यह देखते हैं कि किस प्रकार का आहार लें, और कितना लें, उसी तरह उपवास के बारे में भी समझना चाहिए। इंद्रियां इतनी बलवान होती हैं कि उन्हें चारों तरफ से, ऊपर से और नीचे से, यों दसों दिशाओं से घेरा जाए तभी वे अंकुश में रहती हैं। हम सब जानते हैं कि आहार के बिना वे काम नहीं कर सकतीं। इसलिए इंद्रिय-दमन के प्रयोजन से स्वेच्छापूर्वक किए गए उपवास से इंद्रिय-दमन में बहुत मदद मिलती है, इसमें मुझे कोई संदेह नहीं। कई लोग उपवास करते हुए भी इसमें सफल नहीं हो पाते। उसका कारण यही है कि उपवास ही सबकुछ कर सकेगा, ऐसा मानकर वे केवल स्थूल उपवास करते हैं और मन से छप्पन भोगों का स्वाद और आनंद लेते रहते हैं। उपवास के दिनों में वे उपवास पूरा होने पर क्या खाएंगे, इसी सोच का स्वाद लेते रहते हैं, और फिर शिकायत करते हैं कि न तो स्वादेंद्रिय का संयम सधा और न ही जननेंद्रिय का। उपवास की सच्ची उपयोगिता वहीं ही है जहां मनुष्य का मन भी देह-दमन में साथ देता है। कहने का अर्थ यह कि मन में विषय-भोग के प्रति विरक्ति आनी चाहिए। विषय की जड़ें तो मन में रहती हैं। उपवास आदि साधने से हालांकि बहुत सहायता मिलती है, फिर भी वह कुल मिलाकर कम ही होती है। कहा जा सकता है कि उपवास करते हुए भी मनुष्य विषयासक्त रह सकता है। लेकिन बिना उपवास के विषयासक्ति को जड़ मूल से मिटाया नहीं जा सकता। इसलिए ब्रह्मचर्य के पालन में उपवास एक ज़रूरी घटक बनकर सामने आता है।

ब्रह्मचर्य का प्रयास करनेवाले कई लोग विफल हो जाते हैं, क्योंकि वे खाने-पीने, देखने-सुनने इत्यादि में गैर-ब्रह्मचारी की तरह रहना चाहते हुए भी ब्रह्मचर्य-पालन की इच्छा रखते हैं। यह प्रयास वैसा ही कहा जाएगा, जैसा गरमी में जाड़े का अनुभव करने का प्रयास। संयमी और संयम का पालन न करनेवाले के बीच और भोगी और त्यागी के जीवन में भेद होना ही चाहिए। बेशक समानता होती है, लेकिन वह ऊपर से देखने-भर की। दोनों के बीच भेद साफ नजर आना चाहिए। आंख का उपयोग दोनों करते हैं। पर ब्रह्मचारी देव-दर्शन करता है, और भोगी नाटक-सिनेमा में लीन रहता है। दोनों कान का उपयोग करते हैं। लेकिन एक ईश्वर-भजन सुनता है, दूसरा कामुक गाने सुनने में रस लेता है। दोनों ही जागरण करते हैं। लेकिन एक जागृत अवस्था में हृदय-मंदिर में विराजे हुए राम की आराधना करता है, दूसरे को नाच-गान की धुन में सोने का होश ही नहीं रहता। दोनों

भोजन करते हैं। लेकिन एक शरीर-रूपी तीर्थ क्षेत्र को निबाहने भर के लिए देह को किराया देता है, दूसरा स्वाद के लिए देह में न जाने क्या-क्या भरकर उसे कचरा कुंडी बना डालता है। इस प्रकार दोनों के आचार-विचार में भेद बना ही रहता है और यह अंतर दिन-दिन बढ़ता जाता है, घटता नहीं।

ब्रह्मचर्य का अर्थ है, मन-वचन-काया से समस्त इंद्रियों का संयम। इस संयम के लिए ऊपर बताए गए त्याग करने पड़ते हैं, इसे मैं दिन-प्रतिदिन अनुभव करता रहा हूं और आज भी कर रहा हूं। त्याग के क्षेत्र की सीमा ही नहीं होती है, जैसे ब्रह्मचर्य की महिमा की कोई सीमा नहीं है। इस तरह का ब्रह्मचर्य थोड़े से प्रयास कर लेने भर से सिद्ध नहीं होता। करोड़ों लोगों के लिए वह सदा केवल आदर्श-रूप ही बना रहेगा। कारण यह है कि प्रयासशील ब्रह्मचारी तो अपनी त्रुटियों का नित्य दर्शन करेगा, अपने अंदर ओने-कोने में छिपकर बैठे हुए विकारों को पहचान भी लेगा और उन्हें निकालने की जुगत भी भिड़ाता रहेगा। जब तक व्यक्ति विचारों पर इतना अंकुश नहीं पा लेता कि इच्छा के बिना एक भी विचार मन में न आए, तब तक ब्रह्मचर्य संपूर्ण ब्रह्मचर्य नहीं कहा जा सकता। विचार-मात्र को तो विकार ही माना जाएगा। उन्हें वश में करने का मतलब है, मन को वश में करना; और मन को वश में करना तो सच कहें तो वायु को वश में करने से भी अधिक कठिन है। फिर भी यदि आत्मा है, तो उसे भी साधा जा सकता है। हमारे मार्ग में कठिनाइयां आकर बाधा डालती ही हैं, इससे कोई यह न मान ले कि हमारा काम असाध्य है। वह परम अर्थ है। और परम अर्थ यदि परम प्रयास की मांग करे तो उसमें आश्चर्य ही क्या?

लेकिन ऐसे ब्रह्मचर्य को केवल प्रयास से ही साधा जा सकता है, इसे मैंने हिन्दुस्तान में वापिस आने के बाद अनुभव किया। कहा जा सकता है कि तब तक मैं मूर्च्छा में था। मैंने यह मान लिया था कि फलाहार से विकार समूल नष्ट हो जाते हैं और तब मैं अभिमानपूर्वक यह मानता था कि अब मेरे लिए कुछ भी करना बाकी नहीं है।

लेकिन इस विचार की तह तक पहुंचने में अभी समय है। इस बीच इतना कह देना काफी है कि ईश्वर-साक्षात्कार के लिए जो लोग मेरी व्याख्यावाले ब्रह्मचर्य का पालन करना चाहते हैं, वे यदि अपने प्रयास के साथ ही ईश्वर पर श्रद्धा रखनेवाले हों, तो उनके लिए निराशा का कोई कारण नहीं रहेगा।

विषया विनिवर्तन्ते निराहारस्य देहिनः।
रसवर्ज रसोऽप्यस्य परं दृष्ट्वा निवर्तते।। (गीता 2, 59)

इसलिए आत्मार्थी के लिए राम-नाम और राम-कृपा ही अंतिम साधन हैं, इस बात का साक्षात्कार मैंने हिन्दुस्तान में ही किया।

9. सादगी

भोगने का आनंद लेना मैंने शुरू तो किया, लेकिन वह टिक न सका। घर के लिए साज-सामान भी जुटाया, लेकिन मेरे मन में उसके प्रति कभी मोह नहीं उपजा। इसलिए घर बसाने के साथ ही मैंने खर्च कम करना शुरू कर दिया। धोबी का खर्च भी ज्यादा लगा। इसके अलावा, धोबी कभी तय समय पर कपड़े नहीं लौटाता था। इसलिए दो-तीन

दर्जन कमीजों और उतने ही कालरों से भी मेरा काम चल नहीं पाता था। कालर मैं रोज़ बदलता था। कमीज़ रोज़ नहीं तो एक दिन छोड़कर बदलता था। इससे खर्च दुगुना हो जाता था। मुझे ये सब बेकार लगा। ये सब सोचकर मैंने धुलाई का सामान जुटाया। धुलाई-कला पर साहित्य पढ़ा और ठीक से कपड़े धोना सीखा। पत्नी को भी सिखाया। काम का कुछ बोझ तो बढ़ा ही, लेकिन नया काम होने से उसे करने में आनन्द भी आता था।

पहली बार अपने हाथों धोये हुए कालर को तो मैं कभी भूल ही नहीं सकता। उसमें कलफ अधिक लग गया था और इस्तरी पूरी गरम नहीं हुई थी। इस पर तुर्रा यह कि कालर के जल जाने के डर से मैंने इस्तरी को अच्छी तरह दबाया भी नहीं था। इससे कालर में कड़ापन तो आ गया, लेकिन उसमें से कलफ झड़ता रहता था! ऐसी हालत में मैं कोर्ट गया और वहां बैरिस्टरों के लिए मज़ाक का पात्र बन गया। लेकिन इस तरह का मज़ाक सह लेने की शक्ति उस समय भी मुझमें काफी थी।

मैंने सफाई देते हुए कहा, ''अपने हाथों कालर धोने का मेरा यह पहला प्रयोग है, इसी वजह से इसमें से कलफ झड़ता है। मुझे इससे कोई तकलीफ नहीं होती; उस पर से मैं आप सब लोगों के लिए हंसी-मज़ाक की इतनी सामग्री जुटा रहा हूं, सो भी मुफ्त में।''

एक मित्र ने पूछा, ''लेकिन क्या धोबियों का अकाल पड़ गया है?''

''यहां धोबी का खर्च मुझसे तो सहन नहीं होता। कालर की कीमत के बराबर धुलाई का खर्चा आ जाता है और इतनी धुलाई देने के बाद भी धोबी की गुलामी सहनी पड़ती है। इसकी तुलना में मैं अपने हाथ से धोना ज्यादा पसंद करता हूं।''

स्वावलम्बन की यह खूबी मैं मित्रों को नहीं समझा सका।

मुझे यह कहने दीजिए कि आखिर धोबी के धंधे में अपने काम लायक कुशलता मैंने पा ही ली थी और घर की धुलाई धोबी की धुलाई से ज़रा-सी भी खराब नहीं होती थी। कालर का कड़ापन और चमक धोबी के धोये कालर से कम नहीं होते थे। गोखले के पास स्वर्गीय महादेव गोविंद रानडे से उपहार के रूप में मिला हुआ दोशाला था। गोखले उस दोशाले को बहुत अधिक जतन से रखते थे और विशेष अवसरों पर ही उसका उपयोग करते थे। जोहान्सबर्ग में उनके सम्मान में जो भोज दिया गया था, वह एक महत्त्वपूर्ण अवसर था। उस अवसर पर उन्होंने जो भाषण दिया, वह दक्षिण अफ्रीका में उनका सबसे बड़ा भाषण था। इस तरह से उस अवसर पर उन्हें अपना दोशाला ओढ़ना था। उसमें सिलवटें पड़ी हुई थीं और उस पर इस्तरी करने की ज़रूरत थी। धोबी का पता लगाकर उससे तुरंत इस्तरी कराना संभव न था। मैंने गोखले से अपनी कला का उपयोग करने देने की अनुमति चाही।

''मैं तुम्हारी वकालत पर तो विश्वास कर लूंगा, पर इस दुशाले पर तुम्हें अपनी धोबी कला का उपयोग नहीं करने दूंगा। इस दुशाले पर तुम दाग लगा दो तो? इसकी कीमत तुम जानते हो?'' ये कहकर अत्यंत उल्लास से उन्होंने भेंट की कथा मुझे सुनाई।

मैंने फिर विनती की और दाग न पड़ने देने की जिम्मेदारी ली। मुझे इस्तरी करने की अनुमति मिली और अपनी कुशलता का प्रमाण-पत्र मुझे मिल गया। अब दुनिया मुझे प्रमाण-पत्र न भी दे तो भी क्या?

जिस तरह मैं धोबी की गुलामी से छूटा, उसी तरह नाई की गुलामी से भी छूटने का मौका मिल गया। हजामत तो इंग्लैंड जानेवाले सभी अपने हाथ से बनाना सीख ही लेते हैं, लेकिन कोई बाल काटना भी सीखता होगा, इसका मुझे खयाल नहीं है। एक बार प्रिटोरिया में मैं एक अंग्रेज़ हज्जाम की दुकान पर पहुंचा। उसने मेरी हजामत बनाने से साफ इनकार कर दिया और इनकार करते हुए जो तिरस्कार अपने चेहरे पर दिखाया, वह कुछ ज्यादा ही था। मुझे दुख हुआ। मैं पलटकर बाजार गया। बाल काटने की मशीन खरीदी और आईने के सामने खड़े होकर अपने बाल काटे। बाल तो जैसे-तैसे कट गए, लेकिन पीछे के बाल काटने में नानी याद आ गई। वे कट ही न पाएं। कोर्ट में खूब ठहाके लगे।

"तुम्हारे बाल ऐसे क्यों हो गए हैं? सिर पर चूहे तो नहीं चढ़ गए थे?"

मैंने कहा, "जी नहीं, भला मेरे काले सिर को गोरा हज्जाम कैसे छू सकता है? इसलिए, कैसे भी क्यों न हों, अपने हाथ से काटे हुए बाल मुझे अधिक प्रिय हैं।"

इस उत्तर से मित्रों को आश्चर्य नहीं हुआ। असल में उस बेचारे हज्जाम का कोई दोष नहीं था। अगर वह काली चमड़ीवालों के बाल काटने लगता तो उसकी रोजी-रोटी मारी जाती। हम भी अपने अछूतों के बाल ऊंची जाति के हिन्दुओं के हज्जामों को कहां काटने देते हैं? दक्षिण अफ्रीका में मुझे इसका बदला एक नहीं, बल्कि कई बार मिला है; और चूंकि मैं यह मानता था कि यह सब हमारे अपने दोषों के कारण हो रहा है, इसलिए मुझे इस बात पर कभी गुस्सा नहीं आया।

स्वावलम्बन और सादगी के मेरे शौक ने आगे चलकर जो तेज रूप धारण किया उसके बारे में आगे यथास्थान बताऊंगा। इस चीज़ की जड़ तो मुझमें मेरे भीतर शुरू से ही थी। उसके फूलने-फलने के लिए केवल पानी देने की ज़रूरत थी। यह सिंचाई भी अनायास ही हो गई।

10. बोअर-युद्ध

सन् 1897 से 1899 के बीच के अपने जीवन के दूसरे कई अनुभवों को छोड़कर अब मैं बोअर-युद्ध पर आता हूं। जिस समय यह युद्ध हुआ तब मेरी अपनी सहानुभूति केवल बोअरों की तरफ ही थी। लेकिन मैं मानता था कि ऐसे मामलों में व्यक्तिगत विचारों के अनुसार काम करने का अधिकार मुझे अभी नहीं मिला है। इस संबंध में मैंने जो चिंतन-मनन किया है, उसका सूक्ष्म निरीक्षण मैंने 'दक्षिण अफ्रीका के सत्याग्रह का इतिहास' किताब में किया है, इसलिए यहां मैं उसे दोहराना नहीं चाहता। जिज्ञासुओं को मेरी सलाह है कि वे उस इतिहास को पढ़ लें। यहां तो इतना ही कहना काफी होगा कि ब्रिटिश राज्य के प्रति मेरी वफादारी मुझे उस युद्ध में शामिल होने के लिए जबरदस्ती घसीट ले गई। मैंने अनुभव किया कि जब मैं ब्रिटिश प्रजाजन के नाते अधिकार मांग रहा हूं, तो उसी नाते ब्रिटिश राज्य की रक्षा में हाथ बंटाना भी मेरा धर्म है। उस समय मेरी यही राय थी कि हिन्दुस्तान की संपूर्ण उन्नति ब्रिटिश साम्राज्य के अंदर रहकर ही हो सकती है।

इसलिए जितने भी साथ मिले सबको लेकर और अनेक कठिनाइयां सहते हुए हमने घायलों की सेवा-सुश्रूषा करनेवाली एक टुकड़ी तैयार की। अब तक आम तौर पर यहां के अंग्रेजों की यही धारणा थी कि हिन्दुस्तानी लोग संकट के कामों में हाथ नहीं बंटाते। उन्हें

स्वार्थ के अतिरिक्त और कुछ नहीं सूझता। इसलिए कई अंग्रेज़ मित्रों ने मुझे निराश करनेवाले उत्तर दिए थे। अकेले डॉक्टर बूथ ने ही मुझे बहुत प्रोत्साहित किया। उन्होंने हमें घायल योद्धाओं की देखभाल करना सिखाया। अपनी योग्यता के बारे में हमने डॉक्टरी प्रमाणपत्र हासिल किए। मिस्टर लाटन और स्वर्गीय मिस्टर एस्कम्ब ने भी हमारे इस काम को पसंद किया। आखिर हमने लड़ाई के समय सेवा करने देने के लिए सरकार से विनती की। जवाब में सरकार ने हमें धन्यवाद दिया, लेकिन यह भी बता दिया कि इस समय हमें आपकी सेवा नहीं चाहिए।

लेकिन ऐसी 'ना' सुनकर भला मैं कहां हाथ पर हाथ धरकर बैठ जानेवाला था। डॉक्टर बूथ की मदद से मैं उनके साथ नेटाल के बिशप से मिला। हमारी टुकड़ी में बहुत से ईसाई हिन्दुस्तानी थे। बिशप को मेरी यह मांग बहुत पसंद आई। उन्होंने मदद करने का वचन दिया।

इस बीच हालात अपना काम कर ही रहे थे। बोअरों की तैयारी, दृढ़ता, वीरता इत्यादि उम्मीद से अधिक तेजस्वी सिद्ध हुए। सरकार को ऐसे बहुत से स्वयंसेवकों की ज़रूरत पड़ी और इस तरह से हमारी विनती मान ली गई।

हमारी इस टुकड़ी में लगभग ग्यारह सौ आदमी थे। चालीस के करीब मुखिया थे। इनके अलावा, लगभग तीन सौ स्वतंत्र हिन्दुस्तानी भी रंगरूटों में भरती हुए थे। बाकी सब गिरमिटिए थे। डॉक्टर बूथ भी हमारे साथ थे। उस टुकड़ी ने अच्छा काम कर दिखाया। हालांकि उसे गोला-बारूद की हद के बाहर ही काम करना होता था और 'रेड क्रॉस' का संरक्षण मिला हुआ था, फिर भी संकट के समय गोला-बारूद की सीमा के अंदर काम करने का अवसर भी हमें मिला। ऐसे संकट में न पड़ने का करार सरकार ने अपनी इच्छा से हमारे साथ किया था, लेकिन स्पियांकोप की हार के बाद हालात बदल गए। इसलिए जनरल बुलर ने यह संदेशा भेजा कि हालांकि आप लोग जोखिम उठाने के वचन से बंधे हुए नहीं हैं, फिर भी अगर आप जोखिम उठाकर घायल सिपाहियों और अफसरों को रण क्षेत्र से उठाकर और डोलियों में डालकर ले जाने को तैयार हो जाएं, तो सरकार आपका उपकार मानेगी। हम तो जोखिम उठाने के लिए तैयार बैठे थे। अब स्पियांकोप की लड़ाई के बाद हम गोला-बारूद की सीमा के अंदर काम करने लगे।

इन दिनों हम सबको कई बार दिन में बीस-पचीस मील का फासला तय करना पड़ता था और एक बार तो घायलों को डोली में डालकर इतने ही मील चलना पड़ा था। जिन घायल योद्धाओं को हमें इस प्रकार उठाकर ले जाना पड़ा, उनमें जनरल वुडगेट वगैरह भी थे।

छह हफ्तों के बाद हमारी टुकड़ी विदा कर दी गई। स्पियांकोप और बालक्रान्ज की हार के बाद ब्रिटिश सेनापति ने लेडी स्मिथ आदि स्थानों को बोअरों के घेरे में से बड़ी तेजी के साथ छुड़ाने का विचार छोड़ दिया था, और इंग्लैंड तथा हिन्दुस्तान से और अधिक सेवा के आने की राह देखने तथा धीमी गति से काम करने का फैसला किया था।

हमारे इस छोटे-से काम की उस समय तो बड़ी प्रशंसा हुई। इससे हिन्दुस्तानियों की प्रतिष्ठा बढ़ी। 'आखिर हिन्दुस्तानी लोग साम्राज्य के वारिस तो हैं ही' इस आशय के गीत गाए गए। जनरल बुलर ने अपने भाषण में हमारी टुकड़ी के काम की तारीफ की। मुखियों को युद्ध के पदक भी मिले।

इससे हिन्दुस्तानी समुदाय और अधिक संगठित हो गया। मैं गिरमिटिया हिन्दुस्तानियों के और अधिक संपर्क में आ सका। उनमें और जागृति आई और यह भावना मजबूत हुई कि हिन्दू, मुसलमान, ईसाई, मद्रासी, गुजराती, सिन्धी सब हिन्दुस्तानी हैं। सबने ये बात मानी कि अब हिन्दुस्तानियों के दुख दूर होने ही चाहिए। तब तो गोरों के व्यवहार में भी स्पष्ट परिवर्तन दिखाई दिया।

लड़ाई में गोरों के साथ जो सम्पर्क बने, वे मधुर थे। हमें हज़ारों टॉमियों के साथ रहने का मौका मिला। वे हमारे साथ मित्रता का व्यवहार करते थे, और यह जानकर कि हम उनकी सेवा के लिए आए हैं, हमारा उपकार मानते थे।

दुख के समय इन्सान का स्वभाव किस तरह पिघलता है, इसका एक रोचक संस्मरण यहां दिए बिना मैं रह नहीं सकता। हम चीवली छावनी की तरफ जा रहे थे। यह वही क्षेत्र था, जहां लॉर्ड रॉबर्ट्स के पुत्र लेफ्टिनेण्ट रॉबर्ट्स को जानलेवा चोट लगी थी। लेफ्टिनेण्ट रॉबर्ट्स के शव को ले जाने का सम्मान हमारी टुकड़ी को मिला था। अगले दिन धूप तेज थी। हम कूच कर रहे थे। सब प्यासे थे। पानी पीने के लिए रास्ते में एक छोटा-सा झरना पड़ा। पहले पानी कौन पीए? मैंने सोचा कि पहले टॉमी पानी पी लें, बाद में हम पी लेंगे। पर टॉमियों ने हमें देखकर तुरंत हमसे पानी पी लेने का आग्रह शुरू किया, और इस तरह बड़ी देर तक हमारे बीच 'पहले आप, पहले आप' की नोंक-झोंक चलती रही।

11. सफाई-आंदोलन और अकाल-कोष

मुझे हमेशा ये बात अखरी है कि समाज का कोई अंग उपयोग में न आ रहा हो, जनता के दोष छिपाकर उसका बचाव करना या दोष दूर किए बिना अधिकार पाना मुझे कभी रास नहीं आए। इसलिए दक्षिण अफ्रीका में रहनेवाले हिन्दुस्तानियों पर लगाए जानेवाले एक आरोप को, जिसमें बेशक कुछ सच्चाई भी थी, दूर करने का काम मैंने वहां के अपने निवास-काल में ही सोच लिया था। हिन्दुस्तानियों पर जब-तब यह आरोप लगाया जाता था कि वे अपने घर-बार साफ नहीं रखते और बहुत गन्दे रहते हैं। इस आरोप को बेबुनियाद सिद्ध करने के लिए शुरू-शुरू में हिन्दुस्तानियों के मुखिया माने जानेवाले लोगों के घरों में सुधार शुरू हो ही चुके थे। पर घर-घर घूमने का सिलसिला तब शुरू हुआ जब डरबन में प्लेग के प्रकोप का डर पैदा हुआ। इसमें म्युनिसपैलिटी के अधिकारियों का भी सहयोग और सहमति थी। हमारी सहायता मिलने पर उनका काम हलका हो गया और हिन्दुस्तानियों के कष्टों में कमी आई, क्योंकि आम तौर पर जब प्लेग फैलता है, तो अधिकारी घबरा जाते हैं और उपायों को लागू करने में अपनी सीमाएं लांघने लगते हैं। जो लोग उनकी निगाह में खटकते हैं, उन पर उनका दबाव बहुत बढ़ जाता है। भारतीय समाज ने खुद ही कई उपायों से काम लेना शुरू कर दिया था, इसलिए वह इन सख्तियों से बच गया।

मुझे कुछ कड़वे अनुभव भी हुए। मैंने देखा कि मैं स्थानीय सरकार से अधिकारों की मांग करने में जितनी सरलता से अपने समाज की सहायता पा सकता था, उतनी सरलता से लोगों से उनके कर्तव्य का पालन कराने के काम में मदद न पा सका। कई जगह तो

मेरा अपमान किया जाता। कुछ जगहों पर विनयपूर्वक मेरी उपेक्षा की जाती। गंदगी साफ करने के लिए कष्ट उठाना उन्हें बहुत अखरता था। तब पैसा खर्च करने की तो बात ही क्या? ये पाठ मैंने अच्छी तरह सीख लिया कि लोगों से कुछ भी काम कराना हो तो धीरज रखना चाहिए, यह सुधार की गरज तो सुधारक की अपनी ही है। जिस समाज में वह सुधार कराना चाहता है, उससे तो उसे विरोध, तिरस्कार और प्राणों के संकट के लिए भी तैयार रहना चाहिए। सुधारक जिसे सुधार मानता है, समाज उसे बिगाड़ क्यों न माने? या बिगाड़ न माने तो भी उसके प्रति उदासीन क्यों न रहे?

इस आंदोलन का नतीजा यह रहा कि भारतीय समाज में घर-बार साफ रखने के महत्त्व को थोड़ा-बहुत मान लिया गया। अधिकारियों की निगाह में मेरी साख बढ़ी। वे समझ गए कि मेरा धंधा केवल शिकायतें करना या अधिकार मांगने का ही नहीं है; बल्कि शिकायतें करने या अधिकार मांगने में मैं जितना तत्पर हूं, उतना ही उत्साह और दृढ़ता भीतरी सुधार के लिए भी मैं रखता और दर्शाता हूं।

लेकिन अभी समाज की इस आदत को दूसरी एक दिशा में मोड़कर विकसित करना बाकी था। इन उपनिवेशवासी भारतीयों को भारतवर्ष के प्रति अपना धर्म भी अवसर आने पर समझना और पालना था। भारतवर्ष तो कंगाल है। लोग धन कमाने के लिए परदेश जाते हैं। उनकी कमाई का कुछ हिस्सा भारतवर्ष को उसके संकट के समय में मिलना ही चाहिए। ये बात उनकी समझ में डालने की ज़रूरत थी। सन् 1897 में भारत में अकाल पड़ा था और सन् 1899 में दूसरा भारी अकाल पड़ा। इन दोनों अकालों के समय दक्षिण अफ्रीका से अच्छी-खासी मदद आई थी। पहले अकाल के समय जितनी रकम इकट्ठा हो सकी थी, दूसरे अकाल के मौके पर उससे कहीं अधिक रकम इकट्ठा हुई थी। इस चंदे में हमने अंग्रेजों से भी मदद मांगी थी और उनकी ओर से अच्छा सहयोग मिला था। गिरमिटिया हिन्दुस्तानियों ने भी अपनी हैसियत भर रकम जमा कराई थी।

इस प्रकार इन दो अकालों के समय जो प्रथा शुरू हुई वह अब तक चल रही है, और हम देखते हैं कि जब भी भारत में कोई सार्वजनिक संकट आया, तब दक्षिण अफ्रीका की ओर से वहां बसनेवाले भारतीय हमेशा अच्छी रकमें भेजकर सहयोग का हाथ बढ़ाते रहे हैं।

इस तरह दक्षिण अफ्रीका के भारतीयों की सेवा करते हुए मैं खुद धीरे-धीरे कई बातें अनायास सीख रहा था। सत्य एक विशाल वृक्ष की तरह होता है। ज्यों-ज्यों उसकी सेवा की जाती है, त्यों-त्यों उस पर अनेक फल लगते दिखाई पड़ते हैं। उनका कोई अंत नहीं। हम जैसे-जैसे उसकी गहराई में उतरते हैं, वैसे-वैसे उसमें से और अधिक रत्न मिलते जाते हैं, सेवा के और अवसर मिलते रहते हैं।

12. स्वदेश वापसी

लड़ाई के काम से मुक्त होने के बाद मैंने पाया कि अब मेरा काम दक्षिण अफ्रीका में नहीं, बल्कि हिन्दुस्तान में है। मैंने देखा कि दक्षिण अफ्रीका में बैठा-बैठा मैं कुछ सेवा तो ज़रूर कर सकूंगा, लेकिन वहां मेरा मुख्य काम धन कमाना ही रह जाएगा।

देश का मित्र वर्ग भी स्वदेश लौट आने के लिए मुझसे लगातार आग्रह करता रहता था। मुझे भी लगा कि अपने देश जाने से मेरा उपयोग बढ़ सकेगा। नेटाल में मिस्टर खान और मनसुखलाल नाजर थे ही। मैंने साथियों के सामने मुक्त होने की इच्छा प्रकट की। बड़ी कठिनाई से एक शर्त के साथ वह मानी गई। शर्त यह थी कि यदि एक बरस के अंदर कौम को मेरी ज़रूरत पड़ी, तो मुझे वापिस दक्षिण अफ्रीका पहुंचना होगा। मुझे यह शर्त कड़ी लगी, लेकिन मैं तो उनके प्रेमपाश में बंधा हुआ था :

काचे रे तांतणे मने हरजीए बांधी,
जेम ताणे तेम तेमनी रे,
मने लागी कटारी प्रेमनी।

मीराबाई का यह भजन थोड़े-बहुत अंशों में मुझ पर लागू हो रहा था। पंच भी परमेश्वर ही हैं। मित्रों की बात को मैं ठुकरा नहीं सकता था। मैंने वचन दिया और उनकी अनुमति ली।

मुझे ये कहने दीजिए कि अब तक मेरा निकट का नाता नेटाल के साथ ही रहा था। नेटाल के हिन्दुस्तानियों ने मुझे अपने प्रेमामृत से नहला दिया। जगह-जगह मानपत्र दिए जाने के लिए सभाएं हुईं और हर जगह से कीमती उपहार मिले।

सन् 1896 में जब मैं स्वदेश आया था, तब भी उपहार मिले थे। लेकिन इस बार के उपहारों से और सभाओं के दृश्य से मैं व्याकुल हो उठा। उपहारों में सोने-चांदी की चीज़ें तो थीं ही, हीरे की चीज़ें भी थीं।

इन सब चीज़ों को स्वीकार करने का मुझे क्या अधिकार था? यदि मैं उन्हें स्वीकार करता तो अपने मन को यह कैसे समझाता कि कौम की सेवा मैं पैसे लेकर नहीं करता? इन उपहारों में से मुवक्किलों की दी हुई थोड़ी बहुत चीज़ों को छोड़ भी दें, तो बाकी सब मेरी सार्वजनिक सेवा के बदले ही मिली थीं। फिर, मेरे मन में तो मुवक्किलों और दूसरे साथियों के बीच कोई भेद नहीं था। खास-खास सभी मुवक्किल सार्वजनिक कामों में भी मदद देनेवाले ही लोग थे।

साथ ही, इन उपहारों में पचास गिन्नियों का एक हार कस्तूरबाई के लिए था। लेकिन वह उपहार भी मेरी सेवा के कारण ही मिला था। इसलिए वह उपहारों से अलग नहीं किया जा सकता था।

जिस शाम को इनमें से मुख्य उपहार मिले थे, वह रात मैंने पागल की तरह जागकर गुज़ारी। मैं अपने कमरे में चक्कर काटता रहा, लेकिन उलझन थी कि किसी तरह सुलझती ही नहीं थी। सैकड़ों की कीमत के उपहारों को छोड़ना भी मुश्किल लग रहा था; रखना उससे भी ज्यादा मुश्किल।

मन प्रश्न पूछता : मैं शायद उपहारों को पचा जाऊं, लेकिन मेरे बच्चों का क्या होगा? पत्नी का क्या होगा? उन्हें शिक्षा तो सेवा की मिलती थी। उन्हें हमेशा समझाया जाता था कि सेवा के दाम नहीं लिए जा सकते। मैं घर में कीमती गहने वगैरा नहीं रखता था। सादगी बढ़ती जा रही थी। ऐसी स्थिति में सोने की घड़ियों का उपयोग कौन करता? सोने की जंजीरें और हीरे की अंगूठियां कौन पहनता? मैं उस समय भी गहनों-गांठों का मोह छोड़ने का उपदेश औरों को दिया करता था। अब इन गहनों और जवाहरात का मैं क्या करता?

मैं इस फैसले पर पहुंचा कि मुझे ये चीज़ें रखनी ही नहीं चाहिए। पारसी रुस्तमजी आदि को इन गहनों का ट्रस्टी नियुक्त करके उनके नाम लिखे जानेवाले पत्र का ड्राफ्ट मैंने तैयार किया, और सवेरे पत्नी और पुत्रों से सलाह करके अपना बोझ हलका करने के बारे में तय किया।

मैं यह जानता था कि पत्नी को समझाना कठिन होगा। बच्चों को समझाने में ज़रा भी कठिनाई नहीं होगी, इसका मुझे विश्वास था। इसलिए मैंने उन्हें इस मामले में वकील बनाना तय किया।

बच्चे तो तुरंत ही समझ गए। बोले, "हमें इन गहनों की भला क्या ज़रूरत? हमें ये सब लौटा ही देने चाहिए। और जीवन में कभी हमें इन वस्तुओं की ज़रूरत हुई भी तो क्या हम खुद न खरीद सकेंगे?"

मैं खुश हुआ। मैंने पूछा, "तो तुम अपनी मां को समझाओगे न?"

"ज़रूर, ज़रूर। आप ये काम हमारा समझिए। उसे कौन से ये गहने पहनने हैं? वह तो इन्हें हमारे लिए ही रखेगी ना! जब हमें ही उनकी ज़रूरत नहीं है तो फिर वह हठ क्यों करेगी?"

लेकिन ये काम इतना आसान नहीं था जितना हमने सोचा था।

"भले ही आपको इन गहनों की ज़रूरत न हो और आपके बच्चों को भी न हो। बच्चों को तो जिस रास्ते चलाओ उसी रास्ते वे चल पड़ते हैं। भले ही मुझे न पहनने दें, लेकिन मेरी बहुओं का क्या होगा? ये चीज़ें उनके तो काम आएंगी न? और कल की कौन जानता है? इतने प्रेम से दी गई चीज़ें वापिस नहीं की जा सकतीं।" पत्नी की वाणी मुखर हुई और उसमें उसकी अश्रुधारा भी आ मिली। बच्चे दृढ़ रहे। मुझे तो डिगना था ही नहीं।

मैंने धीरे से कहा, "बच्चों के ब्याह तो होने दो। हमें कौन-सा उन्हें बचपन में ही ब्याहना है? बड़े होने पर तो ये खुद ही जो करना चाहेंगे, करेंगे ही और हमें गहनों की शौकीन तो खोजनी नहीं हैं। इतने पर भी कुछ कराना ही पड़ा, तो मैं कहीं भागा जा रहा हूं क्या?"

"जानती हूं आपको। मेरे गहने भी तो आपने ही ले लिए थे न? जिन्होंने मुझे सुख से मेरे अपने गहने पहनने नहीं दिए, वे मेरी बहुओं के लिए क्या लाएंगे? बच्चों को तो आप अभी से बैरागी बना रहे हैं! ये गहने वापस नहीं दिए जा सकते। और, हार तो मुझे मिला है उस पर आपका क्या अधिकार है?"

मैंने पूछा, "लेकिन यह हार तुम्हारी सेवा के बदले में मिला है या मेरी सेवा के?"

"कुछ भी हो। आपकी सेवा मेरी भी सेवा हुई। मुझसे आपने रात-दिन जो मज़दूरी करवाई वह क्या सेवा में शामिल न होगी? मुझे रुलाकर भी आपने हर किसी को घर में ठहराया और मुझसे उसकी चाकरी करवाई, उसे क्या कहेंगे?"

ये सारे बाण नुकीले थे। इनमें से कुछ चुभते थे, लेकिन गहने तो मुझे वापिस करने ही थे। मैं जैसे-तैसे बहुत-सी बातों में कस्तूरबा की सहमति प्राप्त कर सका। 1896 में और 1901 में मिले उपहार मैंने लौटा दिए। उनका ट्रस्ट बना और सार्वजनिक काम के लिए उनका उपयोग मेरी या ट्रस्टियों की इच्छा के अनुसार किया जाए, इस शर्त के साथ वे बैंक में रखवा दिए गए। इन गहनों को बेचने के निमित्त से मैं कई बार पैसे इकट्ठा कर सका हूं। आज भी आपदा-कोष के रूप में यह धन मौजूद है और ये बढ़ता रहता है।

अपने इस कार्य पर मैं कभी पछताया नहीं। दिन बीतने पर कस्तूरबा को भी इसका औचित्य समझ में आ गया। इस बात ने हमें बहुत-सी लालचों से बचाया है।

मेरा यह मत बना है कि लोक सेवक के लिए उपहार उसके व्यक्तिगत नहीं हो सकते।

13. अपने देश में

इस तरह से मैं अपने देश जाने के लिए विदा हुआ। रास्ते में मारिशस पड़ता था। वहां जहाज लम्बे समय तक ठहरा था। इसलिए मैं मारिशस में उतरा और वहां की स्थिति की ठीक-ठाक जानकारी ली। एक रात मैंने वहां के गवर्नर सर चार्ल्स ब्रूस के यहां भी बिताई थी।

हिन्दुस्तान पहुंचने पर थोड़ा समय मैंने घूमने-फिरने में बिताया। यह सन् 1901 का समय था। कांग्रेस की उस साल की बैठक कलकत्ते में होनेवाली थी। दीनशा एदलजी वाच्छा उसके अध्यक्ष थे। मुझे कांग्रेस में तो जाना ही था। कांग्रेस का यह मेरा पहला अनुभव था।

बम्बई से जिस गाड़ी में सर फीरोज़शाह मेहता रवाना हुए उसी में मैं भी गया था। उनके साथ मुझे दक्षिण अफ्रीका के बारे में बातें करनी थीं। मुझे उनके डिब्बे में एक स्टेशन तक जाने की अनुमति मिली थी। उन्होंने तो अपने लिए खास सैलून का प्रबंध किया था। उनके शाही खर्च और ठाट-बाट से मैं परिचित था। जिस स्टेशन पर उनके डिब्बे में जाने की मुझे अनुमति मिली थी, उस स्टेशन पर मैं उसमें पहुंचा। उस समय उनके डिब्बे में उस समय के दीनशाजी और तब के चिमनलाल सेतलवाड़ बैठे थे। उनके साथ राजनीतिक चर्चा चल रही थी। मुझे देखकर सर फीरोज़शाह बोले, ''गांधी, तुम्हारा काम पूरा नहीं हो पाएगा। तुम जैसा कहोगे वैसा प्रस्ताव तो हम पास कर देंगे, लेकिन अपने देश में ही हमें कौन-से अधिकार मिलते हैं? मैं तो मानता हूं कि जब तक अपने देश में हमें सत्ता नहीं मिलती, तब तक उपनिवेशों में तुम्हारी स्थिति सुधर नहीं सकती।''

मैं तो सुनकर दंग ही रह गया। सर चिमनलाल ने हां में हां मिलाई। सर दीनशा ने मेरी तरफ भीगी आंखों से देखा।

मैंने समझाने की कुछ कोशिश की लेकिन बम्बई के बेताज के बादशाह को मेरे जैसा आदमी भला क्या समझा सकता था? मैंने इतने से ही संतोष माना कि मुझे कांग्रेस में प्रस्ताव पेश करने दिया जाएगा।

सर दीनशा वाच्छा मेरा उत्साह बढ़ाने के लिए बोले, ''गांधी, प्रस्ताव लिखकर मुझे दिखा देना।''

मैंने उनका आभार माना। दूसरे स्टेशन पर ज्यों ही गाड़ी रुकी, मैं भागा और अपने डिब्बे में घुस गया।

हम कलकत्ते पहुंचे। अध्यक्ष आदि नेताओं को स्थानीय लोग धूमधाम से ले गए। मैंने किसी स्वयंसेवक से पूछा, ''मुझे कहां जाना चाहिए?'' वह मुझे रिपन कॉलेज ले गया। वहां बहुत से प्रतिनिधि ठहराए गए थे। मेरे सौभाग्य से मैं जिस खण्ड में था, उसी में लोकमान्य तिलक भी ठहरे हुए थे। मुझे याद पड़ता है कि वे एक दिन बाद पहुंचे थे।

जहां लोकमान्य हों वहां छोटा-सा दरबार लग जाना तो स्वाभाविक ही था। मैं चित्रकार होता, तो जिस खटिया पर वे बैठते थे, उसका चित्र ही खींच देता। उस जगह की

और उनकी बैठक की आज भी मुझे इतनी स्पष्ट याद है। उनसे मिलने आनेवाले अनगिनत लोगों में से एक ही का नाम मुझे अब याद है—अमृत बाजार पत्रिका के मोतीबाबू। उन दोनों का खिलखिलाकर हंसना और राजकर्मियों के अन्याय के विषय में उनकी बातें भुलाए नहीं भूलतीं।

लेकिन वहां की व्यवस्था की भी थोड़ी बात करें। स्वयंसेवक एक-दूसरे से भिड़ते-टकराते रहते थे। जो काम जिसे सौंपा जाता, वह उसे खुद नहीं करता था। वह तुरंत दूसरे को पुकारने लगता। दूसरा तीसरे को। बेचारा प्रतिनिधि तो न तीन में होता, न तेरह में।

मैंने कई स्वयंसेवकों से मित्रता कर ली। उनसे दक्षिण अफ्रीका की कुछ बातें कीं। इससे वे थोड़े शर्मिन्दा हुए। मैंने उन्हें सेवा का मर्म समझाने का प्रयास किया। वे कुछ समझे। लेकिन सेवा की अभिरुचि कुकुरमुत्ते की तरह बात की बात में तो पैदा होती नहीं। उसके लिए, इच्छा-शक्ति चाहिए और बाद में चाहिए अभ्यास। इन भोले और भले स्वयंसेवकों में इच्छा तो बहुत थी, लेकिन शिक्षा और अभ्यास वे कहां से पाते? कांग्रेस साल में तीन दिन के लिए इकट्ठा होकर फिर सो जाती थी। साल में तीन दिन की शिक्षा से भला कितना सीखा जा सकता था?

जैसे स्वयंसेवक थे, वैसे ही प्रतिनिधि थे। उन्हें भी इतने ही दिनों की शिक्षा मिलती थी। वे अपने हाथ से अपना भी कोई काम करने को तैयार ही न थे। हर बात के लिए वे हुक्म चलाते रहते थे। 'स्वयंसेवक, यह लाओ; स्वयंसेवक वह लाओ' की ही गूंज सुनाई देती रहती।

अखा भगत के 'अदकेरा अंग'—'अतिरिक्त अंग' का भी अनुभव हुआ। छुआछूत को माननेवाले वहां बहुत लोग थे। दक्षिण भारतीयों की रसोई बिलकुल अलग थी। उन प्रतिनिधियों को तो 'दृष्टिदोष' भी लगता था। उनके लिए कॉलेज के अहाते में चटाइयों का रसोईघर बनाया गया था। उसमें धुआं इतना रहता था कि आदमी का दम घुट जाए। खाना-पीना सब उसी के अंदर। रसोईघर क्या था, एक तिजोरी थी। वह कहीं से भी खुली न थी।

मुझे यह वर्ण धर्म उलटा लगा। कांग्रेस में आनेवाले प्रतिनिधि जब इतनी छुआछूत रखते हैं, तो उन्हें भेजनेवाले लोग कितनी रखते होंगे? ये सोचकर मैंने एक लम्बी सांस ली।

गंदगी की तो कोई सीमा नहीं थी। चारों तरफ पानी ही पानी फैल रहा था। पाखाने कम थे। उनकी दुर्गन्ध की याद आज भी मुझे हैरान करती है। मैंने एक स्वयंसेवक को यह सब दिखाया। उसने साफ इनकार करते हुए कहा, 'यह तो भंगी का काम है।' मैंने झाडू मांगा। वह मेरा मुंह ताकता रहा। मैंने झाडू खोज निकाला। पाखाना साफ किया। लेकिन यह तो मेरी अपनी सुविधा के लिए हुआ। भीड़ इतनी ज्यादा थी और पाखाने इतने कम थे कि हर बार के उपयोग के बाद उनकी सफाई होनी ज़रूरी थी। यह मेरी शक्ति के बाहर की बात थी। इसलिए मैंने अपने लायक सुविधा करके संतोष माना। मैंने देखा कि दूसरों को यह गंदगी ज़रा-सी भी अखरती नहीं थी।

लेकिन बात यहीं पर खत्म नहीं होती। रात के समय कई लोग तो कमरे के सामने वाले बरामदे में ही निबट लेते थे। सवेरे स्वयंसेवकों को मैंने मैला दिखाया। कोई साफ करने को तैयार न था। इस गंदगी को साफ करने का सम्मान भी मैंने ही पाया। हालांकि अब इन बातों में बहुत सुधार हो गया है, फिर भी सोचने में शक्ति खर्च न करनेवाले

प्रतिनिधि अब तक कांग्रेस के शिविर को जहां-तहां मल त्याग करके गन्दा करते हैं और सब स्वयंसेवक उसे साफ करने के लिए तैयार नहीं होते।

मैंने देखा कि अगर ऐसी गंदगी में कांग्रेस की बैठक अधिक दिनों तक जारी रहती, तो बीमारी को फैलने से कोई नहीं रोक सकता था।

14. क्लर्क और बैरा

कांग्रेस के अधिवेशन में अभी एकाध दिन का समय था। मैंने निश्चय किया था कि कांग्रेस के कार्यालय में मेरी सेवा स्वीकार कर ली जाए, तो सेवा करूं और अनुभव बटोरूं।

जिस दिन हम पहुंचे उसी दिन नहा-धोकर मैं कांग्रेस के ऑफिस में जा पहुंचा। श्री भूपेंद्रनाथ बसु और श्री घोषाल मंत्री थे। मैं भूपेंद्र बाबू के पास पहुंचा और कहा कि मैं किसी भी तरह की सेवा करना चाहूंगा। उन्होंने मेरी ओर देखा और बोले, ''मेरे पास तो कोई काम नहीं है, लेकिन शायद मिस्टर घोषाल आपको कुछ काम दे सकेंगे। उनके पास जाइए।''

मैं घोषाल बाबू के पास गया। उन्होंने मुझे ध्यान से देखा और जरा हंसकर मुझसे पूछा, ''मेरे पास तो क्लर्क का काम है, आप करेंगे?''

मैंने उत्तर दिया, ''ज़रूर करूंगा। जो काम मेरी शक्ति से बाहर न हो, वैसा हर काम करने के लिए मैं आपके पास आया हूं।''

''नौजवान, यही सच्ची भावना है।''

और बगल में खड़े स्वयंसेवकों की ओर देखकर बोले, ''सुनते हो, यह युवक क्या कह रहा है?''

फिर मेरी ओर मुड़कर बोले, ''तो देखिए, यह तो है पत्रों का ढेर, और यह मेरे सामने कुर्सी है। इस पर आप बैठिए। आप देखते हैं कि मेरे पास सैकड़ों आदमी आते रहते हैं। मैं उनसे मिलूं या इन बेकार पत्र लिखनेवालों को उनके पत्रों का जवाब लिखूं? मेरे पास ऐसे क्लर्क नहीं हैं, जिनसे यह काम ले सकूं। इन सब पत्रों में से बहुतों में काम की एक भी बात नहीं होगी। लेकिन आप सब पत्रों को देख जाइए। जिसकी प्राप्ति स्वीकार भेजना उचित समझें उसकी पहुंच भेज दीजिए। जिसके जवाब के बारे में मुझसे पूछना ज़रूरी समझें, मुझसे पूछ लीजिए।''

मैं तो इस विश्वास से मुग्ध हो गया।

श्री घोषाल मुझे पहचानते न थे। नाम-धाम जानने का काम तो उन्होंने बाद में किया।

पत्रों का ढेर साफ करने का काम मुझे बहुत आसान लगा। अपने सामने रखे हुए ढेर को तुरंत निबटा दिया। घोषाल बाबू खुश हुए। वे स्वभाव से बातूनी थे। मैं देखता था कि बातों में वे अपना बहुत सारा समय गवां देते थे। मेरा इतिहास जानने के बाद तो मुझे क्लर्क का काम सौंपने के लिए वे कुछ लज्जित हुए। लेकिन मैंने उन्हें मना लिया।

''कहां आप और कहां मैं? आप कांग्रेस के पुराने सेवक हैं, मेरे गुरुजन हैं। मैं एक अनुभवहीन नवयुवक हूं। यह काम सौंपकर आपने मुझ पर उपकार ही किया है, क्योंकि मुझे तो कांग्रेस में काम करना है। उसके काम-काज को समझने का आपने मुझे अनुपम अवसर दिया है।''

घोषाल बाबू बोले, "असल में यही सच्ची भावना है। लेकिन आज के नवयुवक इसे नहीं मानते। वैसे मैं तो कांग्रेस को उसके जन्म से ही जानता हूं। उसे जन्म देने में मिस्टर ह्यूम के साथ मेरा भी हाथ था।"

हमारे बीच अच्छी-खासी मित्रता हो गई। दोपहर के भोजन में उन्होंने मुझे अपने साथ ही रखा। घोषाल बाबू के बटन भी 'बैरा' लगाता था। यह देखकर 'बैरे' का काम मैंने अपने हाथ में ले लिया। मुझे ये काम पसंद था। बड़ों की निजी सेवा के सारे काम मुझसे लेने लगे। बटन लगाते समय मुझसे मुस्कुराकर कहते, "देखिए न, कांग्रेस के सेवक को बटन लगाने का भी समय नहीं मिलता, क्योंकि उसे उस समय भी काम रहता है!"

इस भोलेपन पर मुझे हंसी तो आई, लेकिन ऐसी सेवा के प्रति मेरे मन में जरा-सी भी अरुचि नहीं आई। और ये सब करके मुझे जो लाभ हुआ, उसकी तो कीमत आंकी ही नहीं जा सकती।

थोड़े ही दिनों में मुझे कांग्रेस की व्यवस्था की जानकारी हो गई। कई नेताओं से मिलना हुआ। गोखले, सुरेंद्रनाथ आदि वरिष्ठ नेता आते-जाते रहते थे। मैं उनके कार्य और व्यवहार देख पाया। वहां समय की जो बरबादी होती थी, उसे भी मैंने अनुभव किया। यह भी देखा कि अंग्रेज़ी का ही बोलबाला है। इससे उस समय भी मुझे दुख हुआ था। मैंने देखा कि एक ही आदमी से हो सकनेवाले कामों में भी कई आदमी जुट जाते थे, और यह भी देखा कि कितने ही महत्त्वपूर्ण काम बिना किए ही रह जाते थे। कोई उनकी तरफ देखता तक न था।

मेरा मन इस सारी स्थिति की समीक्षा किया करता था। लेकिन मेरा चित्त उदार था, इसलिए यह मान लेता था कि जो हो रहा है, उसमें और सुधार हो नहीं पाएगा। इसलिए मन में किसी के प्रति अरुचि पैदा न होती थी।

15. कांग्रेस में

कांग्रेस का अधिवेशन शुरू हुआ। पाण्डाल का भव्य दृश्य, स्वयंसेवकों की कतारें, मंच पर नेताओं की उपस्थिति इत्यादि देखकर मैं घबरा गया। इस सभा में मेरी हैसियत क्या रहेगी, यह सोचकर मैं अकुला उठा।

सभापति का भाषण तो एक पूरी किताब ही थी। स्थिति ऐसी नहीं थी कि वह पूरी पढ़ी जा सके। इसलिए उसके कुछ अंश ही पढ़े गए।

बाद में विषय-चयन समिति के सदस्य चुने गए। उसमें गोखले मुझे ले गए थे।

सर फीरोज़शाह ने मेरा प्रस्ताव लेने की स्वीकृति तो दे दी थी, लेकिन उसे कांग्रेस की विषय-चयन समिति में कौन प्रस्तुत करेगा, कब करेगा, यह सोचता हुआ मैं समिति में बैठा रहा। हर प्रस्ताव पर लम्बे-लम्बे भाषण होते थे, लेकिन सब अंग्रेज़ी में। हर भाषण के साथ प्रसिद्ध व्यक्तियों के नाम जुड़े होते थे। इस नक्कारखाने में मेरी तूती की आवाज़ कौन सुनेगा? ज्यों-ज्यों रात बीतती जाती थी, त्यों-त्यों मेरे दिल की धड़कन बढ़ती जाती थी। मुझे याद आ रहा है कि सबसे आखिर में पेश होनेवाले प्रस्ताव आजकल के विमानों की गति से चल रहे थे। सब कोई भागने की तैयारी में थे। रात के ग्यारह बज चुके थे। मुझमें बोलने की हिम्मत न थी। मैं गोखले से मिल चुका था और उन्होंने मेरा प्रस्ताव देख लिया था।

उनकी कुर्सी के पास जाकर मैंने धीरे से कहा, "मेरे लिए कुछ कीजिएगा।"

उन्होंने कहा, "आपके प्रस्ताव को मैं भूला नहीं हूं। यहां की उतावली आप देख रहे हैं, लेकिन मैं इस प्रस्ताव को भूलने नहीं दूंगा।"

सर फीरोज़शाह बोले, "कहिए, सब काम निबट गया न?"

गोखले बोल उठे, "दक्षिण अफ्रीका का प्रस्ताव तो बाकी ही है। मिस्टर गांधी कब से बैठे राह देख रहे हैं।"

सर फीरोज़शाह ने पूछा, "आप उस प्रस्ताव को देख चुके हैं?"

"हां।"

"आपको वह पसंद आया?"

"बहुत अच्छा है।"

"तो गांधी, पढ़ो।"

मैंने कांपते हुए प्रस्ताव पढ़ सुनाया।

गोखले ने उसका समर्थन किया।

सभी बोल उठे, "सर्व-सम्मति से पास।"

वाच्छा बोले, "गांधी, तुम पांच मिनट लेना।"

यह देखकर मुझे कोई प्रसन्नता न हुई। किसी ने भी प्रस्ताव को समझने का कष्ट नहीं उठाया। सभी जल्दी में थे। गोखले ने प्रस्ताव देख लिया था, इसलिए दूसरों को देखने-सुनने की ज़रूरत ही महसूस न हुई।

सवेरा हुआ। मुझे तो अपने भाषण की चिंता थी। पांच मिनट में क्या तो बोलूंगा? मैंने तैयारी तो अच्छी कर ली थी, लेकिन सही शब्द न सूझते थे। मैंने तय किया था कि लिखित भाषण नहीं पढूंगा। लेकिन ऐसा लगा कि दक्षिण अफ्रीका में भाषण करने का जो साहस मुझमें आया था, उसे मैं यहां खो बैठा था।

मेरे प्रस्ताव का समय आने पर सर दीनशा ने मेरा नाम पुकारा। मैं खड़ा हुआ। मेरा सिर चकराने लगा। जैसे-तैसे मैंने प्रस्ताव पढ़ा। किसी कवि ने अपनी कविता छपाकर सभी प्रतिनिधियों में बांटी थी। उसमें परदेश जाने की और समुद्र-यात्रा की प्रशंसा थी। वह मैंने पढ़कर सुनाई और दक्षिण अफ्रीका के दुखों की थोड़ी चर्चा की। इतने में सर दीनशा की घंटी बजी। मुझे पता नहीं था कि यह घंटी मुझे चेताने के लिए दो मिनट पहले ही बजा दी गई थी। मैंने कइयों को आधा-आधा, पौना-पौना घंटे बोलते देखा था और घंटी नहीं बजी थी। मुझे दुख तो हुआ। घंटी बजते ही मैं बैठ गया। लेकिन इस कविता में सर फीरोज़शाह को उत्तर मिल गया, यह उस समय मेरी मंदबुद्धि ने मान लिया था।

प्रस्ताव पास होने के बारे में तो पूछना ही क्या था? उन दिनों दर्शक और प्रतिनिधि में कोई भेद नहीं किया जाता था। प्रस्तावों का विरोध करने का कोई प्रश्न ही नहीं उठता था। सब हाथ उठाते ही थे। सारे प्रस्ताव सर्व-सम्मति से पास होते थे। मेरा प्रस्ताव भी इस तरह पास हुआ। इसलिए मुझे प्रस्ताव का महत्त्व नहीं जान पड़ा। फिर भी कांग्रेस में मेरा प्रस्ताव पास हुआ, यह बात ही मेरे लिए खुशी की बात थी, मेरे लिए यही ज्ञान काफी था कि जिस पर कांग्रेस की मुहर लग गई उस पर सारे भारत की मुहर लग गई है।

16. लॉर्ड कर्जन का दरबार

कांग्रेस का अधिवेशन समाप्त हुआ, लेकिन मुझे तो दक्षिण अफ्रीका के काम के लिए कलकत्ता में ही रहते हुए चेम्बर ऑफ कॉमर्स इत्यादि संस्थाओं से मिलना था। इसलिए मैं कलकत्ता में एक महीना ठहरा। इस बार मैंने होटल में ठहरने के बजाय परिचय प्राप्त करके 'इंडिया क्लब' में ठहरने की व्यवस्था की। इस क्लब में गणमान्य भारतीय ही ठहरा करते थे। इससे मेरे मन में यह लोभ भी था कि उनसे मेल-जोल बढ़ाकर मैं उनमें दक्षिण अफ्रीका के काम के लिए दिलचस्पी पैदा कर सकूंगा। इस क्लब में गोखले हमेशा तो नहीं, लेकिन कभी-कभी बिलियर्ड खेलने आया करते थे। जैसे ही उन्हें पता चला कि मैं कलकत्ता में ठहरनेवाला हूं, उन्होंने मुझे अपने साथ रहने के लिए निमंत्रित किया। मैंने उनका निमंत्रण साभार स्वीकार किया, लेकिन मुझे वहां अपने-आप जाना ठीक न लगा। एक-दो दिन राह देखता रहा। इतने में गोखले खुद आकर मुझे अपने साथ ले गए। मेरा संकोच देखकर उन्होंने कहा, "गांधी, तुम्हें इस देश में ही रहना है। इसलिए ऐसी शरम से काम नहीं चलेगा। जितने अधिक लोगों के साथ मेल-जोल बढ़ा सको, तुम्हें बढ़ाना चाहिए। मुझे तुमसे कांग्रेस का काम लेना है।"

गोखले के साथ उनके ठहरने की जगह पर जाने से पहले 'इंडिया क्लब' का एक अनुभव आपको बताता हूं।

उन्हीं दिनों लार्ड कर्जन का दरबार लगा था। उसमें जानेवाले कोई राजा-महाराजा इसी क्लब में ठहरे हुए थे। क्लब में तो मैं उन्हें हमेशा सुंदर बंगाली धोती, कुर्ता और अंगवस्त्र की पोशाक में देखता था। आज उन्होंने पतलून, चोगा, खानसामों की-सी पगड़ी और चमकीले बूट पहने थे। यह देखकर मुझे दुख हुआ और मैंने इस बदलाव का कारण पूछा।

जवाब मिला, "अपना दुख हम ही जानते हैं। अपनी सम्पत्ति और अपनी उपाधियों को सुरक्षित रखने के लिए हमें जो अपमान सहने पड़ते हैं, उन्हें आप भला कैसे जान सकते हैं?"

"पर यह खानसामे जैसी पगड़ी और ये बूट किसलिए?"

"हममें और खानसामों में आपने क्या कोई फर्क देखा? वे हमारे खानसामा हैं, तो हम लार्ड कर्जन के खानसामा हैं। यदि मैं दरबार में अनुपस्थित रहूं, तो मुझे उसका दण्ड भुगतना पड़ेगा। अपनी साधारण पोशाक पहनकर जाऊंगा, तो वह अपराध माना जाएगा। और वहां जाकर भी क्या मुझे लार्ड कर्जन से बातें करने का अवसर मिलेगा? बिलकुल नहीं।"

मुझे इस स्पष्टवादी भाई पर दया ही आई।

ऐसी ही घटनावाला एक और दरबार मुझे याद आ रहा है।

जब काशी में हिन्दू विश्वविद्यालय की नींव लॉर्ड हार्डिंग के हाथों रखी गई, तब भी उनका दरबार लगा था। उसमें राजा-महाराजा तो आए ही थे। भारतभूषण मालवीयजी ने मुझसे भी उसमें उपस्थित रहने का विशेष आग्रह किया था।

मैं वहां गया था। केवल बावर्चियों को ही शोभा देनेवाली राजा-महाराजाओं की पोशाकें देखकर, मुझे दुख हुआ था। रेशमी पाजामे, रेशमी अंगरखे और गले में हीरे-मोती की मालाएं, हाथ पर बाजूबंद और पगड़ी पर हीरे-मोती की झालरें। इन सबके साथ कमर में सोने की मूठवाली तलवार लटकती थी। किसी ने बताया कि ये चीज़ें उनके राज्याधिकार की नहीं, बल्कि उनकी गुलामी की निशानियां थीं। मैं मानता था कि नामर्दों को शोभा देने

वाले ऐसे आभूषण वे स्वेच्छा से पहनते होंगे। लेकिन मुझे पता चला कि ऐसे सम्मेलनों में अपने सब मूल्यवान आभूषण पहनकर जाना राजाओं के लिए ज़रूरी था।

मुझे यह भी पता चला कि कइयों को ऐसे आभूषण पहनने से घृणा थी और ऐसे दरबार के अवसरों को छोड़कर अन्य किसी अवसर पर वे इन गहनों को छूते भी न थे।

इस बात में कितनी सच्चाई थी, सो मैं नहीं जानता। वे दूसरे अवसरों पर पहनते हों या न पहनते हों, क्या वाइसराय के दरबार में और क्या दूसरी जगह, औरतों को ही शोभा देनेवाले आभूषण पहनकर जाना पड़े, यही कितने दुख की बात है।

धन, सत्ता और मान, आदमी से जो न कराए वही थोड़ा।

17. गोखले के साथ एक महीना-I

पहले ही दिन से गोखले ने मुझे यह महसूस न करने दिया कि मैं उनका मेहमान हूं। उन्होंने मुझे अपने सगे छोटे भाई की तरह अपने साथ रखा। मेरी सारी ज़रूरतें जान लीं और उनके अनुकूल सारी व्यवस्था करा भी दी। सौभाग्य से मेरी ज़रूरतें थीं ही कितनी। मुझे तो अपने सारे काम खुद करने की आदत थी। इसलिए दूसरों की सेवा लेने के मौके आते ही नहीं थे। मैंने अपना सब काम खुद कर लेने की आदत डाली थी, स्वावलम्बन की मेरी इस आदत की, उस समय की मेरी पोशाक आदि की, सफाई की, मेरे उद्यम की और मेरी नियमितता की उन पर गहरी छाप पड़ी थी और इन सबकी वे इतनी तारीफ करते थे कि मैं घबरा उठता था।

उन्होंने कभी नहीं जतलाया कि उनके पास मुझसे छिपाकर रखने लायक कोई बात थी। जो भी बड़े आदमी उनसे मिलने आते, मुझसे उनका परिचय कराते थे। ऐसे परिचयों में आज मेरी आंखों के सामने सबसे अधिक डॉक्टर प्रफुल्लचद्र राय आते हैं। वे गोखले के कमरे के पास ही रहते थे और कह सकता हूं कि लगभग रोज़ ही उनसे मिलने आते थे।

"ये प्रोफेसर राय हैं। इन्हें हर महीने आठ सौ रुपये मिलते हैं। ये अपने खर्च के लिए चालीस रुपये रखकर बाकी सब सार्वजनिक कामों के लिए दे देते हैं। इन्होंने शादी नहीं की है और न करना ही चाहते हैं।" इन शब्दों में गोखले ने मुझे उनका परिचय दिया।

मैं आज के डॉक्टर राय और उस समय के प्रोफेसर राय में थोड़ा-सा ही फर्क पाता हूं। जो वेशभूषा उनकी तब थी, आज भी लगभग वही है। हां, आज वे खादी पहनते हैं, उस समय खादी थी ही नहीं। स्वदेशी मिल के कपड़े रहे होंगे। गोखले और प्रोफेसर राय की बातचीत सुनते हुए मेरा मन ही नहीं भरता था। क्योंकि उनकी बातें देश-हित की ही होती थीं या फिर वे ज्ञान की बातें करते थे। कई बातें दुखद भी होतीं, क्योंकि उनमें नेताओं की टीका रहती थी। इसलिए मैं जिन्हें अब तक महान पराक्रमी मानना सीख रहा था, सच में बौने लगने लगे।

काम करने के गोखले के तरीके से मुझे जितना आनंद हुआ, उतना ही सीखने को भी मिला। वे अपना एक पल भी नहीं गंवाते थे। मैंने पाया कि उनके सारे संबंध देश-कार्य के जुड़े हुए थे। सारी चर्चाएं भी देश-कार्य के खातिर ही होती थीं। उनकी बातों में मुझे कहीं मलिनता, दम्भ या झूठ के दर्शन नहीं हुए। हिन्दुस्तान की गरीबी और गुलामी उन्हें प्रति क्षण चुभती थी। कई लोग अनेक विषयों में उनकी रुचि जगाने के लिए आते थे। वे

सबको एक ही जवाब देते थे, "आप यह काम कीजिए। मुझे अपना काम करने दीजिए। मुझे तो देश को स्वाधीनता मिलने पर ही दूसरा कुछ सूझेगा।"

रानडे के प्रति उनका आदर-भाव बात-बात में देखा जा सकता था। 'रानडे ये कहते थे'—ये शब्द तो उनकी बातचीत में लगभग 'ब्रह्मवाक्य की तरह' हो गए थे। जिन दिनों मैं वहां था तभी रानडे की जयंती (या पुण्य तिथि, इस समय ठीक याद नहीं है) पड़ती थी। ऐसा लगा कि गोखले उसे हमेशा मनाते थे। उस समय वहां मेरे अलावा उनके मित्र प्रोफेसर काथवटे और दूसरे एक सज्जन थे, जो सब-जज थे। इन दोनों को भी उन्होंने जयंती मनाने के लिए निमंत्रित किया और उस अवसर पर उन्होंने हमें रानडे के अनेक संस्मरण सुनाए। रानडे, तैलंग और मांडलिक की तुलना भी की। मुझे याद है कि उन्होंने तैलंग की भाषा की प्रशंसा की थी। सुधारक के रूप में मांडलिक की तारीफ की थी। अपने मुवक्किल की वे कितनी चिंता रखते थे, इसके उदाहरण के रूप में उन्होंने यह किस्सा सुनाया कि एक बार रोज़ की ट्रेन छूट जाने पर वे किस तरह स्पेशल ट्रेन से अदालत पहुंचे थे और रानडे की बहुमुखी प्रतिभा का वर्णन करके उस समय के नेताओं में उनकी सर्वश्रेष्ठता सिद्ध की थी। रानडे केवल न्यायमूर्ति ही नहीं थे। वे इतिहासकार थे, अर्थशास्त्री थे, सुधारक थे। सरकारी जज होते हुए भी वे कांग्रेस में दर्शक की तरह निडर भाव से उपस्थित होते थे। इस तरह उनकी बुद्धिमत्ता पर लोगों को इतना विश्वास था कि सभी उनके निर्णय को स्वीकार करते थे। यह सब बताते हुए गोखले के हर्ष की सीमा न रहती थी।

गोखले के पास घोड़ागाड़ी थी। मैंने उनसे इसकी शिकायत की। मैं उनकी कठिनाइयां समझ नहीं सका था। पूछा, "आप सब जगह ट्राम में क्यों नहीं जा सकते? क्या इससे नेता वर्ग की प्रतिष्ठा कम होती है?"

थोड़ा दुखी होकर उन्होंने उत्तर दिया, "क्या तुम भी मुझे पहचान न सके? मुझे बड़ी विधानसभा से जो धन मिलता है, उसे मैं अपने काम में नहीं लाता। तुम्हें ट्राम में घूमते देखकर मुझे ईर्ष्या होती है, लेकिन मैं वैसा नहीं कर सकता। जितने लोग मुझे पहचानते हैं उतने ही जब तुम्हें भी पहचानने लगेंगे, तब तुम्हारे लिए भी ट्राम में घूमना असंभव नहीं तो मुश्किल ज़रूर हो जाएगा। नेता जो कुछ करते हैं सो मौज-मजा के लिए ही करते हैं, यह मानने का कोई आधार नहीं है। तुम्हारी सादगी मुझे पसंद है। मैं भी यथासंभव सादगी से रहता हूं। लेकिन तुम निश्चित मानना कि मुझ-जैसों के लिए कुछ खर्च करने ज़रूरी हो जाते हैं।"

इस तरह मेरी एक शिकायत तो ठीक ढंग से निपटा दी गई। लेकिन दूसरी शिकायत जो मैंने की, उसका कोई संतोषजनक उत्तर वे नहीं दे सके। मैंने कहा, "लेकिन आप ठीक तरह से टहलने भी तो नहीं जाते। ऐसी दशा में आप बीमार पड़ जाएं तो इसमें आश्चर्य क्या? क्या देश के काम में से व्यायाम के लिए भी फुरसत नहीं मिल सकती?"

जवाब मिला, "तुमने मुझे फुरसत में कब देखा है कि मैं घूमने जा सकूं?"

मेरे मन में गोखले के लिए इतना आदर था कि मैं उन्हें पलटकर जवाब नहीं देता था। इस उत्तर से मुझे संतोष नहीं हुआ था, फिर भी मैं चुप्पी साध गया। मैंने यह माना है, और आज भी मानता हूं कि कितने ही काम होने पर भी जिस तरह हम खाने का समय निकाल ही लेते हैं, उसी तरह व्यायाम का समय भी हमें निकालना चाहिए। मेरी यह विनम्र राय है कि इससे देश की सेवा अधिक ही होती है, कम नहीं।

18. गोखले के साथ एक महीना-II

गोखले के सान्निध्य में रहकर मैं सारा समय घर पर ही नहीं बैठा रहा।

दक्षिण अफ्रीका के अपने ईसाई मित्रों से मैंने कहा था कि मैं हिन्दुस्तान के ईसाइयों से मिलूंगा और उनके हालात के बारे में जानूंगा। मैंने कालीचरण बैनर्जी का नाम सुना था। वे कांग्रेस के कामों में अगुआ बनकर हाथ बंटाते थे, इसलिए मेरे मन में उनके प्रति आदर था। साधारण हिन्दुस्तानी ईसाई कांग्रेस से और हिन्दू-मुसलमानों से अलग ही रहा करते थे, इसलिए उनके प्रति मैं अपने मन में जिस अविश्वास को लेकर चला था, वैसा अविश्वास कालीचरण बैनर्जी के प्रति नहीं था। मैंने गोखले से कहा कि मैं कालीचरण बैनर्जी से मिलना चाहता हूं। उन्होंने कहा, "तुम वहां जाकर क्या पाओगे? वे बहुत भले आदमी हैं, लेकिन मेरा ख्याल है कि वे तुम्हें संतुष्ट नहीं कर पाएंगे। मैं उन्हें अच्छी तरह से जानता हूं। फिर भी जाना हो तो शौक से जाओ।"

मैंने समय मांगा। उन्होंने तुरंत समय दिया और मैं गया। उनके घर पर उनकी पत्नी मृत्यु शय्या पर पड़ी थीं। घर उनका सादा था। कांग्रेस में मैंने उन्हें कोट-पतलून पहने देखा था। लेकिन घर में वे बंगाली धोती और कुर्ता पहने हुए थे। उनकी यह सादगी मुझे पसंद आई। उन दिनों मैं खुद पारसी कोट-पतलून पहनता था, फिर भी मुझे उनकी यह पोशाक और सादगी बहुत अच्छी लगी। मैंने उनका समय न गंवाते हुए अपनी उलझनें पेश कीं।

उन्होंने मुझसे पूछा, "आप मानते हैं कि हम अपने साथ पाप लेकर पैदा होते हैं?"

मैंने कहा, "जी हां।"

"तो इस मूल पाप का निवारण हिन्दू धर्म में नहीं है, जब कि ईसाई धर्म में है।" यों कहकर वे बोले, "पाप का बदला मौत है। बाइबल कहती है कि इस मौत से बचने का मार्ग ईसा की शरण है।"

मैंने भगवद्गीता के भक्ति-मार्ग की चर्चा की। लेकिन मेरा बोलना कोई अर्थ नहीं रखता था। मैंने इस भले आदमी का उसकी भलमनसाहत के लिए आभार माना। बेशक मुझे संतोष न हुआ, फिर भी इस मुलाकात से मुझे लाभ ही हुआ।

मैं यह कह सकता हूं कि इसी महीने में मैंने कलकत्ते की एक-एक गली छान मारी। अधिकतर काम मैं पैदल चलकर करता था। इन्हीं दिनों में न्यायमूर्ति मित्र से मिला। सर गुरुदास बैनर्जी से मिला। दक्षिण अफ्रीका के काम के लिए उनकी सहायता की ज़रूरत थी। उन्हीं दिनों मैंने राजा सर प्यारी मोहन मुकर्जी के भी दर्शन किए।

कालीचरण बैनर्जी ने मुझसे काली-मंदिर की चर्चा की थी। वह मंदिर देखने की मेरी बहुत इच्छा थी। किताब में मैंने उसके बारे में पढ़ा था। एक दिन मैं वहां जा पहुंचा। न्यायमूर्ति मित्र का मकान उसी मुहल्ले में था। जिस दिन मैं उनसे मिला, उसी दिन काली-मंदिर भी हो आया। रास्ते में लंबी कतार में बलि के बकरे ले जाए जा रहे थे। मंदिर की गली में पहुंचते ही मैंने भिखारियों की भीड़ देखी। वहां साधु-संन्यासी तो थे ही। उन दिनों भी मेरा नियम हृष्ट-पुष्ट भिखारियों को कुछ भी न देने का था। भिखारियों ने मुझे बुरी तरह घेर लिया था।

एक बाबाजी चबूतरे पर बैठे थे। उन्होंने मुझे बुलाकर पूछा, "क्यों बेटा, कहां के हो?"

मैंने अपने हिसाब से उत्तर दिया। उन्होंने मुझे और मेरे साथियों को बैठने के लिए कहा। हम बैठ गए।

मैंने पूछा, "इन बकरों की बलि को आप धर्म मानते हैं?"

"जीव की हत्या को धर्म कौन मानता है?"

"तो आप यहां बैठकर लोगों को समझाते क्यों नहीं?"

"यह काम हमारा नहीं है। हम तो यहां बैठकर भगवद-भक्ति करते हैं।"

"पर इसके लिए आपको कोई दूसरी जगह नहीं मिली?"

बाबाजी बोले, "हम कहीं भी बैठें, हमारे लिए सब जगह बराबर हैं। लोग तो भेड़ों के झुंड की तरह हैं। बड़े लोग जिस रास्ते ले जाते हैं, उसी रास्ते वे चलते हैं। हम साधुओं को इससे क्या मतलब?"

मैंने संवाद आगे नहीं बढ़ाया। हम मंदिर में पहुंचे। सामने रक्त की नदी बह रही थी। दर्शनों के लिए खड़े रहने की मेरी इच्छा ही न रही। मैं बहुत अकुलाया, बेचैन हुआ। वह दृश्य मैं अब तक भूल नहीं पाया हूं।

उसी दिन मुझे एक बंगाली सभा का निमंत्रण मिला था। वहां मैंने एक सज्जन से पूजा के इस क्रूर तरीके की चर्चा की। उन्होंने कहा, "हमारा विचार ये है कि वहां जो नगाड़े वगैरा बजते हैं, उनके कोलाहल में बकरों को चाहे जैसे भी मारो, उन्हें कोई पीड़ा नहीं होती।"

उनका यह विचार मेरे गले से नीचे नहीं उतरा। मैंने उन सज्जन से कहा कि यदि बकरों को जुबान होती तो वे दूसरी ही बात कहते। मैंने अनुभव किया कि यह क्रूर प्रथा बंद होनी चाहिए। मुझे बुद्धदेव वाली कथा याद आई। लेकिन मैंने देखा कि यह काम मेरी शक्ति से बाहर है।

उस समय मेरे जो विचार थे, वे ही आज भी हैं। मेरे विचार से बकरों के जीवन का मूल्य मानव के जीवन से कम नहीं है। मानव देह को निबाहने के लिए मैं बकरे की देह लेने को तैयार न होऊंगा। मैं यह मानता हूं कि जो जीवन जितना अधिक लाचार है, उतना ही उसे इन्सान की क्रूरता से बचने के लिए इन्सान ही का आश्रय पाने का अधिक अधिकार। लेकिन वैसी योग्यता के अभाव में इंसान आश्रय देने में असमर्थ है। बकरों को इस पापपूर्ण आहुति से बचाने के लिए जितनी आत्मशुद्धि और त्याग मुझमें है, उससे कहीं अधिक की मुझे ज़रूरत है। जान पड़ता है कि अभी तो उस शुद्धि और त्याग की माला जपते हुए ही मुझे मरना होगा। मैं निरंतर यह प्रार्थना करता रहता हूं कि ऐसा कोई तेजस्वी पुरुष और ऐसी कोई तेजस्विनी सती जन्म ले, जो इस महापातक में से इंसान को बचाए, निर्दोष प्राणियों की रक्षा करे और मंदिर को शुद्ध करे।

ज्ञानी, बुद्धिशाली, त्यागवृत्तिवाला और भावना-प्रधान बंगाल यह सब कैसे सहन करता है?

19. गोखले के साथ एक महीना-III

काली माता के निमित्त होनेवाले इस विकराल यज्ञ को देखकर बंगाली जीवन को जानने की मेरी इच्छा बढ़ गई। मैं ब्रह्मसमाज के बारे में तो पहले ही काफी पढ़-सुन चुका था। मैं प्रतापचंद्र मजूमदार के जीवन चरित्र के बारे में थोड़ा बहुत जानता था। मैं उनके

व्याख्यान सुनने लगा था। उनका लिखा केशवचंद्र सेन का जीवन-वृत्तांत मैंने खोजा और उसे पढ़ गया। मैंने साधारण ब्रह्मसमाज और आदि ब्रह्मसमाज के भेद जाने। पंडित विश्वनाथ शास्त्री के दर्शन किए। महर्षि देवेंद्रनाथ ठाकुर के दर्शनों के लिए मैं प्रोफेसर काथवटे के साथ गया। लेकिन वे उन दिनों किसी से मिलते नहीं थे, इससे उनके दर्शन न हो सके। उनके यहां ब्रह्मसमाज का उत्सव था। उसमें शामिल होने का निमंत्रण पाकर हम लोग वहां गए थे और वहां उच्च कोटि का बांग्ला संगीत सुन पाए थे। तभी से बांग्ला संगीत के प्रति मेरा अनुराग बढ़ गया।

ब्रह्मसमाज का यथासंभव निरीक्षण करने के बाद यह तो हो ही नहीं सकता था कि मैं स्वामी विवेकानंद के दर्शन न करूं? मैं बहुत उत्साह के साथ बेलूर मठ तक लगभग पैदल चलकर पहुंचा। मुझे इस समय ठीक से याद नहीं है कि मैं पूरा पैदल चला था या आधा। मठ का एकांत स्थान मुझे अच्छा लगा था। यह समाचार सुनकर मैं निराश हुआ कि स्वामीजी बीमार चल रहे हैं, उनसे मिला नहीं जा सकता और वे अपने कलकत्तावाले घर में हैं। मैंने बहन निवेदिता के निवास-स्थान का पता लगाया। चौरंगी के एक महल में उनके दर्शन किए। उनकी तड़क-भड़क से मैं चकरा गया। बातचीत में भी हमारा मेल नहीं बैठा। मैंने गोखले से इस बारे में बात की। उन्होंने कहा, ''यह बड़ी तेज़ महिला है। उससे तुम्हारा मेल नहीं बैठेगा, मैं समझ सकता हूं।''

उनसे फिर एक बार मेरी भेंट पेस्तनजी पादशाह के घर पर हुई थी। वे पेस्तनजी की वृद्धा माता को उपदेश दे रही थीं। उसी समय मैं उनके घर जा पहुंचा था। मैंने दोनों के बीच दुभाषिये का काम किया था। हमारे बीच मेल न बैठते हुए भी इतना तो मैं देख ही सकता था कि हिंदू धर्म के प्रति भगिनी का प्रेम किस तरह छल रहा था। उनकी किताबों का परिचय मैंने बाद में पाया।

मैंने दिन को दो भागों में बांटा हुआ था। एक भाग मैं दक्षिण अफ्रीका के काम के सिलसिले में कलकत्ते में रहनेवाले नेताओं से मिलने में बिताता था, और दूसरा भाग कलकत्ते की धार्मिक संस्थाएं और दूसरी सार्वजनिक संस्थाएं देखने में बिताता था। एक दिन मैंने बोअर-युद्ध में हिन्दुस्तानी सुश्रूषा-दल द्वारा किए गए काम के बारे में डॉक्टर मलिक के सभापतित्व में भाषण दिया। 'इंग्लिशमैन' के साथ की मेरी पहचान इस समय भी मेरे बहुत काम आई। मिस्टर सांडर्स उन दिनों बीमार चल रहे थे, लेकिन उनकी मदद उतनी ही इस समय भी मिली जितनी सन् 1896 में मिली थी। यह भाषण गोखले को पसंद आया था और जब डॉक्टर राय ने मेरे भाषण की प्रशंसा की तो वे बहुत खुश हुए थे।

यों, गोखले के सान्निध्य में रहने से बंगाल में मेरा काम बहुत आसान हो गया था। बंगाल के गणमान्य परिवारों की जानकारी मुझे सहज ही मिल गई और बंगाल के साथ मेरा संबंध नज़दीकियां पाता रहा।

इस चिरस्मरणीय महीने के बहुत से मधुर संस्मरण मुझे छोड़ देने पड़ेंगे। इसी महीने में मैं ब्रह्मदेश का भी एक चक्कर लगा आया था। वहां के फुंगियों से मिला था। उनका आलस्य देखकर मैं दुखी हुआ था। मैंने स्वर्ण-पैगोडा के दर्शन किए। मंदिर में छोटी-छोटी असंख्य मोमबत्तियां जल रही थीं। वे मुझे अच्छी नहीं लगीं। मंदिर के गर्भगृह में चूहों को दौड़ते देखकर मुझे स्वामी दयानन्द के अनुभव का स्मरण हो आया। ब्रह्मदेश की महिलाओं

के लिए अनुराग और पुरुषों के लिए दुख अनुभव किया। उसी समय मैंने यह भी अनुभव किया कि जिस तरह बम्बई हिन्दुस्तान नहीं है, उसी तरह रंगून ब्रह्मदेश नहीं है; और जिस प्रकार हम हिन्दुस्तान में अंग्रेज़ व्यापारियों के कमीशन एजेंट या दलाल बने हुए हैं, उसी प्रकार ब्रह्मदेश में हमने अंग्रेज़ों के साथ मिलकर ब्रह्मदेशवासियों को कमीशन एजेंट बनाया हुआ है।

ब्रह्मदेश से लौटने के बाद मैंने गोखले से विदा ली। उनका वियोग मुझे अखरा, लेकिन बंगाल का—या सच कहा जाए तो कलकत्ते का—मेरा काम पूरा हो चुका था।

मैंने सोचा था कि काम-धन्धे में लगने से पहले हिन्दुस्तान की एक छोटी-सी रेलगाड़ी के तीसरे दर्जे में यात्रा करूंगा और तीसरे दर्जे के यात्रियों से मेल-जोल बढ़ाकर उनकी तकलीफें जानने का प्रयास करूंगा। मैंने गोखले के सामने अपना यह विचार रखा। उन्होंने पहले तो मेरे विचार की हंसी उड़ाई। लेकिन जब मैंने बताया कि मैं इस यात्रा से क्या-क्या आशाएं पाले हुए हूं तो उन्होंने प्रसन्नतापूर्वक मेरी योजना को स्वीकृति दे दी। मुझे पहले तो काशी जाना था और वहां पहुंचकर विदुषी ऐनी बेसेण्ट के दर्शन करने थे। वे उस समय बीमार चल रही थीं।

इस यात्रा के लिए मुझे नए सिरे से सामान जुटाना था। पीतल का एक डिब्बा गोखले ने ही दिया और उसमें मेरे लिए बेसन के लड्डू और पूरियां रखवा दीं। बारह आने में किरमिच का एक थैला लिया। छाया (पोरबंदर के पास के एक गांव) की ऊन का एक ओवरकोट बनवाया। थैले में यह ओवरकोट, तौलिया, कुर्ता और धोती रखे। ओढ़ने के लिए एक कम्बल था। इसके अलावा एक लोटा भी साथ में रख लिया था। इतना सामान लेकर मैं निकला।

गोखले और डॉक्टर राय मुझे स्टेशन तक छोड़ने आए। मैंने दोनों ही से अनुरोध किया था कि वे स्टेशन न आएं लेकिन दोनों आकर ही माने। गोखले बोले, "तुम पहले दर्जे में जाते तो शायद मैं न चलता, पर अब तो मुझे चलना ही पड़ेगा।"

प्लेटफार्म पर जाते समय गोखले को किसी ने नहीं रोका। उन्होंने अपनी रेशमी पगड़ी बांधी थी और धोती तथा कोट पहने थे। डॉक्टर राय ने बंगाली पोशाक पहनी हुई थी, इसलिए टिकट बाबू ने पहले तो उन्हें अंदर जाने से रोका, लेकिन जब गोखले ने कहा, "मेरे मित्र हैं," तो डॉक्टर राय भी अंदर आ गए।

इस तरह दोनों ने मुझे विदा किया।

20. काशी प्रवास

यह यात्रा कलकत्ते से राजकोट तक की थी। इसमें काशी, आगरा, जयपुर, पालनपुर और राजकोट जाना था। इतना देख लेने के बाद और समय ही देना संभव न था। हर जगह मैं एक-एक दिन रहा था। पालनपुर के अलावा सब जगह मैं धर्मशाला में या यात्रियों की तरह पण्डों के घर ठहरा। जैसा कि मुझे याद आता है, इतनी लंबी यात्रा में गाड़ी-भाड़े सहित मेरे कुल इकतीस रुपये खर्च हुए थे। तीसरे दर्जे की यात्रा में भी मैं अक्सर डाकगाड़ी छोड़ देता था, क्योंकि मैं जानता था कि उसमें अधिक भीड़ होती है। उसका किराया भी सवारी (पैसेंजर) गाड़ी के तीसरे दर्जे के किराये से अधिक होता था। यह एक अड़चन तो थी ही।

तीसरे दर्जे के डिब्बों में गंदगी और पाखानों की बुरी हालत तो उस समय भी वैसी ही थी जैसी आज है। अब शायद थोड़ा सुधार हो गया हो तो बात अलग है। लेकिन पहले और तीसरे दर्जे के बीच सुविधाओं का अंतर मुझे किराये के अंतर से कहीं ज्यादा जान पड़ा।

तीसरे दर्जे के यात्री भेड़-बकरी समझे जाते हैं और सुविधाओं के नाम पर उनको भेड़-बकरियों के से डिब्बे मिलते हैं। यूरोप में तो मैंने तीसरे दर्जे ही में यात्रा की थी। अनुभव की दृष्टि से एक बार पहले दर्जे में भी यात्रा की थी। वहां मैंने पहले और तीसरे दर्जे के बीच यहां के जैसा अंतर नहीं देखा। दक्षिण अफ्रीका में तीसरे दर्जे के यात्री अधिकतर हब्शी ही होते हैं। लेकिन वहां के तीसरे दर्जे में भी यहां के तीसरे दर्जे से अधिक सुविधाएं हैं। कुछ प्रदेशों में तो वहां तीसरे दर्जे में सोने की सुविधा भी रहती है और सीटें गद्दीदार होती हैं। हर कूपे में बैठनेवाले यात्रियों की संख्या की सीमा का ध्यान रखा जाता है। यहां तो तीसरे दर्जे में संख्या की सीमा रखे जाने का मुझे कोई अनुभव ही नहीं है।

रेलवे-विभाग की ओर से होनेवाली इन असुविधाओं के अलावा यात्रियों की गन्दी आदतें ठीक-ठाक यात्री के लिए तीसरे दर्जे की यात्रा को सज़ा जैसा बना देती हैं। चाहे जहां थूकना, चाहे जहां कचरा डालना, जैसे चाहे और जब चाहे बीड़ी पीना, पान-तंबाकू चबाना और जहां बैठे वहीं थूक देना, फर्श पर जूठन गिराना, चिल्ला-चिल्लाकर बातें करना, पास में बैठे हुए आदमी की सुख-सुविधा का ख्याल न करना और गन्दी बोली बोलना—ये सारे अनुभव मेरे हिस्से में आए। तीसरे दर्जे की यात्रा के अपने 1902 के अनुभव में और 1915 से 1919 तक के मेरे दूसरी बार के ऐसे ही अखंड अनुभव में मैंने बहुत अधिक अंतर नहीं पाया।

इस महारोग का एक ही उपाय मेरी समझ में आया है और वह यह है कि शिक्षित समाज को तीसरे दर्जे में ही यात्रा करनी चाहिए और लोगों की आदतें सुधारने का प्रयास करना चाहिए। इसके अलावा, रेलवे-विभाग के अधिकारियों को शिकायत कर-करके परेशान कर डालना चाहिए, अपने लिए कोई सुविधा मांगने या मिली सुविधा की रक्षा करने के लिए घूस-रिश्वत नहीं देनी चाहिए और उनके एक भी गैर-कानूनी व्यवहार को बरदाश्त नहीं करना चाहिए।

मेरा यह अनुभव रहा है कि ऐसा करने से बहुत-कुछ सुधार संभव है। अपनी बीमारी के कारण मुझे सन् 1918-19 से तीसरे दर्जे की यात्रा लगभग बंद कर देनी पड़ी है, इसका दुख और लज्जा मुझे हमेशा रहे हैं और वह भी ऐसे अवसर पर बंद करनी पड़ी, जब तीसरे दर्जे के यात्रियों की तकलीफों को दूर करने का काम कुछ गति पकड़े हुए था। रेलों और जहाजों में गरीब यात्रियों को जो कष्ट भोगने पड़ते हैं, उनकी अपनी बुरी आदतों के कारण इन कष्टों में होनेवाली वृद्धि, व्यापार के निमित्त विदेशी व्यापार को सरकार की ओर से दी जानेवाली अनुचित सुविधाएं आदि बातें इस समय हमारे लोक-जीवन की बिलकुल अलग और महत्त्व की समस्या बन गई हैं। अगर इसे हल करने में एक-दो चतुर और लगन वाले व्यक्ति अपना पूरा समय लगा दें, तो भी कम पड़ेगा।

लेकिन तीसरे दर्जे की यात्रा की इस चर्चा को अब यहीं छोड़कर मैं काशी के अनुभव बांटता हूं। मैं काशी स्टेशन पर सवेरे उतरा। मुझे किसी पण्डे के ही यहां ठहरना था। कई ब्राह्मणों ने मुझे घेर लिया। उनमें से जो मुझे थोड़ा बेहतर और सज्जन लगा, उसका घर

मैंने पसंद किया। मेरा चयन सही सिद्ध हुआ। ब्राह्मण के आंगन में गाय बंधी थी। ऊपर एक कमरा था। उसमें मुझे ठहराया गया। मैं विधिपूर्वक गंगा-स्नान करना चाहता था। तब तक मुझे उपवास रखना था। पण्डे ने सब तैयारी की। मैंने उससे कह रखा था कि मैं सवा रुपये से अधिक दक्षिणा नहीं दे सकूंगा, इसलिए उसी के लायक तैयारी वह करे।

पण्डे ने बिना झगड़े के मेरी विनती स्वीकार कर ली। वह बोला, "हम लोग अमीर-गरीब सब लोगों को पूजा तो एक-सी ही कराते हैं। दक्षिणा यजमान की इच्छा और शक्ति पर निर्भर करती है।" मेरे विचार से पंडाजी ने पूजा-विधि में कोई गड़बड़ी नहीं की। लगभग बारह बजे इससे निपटकर मैं काशी-विश्वनाथ के दर्शन करने गया। वहां जो कुछ देखा उससे मुझे दुख ही हुआ। सन् 1891 में जब मैं बम्बई में वकालत करता था, तब एक बार प्रार्थना-समाज के मंदिर में 'काशी की यात्रा' विषय पर व्याख्यान सुना था। इसलिए थोड़ी निराशा के लिए तो मैं पहले से तैयार ही था। लेकिन वास्तव में जो निराशा हुई, वह अपेक्षा से बहुत अधिक थी।

संकरी, फिसलनवाली गली में से होकर जाना था। शांति का नाम भी नहीं था। मक्खियों की भिनभिनाहट तथा यात्रियों और दुकानदारों का कोलाहल मेरी सहन-शक्ति से परे था।

जिस जगह पर मनुष्य ध्यान और भगवत्-चिंतन की आशा रखता है, वहां उसे इनमें से कुछ भी नहीं मिलता! यदि ध्यान की ज़रूरत हो, तो वह अपने अंदर से पाना होगा। हां, मैंने ऐसी श्रद्धालु बहनों को भी देखा, जिन्हें इस बात का बिलकुल पता न था कि उनके आसपास क्या हो रहा है। वे केवल अपने ध्यान में ही मग्न थीं। लेकिन इसे प्रबंधकों का पुरुषार्थ नहीं माना जा सकता। काशी-विश्वनाथ के आसपास शांत, निर्मल, सुगंधित और स्वच्छ वातावरण–बाह्य एवं आंतरिक–उत्पन्न करना और उसे बनाए रखना प्रबंधकों का कर्तव्य होना चाहिए। इसके बदले वहां मैंने ठग दुकानदारों का बाज़ार देखा। वहां नए-से-नए ढंग की मिठाइयां और खिलौने बिक रहे थे।

मंदिर में पहुंचने पर दरवाजे के सामने बदबूदार सड़े हुए फूल मिले। अंदर संगमरमर का बढ़िया फर्श था। लेकिन किसी अंध श्रद्धालु ने उसे रुपयों से जड़वाकर खराब कर डाला था और रुपयों में मैल भर गया था।

मैं ज्ञानवापी के समीप गया। वहां मैंने ईश्वर को खोजा, लेकिन वह न मिला। इससे मैं मन ही मन क्षुब्ध हो रहा था। ज्ञानवापी के आसपास भी गंदगी देखी। दक्षिणा के रूप में कुछ चढ़ाने की मेरी श्रद्धा नहीं थी। इसलिए मैंने सचमुच ही एक पाई चढ़ाई, जिससे पुजारी पंडाजी तमतमा उठे। उन्होंने पाई फेंक दी। दो-चार गालियां देकर बोले, "तू यों अपमान करेगा तो नरक में सड़ेगा।"

मैं शांत रहा। मैंने कहा, "महाराज, मेरा तो जो होना होगा सो होगा, पर आपके मुंह से गाली शोभा नहीं देती। यह पाई लेनी हो तो लीजिए, नहीं तो यह भी हाथ से जाएगी।" "जा, तेरी पाई मुझे नहीं चाहिए", कहकर उन्होंने मुझे दो-चार और सुना दीं। मैं पाई लेकर चल दिया। मैंने माना कि महाराज ने पाई खोई और मैंने बचाई। लेकिन महाराज पाई खोनेवाले नहीं थे। उन्होंने मुझे वापस बुलाया और कहा, "अच्छा, धर दे। मैं तेरे जैसा नहीं होना चाहता। मैं न लूं, तो तेरा बुरा हो।"

मैंने चुपचाप पाई दे दी और लंबी सांस लेकर चल दिया। इसके बाद मैं दो बार काशी-विश्वनाथ के दर्शन कर चुका हूं, लेकिन वह तो 'महात्मा' बनने के बाद। इसलिए 1902 के अनुभव तो फिर कहां से पाता। मेरा 'दर्शन' करनेवाले लोग मुझे दर्शन क्यों करने देते? 'महात्मा' के दुख तो मेरे-जैसे 'महात्मा' ही जानते हैं। अलबत्ता, गंदगी और कोलाहल तो मैंने पहले जैसा ही पाया।

किसी को भगवान की दया के बारे में शंका हो, तो उसे ऐसे तीर्थ क्षेत्र देखने चाहिए। वह महायोगी अपने नाम पर कितना ढोंग, अधर्म, पाखंड इत्यादि सहन करता है? उसने तो कह रखा है

ये यथा मां पद्यन्ते तांस्तथैव भ्जाम्यहम्।

अर्थात् 'जैसी करनी वैसी भरनी' कर्म को मिथ्या कौन कर सकता है? फिर भगवान को बीच में पड़ने की ज़रूरत ही क्या है? उसने तो अपने कानून बनाकर अपना पल्ला झाड़ लिया है।

यह अनुभव लेकर मैं मिसेज बेसेण्ट के दर्शन करने गया। मैं जानता था कि वे हाल ही में बीमारी से उठी हैं। मैंने अपना नाम भेजा। वे तुरंत आईं। मुझे तो दर्शन ही करने थे, इसलिए मैंने कहा, "मुझे आपके खराब स्वास्थ्य का पता है। मैं तो सिर्फ आपके दर्शन करने आया हूं। खराब स्वास्थ्य के रहते भी आपने मुझे मिलने की अनुमति दी, मुझे इसी से संतोष है। मैं आपका अधिक समय नहीं लेना चाहता।"

यह कहकर मैंने विदा ली।

21. टिककर रहना बम्बई में

गोखले की बहुत इच्छा थी कि मैं बम्बई में ही बस जाऊं, वहां बैरिस्टर का काम करूं और उनके साथ सार्वजनिक सेवा में हाथ बंटाऊं। उस समय सार्वजनिक सेवा का मतलब था, कांग्रेस की सेवा। उनके द्वारा स्थापित संस्था का मुख्य कार्य कांग्रेस की व्यवस्था चलाना ही था।

मेरी भी यही इच्छा थी, लेकिन काम मिलने के बारे में मेरा आत्म-विश्वास डांवाडोल था। मैं अपने पिछले अनुभव भूल नहीं पाया था। खुशामद करना मुझे विषपान जैसा लगता था।

इस कारण पहले तो मैं राजकोट में ही रहा। वहां मेरे पुराने हितैषी और मुझे इंग्लैंड भेजनेवाले केवलराम मावजी दवे थे। उन्होंने मुझे तीन मुकदमे सौंपे। दो अपीलें काठियावाड़ के पोलिटिकल एजेंट के ज्युडीशियल असिस्टेंट के सामने थीं और एक मूल मुकदमा जामनगर में था। यह मुकदमा महत्त्वपूर्ण था। मैं इस मुकदमे का जोखिम उठाने में हिचकिचा रहा था। इस पर केवलराम बोल उठे, "हारेंगे तो हमी हारेंगे न? तुमसे जितना बन पड़े तुम करो। मैं भी तो तुम्हारे साथ रहूंगा ही न?"

इस मुकदमे में मेरे सामने स्वर्गीय समर्थ थे। मैंने ठीक-ठाक तैयारी की थी। यहां के कानून का तो मुझे बहुत ज्यादा ज्ञान नहीं था। केवलराम दवे ने मुझे इस मामले में पूरी तरह तैयार कर दिया था। मेरे दक्षिण अफ्रीका जाने से पहले मित्र मुझे कहा करते थे कि सर फीरोज़शाह मेहता को कानून वगैरह जबानी याद है और यही उनकी सफलता की कुंजी है। मैंने इसे याद रखा था और दक्षिण अफ्रीका जाते समय यहां का कानून मैं टीकाओं के साथ पढ़ गया था। इसके अतिरिक्त दक्षिण अफ्रीका का अनुभव तो मुझे था ही।

मुकदमे में हम जीते। इससे मेरा आत्मविश्वास पैदा हुआ। इन दो अपीलों के बारे में तो मुझे शुरू से ही कोई डर नहीं था। इससे मुझे लगा कि यदि बम्बई जाऊं तो वहां भी वकालत करने में कोई दिक्कत न होगी।

इस विषय पर आने से पहले थोड़ा अंग्रेज़ अधिकारियों के अविवेक और अज्ञान के बारे में अपने कुछ अनुभव बांटना चाहता हूं। ज्युडीशियल असिस्टेण्ट कहीं एक जगह टिक कर नहीं बैठते थे। उनकी सवारी घूमती रहती थी–आज यहां, कल वहां। जहां वे महाशय जाते थे, वहां वकीलों और मुवक्किलों को भी जाना पड़ता था। वकील का मेहनताना जितना मुख्य स्थान पर होता, उससे अधिक बाहर होता था। इसलिए मुवक्किल का खर्चा तो दुगुना हो ही जाता था लेकिन भला जज को इसकी क्या परवाह!

इस अपील की सुनवाई वेरावल में होनेवाली थी। वहां उन दिनों बड़े ज़ोर का प्लेग फैला था। मुझे याद है कि रोज़ के पचास केस होते थे। वहां की आबादी 5,500 के आसपास थी। आधे से ज्यादा गांव खाली हो गया था। मैं वहां की निर्जन धर्मशाला में टिका था। वह गांव से कुछ दूर थी। लेकिन बेचारे मुवक्किल क्या करते? यदि वे गरीब थे, तो एक भगवान ही उनका मालिक था।

मेरे नाम वकील मित्रों का तार आया था कि मैं साहब से अनुरोध करूं कि प्लेग के कारण वे अपना ठिकाना बदल दें। अनुरोध करने पर साहब ने मुझसे पूछा, ''क्या आपको डर लगता है?''

मैंने कहा, ''सवाल मेरे डरने का नहीं है। मैं मानता हूं कि मैं अपना प्रबंध कर लूंगा, लेकिन मुवक्किलों का क्या होगा?''

साहब बोले, ''प्लेग ने तो हिन्दुस्तान में जैसे अपना डेरा डाल दिया है। उससे क्या करना? वेरावल की हवा कैसी सुंदर है! (साहब गांव से दूर समुद्र किनारे एक महलनुमा तंबू में रहते थे) लोगों को इस तरह बाहर रहना सीखना चाहिए।''

इस फिलासफी के आगे भला मेरी क्या चलती? साहब ने अपने सचिव से कहा, ''मिस्टर गांधी की बात को ध्यान में रखिए और अगर वकीलों तथा मुवक्किलों को बहुत असुविधा होती हो तो मुझे बतलाइए।''

इसमें साहब ने तो शुद्ध भाव से अपनी समझ के अनुसार ठीक ही किया। लेकिन उन्हें कंगाल हिन्दुस्तान की मुश्किलों का अंदाज कैसे हो सकता था? वे बेचारे हिन्दुस्तान की ज़रूरतों, भली-बुरी आदतों और रीति-रिवाजों को क्योंकर समझते? जिसे गिन्नियों में गिनती करने की आदत हो, उसे पाइयों में हिसाब लगाने को कहिए, तो वह झट से हिसाब कैसे कर सकेगा? नीयत एकदम साफ होने पर भी जिस तरह हाथी चींटी के लिए विचार करने में असमर्थ होता है, उसी तरह हाथी की ज़रूरतवाला अंग्रेज़ चींटी की ज़रूरतवाले भारतीय के लिए विचार करने या नियम बनाने में असमर्थ ही होगा।

अब मैं अपने मूल विषय पर आता हूं।

ऊपर बताए अनुसार सफलता मिलने के बाद भी मैं कुछ समय के लिए राजकोट में ही टिके रहने की बात सोच रहा था। इतने में एक दिन केवलराम मेरे पास आए और बोले, ''गांधी, तुमको यहां नहीं रहने दिया जाएगा। तुम्हें तो बम्बई ही जाना होगा।''

''लेकिन वहां मुझे पूछेगा कौन? क्या मेरा खर्च आप चलाएंगे?''

"हां, हां, मैं तुम्हारा खर्च चलाऊंगा। तुम्हें बड़े बैरिस्टर की तरह कभी-कभी यहां ले आया करूंगा और लिखा-पढ़ी वगैरा का काम तुम्हें वहां भेजता रहूंगा। बैरिस्टरों को छोटा-बड़ा बनाना तो हम वकीलों का काम है न? तुमने अपनी योग्यता का प्रमाण तो जामनगर और वेरावल में दे ही दिया है, इसलिए मैं निश्चिंत हूं। तुम सार्वजनिक काम के लिए सिरजे गए हो, तुम्हें हम काठियावाड़ में दफन न होने देंगे। कहो, कब रवाना होते हो?"

"नेटाल से मेरे कुछ पैसे आने बाकी हैं। पैसे मिलते ही चला जाऊंगा।"

पैसे एक-दो हफ्तों में आ गए और मैं बम्बई पहुंचा। पेइन, गिलबर्ट और सयानी के दफ्तर में चेम्बर्स किराये पर लिए और मुझे लगा कि अब मैं बम्बई में टिक गया।

22. धर्म-संकट

मैंने जैसे ऑफिस किराये पर लिया, वैसे ही घर भी गिरगांव में लिया। लेकिन ईश्वर ने मुझे कभी एक जगह टिकने नहीं दिया। घर लिए अधिक दिन नहीं हुए थे कि इतने में मेरा दूसरा बेटा बहुत बीमार हो गया। उसे निमोनिया ने जकड़ लिया। बुखार उतरता ही न था। बेचैनी तो थी ही। फिर रात में सन्निपात के लक्षण भी दिखाई पड़े। इस बीमारी के पहले बचपन में उसे चेचक भी बहुत ज़ोर से निकल चुकी थी।

मैंने डॉक्टर की सलाह ली। उन्होंने कहा, "इसके लिए दवा बहुत कम उपयोगी होगी। इसे तो अण्डे और मुर्गी का शोरबा देने की ज़रूरत है।"

मणिलाल उस समय दस बरस का रहा होगा। भला उससे मैं क्या पूछता? पिता होने के नाते निर्णय तो मुझी को करना था। डॉक्टर एक बहुत भले पारसी थे। मैंने कहा, "डॉक्टर, हम सब शाकाहारी हैं। मेरी इच्छा अपने बच्चे को इन दो में से एक भी चीज़ देने की नहीं होती। क्या दूसरा कोई उपाय नहीं बताइएगा?"

डॉक्टर बोले, "आपके बच्चे के प्राण संकट में हैं। दूध और पानी मिलाकर दिया जा सकता है, लेकिन इससे उसे पूरी खुराक नहीं मिल सकेगी। आप जानते ही हैं, मैं कई हिन्दू परिवारों में जाता हूं। लेकिन दवा के नाम पर तो हम उन्हें जो भी चीज़ दें, वे ले लेते हैं। मैं सोचता हूं कि आप अपने बच्चे के साथ ऐसी सख्ती न करें तो बेहतर होगा।"

"आप कहते हैं, सो ठीक है। आपको यही कहना भी चाहिए। मेरी जिम्मेदारी बहुत बड़ी है। बेटा बड़ा होता तो मैं ज़रूर ही उसकी इच्छा जानने की कोशिश करता और वह जो चाहता, उसे करने देता। यहां तो मुझे ही इस बच्चे के बारे में फैसला करना है। मेरा खयाल है कि व्यक्ति के धर्म की परीक्षा ऐसे ही समय होती है। सही हो या गलत, लेकिन मैंने यह धर्म माना है कि इन्सान को मांस आदि का सेवन नहीं करना चाहिए। जीवन के साधनों की भी सीमा होती है। कुछ बातें ऐसी हैं, जो जीने के लिए भी हमें नहीं करनी चाहिए। मेरे धर्म की सीमा मुझे अपने लिए और अपने परिवारवालों के लिए ऐसे समय भी मांस इत्यादि खाने से रोकती है। इसलिए मुझे वह जोखिम उठाना ही होगा, जिसकी आप कल्पना करते हैं। लेकिन आपसे मैं एक चीज़ मांग लेता हूं। आप वाला उपचार तो मैं नहीं करूंगा, किंतु मुझे इस बच्चे की छाती, नाड़ी इत्यादि देखना नहीं आता। मुझे पानी के उपचारों का थोड़ा ज्ञान है। मैं उन उपचारों को आजमाना चाहता हूं। लेकिन यदि आप

बीच-बीच में मणिलाल की तबीयत देखने आते रहेंगे और उसके शरीर में होनेवाले बदलावों की जानकारी मुझे देते रहेंगे, तो मैं आपका उपकार मानूंगा।''

सज्जन डॉक्टर ने मेरी कठिनाई समझी और अनुरोध के अनुसार मणिलाल को देखने आना स्वीकार कर लिया।

हालांकि मणिलाल खुद निर्णय नहीं कर सकता था, फिर भी मैंने उसे डॉक्टर के साथ हुई बातचीत सुना दी और उससे कहा कि वह अपनी राय बताए।

''आप खुशी से पानी के उपचार कीजिए। मुझे न शोरबा पीना है, और न अंडे खाने हैं।''

उसकी बात से मैं खुश हुआ, हालांकि मैं समझता था कि मैंने उसे ये दोनों चीज़ें खिलाई होतीं तो वह खा भी लेता।

मैं कूने के उपचार जानता था। मैंने उसके प्रयोग भी किए थे। मैं यह भी जानता था कि बीमारी में उपवास का बड़ा स्थान है। मैंने मणिलाल को कूने की रीति से कटिस्नान कराना शुरू किया। मैं उसे तीन मिनट से ज्यादा टब में नहीं रखता था। तीन दिन तक उसे केवल पानी मिलाए हुए संतरे के रस पर रखा।

बुखार उतरता ही न था। रात के साथ वह अंट-संट बकता था। तापमान 104 डिग्री तक जाता था। मैं घबराया। यदि बच्चे को खो बैठा तो दुनिया मुझे क्या कहेगी? बड़े भाई क्या कहेंगे? दूसरे डॉक्टर को क्यों न बुलाया जाए? वैद्य को क्यों न बुलाया जाए? अपनी ज्ञानहीन बुद्धि लड़ाने का माता-पिता को क्या अधिकार है?

एक ओर ऐसे विचार आते थे; तो दूसरी ओर इस तरह के विचार भी आते थे, ''हे जीव! तू जो अपने लिए करता, वही बच्चे के लिए भी करे, तो परमेश्वर को संतोष होगा। मुझे पानी के उपचार पर श्रद्धा है, दवा पर नहीं। डॉक्टर रोगी को प्राणदान नहीं देता। वह भी तो प्रयोग ही करता है। जीवन की डोर तो एक ईश्वर के ही हाथ में है। ईश्वर का नाम लेकर, उस पर श्रद्धा रखकर, तू अपना मार्ग मत छोड़।''

मन में इसी तरह का मंथन चल रहा था। रात हुई। मैं मणिलाल को बगल में लेकर सोया था। मैंने उसे भिगोकर निचोड़ी हुई चादर में लपेटने का निश्चय किया। मैं उठा। चादर ली। उसे ठंडे पानी में भिगोया। निचोड़ा। उसमें बच्चे को सिर से पैर तक लपेट दिया। ऊपर से दो कम्बल ओढ़ा दिए। सर पर गीला तौलिया रखा। बुखार से शरीर तवे की तरह तप रहा था और बिलकुल सूखा था। पसीना आता ही न था।

मैं बहुत थक चुका था। मणिलाल को उसकी मां के जिम्मे करके मैं आधे घंटे के लिए चौपाटी पर चला गया—थोड़ी हवा खाकर ताजा होने और शांति पाने के लिए। रात के करीब दस बजे होंगे। लोगों का आना-जाना कम हो गया था। मुझे जैसे होश ही नहीं था। मैं विचार-सागर में गोते लगा रहा था। हे ईश्वर! इस धर्म-संकट में तू मेरी लाज रखना। 'राम-राम' की रट तो मुंह में थी ही। थोड़े चक्कर लगाकर धड़कती छाती से वापस आया। घर में पैर रखते ही मणिलाल ने मुझे पुकारा, ''बापू, आप आ गए?''

''हां, बेटे।''

''मुझे अब इसमें से निकालिए न? मैं जला जा रहा हूं।''

''क्यों, क्या पसीना छूट रहा है?''

''मैं तो भीग गया हूं। अब मुझे निकालिए न, बापूजी!''

मैंने मणिलाल का माथा देखा। माथे पर पसीने की बूंदें दिखाई दीं। बुखार कम हो रहा था। मैंने ईश्वर का आभार माना।

''मणिलाल, अब तुम्हारा बुखार चला जाएगा। अभी थोड़ा और पसीना नहीं आने दोगे?''

''नहीं बापू! अब तो मुझे निकाल ही दीजिए। फिर दुबारा और लपेटना हो तो लपेट दीजिएगा।''

मुझे धीरज आ गया था, इसलिए उसे बातों में उलझाकर कुछ मिनट और निकाल दिए। उसके माथे से पसीने की धाराएं बह चलीं। मैंने चादर खोली, शरीर पोंछा और बाप-बेटे साथ सो गए। दोनों ने गहरी नींद ली।

सवेरे मणिलाल का बुखार हलका हो चुका था। दूध और पानी तथा फलों के रस पर वह चालीस दिन रहा। मैं निर्भय हो चुका था। ज्वर हठीला था, लेकिन वश में आ गया था। आज मेरे सब बच्चों में मणिलाल शरीर के हिसाब से सबसे ताकतवर है।

मणिलाल का ठीक होना राम की देन है, या पानी के उपचार की, अल्पाहार की और देखभाल की, इसका निर्णय कौन कर सकता है? सब अपनी-अपनी श्रद्धा के अनुसार जैसा चाहें, करें। मैंने तो यह जाना कि ईश्वर ने मेरी लाज रखी और आज भी मैं यही मानता हूं।

23. फिर दक्षिण अफ्रीका

मणिलाल स्वस्थ तो हुआ, लेकिन मैंने देखा कि गिरगांववाला घर रहने लायक नहीं था। उसमें सीलन थी। रोशनी ठीक से नहीं आती थी। शंकर भाई से सलाह करके हम दोनों ने बम्बई के किसी उपनगर में खुली जगह पर बंगला लेने का निश्चय किया। मैं बांदरा, सांताक्रूज वगैरा में भटका। बांदरा में कसाईखाना था, इसलिए वहां रहने की हममें से किसी की इच्छा न हुई। घाटकोपर वगैरह समुद्र से दूर लगे। आखिर सांताक्रूज में एक सुंदर बंगला मिल गया। हम उसमें रहने गए और हमने यह अनुभव किया कि स्वास्थ्य की दृष्टि से हम सुरक्षित हो गए हैं।

मैंने चर्चगेट जाने के लिए फर्स्ट क्लास का पास निकाल लिया। पहले दर्जे में अक्सर मैं अकेला ही होता था, इससे कुछ गर्व का भी अनुभव करता था, ऐसा याद पड़ता है। कई बार बांदरा से चर्चगेट जानेवाली खास ट्रेन पकड़ने के लिए मैं सांताक्रूज से बांदरा तक पैदल जाता था। मैंने देखा कि मेरा कामकाज आर्थिक दृष्टि से मेरी उम्मीद से कहीं अधिक अच्छा चल निकला। दक्षिण अफ्रीका के मुवक्किल मुझे कुछ-न-कुछ काम देते रहते थे। मुझे लगा कि उससे मेरा खर्च आसानी से चल जाएगा।

हाईकोर्ट का काम तो मुझे अभी कुछ नहीं मिलता था। लेकिन उन दिनों 'मूट' (चर्चा) चलती थी, उसमें मैं जाया करता था। चर्चा में सम्मिलित होने की हिम्मत नहीं थी। मुझे याद है कि उसमें जमियत राम नाना भाई अच्छा हिस्सा लेते थे। दूसरे नए बैरिस्टरों की तरह मैं भी हाईकोर्ट में मुकदमे सुनने जाया करता था। वहां जो कुछ जानने को मिलता, उसकी तुलना में समुद्र की फरफराती हुई हवा में झपकियां लेने में अधिक आनंद आता था। मैं दूसरे साथियों को भी झपकियां लेते देखता था, इससे मुझे शरम न मालूम होती थी। मैंने देखा कि झपकियां लेना फैशन में शुमार हो गया था।

मैंने हाईकोर्ट की लाइब्रेरी का उपयोग करना शुरू किया और वहां कुछ जान-पहचान भी शुरू की। मुझे लगा कि थोड़े समय में मैं भी हाईकोर्ट में काम करने लगूंगा।

इस प्रकार एक ओर से मेरे काम में कुछ निश्चिंतता आने लगी।

दूसरी ओर गोखले की आंख तो मुझ पर लगी ही रहती थी। हफ्ते में दो-तीन बार चेम्बर में आकर वे मेरा हालचाल पूछ जाते और कभी-कभी अपने खास मित्रों को भी साथ में लाया करते थे। अपनी कार्य-पद्धति से भी वे मुझे परिचित कराते रहते थे।

लेकिन ये कहा जा सकता है कि मेरे भविष्य के बारे में ईश्वर ने मेरा सोचा कुछ भी न होने दिया।

मैंने टिककर काम करने का निर्णय लिया और थोड़ी स्थिरता अनुभव की कि अचानक दक्षिण अफ्रीका का तार मिला, 'चेंबरलेन यहां आ रहे हैं, आपको आना चाहिए।' मुझे अपने वचन याद थे। मैंने तार दिया, 'मेरा खर्च भेजिए, मैं आने को तैयार हूं।' उन्होंने तुरंत रुपये भेज दिए और मैं ऑफिस समेटकर रवाना हो गया।

मैंने सोचा था कि मुझे एक वर्ष तो सहज ही लग जाएगा। इसलिए बंगला रहने दिया और बाल-बच्चों को वहीं रखने में ही भलाई समझी।

उस समय मैं मानता था कि जो नौजवान देश में कोई कमाई न करते हों और साहसी हों, उनके लिए परदेश चले जाना अच्छा है। इसलिए मैं अपने साथ चार-पांच नौजवानों को लेता गया। उनमें मगनलाल गांधी भी थे।

गांधी परिवार बड़ा था। आज भी है। मेरी भावना यह थी कि उनमें से जो स्वतंत्र होना चाहें, वे स्वतंत्र हो जाएं। मेरे पिता कइयों को निभाते थे, लेकिन रियायती नौकरी में। मुझे लगा कि वे इस नौकरी से छूट सकें तो अच्छा हो। मैं उन्हें नौकरियां दिलाने में मदद नहीं कर सकता था। शक्ति होती तो भी ऐसा करने की मेरी इच्छा भी न थी। मेरी धारणा यह थी कि वे और दूसरे लोग भी स्वावलम्बी बनें तो अच्छा हो।

लेकिन जैसे-जैसे मेरे आदर्श आगे बढ़ते गए (ऐसा मैं मानता हूं), वैसे-वैसे इन नौजवानों के आदर्शों को भी मैंने अपने आदर्शों की ओर मोड़ने का प्रयत्न किया। उनमें मगनलाल गांधी को अपने मार्ग पर चलाने में मुझे बहुत सफलता मिली। लेकिन इस विषय की चर्चा आगे करूंगा।

बाल-बच्चों का वियोग, बसाए हुए घर को तोड़ना, निश्चित स्थिति में से अनिश्चित स्थिति में प्रवेश करना—यह सब क्षण भर तो अखरा। लेकिन मुझे तो अनिश्चित जीवन की आदत पड़ गई थी। इस संसार में, जहां ईश्वर अर्थात् सत्य के अलावा कुछ भी निश्चित नहीं है, निश्चितता का विचार करना ही दोषपूर्ण लगता है। यह सब जो हमारे आसपास दीखता और होता है, सो अनिश्चित है, क्षणिक है। उसमें जो एक परम तत्त्व निश्चित रूप से छिपा हुआ है, उसका दर्शन हमें हो जाए, उस पर हमारी श्रद्धा बनी रहे, तभी जीवन सार्थक होता है। उसकी खोज ही परम पुरुषार्थ है।

यह नहीं कहा जा सकता कि मैं डरबन एक दिन भी पहले पहुंचा। मेरे लिए वहां काम तैयार ही था। मिस्टर चेम्बरलेन के पास डेप्युटेशन के जाने की तारीख तय हो चुकी थी। मुझे उनके सामने पढ़ा जानेवाला प्रार्थनापत्र तैयार करना था और डेप्युटेशन के साथ जाना था।

भाग चार

1. किया-कराया चौपट?

मिस्टर चेम्बरलेन दक्षिण अफ्रीका से साढ़े तीन करोड़ पौंड लेने आए थे तथा अंग्रेज़ों की ओर से, हो सके तो बोअरों का मन जीतने आए थे। इसलिए भारतीय प्रतिनिधियों को नीचे लिखा ठंडा जवाब मिला, 'आप तो जानते हैं कि जिम्मेवार उपनिवेशों पर साम्राज्य सरकार का अंकुश नाम-मात्र का ही है। आपकी शिकायतें तो सच्ची जान पड़ती हैं। मुझसे जो हो सकेगा, मैं करूंगा। आपको जिस तरह भी बने, यहां के गोरों को खुश करते हुए रहना है।'

जवाब सुनकर प्रतिनिधि ठंडे पड़ गए। मैं निराश हो गया। ये बात मन में आई कि 'जब जागे तभी सवेरा' मानकर फिर से श्रीगणेश करना होगा। मैंने ये बात साथियों को भी समझाई।

क्या मिस्टर चेम्बरलेन का जवाब गलत था? गोलमोल बात कहने के बजाय उन्होंने साफ बात कह दी। 'जिसकी लाठी उसकी भैंस' का कानून उन्होंने थोड़े मीठे शब्दों में समझा दिया।

लेकिन हमारे पास लाठी थी ही कहां? हमारे पास तो लाठी के प्रहार झेलने लायक शरीर भी मुश्किल से थे।

मिस्टर चेम्बरलेन कुछ हफ्ते ही रहनेवाले थे। दक्षिण अफ्रीका कोई छोटा-सा इलाका तो है नहीं। वह एक देश है, भूखंड है। दक्षिण अफ्रीका में तो अनेक उप-खण्ड समाए हुए हैं। यदि कन्याकुमारी से श्रीनगर 1900 मील है, तो डरबन से केपटाउन 1100 मील से कम नहीं है। इस इलाके में मिस्टर चेम्बरलेन को तूफानी दौरा करना था।

वे नेटाल से ट्रांसवाल के लिए रवाना हुए। मुझे वहां के भारतीयों का केस तैयार करके उनके सामने पेश करना था। प्रिटोरिया किस तरह पहुंचा जाए? वहां मैं समय पर पहुंच सकूं इसके लिए अनुमति तो लेनी थी लेकिन ये काम वहां के लोगों पर नहीं छोड़ा जा सकता था। युद्ध के बाद ट्रांसवाल उजाड़ हो चुका था। वहां न खाने को अन्न था न पहनने-ओढ़ने को कपड़े मिलते थे। खाली और बन्द पड़ी हुई दुकानों को माल से भरना और खुलवाना था। यह काम तो धीरे-धीरे ही हो सकता था। जैसे-जैसे माल इकट्ठा होता जाता, वैसे-वैसे ही घरबार छोड़कर भागे हुए लोगों को वापस आने देने की बात थी। इसकी वजह से हर ट्रांसवालवासी को अनुमति पत्र लेना पड़ता था। गोरों को तो मांगते ही अनुमति पत्र मिल जाता था। मुसीबत हिन्दुस्तानियों की ही थी।

लड़ाई के दिनों में हिन्दुस्तान और लंका से बहुत से अधिकारी और सिपाही दक्षिण अफ्रीका पहुंच गए थे। उनमें से जो लोग वहीं बस जाना चाहते थे, उनके लिए वैसी सुविधा जुटाना ब्रिटिश अधिकारियों का कर्तव्य माना गया था। उन्हें अधिकारियों की नयी टीम तो

बनानी ही थी। उसमें इन अनुभवी अधिकारियों को सहज ही खपा लिया गया। इन अधिकारियों की तेज बुद्धि ने एक नए विभाग के बारे में सोचा। उसमें उनकी कुशलता भी काम आती। हब्शियों से संबंध रखनेवाला एक अलग विभाग पहले से ही था। ऐसी हालत में एशियावासियों के लिए भी एक विभाग क्यों न हो? तर्क जम गया। यह नया विभाग मेरे दक्षिण अफ्रीका पहुंचने से पहले ही खुल चुका था और धीरे-धीरे अपने पंख पसार रहा था। जो अधिकारी भागे हुए लोगों को वापिस आने का अनुमति पत्र देता था, वही सबको अनुमति पत्र दे सकता था। लेकिन ये कैसे पता चले कि एशियावासी कौन है? इसके समर्थन में यह तर्क दिया गया कि नए विभाग की सिफारिश पर ही एशियावासियों को अनुमति पत्र मिला करे, तो उस अधिकारी की जिम्मेदारी कम हो जाएगी और उसका काम भी कुछ हलका हो जाएगा। स्थिति यह थी कि नए विभाग को कुछ काम की और कुछ कमाई की जरूरत थी। काम न हो तो इस विभाग की आवश्यकता सिद्ध न हो और फिर उसे बंद करने की नौबत आ जाएगी। इस तरह से उसे यह काम सहज ही मिल गया।

हिन्दुस्तानियों को इस विभाग में अर्जी देनी पड़ती थी। फिर बहुत दिनों बाद उसका जवाब आता था। ट्रांसवाल जाने की इच्छा रखनेवाले लोग बहुत थे। इसलिए उनके लिए दलाल पैदा हो गए। इन दलालों और अधिकारियों के बीच गरीब हिन्दुस्तानियों के हजारों रुपये लुटे। मुझसे कहा गया था कि बिना जान-पहचान के अनुमति पत्र मिलता ही नहीं और कई बार तो जान-पहचान या जरिए के होते हुए भी प्रति व्यक्ति सौ-सौ पौंड तक खर्च हो जाते हैं। इसमें मेरी भूमिका क्या रहती?

मैं अपने पुराने मित्र डरबन के पुलिस सुपरिण्टेण्डेण्ट के पास पहुंचा और उनसे कहा, 'आप मेरा परिचय अनुमति पत्र देनेवाले अधिकारी से करा दीजिए और मुझे अनुमति पत्र दिला दीजिए। आप यह तो जानते हैं कि मैं ट्रांसवाल में रहा हूं।' वे तुरंत सिर पर टोप रखकर मेरे साथ आए और मुझे अनुमति पत्र दिला दिया। मेरी ट्रेन को मुश्किल से एक घंटा बाकी था। मैंने सामान वगैरा तैयार रखा था। सुपरिण्टेण्डेण्ट एलेक्ज़ेण्डर का आभार मानकर मैं प्रिटोरिया के लिए रवाना हो गया।

मुझे कठिनाइयों का ठीक-ठीक अंदाज हो गया था। मैं प्रिटोरिया पहुंचा। प्रार्थना-पत्र तैयार किया। डरबन में प्रतिनिधियों के नाम किसी से पूछे गए हों, सो मुझे याद नहीं। लेकिन यहां नया विभाग काम कर रहा था। इसलिए प्रतिनिधियों के नाम पहले से पूछ लिए गए थे। इसलिए मुझे अलग रखा जाना था, ऐसा प्रिटोरिया के हिन्दुस्तानियों को पता चल गया था।

यह दुखद किन्तु मनोरंजक कहानी आगे लिखी जाएगी।

2. एशियाई विभाग की दादागिरी

नए विभाग के अधिकारी समझ नहीं पाए कि मैं ट्रांसवाल में दाखिल कैसे हो गया। उन्होंने अपने पास आने-जानेवाले हिन्दुस्तानियों से पूछा, लेकिन वे बेचारे कैसे जानते? अधिकारियों ने अनुमान लगाया कि मैं अपनी पुरानी जान-पहचान के कारण बिना अनुमति पत्र के दाखिल हुआ होऊंगा और अगर मैंने ऐसा किया हो तो मुझे गिरफ्तार किया जा सकता है।

किसी बड़ी लड़ाई के बाद हमेशा ही कुछ समय के लिए राजकर्मियों को विशेष अधिकार दिए जाते हैं। दक्षिण अफ्रीका में भी यही हुआ था। वहां शांति रक्षा हेतु एक कानून बनाया गया था। इस कानून की एक धारा यह थी कि यदि कोई व्यक्ति अनुमति पत्र के बिना ट्रांसवाल में दाखिल हो तो उसे गिरफ्तार कर लिया जाए और जेल में डाल दिया जाए। इस धारा के आधार पर मुझे पकड़ने के लिए सोचा गया। लेकिन मुझसे अनुमति पत्र मांगने की हिम्मत किसी की नहीं हुई। अधिकारियों ने डरबन तार तो भेजे ही थे। जब उन्हें यह पता चला कि मैं अनुमति पत्र लेकर दाखिल हुआ हूं तो वे निराश हो गए। लेकिन ऐसी निराशा से यह विभाग हिम्मत हारनेवाला नहीं था। मैं ट्रांसवाल पहुंच गया था लेकिन मुझे मिस्टर चेम्बरलेन के पास न पहुंचने देने में यह विभाग अवश्य सफल हो सकता था। इसलिए प्रतिनिधियों के नाम मांगे गए। दक्षिण अफ्रीका में रंगभेद का अनुभव तो जहां-तहां होता ही था लेकिन यहां हिन्दुस्तान की-सी गंदगी और चालबाजी की बू आई। दक्षिण अफ्रीका में शासन के साधारण विभाग जनता के लिए काम करते थे इसलिए वहां के अधिकारियों में एक प्रकार की सरलता और नम्रता थी। इसका लाभ थोड़ा-बहुत काली-पीली चमड़ीवालों को भी अनायास मिल जाता था। अब जब इससे भिन्न एशियाई वातावरण ने प्रवेश किया तो वहां के जैसी निरंकुशता, वैसे 'षड्यंत्र आदि बुराइयां भी आ घुसीं। दक्षिण अफ्रीका में एक प्रकार की लोकसत्ता थी जबकि एशिया से तो निरी दादागिरी ही आई क्योंकि वहां जनता की सत्ता नहीं थी बल्कि जनता पर ही सत्ता चलायी जाती थी। दक्षिण अफ्रीका में गोरे घर बनाकर बस गए थे इसलिए वे वहां की प्रजा माने गए। इस कारण अधिकारियों पर उनका अंकुश रहता था। इसमें एशिया से आए हुए निरंकुश अधिकारियों ने आपस में मिलकर हिन्दुस्तानियों की स्थिति सरोते के बीच सुपारी जैसी कर डाली।

मुझे भी इस सत्ता का ठीक-ठीक अनुभव प्राप्त हुआ। पहले तो मुझे इस विभाग के उच्चाधिकारी के पास बुलवाया गया। वे उच्चाधिकारी लंका से आए थे। 'बुलवाया गया' प्रयोग में शायद बढ़ा-चढ़ाकर कहा गया लग सकता है, इसलिए बात को थोड़ा और स्पष्ट कर दूं। मेरे नाम उनका कोई पत्र नहीं आया था। लेकिन खास-खास हिन्दुस्तानियों को वहां बार-बार जाना ही पड़ता था। ऐसे गणमान्य लोगों में स्वर्गीय सेठ तैयब हाजी खान मुहम्मद भी थे। उनसे साहब ने पूछा, 'गांधी कौन है? वह क्यों आया है?'

तैयब सेठ ने जवाब दिया, 'वे हमारे सलाहकार हैं। उन्हें हमने बुलाया है।'

साहब बोले, 'तो हम सब यहां किसलिए बैठे हैं? क्या हम आप लोगों की रक्षा के लिए नियुक्त नहीं हुए हैं? गांधी यहां की हालत क्या जाने?'

तैयब सेठ ने जैसा भी बना, इस हमले का जवाब देते हुए कहा, 'आप तो हैं ही, लेकिन गांधी तो हमारे ही माने जाएंगे न? वे हमारी भाषा जानते हैं। हमें समझते हैं। आप तो आखिरकार अधिकारी ठहरे।'

साहब ने हुक्म दिया, 'गांधी को मेरे पास लाना।'

तैयब सेठ आदि के साथ मैं गया। कुर्सी तो भला क्या ही मिलती! हम सब खड़े रहे।

साहब ने मेरी तरफ देखकर पूछा, 'कहिए, आप यहां किसलिए आए हैं?'

मैंने जवाब दिया, 'अपने भाइयों के बुलाने पर मैं उन्हें सलाह देने आया हूं।'

'लेकिन क्या आप जानते नहीं कि आपको यहां आने का अधिकार ही नहीं है? अनुमति पत्र तो आपको भूल से मिल गया है। आप यहां के निवासी नहीं माने जा सकते। आपको वापस जाना होगा। आप मिस्टर चेम्बरलेन के पास नहीं जा सकते। यहां के हिन्दुस्तानियों की रक्षा करने के लिए तो हमारा विभाग विशेष रूप से खोला गया है। अच्छा, जाइए।'

इतना कहकर साहब ने मुझे विदा किया। मुझे जवाब देने का अवसर ही न दिया।

दूसरे साथियों को रोक लिया। उन्हें साहब ने धमकाया और सलाह दी कि वे मुझे ट्रांसवाल से विदा कर दें।

साथी मन में कड़वाहट भरकर लौटे। इस तरह से एक नई ही पहेली अनपेक्षित रूप से हमारे सामने आ खड़ी हुई। अब लो, इसे सुलझाओ।

3. कड़वा घूंट पिया

इस अपमान से मुझे बहुत दुख हुआ। लेकिन पहले मैं भी ऐसे अपमान सहन कर ही चुका था, मुझे इसका अभ्यास हो चला था। मैंने अपमान की परवाह न करते हुए यह तय किया कि तटस्थ रहते हुए जो भी कर्तव्य मुझे सूझेगा, पूरा करूंगा।

उक्त अधिकारी के हस्ताक्षरवाला पत्र मिला। उसमें लिखा था कि मिस्टर चेम्बरलेन डरबन में मिस्टर गांधी से मिल चुके हैं, इसलिए अब उनका नाम प्रतिनिधियों में से निकाल दिया जाना चाहिए।

साथियों को यह पत्र सहन नहीं हुआ। उन्होंने अपनी राय दी कि डेप्युटेशन ले जाने का विचार छोड़ दिया जाए। मैंने उन्हें अपने समाज की विषम स्थिति समझाई, 'अगर आप मिस्टर चेम्बरलेन के पास नहीं जाएंगे, तो यह माना जाएगा कि हमें यहां कोई कष्ट है ही नहीं। आखिर जो कहना है सो तो लिखकर ही कहना है और वह तैयार है। मैं पढ़ूं या दूसरा कोई पढ़े, इसकी चिंता नहीं है। मिस्टर चेम्बरलेन हमसे कोई बहस थोड़े ही करने वाले हैं। मेरा जो अपमान हुआ है, उसे हमें पी जाना पड़ेगा।'

मैं यह बात कह ही रहा था कि इतने में तैयब सेठ बोले उठे, 'लेकिन आपका अपमान सारे भारतीय समाज का अपमान है। आप हमारे प्रतिनिधि हैं, इस बात को कैसे भुलाया जा सकता है?'

मैंने कहा, 'यह सच है, लेकिन समाज को भी ऐसे अपमान पी जाने पड़ेंगे। हमारे पास दूसरा उपाय ही क्या है?'

तैयब सेठ ने जवाब दिया, 'भले जो होता है होने दो, लेकिन जानबूझकर दूसरा अपमान क्यों सहा जाए? मामला वैसे भी बिगड़ चुका है। हमें हक ही कौन से मिले हैं?'

मुझे यह जोश अच्छा लगता था। लेकिन मैं जानता था कि ये जोश काम में नहीं लाया जा सकता। मुझे अपने समाज की मर्यादा का अनुभव था। इसलिए मैंने साथियों को शांत किया और मेरे बदले हिन्दुस्तानी बैरिस्टर स्वर्गीय जॉर्ज गॉडफ्रे को ले जाने की सलाह दी।

अब मिस्टर गॉडफ्रे डेप्युटेशन के नेता बने। मेरे बारे में मिस्टर चेम्बरलेन ने थोड़ी चर्चा भी की, 'एक ही व्यक्ति को दूसरी बार सुनने के बजाय नए व्यक्ति को सुनना बेहतर है'— जैसी बातें कहकर उन्होंने पुराने घाव को भरना चाहा।

लेकिन इससे समाज का और मेरा काम बढ़ तो गया, लेकिन पूरा न हुआ। फिर से सारी चीज़ें शुरू से शुरू करनी ज़रूरी हो गईं। 'आपके कहने से समाज ने लड़ाई में हिस्सा लिया, लेकिन नतीजा तो यही निकला न?' इस तरह ताना मारनेवाले भी समाज में निकल आए। लेकिन मुझ पर इन तानों का कोई असर नहीं हुआ। मैंने कहा, 'मुझे इस सलाह का पछतावा नहीं है। मैं अब भी यह मानता हूं कि हमने लड़ाई में भाग लेकर ठीक ही किया है। वैसा करके हमने अपने कर्तव्य का पालन किया है। हमें उसका फल चाहे देखने को न मिले, लेकिन मेरा यह दृढ़ विश्वास है कि शुभ कार्य का फल शुभ ही होता है। बीती बातों का विचार करने के बजाय अब हमारे लिए यही बेहतर होगा कि अपने वर्तमान कर्तव्य के बारे में सोचें।'

दूसरों ने भी इस बात का समर्थन किया।

मैंने कहा, 'सच तो यह है कि जिस काम के लिए मुझे बुलाया गया था, वह पूरा हुआ माना जा सकता है। लेकिन मैं मानता हूं कि आप मुझे छुट्टी दे दें तो भी अपनी ओर से मुझे ट्रांसवाल से हटना नहीं चाहिए; मेरा काम अब नेटाल से नहीं, बल्कि यहां से चलना चाहिए। एक साल के अंदर अपना हक हासिल करना चाहिए। इस नए विभाग से निबट लेने की हिम्मत मुझमें है। अगर हमने मुकाबला न किया तो समाज लुट जाएगा और शायद यहां से उसके पैर भी उखड़ जाएंगे। समाज का अपमान और तिरस्कार दिन-प्रतिदिन बढ़ता ही जाएगा। मिस्टर चेम्बरलेन मुझसे नहीं मिले, उस अधिकारी ने मेरे साथ अपमानजनक व्यवहार किया, यह तो सारे समाज के अपमान की तुलना में कुछ भी नहीं है। यह बात बरदाश्त की ही नहीं जा सकती कि हमें यहां पर कुत्तों की तरह रहना पड़े।'

इस तरह से मैंने बात छेड़ी। प्रिटोरिया और जोहान्सबर्ग में रहनेवाले भारतीय नेताओं से विचार-विमर्श करके आखिर जोहान्सबर्ग में ऑफिस बनाए रखने का फैसला हुआ।

ट्रांसवाल में मुझे वकालत का प्रमाणपत्र मिलने के बारे में भी शंका तो थी ही। लेकिन वकील-मण्डली की ओर से मेरे प्रार्थनापत्र का विरोध नहीं हुआ और बड़ी अदालत ने मेरा आवेदन स्वीकार कर लिया।

हिन्दुस्तानी को अच्छी जगह पर ऑफिस के लिए जगह मिलना भी आसान काम नहीं था। मिस्टर रीच के साथ मेरा अच्छा परिचय हो गया। उस समय वे व्यापारी-वर्ग में थे। उनकी जान-पहचान के हाउस-एजेंट की मदद से ऑफिस के लिए अच्छी बस्ती में जगह मिल गई और मैंने वकालत शुरू कर दी।

4. बढ़ती हुई त्यागवृत्ति

ट्रांसवाल में भारतीय समाज के अधिकारों के लिए किस तरह से लड़ना पड़ा और एशियाई विभाग के अधिकारियों के साथ कैसा व्यवहार करना पड़ा, इसका वर्णन करने से पहले मैं चाहूंगा कि मेरे जीवन के दूसरे पक्षों पर भी एक निगाह डाल ली जाए।

अब तक कुछ धन-सम्पत्ति जमा करने की मेरी इच्छा थी। इसमें परमार्थ के साथ स्वार्थ जुड़ा हुआ था।

जब बम्बई में ऑफिस खोला, तो एक अमेरिकन बीमा-एजेंट मिलने आया था। उसका चेहरा सुंदर था और बातें मीठी थीं। उसने मेरे साथ मेरे भावी हित की बातें ऐसे

ढंग से कीं मानो हम पुराने मित्र हों, 'अमेरिका में तो आपकी स्थिति के सब लोग अपने जीवन का बीमा कराते हैं। आपको भी ऐसा करके भविष्य के बारे में निश्चिंत हो जाना चाहिए। जीवन का भरोसा तो है ही नहीं। अमेरिका में तो हम बीमा कराना अपना धर्म समझते हैं। क्या मैं आपको एक छोटी-सी पॉलिसी लेने के लिए ललचा नहीं सकता?'

तब तक दक्षिण अफ्रीका में और हिन्दुस्तान में बहुत से एजेंटों की बात मैंने नहीं मानी थी। मैं सोचता था कि बीमा कराने में कुछ कमज़ोरी और ईश्वर के प्रति अविश्वास रहता है। लेकिन इस बात पर मैं लालच में आ गया। वह एजेंट जैसे-जैसे बातें करता जाता, वैसे-वैसे मेरे सामने पत्नी और बच्चों की तस्वीर उभरती जाती, 'भले आदमी, तुमने पत्नी के सब गहने बेच डाले हैं। यदि कल तुम्हें कुछ हो जाए, तो पत्नी और बच्चों के भरण-पोषण का भार उन गरीब भाई पर ही पड़ेगा न, जिन्होंने पिता का स्थान लिया है और उस पद का मान बढ़ाया है। ये ठीक नहीं होगा।' मैंने अपने मन के साथ इस तरह के तर्क दिए और 10,000 रुपये का बीमा करा लिया।

लेकिन दक्षिण अफ्रीका में मेरी स्थिति बदल गई और इस कारण से मेरे विचार भी बदल गए। दक्षिण अफ्रीका के नए संकट में मैंने जो कदम उठाए, वे ईश्वर को साक्षी रख कर ही उठाए थे। दक्षिण अफ्रीका में मेरा कितना समय चला जाएगा, इसकी मुझे कोई कल्पना नहीं थी। मैंने समझ लिया था कि मैं हिन्दुस्तान वापिस नहीं जा पाऊंगा। मुझे अपने बाल-बच्चों को साथ ही रखना चाहिए। अब उनका विरह बिलकुल नहीं होना चाहिए। उनके भरण-पोषण की व्यवस्था भी दक्षिण अफ्रीका में ही होनी चाहिए। इस तरह से सोचने के साथ ही ये पॉलिसी मेरे लिए दुखद बन गई। बीमा एजेंट के जाल में फंस जाने के लिए मैं लज्जित हुआ। 'यदि बड़े भाई पिता के समान हैं, तो छोटे भाई की विधवा के बोझ को वे भारी समझेंगे, यह तूने कैसे सोच लिया? यह भी क्यों माना कि तू ही पहले मरेगा? पालन करनेवाला तो ईश्वर है। न तू है, न भाई है। बीमा कराकर तूने अपने बाल-बच्चों को भी पराधीन बना दिया है। वे स्वावलम्बी क्यों न बनें? गरीबों के असंख्य बाल-बच्चों का क्या होता है? तू अपने को उन्हीं के समान क्यों नहीं मानता?'

इस प्रकार मंथन चलता रहा। उस पर अमल मैंने तुरंत ही नहीं किया था। मुझे याद है, बीमे की एक किस्त तो मैंने दक्षिण अफ्रीका से भी भेजी थी।

लेकिन इस विचार-मंथन को बाहर से ऊर्जा मिली। दक्षिण अफ्रीका की पहली यात्रा में मैं ईसाई वातावरण के सम्पर्क में आकर धर्म के प्रति जागृत हुआ था। इस बार मैं थियॉसॉफी के वातावरण के सम्पर्क में आया। मिस्टर रीच थियॉसॉफिस्ट थे। उन्होंने मेरा संबंध जोहान्सबर्ग की सोसायटी से करा दिया। मैं उसका सदस्य तो नहीं ही बना। थियॉसॉफी के सिद्धांतों से मेरा मतभेद बना रहा। फिर भी मैं लगभग सभी थियॉसॉफिस्टों के गहरे परिचय में आया। उनके साथ रोज़ मेरी धर्म-चर्चा होती थी। मैं उनकी किताबें पढ़ता था। उनकी सभा में बोलने के अवसर भी मुझे मिलते थे। थियॉसॉफी में भाईचारा स्थापित करना और बढ़ाना मुख्य वस्तु है। हम लोग इस विषय की खूब चर्चा करते थे और जहां मैं इस सिद्धांत में और सदस्यों के आचरण में भेद पाता, वहां आलोचना भी करता था। खुद मुझ पर इस आलोचना का काफी प्रभाव पड़ा है।

मैं आत्मनिरीक्षण करना सीख गया।

5. आत्मनिरीक्षण का परिणाम

सन् 1893 में जब मैं ईसाई मित्रों के निकट सम्पर्क में आया, तब मेरी स्थिति केवल शिक्षार्थीवाली थी। ईसाई मित्र मुझे बाइबल का संदेश सुनाने, समझाने और मुझे ये सब स्वीकार कराने का प्रयास करते थे। मैं विनम्रतापूर्वक तटस्थ भाव से उनकी शिक्षा को सुन और समझ रहा था। इस प्रयोजन से मैंने हिन्दू धर्म का यथासंभव अध्ययन किया और दूसरे धर्मों को भी समझने की कोशिश की। अब 1903 में स्थिति बदल गई थी। अब थियोसॉफिस्ट मित्र मुझे अपने मण्डल में शामिल करने की इच्छा ज़रूर रखते थे लेकिन उनका प्रयोजन हिन्दू के नाते मुझसे कुछ पाना था। थियॉसॉफी की किताबों में हिन्दू धर्म की छाया और उसका प्रभाव तो काफी है ही। इसलिए इन मित्रों ने मान लिया कि मैं उनकी मदद कर सकूंगा। मैंने उन्हें समझाया कि संस्कृत का मेरा अध्ययन नहीं के बराबर है। मैंने उसके प्राचीन धर्मग्रंथ संस्कृत में नहीं पढ़े हैं। अनुवादों के द्वारा भी मेरी पढ़ाई कम ही हुई है। फिर भी चूंकि वे संस्कार और पुनर्जन्म को मानते थे, इसलिए उन्होंने समझा कि मुझसे थोड़ी-बहुत सहायता तो मिलेगी ही और मेरी स्थिति 'निरस्तपादपे देशे एरण्डोऽपि द्रुमायते' द्रुमायते हो गई। किसी के साथ मैंने स्वामी विवेकानन्द का, तो किसी के साथ मणिलाल नभभाई का 'राजयोग' पढ़ना शुरू किया। एक मित्र के साथ 'पातंजल-योगदर्शन' पढ़ना पड़ा। बहुतों के साथ गीता का अध्ययन शुरू किया। 'जिज्ञासु-मंडली' के नाम से एक छोटी-सी मंडली भी स्थापित की और नियमित अध्ययन होने लगा। गीताजी पर मुझे प्रेम और श्रद्धा तो थे ही। अब उसकी गहराई में उतरने की ज़रूरत महसूस हुई। मेरे पास दो-एक अनुवाद थे। उनकी सहायता से मैंने मूल संस्कृत समझने का प्रयास किया और नित्य एक-दो श्लोक कंठस्थ करने का फैसला किया।

प्रातः दातुन और स्नान के समय का उपयोग गीता के श्लोक कंठस्थ करने में किया। दातुन में पंद्रह और स्नान में बीस मिनट लगते थे। मैं दातुन अंग्रेज़ी ढंग से खड़े-खड़े करता था। गीता के श्लोक लिखकर सामने की दीवार पर चिपका देता था और ज़रूरत के हिसाब से उन्हें देखता तथा घोटता जाता था। ये घोटे हुए श्लोक स्नान करने तक रट लिए जाते थे; इस बीच पिछले याद किए हुए श्लोकों को भी मैं एक बार दोहरा जाता था। इस तरह से तेरह अध्याय तक कंठस्थ करने की बात मुझे याद है। बाद में काम बढ़ गया। सत्याग्रह का जन्म होने पर बच्चे की तरह इस संस्था के लालन-पालन का पूरा ध्यान रखने में मेरा समय भी बीतने लगा और कहना चाहिए कि आज भी बीत रहा है।

इस गीता-पाठ का प्रभाव मेरे सहपाठियों पर क्या पड़ा उसे वे जानें, लेकिन मेरे लिए तो वह किताब आचार की एक वयस्क मार्गदर्शिका बन गई। वह मेरे लिए धार्मिक कोश का काम देने लगी। जिस तरह से नए अंग्रेज़ी शब्दों के उच्चारण या उनके अर्थ के लिए मैं अंग्रेज़ी शब्दकोश देखता था, उसी प्रकार आचार-संबंधी कठिनाइयों और उसकी अटपटी समस्याओं को मैं गीताजी से हल करता था। उसके अपरिग्रह, समभाव आदि शब्दों ने मुझे जकड़ लिया। समभाव का विकास कैसे हो, उसकी रक्षा किस प्रकार की जाए? अपमान करनेवाले अधिकारी, रिश्वत लेनेवाले अधिकारी, व्यर्थ विरोध करनेवाले क्लर्क इत्यादि के साथ और जिन्होंने बड़े-बड़े उपकार किए हैं, ऐसे सज्जनों के बीच भेद न करने का क्या अर्थ है? अपरिग्रह किस प्रकार पाला जाता होगा? देह का होना ही कौन कम परिग्रह है?

स्त्री-पुत्रादि परिग्रह नहीं तो और क्या हैं? ढेरों किताबों से भरी इन आलमारियों को क्या जला डालूं? घर फूंककर तीर्थ करने जाऊं? तुरंत ही उत्तर मिला कि घर फूंके बिना तीर्थ किया ही नहीं जा सकता। यहां अंग्रेज़ी कानून ने मेरी मदद की। कानूनी सिद्धांतों की स्नेल की चर्चा याद आई। गीताजी के अध्ययन के फलस्वरूप 'ट्रस्टी' शब्द का अर्थ विशेष रूप से समझ में आया। कानून-शास्त्र के प्रति मेरा आदर बढ़ा। मुझे उसमें भी धर्म के दर्शन हुए। ट्रस्टी के पास करोड़ों रुपयों के रहते हुए भी उनमें की एक भी पाई उसकी नहीं होती। मुमुक्ष को एक-सा ही बरताव करना चाहिए, यह बात मैंने गीताजी से ही समझी। मुझे यह दीपक की तरह स्पष्ट दिखाई दिया कि अपरिग्रही बनने में, समभावी होने में प्रयोजन का, हृदय का परिवर्तन होना ही चाहिए। मैंने रेवाशंकर भाई को इस आशय का पत्र लिख भेजा कि बीमे की पॉलिसी बंद कर लें। कुछ रकम वापस मिले तो ले लें, न मिले तो भरे हुए पैसों को डूब गया समझ लें। बच्चों की और पत्नी की रक्षा उन्हें और हमें पैदा करनेवाला ईश्वर करेगा। पितृ-तुल्य भाई को लिखा, 'आज तक तो मेरे पास जो बचा वह मैंने आपको अर्पण किया। अब मेरी आशा आप छोड़ दीजिए। अब जो बचेगा सो यहीं हिन्दुस्तानी समाज के हित में खर्च होगा।'

भाई को यह बात मैं आसानी से समझा नहीं सका। पहले तो उन्होंने मुझे कड़े शब्दों में उनके प्रति मेरा धर्म समझाया, 'तुम्हें पिताजी से अधिक बुद्धिमान नहीं बनना चाहिए। पिताजी ने जिस प्रकार पूरे कुटुम्ब का पोषण किया, उसी प्रकार तुम्हें भी करना चाहिए' आदि। मैंने उत्तर में विनयपूर्वक लिखा कि मैं पिता का काम ही कर रहा हूं। कुटुम्ब शब्द का थोड़ा विशाल अर्थ लिया जाए, तो मेरा निश्चय आपको समझ में आ सकेगा।

भाई ने मेरी आशा छोड़ दी। एक तरह से बोलना ही बन्द कर दिया। इससे मुझे दुख हुआ। लेकिन जिसे मैं अपना धर्म मानता था उसे छोड़ने से कहीं अधिक दुख होता था। मैंने कम दुख सहन किया। फिर भी भाई के प्रति मेरी भक्ति निर्मल और गहरी बनी रही। भाई का दुख उनके प्रेम में से उपजा। उन्हें मेरे पैसों से अधिक ज़रूरत मेरे सद्व्यवहार की थी।

अपने अंतिम दिनों में भाई पिघले। मृत्यु शय्या पर पड़े-पड़े उन्हें प्रतीति हुई कि मेरा आचरण ही सच्चा और धर्मपूर्ण था। उनका करुणा से पगा पत्र मिला। यदि पिता पुत्र से क्षमा मांग सकता है, तो उन्होंने मुझसे क्षमा मांगी। उन्होंने लिखा कि मैं उनके बच्चों का पालन-पोषण अपनी रीति-नीति के अनुसार करूं। वे खुद मुझसे मिलने के लिए अधीर हो गए। मुझे तार दिया। मैंने तार से ही जवाब दिया, 'आ जाइए।' लेकिन हमारा मिलन बदा न था।

अपने बच्चों के बारे में भी उनकी इच्छा पूरी नहीं हुई। भाई ने देश में ही देह छोड़ी। बच्चों पर उनके पूर्व-जीवन का प्रभाव पड़ चुका था। इसमें उनका कोई दोष नहीं था। स्वभाव को भला कौन बदल सकता है? बलवान संस्कारों को कौन मिटा सकता है? हमारी यह धारणा मिथ्या है कि जिस तरह हममें परिवर्तन होता है या हमारा विकास होता है, उसी तरह हमारे आश्रितों या साथियों में भी होना चाहिए।

माता-पिता बननेवालों की जिम्मेदारी कितनी भयंकर है, इसका कुछ अनुभव इस दृष्टांत से हो सकता है।

6. निरामिष आहार के लिए त्याग

मेरे जीवन में जैसे-जैसे त्याग और सादगी बढ़ते गए और धर्म-जागृति का विकास होता गया, वैसे-वैसे निरामिष आहार के और उसके प्रचार के प्रति मेरी रुचि बढ़ती गई। प्रचार-कार्य की एक ही रीति मैंने जानी है। वह है आचार की और आचार के साथ जिज्ञासुओं से संवाद की।

जोहान्सबर्ग में एक निरामिष होटल था। एक जर्मन, जो कूने की जल-चिकित्सा में विश्वास रखता था, उसे चलाता था। मैंने वहां जाना शुरू किया और जितने अंग्रेज़ मित्रों को वहां ले जा सकता था, उन्हें उसके यहां ले जाता था। लेकिन मैंने देखा कि वह होटल लम्बे समय तक चल नहीं सकता। उसे पैसे की तंगी तो बनी ही रहती थी। मुझसे जितना बन पड़ा या जितनी मुझे सही लगी, मैंने उसकी उतनी मदद की। कुछ पैसे खोए भी। आखिर वह बंद ही हो गया।

थियॉसॉफिस्टों में अधिकतर शाकाहारी होते हैं; कुछ पूरे, कुछ अधूरे। इस मंडली में एक साहसी महिला भी थी। उसने बड़े पैमाने पर एक शाकाहारी होटल खोला। यह महिला कला की शौकीन थी। वह खुले हाथों खर्च करती थी और हिसाब-किताब का उसे बहुत ज्ञान नहीं था। उसकी मित्र-मंडली खासी बड़ी थी। पहले तो उसका काम छोटे पैमाने पर शुरू हुआ, लेकिन उसने उसे बढ़ाने और बड़ी जगह लेने का फैसला किया। इसमें उसने मेरी मदद मांगी। उस समय मुझे उसके हिसाब आदि की कोई जानकारी नहीं थी। मैंने यह मान लिया था कि उसका अंदाज ठीक ही होगा। मेरे पास पैसे थे। कई मुवक्किलों के रुपये मेरे पास जमा रहते थे। उनमें से एक से पूछकर उसकी रकम में से लगभग एक हजार पौंड मैंने उस महिला को थमा दिए। यह मुवक्किल बड़े दिलवाला और विश्वास कर लेने वाला इन्सान था। वह पहले गिरमिट में आया था। उसने कहा, 'भाई, आपका जी चाहे तो पैसा दे दो। मैं कुछ ना जानूं। मैं तो सिर्फ आपको जानता हूं।' उसने सत्याग्रह में बहुत हिस्सा लिया था। वह जेल भी हो आया था। इतनी सहमति के सहारे मैंने उसके पैसे उधार दे दिए।

दो-तीन महीनों में ही मुझे पता चल गया कि यह रकम वापस नहीं मिलेगी। इतनी बड़ी रकम खो देने की शक्ति मुझमें नहीं थी। मेरे पास इस बड़ी रकम का दूसरा उपयोग था। रकम वापस मिली ही नहीं। लेकिन भरोसा कर लेनेवाले बदरी की रकम डूब कैसे सकती थी? वह तो मुझी को जानता था? यह रकम मैंने जेब से भर दी।

एक मुवक्किल मित्र से मैंने अपने इस लेन-देन की चर्चा की। उन्होंने मुझे मीठा उलाहना देते हुए कोसा, 'भाई (दक्षिण अफ्रीका में मैं 'महात्मा' नहीं बना था, 'बापू' भी नहीं हुआ था। मुवक्किल मित्र मुझे 'भाई' कहकर ही पुकारते थे), यह आपका काम नहीं है। हम तो आपके विश्वास पर चलनेवाले लोग हैं। यह पैसा आपको वापस नहीं मिलेगा। बदरी को तो आप बचा लेंगे और अपना पैसा खोएंगे। लेकिन इस तरह सुधार के कामों में सब मुवक्किलों के पैसे देने लगेंगे, तो मुवक्किल मर जाएंगे और आप भिखारी बनकर घर बैठेंगे। इससे आपके सार्वजनिक काम का तो भट्ठा बैठ जाएगा।'

सौभाग्य से ये मित्र अभी जीवित हैं। दक्षिण अफ्रीका में और दूसरी जगह उनसे खरा इन्सान मैंने नहीं देखा। किसी के प्रति उनके मन में शंका उत्पन्न हो और उन्हें जान पड़े

कि यह शंका खोटी है, तो तुरंत उससे क्षमा मांगकर वे अपनी आत्मा को साफ कर लेते हैं। मुझे इस मुवक्किल की चेतावनी सच लगी। बदरी की रकम तो मैं पल्ले से चुका सका। लेकिन दूसरे हजार पौंड अगर उन्हीं दिनों मैंने खो दिए होते, तो उन्हें चुकाने की शक्ति मुझमें बिलकुल नहीं थी। उसके लिए मुझे कर्ज ही लेना पड़ता। यह काम तो मैंने अपनी जिंदगी में कभी नहीं किया और इसके लिए मेरे मन में हमेशा ही बड़ी अरुचि रही है। मैंने अनुभव किया कि सुधार करने के लिए भी अपनी शक्ति के बाहर जाना उचित नहीं था। मैंने यह भी अनुभव किया कि इस प्रकार पैसे उधार देने में मैंने गीता के तटस्थ निष्काम कर्म के मुख्य पाठ का अनादर किया था। यह भूल मेरे लिए दीपस्तम्भ-सी बन गई।

मुझे नहीं पता था कि निरामिष आहार के प्रचार के लिए मुझे ऐसा बलिदान भी करना पड़ सकता है। मेरे लिए वह जबरदस्ती का पुण्य बन गया।

7. मिट्टी और पानी के प्रयोग

जैसे-जैसे मेरे जीवन में सादगी बढ़ती गई, वैसे-वैसे रोगी के लिए दवा लेने की मेरी अरुचि, जो पहले से ही थी, बढ़ती गई। जब मैं डरबन में वकालत करता था तब डॉक्टर प्राणजीवन दास मेहता मुझे अपने साथ ले जाने के लिए आए थे। उस समय मुझे कमज़ोरी रहती थी और कभी-कभी सूजन भी हो आती थी। उन्होंने इसका उपचार किया था और मुझे आराम हो गया था। इसके बाद देश में वापस आने तक मुझे कोई खास बीमारी हुई हो, ऐसा याद नहीं आता।

लेकिन जोहान्सबर्ग में मुझे कब्ज रहती थी और कभी-कभी सिर भी दुखता था। कोई मामूली दवा लेकर मैं अपने स्वास्थ्य को संभाले रहता था। खाने-पीने में पथ्य का ध्यान तो हमेशा रखता ही था, लेकिन उससे मैं पूरी तरह निरोगी नहीं हुआ। मन में यह विचार बना ही रहता कि साधारण दवाओं से भी छुटकारा मिले तो अच्छा हो।

इन्हीं दिनों मैंने मैन्चेस्टर में 'नो ब्रेकफास्ट एसोसिएशन' की स्थापना का समाचार पढ़ा। इसमें तर्क यह था कि अंग्रेज़ बहुत बार और बहुत खाते हैं। रात बारह बजे तक खाते ही रहते हैं और फिर डॉक्टर के घर खोजते फिरते हैं। इस रोग से मुक्ति पानी हो तो सवेरे का नाश्ता–'ब्रेकफास्ट' छोड़ देना चाहिए। मुझे लगा कि हालांकि यह तर्क मुझ पर पूरी तरह लागू नहीं होता, फिर भी कुछ अंशों में लागू होता है। मैं तीन बार पेट भर कर खाता था और दोपहर को चाय भी पीता था। मैं कभी अल्पाहारी नहीं रहा। शाकाहार में मसालों के बिना जितने भी स्वाद लिए जा सकते थे, मैं लेता था। छह-सात बजे से पहले मैं शायद ही उठता था। इसलिए मैंने सोचा कि यदि मैं सुबह का नाश्ता छोड़ दूं, तो सिर के दर्द से तो ज़रूर ही छुटकारा पा सकूंगा। मैंने सुबह का नाश्ता छोड़ दिया। कुछ दिनों तक अखरा तो सही, लेकिन सिर का दर्द बिलकुल मिट गया। इससे मैंने यह नतीजा निकाला कि मैं ज़रूरत से ज्यादा खा रहा था।

लेकिन इस बदलाव से कब्ज की शिकायत दूर न हुई। कूने के कटि स्नान का उपचार करने से थोड़ा आराम हुआ। लेकिन जितने परिवर्तन की मैं उम्मीद लगाए बैठा था, उतना तो नहीं ही हुआ। इस बीच उसी जर्मन होटलवाले ने या दूसरे किसी मित्र ने मुझे जुस्ट की

'रिटर्न टु नेचर' (प्रकृति की ओर लौटो) नाम की किताब दी। उसमें मैंने मिट्टी से किए जानेवाले उपचार के बारे में पढ़ा। सूखे और हरे फल ही मनुष्य का प्राकृतिक आहार हैं, इस बात का भी इस लेखक ने बहुत समर्थन किया है। इस बार मैंने केवल फलाहार का प्रयोग तो शुरू नहीं किया, लेकिन मिट्टी का उपचार तुरंत शुरू कर दिया। मुझ पर उसका आश्चर्यजनक प्रभाव पड़ा। उपचार इस प्रकार था : खेत की साफ लाल या काली मिट्टी लेकर उसमें अनुमान से पानी डालकर साफ, पतले, गीले कपड़े में उसे लपेटो और पेट पर रखकर उस पर पट्टी बांध दो। यह पुलटिस रात को सोते समय बांधता था और सवेरे या रात में जब जाग जाता तब उसे खोल दिया करता था। इससे मेरा कब्ज जाता रहा। उसके बाद मिट्टी के ये उपचार मैंने अपने पर और अपने अनेक साथियों पर किए और मुझे याद है कि वे शायद ही किसी पर खरे न उतरे हों। स्वदेश में आने के बाद मैं ऐसे उपचारों के विषय में आत्म-विश्वास खो बैठा हूं। मुझे प्रयोग करने का, एक जगह स्थिर होकर बैठने का अवसर ही नहीं मिल सका। फिर भी, मिट्टी और पानी के उपचारों के बारे में मेरी श्रद्धा बहुत-कुछ वैसी ही है, जैसी शुरू में बनी थी। आज भी मैं सीमा के अंदर रहकर मिट्टी का उपचार खुद अपने ऊपर तो करता ही हूं और जरूरत पड़ने पर अपने साथियों को भी उसकी सलाह देता हूँ।

जीवन में दो गंभीर बीमारियां मैं भोग चुका हूं, फिर भी मेरा यह विश्वास है कि आदमी को दवा लेने की शायद ही ज़रूरत रहती है। पथ्य तथा पानी, मिट्टी इत्यादि के घरेलू उपचारों से एक हजार में से 999 रोगी स्वस्थ हो सकते हैं। बार-बार वैद्य, हकीम और डॉक्टर के घर दौड़ने से और शरीर में अनेक प्रकार के खाद्य पदार्थ और रसायन ठूंसने से इन्सान न सिर्फ अपने जीवन को छोटा कर लेता है, बल्कि अपने मन पर काबू भी खो बैठता है। नतीजा ये होता है वह मनुष्यत्व गंवा बैठता है और शरीर का स्वामी रहने के बदले उसका गुलाम बन जाता है।

मैं यह बात बीमारी के बिस्तर पर पड़े-पड़े लिख रहा हूं। इस कारण कोई इन विचारों की अनदेखी न करे। मैं अपनी बीमारी का कारण जानता हूं। मुझे इस बात का पूरा-पूरा ज्ञान और भान है कि अपने ही दोषों के कारण मैं बीमार पड़ा हूं और इस भान के कारण ही मैंने धीरज नहीं खोया है। इस बीमारी को मैंने ईश्वर का अनुग्रह माना है और अनेक दवाओं के सेवन के लालच से मैं दूर रहा हूं। मैं यह भी जानता हूं कि अपने हठ से मैं डॉक्टर मित्रों को परेशान कर देता हूं, लेकिन वे उदार भाव से मेरे हठ को सह लेते हैं और मुझे छोड़ नहीं देते।

लेकिन मुझे इस समय की अपनी स्थिति के किस्से को और अधिक विस्तार नहीं देना चाहिए, इसलिए हम सन् 1904-05 के समय की तरफ लौट चलें।

लेकिन आगे बढ़कर उसका विचार करने से पहले पाठकों को थोड़ा सावधान करने की ज़रूरत है। यह लेख पढ़कर जो जुस्ट की किताब खरीदें, वे उसकी हर बात को वेद-वाक्य न समझें। सभी रचनाओं में प्रायः लेखक की एकांगी दृष्टि रहती है। किंतु प्रत्येक वस्तु को कम-से-कम सात दृष्टियों से देखा जा सकता है और हर दृष्टि से वह वस्तु सच होती है। लेकिन सब दृष्टियां एक ही समय और एक ही अवसर पर कभी पूरी तरह से सच नहीं होतीं। साथ ही, कई किताबों में बिक्री के और नाम के लालच का दोष भी होता है। इसलिए

जो ये किताब पढ़ें वे उसे विवेकपूर्वक पढ़ें और कुछ प्रयोग करने हों तो किसी अनुभवी की सलाह लेकर करें, या धैर्यपूर्वक ऐसी वस्तु का थोड़ा अभ्यास करके प्रयोग करें।

8. एक सावधानी

पतन कथा के प्रसंग को अभी मुझे अगले अध्याय तक टालना पड़ेगा। पिछले अध्याय में मिट्टी के प्रयोगों के विषय में मैं जो कुछ लिख चुका हूं, ठीक वैसा ही आग्रह मेरा आहार-विषयक प्रयोग के लिए भी था। इसलिए इस संबंध में भी इस समय यहां थोड़ा लिख डालना मैं उचित समझता हूं। दूसरी कुछ बातें प्रसंगानुसार आगे आएंगी।

आहार-विषयक मेरे प्रयोगों और तत्संबंधी विचारों का विस्तार इस अध्याय में नहीं किया जा सकता। इस विषय में मैंने स्वास्थ्य के बारे में सामान्य ज्ञान नाम की जो किताब दक्षिण अफ्रीका में 'इंडियन ओपीनियन' के लिए लिखी थी, उसमें ये सारी बातें विस्तारपूर्वक आई हैं। मैंने छोटी-छोटी कई पुस्तिकाएं लिखी हैं लेकिन मेरी ये पुस्तिका पश्चिम में और यहां बहुत अधिक पसंद की गई है। मैं आज तक इसका कारण समझ नहीं पाया हूं। यह किताब केवल 'इंडियन ओपीनियन' के पाठकों के लिए लिखी गई थी। लेकिन उसके आधार पर अनेक भाई-बहनों ने अपने जीवन में बदलाव किए हैं और मेरे साथ पत्र-व्यवहार भी किया है। इसलिए इस विषय में यहां कुछ लिखना ज़रूरी हो गया है। हालांकि उसमें लिखे हुए अपने विचारों में बदलाव करने की ज़रूरत मुझे नहीं लगी, फिर भी, अपने आचार में मैंने जो महत्त्व का बदलाव किया है, उसे इस किताब के सब पाठक नहीं जानते। यह ज़रूरी है कि वे उस बदलाव को भी जान लें।

इस किताब के लेखन में—अन्य किताबों की ही तरह—केवल धर्म-भावना काम कर रही थी और वही आज भी मैं अपने हर काम में उपस्थित पाता हूं, मुझे इसका खेद है कि मैं आज अपनी ही इस किताब में दिए गए सिद्धांतों का पूरी तरह से पालन नहीं कर पाता। मुझे इस बात पर शरम आती है।

मेरा दृढ़ विश्वास है कि इन्सान बच्चे के रूप में मां का जो दूध पीता है, उसके अलावा उसे किसी दूसरे दूध की ज़रूरत नहीं है। हरे और सूखे वनपक्व फलों के अलावा इन्सान का और कोई आहार नहीं है। बादाम आदि की गिरी में से और अंगूर आदि फलों में से उसे शरीर और बुद्धि के लिए आवश्यक पूरी खुराक मिल जाती है। जैसा आहार, वैसी डकार। मनुष्य जैसा खाता है वैसा बनता है, इस कहावत में गहरा सार है। उसे मैंने और मेरे साथियों ने अनुभव किया है। इन विचारों का विस्तृत समर्थन, स्वास्थ्य-संबंधी मेरी किताब में है।

लेकिन हिन्दुस्तान में अपने प्रयोगों को संपूर्णता तक पहुंचाना मेरे भाग्य में नहीं बदा था। जिन दिनों मैं खेड़ा में भर्ती अभियान में लगा हुआ था, खुराक संबंधी एक ऐसी भूल मुझसे हो गई कि मैं मृत्यु-शय्या पर जा पड़ा। दूध के बिना जीने के लिए मैंने बहुत हाथ-पैर मारे। जिन वैद्यों, डॉक्टरों और रसायनशास्त्रियों को मैं जानता था, उनकी मदद मांगी और दूध के विकल्प पूछे। किसी ने मूंग के पानी, किसी ने महुए के तेल और किसी ने बादाम के दूध का सुझाव दिया। इन सब चीज़ों का प्रयोग करते-करते मैंने शरीर को सुखा डाला, लेकिन उससे मैं बिस्तर छोड़कर उठ न सका।

वैद्यों ने मुझे चरक इत्यादि के श्लोक सुनाकर समझाया कि रोग दूर करने के लिए खाद्य-अखाद्य बाधा नहीं होती और मांस आदि भी खाए जा सकते हैं। ये वैद्य दुग्ध त्याग पर दृढ़ रहने में मेरी सहायता कर सकें (ऐसी स्थिति न थी) तब जहां 'बीफ-टी' (गोमांस की चाय) और 'ब्राण्डी' की गुंजाइश हो, वहां से तो दूध के त्याग में सहायता मिल ही कैसे सकती थी? गाय-भैंस का दूध तो मैं ले ही नहीं सकता था। यह मेरा व्रत था। व्रत का प्रयोजन तो दूध मात्र का त्याग था। लेकिन व्रत लेते समय मेरे सामने गो-माता और भैंस ही थी, इस कारण से तथा जीने की आशा से मैंने मन को जैसे-तैसे फुसला लिया। मैंने व्रत का शब्द रूप में पालन किया और बकरी का दूध लेने का निश्चय किया। बकरी का दूध लेते समय भी मैंने यह अनुभव किया कि मेरे व्रत की आत्मा का हनन हुआ है।

लेकिन मुझे 'रौलेट एक्ट' के विरुद्ध जूझना था। यह मोह मुझे छोड़ नहीं रहा था। इससे जीने की इच्छा बढ़ी और जिसे मैं अपने जीवन का महान प्रयोग मानता हूं उसकी गति रुक गई।

खान-पान के साथ आत्मा का संबंध नहीं है। वह न खाती है, न पीती है। जो पेट में जाता है वह नहीं, बल्कि जो वचन अंदर से निकलते हैं वे हानि-लाभ पहुंचानेवाले होते हैं—इत्यादि तर्क से मैं परिचित हूं। इनमें कुछ सच्चाई है। लेकिन बिना तर्क किए मैं यहां अपना यह दृढ़ निश्चय ही प्रकट किए देता हूं कि जो मनुष्य ईश्वर से डरकर चलना चाहता है, जो ईश्वर के प्रत्यक्ष दर्शन करने की इच्छा रखता है, ऐसे साधक और मुमुक्षु के लिए अपने आहार का चयन—त्याग और स्वीकार—उतना ही आवश्यक है, जितना कि विचार और वाणी का चयन—त्याग और स्वीकार—आवश्यक है।

लेकिन जिस विषय में मैं खुद गिरा हूं, उसके बारे में मैं न केवल दूसरों को अपने सहारे चलने की सलाह नहीं दूंगा, बल्कि उन्हें वैसा करने से रोकूंगा। इसलिए स्वास्थ्य-विषयक मेरी किताब के सहारे प्रयोग करनेवाले सब भाई-बहनों को मैं सावधान करना चाहता हूं। दूध का त्याग पूरी तरह लाभप्रद लगे या अनुभवी वैद्य-डॉक्टर उसे छोड़ने की सलाह दें, तभी वे उसे छोड़ें। सिर्फ मेरी किताब के भरोसे वे दूध का त्याग न करें। यहां का मेरा अनुभव अब तक तो मुझे यही बतलाता है कि जिसकी जठराग्नि मंद हो गई है और जिसने बिस्तर पकड़ लिया है, उसके लिए दूध जैसी दूसरी हलकी और पोषक खुराक है ही नहीं। इसलिए उस किताब के पाठक से मेरी विनती और सिफारिश है कि उसमें दूध की जो मर्यादा बताई गई है, उस पर चलने की वे जिद न करें।

इस अध्याय को पढ़नेवाले कोई वैद्य, डॉक्टर, हकीम या दूसरे अनुभवी दूध के बदले में किसी उतनी ही पोषक किंतु सुपाच्य वनस्पति को अपने अध्ययन के आधार पर नहीं, बल्कि अनुभव के आधार पर जानते हों, तो उसकी जानकारी देकर मुझे उपकृत करें।

9. बलवान से भिड़न्त

अब एशियाई अधिकारियों की ओर लौटें।

एशियाई अधिकारियों का सबसे बड़ा थाना जोहान्सबर्ग में था। मैं यह देख रहा था कि उस थाने में हिन्दुस्तानी, चीनी आदि लोगों का रक्षण नहीं, बल्कि भक्षण होता था। मेरे

पास रोज़ ही शिकायतें आतीं, 'हकवाले दाखिल नहीं हो सकते और बिना हकवाले सौ-सौ पौंड देकर चले आ रहे हैं। इसका इलाज आप नहीं करेंगे तो और कौन करेगा?' मेरी भी यही राय थी। यदि यह सड़ांध दूर न हो, तो ट्रांसवाल में मेरा बसना व्यर्थ माना जाएगा।

मैं प्रमाण जुटाने लगा। जब मेरे पास प्रमाणों का अच्छा-सा संग्रह हो गया, तो मैं पुलिस-कमिश्नर के पास पहुंचा। मुझे लगा कि उसमें दया-भाव है और न्याय करने की ललक है। मेरी बात को बिलकुल अनसुनी करने के बदले उसने मुझे पूरे धैर्य से सुना और प्रमाण प्रस्तुत करने के लिए कहा। गवाहों के बयान उसने खुद ही लिए। उसे विश्वास हो गया। लेकिन जिस तरह मैं जानता था, उसी तरह वह भी जानता था कि दक्षिण अफ्रीका में गोरे पंचों द्वारा गोरे अपराधियों को दण्ड दिलाना कठिन है। उसने कहा, 'फिर भी हम प्रयास तो करें ही। ऐसे अपराधी जूरी द्वारा छोड़ दिए जाएंगे, इस डर से उन्हें न पकड़वाना भी ठीक नहीं है। इसलिए मैं तो उन्हें पकड़वाऊंगा। आपको मैं इतना विश्वास दिलाता हूं कि अपनी मेहनत में मैं कोई कसर नहीं रखूंगा।'

मुझे तो विश्वास था ही। दूसरे अधिकारियों पर भी मुझे संदेह तो था, लेकिन उनके विरुद्ध मेरे पास जो प्रमाण थे, वे मज़बूत नहीं थे। दो के बारे में कोई संदेह नहीं था, इसलिए दो के नाम वारंट निकले।

मेरा आना-जाना छिपा रह ही नहीं सकता था। कई लोग देखते थे कि मैं अक्सर पुलिस-कमिश्नर के यहां आता-जाता हूं। इन दो अधिकारियों के छोटे-बड़े जासूस तो थे ही। वे मेरे ऑफिस पर निगरानी रखते और मेरे आने-जाने की खबरें उन अधिकारियों को पहुंचाते थे। मैं यहां पर जोड़ना चाहता हूं कि उक्त अधिकारियों का आतंक इतना ज्यादा था कि उन्हें ज्यादा जासूस नहीं मिलते थे। यदि हिन्दुस्तानियों और चीनियों की मुझे मदद न होती, तो ये अधिकारी पकड़े ही न जाते।

इन दो में से एक अधिकारी भागा। पुलिस-कमिश्नर ने बाहर का वारंट निकालकर उसे वापस पकड़वा मंगाया। मुकदमा चला। प्रमाण भी मजबूत थे और एक के तो भागने का प्रमाण भी जूरी के पास पहुंच सका था। फिर भी दोनों छूट गए!

मैं बहुत निराश हुआ। पुलिस-कमिश्नर को भी दुख हुआ। वकालत के काम से मुझे अरुचि हो गई। बुद्धि का उपयोग अपराध को छिपाने में होता देखकर मुझे बुद्धि पर ही तरस आने लगा।

दोनों अधिकारियों के अपराध इतने जगजाहिर हो गए थे कि उनके छूट जाने पर भी सरकार उन्हें रख नहीं सकी। दोनों बरखास्त कर दिए गए और एशियाई विभाग कुछ हद तक साफ हुआ। अब हिन्दुस्तानियों को धीरज बंधा और उनकी हिम्मत भी बढ़ी।

इससे मेरी प्रतिष्ठा और बढ़ी। मेरे काम-धंधे में भी बरकत आई। हिन्दुस्तानी समाज की ओर से सैकड़ों पौंड हर महीने रिश्वत में दिए जाते थे उनमें अच्छी-खासी बचत हुई। यह तो नहीं कहा जा सकता कि पूरी रकम बची। बेईमान तो अब भी रिश्वत खाते थे। लेकिन ये कहा जा सकता है कि जो ईमानदार थे, वे अब अपनी ईमानदारी के बलबूते पर सिर उठाकर चल सकते थे।

मैं कह सकता हूं कि इन अधिकारियों के इतने अधर्म होने पर भी मेरे मन में उनके खिलाफ निजी तौर पर कुछ भी न था। वे मेरे इस स्वभाव को जानते थे। और ऐसा भी

हुआ कि उनकी कंगाली की हालत में मुझे उनकी मदद करने का मौका मिला, तो मैंने उनकी मदद भी की थी। अगर मैं विरोध न करता तो उन्हें जोहान्सबर्ग की म्युनिसिपैलिटी में नौकरी मिल सकती थी। उनका एक मित्र मुझे मिला और मैंने उन्हें नौकरी दिलाने में मदद करना मंजूर कर लिया। उन्हें नौकरी मिल भी गई।

मेरे इस काम का यह असर हुआ कि मैं जिन गोरों के सम्पर्क में आया, वे मेरी तरफ से निर्भय रहने लगे, और हालांकि उनके विभागों के विरुद्ध मुझे लड़ना पड़ता था, तीखे शब्द कहने पड़ते थे, फिर भी वे मेरे साथ मधुर संबंध रखते थे। इस तरह का बरताव मेरा अपना स्वभाव ही था, इसे मैं उस समय ठीक से जानता भी न था। यह तो मैं बाद में समझने लगा कि ऐसे व्यवहार के मूल में सत्याग्रह है और यह अहिंसा का एक विशेष अंग है।

इन्सान और उसका काम, ये दोनों अलग-अलग बातें हैं। अच्छे काम के प्रति आदर और बुरे काम के प्रति तिरस्कार होना ही चाहिए। भले-बुरे काम करनेवाले के प्रति हमेशा आदर या दया रहनी चाहिए। बुराई से घृणा करो, बुराई करनेवाले से नहीं, यह बात समझने में आसान लगती है लेकिन इन्हें आचरण में तो नहीं ही उतारा जाता। इस संसार में विष फैलने के कारणों में से एक यह भी है।

सत्य के शोध के मूल में ऐसी ही अहिंसा है। मैं प्रतिक्षण यह अनुभव करता रहता हूं कि जब तक मुझे यह अहिंसा नहीं मिलती, तब तक सत्य मिल ही नहीं सकता। व्यवस्था या प्रणाली के विरुद्ध लड़ना शोभा देता है, लेकिन व्यवस्थापक के विरुद्ध लड़ना तो अपने विरुद्ध लड़ने के समान है। कारण ये है कि हम सब एक ही कूची से रंगे गए हैं, एक ही ब्रह्मा की संतानें हैं। व्यवस्थापक में अनंत शक्तियों का वास होता है। व्यवस्थापक का अनादर या तिरस्कार करने से उन शक्तियों का अनादर होता है और वैसा होने पर व्यवस्थापक को और संसार को हानि ही पहुंचती है।

10. एक पुण्य स्मरण और प्रायश्चित

मेरे जीवन में ऐसी घटनाएं घटती ही रही हैं जिनके कारण मैं अनेक धर्मावलम्बियों के और अनेक जातियों के गहरे परिचय में आ सका हूं। इन सबके अनुभवों के आधार पर यह कहा जा सकता है कि मैंने अपने और पराए, देशी और विदेशी, गोरे और काले, हिन्दू और मुसलमान या ईसाई, पारसी या यहूदी के बीच कभी कोई भेद नहीं माना। मैं कह सकता हूं कि मेरा हृदय ऐसे भेद को पहचान ही न सका। अपने संबंध में मैं इस बात को गुण नहीं मानता, क्योंकि जिस प्रकार अहिंसा, ब्रह्मचर्य, अपरिग्रह आदि यमों की सिद्धि का प्रयास करने का और उस प्रयास के अब तक चलने का मुझे पूरा भान है, उसी प्रकार मुझे याद नहीं पड़ता कि ऐसे अभेद को सिद्ध करने का मैंने विशेष प्रयास किया हो।

जब मैं डरबन में वकालत करता था, तो अक्सर मेरे स्टाफ के लोग मेरे साथ ही रहते थे। उनमें हिन्दू और ईसाई थे या प्रांत की दृष्टि से कहूं तो इनमें गुजराती और मद्रासी थे। मुझे याद नहीं है कि उनके बारे में मेरे मन में कभी कोई भेदभाव पैदा हुआ हो। मैं उन्हें अपने परिवार का सदस्य मानता था और यदि पत्नी की ओर से इसमें कोई बाधा आती तो मैं उससे लड़ता था। एक क्लर्क ईसाई था। उसके माता-पिता पंचम जाति के थे। हमारे

घर की बनावट पश्चिमी ढंग की थी। उसमें कमरों के अंदर नालियां नहीं होतीं—मैं मानता हूं कि होनी भी नहीं चाहिए—इससे हर कमरे में नाली की जगह पेशाब के लिए खास बरतन रखा जाता है। उसे उठाने का काम नौकर का न था, बल्कि हम पति-पत्नी का था। जो क्लर्क अपने को घर का-सा मानने लगते, वे तो अपने बरतन खुद उठाते भी थे। यह पंचम कुल में जन्मा क्लर्क नया था। उसका बरतन हमें ही उठाना चाहिए था। कस्तूरबाई दूसरे बरतन तो उठाती थी, लेकिन इस बरतन को उठाना उससे सहन न हुआ। इससे हमारे बीच कलह हुआ। मैं ये बर्तन साफ करूं, ये भी उससे सहा न जाता था और खुद उठाना उसे भारी पड़ता था। आंखों से मोती की बूंद टपकाती, हाथ में बरतन उठाती और अपनी लाल आंखों से मुझे उलाहना देकर सीढ़ियां उतरती हुई कस्तूरबाई का चित्र मैं आज भी खींच सकता हूं।

लेकिन मैं तो जितना प्रेमी था उतना ही क्रूर पति था। मैं अपने को उसका शिक्षक भी मानता था, इस कारण अपने अंधे प्रेम के वश में होकर उसे खूब सताता था।

यों उसके सिर्फ बरतन उठाकर ले जाने से ही मुझे संतोष न हुआ। मुझे संतोष तभी होता जब वह उसे हंसते-हंसते ले जाती। इसलिए मैंने दो बातें ऊंची आवाज़ में कहीं। मैं बड़बड़ाने लगा, 'यह कलह मेरे घर में नहीं चलेगा।'

ये बात कस्तूरबाई को तीर की तरह चुभ गई।

वह भड़क उठी, 'तो संभालो अपना घर-बार, मैं तो चली।'

मैं उस समय भगवान को भूले बैठा था। मुझमें दया का लेशमात्र भी नहीं रह गया। मैंने उसका हाथ थामा। सीढ़ियों के सामने ही बाहर निकलने का दरवाजा था। मैं उस असहाय अबला को पकड़कर दरवाजे तक खींच ले गया। दरवाजा आधा खोला।

कस्तूरबाई की आंखों से गंगा-यमुना बह रही थी। वह बोली, 'आपको तो शरम है नहीं, लेकिन मुझे है। कुछ तो शरम करो। मैं बाहर निकलकर कहां जा सकती हूं? यहां मेरे मां-बाप नहीं हैं कि उनके घर चली जाऊं। मैं तुम्हारी पत्नी हूं, इसलिए मुझे तुम्हारी डांट-फटकार सहनी ही होगी। अब तो बस करो और दरवाजा बंद करो। कोई देखेगा तो दोनों में से एक की भी इज्जत नहीं रहेगी।'

मैं गुस्से में लाल-पीला होता रहा लेकिन शर्मिंदा भी हुआ। दरवाजा बंद कर दिया। यदि पत्नी मुझे छोड़ नहीं सकती थी, तो मैं भी उसे छोड़कर भला कहां जा सकता था? हमारे बीच झगड़े तो बहुत हुए हैं, लेकिन परिणाम सदा शुभ ही रहा है। पत्नी ने हमेशा अपनी अद्‌भुत सहन शक्ति द्वारा विजय पायी है।

मैं ये सब आज तटस्थ भाव से लिख सकता हूं, क्योंकि यह घटना हमारा अतीत है। आज मैं मोहान्ध पति नहीं रहा। शिक्षक नहीं हूं। कस्तूरबाई चाहे तो मुझे आज धमका सकती है। आज हम परखे हुए मित्र हैं, एक-दूसरे के प्रति निर्विकार बनकर रहते हैं। कस्तूरबाई आज मेरी बीमारी में किसी बदले की इच्छा रखे बिना मेरी चाकरी करनेवाली सेविका का रूप धरकर आती है।

ये घटना सन् 1898 की है। उस समय मैं ब्रह्मचर्य-पालन के विषय में कुछ भी तो नहीं जानता था। यह वह समय था जब मुझे इसका स्पष्ट भान न था कि पत्नी केवल सहधर्मिणी, सहचारी और सुख-दुख की साथिन है। मैं यह जानता हूं कि उन दिनों मैं यह

मानकर चलता था कि पत्नी विषय-भोग की पात्र है, और पति की कैसी भी आज्ञा क्यों न हो, उसका पालन करने के लिए ही वह धरती पर आई है।

सन् 1900 से मेरे विचारों में गंभीर परिवर्तन हुआ। उसकी अंतिम परिणति सन् 1906 में हुई। लेकिन इसकी चर्चा हम यथास्थान करेंगे।

यहां तो इतना कहना काफी है कि जैसे-जैसे मैं निर्विकार होता गया, वैसे-वैसे मेरी गृहस्थी शांत, निर्मल और सुखी होती गई है और आज भी उसी दिशा में आगे बढ़ रही है।

इस पुण्य स्मरण से कोई यह न समझ ले कि हम दोनों आदर्श पति-पत्नी हैं, या मेरी पत्नी में कोई दोष ही नहीं है या कि अब तो हमारे आदर्श एक ही हैं। कस्तूरबाई के अपने कोई स्वतंत्र आदर्श हैं या नहीं, यह तो बेचारी खुद भी नहीं जानती होगी। संभव है, मेरे कई आचरण उसे आज भी अच्छे न लगते हों। इसके संबंध में हम कभी चर्चा नहीं करते, करने का कोई अर्थ ही नहीं है। उसे न तो उसके माता-पिता ने शिक्षा दी और जब समय था तब मैं भी कहां दे सका। लेकिन उसमें एक गुण बहुत ऐसा है कि जिसकी कोई सीमा नहीं है, ये दूसरी बहुत-सी हिन्दू महिलाओं में कम-अधिक रहता ही है। इच्छा से हो चाहे अनिच्छा से, ज्ञान से हो चाहे अज्ञान से, उसने मेरे पीछे-पीछे चलने में ही अपने जीवन की सार्थकता समझी है और स्वच्छ जीवन बिताने के मेरे प्रयास में मुझे कभी रोका नहीं है। इस कारण हालांकि हमारी बुद्धि-शक्ति में बहुत अंतर है, फिर भी मैंने अनुभव किया है कि हमारा जीवन संतुष्ट, सुखी और ऊर्ध्वगामी रहा है।

11. अंग्रेज़ों का नजदीकी परिचय

इस प्रसंग को लिखते समय एक ऐसा प्रसंग आ गया है, जब मुझे पाठकों को यह बताना चाहिए कि सत्य के प्रयोगों की यह कथा किस तरह से लिखी जा रही है। जब यह कथा मैंने लिखनी शुरू की थी, तब मेरे पास कोई योजना तैयार नहीं थी। इन प्रसंगों को लिखते समय मैं अपने सामने किसी किताब, डायरी या दूसरे कागज-पत्रों का सहारा नहीं ले रहा हूं। कहा जा सकता है कि लिखने के दिन अंतर्यामी मुझे जिस तरह रास्ता दिखाता है, उसी तरह मैं लिखता हूं। मैं निश्चयपूर्वक नहीं जानता कि मेरे भीतर जो रचना-प्रक्रिया चलती रहती है, उसे अंतर्यामी की देन कहा जा सकता है या नहीं। लेकिन कई बरसों से मैंने जिस प्रकार अपने बड़े से बड़े माने गए और छोटे से छोटे गिने जा सकनेवाले कार्य किए हैं, उसकी छानबीन करते हुए मुझे यह कहना अनुचित नहीं लगता कि वे सब अंतर्यामी की प्रेरणा से ही हुए हैं।

अंतर्यामी को तो मैंने देखा नहीं, जाना नहीं। संसार जिस श्रद्धा से ईश्वर को मानता है, वही श्रद्धा मैंने अपना ली है। यह श्रद्धा किसी तरह से मिटाई नहीं जा सकती। इसलिए मैं उसे श्रद्धा के रूप में न पहचानकर अनुभव के रूप में पहचानता हूं। फिर भी उसका परिचय इस प्रकार अनुभव के रूप में देना भी सत्य पर एक प्रकार का प्रहार करना है। इसलिए शायद यह कहना ही अधिक उचित होगा कि शुद्ध रूप में उसका परिचय करानेवाला शब्द मेरे पास नहीं है।

मेरी यह मान्यता है कि मैं उस अदृश्य अंतर्यामी के वशीभूत होकर यह कथा लिख रहा हूं।

जब मैंने पिछला अध्याय लिखना शुरू किया, तो उसे शीर्षक दिया था 'अंग्रेज़ों का परिचय'। लेकिन अध्याय लिखते समय मैंने देखा कि इन परिचयों के ब्यौरे देने से पहले जो पुण्य-स्मरण मैंने लिखा, उसे तो लिखना ही था। इसलिए वह अध्याय मैंने लिखा और लिख चुकने के बाद पहले का शीर्षक बदलना पड़ा।

अब इस अध्याय को लिखते समय मेरे सामने एक नया धर्म-संकट पैदा हो गया है। अंग्रेज़ों का परिचय देते हुए क्या कहना चाहिए और क्या नहीं कहना चाहिए, यह महत्त्व का प्रश्न बन गया है। जो प्रस्तुत है, वह न कहा जाए, तो सत्य को लांछन लगेगा। लेकिन जहां इस कथा का लिखना ही कदाचित् प्रस्तुत न हो, वहां प्रस्तुत-अप्रस्तुत के बीच के झगड़े का एकाएक फैसला करना कठिन हो जाता है।

इतिहास के रूप में आत्मकथा मात्र की अपूर्णता और उसकी कठिनाइयों के बारे में पहले मैंने जो पढ़ा था, उसका अर्थ आज मेरे सामने अधिक स्पष्ट है। मैं यह जानता हूं कि सत्य के प्रयोगों की इस आत्मकथा में जितना मुझे याद है उतना सब मैं हरगिज नहीं दे रहा हूं। कौन जानता है कि सत्य का दर्शन कराने के लिए मुझे कितना देना चाहिए या न्याय-मंदिर में एकांगी और अधूरे प्रमाणों की क्या कीमत आंकी जाएगी? लिखे हुए अध्यायों पर कोई फुर्सतवाला आदमी मुझसे जिरह करने बैठे, तो वह इन अध्यायों पर कितना अधिक प्रकाश डालेगा? और यदि वह आलोचक की दृष्टि से इनकी छानबीन करे, तो कैसी-कैसी 'पोलें' खोलकर दुनिया को हंसाएगा और खुद फूलकर कुप्पा हो जाएगा?

इस तरह सोचने पर क्षणभर के लिए मेरे मन में यही विचार आता है कि क्या इन अध्यायों को लिखना बंद कर देना ही अधिक उचित न होगा? किंतु जब तक शुरू किया हुआ काम स्पष्ट रूप से अनीतिमय न लगे तब तक उसे बंद न किया जाए, इस न्याय से मैं इस निर्णय पर पहुंचा हूं कि जब तक अंतर्यामी रोकता नहीं उस समय तक ये अध्याय मुझे लिखते रहना चाहिए।

यह कथा आलोचकों को संतुष्ट करने के लिए नहीं लिखी जा रही है। सत्य के प्रयोगों में एक प्रयोग यह भी है। साथ ही, लिखने के पीछे यह दृष्टि तो काम कर ही रही है कि इससे साथियों को कुछ आश्वासन मिलेगा। इसे शुरू ही उनके संतोष के लिए किया गया है। यदि स्वामी आनंद और जयराम दास मेरे पीछे न पड़ जाते, तो शायद यह कथा लिखी ही न जाती। इसलिए इसके लिखने में यदि कोई दोष हो रहा हो तो उसमें वे हिस्सेदार हैं।

अब मैं शीर्षक के बारे में अपनी बात कहता हूं। जिस प्रकार मैंने हिन्दुस्तानी स्टाफ को और दूसरों को घर में अपने परिवार के सदस्यों की तरह रखा था, उसी तरह मैं अंग्रेज़ों को भी रखने लगा। मेरा यह व्यवहार मेरे साथ रहनेवाले सब लोगों के अनुकूल न था। लेकिन मैंने उन्हें हठपूर्वक अपने घर रखा था। कह नहीं सकता कि सबको रखने में मैंने हमेशा बुद्धिमानी ही की थी। कुछ संबंधों के कड़वे अनुभव भी मिले थे। लेकिन ऐसे अनुभव तो देशी-विदेशी दोनों के संबंध में हुए। कड़वे अनुभव के लिए मुझे कोई पश्चात्ताप नहीं हुआ। कड़वे अनुभवों के होते हुए और यह जानते हुए भी कि मित्रों को असुविधा होती है और कष्ट उठाना पड़ता है, मैंने अपनी आदत नहीं बदली और मित्रों ने उसे उदारतापूर्वक सहन

ही किया है। नए-नए लोगों के साथ के संबंध जब मित्रों के लिए दुखदायी सिद्ध हुए हैं, तब उनका दोष उन्हें दिखाने में मैं हिचकिचाया नहीं हूं। मेरी अपनी यह मान्यता है कि आस्तिक लोगों में, जो अपने में विद्यमान ईश्वर को सबमें देखना चाहते हैं, सबके साथ अलिप्त होकर रहने की शक्ति आनी चाहिए। और ऐसी शक्ति तभी विकसित की जा सकती है, जब जहां-जहां अनखोजे अवसर आएं वहां-वहां उनसे दूर न भागकर नए- नए संपर्क स्थापित किए जाएं और वैसा करते हुए भी राग-द्वेष से दूर रहा जाए।

इसलिए जब बोअर-ब्रिटिश युद्ध शुरू हुआ, तब अपना घर भरा होते हुए भी मैंने जोहान्सबर्ग से आए हुए दो अंग्रेज़ों को अपने यहां टिका लिया। दोनों थियॉसॉफिस्ट थे। उनमें से एक का नाम किचन था। इनकी चर्चा हमें आगे भी करनी होगी। इन मित्रों के सान्निध्य ने भी पत्नी को रुलाया ही था। मेरे कारण उसके हिस्से में रोने के अनेक अवसर आए हैं। बिना किसी परदे के इतने निकट संबंध में अंग्रेज़ों को घर में रखने का यह मेरा पहला अनुभव था। इंग्लैंड में मैं उनके घरों में ज़रूर रहा था। लेकिन उस समय मैं उनके रहन-सहन की मर्यादा में रहा था और वह रहना लगभग होटल में रहने-जैसा था। यहां बात उससे उलटी थी। ये मित्र परिवार के सदस्य बन गए थे। उन्होंने काफी हद तक भारतीय रहन-सहन अपना लिया था। हालांकि घर के भीतर का साज-सामान अंग्रेज़ी ढंग का था, फिर भी अंदर का रहन-सहन और खान-पान आदि मुख्यतः भारतीय ही थे। मुझे याद है कि इन मित्रों को घर पर रखने में कई कठिनाइयां तो हुई थीं, लेकिन मैं यह ज़रूर कह सकता हूं कि दोनों व्यक्ति घर के दूसरे लोगों के साथ पूरी तरह हिल-मिल गए थे। जोहान्सबर्ग में ये संबंध डरबन से भी अधिक आगे बढ़े।

12. अंग्रेजों से परिचय

एक बार जोहान्सबर्ग में मेरे पास चार हिन्दुस्तानी क्लर्क हो गए थे। मैं नहीं कह सकता कि उन्हें क्लर्क मानूं या बेटे। किंतु इससे मेरा काम न चला। टाइपिंग के बिना मेरा काम चल ही नहीं सकता था। टाइपिंग का जो थोड़ा-सा ज्ञान था सो मुझे ही था। इन चार नौजवानों में से दो को मैंने टाइपिंग सिखाई, किंतु अंग्रेज़ी का ज्ञान कम होने के कारण उनकी टाइपिंग कभी अच्छी न हो सकी। फिर, उन्हीं में से मुझे लेखाकार भी तैयार करने थे। नेटाल से अपनी इच्छानुसार मैं किसी को बुला नहीं सकता था, क्योंकि बिना अनुमति पत्र के कोई हिन्दुस्तानी वहां दाखिल नहीं हो पाता था। और अपनी सुविधा के लिए मैं अधिकारियों से मेहरबानी की भीख मांगने को तैयार न था।

मैं परेशानी में पड़ गया। काम इतना बढ़ गया था कि कितनी ही मेहनत क्यों न की जाए, मेरे लिए यह संभव नहीं रहा कि वकालत और सार्वजनिक सेवा दोनों काम ठीक से कर सकूं।

क्लर्क के लिए अंग्रेज़ स्त्री या पुरुष मिल रहा हो और मैं उन्हें न रखूं, ऐसी कोई बात नहीं थी। लेकिन मुझे यह डर था कि 'काले' आदमी के यहां क्या गोरे नौकरी करेंगे? लेकिन मैंने कोशिश करके देखने का फैसला किया। टाइपराइटिंग एजेण्ट से मेरी थोड़ी पहचान थी। मैं उसके पास गया और उससे कहा कि जिसे काले आदमी के अधीन नौकरी

करने में आपत्ति न हो, ऐसे टाइप करनेवाले गोरे पुरुष या महिला को वह मेरे लिए खोज दे। दक्षिण अफ्रीका में शॉर्टहैण्ड लिखने और टाइप का काम करनेवाली अधिकतर महिलाएं ही होती हैं। इस एजेण्ट ने मुझे वचन दिया कि ऐसा आदमी खोजने का वह प्रयास करेगा। उसे मिस डिक नामक एक स्कॉच कुमारी मिल गई। यह महिला हाल ही में स्कॉटलैण्ड से आई थी। अच्छी नौकरी जहां कहीं मिले, वह करने को तैयार थी। उसे तत्काल काम पर लगना था। उक्त एजेंट ने इस महिला को मेरे पास भेज दिया। उसे देखते ही मेरी आंखें उस पर टिक गईं।

मैंने उससे पूछा, 'आपको हिन्दुस्तानी आदमी के अधीन काम करने में कोई आपत्ति तो नहीं है?'

उसे दृढ़तापूर्वक उत्तर दिया : 'बिलकुल नहीं।'

'आप कितना वेतन लेंगी?'

उसने जवाब दिया, 'क्या साढ़े सतरह पौंड ज्यादा तो न होंगे?'

'मैं आपसे जितने काम की आशा रखता हूं उतना काम आप करेंगी तब तो मैं इसे बिलकुल ज्यादा नहीं समझूंगा। आप काम पर कब से आ सकेंगी?'

'आप चाहें तो इसी क्षण से।'

मैं बहुत खुश हुआ और उस महिला को उसी समय अपने सामने बैठाकर मैंने पत्र लिखवाना शुरू कर दिया।

उसने केवल मेरे क्लर्क का ही नहीं, बल्कि मैं मानता हूं कि सगी बेटी या बहन का पद तुरंत ही सहज भाव से ले लिया। मुझे उसे कभी ऊंची आवाज़ में कुछ कहना न पड़ा। शायद ही कभी उसके काम में कोई गलती निकालनी पड़ी हो। एक समय ऐसा था जब हज़ारों पौंड की व्यवस्था उसके हाथ में थी और वह हिसाब-किताब भी रखने लगी थी। उसने पूरी तरह से मेरा विश्वास पा लिया था। लेकिन मेरे मन में बड़ी बात यह थी कि मैं उसकी भीतरी भावनाओं को जानने जितना उसका विश्वास भी पा सका था। अपना जीवनसाथी पसंद करने में उसने मेरी सलाह ली थी। कन्यादान देने का सौभाग्य भी मुझे ही मिला था। मिस डिक जब मिसेस मैक्डॉनल्ड बन गईं, तब उन्हें मुझसे अलग होना पड़ा, हालांकि विवाह के बाद भी काम की अधिकता होने पर मैं जब चाहता उनसे काम ले लेता था।

किंतु ऑफिस में एक स्थायी शॉर्टहैण्ड एक्सपर्ट की ज़रूरत तो थी ही। एक महिला इसके लिए भी मिल गई। नाम था मिस श्लेशिन। उसे मेरे पास लानेवाले मिस्टर कैलनबैक थे, जिनका परिचय पाठकों को आगे चलकर मिलेगा। इस समय यह महिला एक हाईस्कूल में शिक्षिका का काम कर रही है। जब वह मेरे पास आई थी, उसकी उमर कोई सतरह साल की रही होगी। उसकी कुछ विचित्रताओं के आगे मिस्टर कैलनबैक और मैं हार जाते थे। वह नौकरी करने के विचार से नहीं आई थी। उसे तो अनुभव जुटाने थे। उसके स्वभाव में कहीं रंग-द्वेष तो था ही नहीं। उसे किसी की परवाह भी नहीं थी। वह किसी का भी अपमान करने से डरती न थी और उसके मन में जिसके बारे में जो भी विचार आते, सो कहने में संकोच न करती। अपने इस स्वभाव के कारण वह कभी-कभी मुझे परेशानी में डाल देती थी। लेकिन उसका सरल और शुद्ध स्वभाव सारी परेशानी दूर कर देता था। अंग्रेज़ी के उसके ज्ञान को मैंने हमेशा अपने ज्ञान से ऊंचा माना था। इस कारण

और उसकी वफादारी पर पूरा विश्वास होने के कारण उसके द्वारा टाइप किए गए बहुत से पत्रों पर, उन्हें दुबारा जांचे बिना ही, मैं हस्ताक्षर कर दिया करता था।

उसने एक लम्बे समय तक मुझसे सिर्फ छह पौंड प्रति मास ही लिए और दस पौंड से अधिक वेतन लेने से तो उसने अंत तक साफ इनकार किया। मैं जब कभी उससे अधिक वेतन लेने को कहता, वह मुझे धमकाती और कहती, 'मैं वेतन लेने के लिए यहां नहीं आ रही हूं। मुझे आपके साथ यह काम करना अच्छा लगता है और आपके आदर्श मुझे पसंद हैं, इसलिए मैं यहां टिकी हूं।'

एक बार ज़रूरत पड़ने पर उसने मुझसे चालीस पौंड लिए थे, लेकिन कर्ज़ के तौर पर। पिछले साल उसने वे सारे पैसे लौटा दिए।

उसमें जिस तरह की त्याग की भावना थी, वैसी ही उसकी हिम्मत भी थी। मुझे स्फटिक-मणि जैसी पवित्र और क्षत्रिय को भी मात करनेवाली वीरता से युक्त जिन महिलाओं के संपर्क में आने का सौभाग्य प्राप्त हुआ है, उनमें से मैं एक इस लड़की को मानता हूं। अब तो वह बड़ी उमर की वयस्क महिला है। आज की उसकी मानसिक स्थिति से मैं पूरी तरह परिचित नहीं हूं; लेकिन मेरे अनुभवों में इस कन्या का अनुभव मेरे लिए सदा पुण्य-स्मरण बना रहेगा। इसलिए मैं जो जानता हूं वह न लिखूं, तो सत्य का द्रोही बनूं।

काम करने में उसने रात या दिन का कोई भेद कभी माना ही नहीं। वह आधी रात को भी जहां जाना होता, अकेली चली जाती और अगर मैं किसी को उसके साथ भेजने के बारे में सोचता, तो मुझे लाल आंखें दिखाती। बड़ी उमर के हज़ारों हिन्दुस्तानी भी उसे आदर की दृष्टि से देखते थे और उसका कहा मानते थे। जब हम सब जेल में थे, और शायद ही कोई जिम्मेदार आदमी बाहर रहा था, तब वह सत्याग्रह की समूची लड़ाई को अकेले ही संभाले हुए थी। स्थिति यह थी कि लाखों का हिसाब उसके हाथ में, सारा पत्र-व्यवहार उसके हाथ में और 'इंडियन ओपीनियन' भी उसके हाथ में। फिर भी वह थकना तो जैसे जानती ही न थी।

मिस श्लेशिन के बारे में लिखते हुए मैं थक नहीं सकता। लेकिन गोखले का प्रमाणपत्र देकर मैं यह किस्सा यहीं समाप्त करूंगा। गोखले ने मेरे सब साथियों का परिचय पाया था। यह परिचय पाकर उन्हें कई लोगों के बारे में बहुत संतोष हुआ था। उन्हें सबके चरित्र का मूल्यांकन करने का शौक था। सारे हिन्दुस्तानी तथा यूरोपियन साथियों में उन्होंने मिस श्लेशिन को सबसे ज्यादा अंक दिए थे। उन्होंने कहा था, 'इतना त्याग, इतनी पवित्रता, इतनी निर्भयता और इतनी कुशलता मैंने बहुत कम लोगों में देखी है। मेरी दृष्टि में तो मिस श्लेशिन तुम्हारे साथियों में प्रथम पद की अधिकारिणी है।'

13. 'इंडियन ओपीनियन'

दूसरे कुछ यूरोपियनों के भी परिचय की चर्चा करनी रह गई है। लेकिन उससे पहले दो-तीन महत्त्वपूर्ण बातों का उल्लेख करना ज़रूरी लग रहा है।

एक परिचय तो यहीं दे दूं। ऐसी स्थिति नहीं थी कि मिस डिक को नियुक्त करके ही मैं अपना काम पूरा कर सकूं। मिस्टर रीच के बारे में मैं पहले लिख चुका हूं। उनसे मेरा

अच्छा परिचय था ही। वे एक व्यापारी फर्म के निदेशक थे। मैंने उन्हें समझाया कि वहां से मुक्त होकर वे मेरे साथ आर्टिकल क्लर्क का काम करें। मेरा सुझाव उन्हें पसंद आया और वे ऑफिस से जुड़ गए। मेरे काम का बोझ हलका हो गया।

इसी अरसे में श्री मदनजीत ने 'इंडियन ओपीनियन' अखबार निकालने का विचार किया। उन्होंने मेरी सलाह और सहायता मांगी। प्रिंटिंग प्रेस तो वे चला ही रहे थे। अखबार निकालने के विचार से मैं सहमत हुआ। सन् 1904 में इस अखबार का पहला अंक निकला। मनसुखलाल नाजर इसके संपादक बने। लेकिन संपादक का असली बोझ तो मुझी पर ही आ पड़ा। मेरे भाग्य में प्रायः हमेशा दूर से ही अखबार की व्यवस्था संभालने का योग रहा है।

मनसुखलाल नाजर संपादक का काम न कर सकें, ऐसी कोई बात नहीं थी। उन्होंने देश में कई अखबारों के लिए लेख लिखे थे, लेकिन दक्षिण अफ्रीका के अटपटे प्रश्नों पर मेरे रहते उन्होंने स्वतंत्र लेख लिखने की हिम्मत नहीं की। उन्हें मेरी विवेक-शक्ति पर बहुत विश्वास था। इसलिए जिन-जिन विषयों पर कुछ लिखना ज़रूरी होता, उन पर लिखकर भेजने का बोझ वे मुझ पर डाल देते थे।

यह अखबार साप्ताहिक था, जैसा कि आज भी है। शुरू में तो वह गुजराती, हिंदी, तमिल और अंग्रेज़ी में निकलता था। लेकिन मैंने देखा कि तमिल और हिंदी संस्करण नाम-मात्र के थे। मुझे लगा कि उनके द्वारा समाज की कोई सेवा नहीं होती। उन संस्करणों को जारी रखने में मुझे असत्य का आभास हुआ। इसलिए उन्हें बंद करके मैंने शांति पाई।

मैंने यह कल्पना नहीं की थी कि इस अखबार में मुझे अपनी जेब से भी कुछ पैसे लगाने पड़ेंगे। लेकिन कुछ ही समय में मैंने देखा कि अगर मैं पैसे न दूं, तो अखबार चल ही नहीं सकता। मैं अखबार का संपादक नहीं था। फिर भी हिन्दुस्तानी और गोरे, दोनों यह जानने लग गए थे कि उसके लेखों के लिए मैं ही जिम्मेदार था। अखबार न निकलता तो भी कुछ बिगड़ नहीं रहा था। लेकिन मुझे ऐसा लगा कि अखबार निकालने के बाद उसके बंद होने से हिन्दुस्तानियों की बदनामी होगी और समाज की इज्ज़त को बट्टा लगेगा।

मैं उसमें पैसे डालता गया और कहा जा सकता है कि आखिर ऐसा भी समय आया, जब मेरी पूरी बचत उसी की भेंट चढ़ जाती थी। मुझे ऐसे समय की भी याद है, जब मुझे हर महीने 75 पौंड इस अखबार के लिए भेजने पड़ते थे।

लेकिन इतने बरसों के बाद मुझे लगता है कि इस अखबार ने हिन्दुस्तानी समाज की अच्छी सेवा की है। इससे धन कमाने का विचार तो शुरू से ही किसी का भी नहीं था।

जब तक अखबार मेरे नियंत्रण में था, तो उसमें किए गए परिवर्तन मेरे जीवन में हुए परिवर्तनों के प्रतीक थे। जिस तरह आज 'यंग इंडिया' और 'नवजीवन' मेरे जीवन के कुछ अंशों के सार के रूप में हैं, उसी तरह 'इंडियन ओपीनियन' भी रहा। उसमें मैं प्रति सप्ताह अपनी आत्मा उड़ेलता था और जिसे मैं सत्याग्रह के रूप में पहचानता था, उसे समझाने का प्रयास करता था। जेल के समयों को छोड़कर दस बरस के अर्थात् सन् 1914 तक के 'इंडियन ओपीनियन' के शायद ही कोई अंक ऐसे होंगे, जिनमें मैंने कुछ लिखा न हो। इनमें मैंने एक भी शब्द बिना विचारे, बिना तौले लिखा हो या किसी को केवल खुश करने के लिए लिखा हो या जान-बूझकर किसी बात को बढ़ा-चढ़ाकर लिखा हो, ऐसा मुझे याद नहीं

आता। मेरे लिए यह अखबार संयम की शिक्षा सिद्ध हुआ था। मित्रों के लिए वह मेरे विचारों को जानने का माध्यम बन गया था। आलोचकों को उसमें से लेख अपनी कलम पर अंकुश रखने के लिए बाध्य करते थे। इस अखबार के बिना सत्याग्रह की लड़ाई चल ही नहीं सकती थी। पाठक-समाज इस अखबार को अपना समझकर इसमें से लड़ाई का और दक्षिण अफ्रीका के हिन्दुस्तानियों की दशा का सही हाल जान लेता था।

इस अखबार के द्वारा मुझे इन्सान के रंग-बिरंगे स्वभाव का बहुत ज्ञान मिला। संपादक और ग्राहक के बीच निकट का और स्वच्छ संबंध स्थापित करने की ही धारणा होने से मेरे पास हृदय खोलकर रख देनेवाले पत्रों का ढेर लग जाता था। उसमें तीखे, कड़वे, मीठे हर तरह के पत्र मेरे नाम आते थे। उन्हें पढ़ना, उन पर विचार करना, उनमें से विचारों का सार लेकर उत्तर देना—यह सब मेरे लिए शिक्षा का उत्तम साधन बन गया था। मुझे ऐसा अनुभव हुआ मानो इसके द्वारा मैं समाज में चल रही चर्चाओं और विचारों को सुन रहा होऊं। मैं संपादक के दायित्व को भलीभांति समझने लगा और मुझे समाज के लोगों पर जो प्रभुत्व प्राप्त हुआ, उसके कारण भविष्य में होनेवाली लड़ाई संभव हो सकी, वह चली और उसे शक्ति मिली।

'इंडियन ओपीनियन' के पहले महीने के कामकाज से ही मैं इस नतीजे पर पहुंच गया था कि समाचारपत्र सेवाभाव से ही चलाने चाहिए। समाचारपत्र एक जबरदस्त शक्ति है, किन्तु जिस प्रकार निरंकुश पानी का प्रवाह गांव के गांव डुबो देता है और फसल को नष्ट कर देता है, उसी प्रकार कलम का निरंकुश प्रवाह भी तबाही लाता है। यदि ऐसा अंकुश बाहर से आता है, तो वह निरंकुशता से भी अधिक विषैला सिद्ध होता है। अंकुश तो भीतर का ही कुछ देकर जाता है।

यदि आपकी विचारधारा में सच्चाई हो तो दुनिया के कितने समाचारपत्र इस कसौटी पर खरे उतर सकते हैं? लेकिन इन बेकार, बेमतलब और बेअसर पन्नों को बंद कौन करे? कौन किसे बेकार कहे? उपयोगी और बेकार, दोनों साथ-साथ ही चलते रहेंगे। हमें इन्हीं में से चुनना होगा।

14. 'कुली-लोकेशन' अर्थात् भंगी-बस्ती?

हिन्दुस्तान में हम अपनी बड़ी से बड़ी सेवा करनेवाले ढेड़, भंगी इत्यादि को, जिन्हें हम अस्पृश्य मानते हैं, गांव से बाहर अलग बस्ती में रखते हैं। गुजराती में उनकी बस्ती को 'ढेड़वाड़ा' कहते हैं, और इस नाम का उच्चारण करने में लोगों को नफरत ही होती है। इसी तरह से यूरोप के ईसाई समाज में एक ज़माना ऐसा था, जब यहूदी लोग अस्पृश्य माने जाते थे और उनके लिए जो ढेड़वाड़ा बसाया जाता था उसे 'घेटो' कहते थे। यह नाम असगुनिया माना जाता था। इसी तरह दक्षिण अफ्रीका में हम हिन्दुस्तानी लोग ढेड़ बन गए हैं। एण्ड्रूज के आत्म-बलिदान से और शास्त्रीजी की जादू की छड़ी से हमारी शुद्धि होगी और फलतः हम ढेड़ न रहकर सभ्य माने जाएंगे या नहीं, सो आगे देखना होगा।

हिन्दुओं की भांति यहूदियों ने अपने को ईश्वर का प्रीति पात्र और दूसरों को अप्रीति-पात्र मानकर जो अपराध किया था, उसका दण्ड उन्हें विचित्र और अनुचित रीति से मिला था।

लगभग उसी प्रकार हिन्दुओं ने भी अपने को संस्कृत या आर्य मानकर अपने ही एक अंग को प्राकृत, अनार्य या ढेड़ माना है। अपने इस पाप का फल वे विचित्र रीति से और अनुचित ढंग से दक्षिण अफ्रीका आदि उपनिवेशों में भोग रहे हैं और मेरी यह धारणा है कि उसमें उनके पड़ोसी मुसलमान और पारसी भी, जो उन्हीं के रंग के और देश के हैं, फंस गए हैं।

जोहान्सबर्ग के कुली-लोकेशन को इस अध्याय का विषय बनाने का प्रयोजन अब पाठकों की समझ में कुछ-कुछ आ गया होगा। दक्षिण अफ्रीका में हम हिन्दुस्तानी 'कुली' के नाम से मशहूर हो गए हैं। यहां तो हम 'कुली' शब्द का अर्थ केवल मज़दूर करते हैं। लेकिन दक्षिण अफ्रीका में इस शब्द का जो अर्थ होता था, उसे 'ढेड़', 'पंचम' आदि तिरस्कारवाचक शब्दों द्वारा ही सूचित किया जा सकता है। वहां 'कुलियों' के रहने के लिए जो अलग जगह छोड़ी जाती है, वह 'कुली-लोकेशन' कहलाती है। जोहान्सबर्ग में ऐसा एक 'लोकेशन' था। दूसरी सब जगहों में जो 'लोकेशन' बसाए गए थे और जो आज भी मौजूद हैं, उनमें हिन्दुस्तानियों का कोई मालिकी हक नहीं होता। लेकिन इस जोहान्सबर्ग वाले लोकेशन में ज़मीन 99 वर्ष के लिए पट्टे पर दी गई थी। इसमें हिन्दुस्तानियों की आबादी बहुत घनी थी। बस्ती बढ़ती थी, लेकिन लोकेशन नहीं बढ़ सकता था। उसके पाखाने जैसे-तैसे साफ ज़रूर होते थे, लेकिन इसके अलावा म्युनिसिपैलिटी की ओर से और कोई विशेष देख-रेख नहीं होती थी। वहां सड़क या रोशनी का इंतज़ाम तो सोचा भी नहीं जा सकता था। इस तरह से जहां लोगों के शौचादि से संबंध रखनेवाली व्यवस्था की भी किसी को चिंता नहीं थी, वहां भला सफाई कैसे होती? जो हिन्दुस्तानी वहां बसे हुए थे, वे शहर की सफाई और स्वास्थ्य इत्यादि के नियम जाननेवाले सुशिक्षित और आदर्श हिन्दुस्तानी नहीं थे कि उन्हें म्युनिसिपैलिटी की मदद की या उनके रहन-सहन में म्युनिसिपैलिटी की देखभाल की ज़रूरत न हो। अगर वहां जंगल में मंगल कर सकनेवाले, धूल में से धान पैदा करने की शक्ति रखनेवाले हिन्दुस्तानी जाकर बसे होते, तो उनका इतिहास एकदम अलग होता। ऐसे लोग बड़ी संख्या में दुनिया के किसी भी भाग में परदेश जाकर बसते पाए नहीं जाते। आम तौर पर लोग धन और धन्धे के लिए परदेश जाते हैं। लेकिन हिन्दुस्तान से खास तौर पर बड़ी संख्या में अनपढ़, गरीब और दीन-दुखी मज़दूर ही गए थे। उन्हें तो पग-पग पर रक्षा की ज़रूरत पड़ती थी। उनके पीछे-पीछे व्यापारी और दूसरे स्वतंत्र हिन्दुस्तानी जो गए, वे तो गिनती के ही थे।

इस तरह सफाई का इंतजाम करनेवाले विभाग की अक्षम्य असावधानी के कारण और हिन्दुस्तानी बाशिन्दों के अज्ञान के कारण स्वास्थ्य की दृष्टि से लोकेशन की स्थिति बेहद खराब थी। म्युनिसिपैलिटी ने उसे सुधारने की ज़रा-सी भी कोशिश नहीं की। लेकिन अपने ही दोष से पैदा हुई खराबी को बहाना बनाकर सफाई-विभाग ने इस लोकेशन को मटियामेट कर देने का फैसला किया और उस ज़मीन पर कब्जा करने का हक वहां की विधानसभा से हासिल कर लिया। जिस समय मैं जोहान्सबर्ग में जाकर बसा था, उस समय वहां की ऐसी हालत थी।

वहां रहनेवाले लोग अपनी ज़मीन के मालिक थे, इसलिए उनको कुछ-न-कुछ हर्जाना देना ज़रूरी था। हर्जाने की रकम तय करने के लिए एक खास अदालत बनी थी। म्युनिसिपैलिटी जो रकम देने को तैयार हो उसे मकान-मालिक स्वीकार न करता, तो इस

अदालत द्वारा तय की हुई रकम उसे मिलती थी। यदि अदालत म्युनिसिपैलिटी द्वारा बताई गई रकम से ज्यादा रकम देने का फैसला करती, तो मकान-मालिक के वकील का खर्च नियम के अनुसार म्युनिसिपैलिटी को चुकाना होता था।

इनमें से अधिकांश दावों में मकान-मालिकों ने मुझे अपना वकील किया था। मुझे इस काम से धन कमाने की इच्छा नहीं थी। मैंने उनसे कह दिया था, 'अगर आप जीतेंगे तो म्युनिसिपैलिटी की तरफ से जो भी खर्च मिलेगा, उससे मैं संतोष कर लूंगा। आप हारें चाहे जीतें, यदि आप मुझे हर पट्टे के पीछे दस पौंड देंगे तो भी काफी होगा।' मैंने उन्हें बताया कि इसमें से भी आधी रकम गरीबों के लिए अस्पताल बनाने या ऐसे ही किसी सार्वजनिक काम में खर्च करने के लिए अलग रखने का मेरा इरादा है। स्वाभाविक ही था कि ये बात सुनकर सब बहुत खुश हुए।

लगभग सत्तर मामलों में से एक में ही हार हुई। इसलिए मेरी फीस की रकम काफी ज्यादा रही। लेकिन उसी समय 'इंडियन ओपीनियन' की मांग की तलवार मेरे सिर पर लटक रही थी। इसलिए मेरा खयाल है कि लगभग सोलह सौ पौंड का चेक तो उसी में चला गया। इन दावों में मेरी मान्यता के अनुसार मैंने अच्छी-खासी मेहनत की थी। मुवक्किलों की तो मेरे पास भीड़ ही लगी रहती थी। इनमें से आम तौर पर सभी लोग उत्तर हिन्दुस्तान के बिहार इत्यादि प्रदेशों से और दक्षिण के तमिल-तेलुगु प्रदेश से पहले इकरारनामे के अनुसार आए थे और बाद में मुक्त होने पर स्वतंत्र रूप से काम-धन्धा करने लगे थे। इन लोगों ने अपने खास दुखों से निजात पाने के लिए स्वतंत्र हिन्दुस्तानी व्यापारी-वर्ग के मण्डल से अलग ही एक संस्था की स्थापना की थी। उनमें कुछ बहुत शुद्ध हृदय के, उदार भावनावाले और चरित्रवान हिन्दुस्तानी भी थे। उनके मुखिया का नाम श्री जयराम सिंह था। और मुखिया न होते हुए भी मुखिया-जैसे ही दूसरे व्यक्ति का नाम श्री बदरी था। अब दोनों का देहान्त हो चुका है। दोनों की तरफ से मुझे बहुत अधिक सहायता मिली थी। श्री बदरी से मेरा बहुत आत्मीय परिचय हो गया था और उन्होंने सत्याग्रह में सबसे आगे रहते हुए हिस्सा लिया था। इन और ऐसे अन्य मित्रों के द्वारा मैं उत्तर-दक्षिण के बहुसंख्यक हिन्दुस्तानियों के निकट परिचय में आया था और उनका वकील ही नहीं, बल्कि भाई बनकर रहा था तथा उनके तीनों प्रकार के दुखों में उनका साझी बना था।

सेठ अब्दुल्ला ने मुझे 'गांधी' नाम से पहचानने से इनकार कर दिया। 'साहब' तो मुझे कहता और मानता ही कौन? उन्होंने एक बहुत ही प्रिय नाम खोज लिया। वे मुझे 'भाई' कहकर पुकारने लगे। दक्षिण अफ्रीका में अंत तक मेरा यही नाम रहा। लेकिन जब ये गिरमिट-मुक्त हिन्दुस्तानी मुझे 'भाई' कहकर पुकारते थे, तब मुझे उसमें एक खास मिठास का अनुभव होता था।

15. प्लेग-I

म्युनिसिपैलिटी ने इस लोकेशन का मालिकी पट्टा लेने के बाद तुरंत ही वहां रहनेवाले हिन्दुस्तानियों को हटाया नहीं था। उन्हें दूसरी बेहतर जगह देना तो ज़रूरी था ही। म्युनिसिपैलिटी ने अब तक यह जगह तय नहीं की थी। इसलिए हिन्दुस्तानी लोग उसी

'गन्दी' लोकेशन में बने रहे। लेकिन इस बीच दो बदलाव हुए। हिन्दुस्तानी लोग मालिक न रहकर म्युनिसिपल विभाग के किरायेदार बने और लोकेशन की गन्दगी बढ़ी। पहले जब हिन्दुस्तानियों का मालिकी हक माना जाता था, उस समय वे इच्छा से नहीं तो डर के मारे ही कुछ-न-कुछ सफाई रखते थे। अब म्युनिसिपैलिटी को भला किसका डर था? मकानों में किरायेदार बढ़े और उसके साथ गन्दगी तथा बदहाली भी बढ़ी।

सब इसी तरह चल रहा था। हिन्दुस्तानियों के दिलों में इसके कारण बेचैनी थी ही। इतने में अचानक काली प्लेग फैली। यह प्लेग जानलेवा थी। यह फेफड़ोंवाली प्लेग थी। गांठवाली प्लेग की तुलना में इसे ज्यादा खतरनाक माना जाता था।

सौभाग्य से प्लेग का कारण यह लोकेशन नहीं थी। उसका कारण जोहान्सबर्ग के आसपास की सोने की अनेक खानों में से एक खान थी। वहां मुख्य रूप से हब्शी काम करते थे। उनकी स्वच्छता की जिम्मेदारी केवल गोरे मालिकों के सिर पर थी। इस खान में कुछ हिन्दुस्तानी भी काम करते थे। उनमें से तेईस लोगों को अचानक छूत का रोग लगा और एक दिन शाम को भयंकर प्लेग के शिकार बनकर वे लोकेशनवाले अपने घरों में आए।

उस समय भाई मदनजीत 'इंडियन ओपीनियन' के ग्राहक बनाने और चन्दा वसूल करने के लिए वहां आए हुए थे। वे लोकेशन में घूम-फिर रहे थे। वे बहुत निडर किस्म के व्यक्ति थे। उन्होंने इन मरीजों को देखा और बेचैन हो गए। उन्होंने पेन्सिल से लिखी एक पर्ची मुझे भेजी। उसका भावार्थ यह था :

'यहां अचानक भयंकर प्लेग फूट पड़ी है। आपको जल्द आकर कुछ करना चाहिए, नहीं तो आफत आ जाएगी। तुरंत आइए।'

मदनजी ने एक खाली पड़े हुए मकान का ताला निडर होकर तोड़ा और उस पर कब्जा कर लिया। इसी में इन बीमारों को रखा गया। मैं अपनी साइकिल पर लोकेशन पर पहुंचा। वहां से टाउन-क्लर्क को सब जानकारी भेजी और यह बताया कि किन परिस्थितियों में मकान पर कब्जा किया गया था।

डॉक्टर विलियम गॉडफ्रे जोहान्सबर्ग में डॉक्टरी करते थे। समाचार मिलते ही वे दौड़े चले आए और बीमारों के डॉक्टर तथा नर्स का काम करने लगे। लेकिन हम कुल तीन और बीमार तेईस। सबकी तीमारदारी हम नहीं कर सकते थे।

अनुभव के आधार पर मेरा यह विश्वास बना है कि भावना शुद्ध हो तो संकट का सामना करने के लिए मदद भरे हाथ और साधन मिल ही जाते हैं। मेरे ऑफिस में कल्याणदास, माणेकलाल और अन्य दूसरे दो हिन्दुस्तानी थे। बाकी दो के नाम इस समय याद नहीं हैं। कल्याणदास को उनके पिता ने मेरे हवाले कर दिया था। उनके जैसे परोपकारी और आज्ञा-पालन में विश्वास रखनेवाले सेवक मैंने वहां कम ही देखे होंगे। सौभाग्य से कल्याणदास उस समय ब्रह्मचारी थे। इसलिए उन्हें हर तरह का जोखिम का काम सौंपने में मैंने कभी संकोच नहीं किया। दूसरे माणेकलाल मुझे जोहान्सबर्ग में मिल गए थे। मेरा खयाल है कि वे भी कुंवारे थे। मैंने अपने इन चारों सेवकों, साथियों या पुत्रों–कुछ भी कह लीजिए–की अग्निपरीक्षा का फैसला किया। कल्याणदास का तो पूछना ही क्या था? दूसरे तीन लोग भी पूछते ही तैयार हो गए। 'जहां आप वहां हम' यह उनका छोटा और मधुर जवाब था।

मिस्टर रीच का परिवार बड़ा था। वे खुद इस काम में कूद पड़ने को तैयार थे, लेकिन मैंने उन्हें रोका। मैं उन्हें संकट में डालने के लिए बिलकुल तैयार न था। ऐसा करने की हिम्मत मुझमें न थी। लेकिन उन्होंने बाहर का सारा काम संभाल लिया।

सुश्रूषा की वह रात भयानक थी। मैंने बहुत से बीमारों की सेवा-सुश्रूषा की थी, लेकिन प्लेग के रोग के बीमारों की सेवा-सुश्रूषा करने का अवसर मुझे कभी नहीं मिला था। डॉक्टर गॉडफ्रे की हिम्मत ने हमें निडर बना दिया था। रोगियों की विशेष सेवा कर सकने जैसी स्थिति नहीं थी। उन्हें दवा देना, ढाढ़स बंधाना, पानी पिलाना और उनका मल-मूत्र आदि साफ करना ही हम कर पाते थे, इसके अलावा खास कुछ करने को था ही नहीं।

चारों नौजवानों की जी-तोड़ मेहनत और निडरता देखकर मेरे हर्ष की सीमा न रही।

डॉक्टर गॉडफ्रे की हिम्मत समझ में आ सकती है। मदनजीत की भी समझी जा सकती है। लेकिन इन नौजवानों की हिम्मत का क्या कहना? जैसे-तैसे रात बीती। जहां तक मुझे याद है उस रात हमने किसी बीमार को नहीं खोया।

लेकिन यह घटना जितनी करुणाजनक है, उतना ही रसपूर्ण और मेरी दृष्टि से धार्मिक भी है। इसलिए अभी इसके लिए दूसरे दो अध्यायों की ज़रूरत तो रहेगी ही।

16. प्लेग-II

इस तरह से मकान और रोगियों को अपने कब्जे में लेने के लिए टाउन-क्लर्क ने मेरा उपकार माना और ईमानदारी से स्वीकार किया, 'हमारे पास ऐसी परिस्थितियों में अपने-आप अचानक कुछ कर सकने के लिए कोई साधन नहीं हैं। आपको जो भी मदद चाहिए, आप मांगिए। टाउन-कौउंसिल से जितनी मदद बन पड़ेगी उतनी वह करेगी।' लेकिन इन उपचारों के प्रति सजग बनी हुई म्युनिसिपैलिटी ने स्थिति का सामना करने में देर नहीं लगाई।

दूसरे दिन मुझे एक खाली पड़े हुए गोदाम का कब्जा दिया गया और बीमारों को वहां ले जाने के लिए कहा। लेकिन उसे साफ करने की जिम्मेदारी म्युनिसिपैलिटी ने नहीं उठाई। मकान मैला और गन्दा था। मैंने खुद ही उसे साफ किया। चारपाइयां और ज़रूरत की दूसरी चीज़ें उदार हृदय के हिन्दुस्तानियों की मदद से इकट्ठा कीं और हाथों-हाथ एक कामचलाऊ अस्पताल खड़ा कर लिया गया। म्युनिसिपैलिटी ने एक नर्स भेज दी और उसके साथ ब्राण्डी की बोतल और बीमारों के लिए ज़रूरत की ढेर सारी चीज़ें भेजीं। डॉक्टर गॉडफ्रे चार्ज संभाले रहे।

हम नर्स को शायद ही बीमारों को छूने देते थे। नर्स तो खुद तीमारदारी के लिए तैयार थी। वह भले स्वभाव की डच महिला थी। लेकिन हमारी कोशिश यह रहती थी कि उसे संकट में न डाला जाए।

बीमारों को समय-समय पर ब्राण्डी देने की बात बताई गई थी। रोग की छूत से बचने के लिए नर्स हमें भी थोड़ी ब्राण्डी लेने को कहती और खुद भी लेती थी। हममें से कोई भी ब्राण्डी नहीं लेता था। मुझे तो बीमारों को भी ब्राण्डी देने में विश्वास नहीं था। डॉक्टर गॉडफ्रे की इजाज़त से तीन बीमारों पर, जो ब्राण्डी के बिना रहने को तैयार थे और मिट्टी के प्रयोग करने को राजी थे, मैंने मिट्टी का प्रयोग शुरू किया और उनके माथे और छाती

में जहां-जहां दर्द होता था वहां-वहां मिट्टी की पट्टी रखी। इन तीन बीमारों में से दो बचाए जा सके। बाकी सब मरीज गुज़र गए। बीस मरीज़ तो इस गोदाम में ही चल बसे।

म्युनिसिपैलिटी की दूसरी तैयारियां चल रही थीं। जोहान्सबर्ग से सात मील दूर एक 'लेज़रेटो' अर्थात् संक्रामक रोगों के बीमारों का अस्पताल था। वहां तम्बू खड़े करके इन तीन मरीजों को उनमें पहुंचाया गया। भविष्य में प्लेग के शिकार होनेवालों को भी वहीं ले जाने की व्यवस्था की गई। हमें इस काम से मुक्ति मिली।

कुछ ही दिनों बाद हमें पता चला कि उक्त भली नर्स को भी प्लेग की छूत लग गई थी और इसी बीमारी में बेचारी चल बसी। वे बीमार कैसे बचे और हम प्लेग से किस कारण से मुक्त रहे, सो कोई कह नहीं सकता। लेकिन मिट्टी के उपचार के प्रति मेरी श्रद्धा और दवा के रूप में भी शराब के उपयोग के प्रति मेरी अश्रद्धा बढ़ गई। मैं जानता हूं कि यह श्रद्धा और अश्रद्धा दोनों निराधार मानी जाएंगी। लेकिन उस समय मुझ पर जो छाप पड़ी थी और जो अभी तक बनी हुई है उसे मैं मिटा नहीं सकता। इसलिए इस अवसर पर उसका उल्लेख किए बिना नहीं रह सकता।

इस प्लेग के शुरू होते ही मैंने तत्काल समाचारपत्रों के लिए एक कड़ा पत्र लिखा था और उसमें लोकेशन को अपने हाथ में लेने के बाद से बढ़ी हुई म्युनिसिपैलिटी की लापरवाही की और प्लेग के लिए उसकी जवाबदारी की चर्चा की थी। इस पत्र ने मुझे मिस्टर हेनरी पोलाक से मिला दिया था और यही पत्र स्वर्गीय जोसेफ डोक के परिचय का एक कारण बन गया था।

पिछले अध्यायों में मैं लिख चुका हूं कि मैं एक शाकाहारी होटल में खाना खाने जाता था। वहां मिस्टर आल्बर्ट वेस्ट से मेरी जान-पहचान हुई थी। हम प्रतिदिन शाम को इस होटल में मिलते और भोजन के बाद साथ-साथ घूमने जाया करते थे। वेस्ट एक छोटे-से प्रिंटिंग प्रेस के साझेदार थे। उन्होंने समाचारपत्रों में प्लेग के बारे में मेरा पत्र पढ़ा और भोजन के समय मुझे होटल में न देखकर वे घबरा गए।

मैंने और मेरे साथी सेवकों ने प्लेग के दिनों में अपना आहार घटा लिया था। एक लम्बे समय से हमने यह नियम बना लिया था कि अब आसपास प्लेग की हवा हो तो पेट जितना हलका रहे उतना ही अच्छा। इसलिए मैंने शाम का खाना बन्द कर दिया था और दोपहर को दूसरे भोजन करनेवालों को सब प्रकार के भय से दूर रखने के लिए मैं ऐसे समय पहुंचकर खा आता था जब दूसरे लोग वहां पहुंचे ही नहीं होते थे। होटल के मालिक से मेरी गहरी जान-पहचान हो गई थी। मैंने उससे कह रखा था कि चूंकि मैं प्लेग के मरीजों की सेवा में लगा हूं, इसलिए दूसरों के सम्पर्क में कम-से-कम आना चाहता हूं।

यों मुझे होटल में न देखने के कारण दूसरे या तीसरे ही दिन सवेरे-सवेरे जब मैं बाहर निकलने की तैयारी में लगा था, वेस्ट ने मेरे कमरे का दरवाजा खटखटाया। दरवाजा खोलते ही वेस्ट बोले, 'आपको होटल में न देखकर मैं घबरा गया था कि कहीं आपको तो कुछ नहीं हो गया। इसलिए यह सोचकर मैं यहां चला आया कि इस समय तो आप मिल ही जाएंगे। मेरे लायक कोई भी काम हो तो मुझसे ज़रूर कहिए। मैं मरीजों की सेवा-सुश्रूषा के लिए भी तैयार हूं। आप जानते हैं कि मुझ पर अपना पेट भरने के अलावा और कोई जिम्मेवारी नहीं है।'

मैंने वेस्ट का आभार माना। मुझे याद नहीं पड़ता कि मैंने सोचने के लिए एक मिनट भी गंवाया हो। तुरंत कहा, 'आपको नर्स के रूप में तो मैं कभी नहीं लूंगा। अगर नए मरीज न निकले तो हमारा काम एक-दो दिन में ही पूरा हो जाएगा। लेकिन बाहर एक काम ज़रूर है।'

'कौन-सा?'

'क्या डरबन पहुंचकर आप 'इंडियन ओपीनियन' प्रेस का प्रबंध अपने हाथ में लेंगे? मदनजीत तो अभी यहां के काम में उलझा हुआ है। लेकिन वहां किसी न किसी का जाना ज़रूरी है। आप चले जाएं तो उस तरफ की मेरी चिंता बिलकुल कम हो जाए।'

वेस्ट ने जवाब दिया, 'यह तो आप जानते हैं कि मेरा अपना प्रेस है। बहुत संभव है कि मैं जाने को तैयार हो जाऊं। आखिरी जवाब आज शाम तक दूं तो चलेगा न? घूमने निकल सकें तो उस समय हम बात कर लेंगे।'

मैं खुश हुआ। उसी दिन शाम को उनसे थोड़ी बातचीत की। वेस्ट को हर महीने दस पौंड का वेतन और प्रेस में कुछ लाभ हो तो उसका कुछ हिस्सा देना तय हुआ। वेस्ट वेतन के लिए तो जा नहीं रहे थे। इसलिए वेतन का सवाल उनके सामने नहीं था। दूसरे ही दिन रात की मेल से वे डरबन के लिए रवाना हुए और अपनी उगाही का काम मुझे सौंपते गए। उस दिन से लेकर मेरे दक्षिण अफ्रीका छोड़ने के दिन तक वे मेरे सुख-दुख के साथी बने रहे। वेस्ट का जन्म इंग्लैंड के एक परगने के लाउथ नाम के गांव के एक किसान-परिवार में हुआ था। उन्होंने साधारण स्कूली शिक्षा पाई थी। वे अपने परिश्रम से अनुभव की पाठशाला में शिक्षा पाकर तैयार हुए शुद्ध, संयमी, ईश्वर से डरनेवाले, साहसी और परोपकारी अंग्रेज़ थे। मैंने उन्हें हमेशा इसी रूप में जाना है।

उनका और उनके परिवार का और अधिक परिचय हम आगे के अध्यायों में पाएंगे।

17. लोकेशन की होली

हालांकि मरीजों की सेवा-सुश्रूषा से मैं और मेरे साथी मुक्त हो चुके थे, फिर भी प्लेग के कारण सामने आई दूसरे कामों की जिम्मेदारी तो सिर पर थी ही।

म्युनिसिपैलिटी लोकेशन को लेकर भले ही लापरवाह हो, लेकिन गोरे नागरिकों के स्वास्थ्य के बारे में तो वह चौबीसों घंटे सजग रहती थी। उनके स्वास्थ्य की रक्षा के लिए पैसा खर्च करने में उसने कोई कोताही नहीं की और इस मौके पर प्लेग को आगे बढ़ने से रोकने के लिए तो उसने पानी की तरह पैसे बहाए। मैंने हिन्दुस्तानियों के प्रति म्युनिसिपैलिटी के व्यवहार में बहुत से दोष देखे थे। फिर भी, गोरों के लिए बरती गई इस सावधानी के लिए मैं म्युनिसिपैलिटी का आदर किए बिना न रह सका, और उसके इस शुभ काम में मुझसे जितनी मदद बन पड़ी, मैंने की। मैं मानता हूं कि मैंने वैसी मदद न की होती तो म्युनिसिपैलिटी के लिए काम करना मुश्किल हो जाता और शायद वह बंदूक के बल का उपयोग करती—करने में हिचकिचाती नहीं—और अपना चाहा सिद्ध करती।

लेकिन वैसा कुछ हो नहीं पाया। हिन्दुस्तानियों के व्यवहार से म्युनिसिपैलिटी के अधिकारी खुश हुए और बाद का कितना ही काम आसान हो गया। म्युनिसिपैलिटी की मांगों के अनुकूल बरताव कराने में मैंने हिन्दुस्तानियों पर अपने प्रभाव का पूरा-पूरा उपयोग

किया। हिन्दुस्तानियों के लिए यह सब करना बहुत कठिन था, लेकिन मुझे याद नहीं पड़ता कि उनमें से एक ने भी मेरी बात को टाला हो।

लोकेशन के आसपास पहरा बिठा दिया गया। बिना इजाज़त न कोई लोकेशन के बाहर जा सकता था और न बिना इजाज़त कोई अंदर आ सकता था। मुझे और मेरे साथियों को बेरोकटोक अंदर जाने के अनुमति पत्र दिए गए थे। म्युनिसिपैलिटी का इरादा यह था कि लोकेशन में रहनेवाले सब लोगों को तीन हफ्ते के लिए जोहान्सबर्ग से तेरह मील दूर एक खुले मैदान में तम्बू गाड़कर बसाया जाए और लोकेशन को जला दिया जाए। डेरे-तम्बू की नई बस्ती बसाने में और वहां राशन आदि सामान पहुंचाने में कुछ दिन तो लगते ही। इस बीच के समय के लिए उक्त पहरा बैठाया गया था।

लोग बहुत घबराए। लेकिन चूंकि मैं उनके साथ था, इसलिए उन्हें तसल्ली थी। उनमें से कई गरीब लोग अपने पैसे घरों में गाड़कर रखते थे। अब पैसे वहां से हटाना ज़रूरी हो गया। उनका कोई बैंक न था। बैंक का तो वे नाम भी न जानते थे। मैं उनका बैंक बना। मेरे यहां पैसों का ढेर लग गया। ऐसे समय मैं कोई मेहनताना तो ले ही नहीं सकता था। जैसे-तैसे मैंने इस काम को पूरा किया। हमारे बैंक के मैनेजर से मेरी अच्छी जान-पहचान थी। मैंने उनसे कहा कि मुझे उनके बैंक में बहुत बड़ी रकम जमा करनी होगी। बैंक आम तौर पर बड़ी संख्या में तांबे और चांदी के सिक्के लेने को तैयार नहीं होते। इसके अलावा, प्लेग के क्षेत्र से आनेवाले पैसों को छूने में क्लर्क लोग आनाकानी करें, इसकी भी संभावना थी। मैनेजर ने मेरे लिए सब प्रकार की सुविधाएं जुटाईं। यह तय हुआ कि कीटनाशक पानी से धोकर पैसे बैंक में भेज दिए जाएं। मुझे याद है कि इस तरह लगभग साठ हजार पौंड बैंक में जमा किए गए थे। जिनके पास अधिक धन था, उन मुवक्किलों को एक निश्चित अवधि के लिए अपनी रकम ब्याज पर रखने की सलाह मैंने दी। इस प्रकार अलग-अलग मुवक्किलों के नाम कुछ रकमें जमा की गईं। इससे ये अच्छी बात हुई कि उनमें से कुछ लोग बैंक में पैसे रखने के आदी हो गए।

लोकेशन में रहनेवालों को एक स्पेशल ट्रेन से जोहान्सबर्ग के पास क्लिपस्प्रुट फार्म पर ले जाया गया। वहां उनके लिए खाने-पीने की व्यवस्था म्युनिसिपैलिटी ने अपने खर्च से की। तंबुओं में बसे इस गांव का दृश्य सिपाहियों की छावनी-जैसा था। लोगों को इस तरह रहने की आदत नहीं थी। इससे उन्हें मानसिक क्लेश हुआ, नया-नया-सा लगा। किन्तु कोई खास तकलीफ नहीं उठानी पड़ी। मैं हर रोज़ एक बार साइकल पर वहां हो आता था। इस तरह तीन हफ्ते खुली हवा में रहने से लोगों के स्वास्थ्य में सुधार दिखाई दिया और मानसिक दुख को तो वे पहले चौबीस घंटों के अंदर ही भूल गए। इसलिए बाद में वे आनंद से रहने लगे। मैं जब भी वहां जाता, उन्हें भजन-कीर्तन और खेल-कूद में ही लगा पाता।

मुझे याद आता है, जिस दिन लोकेशन खाली कराया गया, उसके दूसरे दिन उसकी होली जलाई गई। म्युनिसिपैलिटी ने उसकी एक भी चीज़ बचाने का लोभ नहीं किया। इन्हीं दिनों और इसी निमित्त से म्युनिसिपैलिटी ने अपने मार्केट की सारी इमारती लकड़ी भी जला डाली और लगभग दस हजार पौंड का नुक़सान सहन किया। मार्केट में मरे हुए चूहे मिले थे, इस कारण यह कठोर कार्रवाई की गई थी।

म्युनिसिपैलिटी का खर्च तो बहुत हुआ, लेकिन अच्छी बात ये हुई कि प्लेग आगे बिलकुल न बढ़ सकी। शहर भयमुक्त हुआ।

18. चमत्कारी प्रभाव एक किताब का

इस प्लेग ने गरीब हिन्दुस्तानियों पर मेरे प्रभाव को, मेरे काम-धंधे को और मेरी जिम्मेदारी को बढ़ा दिया। साथ ही, यूरोपियनों के बीच मेरी बढ़ती हुई कुछ जान-पहचान भी इतनी आत्मीय होती गई कि उसके कारण भी मेरी जिम्मेदारी बढ़ने लगी।

जिस तरह वेस्ट से मेरी जान-पहचान शाकाहारी होटल में हुई, उसी तरह पोलाक के साथ हुआ। एक दिन जिस मेज पर मैं बैठा था, उससे कुछ दूर की दूसरी मेज पर एक नौजवान खाना खा रहे थे। उन्होंने मिलने की इच्छा से मुझे अपने नाम का कार्ड भेजा। मैंने उन्हें अपनी मेज पर आने के लिए निमंत्रित किया। वे आए।

'मैं 'क्रिटिक' का उप-संपादक हूं। प्लेग-विषयक आपका पत्र पढ़ने के बाद मुझे आपसे मिलने की बड़ी इच्छा हुई। आज मुझे यह अवसर मिल रहा है।'

मिस्टर पोलाक की शुद्ध भावना से मैं उनकी ओर आकर्षित हुआ। पहली ही रात में हम एक-दूसरे को पहचानने लग गए और हमें जीवन को लेकर अपने विचारों में बहुत समानता दिखायी दी। उन्हें सादा जीवन पसंद था। एक बार जिस वस्तु को उनकी बुद्धि कबूल कर लेती, उस पर अमल करने की उनकी शक्ति देखकर मैं हैरान रह गया। उन्होंने अपने जीवन में कई परिवर्तन तो एकदम कर लिए।

'इंडियन ओपीनियन' का खर्च बढ़ता जा रहा था। वेस्ट की पहली ही रिपोर्ट चौंकाने वाली थी। उन्होंने लिखा, 'आपने जैसा कहा था वैसा फायदा मैंने इस काम में नहीं देखा। मुझे तो नुक़सान ही नज़र आता है। बहीखातों में गड़बड़ी है। उगाही बहुत बाकी है। लेकिन वह बेसिर-पैर की है। बहुत से बदलाव करने होंगे। लेकिन इस रिपोर्ट से आप घबराइए नहीं। मैं सारी बातों को व्यवस्थित करने की पूरी कोशिश करूंगा। मुनाफा नहीं है, सिर्फ इसके लिए मैं इस काम को छोडूंगा भी नहीं।'

यदि वेस्ट चाहते तो मुनाफा न होता देखकर काम छोड़ सकते थे और मैं उन्हें किसी तरह का दोष नहीं दे सकता था। यही नहीं, बल्कि बिना जांच-पड़ताल किए इसे मुनाफे वाला काम बताने का दोष मुझ पर लगाने का उन्हें अधिकार था। इतना सब होने पर भी उन्होंने मुझे कभी कड़वी बात तक नहीं सुनाई। लेकिन मैं मानता हूं कि इस नई जानकारी के कारण वेस्ट की दृष्टि में मेरी गिनती उन लोगों में हुई होगी, जो जल्दी में दूसरों का विश्वास कर लेते हैं। मदनजीत की धारणा के बारे में पूछताछ किए बिना उनकी बात पर भरोसा करके मैंने वेस्ट से मुनाफे की बात कही थी। मेरा विचार है, सार्वजनिक काम करने वाले को ऐसा विश्वास न रखकर वही बात कहनी चाहिए जिसकी उसने खुद जांच कर ली हो। सत्य के पुजारी को तो बहुत सावधानी बरतनी चाहिए। पूरे विश्वास के बिना किसी के मन पर ज़रूरत से अधिक प्रभाव डालना भी सत्य को लांछित करना है। मुझे यह कहते दुख होता है कि इस बात को जानते हुए भी जल्दी में विश्वास करके काम हाथ में लेने की अपनी प्रकृति को मैं पूरी तरह सुधार नहीं सका। इसमें मैं अपनी शक्ति से अधिक

काम करने के लोभ का दोष देखता हूं। इस लोभ के कारण मुझे जितना बेचैन होना पड़ा है, उसकी अपेक्षा मेरे साथियों को कहीं अधिक बेचैन होना पड़ा है।

वेस्ट का ये पत्र पाकर मैं नेटाल के लिए रवाना हुआ। पोलाक तो मेरी सब बातें जानने लगे ही थे। वे मुझे छोड़ने स्टेशन तक आए और यह कहकर कि, 'यह किताब रास्ते में पढ़ने लायक है; आप इसे पढ़ जाइए, आपको पसंद आएगी।' उन्होंने रस्किन की 'अण्टु दिस लास्ट' किताब मेरे हाथ में रख दी।

इस किताब को हाथ में लेने के बाद मैं छोड़ ही न सका। इसने मुझे बांध लिया। जोहान्सबर्ग से नेटाल का रास्ता लगभग चौबीस घंटों का था। ट्रेन शाम को डरबन पहुंचती थी। पहुंचने के बाद मुझे सारी रात नींद न आई। मैंने किताब में दिए गए विचारों को अमल में लाने का मन बनाया।

इससे पहले मैंने रस्किन की कोई भी किताब नहीं पढ़ी थी। पढ़ाई के समय में पाठ्य पुस्तकों के बाहर की मेरी पढ़ाई लगभग नहीं के बराबर मानी जाएगी। कर्मभूमि में प्रवेश करने के बाद मेरे पास समय बहुत कम बचता था। आज भी यही कहा जा सकता है। मेरा किताबी ज्ञान बहुत ही कम है। मैं मानता हूं कि इस अनायास या बरबस पाले गए संयम से मैंने कुछ खोया नहीं। बल्कि जो थोड़ी-बहुत किताबें मैं पढ़ पाया हूं, कहा जा सकता है कि उन्हें मैं ठीक से अपने भीतर उतार सका हूं। इन किताबों में से जिसने मेरे जीवन में तत्काल महत्त्व के रचनात्मक परिवर्तन कराए, वह 'अण्टु दिस लास्ट' ही कही जा सकती है। बाद में मैंने उसका गुजराती अनुवाद किया और वह 'सर्वोदय' के नाम से छपी।

मेरा यह विश्वास है कि जो चीज़ मेरे अंदर गहराई में छिपी पड़ी थी, रस्किन के ग्रंथ रत्न में मैंने उनका स्पष्ट प्रतिबिम्ब देखा। और इस कारण उसने मुझ पर अपना सिक्का जमाया और मुझसे उसमें दिए गए विचारों पर अमल करवाया। जो मनुष्य हममें सोयी हुई उत्तम भावनाओं को जाग्रत करने की शक्ति रखता है, वह कवि है। सभी कवियों का सभी लोगों पर समान प्रभाव नहीं पड़ता, क्योंकि सबके अंदर सारी सद्भावनाएं इच्छित मात्रा में नहीं होतीं।

मैं 'सर्वोदय' के सिद्धांतों को इस प्रकार समझा हूं–

- सबकी भलाई में ही हमारी भलाई निहित है।
- वकील और नाई दोनों के काम की कीमत एक-सी होनी चाहिए, क्योंकि आजीविका का अधिकार सबको एकसमान है।
- सादा मेहनत-मजदूरी का, किसान का जीवन ही सच्चा जीवन है।

पहली बात मैं जानता था। दूसरी को मैं धुंधले रूप में देखता था। तीसरी का मैंने कभी विचार ही नहीं किया था। 'सर्वोदय' ने मुझे दीये की तरह दिखा दिया कि पहली बात दूसरी दोनों बातों में समाई हुई है। सवेरा हुआ और मैं इन सिद्धांतों पर अमल करने के प्रयास में लगा।

19. फीनिक्स की स्थापना

सवेरे सबसे पहले तो मैंने वेस्ट से बात की। मुझ पर 'सर्वोदय' का जो प्रभाव पड़ा था, वह मैंने उन्हें सुनाया और सुझाया कि 'इंडियन ओपीनियन' को एक खुले खेत पर ले जाना

चाहिए। वहां सब अपने खान-पान के लिए आवश्यक खर्च बराबरी से लें। सब अपने-अपने हिस्से की खेती करें और बाकी के समय में 'इंडियन ओपीनियन' का काम करें। वेस्ट ने इस सुझाव को मान लिया। हरेक के भोजन आदि का खर्च कम से कम तीन पौंड हो, ऐसा हिसाब लगाया गया। इसमें गोरे-काले का भेद नहीं रखा गया था।

लेकिन प्रेस में तो लगभग दस कर्मचारी थे। एक सवाल यह था कि सबके लिए जंगल में बसना अनुकूल होगा या नहीं और दूसरा सवाल यह था कि ये सब लोग खाने-पहनने की ज़रूरी सामग्री बराबरी से लेने के लिए तैयार होंगे या नहीं। हम दोनों ने तो यह निश्चय किया कि जो इस योजना में शामिल न हो सकें वो अपना वेतन लें और आदर्श यह रहे कि धीरे-धीरे सब लोग संस्था में रहनेवाले बन जाएं।

इस दृष्टि से मैंने कर्मचारियों से बातचीत शुरू की। मदनजीत के गले तो यह बात उतरी ही नहीं। उन्हें डर लगा कि जिस चीज़ में उन्होंने अपनी आत्मा उंडे़ल दी थी, वह मेरी मूर्खता से एक महीने के अंदर मिट्टी में मिल जाएगी। 'इंडियन ओपीनियन' नहीं चलेगा, प्रेस भी नहीं चलेगा और काम करनेवाले भाग जाएंगे।

मेरे भतीजे छगनलाल गांधी इस प्रेस में काम करते थे। मैंने वेस्ट के साथ ही उनसे भी बात की। उन पर परिवार का बोझ था। किन्तु उन्होंने बचपन से ही मेरे अधीन रहकर शिक्षा ग्रहण करना और काम करना पसंद किया था। वे मुझ पर बहुत विश्वास करते थे। इसलिए बिना किसी तकलीफ वे इस योजना में सम्मिलित हो गए और आज तक मेरे साथ ही हैं।

तीसरे महाशय गोविंद स्वामी थे। वे एक मशीन चलाते थे। वे भी इसमें शामिल हुए। हालांकि वे संस्थावासी नहीं बने, तो भी उन्होंने यह स्वीकार किया कि मैं जहां भी प्रेस ले जाऊंगा, वहां वे आएंगे।

मुझे याद नहीं पड़ता कि इस तरह कर्मचारियों से बातचीत करने में दो से अधिक दिन लगे होंगे। तुरंत ही मैंने समाचारपत्रों में एक विज्ञापन छपवाया कि डरबन के पास किसी भी स्टेशन से लगी हुई ज़मीन के एक प्लॉट की ज़रूरत है। जवाब में फीनिक्स की ज़मीन का संदेशा मिला। वेस्ट के साथ मैं उसे देखने गया। सात दिन के अंदर 20 एकड़ ज़मीन ली। उसमें पानी का एक छोटा-सा नाला था। नारंगी और आम के कुछ पेड़ थे। पास ही 80 एकड़ का दूसरा एक प्लॉट था। उसमें विशेष रूप से फलोंवाले पेड़ और एक झोंपड़ा था। थोड़े दिनों बाद उसे भी खरीद लिया। दोनों के लिए मिलाकर 1,000 पौंड अदा किए।

सेठ पारसी रुस्तमजी मेरे ऐसे सारे साहसिक कारनामों में साझेदार होते ही थे। उन्हें मेरी यह योजना पसंद आई। उनके पास एक बड़े गोदाम की चद्दरें आदि पड़ी थीं, जो उन्होंने मुफ्त में दे दीं। उसकी मदद से इमारती काम शुरू किया। कुछ हिन्दुस्तानी बढ़ई और मिस्त्री, जो मेरे साथ (बोअर) लड़ाई में शामिल हुए थे, इस काम के लिए मिल गए। उनकी मदद से कारखाना बनाना शुरू किया। एक महीने में इमारत तैयार हो गई। यह 75 फुट लंबी और 50 फुट चौड़ी थी। वेस्ट आदि अपने तन की परवाह न करके मिस्त्रियों और बढ़ई के साथ रहने लगे। फीनिक्स में घास खूब थी। बस्ती बिलकुल न थी। इससे सांपों का खतरा था। शुरू में तो तम्बू गाड़कर सब उन्हीं में रहे थे। इमारत तैयार होने पर

एक हफ्ते के अंदर अधिकांश सामान बैलगाड़ियों की मदद से फीनिक्स लाया गया। डरबन और फीनिक्स के बीच तेरह मील का फासला था। कारखाना फीनिक्स स्टेशन से ढाई मील दूर था।

सिर्फ एक ही हफ्ता 'इंडियन ओपीनियन' को मर्क्युरी प्रेस में छपाना पड़ा।

मेरे साथ जितने भी सगे-संबंधी आदि आए थे और व्यापार-धंधे में लग गए थे, उन्हें अपने अनुकूल बनाने और फीनिक्स में भरती करने का प्रयास मैंने शुरू किया। ये तो सब धन-संग्रह करने का हौसला लेकर दक्षिण अफ्रीका आए थे। इन्हें समझाने का काम कठिन था। लेकिन कुछ लोग समझे। उन सबमें से आज मैं मगनलाल गांधी का नाम अलग से लेता हूं; क्योंकि दूसरे जो समझे थे वे तो थोड़ा बहुत समय फीनिक्स में रहने के बाद फिर धन-संचय में व्यस्त हो गए थे। मगनलाल गांधी अपना धंधा समेटकर मेरे साथ रहने आए, तब से बराबर मेरे साथ ही रहे हैं। अपने बुद्धिबल से, त्याग-शक्ति से और अनन्य भक्ति से वे मेरे आंतरिक प्रयोगों के आरंभ के साथियों में आज मुख्य पद के अधिकारी हैं और खुद शिक्षित कारीगर होने के नाते मेरे विचार में वे उनके बीच अद्वितीय स्थान रखते हैं।

इस तरह से सन् 1904 में फीनिक्स की स्थापना हुई और अनेक विडम्बनाओं के बीच भी फीनिक्स संस्था तथा 'इंडियन ओपीनियन' दोनों अब तक टिके हुए हैं।

लेकिन इस संस्था की आरंभिक कठिनाइयां और उसमें मिली सफलताएं-विफलताएं सोच में डालती हैं। उनका विचार हम किसी और अध्याय में करेंगे।

20. पहली रात

फीनिक्स में 'इंडियन ओपीनियन' का पहला अंक निकालना टेढ़ी खीर सिद्ध हुआ। अगर मुझे दो सावधानियां न सूझी होतीं, तो अंक एक सप्ताह बंद रहता या देर से निकलता। इस संस्था में इंजिन से चलनेवाली मशीनें लगाने का मेरा कम ही विचार था। भावना यह थी कि जहां खेती भी हाथ से करनी है, वहां अखबार भी हाथ से चल सकनेवाले यंत्रों की मदद से निकले तो अच्छा हो। लेकिन इस बार ऐसा लगा कि यह हो न सकेगा। इसलिए वहां ऑइल इंजिन ले गए थे। लेकिन मैंने वेस्ट को सुझाया था कि इस तेल-यंत्र के बिगड़ने पर दूसरी कोई भी कामचलाऊ शक्ति हमारे पास हो तो अच्छा रहे। इसलिए उन्होंने हाथ से चलाने का एक सिलिंडर तैयार रखा था और उसकी मदद से प्रेस को चलाने की व्यवस्था कर ली थी। इसके अलावा, हमारे अखबार का कद दैनिक पत्र के समान था। बड़ी मशीन के बिगड़ने पर उसे तुरंत सुधार सकने की सुविधा यहां नहीं थी। इससे भी अखबार का काम रुक सकता था। इस कठिनाई से बचने के लिए उसका आकार बदलकर साधारण साप्ताहिक के बराबर कर दिया गया, जिससे अड़चन के समय ट्रेडल पर पैरों की मदद से कुछ पन्ने छापे जा सकें।

शुरू के दिनों में 'इंडियन ओपीनियन' प्रकाशित होने के दिन की पहली रात को तो सबका थोड़ा-बहुत जागरण हो ही जाता था। कागज तह करने में छोटे-बड़े सभी लग जाते थे और काम रात को दस-बारह बजे पूरा होता था। लेकिन वहां पहली रात तो ऐसी बीती कि वह कभी भुलाए नहीं भूलती। फर्मा मशीन पर कस दिया गया, लेकिन इंजिन चलने

से इनकार करने लगा। इंजिन को बैठाने और चलाने के लिए एक इंजीनियर बुलाया गया था। उसने और वेस्ट ने बहुत मेहनत की, लेकिन इंजिन तो चलकर ही न दे। सब चिंतित हो गए। आखिर वेस्ट निराश होकर डबडबाई आंखों से मेरे पास आए और बोले, 'अब आज इंजिन चलता नज़र नहीं आता और इस सप्ताह हम लोग समय पर अखबार नहीं निकाल सकेंगे।'

'यदि यही बात है तो हम लाचार हैं। लेकिन आंसू बहाने का कोई कारण नहीं। अब भी कोई प्रयास हो सकता हो तो हम करके देखें। लेकिन आपके हाथ से चलनेवाले उस सिलिंडर का क्या हुआ?' यह कहकर मैंने उन्हें आश्वासन दिया।

वेस्ट बोले, 'उसे चलाने के लिए हमारे पास आदमी कहां हैं? हम जितने लोग यहां हैं, उतनों से वह चल नहीं सकता। उसे चलाने के लिए बारी-बारी से चार-चार आदमी लगाने पड़ेंगे। हम सब तो थक चुके हैं।'

बढ़इयों का काम अभी पूरा नहीं हुआ था। इससे बढ़ई अभी गए नहीं थे। प्रेस में ही सोये थे। उनकी ओर इशारा करके मैंने कहा, 'पर ये सब बढ़ई तो हैं न? इनकी सेवाएं क्यों न ली जाएं? और आज की रात हम सब अखण्ड जागरण करें। मेरे विचार में इतना कर्तव्य बाकी रह जाता है।'

'बढ़इयों को जगाने और उनकी मदद मांगने की मेरी हिम्मत नहीं होती; और हमारे थके हुए आदमियों से भी कैसे कहा जाए?'

मैंने कहा, 'यह मेरा काम है।'

'तब तो हो सकता है, हम अपना काम समय पर पूरा कर सकें।'

मैंने बढ़इयों को जगाया और उनकी मदद मांगी। मुझे उन्हें मनाना नहीं पड़ा। उन्होंने कहा, 'यदि ऐसे समय भी हम काम न आएं, तो हम इंसान कैसे? आप आराम कीजिए, हम सिलिंडर चला लेंगे। हमें इसमें मेहनत नहीं लगेगी।'

प्रेस के लोग तो तैयार थे ही।

वेस्ट के हर्ष का पार न रहा। उन्होंने काम करते हुए भजन गाना शुरू किया। सिलिंडर चलाने में बढ़इयों की बराबरी में मैं खड़ा हुआ और दूसरे सब बारी-बारी से खड़े हुए। काम निकलने लगा। सुबह के लगभग सात बजे होंगे। मैंने देखा कि काम अभी काफी बाकी है। मैंने वेस्ट से कहा, 'क्या अब इंजीनियर को जगाया नहीं जा सकता? दिन के उजाले में फिर से मेहनत करें तो संभव है इंजिन चलने लगे और हमारा काम समय पर पूरा हो जाए।'

वेस्ट ने इंजीनियर को जगाया। वह तुरंत उठ खड़ा हुआ और इंजिन घर में घुस गया। हाथ लगाते ही इंजिन चलने लगा। पूरा प्रेस खुशी से झूम उठा। मैंने कहा, 'ऐसा क्यों होता है? रात में इतनी मेहनत करने पर भी नहीं चला और अब मानो कोई दोष ही न हो इस तरह हाथ लगाते ही चलने लग गया!'

वेस्ट ने या शायद इंजीनियर ने जवाब दिया, 'इसका उत्तर देना कठिन है। कभी-कभी यंत्र भी ऐसा बरताव करते पाए जाते हैं, मानो हमारी तरह उन्हें भी आराम चाहिए हो!'

मेरी तो यह धारणा रही कि इंजिन का न चलना हम सबकी एक कसौटी थी और ऐन मौके पर उसका चल पड़ना शुद्ध परिश्रम का शुद्ध फल था।

अखबार समय से स्टेशन पर पहुंच गया और हम सब निश्चिंत हुए।

इस तरह के आग्रह से ये अच्छी बात हुई कि अखबार की नियमितता की धाक जम गई और फीनिक्स में परिश्रम का वातावरण बना। इस संस्था में एक ऐसा भी युग आया कि जब तय करके इंजिन चलाना बंद किया गया और दृढ़तापूर्वक सिलिंडर से ही काम लिया गया। मेरे विचार में फीनिक्स का वह ऊंचे से ऊंचा नैतिक काल था।

21. पोलाक कूद पड़े

मेरे लिए यह हमेशा दुख की बात रही है कि फीनिक्स जैसी संस्था की स्थापना के बाद मैं खुद उसमें कुछ ही समय तक रह सका। उसकी स्थापना के समय मेरी कल्पना यह थी कि मैं वहीं बस जाऊं। अपनी आजीविका उसमें से जुटाऊंगा, धीरे-धीरे वकालत छोड़ दूंगा, फीनिक्स में रहते हुए जो सेवा मुझसे हो सकेगी, करूंगा और फीनिक्स की सफलता को ही सेवा समझूंगा। लेकिन मेरी सोच धरी रह गई और उन पर कभी अमल हुआ ही नहीं। अपने अनुभवों से मैंने अक्सर यह पाया है कि हम चाहते कुछ हैं और हो कुछ और ही जाता है। लेकिन इसके साथ ही मैंने यह भी अनुभव किया है कि जहां सत्य की ही साधना और उपासना होती है, वहां भले ही नतीजे हमारी सोच के अनुसार न निकलें, फिर भी जो भी अनपेक्षित नतीजे सामने आते हैं, वे अकल्याणकारी तो नहीं ही होते और कई बार तो हमारी अपेक्षा से भी अधिक अच्छे परिणाम मिल जाते हैं। फीनिक्स में जो अनसोचे परिणाम निकले और फीनिक्स ने जो अनसोचा स्वरूप धारण किया, वह अकल्याणकारी नहीं ही था, इतना तो मैं निश्चयपूर्वक कह सकता हूं। उन परिणामों को अधिक अच्छा कहा जा सकता है या नहीं, इसके संबंध में निश्चयपूर्वक कुछ नहीं कहा जा सकता।

हम सब अपनी मेहनत से अपना निर्वाह करेंगे, इस विचार से प्रेस के आसपास हर निवासी के लिए ज़मीन के तीन-तीन एकड़ के हिस्से कर लिए गए थे। इनमें एक हिस्सा मेरे लिए भी मापा गया था। इन सब हिस्सों पर हममें से हर एक की इच्छा के विरुद्ध हमने टीन की चद्दरों के घर बनाए। इच्छा तो यही थी कि किसान को शोभा देनेवाले घासफूस और मिट्टी या ईंट के घर बनाए जाएं, लेकिन ये इच्छा धरी रह गई। उसमें पैसा अधिक खर्च होता था और समय अधिक लगता था। सब लोग जल्दी से घर-बारवाले बनने और काम में जुट जाने के लिए उतावले हो चले थे।

पत्र के संपादक तो मनसुखलाल नाजर ही माने जाते थे। वे इस योजना में शामिल नहीं हुए थे। उनका घर डरबन में ही था। डरबन में 'इंडियन ओपीनियन' की एक छोटी-सी शाखा भी थी। हालांकि कंपोज करने के लिए वैतनिक कर्मचारी थे, फिर भी दृष्टि यह थी कि अखबार छापने में कंपोज करने का काम, जो अधिक से अधिक समय लेते हुए भी सरल था, संस्था में रहनेवाले सब लोग सीख लें और किया करें। इसलिए जो व्यक्ति कंपोज करना नहीं जानते थे, वे उसे सीखने के लिए तैयार हो गए। मैं इस काम में अंत तक सबसे अधिक सुस्त रहा और मगनलाल गांधी सबसे आगे बढ़ गए। मैंने हमेशा यह माना है कि उन्हें खुद भी अपने भीतर छुपी शक्ति का पता नहीं था। उन्होंने प्रेस का काम कभी किया नहीं था। फिर भी वे कुशल कंपोजिटर बन गए और कंपोज करने की अच्छी

गति पा ली। यही नहीं, बल्कि थोड़े ही समय में प्रेस के सब कामों पर अपनी कुशलता का असर दिखाकर उन्होंने मुझे आश्चर्यचकित कर दिया।

अभी यह काम सिलसिलेवार जम नहीं पाया था, इमारतें भी तैयार नहीं हुई थीं, इतने में अपने इस नवरचित परिवार को छोड़कर मैं जोहान्सबर्ग भाग गया। मेरी हालत ऐसी न थी कि मैं वहां के काम को लम्बे समय तक छोड़ सकूं।

जोहान्सबर्ग पहुंचकर मैंने पोलाक को इस महत्त्वपूर्ण परिवर्तन की बात बताई। अपनी दी हुई किताब का यह परिणाम देखकर उनके आनंद की सीमा न रही। उन्होंने उमंग के साथ पूछा, 'तो क्या मैं इसमें किसी तरह हाथ नहीं बंटा सकता?'

'आप ज़रूर हाथ बंटा सकते हैं। चाहें तो आप इस योजना में शामिल भी हो सकते हैं।'

पोलाक ने जवाब दिया, 'मुझे शामिल करें तो मैं तैयार हूं।'

उनकी इस दृष्टि से मैं मुग्ध हो गया। पोलाक ने 'क्रिटिक' से मुक्ति पाने के लिए अपने मालिक को एक महीने का नोटिस दिया और मियाद पूरी होने पर वे फीनिक्स पहुंच गए। वहां अपने मिलनसार स्वभाव से उन्होंने सबके दिल जीत लिए और घर के ही एक आदमी की तरह रहने लगे। सादगी उनके स्वभाव में थी। इसलिए फीनिक्स का जीवन उन्हें ज़रा भी विचित्र या कठिन न लगकर स्वाभाविक और रुचिकर लगा।

लेकिन मैं ही उन्हें लम्बे समय तक वहां रख नहीं सका। मिस्टर रीच ने इंग्लैंड जाकर कानून की पढ़ाई पूरी करने का फैसला किया। मेरे लिए अकेले हाथों समूचे दफ्तर का बोझ उठाना संभव न था। इसलिए मैंने पोलाक को ऑफिस में रहने और वकील बनने की सलाह दी। मैंने सोचा यह था कि उनके वकील बन जाने के बाद आखिर हम दोनों फीनिक्स ही पहुंच जाएंगे।

ये सारी कल्पनाएं धरी की धरी रह गईं। किन्तु पोलाक के स्वभाव में एक प्रकार की ऐसी सरलता थी कि जिस आदमी पर उन्हें विश्वास हो जाता, उससे बहस न करके वे उसके मत के अनुकूल बनने का प्रयास करते थे। पोलाक ने मुझे लिखा, 'मुझे तो यह जीवन ही अच्छा लगता है। मैं यहां सुखी हूं। यहां हम इस संस्था का विकास कर सकेंगे। लेकिन यदि आप यह मानते हों कि मेरे वहां पहुंचने से हमारे आदर्श जल्दी सफल होंगे, तो मैं आने को तैयार हूं।'

मैंने उनके इस पत्र का स्वागत किया। पोलाक फीनिक्स छोड़कर जोहान्सबर्ग आए और मेरे दफ्तर में वकील के मुंशी की तरह काम करने लगे।

इसी समय एक स्कॉच थियॉसॉफिस्ट को भी मैंने पोलाक का अनुकरण करने के लिए निमंत्रित किया और वे भी आश्रम में शामिल हो गए। उन्हें मैं कानून की परीक्षा की तैयारी में मदद करता था। उनका नाम मेकिनटायर था।

यों फीनिक्स के आदर्श को शीघ्र ही सिद्ध करने के शुभ विचार से मैं उसके विरोधी जीवन में अधिकाधिक गहरा उतरता दिखाई दिया। और यदि ईश्वरीय संकेत कुछ और ही न होता, तो सादे जीवन के नाम पर बिछाए गए मोहजाल में मैं खुद ही फंस जाता।

मेरी और मेरे आदर्श की रक्षा जिस रीति से हुई, उसकी हममें से किसी को कोई कल्पना नहीं थी। लेकिन इस प्रसंग का वर्णन करने से पहले कुछ और अध्याय लिखने होंगे।

22. 'जाको राखे साइयां'

अब जल्दी ही हिन्दुस्तान जाने की या वहां जाकर टिक जाने की आशा मैंने छोड़ दी थी। मैं तो पत्नी को एक बरस का आश्वासन देकर दक्षिण अफ्रीका वापिस आया था। बरस बीत चला, लेकिन मेरे वापिस लौटने की संभावना दूर होती चली गई। इसलिए मैंने बच्चों को बुला लेने का फैसला किया।

बच्चे आए। उनमें मेरा तीसरा बेटा रामदास भी था। रास्ते में वह स्टीमर के कप्तान से खूब हिल-मिल गया था और कप्तान के साथ खेलते-खेलते उसका हाथ टूट गया था। कप्तान ने उसकी देखभाल की थी। डॉक्टर ने हड्डी जोड़ दी थी। जब वह जोहान्सबर्ग पहुंचा तो उसका हाथ लकड़ी की पट्टियों के बीच बंधा हुआ और रुमाल की गलपट्टी में लटका हुआ था। स्टीमर के डॉक्टर की सलाह थी कि घाव को किसी डॉक्टर से साफ कराकर पट्टी बंधवा ली जाए।

लेकिन मेरा यह समय तो धड़ल्ले के साथ मिट्टी के प्रयोग करने का था। मेरे जिन मुवक्किलों को मेरी नीमहकीमी पर भरोसा था, उनसे भी मैं मिट्टी और पानी के प्रयोग कराता था। तब रामदास के लिए और क्या होता? रामदास की उमर आठ बरस की थी। मैंने उससे पूछा, 'तेरे घाव की मरहम-पट्टी मैं खुद करूं तो तू घबराएगा तो नहीं?'

रामदास हंसा और उसने मुझे प्रयोग करने की अनुमति दी। हालांकि उस उमर में उसे अच्छे-बुरे का पता नहीं था, फिर भी डॉक्टर और नीमहकीम के भेद को तो वह अच्छी तरह जानता था। लेकिन उसे मेरे प्रयोगों की जानकारी थी और मुझ पर विश्वास था, इसलिए वह निर्भय रहा।

कांपते-कांपते मैंने उसकी पट्टी खोली। घाव को साफ किया और साफ मिट्टी की पुलटिस रखकर पट्टी को पहले की तरह फिर बांध दिया। इस प्रकार मैं खुद ही रोज़ घाव को धोता और उस पर मिट्टी बांधता था। घाव को पूरी तरह से भरने में एक महीना लग गया। किसी भी दिन कोई परेशानी नहीं हुई और घाव दिन-ब-दिन भरता गया। स्टीमर के डॉक्टर ने कहलवाया था कि डॉक्टरी मरहम-पट्टी से भी घाव के भरने में इतना समय तो लग ही जाएगा।

इस तरह से इन घरेलू उपचारों के प्रति मेरा विश्वास और इन पर अमल करने की मेरी हिम्मत बढ़ गई। घाव, बुखार, अजीर्ण, पीलिया इत्यादि रोगों के लिए मिट्टी, पानी और उपवास के प्रयोग मैंने छोटे-बड़ों और स्त्री-पुरुषों पर किए। उनमें से अधिकतर सफल हुए। इतना होने पर भी जो हिम्मत मुझमें दक्षिण अफ्रीका में रहते हुए आई थी, वह यहां नहीं रही और अनुभव से यह भी ज्ञान बढ़ा कि इन प्रयोगों में खतरा ज़रूर है।

मैं इन प्रयोगों के बारे में विस्तार से जो बता रहा हूं, इसका उद्देश्य यह नहीं है कि मैं अपने प्रयोगों की सफलता सिद्ध करना चाहता हूं। ऐसा दावा नहीं किया जा सकता कि एक भी प्रयोग पूरी तरह से सफल हुआ हो, डॉक्टर भी ऐसा दावा नहीं कर सकते। लेकिन कहने का आशय इतना ही है कि जिसे नए अपरिचित प्रयोग करने हों उसे शुरूआत अपने से ही करना चाहिए। ऐसा होने पर सत्य जल्दी सामने आता है और इस प्रकार के प्रयोग करनेवाले को ईश्वर उबार लेता है।

जो खतरा मिट्टी के प्रयोगों में था, वही यूरोपियनों के निकट संपर्क में था। भेद केवल प्रकार का था। लेकिन मुझे खुद तो इन खतरों का कोई खयाल तक न आया।

मैंने पोलाक को अपने साथ ही रहने के लिए बुला लिया और हम सगे भाइयों की तरह रहने लगे। जिस कन्या के साथ पोलाक का विवाह हुआ, उसके साथ उनकी मित्रता तो कई बरसों से थी। दोनों ने यथासमय विवाह करने का निश्चय भी कर लिया था लेकिन मुझे याद पड़ता है कि पोलाक थोड़ा धन-संग्रह कर लेने की बाट जोह रहे थे। मेरी तुलना में रस्किन का उनका अध्ययन कहीं अधिक और व्यापक था। लेकिन पश्चिम के वातावरण में रस्किन के विचारों को पूरी तरह आचरण में ढालने की बात उन्हें सूझ नहीं सकती थी। मैंने तर्क देते हुए कहा, 'जिसके साथ हृदय की गांठ बंध गई है, केवल धन की कमी के कारण उसका वियोग सहना अनुचित कहा जाएगा। आपके हिसाब से तो कोई गरीब विवाह कर ही नहीं सकता। फिर अब तो आप मेरे साथ रहते हैं। इसलिए घर-खर्च का सवाल ही नहीं उठता। मैं यही ठीक समझता हूं कि आप दोनों जल्द ही प्रणय-सूत्र में बंध जाएं।'

मुझे पोलाक के साथ कभी दूसरी बार तर्क नहीं देना पड़ता था। उन्होंने तुरंत मेरी बात मान ली। भावी मिसेज पोलाक इंग्लैंड में थीं। उनके साथ पत्र-व्यवहार शुरू हुआ। वे सहमत हुईं और कुछ ही महीनों में विवाह रचाने के लिए जोहान्सबर्ग आ पहुंचीं।

विवाह में खर्च बिलकुल नहीं किया गया था। शादी की कोई खास पोशाक भी नहीं बनवाई गई थी। दोनों ही धार्मिक विधियों से परे थे। मिसेज पोलाक जन्म से ईसाई और मिस्टर पोलाक यहूदी थे। दोनों के बीच सामान्य धर्म तो नीति धर्म ही था।

लेकिन इस विवाह का एक रोचक प्रसंग यहां लिख दूं। ट्रांसवाल में गोरों के विवाह की रजिस्ट्री करनेवाला अधिकारी काले आदमी के विवाह की रजिस्ट्री नहीं करता था। इस विवाह का शहबाला मैं था। खोजने पर हमें कोई गोरा मित्र मिल सकता था। लेकिन पोलाक को यह सहन नहीं था। इसलिए हम तीन व्यक्ति अधिकारी के सामने उपस्थित हुए। जिस विवाह में मैं शहबाला होऊं उसमें वर-वधू दोनों गोरे ही होंगे, अधिकारी को इसका भरोसा कैसे हो? उसने जांच होने तक रजिस्ट्री स्थगित रखनी चाही। अगले रोज़ रविवार था। उसके बाद का दिन नए साल का होने से सार्वजनिक छुट्टी का दिन था। ब्याह के पवित्र बंधन में बंधने के निश्चय से निकले हुए स्त्री-पुरुष के विवाह की रजिस्ट्री का दिन इस तरह बदला जाए, ये सबको सहन न हुआ। मैं मुख्य न्यायाधीश को पहचानता था। वे इस विभाग के उच्चाधिकारी थे। मैं इस जोड़े को लेकर उनके सामने हाजिर हो गया। वे हंसे और उन्होंने मुझे चिट्ठी लिख दी। इस तरह विवाह की रजिस्ट्री हो गई।

आज तक कम-अधिक ही सही, परंतु जाने-पहचाने गोरे लोग मेरे साथ रहे थे। अब एक अपरिचित अंग्रेज़ महिला ने परिवार में प्रवेश किया। मुझे खुद तो याद नहीं पड़ता कि इस कारण परिवार में कभी कोई कलह हुई हो। लेकिन जहां अनेक जातियों के और अनेक स्वभावों के हिन्दुस्तानी आते-जाते रहते थे और जहां मेरी पत्नी को अभी तक ऐसे अनुभव कम ही हुए थे, वहां उन दोनों के बीच कभी उद्वेग के अवसर आए भी होंगे। लेकिन एक ही जाति के परिवार में ऐसे अवसर जितने आते हैं, उनसे अधिक अवसर तो इस विजातीय

परिवार में नहीं ही आए। बल्कि, जिनका मुझे स्मरण है वे अवसर भी गिनती के ही कहे जाएंगे। सजातीय और विजातीय की भावनाएं हमारे मन की तरंगें हैं। वास्तव में हम सब एक परिवार ही हैं।

वेस्ट का ब्याह भी यहीं सम्पन्न कर लूं। जीवन के इस काल तक ब्रह्मचर्य-विषयक मेरे विचार अभी कच्चे ही थे। इसलिए कुंवारे मित्रों का विवाह करा देना मेरा एक काम बन गया था। जब वेस्ट के सामने अपने माता-पिता के पास जाने का समय आया, तो मैंने उन्हें सलाह दी कि जहां तक बन सके वे ब्याह कराके ही लौटें। फीनिक्स हम सबका घर बन गया था और हम सब अपने को किसान मान बैठे थे, इस कारण विवाह या वंश-वृद्धि हमारे लिए भय का विषय न था।

वेस्ट लेस्टर की एक सुंदर कन्या को ब्याह लाए। इस कन्या का परिवार लेस्टर में जूतों का जो बड़ा व्यवसाय चलता है उसमें काम करता था। मिसेज वेस्ट ने भी थोड़ा समय जूतों के कारखाने में बिताया था। उसे मैंने 'सुंदर' कहा है, क्योंकि मैं उसके गुणों का पुजारी हूं और सच्चा सौंदर्य तो गुण में ही होता है। वेस्ट अपनी सास को भी अपने साथ लाए थे। वह भली बुढ़िया अभी जीवित है। अपने उद्यम और हंसमुख स्वभाव से वह हम सबको सदा शर्मिंदा किया करती थी।

जिस तरह मैंने इन गोरे मित्रों के ब्याह करवाए, उसी तरह मैंने हिन्दुस्तानी मित्रों को प्रोत्साहित किया कि वे अपने परिवारों को बुला लें। इसके कारण फीनिक्स एक छोटा-सा गांव बन गया और वहां पांच-सात भारतीय परिवार बसकर बढ़ने लगे।

23. घर में परिवर्तन और बाल-शिक्षा

डरबन में मैंने जो घर बसाया था, उसमें बदलाव तो किए ही थे। खर्च अधिक रखा था, फिर भी झुकाव सादगी की ओर ही था। लेकिन जोहान्सबर्ग में 'सर्वोदय' के विचारों ने अधिक बदलाव करवाए।

बैरिस्टर के घर में जितनी सादगी रखी जा सकती थी, उतनी तो रखनी शुरू कर ही दी। फिर भी कुछ साज-सामान ऐसा था जिसके बिना काम चलाना मुश्किल था। सच्ची सादगी तो मन की बढ़ी। हर काम अपने हाथों से करने का शौक बढ़ा और बच्चों को भी उसमें शामिल करके उन्हें कुशल बनाना शुरू किया।

बाज़ार की ब्रेड खरीदने के बदले कूने की सुझाई हुई बिना खमीर की ब्रेड हाथ से बनानी शुरू की। इसमें मिल का आटा काम नहीं देता था। साथ ही मेरा यह भी विचार रहा कि मिल में पिसे आटे का उपयोग करने की तुलना में हाथ से पिसे आटे का उपयोग करने में सादगी, स्वास्थ्य और पैसा तीनों की अधिक रक्षा होती है। इसलिए सात पौंड खर्च करके हाथ से चलाने की एक चक्की खरीद ली। उसका पाट वजनदार था। दो आदमी उसे आसानी से चला सकते थे; अकेले को तकलीफ होती थी। इस चक्की को चलाने में पोलाक, मैं और बच्चे हिस्सेदारी करते थे। कभी-कभी कस्तूरबाई भी आ जाती थी, हालांकि उस समय वह रसोई बनाने में लगी रहती थी। मिसेज पोलाक के आने पर वे भी इसमें शामिल हो गईं। बच्चों के लिए यह कसरत बहुत अच्छी सिद्ध हुई। उनसे मैंने चक्की

चलाने का या दूसरा कोई काम कभी जबरदस्ती नहीं करवाया। वे सहज ही खेल समझकर चक्की चलाने आते थे। थकने पर छोड़ देने की उन्हें आज़ादी थी। लेकिन न जाने क्या कारण था कि इन बच्चों ने या दूसरे बच्चों ने जिनकी पहचान हमें आगे चलकर करनी है, मुझे तो हमेशा बहुत ही काम दिया है। मेरे भाग्य में टेढ़े स्वभाव के बच्चे भी थे, लेकिन अधिकतर बच्चे सौंपा हुआ काम उमंग के साथ करते थे। 'थक गए' कहनेवाले उस युग के थोड़े ही बच्चे मुझे याद हैं।

घर साफ रखने के लिए एक नौकर था। वह घर के सदस्य की तरह रहता था और उसके काम में बच्चे पूरा हाथ बंटाते थे। पाखाना साफ करने के लिए तो म्युनिसिपैलिटी का नौकर आता था, लेकिन पाखाने के कमरे को साफ करने और बैठक आदि धोने का काम नौकर को नहीं सौंपा जाता था। उससे वैसी आशा भी नहीं रखी जाती थी। यह काम हम खुद करते थे और इससे भी बच्चों को शिक्षा मिलती थी। इससे ये हुआ कि शुरू से ही मेरे एक भी लड़के को पाखाना साफ करने की घिन न रही और स्वास्थ्य के साधारण नियम भी वे स्वाभाविक रूप में सीख गए। जोहान्सबर्ग में कोई बीमार तो शायद ही कभी पड़ता था। लेकिन बीमारी का प्रसंग आने पर सेवा के काम में बच्चे सबसे आगे रहते थे और इस काम को वे खुशी से करते थे।

मैं यह तो नहीं कहूंगा कि बच्चों के अक्षर-ज्ञान के प्रति मैं लापरवाह रहा। लेकिन यह ठीक है कि मैंने उसकी कुरबानी करने में संकोच नहीं किया। और इस कमी के लिए मेरे बच्चों को मेरे विरुद्ध शिकायत करने का मौका मिल गया है। उन्होंने कभी-कभी अपना असंतोष भी प्रकट किया है। मैं मानता हूं कि इसमें किसी हद तक मुझे अपना दोष स्वीकार करना चाहिए। उन्हें अक्षर-ज्ञान कराने की मेरी इच्छा बहुत थी, मैं प्रयास भी करता था, लेकिन इस काम में हमेशा कोई न कोई अड़चन आ जाती थी। उनके लिए घर पर दूसरी शिक्षा की सुविधा नहीं ही जुटाई गई थी, इसलिए मैं उन्हें अपने साथ पैदल ऑफिस तक ले जाता था। ऑफिस ढाई मील दूर था, इससे सुबह-शाम मिलाकर कम-से-कम पांच मील की कसरत उन्हें और मुझे हो जाती थी। रास्ता चलते हुए मैं उन्हें कुछ-न-कुछ सिखाने में लगा रहता था, लेकिन यह भी तभी होता था जब मेरे साथ दूसरा कोई चलनेवाला न होता। ऑफिस में वे मुवक्किलों व क्लर्कों के संपर्क में आते थे। कुछ पढ़ने को देता तो वे पढ़ते थे। इधर-उधर घूम-फिर लेते थे और बाजार से मामूली सामान खरीदना हो तो खरीद लाते थे। सबसे बड़े बेटे हरिलाल को छोड़कर बाकी सब बच्चों की परवरिश इसी तरह से हुई। हरिलाल देश में रह गया था। यदि मैं उन्हें अक्षर-ज्ञान कराने के लिए एक घण्टा भी नियमित रूप से बचा सका होता, तो मैं मानता कि उन्हें आदर्श शिक्षा प्राप्त हुई है। मैंने ऐसा आग्रह नहीं रखा, इसका दुख मुझे और उन्हें, दोनों को रह गया है। सबसे बड़े बेटे ने अपना रोष कई बार मेरे सामने और सार्वजनिक रूप में भी प्रकट किया है। दूसरों ने हृदय की उदारता दिखाकर इस दोष को अनिवार्य समझकर भुला दिया है। इस कमी के लिए मुझे पश्चात्ताप नहीं है; या है तो इतना ही कि मैं आदर्श पिता न बन सका। लेकिन मेरी यह राय है कि उनके अक्षर-ज्ञान की कुरबानी भी मैंने अज्ञान से ही क्यों न हो, फिर भी सद्‌भावपूर्वक मानी हुई सेवा के लिए ही की है। मैं यह कह सकता हूं कि उनके चरित्र-निर्माण के लिए जितना कुछ किया जाना चाहिए था, वह करने में मैंने

कहीं भी कमी नहीं रखी है। और मैं मानता हूं कि हर माता-पिता का यह कर्तव्य बनता है। मेरा यह दृढ़ विश्वास है कि अपने इस परिश्रम के बाद भी मेरे बच्चों के चरित्र में जहां खामी पाई गई हो तो वहां वह पति-पत्नी के नाते हमारी खामियों के ही प्रतिबिम्ब हैं।

जिस तरह से बच्चों को माता-पिता की सूरत-शक्ल विरासत में मिलती है, उसी तरह से उनके गुण-दोष भी उन्हें विरासत में मिलते हैं। बेशक आसपास के वातावरण के कारण इसमें कई तरह की घट-बढ़ होती है, लेकिन मूल पूंजी तो वही होती है, जो बाप-दादा आदि से मिलती है। मैंने देखा है कि कुछ बच्चे अपने को ऐसे दोषों की विरासत से बचा लेते हैं। यह आत्मा का मूल स्वभाव है, उसकी बलिहारी है।

इन बच्चों की अंग्रेज़ी शिक्षा के बारे में मेरे और पोलाक के बीच कितनी ही बार गरमागरम बहस हुई है। मैंने शुरू से ही यह माना है कि जो हिन्दुस्तानी माता-पिता अपने बच्चों को बचपन से ही अंग्रेज़ी बोलनेवाले बना देते हैं, वे उनके और देश के साथ द्रोह करते हैं। मैंने यह भी माना है कि इससे बच्चा अपने देश की धार्मिक और सामाजिक विरासत से वंचित रहता है और उस हद तक वह देश की तथा संसार की सेवा के लिए कम योग्य बनता है। अपने इस विश्वास के कारण मैं हमेशा जान-बूझकर बच्चों के साथ गुजराती में ही बातचीत करता था। पोलाक को यह अच्छा नहीं लगता था। उनका तर्क यह था कि मैं बच्चों का भविष्य बिगाड़ रहा हूं। वे मुझे आग्रहपूर्वक और प्रेमपूर्वक समझाया करते थे कि यदि बच्चे अंग्रेज़ी जैसी विस्तारवाली भाषा को सीख लें, तो संसार में चल रही जीवन की होड़ में वे एक बड़ी मंज़िल को सहज ही पार कर सकते हैं। उनका यह तर्क मेरे गले न उतरता था। अब मुझे यह याद नहीं है कि अंत में मेरे उत्तर से उन्हें संतोष हुआ था या मेरा हठ देखकर उन्होंने मौन धारण कर लिया था। इस संवाद को लगभग बीस बरस बीत चुके हैं; फिर भी उस समय के मेरे ये विचार आज अनुभव से अधिक दृढ़ हुए हैं, और हालांकि मेरे बच्चे अक्षर-ज्ञान में कच्चे रह गए हैं, फिर भी मातृभाषा का जो साधारण ज्ञान उन्हें आसानी से मिला है, उससे उन्हें और देश को लाभ ही हुआ है और इस समय वे देश में परदेशी जैसे नहीं बन गए हैं। वे द्विभाषी तो सहज ही हो गए, क्योंकि विशाल अंग्रेज़ मित्रमंडली के संपर्क में आने से और जहां विशेष रूप से अंग्रेज़ी बोली जाती है ऐसे देश में रहने से वे अंग्रेज़ी भाषा बोलने और उसे सहजता से लिखने लग गए।

24. जुलू-विद्रोह

घर बसाने के बाद कहीं स्थिर होकर रहना मेरे नसीब में बदा ही न था। जोहान्सबर्ग में मैं कुछ स्थिर-सा होने लगा था कि इसी बीच एक अनहोनी घटना घटी। अखबारों में यह खबर पढ़ने को मिली कि नेटाल में जुलू विद्रोह हुआ है। जुलू लोगों से मेरी कोई दुश्मनी न थी। उन्होंने एक भी हिन्दुस्तानी का नुक़सान नहीं किया था। विद्रोह शब्द के औचित्य के विषय में भी मुझे शंका थी। किन्तु उन दिनों मैं अंग्रेज़ी सल्तनत को संसार का कल्याण करनेवाली सल्तनत मानता था। मेरी वफादारी हार्दिक थी। मैं उस सल्तनत को मिट्टी में मिलते देखना नहीं चाहता था। इसलिए बल-प्रयोग संबंधी नीति-अनीति का विचार मुझे

इस कार्य को करने से रोक नहीं सकता था। नेटाल पर संकट आने पर उसके पास रक्षा के लिए स्वयंसेवकों की सेना थी और संकट के समय उसमें काम के लायक सैनिक भरती भी हो जाते थे। मैंने पढ़ा कि स्वयंसेवकों की सेना इस विद्रोह को दबाने के लिए रवाना हो चुकी है।

मैं अपने को नेटालवासी मानता था और नेटाल के साथ मेरा निकट संबंध तो था ही। इसलिए मैंने गवर्नर को पत्र लिखा कि यदि ज़रूरत हो तो घायलों की सेवा-सुश्रूषा करने वाले हिन्दुस्तानियों की एक टुकड़ी लेकर मैं सेवा के लिए जाने को तैयार हूं। तुरंत ही गवर्नर ने स्वीकृति देते हुए उत्तर भेज दिया।

मुझे आशा नहीं थी कि इतनी जल्दी अनुकूल उत्तर आ जाएगा। फिर भी उस पत्र लिखने के पहले मैंने अपनी व्यवस्था तो कर ही ली थी। तय यह किया था कि यदि मेरी प्रार्थना मान ली जाए, तो जोहान्सबर्ग का घर उठा देंगे, मिस्टर पोलाक अलग घर लेकर रहेंगे और कस्तूरबाई फीनिक्स जाकर रहेंगी। इस योजना में कस्तूरबाई की पूरी सहमति थी। मुझे याद नहीं है कि मेरे ऐसे सत्कार्यों में उसकी तरफ से कभी भी कोई बाधा डाली गई हो। गवर्नर का उत्तर मिलते ही मैंने मकान मालिक को मकाल खाली करने के संबंध में विधिवत् एक महीने का नोटिस दे दिया। कुछ सामान फीनिक्स गया, कुछ मिस्टर पोलाक के पास रहा।

डरबन पहुंचने पर मैंने आदमियों की मांग की। बड़ी टुकड़ी की ज़रूरत नहीं थी। हम चौबीस आदमी तैयार हुए। उनमें मेरे अलावा चार गुजराती थे, बाकी मद्रास प्रांत के गिरमिट-मुक्त हिन्दुस्तानी थे और एक पठान था।

स्वाभिमान की रक्षा के लिए और अधिक सुविधा के साथ काम कर सकने के लिए तथा वैसी प्रथा होने के कारण चिकित्सा-विभाग के मुख्य पदाधिकारी ने मुझे सार्जेंट मेजर का अस्थायी पद दिया और मेरी पसंद के अन्य तीन साथियों को सार्जेंट का और एक को कार्पोरल का पद दिया। वरदी भी सरकार की ओर से ही मिली। मैं यह कह सकता हूं कि इस टुकड़ी ने छह सप्ताह तक जमकर सेवा की।

विद्रोह के स्थान पर पहुंचकर मैंने पाया कि वहां विद्रोह-जैसी कोई चीज़ थी ही नहीं। कोई विरोध करता हुआ भी नज़र नहीं आता था। विद्रोह मानने का कारण यह था कि एक जुलू सरदार ने जुलू लोगों पर लगाया गया नया कर न देने की उन्हें सलाह दी थी और कर की वसूली के लिए गए हुए एक सार्जेंट को उसने कत्ल कर डाला था। इसलिए जो भी हो, मेरा हृदय तो जुलू लोगों की तरफ था और केंद्र पर पहुंचने के बाद जब हमारे हिस्से में जुलू घायलों की देखभाल करने का काम आया तो मैं बहुत खुश हुआ। वहां के डॉक्टर अधिकारी ने हमारा स्वागत किया। उसने बताया, 'गोरों में से तो इनकी देखभाल के लिए कोई तैयार नहीं होता। मैं अकेला किस-किसकी सेवा करूं? इनके घाव सड़ रहे हैं। अब आप आए हैं, इसे मैं इन निर्दोष लोगों पर ईश्वर की कृपा ही समझता हूं।' यों कहकर उसने मुझे पट्टियां, कीटनाशक पानी आदि सामान दिया और उन बीमारों के पास ले गया। बीमार हमें देखकर खुश हो गए। गोरे सिपाही जालियों में से झांक-झांककर हमें घाव साफ करने से रोकने का प्रयत्न करते, हमारे न मानने पर खीझते और जुलुओं के बारे में इतने गंदे शब्दों का उपयोग करते कि कान बंद कर लेने को जी चाहता।

धीरे-धीरे गोरे सिपाहियों के साथ भी मेरा परिचय हो गया और उन्होंने मुझे रोकना बंद कर दिया। इस सेना में सन् 1896 में मेरा घोर विरोध करनेवाले कर्नल स्पार्क्स और कर्नल वायली थे। वे मेरे इस कार्य से आश्चर्यचकित हो गए। मुझे खास तौर से बुलाकर उन्होंने मेरा उपकार माना। वे मुझे जनरल मेकेंजी के पास भी ले गए और उनसे मेरा परिचय कराया।

पाठक यह न समझें कि इनमें से कोई पेशेवर सिपाही था। कर्नन वायली प्रसिद्ध वकील थे। कर्नन स्पार्क्स एक प्रसिद्ध कसाईखाने के मालिक थे। जनरल मेकेंजी नेटाल के प्रसिद्ध किसान थे। वे सब स्वयंसेवक थे और स्वयंसेवक के नाते ही उन्होंने सैनिक शिक्षा ली थी और अनुभव पाया था।

कोई यह न माने कि जिन बीमारों की सेवा-सुश्रूषा का काम हमें सौंपा गया था, वे किसी लड़ाई में घायल हुए थे। उनमें से कई कैदी ऐसे थे, जो शक में पकड़े गए थे। जनरल ने उन्हें कोड़ों की सज़ा दी थी। इन कोड़ों की मार से जो घाव पैदा हुए थे, वे सार-संभाल के अभाव में पक गए थे। दूसरा हिस्सा उन जुलु लोगों का था, जो मित्र माने जाते थे। इन मित्रों को सिपाहियों ने भूल से घायल कर दिया था, हालांकि उन्होंने मित्रता सूचक चिह्न लगा रखे थे।

इसके अलावा मुझे खुद गोरे सिपाहियों के लिए भी दवा लाने और उन्हें दवा देने का काम सौंपा गया था। डॉक्टर बूथ के छोटे-से अस्पताल में मैंने एक साल तक इस काम की ट्रेनिंग ली थी, इससे यह काम मेरे लिए सरल हो गया था। इस काम के कारण बहुत से गोरों के साथ मेरा अच्छा परिचय हो गया था।

लेकिन लड़ाई में व्यस्त सेना किसी एक जगह पर तो बैठी रह ही नहीं सकती थी। जहां से संकट के समाचार आते, वहीं वह दौड़ जाती थी। उसमें बहुत से तो घुड़सवार ही थे। बेस कैंप से हमारी छावनी उठती कि हमें उसे पीछे-पीछे अपनी डोलियां कंधे पर उठाकर चलना पड़ता था। दो-तीन मौकों पर तो एक ही दिन में चालीस मील की मंजिल तय करनी पड़ी। यहां भी हमें तो केवल प्रभु का ही काम मिला। जो जुलू मित्र भूल से घायल हुए थे उन्हें डोलियों में उठाकर छावनी तक पहुंचाना था और वहां उनकी सेवा करनी थी।

25. हृदय-मंथन

जुलू-विद्रोह में मुझे बहुत से अनुभव हुए और बहुत-कुछ सोचने को भी मिला। बोअर-युद्ध में मुझे युद्ध की इतनी विभीषिका महसूस नहीं हुई थी जितनी यहां हुई। यहां लड़ाई नहीं हो रही थी, इन्सान ही इन्सान का शिकार कर रहा था। यह केवल मेरा ही नहीं, बल्कि उन कई अंग्रेज़ों का भी अनुभव था, जिनके साथ मेरी चर्चा होती रहती थी। सवेरे-सवेरे सेना गांव में जाकर मानो पटाखे छोड़ती हो, इस तरह से उसकी बंदूकों की आवाज़ दूर रहने वाले हम लोगों के कानों में पड़ती थी। इन आवाज़ों को सुनना और इस वातावरण में रहना मुझे बहुत मुश्किल मालूम पड़ा। लेकिन मैं सबकुछ कड़वे घूंट की तरह पी गया और मेरे हिस्से जो काम आया सो तो केवल जुलू लोगों की सेवा का ही आया। मैं यह समझ गया

कि अगर हम स्वयंसेवक-दल में शामिल न हुए होते तो दूसरा कोई यह सेवा न करता। इस विचार से मैंने अपनी अंतरात्मा को शांत किया।

यहां बस्ती बहुत कम थी। पहाड़ों और खाइयों में भले, सादे और जंगली माने जाने वाले जुलू लोगों के घासफूस के झोंपड़ों को छोड़कर और कुछ न था। इस कारण दृश्य भव्य मालूम होता था। जब इस निर्जन प्रदेश में हम किसी घायल को लेकर या यों ही मीलों पैदल जाते थे, तब मैं सोच में डूब जाता था।

यहां ब्रह्मचर्य के बारे में मेरे विचार और मज़बूत हुए। मैंने अपने साथियों से भी इसकी थोड़ी-बहुत चर्चा की। मुझे अभी इस बात का साक्षात्कार तो नहीं हुआ था कि ईश्वर दर्शन के लिए ब्रह्मचर्य अनिवार्य वस्तु है। लेकिन मैं यह स्पष्ट देख सका था कि सेवा के लिए ब्रह्मचर्य तो अपनाना ही चाहिए। मुझे लगा कि इस प्रकार की सेवा तो मेरे हिस्से अधिकाधिक आती ही रहेगी और यदि मैं भोग-विलास में, संतानोत्पत्ति में और संतति के पालन-पोषण में लगा रहा, तो मुझसे संपूर्ण सेवा नहीं हो सकेगी; मैं दो घोड़ों पर सवारी नहीं कर सकता। यदि पत्नी गर्भवती हो तो मैं निश्चिंत भाव से इस सेवा में अपने-आपको खपा ही नहीं सकता। ब्रह्मचर्य का पालन किए बिना परिवार की वृद्धि करते रहना समाज के उत्थान के लिए किए जानेवाले मनुष्य के प्रयत्न का विरोध करनेवाली वस्तु बन जाती है। विवाहित होते हुए भी ब्रह्मचर्य का पालन किया जाए, तो परिवार की सेवा समाज-सेवा की विरोधी न बने। मैं इस प्रकार के विचार-चक्र में फंस गया और ब्रह्मचर्य का व्रत लेने के लिए थोड़ा अधीर भी हो उठा। इन विचारों से मुझे एक प्रकार का आनंद हुआ और मेरा उत्साह बढ़ा। कल्पना ने सेवा के क्षेत्र को बहुत विशाल बना दिया।

मैं मन-ही-मन इन विचारों को पक्का कर रहा था और शरीर को कस रहा था कि इतने में कोई यह अफवाह लाया कि विद्रोह शांत होने जा रहा है और अब हमें छुट्टी मिल जाएगी। दूसरे दिन हमें घर जाने की इजाज़त मिली और बाद में कुछ ही दिनों के अंदर सब अपने-अपने घर पहुंच गए। इसके कुछ ही दिनों बाद गवर्नर ने उस सेवा के लिए मेरे नाम आभार-प्रदर्शन का एक विशेष पत्र भेजा।

फीनिक्स पहुंचकर मैंने ब्रह्मचर्य की बात बहुत रसपूर्वक छगनलाल, मगनलाल, वेस्ट इत्यादि के सामने रखी। सबको बात पसंद आई। सबने उसकी ज़रूरत को माना। सबने यह भी अनुभव किया कि ब्रह्मचर्य का पालन बहुत ही कठिन है। कइयों ने प्रयत्न करने का साहस भी किया और मेरा विचार है कि कुछ को उसमें सफलता मिली भी।

मैंने व्रत ले लिया कि अब से आगे जीवन-भर ब्रह्मचर्य का पालन करूंगा। उस समय मैं इस व्रत के महत्त्व और इसकी कठिनाइयों को पूरी तरह समझ न सका था। इसकी कठिनाइयों का अनुभव तो मैं आज भी करता रहता हूं। इसके महत्त्व को मैं हर नए दिन के साथ और अधिक समझता जाता हूं। ब्रह्मचर्य-रहित जीवन मुझे शुष्क और पशुओं-जैसा लगता है। पशु स्वभाव से निरंकुश है। मनुष्य का मनुष्यत्व स्वेच्छा से अंकुश में रहने में है। पहले मैं ये मानकर चला करता था कि धर्म ग्रंथों में ब्रह्मचर्य की प्रशंसा में जो कुछ लिखा गया है, वह बहुत बढ़ा-चढ़ाकर लिखा गया है। उसके बदले अब दिन पर दिन यह और साफ होता जाता है कि ये प्रशंसा सही है और अनुभव से ही लिखी गई है।

जिस ब्रह्मचर्य के ऐसे परिणाम आ सकते हैं, उसे सरल तो नहीं ही माना जा सकता। ये केवल शारीरिक भी नहीं हो सकता। शारीरिक अंकुश से तो ब्रह्मचर्य शुरू होता है। लेकिन शुद्ध ब्रह्मचर्य में विचार की मलिनता भी नहीं होनी चाहिए। संपूर्ण ब्रह्मचारी को तो सपने में भी विकारी विचार नहीं आते और जब तक विकारयुक्त सपने आते रहते हैं, तब तक यह समझना चाहिए कि ब्रह्मचर्य पूरा नहीं हुआ है।

मुझे कायिक ब्रह्मचर्य के पालन में भी बहुत कष्ट उठाना पड़ा है। आज यह कहा जा सकता है कि मैं इसके विषय में निर्भय बना हूं। लेकिन अपने विचारों पर मुझे जो जय प्राप्त करनी चाहिए, वह मैं नहीं पा सका हूं। मुझे नहीं लगता कि मेरे प्रयासों में कमी रहती है। लेकिन मैं अभी तक यह समझ नहीं सका हूं कि हम जिन विचारों को नहीं चाहते, वे हम पर कहां से और कैसे हावी हो जाते हैं। मुझे इस बात को लेकर संदेह नहीं है कि इन्सान के पास विचारों को भी रोकने की चाबी है। लेकिन अभी तो मैं इस निर्णय पर पहुंचा हूं कि यह चाबी भी हर व्यक्ति को अपने लिए खुद खोजनी है। महापुरुष हमारे लिए अपने जो अनुभव छोड़ गए हैं, वे मार्गदर्शन हैं। वे संपूर्ण नहीं हैं। संपूर्ण तो केवल प्रभु का आशीर्वाद है और इसी हेतु भक्तजन अपनी तपश्चर्या द्वारा पुनीत किए हुए और हमें पावन करनेवाले रामनामादि मंत्र छोड़ गए हैं। संपूर्ण ईश्वर अर्पण के बिना विचारों पर संपूर्ण विजय पायी ही नहीं जा सकती। यह वचन मैंने सब धर्मग्रंथों में पढ़ा है और इसकी सचाई का अनुभव मैं ब्रह्मचर्य के सूक्ष्मतम पालन के अपने इस प्रयास के विषय में कर रहा हूं।

लेकिन इस दिशा में मैंने जो भागीरथ प्रयास किए और संघर्ष किया, उनके बारे में मैं आगे के अध्यायों में लिखूंगा। इस अध्याय के अंत में तो मैं यही कह दूं कि अपने उत्साह के कारण मुझे शुरू-शुरू में तो व्रत का पालन आसान लगा। व्रत लेते ही मैंने एक परिवर्तन कर डाला। पत्नी के साथ एक शय्या का या एकांत का मैंने त्याग किया। इस प्रकार जिस ब्रह्मचर्य का पालन मैं इच्छा या अनिच्छा से सन् 1900 से करता आ रहा था, व्रत के रूप में उसे 1906 के मध्य में शुरू किया गया।

26. सत्याग्रह की राह पर

वैसे तो आत्मशुद्धि का जो मार्ग मैंने अपनाया था, वह मानो सत्याग्रह के लिए भूमिका के रूप में था। ऐसी ही एक घटना जोहान्सबर्ग में मेरे लिए घट रही थी। आज मैं देख रहा हूं कि ब्रह्मचर्य का व्रत लेने तक की मेरे जीवन की सभी मुख्य घटनाएं मुझे छिपे तौर पर उसी के लिए तैयार कर रही थीं।

सत्याग्रह शब्द की उत्पत्ति के पहले ही वह वस्तु अस्तित्व में आ चुकी थी। उसके अस्तित्व में आने के समय तो मैं स्वयं भी उसके स्वरूप को पहचान न सका था। सब कोई उसे गुजराती में पैसिव रेजिस्टेन्स के अंग्रेज़ी नाम से पहचानने लगे। जब गोरों की एक सभा में मैंने देखा कि पैसिव रेजिस्टेन्स का सीमित अर्थ लिया जाता है, उसे कमज़ोरों का ही हथियार माना जाता है, उसमें द्वेष हो सकता है और उसकी परिणति हिंसा में हो सकती है, तब मुझे उसका विरोध करना पड़ा और हिन्दुस्तानियों को लड़ाई का सच्चा स्वरूप

समझाना पड़ा और तब हिन्दुस्तानियों के लिए अपनी लड़ाई का परिचय देने के लिए नए शब्द की रचना करना आवश्यक हो गया।

लेकिन मुझे वैसा स्वतंत्र शब्द किसी तरह सूझ नहीं रहा था। इसलिए उसके लिए नाम मात्र का इनाम रखकर मैंने इंडियन ओपीनियन के पाठकों में प्रतियोगिता करवाई। इस प्रतियोगिता के परिणामस्वरूप मगनलाल गांधी ने सत् + आग्रह संधि करके सदाग्रह शब्द बनाकर भेजा। इनाम उन्हें मिला। लेकिन सदाग्रह शब्द को अधिक स्पष्ट करने के विचार से मैंने बीच में य अक्षर और बढ़ाकर सत्याग्रह शब्द बनाया और गुजराती में यह लड़ाई इसी नाम से पहचानी जाने लगी।

कहा जा सकता है कि इस लड़ाई का इतिहास दक्षिण अफ्रीका के मेरे जीवन का और विशेषकर मेरे सत्य के प्रयोगों का इतिहास है। इस इतिहास का अधिकांश भाग मैंने येरवडा जेल में लिख डाला था और बाकी बाहर आने के बाद पूरा किया। वह सब छप चुका है और बाद में दक्षिण अफ्रीका के सत्याग्रह का इतिहास के नाम से किताब रूप में भी प्रकाशित हो चुका है। अब मैं उसे शीघ्र ही अंग्रेज़ी में किताब के रूप में प्रकाशित करने की व्यवस्था कर रहा हूं, जिससे दक्षिण अफ्रीका के मेरे बड़े-से-बड़े प्रयोग को जानने के इच्छुक सब लोग उन्हें जान-समझ सकें। जिन पाठकों ने दक्षिण अफ्रीका के सत्याग्रह का इतिहास न पढ़ा हो, उन्हें मेरी सलाह है कि वे उसे पढ़ लें। मैं चाहता हूं कि अब से आगे के कुछ अध्यायों में इस इतिहास में दिए गए मुख्य कथा भाग को छोड़कर दक्षिण अफ्रीका के मेरे जीवन के जो थोड़े व्यक्तिगत प्रसंग उसमें देने रह गए हैं, उन्हीं की चर्चा करूं। और इनके समाप्त होने पर मैं तुरंत ही पाठकों को हिन्दुस्तान के प्रयोगों का परिचय देना चाहता हूं। इसलिए जो पाठक इन प्रयोगों के प्रसंगों के क्रम को निरंतर बनाए रखना चाहते हैं, उनके लिए दक्षिण अफ्रीका के सत्याग्रह का इतिहास के इन अध्याय को देख लेना अच्छा रहेगा।

27. आहार के और अधिक प्रयोग

मेरी यह चिंता थी कि एक मन-वचन-काया से ब्रह्मचर्य का पालन किस प्रकार हो; और सत्याग्रह के युद्ध के लिए अधिक से अधिक समय किस तरह बच सके और अधिक शुद्धि कैसे बनाए रखी जा सके, यह दूसरी चिंता थी। इन चिंताओं ने मुझे आहार में और अधिक संयम तथा और अधिक परिवर्तन करने के लिए प्रेरित किया और पहले जो परिवर्तन मैं मुख्य रूप से स्वास्थ्य की दृष्टि से करता था, वे अब धार्मिक दृष्टि से होने लगे।

इसमें उपवास और अल्पाहार ने अधिक स्थान लिया। जिस व्यक्ति में विषय-वासना रहती है, उस पर जीभ के स्वाद भी हावी रहते हैं। मेरी भी यही स्थिति थी। जननेंद्रिय और स्वादेंद्रिय पर काबू पाने की कोशिश में मुझे अनेक कठिनाइयों का सामना करना पड़ा है और आज भी मैं यह दावा नहीं कर सकता कि मैंने दोनों पर पूरी जय प्राप्त कर ली है। मैंने अपने-आपको कम खानेवाला, यानी अल्पाहारी माना है। मित्रों ने जिसे मेरा संयम माना है, उसे मैंने स्वयं कभी संयम माना ही नहीं। मैं जितना अंकुश रखना सीखा हूं उतना भी यदि न रख सका होता, तो मैं पशु से भी नीचे गिर जाता और कभी का तबाह हो गया

होता। कहा जा सकता है कि जैसे ही मुझे अपनी त्रुटियों का ठीक से भास हुआ, मैंने उन्हें दूर करने के लिए असीम प्रयास किए हैं और यही कारण है कि मैं इतने वर्षों तक इस शरीर को टिकाए रख सका हूं और इससे कुछ काम ले सका हूं।

मुझे इस बात का ज्ञान था और ऐसा प्रसंग अनायास ही मिल गया था, इसलिए मैंने एकादशी का फलाहार यानी उपवास शुरू किया। जन्माष्टमी आदि दूसरी तिथियों पर भी उपवास रखने शुरू किए, किंतु संयम की दृष्टि से मैं फलाहार और शाकाहार के बीच बहुत भेद नहीं देख सका। जिसे हम अनाज के रूप में पहचानते हैं उसमें से जो रस हम प्राप्त करते हैं, वे रस हमें फलाहार में से भी मिल जाते हैं; और मैंने देखा है कि आदत पड़ने पर तो उसमें से अधिक रस प्राप्त होते हैं। इसलिए इन तिथियों के दिन मैं निराहार उपवास को या एकाशन को अधिक महत्त्व देने लगा। इसके अलावा, प्रायश्चित आदि का कोई निमित्त मिल जाता, तो मैं उस निमित्त से भी एक बार का उपवास कर डालता था।

इन सारी बातों से मैंने यह भी अनुभव किया कि शरीर के अधिक निर्मल होने से अधिक स्वाद आने लगा, भूख और खुल गई और मैंने देखा कि उपवास आदि जिस हद तक संयम के साधन हैं, उसी हद तक वे भोग के साधन भी बन सकते हैं। इस ज्ञान के बाद इसके समर्थन में इसी प्रकार के कितने ही अनुभव मुझे और दूसरों को हुए हैं। हालांकि मुझे शरीर को अधिक अच्छा और कसा हुआ बनाना था, फिर भी अब मुख्य प्रयोजन तो संयम सिद्ध करना—स्वाद पर जीत पाना ही था। इसलिए मैं आहार की वस्तुओं में और उनकी मात्रा में फेर-बदल करने लगा। किंतु रस था कि पीछा ही नहीं छोड़ता था। मैं जिस चीज़ को छोड़ता और उसके बदले में जिस दूसरी चीज़ को लेता, उसमें से बिलकुल ही नए और अधिक रस सामने आ जाते।

इन प्रयोगों में मेरे कुछ साथी भी जुड़े हुए थे। उनमें हरमान केलनबैक मुख्य थे। चूंकि उनका परिचय मैं दक्षिण अफ्रीका के सत्याग्रह का इतिहास में दे चुका हूं, इसलिए दोबारा इन अध्यायों में देने का विचार मैंने छोड़ दिया है। उन्होंने मेरे प्रत्येक उपवास में, एकाशन में और दूसरे बदलावों में मेरा साथ दिया था। जिन दिनों लड़ाई खूब ज़ोरों से चल रही थी, उन दिनों तो मैं उन्हीं के घर में रहता था। हम दोनों अपने बदलावों की चर्चा करते और नए बदलाव में से पुराने स्वादों से भी अधिक स्वाद पाते। उस समय तो ये स्वाद मधुर भी लगते थे। उनमें कुछ भी गलत नहीं जान पड़ता था। किंतु अनुभव ने सिखाया कि ऐसे स्वादों का आनंद लेना भी अनुचित था। मतलब यह कि मनुष्य को स्वाद के लिए नहीं, बल्कि शरीर के निर्वाह के लिए ही खाना चाहिए। जब प्रत्येक इंद्रिय केवल शरीर के लिए और शरीर के द्वारा आत्मा के दर्शन के लिए ही कार्य करती है, तब उसके रस शून्यवत् हो जाते हैं और तभी कहा जा सकता है कि वह स्वाभाविक रूप से अपना काम करती है।

ऐसी स्वाभाविकता पाने के लिए जितने प्रयोग किए जाएं उतने ही कम हैं और ऐसा करते हुए अनेक शरीरों की आहुति देनी पड़े, तो उसे भी हमें तुच्छ समझना चाहिए। आज तो उलटी धारा बह रही है। नश्वर शरीर को सजाने के लिए, उसकी उमर बढ़ाने के लिए, हम अनेक प्राणियों की बलि देते हैं, फिर भी उससे शरीर और आत्मा दोनों का हनन होता है। एक रोग को मिटाने की कोशिश में, इंद्रियों के भोग भोगने का यत्न करने में हम अनेक

नए रोग पैदा कर लेते हैं और अंत में भोग भोगने की शक्ति भी खो बैठते हैं और अपनी आंखों के सामने घट रही इस क्रिया को देखने से हम इनकार करते हैं।

आहार के जिन प्रयोगों का वर्णन करने में मैं कुछ समय लेना चाहता हूं उन्हें पाठक समझ सकें, इसलिए उनके उद्देश्य की और उनके मूल में काम कर रही विचारधारा की जानकारी देना आवश्यक था।

28. पत्नी की दृढ़ता

कस्तूरबाई पर तीन रोगों ने घातक प्रहार किए और तीनों में वह केवल घरेलू उपचारों से बच पायी। उनमें पहली घटना उस समय घटी जब सत्याग्रह का युद्ध चल रहा था। उसे बार-बार रक्तस्राव हुआ करता था। एक डॉक्टर मित्र ने ऑपरेशन करा लेने की सलाह दी थी। थोड़ी आनाकानी के बाद पत्नी ने ऑपरेशन कराना मान लिया। उसका शरीर बहुत ही कमज़ोर हो गया था। डॉक्टर ने बिना क्लोरोफार्म के ऑपरेशन किया। ऑपरेशन के समय पीड़ा बहुत हो रही थी, लेकिन जिस धीरज से कस्तूरबाई ने उसे सहन किया, उससे मैं आश्चर्यचकित हो गया। ऑपरेशन पूरा हो गया। डॉक्टर और उनकी पत्नी ने कस्तूरबाई की अच्छी देखभाल की।

यह घटना डरबन में हुई थी। दो या तीन दिन के बाद डॉक्टर ने मुझे निश्चिंत होकर जोहान्सबर्ग जाने की अनुमति दे दी। मैं चला गया। कुछ ही दिन बाद खबर मिली कि कस्तूरबाई के शरीर में कोई सुधार नहीं हो रहा है और वह बिस्तर छोड़कर उठ-बैठ भी नहीं सकती। एक बार बेहोश भी हो चुकी थी। डॉक्टर जानते थे कि मुझसे पूछे बिना औषधि या अन्न के रूप में कस्तूरबाई को शराब या मांस नहीं दिया जा सकता। डॉक्टर ने मुझे जोहान्सबर्ग में टेलीफोन किया, 'मैं आपकी पत्नी को मांस का शोरबा या बीफ-टी देने की ज़रूरत समझता हूं। मुझे इजाज़त मिलनी चाहिए।'

मैंने उत्तर दिया, 'मैं यह इजाज़त नहीं दे सकता। लेकिन कस्तूरबाई स्वतंत्र है। उससे पूछने जैसी स्थिति हो तो पूछिए और वह लेना चाहे तो ज़रूर दीजिए।'

'ऐसे मामलों में मैं मरीज से कुछ पूछना पसंद नहीं करता। आपको खुद यहां आना होगा। यदि आप मुझे जो चाहूं सो खिलाने की छूट नहीं देंगे तो मैं आपकी पत्नी के लिए जिम्मेदार नहीं।'

मैंने उसी दिन डरबन की ट्रेन पकड़ी। डरबन पहुंचा। डॉक्टर ने मुझसे कहा, 'मैंने तो शोरबा पिलाने के बाद ही आपको टेलीफोन किया था।'

मैंने कहा, 'डॉक्टर, मैं इसे दगा समझता हूं।'

डॉक्टर ने दृढ़तापूर्वक उत्तर दिया, 'दवा करते समय मैं दगा-वगा नहीं समझता। हम डॉक्टर लोग ऐसे समय रोगी को या उसके संबंधियों को धोखा देने में पुण्य समझते हैं। हमारा धर्म तो किसी भी तरह रोगी को बचाना है।'

मुझे बहुत दुख हुआ। लेकिन मैं शांत बना रहा। डॉक्टर मित्र थे, सज्जन थे। उन्होंने और उनकी पत्नी ने मुझ पर उपकार किया था। लेकिन मैं ये व्यवहार सहन करने के लिए तैयार न था।

'डॉक्टर साहब, अब स्थिति स्पष्ट कर दीजिए। कहिए, आप क्या करना चाहते हैं? मैं अपनी पत्नी को उसकी इच्छा के बिना मांस नहीं खिलाने दूंगा। मांस न लेने के कारण उसकी मृत्यु हो जाए, तो मैं उसे सहने के लिए तैयार हूं।'

डॉक्टर बोले, 'आपकी फिलासफी मेरे घर में तो हरगिज नहीं चलेगी। मैं आपसे कहता हूं कि जब तक अपनी पत्नी को आप मेरे घर में रहने देंगे, तब तक मैं उसे ज़रूर ही मांस या जो कुछ भी देना उचित होगा, दूंगा। यदि यह स्वीकार न हो तो आप अपनी पत्नी को ले जाइए। मैं अपने ही घर में जान-बूझकर उसे मरने नहीं दूंगा।'

'तो क्या आप यह कहते हैं कि मैं अपनी पत्नी को इसी समय ले जाऊं?'

'मैं कब कहता हूं कि ले जाइए? मैं तो यह कहता हूं कि मुझ पर किसी प्रकार का अंकुश न रखिए। उस दशा में हम दोनों उसकी जितनी हो सकेगी उतनी देखभाल करेंगे और आप निश्चिंत होकर जा सकेंगे। यदि यह सीधी-सी बात आप न समझ सकें, तो मुझे विवश होकर कहना होगा कि आप अपनी पत्नी को मेरे घर से ले जाइए।'

मेरा विचार है कि उस समय मेरा एक बच्चा मेरे साथ था। मैंने उससे पूछा। उसने कहा, 'आपकी बात मुझे मंजूर है। बा को मांस तो दिया ही नहीं जा सकता।'

फिर मैं कस्तूरबाई के पास गया। वह बहुत कमज़ोर थी। उससे कुछ भी पूछना मेरे लिए दुखदायी था, लेकिन धर्म समझकर मैंने उसे थोड़े शब्दों में ऊपर की बात कह सुनाई। उसने दृढ़तापूर्वक उत्तर दिया, 'मैं मांस का शोरबा नहीं लूंगी। मनुष्य की देह बार-बार नहीं मिलती। चाहे आपकी गोद में मैं मर जाऊं, पर अपनी इस देह को भ्रष्ट तो नहीं होने दूंगी।'

जितना मैं समझा सकता था, मैंने समझाया और कहा, 'तुम मेरे विचारों को अपनाने के लिए बंधी नहीं हो।'

हमारी जान-पहचान के कई हिन्दू दवा के लिए मांस और मद्य लेते थे, इसकी भी मैंने बात की। लेकिन वह टस-से-मस न हुई और बोली, 'मुझे यहां से ले चलिए।'

मैं बहुत प्रसन्न हुआ लेकिन ले जाने के विचार से घबरा गया। लेकिन मैंने निश्चय कर लिया। डॉक्टर को पत्नी का निश्चय सुना दिया। डॉक्टर गुस्सा हुए और बोले, 'आप तो बड़े निर्दयी पति लगते हैं। ऐसी बीमारी में उस बेचारी से इस तरह की बातें करने में आपको शरम भी नहीं आई? मैं आपसे कहता हूं कि आपकी पत्नी यहां से ले जाने लायक नहीं है। उसका शरीर इस लायक नहीं है कि वह थोड़ा भी धक्का सहन कर सके। रास्ते में ही उसकी जान निकल जाए, तो मुझे आश्चर्य न होगा। फिर भी आप अपने हठ के कारण बिलकुल न मानें, तो आप ले जाने के लिए स्वतंत्र हैं। अगर मैं उसे शोरबा न दे सकूं, तो अपने घर में एक रात रखने का भी खतरा मैं नहीं उठा सकता।'

रिमझिम-रिमझिम मेह बरस रहा था। स्टेशन दूर था। डरबन से फीनिक्स तक रेल का और फीनिक्स से लगभग ढाई मील का पैदल रास्ता था। खतरा काफी था, लेकिन मैंने माना कि भगवान मदद करेगा। एक आदमी को पहले से फीनिक्स भेज दिया। फीनिक्स में हमारे पास 'हैमक' था। जालीदार कपड़े की झोली या पालने को हैमक कहते हैं। मैंने वेस्ट को खबर भेजी थी कि वे हैमक, एक बोतल गरम दूध, एक बोतल गरम पानी और छह आदमियों को साथ लेकर स्टेशन पर आ जाएं।

दूसरी ट्रेन के छूटने का समय होने पर मैंने रिक्शा मंगवाया और उसमें, इस खतरनाक हालत में, पत्नी को बैठाकर मैं रवाना हो गया।

मुझे पत्नी को हिम्मत नहीं बंधानी पड़ी; उलटे उसी ने मुझे हिम्मत बंधाते हुए कहा, 'मुझे कुछ नहीं होगा, आप चिंता न कीजिए।'

हड्डियों के इस ढांचे में वजन तो कुछ रह ही नहीं गया था। खाया बिलकुल नहीं जाता था। ट्रेन के डिब्बे तक पहुंचने में स्टेशन के लंबे-चौड़े प्लेटफार्म पर दूर तक चलकर जाना पड़ता था। वहां तक रिक्शा नहीं जा सकता था। मैं उसे उठाकर डिब्बे तक ले गया। फीनिक्स पहुंचने पर तो हैमक आ गई थी। उसमें बीमार को आराम से ले गए। वहां केवल पानी के उपचार से धीरे-धीरे कस्तूरबाई का शरीर पुष्ट होने लगा।

फीनिक्स पहुंचने के बाद दो-तीन दिन के अंदर एक स्वामी पधारे। हमारे हठ की बात सुनकर उनके मन में दया उपजी और वे हम दोनों को समझाने आए। जैसा कि मुझे याद है, स्वामीजी जब पधारे, उस समय मणिलाल और रामदास भी वहां मौजूद थे। स्वामीजी ने मांसाहार की निर्दोषता पर व्याख्यान देना शुरू किया। मनुस्मृति के श्लोकों का प्रमाण दिया। पत्नी के सामने इस तरह की चर्चा मुझे अच्छी नहीं लगी। पर शिष्टता के कारण से मैंने उसे चलने दिया। मांसाहार के समर्थन में मुझे मनुस्मृति के प्रमाण की जरूरत नहीं थी। मैं उसके श्लोक जानता था। मैं जानता था कि उन्हें प्रक्षिप्त माननेवाला भी एक पक्ष है। पर वे प्रक्षिप्त न होते तो भी शाकाहार के विषय में मेरे विचार तो स्वतंत्र नीति से पक्के हो चुके थे। कस्तूरबाई की श्रद्धा काम कर रही थी। वह बेचारी शास्त्र के प्रमाण को क्या जाने? उसके लिए तो बाप-दादों की रूढ़ि ही धर्म थी। बच्चों को अपने पिता के धर्म पर विश्वास था। इसलिए वे स्वामीजी से मजाक कर रहे थे। आखिर, कस्तूरबाई ने इस संवाद को यह कहकर बंद किया, 'स्वामीजी, आप कुछ भी क्यों न कहें, लेकिन मुझे मांस का शोरबा पीकर ठीक नहीं होना है। अब आप मेरा सिर न खपाएं, तो आपकी दया होगी। बाकी बातें आपको बच्चों और उनके पिताजी से करनी हों, तो कर लीजिएगा। मैंने अपना निश्चय आपको बतला दिया।'

29. घर में सत्याग्रह

मुझे जेल का पहला अनुभव सन् 1908 में हुआ। उस समय मैंने देखा कि जेल में कैदियों को जिन नियमों का पालन करना पड़ता है, संयमी या ब्रह्मचारी को उनका पालन स्वेच्छापूर्वक करना चाहिए। जैसे, कैदियों को सूर्यास्त से पहले पांच बजे तक खा लेना होता है। उन्हें–हिन्दुस्तानी और हब्शी कैदियों को–चाय या कॉफी नहीं दी जाती। नमक खाना हो तो अलग से लेना होता है। स्वाद के लिए तो कुछ खाया ही नहीं जा सकता। जब मैंने जेल के डॉक्टर से हिन्दुस्तानियों के लिए करी पाउडर मांगा और बनती हुई रसोई में ही नमक डालने की बात कहीं, तो वे बोले, 'यहां आप लोग स्वाद का आनंद लूटने के लिए नहीं आए हैं। स्वास्थ्य की दृष्टि से करी पाउडर की कोई ज़रूरत नहीं है। स्वास्थ्य के विचार से नमक ऊपर से लें या पकाते समय रसोई में डालें, दोनों एक ही बात हैं।'

वहां तो बड़ी मेहनत के बाद हम आखिर ज़रूरी बदलाव करा सके थे। लेकिन केवल संयम की दृष्टि से देखें, तो दोनों प्रतिबंध अच्छे ही थे। ऐसा प्रतिबंध जब जबरदस्ती लगाया जाता है तो वह सफल नहीं होता। लेकिन स्वेच्छा से पालन करने पर ऐसा प्रतिबंध बहुत उपयोगी सिद्ध होता है। इसलिए जेल से छूटने के बाद मैंने ये बदलाव अपने खाने में कर लिए। जितना हो सका, चाय पीना बंद किया और शाम को जल्दी खाने की आदत डाली। ये आदत अब स्वाभाविक बन गई है।

किंतु तभी एक ऐसी घटना घटी, जिसके कारण मैंने नमक का त्याग किया। ये त्याग लगभग दस वर्ष तक अखण्ड रूप से कायम रहा। शाकाहार संबंधी कुछ किताबों में मैंने पढ़ा था कि मनुष्य के लिए नमक खाना ज़रूरी नहीं है और न खानेवाले को स्वास्थ्य की दृष्टि से लाभ ही होता है। यह तो मुझे सूझा ही न था कि नमक न खाने से ब्रह्मचारी को लाभ होता है। मैंने यह भी पढ़ा और अनुभव किया था कि कमज़ोर शरीरवाले को दाल नहीं खानी चाहिए। किंतु मैं उन्हें तुरंत नहीं छोड़ सका था। दोनों चीज़ें मुझे अच्छी लगती थीं।

हालांकि उस ऑपरेशन के बाद कस्तूरबाई का रक्तस्राव थोड़े समय के लिए बंद हो गया था, लेकिन अब वह फिर शुरू हो गया और किसी भी तरह से बंद ही न होता था। अकेले पानी के उपचार काम न आए। हालांकि पत्नी को मेरे उपचारों पर विशेष श्रद्धा नहीं थी, फिर भी उनके लिए तिरस्कार भी नहीं था। दूसरी दवा करने का आग्रह न था। मैंने उसे नमक और दाल छोड़ने के लिए मनाना शुरू किया। बहुत मनाने पर भी, अपनी बात के समर्थन में कुछ-न-कुछ पढ़कर सुनाने पर भी, वह मानी नहीं। आखिर उसने कहा, 'दाल और नमक छोड़ने को तो कोई आपसे कहे, तो आप भी न छोड़ेंगे।' मुझे दुख हुआ और हर्ष भी हुआ। मुझे अपना प्रेम उड़ेलने का अवसर मिला। उसके हर्ष में मैंने तुरंत ही कहा, 'तुम्हारा यह सोचना गलत है। मुझे बीमारी हो और वैद्य इस चीज़ को या दूसरी किसी चीज़ को छोड़ने के लिए कहे, तो मैं तुरंत छोड़ दूंगा। लेकिन जाओ, मैंने तो एक साल के लिए दाल और नमक दोनों छोड़े। तुम छोड़ो या न छोड़ो, यह अलग बात है।'

पत्नी को बहुत पश्चात्ताप हुआ। वह कह उठी, 'मुझे माफ कीजिए। आपका स्वभाव जानते हुए भी मैं ये कैसे कह गई। अब मैं दाल और नमक नहीं खाऊंगी, लेकिन आप अपनी बात लौटा लें। यह तो मेरे लिए बहुत बड़ी सज़ा हो जाएगी।'

मैंने कहा, 'अगर तुम दाल और नमक छोड़ोगी, तो अच्छा ही होगा। मुझे विश्वास है कि उससे तुम्हें लाभ होगा। लेकिन मैं ली हुई प्रतिज्ञा वापिस नहीं ले सकूंगा। मुझे तो इससे लाभ ही होगा। व्यक्ति किसी भी निमित्त से संयम क्यों न पाले, उसमें उसे लाभ ही है। अब तुम मुझसे आग्रह न करो। फिर मेरे लिए भी यह एक परीक्षा हो जाएगी और इन दोनों चीजों को छोड़ने का जो निश्चय तुमने किया, उस पर टिके रहने में तुम्हें मदद मिलेगी।' इसके बाद मुझे उसे मनाने की ज़रूरत तो रही ही नहीं। 'आप बहुत हठीले हैं। किसी की बात मानते ही नहीं।' कहकर और अंजलि-भर आंसू बहाकर वह शांत हो गई।

मैं इसे सत्याग्रह का नाम देना चाहता हूं और इसे अपने जीवन की मधुर स्मृतियों में से एक मानता हूं।

इसके बाद कस्तूरबाई की तबीयत खूब संभली। इसमें नमक और दाल के त्याग का लाभ तो रहा ही होगा। या वह किस हद तक कारण था, या उस त्याग से होनेवाले

आहार-संबंधी अन्य छोटे-बड़े परिवर्तन कारण थे, या इसके बाद दूसरे नियमों का पालन कराने में मेरी पहरेदारी निमित्त रूप थी, या इस प्रसंग से उत्पन्न मानसिक उल्लास निमित्त रूप था–सो मैं कह नहीं सकता। पर कस्तूरबाई का क्षीण शरीर फिर निखरने लगा, रक्तस्राव बंद हुआ और 'वैद्यराज' के रूप में मेरी साख कुछ बढ़ी।

खुद मुझ पर तो इन दोनों के त्याग का प्रभाव अच्छा ही पड़ा। त्याग के बाद नमक या दाल की इच्छा न रही। एक साल का समय तो तेजी से बीत गया। अब मैं अनुभव करने लगा था कि मेरी इंद्रियां शांत रहती हैं और मन संयम को बढ़ाने की तरफ अधिक दौड़ने लगा। कहना होगा कि वर्ष की समाप्ति के बाद भी दाल और नमक का मेरा त्याग ठेठ देश लौटने तक चालू रहा। केवल एक बार सन् 1914 में इंग्लैंड में नमक और दाल खायी थी। लेकिन इसकी बात और भारत आने पर ये दोनों चीज़ें फिर किस तरह लेनी शुरू कीं, इसकी कहानी आगे कहूंगा।

नमक और दाल छुड़ाने के प्रयोग मैंने दूसरे साथियों पर भी बहुत किए हैं और दक्षिण अफ्रीका में तो उनके परिणाम अच्छे ही आए हैं। वैद्यकीय दृष्टि से दोनों चीज़ों के त्याग के विषय में दो मत हो सकते हैं, लेकिन इसमें मुझे कोई शक ही नहीं कि संयम की दृष्टि से तो इन दोनों चीज़ों के त्याग में लाभ ही है। भोगी और संयमी के आहार भिन्न होने चाहिए, उनके मार्ग भिन्न होने चाहिए। ब्रह्मचर्य का पालन करने की इच्छा रखनेवाले लोग भोगी का जीवन बिताकर ब्रह्मचर्य को कठिन और कभी-कभी लगभग असंभव बना डालते हैं।

30. संयम की ओर

मैं पिछले अध्याय में लिख ही चुका हूं कि आहार-संबंधी कुछ परिवर्तन कस्तूरबाई की बीमारी के कारण हुए थे। पर अब तो दिन-प्रतिदिन ब्रह्मचर्य की दृष्टि से आहार में परिवर्तन होने लगे।

इनमें पहला परिवर्तन दूध छोड़ने का हुआ। मुझे पहले-पहल रायचंद भाई से पता चला था कि दूध से इंद्रिय-विकार पैदा होता है। शाकाहार के बारे में अंग्रेज़ी किताबें पढ़ने से ये विचार दृढ़ हुए। लेकिन जब तक ब्रह्मचर्य का व्रत नहीं लिया था, तब तक मैं दूध छोड़ने का कोई खास इरादा नहीं कर सका था। यह चीज़ तो मैं बहुत पहले से समझने लगा था कि शरीर के निर्वाह के लिए दूध की ज़रूरत नहीं है। लेकिन वह रातों-रात छूटनेवाली चीज़ न थी। मैं इस बात को गहराई से समझने लगा था कि इंद्रिय-दमन के लिए दूध छोड़ना चाहिए। इन्हीं दिनों मेरे पास कलकत्ते से कुछ साहित्य आया, जिसमें गाय-भैंसों पर ग्वालों द्वारा किए जानेवाले क्रूर अत्याचारों की कथा थी। इस साहित्य का मुझ पर चमत्कारी प्रभाव पड़ा। मैंने इस संबध में मिस्टर केलनबैक से चर्चा की।

मिस्टर केलनबैक का परिचय मैं सत्याग्रह के इतिहास में दे ही चुका हूं और पिछले एक अध्याय में भी उनका थोड़ा उल्लेख कर चुका हूं, तो भी यहां दो और शब्द कहना चाहूंगा। उनसे मेरी भेंट अनायास ही हुई थी। वे मिस्टर खान के मित्र थे। मिस्टर खान ने उनके अंतर की गहराई में वैराग्य-वृत्ति का दर्शन किया था और मेरा विचार है कि इसी कारण उन्होंने मेरी पहचान उनसे कराई थी। जिस समय पहचान हुई उस समय उनके

तरह-तरह के शौकों से और खर्चीलेपन से मैं चौंक उठा था। लेकिन पहले ही परिचय में उन्होंने मुझसे धर्म संबंधी प्रश्न किए। इस चर्चा में अनायास ही बुद्ध भगवान के त्याग की बात निकली। इस प्रसंग के बाद हमारा संपर्क बढ़ता चला गया। वह इस हद तक बढ़ा कि उन्होंने अपने मन में यह विचार कर लिया कि जो काम मैं करूं वह उन्हें भी करना चाहिए। वे बिलकुल अकेले थे। मकान-किराये के अलावा हर महीने लगभग बारह सौ रुपये वे अपने-आप पर खर्च कर डालते थे। आखिर इसमें वे इतनी सादगी पर पहुंच गए कि एक समय उनका मासिक खर्च घटकर 120 रुपये पर जा टिका। मेरे अपनी घर-गृहस्थी को तोड़ देने के बाद और पहली जेल यात्रा के पश्चात् हम दोनों साथ रहने लगे थे। उस समय हम दोनों एक तरह से कठिन जीवन जी रहे थे।

जिन दिनों हम साथ रहते थे, उन्हीं दिनों दूध के बारे में ये चर्चा हुई थी। मिस्टर केलनबैक ने सलाह दी, 'दूध के दोषों की चर्चा तो हम अक्सर करते ही हैं। तो फिर हम दूध छोड़ क्यों न दें? उसकी ज़रूरत तो है ही नहीं।' उनकी इस राय से मुझे सुखद आश्चर्य हुआ। मैंने इस सलाह का स्वागत किया और हम दोनों ने उसी क्षण टॉलस्ताय फार्म पर दूध का त्याग किया। यह घटना सन् 1912 में घटी।

इतने त्याग से मुझे शांति न हुई। दूध छोड़ने के कुछ ही समय बाद केवल फलाहार के प्रयोग का भी हमने निश्चय किया। फलाहार में भी जो सस्ते से सस्ते फल मिलें, उनसे ही अपना निर्वाह करने का हमारा निश्चय था। गरीब से गरीब आदमी जैसा जीवन बिताता है, वैसा ही जीवन बिताने की उमंग हम दोनों को थी। हमने फलाहार की सुविधा का भी खूब अनुभव किया। फलाहार में आम तौर पर चूल्हा नहीं जलाना पड़ता था। बिना सिकी मूंगफली, केले, खजूर, नींबू और जैतून का तेल–यह हमारा साधारण आहार बन गया।

ब्रह्मचर्य का पालन करने की इच्छा रखनेवालों को यहां एक चेतावनी देने की ज़रूरत है। हालांकि मैंने ब्रह्मचर्य के साथ आहार और उपवास का निकट संबंध बताया है, तो भी यह तय है कि उसका मुख्य आधार मन पर है। मैला मन उपवास से शुद्ध नहीं होता। आहार का उस पर प्रभाव नहीं पड़ता। मन का मैल तो विचार से, ईश्वर के ध्यान से और आखिर ईश्वरीय आशीर्वाद से ही छूटता है। लेकिन मन का शरीर के साथ निकट संबंध है और जिसके मन में विकार होता है उसे विकारयुक्त आहार की ही तलाश रहती है। विकारी मन अनेक प्रकार के स्वादों और भोगों की तलाश में रहता है और बाद में उन आहारों तथा भोगों का प्रभाव मन पर पड़ता है। इसलिए उस हद तक आहार पर अंकुश रखने की और निराहार रहने की ज़रूरत होती है। विकारग्रस्त मन शरीर और इंद्रियों को अंकुश में रखने के बदले शरीर के और इंद्रियों के अधीन होकर चलता है, इस कारण भी शरीर के लिए शुद्ध और कम-से-कम विकारी आहार की मर्यादा की और प्रसंग के बाद निराहार की–उपवास की–ज़रूरत रहती है। इसलिए जो लोग यह कहते हैं कि संयमी व्यक्ति के लिए आहार की मर्यादा की या उपवास की ज़रूरत नहीं है, वे उतनी ही गलती पर हैं जितनी आहार तथा उपवास को सबकुछ माननेवाले। मेरा अनुभव तो मुझे यह सिखाता है कि जिसका मन संयम की ओर बढ़ रहा है, उसके लिए आहार की मर्यादा और उपवास बहुत मदद करनेवाले हैं। इनकी सहायता के बिना मन को निर्विकार नहीं बनाया जा सकता।

31. उपवास

जिन दिनों मैंने दूध और अनाज छोड़कर फलाहार का प्रयोग शुरू किया था, उन्हीं दिनों संयम के प्रयोजन से उपवास भी शुरू किए। मिस्टर केलनबैक इसमें भी मेरे साथ हो गए। पहले मैं उपवास केवल स्वास्थ्य की दृष्टि से करता था। एक मित्र की प्रेरणा से मैंने यह समझा कि देह-दमन के लिए उपवास की ज़रूरत है। चूंकि मैं वैष्णव परिवार में पैदा हुआ था और हमारी मां कठिन व्रतों का पालन करनेवाली महिला थी, इसलिए अपने देश में रहते हुए एकादशी आदि व्रत मैंने किए थे। लेकिन वे देखादेखी या माता-पिता को प्रसन्न करने के विचार से किए थे। ऐसे व्रत से कोई लाभ होता है, इसे न तो मैं उस समय समझा था, न मानता ही था। लेकिन इन मित्र को उपवास करते देखकर और अपने ब्रह्मचर्य-व्रत को सहारा पहुंचाने के विचार से मैंने उनका अनुकरण करना शुरू किया और एकादशी के दिन उपवास करने का निश्चय किया। आम तौर पर लोग एकादशी के दिन दूध और फल खाकर समझते हैं कि उन्होंने एकादशी की है। लेकिन फलाहारी उपवास तो अब मैं रोज़ ही करने लगा था, इसलिए मैंने पानी पीने की छूट रखकर पूरे उपवास शुरू किए।

उपवास के प्रयोगों के शुरू-शुरू के दिनों में श्रावण का महीना पड़ता था। उस साल रमजान और श्रावण दोनों एक साथ पड़े थे। गांधी परिवार में वैष्णव व्रतों के साथ शैव व्रत भी रखे जाते थे। परिवार के लोग वैष्णव मंदिरों की तरह ही शिवालयों में भी जाते थे। श्रावण महीनों का प्रदोष-व्रत परिवार में कोई न कोई हर वर्ष रखता ही था। इसलिए इस श्रावण मास का व्रत मैंने रखना चाहा।

इस महत्त्वपूर्ण प्रयोग की शुरुआत तॉलस्ताय आश्रम में हुई थी। वहां सत्याग्रही कैदियों के परिवारों की देखरेख करते हुए केलनबैक और मैं दोनों रहते थे। उनमें बच्चे और नौजवान भी थे। उनके लिए स्कूल चलता था। इन नौजवानों में चार-पांच मुसलमान थे। इस्लाम के नियमों का पालन करने में मैं उनकी मदद करता था और उन्हें बढ़ावा देता था। नमाज वगैरा की सुविधा कर देता था। आश्रम में पारसी और ईसाई लोग भी थे। इन सबको अपने-अपने धर्मों के अनुसार चलने के लिए प्रोत्साहित करने का आश्रम में नियम था। इसलिए मैंने मुसलमान नौजवानों को रोज़े रखने के लिए उत्साहित किया। मुझे तो प्रदोष-व्रत करना ही था। लेकिन मैंने हिन्दुओं, पारसियों और ईसाइयों को भी मुसलमान नौजवानों का साथ देने की सलाह दी। मैंने उन्हें समझाया कि संयमों में सबके साथ सहयोग करना उचित है। कई आश्रमवासियों ने मेरी बात मान ली। हिन्दू और पारसी मुसलमान साथियों के लिए सूरज डूबने की राह देखते थे, जबकि दूसरे उससे पहले खा लिया करते थे, जिससे वे मुसलमानों को परोस सकें और उनके लिए खास पकवान बना सकें। इसके अलावा, मुसलमान जो सहरी खाते थे उसमें दूसरों को शामिल करने की गुंजाइश नहीं थी। और मुसलमान दिन में पानी भी नहीं पीते थे, जब कि दूसरे लोग आराम से पानी पीते थे।

इस प्रयोग से एक अच्छी बात ये हुई कि उपवास और एकाशन का महत्त्व सब समझने लगे। एक-दूसरे के प्रति उदारता और प्रेम-भाव बढ़ा। आश्रम में शाकाहार का नियम था। यह नियम मेरी भावना के कारण स्वीकार किया गया था, यह बात मुझे यहां आभारपूर्वक स्वीकार करनी चाहिए। रोज़े के दिनों में मुसलमान मांस खाए बिना रह नहीं पाते थे लेकिन नवयुवकों में से किसी ने मुझे उसका पता नहीं चलने दिया। वे आनंद और

रस-पूर्वक शाकाहार करते थे। हिन्दू बच्चे आश्रम में खराब न लगनेवाला स्वादिष्ट भोजन भी उनके लिए तैयार करते थे।

अपने उपवास के बारे में बात करते हुए यह विषयांतर मैंने जान-बूझकर किया है, क्योंकि इस मधुर प्रसंग का वर्णन मैं दूसरी जगह नहीं कर सकता था और इस विषयांतर के साथ मैंने अपनी एक आदत की भी चर्चा कर ली है। अपने विचार में मैं जो अच्छा काम करता हूं, उसमें अपने साथ रहनेवालों को शामिल करने का प्रयास मैं हमेशा करता हूं। उपवास और एकाशन के प्रयोग नए थे, लेकिन प्रदोष और रमजान के बहाने मैंने सबको इसमें शामिल कर लिया।

इस प्रकार सहज ही आश्रम में संयम का वातावरण बढ़ा। दूसरे उपवासों और एकाशनों में भी आश्रमवासी शामिल होने लगे। और मैं मानता हूं कि इसके अच्छे परिणाम आए। सबके दिलों पर संयम का कितना प्रभाव पड़ा, सबके विषयों को संयत करने में उपवास आदि ने कितना हाथ बंटाया, यह तो मैं नहीं बता सकता। लेकिन मेरा अनुभव यह है कि उपवास आदि से मुझ पर तो स्वास्थ्य और काम भावना को बस में रखने की दृष्टि से बहुत अच्छा प्रभाव पड़ा। फिर भी मैं यह जानता हूं कि उपवास आदि से सब पर इस तरह का प्रभाव पड़ेगा ही, ऐसा कोई बना-बनाया नियम नहीं है। इंद्रिय-दमन के प्रयोजन से किए गए उपवासों से ही विषयों को संयत करने का परिणाम निकल सकता है। कुछ मित्रों का यह अनुभव भी है कि उपवास पूरे होते ही कामभावना और स्वाद की चाह तेज हो जाते हैं। मतलब यह कि उपवास के दिनों में कामभावना को संयत करने और स्वाद को जीतने की सतत भावना निरा भ्रम है कि बिना किसी प्रयोजन के और बेमन किए जानेवाले शारीरिक उपवास का स्वतंत्र परिणाम विषय-वासना को संयत करने में आएगा। गीताजी के दूसरे अध्याय का यह श्लोक यहां बहुत विचारणीय है–

विषया विनिवर्तन्ते निराहारस्य देहिनः।
रसवर्ज रसोऽप्यस्य परं दृष्ट्वा निवर्तते।।

उपवासी के विषय (उपवास के दिनों में) शांत होते हैं; पर उसका रस नहीं जाता। रस तो ईश्वर-दर्शन से ही–ईश्वर-प्रसाद से ही शांत होता है।

कहने का अर्थ यह कि संयमी के मार्ग में उपवास आदि एक साधन के रूप में हैं, लेकिन ये ही सबकुछ नहीं हैं और यदि शरीर के उपवास के साथ मन का उपवास न हो, तो उससे दंभ ही उपजेगा और वह कुछ नुक़सान करके ही जाएगा।

32. शिक्षक के रूप में

यदि पाठक यह याद रखें कि जो बातें दक्षिण अफ्रीका के सत्याग्रह का इतिहास में नहीं आ सकी हैं या थोड़े ही अंशों में आई हैं वही इन अध्यायों में आ रही हैं, तो वे इन अध्यायों के आपसी संबंध को समझ सकेंगे।

टॉलस्ताय आश्रम में लड़कों और लड़कियों के लिए शिक्षा का कोई-न-कोई प्रबंध करना ही था। मेरे साथ हिंदू, मुसलमान, पारसी और ईसाई नवयुवक थे और कुछ लड़कियां भी थीं। सिर्फ इसी काम के लिए शिक्षक रखा नहीं जा सकता था और मुझे

इसकी ज़रूरत भी महसूस नहीं हुई। असंभव इसलिए था कि योग्य हिन्दुस्तानी शिक्षकों की कमी थी और मिलने पर भी बड़ी तनख्वाह के बिना जोहान्सबर्ग से इक्कीस मील दूर आता ही कौन? मेरे पास पैसों का पेड़ नहीं लगा हुआ था। बाहर से शिक्षक लाना मैंने ज़रूरी नहीं समझा, क्योंकि शिक्षा की प्रचलित पद्धति मुझे पसंद नहीं थी। सच्ची पद्धति क्या हो सकती है, इसका अनुभव मैं ले नहीं पाया था। इतना समझता था कि आदर्श स्थिति में सच्ची शिक्षा तो मां-बाप की निगरानी में ही हो सकती है। आदर्श स्थिति में बाहरी मदद कम-से-कम होनी चाहिए। सोचा यह था कि तॉलस्ताय आश्रम एक परिवार है और मैं उसमें एक पिता की जगह हूं, इसलिए इन नवयुवकों के व्यक्तित्व निर्माण की जिम्मेदारी मुझे ही उठानी चाहिए।

इस कल्पना में बहुत-से दोष तो थे ही। नवयुवक मेरे पास जन्म से नहीं रहे थे। सब अलग-अलग वातावरण में पले थे। सब एक धर्म के भी नहीं थे। ऐसी स्थिति में रहते हुए पिता बनकर भी मैं उनके साथ न्याय कैसे कर सकता था?

लेकिन मैंने हृदय की शिक्षा को अर्थात् चरित्र निर्माण को हमेशा पहला स्थान दिया है। और यह सोचकर कि उसका परिचय तो किसी भी उमर में और अलग-अलग तरह के वातावरणों में पले हुए लड़कों और लड़कियों को थोड़ा बहुत कराया ही जा सकता है, इनके साथ मैं रात-दिन पिता की तरह रहता था। मैंने चरित्र को उनकी शिक्षा की बुनियाद माना था। अगर बुनियाद पक्की हो, तो अवसर मिलने पर दूसरी बातें बच्चे आपस में एक-दूसरे की मदद लेकर या अपनी समझ से खुद जान-समझ सकते हैं।

फिर भी मैं समझता था कि थोड़ा-बहुत अक्षर-ज्ञान तो कराना ही चाहिए, इसलिए कक्षाएं शुरू कीं और इस काम में मैंने मिस्टर केलनबैक और प्रागजी देसाई की मदद ली। शारीरिक श्रम की शिक्षा की ज़रूरत को मैं समझता था। यह शिक्षा उन्हें सहज ही मिल रही थी। आश्रम में नौकर तो थे ही नहीं। पाखाना-सफाई से लेकर रसोई बनाने तक के सारे काम आश्रमवासियों को ही करने होते थे। वहां फलों के पेड़ बहुत थे। नयी फसलें भी बोनी होती थीं। मिस्टर केलनबैक को खेती का शौक था। वे खुद सरकार के आदर्श बगीचों में जाकर थोड़े समय तक ये काम सीखकर आए थे। ऐसे छोटे-बड़े सभी को, जो रसोई के काम में नहीं लगे होते थे, रोज़ाना कुछ समय के लिए बगीचे में काम करना ही पड़ता था। इस काम में बच्चों का सहयोग ज्यादा मिलता था। बड़े-बड़े गड्ढे खोदना, पेड़ काटना, बोझ उठाकर ले जाना जैसे काम करते हुए उनकी खूब कसरत हो जाती थी। इसमें उन्हें आनंद भी आता था और इसलिए दूसरी कसरत या खेल-कूद की उन्हें ज़रूरत ही नहीं रहती थी। काम करने में कुछ विद्यार्थी या कभी-कभी सब विद्यार्थी नखरे करते थे। आलस करते थे। अक्सर इन बातों की ओर से मैं आंख मूंद लेता था। कभी-कभी उनसे सख्ती से काम लेता था। मैं यह भी देखता था कि जब मैं सख्ती करता था, तब उनका जी काम से ऊब जाता था। फिर भी मुझे याद नहीं पड़ता कि बच्चों ने सख्ती का कभी विरोध किया हो। जब-जब मैं सख्ती करता तब-तब उन्हें समझाता और उन्हीं से कबूल कराता था कि काम के समय खेलने की आदत अच्छी नहीं मानी जा सकती। वे उस समय तो समझ जाते, लेकिन दूसरे ही क्षण भूल भी जाते। इस तरह हमारी गाड़ी चलती थी। उनके शरीर मजबूत बनते जा रहे थे।

आश्रम में शायद ही कोई बीमार पड़ता हो। कहना चाहिए कि इसमें जलवायु का और अच्छे तथा नियमित आहार का भी बड़ा हाथ था। शारीरिक शिक्षा के साथ ही मैं शारीरिक काम-धंधे के हुनर का भी उल्लेख कर दूं। इरादा यह था कि सबको कोई-न-कोई उपयोगी काम सिखाया जाए। इसके लिए मिस्टर केलनबैक ट्रपिस्ट मठ में चप्पल बनाना सीखकर आए। ये काम उनसे मैंने सीखा और जो बच्चे इस काम को सीखने के लिए तैयार हुए उन्हें मैंने सिखाया। मिस्टर केलनबैक को बढ़ई के काम का थोड़ा अनुभव था और आश्रम में बढ़ई का काम जाननेवाला एक साथी था, इसलिए यह काम भी कुछ हद तक बच्चों को सिखाया जाता था। रसोई का काम तो लगभग सभी बच्चे सीख गए थे।

बच्चों के लिए ये सारे काम नए थे। इन कामों को सीखने की बात तो उन्होंने सपने में भी नहीं सोची होगी। हिन्दुस्तानी बच्चे दक्षिण अफ्रीका में जो कुछ भी शिक्षा पाते थे, वह केवल प्राथमिक अक्षर-ज्ञान की ही होती थी। तॉलस्टॉय आश्रम में शुरू से ही यह प्रथा डाली गई थी कि जिस काम को हम शिक्षक न करें, वह बच्चों से न कराया जाए; और बच्चे जिस काम में लगे हों, उसमें उनके साथ उसी काम को करनेवाला एक शिक्षक हमेशा रहे। इसलिए बच्चों ने जो कुछ सीखा, उमंग के साथ सीखा।

चरित्र और अक्षर-ज्ञान के बारे में मैं आगे लिखूंगा।

33. अक्षर-ज्ञान

पिछले अध्याय में हम कुछ हद तक देख चुके हैं कि तॉलस्ताय आश्रम में शारीरिक शिक्षा और उससे जुड़ी थोड़ी-बहुत दस्तकारी सिखाने का काम किस तरह से शुरू किया गया था। हालांकि यह काम मैं अपने संतोषजनक ढंग से तो नहीं ही कर सका था। फिर भी इस काम में थोड़ी-बहुत सफलता मिली ही थी।

लेकिन अक्षर-ज्ञान कराना मुश्किल मालूम हुआ। मेरे पास इसके लिए ज़रूरी साज-सामान भी नहीं था। समय की कमी तो थी ही, मुझमें इस काम के लिए योग्यता भी नहीं थी। दिन भर शारीरिक काम करते-करते मैं थक जाता था और जिस समय थोड़ा आराम करने की ज़रूरत होती, उसी समय पढ़ाई की कक्षाएं लेनी होती थीं। इसलिए मैं ताज़गी महसूस करने के बजाय जबरदस्ती जागा रहता था। सुबह का समय खेती में और घर के काम-काज में निकल जाता था। इसलिए दोपहर को खाना खाने के तुरंत बाद ही स्कूल का काम शुरू होता था। हमारे पास इससे अनुकूल कोई और समय नहीं बचता था।

अक्षर-ज्ञान के लिए कुल मिलाकर तीन घंटे रखे गए थे। कक्षा में हिंदी, तमिल, गुजराती और उर्दू भाषाएं सिखाई जाती थीं। यह आग्रह भी था कि हर बच्चे को शिक्षा उसकी मातृभाषा में ही दी जाए। अंग्रेज़ी सब बच्चों को सिखाई जाती थी। गुजरात के हिन्दू बच्चों को थोड़ी-सी संस्कृत का और सब बच्चों को हिंदी का परिचय कराया जाता था। इतिहास, भूगोल और अंकगणित सभी बच्चों को सिखाए जाते थे। यही पाठ्यक्रम था। तमिल और उर्दू सिखाने का काम मेरे जिम्मे था।

तमिल मैंने स्टीमरों में और जेल में सीखी थी। इसमें भी मैं खुद पोप-कृत उत्तम तमिल-स्वयं-शिक्षक से आगे बढ़ नहीं सका था। उर्दू लिपि का ज्ञान भी उतना ही था

जितना स्टीमर में हो पाया था और फारसी-अरबी के ख़ास शब्द भी मुझे उतने ही आते थे जितने मैं मुसलमान मित्रों के संग-साथ में सीख पाया था। मुझे संस्कृत भी उतनी ही आती थी जितनी मैं हाईस्कूल में सीख पाया था। गुजराती का ज्ञान भी स्कूल के स्तर से आगे नहीं बढ़ पाया था।

इतनी ही पूंजी से मुझे अपना काम चलाना था। इस काम में मेरे सहायकों का हाथ तो मुझसे भी तंग था। लेकिन अपने देश की भाषाओं के प्रति मेरे प्रेम ने, अपनी शिक्षण-शक्ति के बारे में मेरी श्रद्धा ने, विद्यार्थियों के अज्ञान से और उससे भी अधिक उनकी उदारता ने इस काम में मेरी सहायता की।

तमिल विद्यार्थियों का जन्म दक्षिण अफ्रीका में ही हुआ था, इसलिए वे तमिल बहुत कम जानते थे। लिपि तो उन्हें बिलकुल भी नहीं आती थी। इसलिए मैं उन्हें लिपि तथा व्याकरण के मूल तत्त्व सिखाता था। ये काम आसान था। विद्यार्थी जानते थे कि तमिल भाषा में बात करने में तो वे मुझे आसानी से हरा सकते थे; और जब केवल तमिल जानने वाले ही मुझसे मिलने आते, तब वे मेरे लिए दुभाषिए का काम करते थे। मेरी गाड़ी चल पड़ी, क्योंकि मैंने कभी इस बात की कोशिश नहीं की कि मुझे अपने विद्यार्थियों से कम आता है। हर बात में जैसा मैं था वैसा ही वे मुझे जानने लगे। उनके प्रेम और आदर से कभी वंचित न रहा।

मुसलमान बच्चों को उर्दू सिखाना मुझे आसान लगा। वे उर्दू लिपि जानते थे। मेरा काम इतना ही था कि पढ़ने के प्रति उनमें रुचि जगाऊं और उनके लिखे अक्षर सुधारूं।

आम तौर पर आश्रम के ये सब बच्चे निरक्षर ही थे और किसी स्कूल से पढ़कर नहीं आए थे। मैंने सिखाते-सिखाते पाया कि मुझे उन्हें सिखाना तो कम ही है; ज्यादा काम तो उनके आलस को छुड़ाने का, उनमें खुद पढ़ने की रुचि जगाने का और उनकी पढ़ाई पर निगरानी रखने का ही था। मैं इतने काम से संतुष्ट हो जाता था। यही कारण है कि अलग-अलग उमर के और अलग-अलग विषयोंवाले विद्यार्थियों को एक ही कमरे में बैठाकर मैं उनसे काम ले सकता था।

पढ़ते समय पाठ्य किताबों की जो हायतौबा मचाई जाती है, उसकी ज़रूरत मुझे कभी महसूस नहीं हुई। मुझे नहीं याद आता कि जो किताबें हमारे पास थीं उन्हें भी बहुत काम में लाया गया हो। हर एक बच्चे को ढेर सारी किताबों से लाद देने की मैंने कभी ज़रूरत नहीं समझी। मेरा तो ये सोचना है कि शिक्षक ही विद्यार्थियों की पाठ्य-किताब होते हैं। मेरे शिक्षकों ने किताबों की मदद से मुझे जो कुछ सिखाया था वह मुझे बहुत ही कम याद रहा है। लेकिन उन्होंने मुझे अपने मुंह से जो सिखाया था, वह सबकुछ आज भी याद रह गया है। बच्चे आंखों से देखकर जितना ग्रहण करते हैं, उसकी तुलना में कानों से सुनी हुई बात को वे थोड़े परिश्रम से और बहुत अधिक मात्रा में अपने भीतर उतार सकते हैं। मुझे याद नहीं पड़ता कि बच्चों को मैंने एक भी किताब पूरी पढ़ाई हो।

लेकिन पढ़ी गई अनेक किताबों में से मैं जो कुछ भी अपने भीतर उतार पाया था, उसे मैंने अपनी भाषा में बच्चों के सामने रखा था। मैं मानता हूं कि वह उन्हें आज भी याद होगा। पढ़ाया हुआ याद रखने में उन्हें कष्ट होता था, जब कि मेरी कही हुई बात को वे

उसी समय मुझे फिर सुना देते थे। पढ़ने में उनका जी ऊबता था। जब मैं थकावट के कारण या अन्य किसी कारण से सुस्त और नीरस न होता, तब वे मेरी बात रसपूर्वक और ध्यानपूर्वक सुनते थे। उनके पूछे हुए प्रश्नों का उत्तर देने से मुझे उनकी ग्रहण-शक्ति का अंदाजा हो जाता था।

34. आत्मिक शिक्षा

विद्यार्थियों के शरीर और मन को शिक्षित करने की तुलना में उनकी आत्मा को शिक्षित करने में मुझे बहुत मेहनत करनी पड़ी। आत्मा के विकास के लिए मैं धर्म ग्रंथों की मदद कम लेता था। मैं मानता था कि विद्यार्थियों को अपने-अपने धर्म के मूल तत्त्व जानने चाहिए, उन्हें अपने-अपने धर्म ग्रंथों का साधारण ज्ञान होना ही चाहिए। इसलिए मैंने इस बात की पूरी व्यवस्था की थी कि उन्हें यह ज्ञान मिल सके। लेकिन इसे मैं बुद्धि की शिक्षा का अंग मानता हूं। आत्मा की शिक्षा एक बिलकुल भिन्न कार्य है। इसे मैं जब टॉलस्ताय आश्रम के बच्चों को सिखाने लगा, उससे पहले ही मैं जान चुका था कि आत्मा का विकास करने का अर्थ है चरित्र का निर्माण करना, ईश्वर का ज्ञान पाना, आत्म-ज्ञान पाना। मेरा ये मानना था कि इस ज्ञान को पाने में बच्चों को बहुत ज्यादा मदद की ज़रूरत होती है और इसके बिना दूसरा ज्ञान व्यर्थ है, नुक़सान भी कर सकता है।

मैंने सुना है कि लोगों में यह भ्रम फैला हुआ है कि आत्म-ज्ञान जीवन के चौथे आश्रम में प्राप्त होता है। लेकिन जो लोग इस अमूल्य तत्त्व को चौथे आश्रम तक टालते रहते हैं, वे आत्म-ज्ञान नहीं पाते बल्कि बुढ़ापा और दूसरा, लेकिन दयाजनक बचपन पाकर पृथ्वी पर भार रूप बनकर जीते हैं। इस तरह का अनुभव सब जगह पाया जाता है। संभव है कि सन् 1911-12 में मैं इन विचारों को इस भाषा में पाठकों के सामने न रखता, लेकिन मुझे यह अच्छी तरह याद है कि उस समय मेरे विचार इसी तरह थे।

आत्मिक शिक्षा किस तरह से दी जाए? मैं बच्चों से भजन गाने को कहता, उन्हें नीति की किताबें पढ़कर सुनाता, लेकिन इतने भर से मुझे संतोष नहीं होता था। जैसे-जैसे मैं उनके निकट संपर्क में आता गया, मैंने यह अनुभव किया कि इस तरह का ज्ञान किताबों के माध्यम से तो दिया ही नहीं जा सकता। शरीर की शिक्षा जिस प्रकार शारीरिक कसरत के जरिए दी जाती है और बुद्धि की बौद्धिक कसरत द्वारा, उसी प्रकार आत्मा की शिक्षा आत्मिक कसरत द्वारा ही दी जा सकती है। आत्मा की कसरत शिक्षक अपने खुद के आचरण से ही दे सकता है। इसलिए बच्चे सामने हों चाहे न हों, शिक्षक को सावधान रहना ही चाहिए। दूर बैठा हुआ शिक्षक भी अपने आचरण द्वारा अपने शिष्यों की आत्मा को हिला सकता है। मैं खुद तो झूठ बोलूं और अपने शिष्यों को सच्चा बनाने का प्रयास करूं, तो इससे कुछ भी हासिल नहीं होगा। डरपोक शिक्षक शिष्यों को वीरता नहीं सिखा सकता। व्यभिचारी शिक्षक शिष्यों को संयम किस प्रकार सिखाएगा? मैंने पाया कि मुझे अपने पास रहनेवाले युवकों और युवतियों के सामने आदर्श बनकर रहना चाहिए। इस कारण मेरे शिष्य ही मेरे शिक्षक बने। मैं यह समझ पाया कि मुझे अपने लिए नहीं, बल्कि उनके लिए अच्छा बनना और रहना चाहिए। इसलिए मुझे ये कहने में कोई संकोच नहीं

कि तॉलस्ताय आश्रम को मैं अपने संयम का योगदान दे पाया, वह इन युवकों और युवतियों के कारण ही था।

आश्रम में एक लड़का था, जो बहुत ऊधम मचाता था, झूठ बोलता था। किसी से दबता नहीं था और दूसरों के साथ लड़ता-झगड़ता रहता था। एक दिन उसने बहुत ही ऊधम मचाया। मैं घबरा गया। मैं अपने विद्यार्थियों को कभी सज़ा नहीं देता था। लेकिन इस बार तो मुझे बहुत गुस्सा आ गया। मैं उसके पास पहुंचा। समझाने पर भी वह किसी तरह से समझता ही नहीं था। उसने मुझे धोखा देने की भी कोशिश की। मैंने अपने पास पड़ा हुआ रूल उठाकर उसकी बांह पर दे मारा। मारते समय मैं कांप रहा था। इसे उसने देख लिया होगा। मेरी ओर से इससे पहले ऐसा अनुभव किसी विद्यार्थी को नहीं हुआ था। विद्यार्थी रो पड़ा। उसने मुझसे माफी मांगी। उसे डंडा लगा और चोट पहुंची, वह इससे नहीं रोया था। अगर वह मेरा मुकाबला करना चाहता, तो मुझसे निबट सकने की शक्ति उसमें थी। उसकी उमर कोई सतरह साल की रही होगी। उसका शरीर गठीला था। लेकिन मेरे रूल में उसे मेरे दुख का दर्शन हो गया। इस घटना के बाद वह फिर कभी मेरे सामने नहीं पड़ा। लेकिन उसे रूल मारने का पछतावा मेरे दिल में आज तक बना हुआ है। मुझे डर है कि उसे मारकर मैंने अपनी आत्मा का नहीं, बल्कि अपनी पशुता का ही दर्शन कराया था।

बच्चों को मार-पीटकर पढ़ाने का मैं हमेशा विरोधी रहा हूं। मुझे ऐसी एक ही घटना याद आती है कि जब मैंने अपने बेटों में से एक को पीटा था। रूल से पीटकर मैंने ठीक किया या नहीं, इसका फैसला आज तक कर नहीं सका हूं। मुझे इस बात में भी शक है कि इस तरह से दण्ड देना उचित था या नहीं, क्योंकि इस कर्म में क्रोध भरा था और दण्ड देने की भावना काम कर रही थी। यदि उसमें केवल मेरे दुख का ही प्रदर्शन होता, तो मैं उस दण्ड को उचित समझता। लेकिन उसमें मिली-जुली भावना काम कर रही थी।

इस घटना के बाद तो मैं बच्चों को सुधारने के बेहतर तरीके सीख गया। हां, मैं यह नहीं कह सकता कि मैंने इस कला का उपयोग ऊपर बताए अवसर पर किया होता, तो उसका क्या परिणाम होता। वह युवक तो इस घटना को तुरंत भूल गया। मैं यह भी नहीं कह सकता कि वह बहुत सुधर गया होगा, लेकिन उस घटना ने मुझे इस बात को अधिक सोचने के लिए विवश किया कि विद्यार्थी के प्रति शिक्षक का धर्म क्या है।

उसके बाद युवकों ने ऐसी बदमाशियां दोबारा भी कीं, लेकिन मैंने फिर कभी उन पर हाथ नहीं उठाया। इस तरह दूसरों को आत्मिक ज्ञान देने के प्रयास में मैं खुद आत्मा के गुण को अच्छी तरह से समझ पाया।

35. भले-बुरे एक साथ

तॉलस्ताय आश्रम में मिस्टर केलनबैक ने मेरे सामने एक प्रश्न खड़ा किया। जब तक उनकी ओर से यह प्रश्न नहीं उठाया गया था, मैंने पहले कभी उस प्रश्न पर विचार ही नहीं किया था। आश्रम में कुछ लड़के बहुत ऊधमी और दुष्ट स्वभाव के थे। उन्हीं के साथ मेरे तीन बेटे थे। इसी वातावरण में कुछ दूसरे भी बच्चे रह रहे थे। लेकिन मिस्टर केलनबैक का ध्यान तो इस ओर ही था कि वे आवारा युवक और मेरे बेटे एक साथ कैसे रह सकते हैं।

एक दिन वे बोले, 'आपका यह तरीका मुझे ज़रा भी नहीं जंचता। इन लड़कों के साथ आप अपने बेटों को रखें, तो इससे एक ही बात होगी। उन्हें इन आवारा लड़कों की छूत लगेगी। इससे वे बिगड़ेंगे नहीं तो और क्या होगा?'

मुझे इस समय तो याद नहीं आ रहा कि मैं क्षण-भर सोच में पड़ा था या नहीं, लेकिन अपना जवाब मुझे याद है। मैंने कहा था, 'अपने बेटों और इन आवारा लड़कों के बीच मैं भेद कैसे कर सकता हूं? इस समय तो मैं दोनों के लिए एक ही समान जिम्मेदार हूं। ये नौजवान मेरे बुलाने पर यहां आए हैं। अगर मैं इन्हें पैसे दे दूं, तो आज ही ये जोहान्सबर्ग जाकर वहां पहले की तरह फिर रहने लग जाएंगे। अगर ये और इनके माता-पिता यह मानते हों कि यहां आकर इन्होंने मुझ पर मेहरबानी की है, तो इसमें आश्चर्य नहीं। यहां आने से इन्हें कष्ट उठाना पड़ रहा है, यह तो आप और मैं दोनों देख रहे हैं। लेकिन मेरा धर्म स्पष्ट है। मुझे इन्हें यहीं रखना चाहिए। इसलिए मेरे बेटे भी इनके साथ ही रहेंगे। इसके अलावा, क्या मैं आज से अपने बेटों को यह भेदभाव सिखाऊं कि वे दूसरे कुछ लड़कों की तुलना में बेहतर हैं? उनके दिमाग में इस तरह की बातें भरना ही उन्हें गलत रास्ते पर ले जाने जैसा है। आज के इस माहौल में रहते रहने से वे जिस तरह से गढ़े जाएंगे, अच्छे-बुरे की परीक्षा खुद करने लगेंगे। हम यह क्यों न मानें कि अगर मेरे लड़कों में सचमुच कोई गुण है, तो उन्हें यहीं रखना होगा और अगर ऐसा करने में कोई खतरा भी हो, तो उसे उठाना ही होगा।'

मिस्टर केलनबैक ने सिर हिलाया।

यह नहीं कहा जा सकता कि इस प्रयोग का कोई गलत परिणाम निकला। मैं नहीं मानता कि उससे मेरे बेटों का कोई नुक़सान हुआ। उलटे, मैं यह देख सका कि वे फायदे में रहे। उनमें पहले बड़प्पन का कोई अंश रहा हो, तो वह पूरी तरह से निकल गया। वे सबके साथ घुलना-मिलना सीखे। वे कसौटी पर खरे उतरे।

इस और ऐसे दूसरे अनुभवों से मेरा यह विचार बना है कि माता-पिता ठीक-ठाक देखभाल कर रहे हों, तो भले और बुरे लड़कों के साथ रहने और पढ़ने से भले लड़के कुछ गंवाते नहीं।

ऐसा कोई नियम तो है नहीं कि अपने लड़कों को तिजोरी में बंद रखो तो वे खरे बने रहेंगे और बाहर निकालने से भ्रष्ट हो जाएंगे। हां, यह सच है कि जहां कई तरह के लड़के और लड़कियां एक साथ रहते और पढ़ते हैं, वहां माता-पिता की और शिक्षकों की ही परीक्षा होती है। उन्हें खुद सावधान रहना पड़ता है।

36. प्रायश्चित-रूप उपवास

लड़कों और लड़कियों का ईमानदारी से पालन-पोषण करने और उनकी पढ़ाई-लिखाई करने में कितनी और कैसी कठिनाइयां आती हैं, इसके प्रतिदिन नए अनुभव होते। शिक्षक और अभिभावक होने के नाते मुझे उनके हृदय में प्रवेश करना था, उनके सुख-दुख में हाथ बंटाना था, उनके जीवन की गुत्थियां सुलझानी थीं और उनकी उछलती, तरंगें लेती जवानी को सीधे मार्ग पर ले जाना था।

कुछ जेलवासी रिहा हुए तो टॉलस्टाय आश्रम में थोड़े ही लोग रह गए। इनमें फीनिक्सवासी ही ज्यादा थे। इसलिए मैं आश्रम को फीनिक्स ले गया। फीनिक्स में मेरी कड़ी परीक्षा हुई। टॉलस्टाय आश्रम में बचे हुए आश्रमवासियों को फीनिक्स छोड़कर मैं जोहान्सबर्ग गया।

उन दिनों मुझे फीनिक्स और जोहान्सबर्ग के बीच आना-जाना पड़ता था। जब मैं जोहान्सबर्ग में कुछ ही दिन रहा था कि मेरे पास आश्रम के दो व्यक्तियों के भयंकर पतन के समाचार पहुंचे। हम सत्याग्रह की महान लड़ाई लड़ रहे थे। उसमें भी हार-जीत लगी रहती थी लेकिन वहां मिली हार से मुझे कोई आघात नहीं पहुंचता था। लेकिन इस घटना ने जैसे मेरी पीठ में छुरा घोंप दिया। मैं तिलमिला उठा। मैंने उसी दिन फीनिक्स की गाड़ी पकड़ी। मिस्टर केलनबैक ने मेरे साथ चलने का आग्रह किया। वे मेरी दयनीय हालत को समझ चुके थे। मुझे अकेले जाने देने के लिए उन्होंने साफ मना कर दिया। पतन के समाचार मुझे उन्हीं के जरिए मिले थे।

रास्ते में मैंने अपना धर्म समझ लिया, या यों कहिए कि समझ लिया ऐसा मानकर मैंने अनुभव किया कि अगर अपनी निगरानी में रहनेवाले किसी व्यक्ति का पतन होता है तो उसके लिए अभिभावक या शिक्षक ही कुछ हद तक जिम्मेवार होता है। इस घटना में मुझे अपनी जिम्मेदारी स्पष्ट दिखाई दी। मेरी पत्नी ने मुझे सावधान तो कर ही दिया था, लेकिन स्वभाव से किसी पर भी विश्वास कर लेने के अपने स्वभाव के कारण मैंने पत्नी की चेतावनी पर ध्यान नहीं दिया था। साथ ही, मुझे यह भी लगा कि उनके इस पतन के लिए यदि मैं प्रायश्चित करूंगा तभी ही पतित होनेवाले व्यक्ति मेरा दुख समझ सकेंगे और उससे उन्हें अपने दोष का भान होगा तथा उसकी गंभीरता का कुछ अंदाज लगेगा। इसलिए मैंने सात दिन के उपवास और साढ़े चार महीनों के एकाशन का व्रत लिया। मिस्टर केलनबैक ने मुझे रोकना चाहा लेकिन बेकार। आखिर उन्होंने प्रायश्चित के औचित्य को माना और उन्होंने खुद भी मेरे साथ व्रत रखने का आग्रह किया। मैं उनके निर्मल प्रेम को रोक न सका। इस निश्चय के बाद मैं बहुत ही हलका हो गया, शांत हुआ, दोषियों के प्रति मेरे मन में क्रोध न रहा, उनके लिए मन में दया ही रही।

इस तरह से ट्रेन में ही अपने मन को हलका करके मैं फीनिक्स पहुंचा। पूछताछ करके जो अतिरिक्त जानकारी जुटानी थी सो ली। हालांकि मेरे उपवास से सबको कष्ट तो हुआ, लेकिन उसके कारण वातावरण शुद्ध बना। सबको पाप करने की भयंकरता का बोध हुआ और विद्यार्थियों तथा विद्यार्थिनियों के और मेरे बीच संबंधों में दृढ़ता और सरलता आई।

इस घटना के कारण ही कुछ समय बाद मुझे चौदह उपवास करने का अवसर मिला था। मेरा यह विश्वास है कि उसके नतीजे बहुत अच्छे निकले थे।

इस घटना को लिखकर मैं यह सिद्ध नहीं करना चाहता कि शिष्यों के सभी दोषों के लिए शिक्षकों को सदा उपवास आदि का ही मार्ग अपनाना चाहिए। लेकिन मैं जानता हूं कि कुछ परिस्थितियों में इस तरह से प्रायश्चित्त के रूप में उपवास करने की गुंजाइश निकाली जा सकती है। किंतु उसके लिए विवेक और अधिकार चाहिए। जहां शिक्षक और शिष्य के बीच शुद्ध प्रेम-बंधन नहीं है, जहां शिक्षक को अपने शिष्य के दोष से सच्चा आघात नहीं पहुंचता, जहां शिष्यों के मन में शिक्षक के प्रति आदर नहीं है, वहां उपवास

करने से कुछ भी सिद्ध नहीं होगा। शायद नुक़सान भी करे। ऐसे उपवास या एकाशन के विषय में शंका चाहे हो, लेकिन इस विषय में मुझे लेशमात्र भी शंका नहीं कि यदि शिष्य किसी बात का दोषी है तो उसके लिए कुछ हद तक शिक्षक ज़रूर जिम्मेदार है।

सात उपवास और एकाशन रखने से हम दोनों में से किसी को भी कष्ट नहीं हुआ। इस बीच मेरा कोई भी काम न तो बंद हुआ और न ही धीमा ही हुआ। सारे समय में मैं केवल फलाहारी ही रहा था। चौदह उपवासों के अंतिम दिनों में मुझे काफी तकलीफ हुई थी। उस समय तक मैं राम-नाम के चमत्कार को पूरी तरह समझ नहीं पाया था। इस कारण मुझमें दुख सहन करने की शक्ति कम थी। तब मैं इस बाह्य कला से परिचित नहीं था कि उपवास के दिनों में कैसे भी करके खूब पानी पीना चाहिए। इस कारण से भी इन उपवासों में कष्ट हुए। इसके अलावा, पहलेवाले उपवास सुख-शांतिपूर्वक निपट गए थे, इसलिए चौदह दिन के उपवासों के समय मैं लापरवाह हो गया था। पहले उपवासों के दिनों में मैं रोज़ कूने का कटि स्नान करता था। चौदह दिनों के उपवास में दो या तीन दिन के बाद मैंने कटि स्नान बंद कर दिया। पानी का स्वाद अच्छा नहीं लगता था और पानी पीने पर जी मिचलाता था, इससे पानी बहुत ही कम पीता था। अब हुआ यह कि मेरा गला सूखने लगा, मैं कमज़ोर होने लगा और बाद के दिनों में तो मैं बहुत धीमी आवाज़ में बोल पाता था। इतना होने पर भी लिखाने का ज़रूरी काम रुका नहीं था और मैं ये काम आखिरी दिन तक कर पाया था और रामायण इत्यादि अंत तक सुनता रहा था। कुछ प्रश्नों के विषय में सलाह देनी होती थी, वह काम भी मैं बखूबी कर सकता था।

37. मिलना गोखले से

दक्षिण अफ्रीका के बहुत से संस्मरण अब मुझें छोड़ने पड़ रहे हैं। जब सन् 1914 में सत्याग्रह की लड़ाई समाप्त हुई, तो गोखले की इच्छानुसार मुझे इंग्लैंड होते हुए हिन्दुस्तान पहुंचना था। इसलिए जुलाई महीने में कस्तूरबाई, केलनबैक और मैं–तीन व्यक्ति इंग्लैंड के लिए रवाना हुए।

सत्याग्रह की लड़ाई के दिनों में मैंने तीसरे दर्जे में सफर करना शुरू किया था। इसलिए समुद्री यात्रा के लिए भी तीसरे दर्जे का टिकट कटाया। लेकिन इस तीसरे दर्जे में और हमारे यहां के तीसरे दर्जे में बहुत अंतर है। हमारे यहां सोने-बैठने की जगह भी मुश्किल से मिलती है। सफाई तो रह ही कैसे सकती है? जबकि वहां के तीसरे दर्जे में काफी जगह थी और सफाई का भी अच्छा खयाल रखा जाता था। कंपनी ने हमारे लिए अतिरिक्त सुविधा भी कर दी थी। कोई हमें परेशान न करे, इस प्रयोजन से एक पाखाने में खास ताला डालकर उसकी कुंजी हमें सौंप दी गई थी; और चूंकि हम तीनों ही फलाहारी थे, इसलिए स्टीमर के खजांची से कह दिया गया था कि वह हमारे लिए सूखे और ताजे फलों का प्रबंध करे। आम तौर पर तीसरे दर्जे के यात्रियों को फल कम ही दिए जाते हैं। सूखा मेवा बिलकुल नहीं दिया जाता। इन सुविधाओं के कारण समुद्री यात्रा के हमारे अठारह दिन बड़ी शांति से बीते।

इस यात्रा के कई संस्मरण अपने पाठकों से बांटने लायक हैं। मिस्टर केलनबैक को दूरबीनों का बहुत शौक था। दो-एक कीमती दूरबीनें उन्होंने अपने साथ रखी थीं। इस संबंध में हमारे बीच रोज़ चर्चा होती थी। मैं उन्हें यह समझाने की कोशिश करता कि यह हमारे आदर्श के और जिस सादगी तक हम पहुंचना चाहते हैं उसके अनुकूल नहीं है। एक दिन इसको लेकर हमारे बीच तीखी कहासुनी हो गई। हम दोनों अपने केबिन की खिड़की के पास खड़े थे।

मैंने कहा, 'हमारे बीच इस प्रकार के झगड़े हों, इससे क्या यह अच्छा न होगा कि हम इस दूरबीन को ही समुद्र में फेंक दें और फिर इसकी कोई चर्चा ही न करें?'

मिस्टर केलनबैक ने तुरंत ही जवाब दिया, 'हां, इस मनहूस चीज़ को ज़रूर फेंक दो।'

मैंने कहा, 'तो मैं फेंकता हूं।'

उन्होंने उतनी ही तेज़ी से उत्तर दिया, 'मैं सचमुच ही कहता हूं, ज़रूर फेंक दो।'

मैंने दूरबीन फेंक दी। यह कोई सात पौंड की थी। लेकिन उसकी कीमत जितनी दामों में थी, उससे अधिक उसके प्रति रहे मिस्टर केलनबैक के मोह में थी। फिर भी उन्होंने इस संबंध में कभी दुख का अनुभव नहीं किया। उनके और मेरे बीच ऐसे कई अनुभव होते रहते थे। उनमें से एक यह मैंने नमूने के रूप में यहां दिया है।

हम दोनों के आपसी संबंधों से हमें प्रतिदिन कुछ नया सीखने को मिलता था, क्योंकि दोनों ही सत्य का अनुसरण करके चलने का प्रयास करते थे। सत्य का अनुसरण करने से क्रोध, स्वार्थ, द्वेष इत्यादि सहज ही शांत हो जाते थे; शांत न होते तो सत्य मिलता न था। राग-द्वेष से भरा मनुष्य सरल चाहे हो ले, वाचिक सत्य का पालन चाहे वह कर ले, किंतु शुद्ध सत्य तो उसे मिल ही नहीं सकता। शुद्ध सत्य की शोध करने का अर्थ है, राग-द्वेष आदि द्वंद्वों से सम्पूर्ण मुक्ति पाना।

जब हमने यात्रा शुरू की थी, तब मुझे उपवास समाप्त किए बहुत समय नहीं बीता था। मुझमें पूरी शक्ति वापिस नहीं आई थी। स्टीमर में रोज़ डेक पर चलने की कसरत करके मैं कुछ ज्यादा खाने और खाए हुए को हजम करने का प्रयत्न करता था। लेकिन इसके साथ ही मेरे पैरों की पिंडलियों में ज्यादा दर्द रहने लगा। इंग्लैंड पहुंचने के बाद मेरी पीड़ा कम न हुई, बल्कि बढ़ गई थी। इंग्लैंड में डॉ. जीवराज मेहता से मेरी पहचान हुई थी। उन्हें जब अपने उपवास और पिंडलियों की पीड़ा का इतिहास सुनाया तो उन्होंने कहा, 'यदि आप कुछ दिन के लिए पूरा आराम न करेंगे, तो आपके पैरों का हमेशा के लिए बेकार हो जाने का डर है।' इसी समय मुझे पता चला कि लम्बे उपवास करनेवाले को खोई हुई ताकत जल्दी वापिस पाने का या बहुत खाने का लोभ कभी नहीं करना चाहिए। उपवास करने की तुलना में उपवास छोड़ने में अधिक सावधान रहना पड़ता है और शायद उसमें संयम भी अधिक बरतना पड़ता है।

मदीरा में हमें समाचार मिले कि महायुद्ध के छिड़ने में कुछ घड़ियों की ही देर है। इंग्लैंड की खाड़ी में पहुंचते ही हमें लड़ाई छिड़ जाने के समाचार मिले और हमें रोक दिया गया। समुद्र में जगह-जगह सुरंगें बिछा दी गई थीं। उनसे बचाकर हमें साउदेम्पटन पहुंचने में एक-दो दिन की देर हो गई। 4 अगस्त को युद्ध घोषित किया गया। 6 अगस्त को हम इंग्लैंड पहुंचे।

38. लड़ाई में हिस्सा

इंग्लैंड पहुंचने पर पता चला कि गोखले तो पेरिस में अटक गए हैं, पेरिस के साथ यातायात का संबंध टूट गया है और कहना मुश्किल है कि वे कब तक आएंगे। गोखले अपने स्वास्थ्य के कारण फ्रांस गए थे, लेकिन लड़ाई की वजह से वहां फंस गए। उनसे मिले बिना मुझे देश जाना नहीं था और कोई कह नहीं सकता था कि वे कब आ सकेंगे।

इस बीच क्या किया जाए? लड़ाई के बारे में मेरा धर्म क्या है? जेल के मेरे साथी और सत्याग्रही सोराबजी अडाजणिया इंग्लैंड में ही अध्ययन करते थे। अच्छे-से-अच्छे सत्याग्रही के नाते सोराबजी को बैरिस्टरी की शिक्षा पाने के लिए इंग्लैंड भेजा गया था। विचार यह था कि वहां से लौटने पर वे दक्षिण अफ्रीका में मेरी जगह काम करेंगे। उनका खर्च डॉक्टर प्राणजीवन दास मेहता देते थे। उनसे और उनके द्वारा डॉ. जीवराज मेहता इत्यादि जो लोग इंग्लैंड में पढ़ रहे थे, उनसे मैंने विचार-विमर्श किया। इंग्लैंड में रहनेवाले हिन्दुस्तानियों की एक सभा बुलाई और उनके सामने मैंने अपने विचार रखे। मुझे लगा कि इंग्लैंड में रहने वाले हिन्दुस्तानियों को लड़ाई में अपनी भूमिका अदा करनी चाहिए। अंग्रेज़ विद्यार्थियों ने लड़ाई में सेवा करने का अपना निश्चय घोषित किया था। हिन्दुस्तानी इससे कम नहीं कर सकते थे। इन तर्कों के विरोध में इस सभा में बहुत से तर्क दिए गए। यह कहा गया कि हमारी और अंग्रेज़ों की स्थिति के बीच हाथी-घोड़े का अंतर है। एक गुलाम है, दूसरा सरदार है। ऐसी स्थिति में सरदार के संकट में गुलाम स्वेच्छा से सरदार की सहायता किस प्रकार कर सकता है? क्या गुलामी से छुटकारा चाहनेवाले गुलाम का धर्म यह नहीं है कि वह सरदार के संकट का उपयोग अपनी मुक्ति के लिए करे? लेकिन उस समय यह तर्क मेरे गले से नीचे कैसे उतरता? हालांकि मैं दोनों की स्थिति के भेद को समझ सका था, फिर भी मुझे हमारी स्थिति बिलकुल गुलामी की नहीं लगती थी। मेरा तो यह खयाल था कि अंग्रेज़ों की शासन-पद्धति में जो दोष है, उससे अधिक दोष अनेक अंग्रेज़ अधिकारियों में है। उस दोष को हम प्रेम से दूर कर सकते हैं। यदि हम अंग्रेज़ों के द्वारा और उनकी सहायता से अपनी स्थिति सुधारना चाहते हैं, तो उनके संकट के समय उनकी सहायता करके हमें अपनी स्थिति सुधारनी चाहिए। उनकी शासन-पद्धति दोषपूर्ण होते हुए भी मुझे उस समय उतनी असह्य नहीं मालूम होती थी जितनी आज मालूम होती है। किंतु जिस प्रकार आज उस पद्धति पर से मेरा विश्वास उठ गया है और इस कारण मैं आज अंग्रेज़ी राज्य की मदद नहीं करता, उसी प्रकार जिनका विश्वास उस शासन-पद्धति पर से ही नहीं, बल्कि अंग्रेज़ अधिकारियों पर से भी उठ चुका था, वे क्योंकर मदद करने को तैयार होते?

उन्हें लगा कि यही अवसर है, जब जनता की मांग को दृढ़तापूर्वक प्रकट करना चाहिए और शासन-पद्धति में सुधार करा लेने का आग्रह रखना चाहिए। मैंने अंग्रेज़ों के इस संकट के समय अपनी मांगें पेश करना ठीक न समझा और लड़ाई के समय अधिकारों की मांग को स्थगित रखने के संयम में सभ्यता और दूरदृष्टि का दर्शन किया। इसलिए मैं अपनी सलाह पर दृढ़ रहा और मैंने लोगों से कहा कि जिन्हें स्वयंसेवकों की भरती में नाम लिखाने हों वे लिखाएं। काफी संख्या में नाम लिखाए गए। उनमें लगभग सभी प्रांतों और सभी धर्मों के लोगों के नाम थे।

मैंने इस विषय में लार्ड क्रू को पत्र लिखा और हिन्दुस्तानियों की मांग को स्वीकार करने के लिए घायल सैनिकों की सेवा की ट्रेनिंग लेना आवश्यक माना जाए, तो वैसी ट्रेनिंग लेने की इच्छा और तैयारी प्रकट की। थोड़े विचार-विमर्श के बाद लार्ड क्रू ने हिन्दुस्तानियों की मांग स्वीकार कर ली और संकट के समय में साम्राज्य की सहायता करने की तैयारी दिखाने के लिए आभार प्रदर्शित किया।

नाम देनेवालों ने प्रसिद्ध डॉ. केण्टली के अधीन घायलों की सेवा-सुश्रूषा करने की प्राथमिक ट्रेनिंग का श्रीगणेश किया। छह हफ्तों का छोटा-सा प्रशिक्षण कार्यक्रम था, लेकिन उसमें घायलों को प्राथमिक सहायता देने की सब क्रियाएं सिखाई जाती थीं। हम लगभग 80 व्यक्ति इस विशेष कक्षा में भरती हुए। छह हफ्ते बाद परीक्षा ली गई, जिसमें एक ही व्यक्ति फेल हुआ। जो पास हो गए उनके लिए अब सरकार की ओर से शारीरिक व्यायाम वगैरा सिखाने का प्रबंध किया गया। शारीरिक व्यायाम सिखाने का काम कर्नल बेकर को सौंपा गया और वे इस टुकड़ी के सरदार नियुक्त किए गए।

इस समय इंग्लैंड का दृश्य देखने योग्य था। लोग घबराते नहीं थे, बल्कि सब लड़ाई में यथासंभव सहायता करने में जुट गए थे। शक्तिशाली नवयुवक तो लड़ाई की ट्रेनिंग लेने लगे। लेकिन कमज़ोर, बूढ़े और महिलाएं आदि क्या करें? चाहने पर उनके लिए भी काम तो था ही। वे लड़ाई में घायल हुए लोगों के लिए कपड़े वगैरा सीने-पिरोने के काम में जुट गए। वहां महिलाओं का 'लाइसियम' नाम का एक क्लब है। इस क्लब की सदस्याओं ने युद्ध-विभाग के लिए आवश्यक कपड़ों में से जितने कपड़े बनाए जा सकें उतने बनाने का बोझ अपने ऊपर लिया। सरोजिनी देवी उसकी सदस्या थीं। उन्होंने इस काम में पूरा हिस्सा लिया। मेरे साथ उनका यह पहला ही परिचय था। उन्होंने मेरे सामने फटे हुए कपड़ों का ढेर लगा दिया और जितने सिल सकें उतने सी-सिलाकर उनके हवाले कर देने को कहा। मैंने उनकी इच्छा का स्वागत किया और घायलों की सेवा के शिक्षण काल में जितने कपड़े तैयार हो सके उतने तैयार करवाकर उन्हें दे दिए।

39. धर्म की समस्या

ज्यों ही यह खबर दक्षिण अफ्रीका पहुंची कि हममें से कुछ ने इकट्ठा होकर युद्ध में काम करने के लिए अपने नाम सरकार के पास भेजे हैं, त्यों ही मेरे नाम वहां से दो तार आए। उनमें से एक तार पोलाक का था। उसमें पूछा गया था, 'क्या आपका यह कार्य अहिंसा के आपके सिद्धांत के विरुद्ध नहीं है?'

ऐसे तार की मुझे कुछ आशा तो थी ही। क्योंकि 'हिन्द स्वराज्य' में मैंने इस विषय की चर्चा की थी और दक्षिण अफ्रीका में मित्रों के साथ तो इसकी चर्चा निरंतर होती ही रहती थी। युद्ध की अनीति को हम सब स्वीकार करते थे। जब मैं अपने ऊपर हमला करने वाले पर मुकदमा चलाने के तैयार न था, तो दो राज्यों के बीच छिड़ी हुई लड़ाई में, जिसके गुण-दोष का मुझे पता न था, मैं किस तरह से शामिल हो सकता था? हालांकि मित्र जानते थे कि मैंने बोअर-युद्ध में हाथ बंटाया था, फिर भी उन्होंने ऐसा मान लिया था कि उसके बाद मेरे विचारों में परिवर्तन हुआ होगा।

असल में जिस विचारधारा के वश होकर मैं बोअर-युद्ध में सम्मिलित हुआ था, उसी का उपयोग मैंने इस बार भी किया था। मैं इस बात को अच्छी तरह से समझता था कि युद्ध में शामिल होने का अहिंसा के साथ कोई मेल नहीं बैठ सकता। लेकिन कर्तव्य का बोध हमेशा दीपक की तरह स्पष्ट नहीं होता। सत्य के पुजारी को बहुत ठोकरें खानी पड़ती हैं।

अहिंसा व्यापक वस्तु है। हम हिंसा की होली के बीच घिरे हुए पामर प्राणी हैं। यह वाक्य गलत नहीं है कि 'जीव जीवन पर जीता है।' मनुष्य एक क्षण के लिए भी बाह्य हिंसा के बिना जी नहीं सकता। खाते-पीते, उठते-बैठते, सभी क्रियाओं में इच्छा-अनिच्छा से वह कुछ-न-कुछ हिंसा तो करता ही रहता है। यदि इस हिंसा से छूटने के लिए वह प्रयास करता है, उसकी भावना में केवल अनुकम्पा होती है, वह सूक्ष्म-से-सूक्ष्म प्राणी का भी नाश नहीं चाहता और यथासंभव उसे बचाने का प्रयास करता है, तो वह अहिंसा का पुजारी है। उसके कार्यों में निरंतर संयम की वृद्धि होगी; उसमें निरंतर करुणा बढ़ती रहेगी। किंतु कोई देहधारी बाह्य हिंसा से पूरी तरह से मुक्त नहीं हो सकता।

फिर, अहिंसा की तह में ही अद्वैत भावना निहित है और यदि प्राणी-मात्र में अभेद है तो एक के पाप का प्रभाव दूसरे पर पड़ता है, इस कारण भी मनुष्य हिंसा से बिलकुल अछूता नहीं रह सकता। समाज में रहनेवाला मनुष्य समाज की हिंसा में, अनिच्छा से ही क्यों न हो, साझेदार बनता है। दो राष्ट्रों के बीच युद्ध छिड़ने पर अहिंसा में विश्वास रखनेवाले व्यक्ति का धर्म है कि वह उस युद्ध को रोके। जो इस धर्म का पालन न कर सके, जिसमें विरोध करने की शक्ति न हो, जिसे विरोध करने का अधिकार प्राप्त न हुआ हो, वह युद्ध कार्य में शामिल हो; और शामिल होते हुए भी उसमें से अपने को, अपने देश को और सारे संसार को उबारने का हार्दिक प्रयास करे।

मुझे अंग्रेज़ी राज्य के माध्यम से अपनी अर्थात् अपने राष्ट्र की स्थिति सुधारनी थी। मैं इंग्लैंड में बैटा हुआ अंग्रेज़ों के जंगी बेड़े से सुरक्षित था। उस बल का इस प्रकार उपयोग करके मैं उसमें विद्यमान हिंसा में सीधा साझेदार बनता था। इसलिए यदि आखिरकार मुझे उस राज्य के साथ व्यवहार बनाए रखना हो, उस राज्य के झंडे के नीचे रहना हो, तो या तो मुझे प्रकट रूप से युद्ध का विरोध करके उसका सत्याग्रह के शास्त्र के अनुसार उस समय तक बहिष्कार करना चाहिए, जब तक उस राज्य की युद्धनीति में परिवर्तन न हो या उसके जो कानून भंग करने योग्य हों उनका सविनय भंग करके जेल की राह पकड़नी चाहिए, या उसके युद्ध कार्य में शामिल होकर उसका मुकाबला करने की शक्ति और अधिकार पाने चाहिए। मुझमें ऐसी शक्ति नहीं थी। इसलिए मैंने माना कि मेरे पास युद्ध में शामिल होने का ही मार्ग बचा था।

मैंने बन्दूकधारी में और उसकी मदद करनेवाले में अहिंसा की दृष्टि से कोई भेद नहीं माना। जो मनुष्य लुटेरों की टोली में उनकी आवश्यक सेवा करने, उनका बोझ ढोने, लूट के समय पहरा देने तथा घायल होने पर उनकी सेवा करने में शामिल होता है, वह लूट के संबंध में लुटेरों के जितना ही जिम्मेदार है। इस तरह सोचने पर फौज में केवल घायलों की ही देखभाल करने के काम में लगा हुआ व्यक्ति भी युद्ध के दोषों से मुक्त नहीं हो सकता।

पोलाक का तार मिलने से पहले ही मैंने यह सब सोच लिया था। उनका तार मिलने पर मैंने कुछ मित्रों से उसकी चर्चा की। युद्ध में शामिल होने में मैंने धर्म माना; और आज भी इस प्रश्न पर सोचता हूं, तो मुझे अपनी इस विचारधारा में कोई दोष नज़र नहीं आता। ब्रिटिश साम्राज्य के विषय में उस समय मेरे जो विचार थे, उनके अनुसार मैंने युद्ध कार्य में हिस्सा लिया था। इसलिए मुझे उसका पश्चात्ताप भी नहीं है।

मैं जानता हूं कि अपने इन विचारों का औचित्य मैं उस समय भी सब मित्रों के सामने सिद्ध नहीं कर सका था। प्रश्न सूक्ष्म है। उसमें मतभेद के लिए गुंजाइश है। इसलिए अहिंसा-धर्म के माननेवालों और सूक्ष्म रीति से उसका पालन करनेवालों के सामने यथासंभव साफगोई से मैंने अपनी राय प्रकट की है। सत्य का आग्रही रूढ़ि से चिपके रह कर ही कोई काम न करे। वह अपने विचारों पर हठपूर्वक अड़ा न रहे, हमेशा यह मानकर चले कि उनमें दोष हो सकता है और जब दोष का ज्ञान हो जाए तब भारी-से-भारी जोखिमों को उठाकर भी उसे स्वीकार करे और प्रायश्चित भी करे।

40. छोटा-सा सत्याग्रह

इस प्रकार धर्म समझकर मैं युद्ध में शामिल तो हुआ, लेकिन मेरे नसीब में न सिर्फ उसमें सीधे हाथ बंटाना आया, बल्कि ऐसे नाजुक समय में सत्याग्रह करने की भी नौबत आ पड़ी।

मैं लिख चुका हूं कि जब हमारे नाम मंजूर हुए और रजिस्टर में दर्ज किए गए, तो हमें पूरे शारीरिक व्यायाम सिखाने के लिए एक अधिकारी नियुक्त किया गया। हम सबका विचार यह था कि यह अधिकारी युद्ध की ट्रेनिंग देने भर के लिए हमारे मुखिया थे, बाकी सब मामलों में दल का मुखिया मैं था। मैं अपने साथियों के प्रति जिम्मेदार था और साथी मेरे प्रति; इसका मतलब, हमारा खयाल यह था कि अधिकारी को सारा काम मेरे माध्यम से लेना चाहिए। लेकिन जैसे पूत के पांव पालने में नज़र आ जाते हैं, वैसे ही उस अधिकारी की दृष्टि पहले ही दिन से हमें कुछ और ही मालूम हुई। सोराबजी अडजानिया बड़े होशियार थे। उन्होंने मुझे सावधान किया, 'भाई, ध्यान रखिए। ऐसा लगता है कि ये सज्जन यहां अपनी दादागिरी चलाना चाहते हैं। हमें उनके हुक्म की ज़रूरत नहीं। हम उन्हें शिक्षक मानते हैं। लेकिन मैं तो देखता हूं कि ये जो नौजवान आए हैं, वे भी मानो हम पर हुक्म चलाने आए हैं।' ये नौजवान ऑक्सफोर्ड के विद्यार्थी थे और हमें सिखाने के लिए आए थे। बड़े अधिकारी ने उन्हें हमारे नायब-अधिकारियों के रूप में नियुक्त कर दिया था। मैं भी सोराबजी की कही बात को देख चुका था। मैंने सोराबजी को सांत्वना दी और निश्चिन्त रहने को कहा। लेकिन सोराबजी झट माननेवाले आदमी नहीं थे। उन्होंने हंसते-हंसते कहा, 'आप भोले हैं। ये लोग मीठी-मीठी बातें करके आपको ठगेंगे और फिर जब आपकी आंख खुलेगी तब आप कहेंगे–चलो, सत्याग्रह करें। फिर आप हमें मुसीबत में डालेंगे।'

मैंने जवाब दिया, 'मेरा साथ देकर आपने कभी मुसीबत के अलावा भी कुछ पाया है भला? और सत्याग्रही तो ठगे जाने को ही जन्म लेता है न? इसलिए भले ही यह साहब

मुझे ठगें। क्या मैंने आपसे हज़ारों बार यह नहीं कहा है कि अंत में तो ठगनेवाला ही ठगा जाता है?'

सोराबजी खिलखिलाकर हंस पड़े, 'अच्छी बात है, तो ठगे जाते रहिए। किसी दिन सत्याग्रह में आप भी मरेंगे और अपने पीछे हम जैसों को भी ले डूबेंगे।'

इन शब्दों का स्मरण करते हुए मुझे स्वर्गीय मिस हॉब्हाउस के वे शब्द याद आ रहे हैं, जो असहयोग आंदोलन के अवसर पर उन्होंने मुझे लिखे थे, 'सत्य के लिए किसी दिन आपको फांसी पर चढ़ना पड़े, तो मुझे आश्चर्य न होगा। ईश्वर आपको सीधे ही रास्ते ले जाए और आपकी रक्षा करे।'

सोराबजी के साथ ऊपर की यह चर्चा तो इन अधिकारियों के तैनात होने के बाद के शुरू में ही हुई थी। आरंभ और अंत के बीच का अंतर कुछ ही दिनों का था। किन्तु इसी अरसे में मेरी पसलियों में सख्त सूजन आ गई। चौदह दिन के उपवास के बाद मेरा शरीर ठीक तरह से संभल नहीं पाया था, लेकिन शारीरिक व्यायाम में मैं पूरी तरह हिस्सा लेने लगा था और अक्सर घर से व्यायाम की जगह तक पैदल जाता था। यह फासला दो मील का तो ज़रूर ही रहा होगा। इस कारण से आखिर मुझे खटिया पकड़नी पड़ी।

अपनी इस हालत में मुझे कैम्प में जाना होता था। दूसरे लोग वहां रह जाते थे और मैं शाम को वापस घर लौट आता था। यहां सत्याग्रह का मौका आ गया।

कमांडिंग अधिकारी ने अपने अधिकार चलाने शुरू किए। उन्होंने स्पष्ट कह दिया कि वे सब मामलों में हमारे मुखिया हैं। हमारी सीमाओं के दो-चार पाठ भी उन्होंने हमें पढ़ा दिए। सोराबजी मेरे पास पहुंचे। वे इस दादागीरी को बरदाश्त करने के लिए तैयार न थे। उन्होंने कहा, 'हमें सब आदेश आपके द्वारा ही मिलने चाहिए। अभी तो हम लोग प्रशिक्षण-शिविर में ही हैं और हर मामले में बेहूदे आदेश निकलते रहते हैं। उन नौजवानों में और हममें कई बातों में भेद बरता जा रहा है। यह सब सहन नहीं होगा। इसका समाधान तुरंत होना चाहिए, नहीं तो हमारा काम चौपट हो जाएगा। ये सब विद्यार्थी और दूसरे लोग, जो हमारे इस काम में शामिल हुए हैं, एक भी बेहूदा आदेश मानने के लिए तैयार नहीं हैं। आत्म-सम्मान बढ़ाने के लिए शुरू किए गए काम में अपमान ही सहन करना पड़े, यह नहीं हो सकता।'

मैं कमांडिंग अधिकारी के पास गया। अपने पास आई हुई सब शिकायतें मैंने उन्हें सुनायीं। उन्होंने सब शिकायतें एक पत्र के माध्यम से लिखित रूप में देने को कहा और साथ ही अपने अधिकार की बात कही। उन्होंने कहा, 'शिकायत आपके ज़रिए नहीं होनी चाहिए। शिकायत तो नायब अधिकारियों से होकर सीधे मेरे पास आनी चाहिए।'

मैंने जवाब में कहा, 'मुझे अधिकार भोगने की लालसा नहीं है। सैनिक दृष्टि से तो मैं साधारण सिपाही कहा जाऊंगा, लेकिन हमारी टुकड़ी के मुखिया के नाते आपको मुझे उसका प्रतिनिधि मानना चाहिए।' मैंने अपने पास आई हुई शिकायतें भी बताईं, 'नायब-अधिकारी हमारी टुकड़ी से पूछे बिना नियुक्त किए गए हैं और उनके बारे में बड़ा असंतोष फैला हुआ है। इसलिए वे हटा दिए जाएं और टुकड़ी को अपने नायब-अधिकारी चुनने का अधिकार दिया जाए।'

यह बात उनके गले नहीं उतरी। उन्होंने मुझे बताया कि इन नायब-अधिकारियों को टुकड़ी चुने, यह बात ही सैनिक नियम के विरुद्ध है; और यदि वे हटा दिए जाएं तो आज्ञा-पालन की व्यवस्था की ऐसी-तैसी हो जाए।

हमने सभा की। सत्याग्रह के गंभीर परिणाम कह सुनाए। लगभग सभी ने सत्याग्रह की शपथ ली। हमारी सभा ने यह प्रस्ताव पास किया कि यदि वर्तमान नायब-अधिकारी नहीं हटाए जाते और दल को नए अधिकारी पसंद नहीं करने दिए जाते, तो हमारी टुकड़ी शारीरिक व्यायाम में जाना और कैम्प में जाना बंद कर देगी।

मैंने अधिकारी को एक पत्र लिखकर अपना तीव्र असंतोष व्यक्त किया और बताया कि मुझे अधिकार नहीं भोगना है, मुझे तो सेवा करनी है और यह काम कैसे भी करके पूरा करना है। मैंने उन्हें यह भी बतलाया कि बोअर-युद्ध में मैंने कोई अधिकार नहीं लिया था; फिर भी कर्नल गेलवे और हमारी टुकड़ी के बीच कभी किसी तकरार की नौबत नहीं आई थी; और वे अधिकारी मेरी टुकड़ी की इच्छा मेरे माध्यम से जानकर ही सारी बातें करते थे। अपने पत्र के साथ मैंने हमारी टुकड़ी द्वारा स्वीकृत प्रस्ताव की एक नकल भेजी।

अधिकारी पर इसका कोई प्रभाव न पड़ा। उन्हें तो लगा कि हमारी टुकड़ी ने सभा करके प्रस्ताव पास किया, यही सैनिक नियम का गंभीर उल्लंघन था।

इसके बाद मैंने भारत के मामलों के मंत्री को एक पत्र लिखकर सारी वस्तुस्थिति बताई और साथ में हमारी सभा का प्रस्ताव भेजा।

भारत के मामलों के मंत्री ने मुझे जवाब में सूचित किया कि दक्षिण अफ्रीका की स्थिति अलग थी। यहां तो टुकड़ी के बड़े अधिकारी को नायब-अधिकारी चुनने का हक है, फिर भी भविष्य में वह अधिकारी आपकी शिकायत का ध्यान रखेगा।

इसके बाद तो हमारे बीच बहुत पत्र-व्यवहार हुआ, लेकिन वे सारे कटु अनुभव देकर मैं इस मामले को बढ़ाना नहीं चाहता।

लेकिन इतना कहे बिना तो रहा ही नहीं जा सकता कि ये अनुभव वैसे ही थे जैसे हमें रोज़ हिन्दुस्तान में होते रहते हैं। अधिकारी ने धमकी से, युक्ति से, हममें फूट डाली। कुछ लोग शपथ ले चुकने पर भी कल या बल के वश हो गए। इतने में नेटली अस्पताल में सोची गई संख्या से कहीं अधिक घायल सिपाही आ पहुंचे और उनकी सेवा-सुश्रूषा के लिए हमारी समूची टुकड़ी की ज़रूरत आ पड़ी। अधिकारी जिन्हें खींच पाए थे, वे तो नेटली पहुंच गए। लेकिन दूसरे नहीं गए, यह इंडिया ऑफिस को अच्छा न लगा। मैं तो बिस्तर पर पड़ा था। लेकिन टुकड़ी के लोगों से मिलता रहता था। मिस्टर रॉबर्ट्स से मेरी अच्छी जान-पहचान हो गई थी। वे मुझसे मिलने आए और बाकी के लोगों को भी भेजने का आग्रह किया। उनका सुझाव था कि वे अलग टुकड़ी के रूप में जाएं। नेटली अस्पताल में तो टुकड़ी को वहां के मुखिया के अधीन रहना होगा, इसलिए उसकी मान-हानि नहीं होगी। सरकार को उनके जाने से संतोष होगा और भारी संख्या में आए हुए घायलों की सेवा हो पाएगी। मेरे साथियों को और मुझे यह सलाह पसंद आई और बचे हुए विद्यार्थी भी नेटली गए।

अकेला मैं ही हाथ मलता हुआ बिस्तर पर पड़ा रहा।

41. गोखले की उदारता

इंग्लैंड में मुझे पसली की सूजन की जो शिकायत हुई थी, उसकी बात मैं कर चुका हूं। इस बीमारी के समय गोखले इंग्लैंड आ चुके थे। उनके पास मैं और केलनबैक हमेशा जाया करते थे। अधिकतर चर्चा लड़ाई की ही होती थी। केलनबैक को जर्मनी का भूगोल याद था और उन्होंने यूरोप की यात्रा भी खूब की थी। इससे वे गोखले को नक्शा बनाकर लड़ाई के मुख्य स्थान बताया करते थे।

जब मैं बीमार पड़ा तो मेरी बीमारी भी चर्चा का एक विषय बन गई। आहार के मेरे प्रयोग तो चल ही रहे थे। उस समय का मेरा आहार मूंगफली, कच्चे और पके केले, नींबू, जैतून का तेल, टमाटर और अंगूर आदि का था। दूध, अनाज, दाल आदि मैं बिलकुल न लेता था।

डॉक्टर जीवराज मेहता मेरी देखभाल करते थे। उन्होंने दूध और अन्न लेने का बहुत आग्रह किया। शिकायत गोखले तक पहुंची। फलाहार के मेरे तर्क के बारे में वे बहुत अच्छी राय नहीं रखते थे। उनका आग्रह यह था कि स्वास्थ्य की रक्षा के लिए डॉक्टर जो कहें वही लेना चाहिए।

गोखले के आग्रह को ठुकराना मेरे लिए बहुत ही कठिन था। जब उन्होंने खूब आग्रह किया, तो मैंने विचार के लिए चौबीस घण्टों का समय मांगा। केलनबैक और मैं दोनों घर आए। रास्ते में अपने धर्म के विषय में मैंने उनसे चर्चा की। मेरे प्रयोग में वे साथ थे। उन्हें प्रयोग अच्छे लगते थे। लेकिन अपनी तबीयत के लिए मैं उसे छोड़ूं तो ठीक हो, ऐसी उनकी भी भावना मुझे मालूम हुई। इसलिए मुझे खुद ही अंतरात्मा की आवाज़ का पता लगाना था।

सारी रात मैंने सोच-विचार में बिताई। यदि समूचे प्रयोग को छोड़ देता, तो मेरे सोचे हुए समस्त विचार मिट्टी में मिल जाते। उन विचारों में मुझे कहीं भी अपनी भूल नहीं दिखाई देती थी। प्रश्न यह था कि कहां तक गोखले के प्रेम के वश होना मेरा धर्म था, या शरीर-रक्षा के लिए ऐसे प्रयोगों को किस हद तक छोड़ना ठीक था। इसलिए मैंने निश्चय किया कि इन प्रयोगों में से जो प्रयोग केवल धर्म की दृष्टि से चल रहा है, उस पर दृढ़ रहकर दूसरे सब मामलों में डॉक्टर के कहे अनुसार चलना चाहिए। दूध के त्याग में धर्म-भावना का स्थान मुख्य था। कलकत्ते में गाय-भैंसों पर होनेवाले अत्याचार मेरे सामने जीवंत थे। पशु के मांस की तरह उसका दूध भी मनुष्य का आहार नहीं है, यह बात भी मेरे सामने थी। इसलिए दूध के त्याग पर डटे रहने का निश्चय करके मैं सवेरे उठा। इतने निश्चय से मेरा मन बहुत हलका हो गया। गोखले का डर तो था, लेकिन मुझे यह विश्वास था कि वे मेरे निश्चय का आदर करेंगे।

शाम को नेशनल लिबरल क्लब में हम उनसे मिलने गए। उन्होंने तुरंत ही प्रश्न किया, 'क्यों, डॉक्टर का कहना मानने का निश्चय कर लिया न?'

मैंने धीरे से जवाब दिया, 'मैं सबकुछ करूंगा, लेकिन आप एक बात का आग्रह मत कीजिए। मैं दूध और दूध के पदार्थ या मांस नहीं लूंगा। उन्हें न लेने से बेशक जान जाती हो तो वैसा होने देने में मुझे धर्म मालूम होता है।'

गोखले ने पूछा, 'यह आपका अंतिम निर्णय है?'

मैंने जवाब दिया, 'मेरा विचार है कि मैं दूसरा जवाब नहीं दे सकता। मैं जानता हूं कि इससे आपको दुख होगा, लेकिन मुझे क्षमा कीजिए।'

गोखले ने कुछ दुख से लेकिन अत्यंत प्रेम से कहा, 'आपका निश्चय मुझे पसंद नहीं है। इसमें मैं धर्म नहीं देखता। लेकिन अब मैं आग्रह नहीं करूंगा।' यह कहकर वे डॉक्टर जीवराज मेहता की ओर मुड़े और उनसे बोले, 'अब गांधी को तंग मत कीजिए। उनकी बताई हुई सीमा में उन्हें जो दिया जा सके, दीजिए।'

डॉक्टर ने अप्रसन्नता व्यक्त की, लेकिन वे लाचार हो गए। उन्होंने मुझे मूंग का पानी लेने की सलाह दी और उसमें हींग का तड़का देने को कहा। मैंने इसे स्वीकार कर लिया। एक-दो दिन वह खुराक ली। उससे मेरी तकलीफ बढ़ गई। मुझे वह माफिक नहीं आई। इसलिए मैं फिर फलाहार पर वापिस आ गया। डॉक्टर ने बाहरी उपचार तो किए ही। उससे थोड़ा आराम मिलता था। लेकिन मेरी बांधी सीमाओं से वे बहुत ही परेशान थे।

इस बीच लंदन का अक्तूबर-नवंबर का कुहरा सहन न कर सकने के कारण गोखले हिन्दुस्तान जाने के लिए चल पड़े।

42. दर्द का इलाज

पसली का दर्द मिट नहीं रहा था, इससे मैं घबराया। मैं इतना जानता था कि औषधियों के उपचार से नहीं, बल्कि आहार के परिवर्तन से और थोड़े से बाहरी उपचार से दर्द जाना ही चाहिए।

सन् 1890 में मैं डॉक्टर एलिन्सन से मिला था। वे शाकाहारी थे और आहार के परिवर्तन द्वारा बीमारियों का इलाज करते थे। मैंने उन्हें बुलाया। वे आए। उन्हें शरीर दिखाया और दूध के बारे में अपनी आपत्ति की बात उनसे कही। उन्होंने मुझे तुरंत आश्वस्त किया और कहा, 'दूध की कोई ज़रूरत नहीं है। और मुझे तो तुम्हें कुछ दिनों तक बिना किसी चिकनाई के ही रखना है।' यह कहकर उन्होंने पहले तो मुझे सिर्फ रूखी रोटी और कच्चे साग तथा फल खाने की सलाह दी। कच्ची तरकारियों में मूली, प्याज और किसी तरह के दूसरे कंद तथा हरी तरकारियां और फलों में खास तौर पर नारंगी लेने को कहा। इन तरकारियों को कद्दूकश पर कसकर चटनी की शक्ल में पीसकर लेना था। मैंने इस तरह तीन दिन तक काम चलाया। लेकिन कच्चे साग मुझे बहुत रास नहीं आए। मेरा शरीर इस लायक नहीं था कि इस प्रयोग की पूरी परीक्षा कर सकूं और न मुझमें वैसी श्रद्धा ही थी। इसके अतिरिक्त, उन्होंने चौबीसों घंटे खिड़कियां खुली रखने, रोज़ गुनगुने पानी से नहाने, दर्दवाले हिस्से पर तेल की मालिश करने और चौथाई से लेकर आधे घंटे तक खुली हवा में घूमने की सलाह दी। यह सब मुझे अच्छा लगा।

घर में फ्रांसीसी ढंग की खिड़कियां थीं; उन्हें पूरा खोल देने पर बरसात का पानी अंदर आता था। ऊपर का रोशनदान खुलने लायक नहीं था। इसलिए उसका पूरा शीशा तुड़वाकर उससे चौबीसों घंटे हवा आने का सुभीता कर लिया। फ्रांसीसी खिड़कियां मैं इतनी खुली रखता था कि पानी की बौछार अंदर न आए।

ये सब करने से तबीयत कुछ सुधरी। बिलकुल अच्छी तो हुई ही नहीं।

कभी-कभी लेडी सिसिलिया रॉबर्ट्स मुझे देखने आती थीं। उनसे अच्छी जान-पहचान थी। मुझे दूध पिलाने की उनकी बहुत इच्छा थी। दूध मैं लेता न था। इसलिए उन्होंने दूध के गुणवाले पदार्थों की खोज शुरू की। उनके किसी मित्र ने उन्हें 'माल्टेड मिल्क' बताया और अनजाने में कह दिया कि इसमें दूध का स्पर्श तक नहीं होता, यह तो रासायनिक प्रयोग से तैयार किया हुआ दूध के गुणवाला चूर्ण है। मैं जान चुका था कि लेडी रॉबर्ट्स के मन में मेरी धर्म-भावना के प्रति बड़ा आदर था। इसलिए मैंने उस चूर्ण को पानी में मिलाकर पिया। मुझे उसमें दूध की तरह ही स्वाद आया। मैंने 'पानी पीकर घर पूछने' जैसा काम किया। बोतल पर लगे परचे को पढ़ने से पता चला कि यह तो दूध का ही पदार्थ है। इसलिए एक ही बार पीने के बाद उसे छोड़ देना पड़ा।

लेडी रॉबर्ट्स को खबर भेजी और लिखा कि वे जरा भी चिंता न करें। वे तुरंत मेरे घर आईं। उन्होंने खेद प्रकट किया। उनके मित्र ने बोतल पर चिपका कागज पढ़ा नहीं था। मैंने इस भद्र महिला को आश्वासन दिया और इस बात के लिए उनसे माफी मांगी कि उनके द्वारा कष्टपूर्वक प्राप्त की हुई वस्तु का मैं उपयोग न कर सका। मैंने उन्हें यह भी जता दिया कि जो चूर्ण अनजाने में ले लिया है, उसका मुझे कोई पछतावा नहीं है, न ही उसके लिए प्रायश्चित की ज़रूरत है।

लेडी रॉबर्ट्स के साथ की जो दूसरी मधुर स्मृतियां हैं, उन्हें मैं छोड़ देना चाहता हूं। ऐसे कई मित्रों का मुझे स्मरण है, जिनकी असीम कृपा अनेक विपत्तियों और विरोधों में मुझे मिली है। श्रद्धालु मनुष्य ऐसी मीठी स्मृतियों द्वारा यह अनुभव करता है कि ईश्वर दुख रूपी कड़वी दवाएं देता है, तो उसके साथ ही मैत्री के मीठे अनुभव भी ज़रूर ही देता है।

डॉक्टर एलिन्सन जब दूसरी बार मुझे देखने आए, तो उन्होंने मुझे और अधिक स्वतंत्रता दी और चिकनाई के लिए सूखे मेवे का अर्थात् मूंगफली आदि की गिरी का मक्खन या जैतून का तेल लेने को कहा। कच्चे साग अच्छे न लगें, तो उन्हें पकाकर भात के साथ खाने को कहा। यह सुधार मुझे अधिक अनुकूल लगा।

लेकिन पीड़ा पूरी तरह गई नहीं। सावधान रहने की ज़रूरतें थी ही। मैं खाट न छोड़ सका। डॉक्टर मेहता समय-समय पर आकर मुझे देख जाते थे। 'मेरे इलाज से चलें, तो अभी अच्छा कर दूं।' यह वाक्य तो हमेशा उनकी जबान पर रहता ही था।

इस तरह दिन बीत रहे थे कि इतने में एक दिन मिस्टर रॉबर्ट्स आ पहुंचे और उन्होंने मुझसे देश जाने का आग्रह किया, 'इस हालत में आप नेटली कभी न जा सकेंगे। अभी तो आगे कड़ी सरदी पड़ेगी। मेरा आपसे विशेष आग्रह है कि अब आप अपने देश जाइए और वहां स्वास्थ्य-लाभ कीजिए। तब तक लड़ाई चलती रही, तो सहायता करने के कई अवसर आपको मिलेंगे ही। वरना आपने यहां जो कुछ किया है, उसे मैं कम नहीं मानता।'

मैंने उनकी यह सलाह मान ली और देश जाने की तैयारी की।

43. देश वापसी

मिस्टर केलनबैक हिन्दुस्तान जाने के इरादे से हमारे साथ निकले थे। इंग्लैंड में हम एक साथ ही रहते थे। लेकिन लड़ाई के कारण जर्मनों पर कड़ी नजर रखी जाती थी, इससे

केलनबैक के साथ आ सकने के विषय में हम सभी को संदेह था। उनके लिए पासपोर्ट पाने का मैंने बहुत प्रयास किया। मिस्टर रॉबट्र्स खुद उनके लिए पासपोर्ट दिला देने के लिए तैयार थे। उन्होंने सारी हकीकत का तार वाइसरॉय के नाम भेजा, लेकिन लॉर्ड हार्डिंग का सीधा और दोटूक उत्तर मिला : 'हमें खेद है। लेकिन इस समय ऐसा कोई खतरा उठाने के लिए हम तैयार नहीं हैं।' हम सब इस उत्तर के औचित्य को समझ गए। केलनबैक के वियोग का दुख मुझे तो हुआ ही, लेकिन मैंने देखा कि मुझसे अधिक दुख उन्हें हुआ। वे हिन्दुस्तान आ सके होते, तो आज एक सुंदर किसान और बुनकर का सादा जीवन बिता रहे होते। अब वे दक्षिण अफ्रीका में अपना पहलेवाला जीवन बिता रहे हैं और गृह-निर्माण के हुनर का अपना काम-धंधा धड़ल्ले से चला रहे हैं।

हमने तीसरे दर्जे के टिकट लेने की कोशिश की, लेकिन पी.एण्ड ओ. के जहाजों में तीसरे दर्ज के टिकट नहीं मिलते। इसलिए दूसरे दर्जे के लेने पड़े। दक्षिण अफ्रीका से साथ बांधकर लाया हुआ कुछ फलाहार, जो जहाजों में मिल ही नहीं सकता था, साथ ले लिया था। दूसरी चीज़ें जहाज में मिल सकती थीं।

डॉक्टर मेहता ने मेरे शरीर को मीड्ज प्लास्टर की पट्टियों से बांध दिया था, और सलाह दी थी कि मैं यह पट्टी बंधी रहने दूं। दो दिन तक तो मैंने उसे सहन किया, लेकिन बाद में सहन नहीं कर सका। इसलिए थोड़ी मेहनत से पट्टी उतार डाली और नहाने-धोने की आज़ादी पायी। खाने में खास तौर पर सूखे और रसदार मेवे ही रखे। मेरी तबीयत दिन-प्रतिदिन सुधरती गई और स्वेज की खाड़ी में पहुंचते-पहुंचते तो बहुत अच्छी हो गई। शरीर निर्बल था, फिर भी मेरा डर चला गया और मैं धीरे-धीरे रोज़ थोड़ी कसरत बढ़ाता गया। मैंने माना कि यह शुभ परिवर्तन केवल शुद्ध समशीतोष्ण हवा के कारण ही हुआ था।

पुराने अनुभवों के कारण हो या अन्य किसी कारण से लेकिन बात यह थी कि अंग्रेज़ यात्रियों और हम लोगों के बीच मैंने जो अंतर यहां देखा, वह दक्षिण अफ्रीका से आते हुए भी नहीं देखा था। अंतर तो वहां भी था, लेकिन यहां उससे कुछ अलग तरह का लगा। किसी-किसी अंग्रेज़ के साथ मेरी बातें होती थीं, किंतु वे 'साहब सलाम' तक ही सीमित रहती थीं। हृदय की मुलाकात किसी से नहीं हुई। दक्षिण अफ्रीका के जहाजों में और दक्षिण अफ्रीका में हृदय की मुलाकातें हो सकी थीं। इस भेद का कारण मैंने तो यही समझा कि इन जहाजों पर अंग्रेज़ के मन में जाने-अनजाने यह ज्ञान काम कर रहा था कि 'मैं शासक हूं' और हिन्दुस्तानी के मन में यह ज्ञान काम कर रहा था कि 'मैं विदेशी शासन के अधीन हूं।'

मैं ऐसे वातावरण से जल्दी छूटने और स्वदेश पहुंचने के लिए व्याकुल हो रहा था। अदन पहुंचने पर कुछ हद तक घर पहुंच जाने-जैसा लगा। अदनवालों के साथ हमारा खासा संबंध दक्षिण अफ्रीका में ही हो गया था; क्योंकि भाई कैकोबाद कावसजी दीनशा डरबन आ चुके थे और उनसे तथा उनकी पत्नी से मेरा अच्छा परिचय हो गया था।

कुछ ही दिनों में हम बम्बई पहुंचे। जिस देश में मैं सन् 1905 में वापस आने की आशा रखता था, उसमें दस बरस बाद तो वापस आ सका, यह सोचकर मुझे बहुत आनंद हुआ। बम्बई में गोखले ने स्वागत-सम्मेलन आदि की व्यवस्था कर ही रखी थी। उनका स्वास्थ्य नाजुक था; फिर भी वे बम्बई आ पहुंचे थे। मैं इस उमंग के साथ बम्बई पहुंचा

था कि उनसे मिलकर और अपने को उनके जीवन में ढालकर मैं अपना भार उतार डालूंगा। किंतु विधाता ने कुछ दूसरी ही रचना कर रखी थी।

44. वकालत के कुछ संस्मरण

हिन्दुस्तान आने के बाद मेरे जीवन की धारा किस तरह बही, ये सब बताने से पहले मैंने दक्षिण अफ्रीका के अपने जीवन के जिस भाग को जान-बूझकर छोड़ दिया था, उसमें से कुछ यहां देने की ज़रूरत महसूस हो रही है।

कुछ वकील मित्रों ने वकालत के समय के और वकील के नाते मेरे संस्मरणों की मांग की है। ये संस्मरण इतने अधिक हैं कि उन्हें लिखने बैठूं, तो उन्हीं की एक किताब तैयार हो जाए। ऐसे वर्णन मेरी निर्धारित सीमा के बाहर जाते हैं। किंतु उनमें से कुछ, जो सत्य से संबंध रखते हैं, यहां देना शायद अनुचित नहीं माना जाएगा।

जैसा कि मुझे याद है, मैं यह तो बता चुका हूं कि वकालत के काम में मैंने कभी असत्य का प्रयोग नहीं किया और मेरी वकालत का बड़ा भाग केवल सेवा के लिए ही अर्पित था और उसके लिए जेब खर्च के अतिरिक्त मैं कुछ नहीं लेता था। कभी-कभी जेब खर्च भी छोड़ देता था। मैंने माना था कि इतना बताना इस वर्ग के लिए पर्याप्त होगा। लेकिन मित्र कुछ और मांग रहे थे। वे मानते हैं कि यदि मैं सत्य रक्षा के प्रसंगों को थोड़ा विस्तार से लिखूं तो वकीलों को उसमें से बहुत कुछ जानने को मिल जाएगा।

विद्यार्थी-काल में भी मैं यह सुना करता था कि वकालत का धंधा झूठ बोले बिना चल ही नहीं सकता। झूठ बोलकर मैं न तो कोई पद लेना चाहता था और न पैसा कमाना चाहता था। इसलिए इन बातों का मुझ पर कोई प्रभाव नहीं पड़ता था।

दक्षिण अफ्रीका में इसकी परीक्षा तो कई बार हो चुकी थी। मैं जानता था कि प्रतिपक्ष के गवाहों को सिखाया-पढ़ाया गया है और यदि मैं मुवक्किलों को या गवाह को ज़रा-सा भी झूठ बोलने के लिए प्रोत्साहित कर दूं, तो मुवक्किल के केस में कामयाबी मिल सकती है। किंतु मैं हमेशा इस लालच से बचा। मुझे ऐसी एक ही घटना याद है कि जब मुवक्किल का मुकदमा जीतने के बाद मुझे यह शक हुआ कि मुवक्किल ने मुझे धोखा दिया है। मेरे दिल में भी हमेशा यही बात बनी रहती थी कि अगर मुवक्किल का केस सच्चा हो तो उसमें जीत मिले और झूठा हो तो उसकी हार हो। मुझे याद नहीं आता कि फीस लेते समय मैंने कभी हार-जीत के आधार पर फीस की दरें तय की हों। मुवक्किल हारे या जीते, मैं तो हमेशा अपना मेहनताना ही मांगता था और जीतने पर भी उसी की आशा रखता था। मुवक्किल को मैं शुरू में ही कह देता था, 'मामला झूठा हो तो मेरे पास मत आना। गवाह को सिखाने-पढ़ाने का काम कराने की मुझसे कोई आशा मत रखना।' आखिर मेरी यही तो साख बनी हुई थी कि झूठे मुकदमे मेरे पास आते ही नहीं। मेरे कुछ ऐसे मुवक्किल भी थे, जो अपने सच्चे मामले तो मेरे पास लाते थे और जिनमें थोड़ा-सा भी झूठ और फरेब का अंश होता उन्हें दूसरे वकील के पास ले जाते थे।

एक अवसर ऐसा भी आया, जब मुझे बहुत बड़ी परीक्षा से गुज़रना पड़ा। यह मामला अच्छे-से-अच्छे मुवक्किलों में से एक का था। उसमें बहीखाते की भारी उलझनें थीं।

मुकदमा बहुत लम्बे समय तक चला था। उसके कुछ हिस्से कई अदालतों में गए थे। अंत में अदालत द्वारा नियुक्त हिसाब जाननेवाले पंच को उसके हिसाब-किताब का हिस्सा सौंपा गया था। पंच के फैसले में मेरे मुवक्किल की पूरी जीत तय थी। किंतु उसके हिसाब में एक छोटी, लेकिन गंभीर भूल रह गई थी। जमा-खर्च की रकम पंच के दृष्टिदोष से इधर की उधर ले ली गई थी। प्रतिपक्षी ने पंच के इस फैसले को रद्द करने की अपील की थी। मुवक्किल की ओर से मैं छोटा वकील था। बड़े वकील ने पंच की भूल देखी थी, लेकिन उनकी राय थी कि पंच की भूल कबूल करना मुवक्किल के लिए बंधनकारी नहीं है। उनका यह स्पष्ट मत था कि ऐसी किसी बात को स्वीकार करने के लिए कोई वकील बंधा हुआ नहीं है, जो उसके मुवक्किल के हित के विरुद्ध जाए। मैंने कहा, 'इस मुकदमे में रह गई भूल स्वीकार की ही जानी चाहिए।'

बड़े वकील ने कहा, 'ऐसा होने पर इस बात का पूरा डर है कि अदालत सारे फैसले को ही रद्द न कर दे; और कोई भी तेज वकील अपने मुवक्किल को ऐसे जोखिम में नहीं डालेगा। मैं तो यह जोखिम उठाने को कभी तैयार न होऊंगा। मुकदमा फिर से चलाना पड़े, तो मुवक्किल को फिर से कितना खर्च करना पड़ेगा? और कौन कह सकता है कि अंतिम परिणाम क्या होगा?'

इस बातचीत के समय मुवक्किल उपस्थित थे।

मैंने कहा, 'मेरा तो विचार है कि मुवक्किल को और हम दोनों को ऐसे जोखिम उठाने ही चाहिए। हमारे स्वीकार न करने पर भी अदालत भूल भरे फैसले को भूल मालूम हो जाने पर बहाल रखेगी, इसका क्या भरोसा है? और भूल सुधारने की कोशिश में मुवक्किल को नुक़सान उठाना पड़े, तो क्या हर्ज है?'

बड़े वकील ने कहा, 'लेकिन हम भूल कबूल करें तब न?'

मैंने जवाब दिया, 'हमारे भूल न स्वीकार करने पर भी अदालत उस भूल को नहीं पकड़ेगी या विरोधी पक्ष उसका पता नहीं लगाएगा, इसका भी क्या भरोसा है?'

बड़े वकील ने दृढ़तापूर्वक कहा, 'तो इस मुकदमे में आप बहस करेंगे? भूल कबूल करने की शर्त पर मैं उसमें हाजिर रहने को तैयार नहीं हूं।'

मैंने नम्रतापूर्वक कहा, 'यदि आप न खड़े हों और मुवक्किल चाहें, तो मैं खड़ा होने को तैयार हूं। यदि भूल कबूल न की जाए, तो मैं मानता हूं कि मुकदमे में काम करना मेरे लिए असंभव होगा।'

इतना कहकर मैंने मुवक्किल की तरफ देखा। मुवक्किल थोड़े परेशान हुए। मैं तो मुकदमे से शुरू से ही जुड़ा हुआ था। मुवक्किल का मुझ पर पूरा विश्वास था। वे मेरे स्वभाव से भी पूरी तरह परिचित थे। उन्होंने कहा, 'ठीक है, तो आप ही अदालत में पैरवी कीजिए। भूल कबूल कर लीजिए। भाग्य में हारना होगा तो हार जाएंगे। सच्चे का रखवाला राम तो है ही न?'

मुझे खुशी हुई। मैंने दूसरे जवाब की आशा ही नहीं रखी थी। बड़े वकील ने मुझे फिर चेतावनी दी। उन्हें मेरे 'हठ' के लिए मुझ पर तरस आया, लेकिन उन्होंने मुझे धन्यवाद भी दिया।

अदालत में क्या हुआ, इसकी चर्चा आगे होगी।

45. चालाकी

अपनी सलाह के औचित्य के विषय में मुझे ज़रा-सी भी शंका न थी, लेकिन मुझे उस मुकदमे की पूरी पैरवी करने की अपनी योग्यता के संबंध में काफी शंका थी। ऐसे जोखिम वाले मामले में बड़ी अदालत में मेरा बहस करना मुझे बहुत जोखिम भरा जान पड़ा। इसलिए मन ही मन डरते हुए मैं न्यायाधीशों के सामने उपस्थित हुआ। ज्यों ही उक्त भूल की बात निकली कि एक न्यायाधीश बोल उठे, 'क्या यह चालाकी नहीं कहलाएगी?'

मुझे बड़ा गुस्सा आया। जहां चालाकी की गंध तक नहीं थी, वहां चालाकी का शक होना मुझ असह्य प्रतीत हुआ। मैंने मन में सोचा, 'जहां पहले से ही जज की नीयत बिगड़ी हुई है, वहां इस मुश्किल मुकदमे को कैसे जीता जा सकता है?'

मैंने अपने गुस्से को दबाया और शांत भाव से जवाब दिया, 'मुझे आश्चर्य होता है कि आप पूरी बात सुनने के पहले ही चालाकी का आरोप लगा रहे हैं!'

जज बोले, 'मैं आरोप नहीं लगा रहा, केवल शंका प्रकट कर रहा हूं।'

मैंने उत्तर दिया, 'आपकी शंका ही मुझे आरोप-जैसी लग रही है। मैं आपको वस्तुस्थिति समझा दूं और फिर शंका के लिए गुंजाइश हो, तो आप ज़रूर शंका करें।'

जज ने शांत होकर कहा, 'मुखे खेद है कि मैंने आपको बीच में ही रोका। आप अपनी बात समझाकर कहिए।'

मेरे पास सफाई के लिए पूरा-पूरा मसाला था। शुरू में ही शंका पैदा हुई और जज का ध्यान मैं अपने तर्क की तरफ खींच सका, इससे मुझमें हिम्मत आ गई और मैंने विस्तार से सारी जानकारी दी। न्यायाधीश ने मेरी बातों को धैर्यपूर्वक सुना और वे समझ गए कि भूल असावधानी के कारण ही हुई है। अतः बहुत परिश्रम से तैयार किया गया हिसाब रद्द करना उन्हें उचित नहीं मालूम हुआ।

प्रतिपक्षी के वकील को तो यह विश्वास ही था कि भूल स्वीकार कर लेने के बाद उनके लिए अधिक बहस करने की ज़रूरत ही नहीं रहेगी। लेकिन न्यायाधीश ऐसी स्पष्ट और सुधर सकनेवाली भूल को लेकर पंच-फैसला रद्द करने के लिए बिलकुल तैयार न थे। प्रतिपक्षी वकील ने बहुत माथापच्ची की, लेकिन जिन न्यायाधीश के मन में शंका पैदा हुई थी, वे ही मेरे हिमायती बन गए। वे बोले, 'मिस्टर गांधी ने गलती कबूल न की होती, तो आप क्या करते?'

'जिस लेखा-विशेषज्ञ को हमने नियुक्त किया था, उससे अधिक होशियार या ईमानदार विशेषज्ञ हम कहां से लाएं?'

'हमें मानना चाहिए कि आप अपने मुकदमे को अच्छी तरह से समझते हैं। हिसाब का हर कोई जानकार जिस तरह की भूल कर सकता है, वैसी भूल के अतिरिक्त दूसरी कोई भूल आप न बता सकें, तो कानून की एक मामूली-सी त्रुटि के लिए दोनों पक्षों को नए सिरे से खर्च में डालने के लिए अदालत तैयार नहीं हो सकती। और यदि आप यह कहें कि इसी अदालत को यह केस नए सिरे से सुनना चाहिए, तो यह भी संभव न होगा।'

इस और ऐसे अनेक तर्कों से प्रतिपक्षी के वकील को शांत करके तथा फैसले में रही भूल को सुधारकर या इतनी भूल सुधारकर पुनः फैसला भेजने का हुक्म पंच को देकर अदालत ने उस सुधरे हुए फैसले को बहाल रखा।

मेरे हर्ष की सीमा न रही। मुवक्किल और बड़े वकील प्रसन्न हुए और मेरी यह धारणा दृढ़ हो गई कि वकालत के धंधे में भी सत्य की रक्षा करते हुए काम हो सकता है।

लेकिन पाठकों को यह बात याद रखनी चाहिए कि धंधे के लिए की गई प्रत्येक वकालत के मूल में जो दोष विद्यमान है, उसे यह सत्य की रक्षा ढक नहीं सकती।

46. मुवक्किल साथी बन गए

नेटाल और ट्रांसवाल की वकालत में यह भेद था कि नेटाल में एडवोकेट और एटर्नी का भेद होने पर भी दोनों ही अदालतों में समान रूप से वकालत कर सकते थे, जबकि ट्रांसवाल में बम्बई जैसा भेद था। वहां एडवोकेट मुवक्किल के साथ किया जानेवाला सभी काम एटर्नी की मार्फत ही कर सकता है। बैरिस्टर बनने के बाद आप एडवोकेट या एटर्नी में से किसी एक की डिग्री सनद ले सकते हैं और फिर वही काम अपना सकते हैं। नेटाल में मैंने एडवोकेट की डिग्री ली थी, ट्रांसवाल में एटर्नी की। एडवोकेट के नाते मैं हिन्दुस्तानियों के सीधे संपर्क में नहीं आ सकता था और दक्षिण अफ्रीका में वातावरण ऐसा नहीं था कि गोरे एटर्नी मुझे अपने मुकदमे दें।

वैसे ट्रांसवाल में वकालत करते हुए मजिस्ट्रेट की सुनवाई में तो मैं बहुत बार जा सकता था। ऐसा करते हुए एक ऐसा प्रसंग आया, जब चल रहे मुकदमे के दौरान मैंने पाया कि मेरे मुवक्किल ने मुझे ठग लिया है। उसका मुकदमा झूठा था। वह कठहरे में खड़ा इस तरह कांप रहा था, मानो अभी गिर पड़ेगा। इसलिए मैंने मजिस्ट्रेट को मुवक्किल के विरुद्ध फैसला देने को कहा और बैठ गया। प्रतिपक्षी का वकील आश्चर्यचकित हो गया। मजिस्ट्रेट खुश हुआ। मुवक्किल को मैंने ताना दिया। वह जानता था कि मैं झूठे मुकदमे नहीं लेता था। उसने यह बात स्वीकार की और मैं मानता हूं कि मैंने उसके खिलाफ फैसला मांगा, इसके लिए वह गुस्सा न हुआ। जो भी हो, लेकिन मेरे इस बरताव का कोई बुरा प्रभाव मेरे काम पर नहीं पड़ा, और अदालत में मेरा काम आसान हो गया। मैंने यह भी देखा कि सत्य की मेरी इस पूजा से वकील-बंधुओं में भी मेरी प्रतिष्ठा बढ़ गई थी और विचित्र परिस्थितियों के रहते हुए भी उनमें से कुछ की प्रीति मैं पा सका था।

वकालत करते हुए मैंने एक ऐसी आदत भी डाली थी कि अपना अज्ञान न मैं मुवक्किलों से छिपाता था और न वकीलों से। जहां-कहीं मुझे कुछ सूझता नहीं था वहां मैं मुवक्किल से दूसरे वकील के पास जाने को कहता या मुझे वकील करता तो मैं उसे कहता कि अपने से अधिक अनुभवी वकील की सलाह लेकर मैं उसका काम करूंगा। अपने इस शुद्ध व्यवहार के कारण मैं मुवक्किलों का अटूट प्रेम और विश्वास पा सका था। बड़े वकील के पास जाने की जो फीस देनी पड़ती, उसके पैसे भी वे प्रसन्नतापूर्वक देते थे।

इस विश्वास और प्रेम का पूरा-पूरा लाभ मुझे अपने सार्वजनिक काम में मिला।

पिछले अध्याय में मैं बता चुका हूं कि दक्षिण अफ्रीका में वकालत करने का मेरा प्रयोजन केवल लोकसेवा करना था। इस सेवा के लिए भी मुझे लोगों का विश्वास जीतने की ज़रूरत थी। उदार दिल के हिन्दुस्तानियों ने पैसे लेकर की गई वकालत को भी मेरी सेवा माना; और जब मैंने उन्हें अपने हकों के लिए जेल के दुख सहने की सलाह दी, तब

उनमें से कइयों ने उस सलाह को ज्ञानपूर्वक स्वीकार करने के बजाय मेरे प्रति अपनी श्रद्धा और प्रेम के कारण ही स्वीकार किया था।

यह लिखते हुए वकालत के ऐसे कई मधुर संस्मरण मेरी कलम पर आ रहे हैं। सैकड़ों आदमी मुवक्किल न रहकर मेरे मित्र बन गए थे। वे सार्वजनिक सेवा में मेरे सच्चे साथी बन गए थे और मेरे कठोर जीवन को उन्होंने रसमय बना दिया था।

47. मुवक्किल जेल जाने से कैसे बचा?

इन अध्यायों के पाठक पारसी रुस्तमजी के नाम से अच्छी तरह से परिचित हैं। पारसी रुस्तमजी एक ही समय में मेरे मुवक्किल और सार्वजनिक काम में साथी बने। उनके बारे में यह भी कहा जा सकता है कि पहले वे मेरे साथी बने और बाद में मुवक्किल। मैंने उनका विश्वास इस हद तक पा लिया था कि अपनी निजी और घरेलू बातों में भी वे मेरी सलाह लेते थे और मेरी सलाह के अनुसार ही व्यवहार करते थे। बीमार पड़ने पर भी वे मेरी सलाह की ज़रूरत अनुभव करते थे और हमारे रहन-सहन में बहुत फर्क होने पर भी वे मेरे बताए उपचारों का प्रयोग अपने ऊपर करते थे।

इस साथी पर एक बार बड़ी विपत्ति आ पड़ी। अपने व्यापार की भी बहुत-सी बातें वे मुझसे किया करते थे। लेकिन एक बात उन्होंने मुझसे छिपा रखी थी। पारसी रुस्तमजी चुंगी की चोरी किया करते थे। वे बम्बई-कलकत्ते से जो माल मंगाते थे, उसी के सिलसिले में यह चोरी चलती थी। सब अधिकारियों से उनका अच्छा मेल-जोल था, इस कारण कोई उन पर शक करता ही न था। वे जो इन्वाइस पेश करते, उसी पर चुंगी ली जाती थी। ऐसे भी अधिकारी रहे होंगे, जो उनकी चोरी की ओर से आंखें मूंद लेते होंगे।

लेकिन अखा भगत की वाणी कभी मिथ्या हो सकती है?

'काचो पारो खावो अन्न, तेवुं छे चोरीनुं धन-मन?'

पारसी रुस्तमजी की चोरी पकड़ी गई। वे दौड़े-दौड़े मेरे पास आए। आंखों से आंसू बह रहे थे और वे कह रहे थे, 'भाई, मैंने आपसे कपट किया है। मेरा पाप आज प्रकट हो गया है। मैंने चुंगी की चोरी की है। अब मेरे भाग्य में तो जेल ही हो सकती है। मैं बरबाद होनेवाला हूं। इस मुसीबत से आप ही मुझे बचा सकते हैं। मैंने आपसे कुछ छिपाया नहीं। लेकिन यह सोचकर कि व्यापार की चोरी की बात आपसे क्या कहूं, मैंने यह चोरी छिपाई। अब मैं पछता रहा हूं।'

मैंने धीरज देकर कहा, 'काम करने के मेरे तरीके से तो आप परिचित ही हैं। छुड़ाना न छुड़ाना खुदा के हाथ है। अपराध स्वीकार करके छुड़ाया जा सके, तो ही मैं छुड़ा सकता हूं।'

इन भले पारसी का चेहरा उतर गया।

रुस्तमजी सेठ बोले, 'लेकिन आपके सामने मेरा अपराध स्वीकार कर लेना क्या काफी नहीं है?'

मैंने धीरे से जवाब दिया, 'आपने अपराध तो सरकार का किया है और स्वीकार मेरे सामने करते हैं। इससे क्या होता है?'

पारसी रुस्तमजी ने कहा, 'अंत में मुझे करना तो वही है, जो आप कहेंगे। लेकिन मेरे पुराने वकील हैं। उनकी सलाह तो आप लेंगे न? वे मेरे मित्र भी हैं।'

जांच से पता चला कि चोरी लंबे समय से चल रही थी। जो चोरी पकड़ी गई वह तो थोड़ी ही थी। हम लोग पुराने वकील के पास गए। उन्होंने केस की जांच की और कहा, 'यह मामला जूरी के सामने जाएगा। यहां के जूरी हिन्दुस्तानी को क्यों छोड़ने लगे? लेकिन मैं आशा कभी न छोड़ूंगा।'

इन वकील से मेरा गहरा परिचय नहीं था। पारसी रुस्तमजी ने ही जवाब दिया, 'मैं आपका आभार मानता हूं, किंतु इस मामले में मुझे मिस्टर गांधी की सलाह के अनुसार चलना है। वे मुझे अधिक पहचानते हैं। आप उन्हें जो सलाह देना उचित समझें, देते रहिएगा।'

इस प्रश्न को यों निबटाकर हम रुस्तमजी सेठ की दुकान पर पहुंचे।

मैंने उन्हें समझाया, 'मैं इस मामले को अदालत में जाने लायक नहीं मानता। मुकदमा चलाना न चलाना चुंगी-अधिकारी के हाथ में है। उसे भी सरकार के मुख्य वकील की सलाह के अनुसार चलना पड़ेगा। मैं दोनों से मिलने को तैयार हूं, लेकिन मुझे तो उनके सामने उस चोरी को भी स्वीकार करना पड़ेगा, जिसे वे नहीं जानते। मैं सोचता हूं कि जो दण्ड वे तय करें उसे स्वीकार कर लेना चाहिए। बहुत करके तो वे मान जाएंगे। लेकिन शायद न मानें तो आपको जेल जाने के लिए तैयार रहना होगा। मेरा तो यह मत है कि लज्जा जेल जाने में नहीं, बल्कि चोरी करने में है। लज्जा का काम तो हो चुका है। जेल जाना पड़े तो उसे प्रायश्चित समझिए। सच्चा प्रायश्चित तो भविष्य में फिर कभी चुंगी की चोरी न करने की प्रतिज्ञा में है।'

मैं नहीं कह सकता कि रुस्तमजी सेठ इन सारी बातों को ठीक तरह से समझ गए थे। वे बहादुर आदमी थे। लेकिन इस बार हिम्मत हार गए थे। उनकी प्रतिष्ठा दांव पर लगने का समय आ गया था। और प्रश्न यह था कि कहीं उनकी अपनी मेहनत से बनाई हुई इमारत ही ढह न जाए।

वे बोले, 'मैं आपसे कह चुका हूं कि मेरा सिर आपकी गोद में है। आपको जैसा करना हो वैसा कीजिए।'

मैंने इस मामले में विनय की अपनी सारी शक्ति लगा दी। मैं अधिकारी से मिला और सारी चोरी की बात उससे निर्भयतापूर्वक कह दी। सब बहीखाते दिखा देने को कहा और पारसी रुस्तमजी के पश्चात्ताप की बात भी कही।

अधिकारी ने कहा, 'मैं इस बूढ़े पारसी को चाहता हूं। उसने मूर्खता की है। लेकिन मेरा धर्म तो आप जानते हैं। बड़े वकील जैसा कहेंगे वैसा मुझे करना होगा। इसलिए समझाने की शक्ति का उपयोग आपको उनके सामने करना होगा।'

मैंने कहा, 'पारसी रुस्तमजी को अदालत में घसीटने पर ज़ोर न दिया जाए, तो मुझे संतोष हो जाएगा।'

इस अधिकारी से अभय-दान लेकर मैंने सरकारी वकील से पत्र-व्यवहार शुरू किया। उनसे मिला। मुझे कहना चाहिए कि मेरी सत्यप्रियता उनके ध्यान में आ गई। मैं उनके सामने यह सिद्ध कर सका कि मैं उनसे कुछ छिपा नहीं रहा हूं।

इस मामले में या दूसरे किसी मामले में उनके संपर्क में आने पर उन्होंने मुझे प्रमाणपत्र दिया था, 'मैं देखता हूं कि आप 'ना' में तो जवाब लेनेवाले ही नहीं हैं।'

रुस्तमजी पर मुकदमा नहीं चला। उनके द्वारा कबूल की गई चुंगी की चोरी के दूने रुपये लेकर मुकदमा उठा लेने का हुक्म जारी हुआ।

रुस्तमजी ने अपनी चुंगी-चोरी की कहानी लिखकर शीशे में मढ़वा ली और उसे अपने ऑफिस में टांगकर अपने वारिसों और साथी व्यापारियों को चेतावनी दी।

रुस्तमजी सेठ के व्यापारी मित्रों ने मुझे चेताया, 'यह सच्चा वैराग्य नहीं है, श्मशान-वैराग्य है।'

मैं नहीं जानता कि इसमें कितनी सच्चाई थी।

मैंने यह बात भी रुस्तमजी सेठ से कही थी। उनका जवाब यह था, 'आपको धोखा देकर मैं कहां जाऊंगा?'

भाग पांच

1. पहला अनुभव

मेरे स्वदेश आने के पहले जो लोग फीनिक्स से वापस लौटनेवाले थे, वे भी यहां आ पहुंचे थे। अनुमान तो यह था कि मैं उनसे पहले पहुंचूंगा, लेकिन लड़ाई के कारण मुझे लंदन में रुक जाना पड़ा। इसलिए मेरे सामने प्रश्न यह था कि फीनिक्सवासियों को कहां ठहराया जाए? मेरी इच्छा यही थी कि सब एक साथ ही रह सकें और फीनिक्स आश्रम का-सा जीवन बिता सकें तो अच्छा हो। मैं किसी आश्रम-संचालक से परिचित नहीं था, ताकि साथियों को उनके यहां जाने के लिए लिख सकूं। इसलिए मैंने उन्हें लिखा कि वे एण्ड्रूज से मिलें और उनकी सलाह के अनुसार काम करें।

पहले तो उन्हें कांगड़ी गुरुकुल में रखा गया। वहां स्वामी श्रद्धानन्दजी ने उन्हें अपने ही बच्चों की तरह रखा। इसके बाद उन्हें शांतिनिकेतन में रखा गया। वहां कविवर ने और उनके समाज ने उन्हें वैसे ही प्रेम से नहलाया। इन दो स्थानों में उन्हें जो अनुभव प्राप्त हुए, वह उनके लिए और मेरे लिए भी बहुत उपयोगी सिद्ध हुए।

कविवर, श्रद्धानन्दजी और आचार्य सुशील रुद्र को मैं एण्ड्रज की 'त्रिमूर्ति' मानता था। दक्षिण अफ्रीका में वे इन तीनों की प्रशंसा करते कभी थकते ही न थे। दक्षिण अफ्रीका हमारे स्नेह-सम्मेलन के अनेकानेक स्मरणों में यह तो मेरी आंखों के सामने तैरा ही करता है कि इन तीन महापुरुषों के नाम उनके हृदय में और होंठों पर सदा बने ही रहते थे। एण्ड्रज ने मेरे फीनिक्स समुदाय को सुशील रुद्र के पास ही ठहरा दिया था। रुद्र का अपना कोई आश्रम न था, केवल घर ही था। लेकिन उस घर का कब्जा उन्होंने मेरे कुनबे को सौंप दिया था। उनके लड़के-लड़की एक ही दिन में इनके साथ ऐसे घुलमिल गए थे कि ये लोग फीनिक्स को बिलकुल भूल गए।

मैं बम्बई के बंदरगाह पर उतरा तभी मुझे पता चला कि उस समय यह परिवार शांतिनिकेतन में था। इसलिए गोखले से मिलने के बाद मैं वहां जाने को अधीर हो उठा।

बम्बई में सम्मान स्वीकार करते समय ही मुझे एक छोटा-सा सत्याग्रह करना पड़ा था। मेरे सम्मान में मिस्टर जहांगीर पिटीट के यहां एक सभा रखी गई थी। उसमें तो मैं गुजराती में जवाब देने की हिम्मत न कर सका। उस महल में और आंखों को चौंधिया देनेवाले उस ठाठ-बाट के बीच गिरमिटियों की सोहबत में रहनेवाला मैं, अपने-आपको देहाती-जैसा मान रहा था। आज की मेरी पोशाक की तुलना में उस समय पहना हुआ अंगरखा, साफा आदि अपेक्षाकृत सभ्य पोशाक कही जा सकती है। फिर भी मैं उस अलंकृत समाज में अलग ही नज़र आ रहा था। लेकिन वहां तो जैसे-तैसे मैंने अपना काम निपटाया और सर फीरोज़शाह मेहता के सहारे खुद को छोड़ दिया।

गुजरातियों की सभा तो थी ही। स्वर्गीय उत्तमलाल त्रिवेदी ने इस सभा का आयोजन किया था। मैंने इस सभा के बारे में पहले से कुछ बातें जान ली थीं। मिस्टर जिन्ना भी गुजराती के नाते इस सभा में हाजिर थे। वे सभापति थे या मुख्य वक्ता, यह मैं भूल गया हूं। लेकिन उन्होंने अपना छोटा और मधुर भाषण अंग्रेज़ी में दिया। मुझे हलकी-सी याद है कि दूसरे अधिकतर भाषण भी अंग्रेज़ी में ही हुए। जब मेरे बोलने का समय आया, तो मैंने उत्तर गुजराती में दिया और गुजराती तथा हिन्दुस्तानी के प्रति अपना पक्षपात कुछ ही शब्दों में व्यक्त करके मैंने गुजरातियों की सभा में अंग्रेज़ी के उपयोग के विरुद्ध अपना नम्र विरोध प्रदर्शित किया। मेरे मन में अपने इस कार्य के लिए संकोच तो था ही। मेरे मन में यह शंका बनी रही कि लंबी अवधि की अनुपस्थिति के बाद विदेश से वापस आया हुआ अनुभवहीन व्यक्ति प्रचलित प्रवाह के विरुद्ध चले, इसमें अविवेक तो नहीं माना जाएगा? लेकिन मैंने गुजराती में उत्तर देने की जो हिम्मत की, उसका किसी ने उलटा अर्थ नहीं लगाया और सबने मेरा विरोध सहन कर लिया। यह देखकर मुझे खुशी हुई और इस सभा के अनुभव से मैं इस परिणाम पर पहुंचा कि अपने नए जान पड़नेवाले दूसरे विचारों को जनता के सम्मुख रखने में मुझे कठिनाई नहीं आएगी।

इस तरह से बम्बई में दो-एक दिन रहकर और शुरुआती अनुभव लेकर मैं गोखले की आज्ञा से पूना गया।

2. गोखले के साथ पूना में

मेरे बम्बई पहुंचते ही गोखले ने मुझे खबर दी थी, 'गवर्नर आपसे मिलना चाहते हैं।' इसलिए पूना आने के पहले उनसे मिल लेना उचित रहेगा। इसलिए मैं उनसे मिलने गया।

दुआसलाम के बाद उन्होंने कहा, 'मैं आपसे एक वचन मांगता हूं। मैं चाहता हूं कि सरकार के बारे में आप कोई भी कदम उठाएं, उसके पहले मुझसे मिलकर बात कर लिया करें।'

मैंने जवाब दिया, 'यह वचन देना मेरे लिए बहुत आसान है। क्योंकि सत्याग्रही होने के नाते मेरा यह नियम ही है कि किसी के विरुद्ध कोई कदम उठाना हो, तो पहले उसका दृष्टिकोण उसी से समझ लूं और जिस हद तक उसके अनुकूल होना संभव हो उस हद तक अनुकूल हो जाऊं। दक्षिण अफ्रीका में मैंने सदा इस नियम का पालन किया है और यहां भी वैसा ही करनेवाला हूं।'

लॉर्ड विलिंग्डन ने मेरे प्रति आभार माना और कहा, 'आप जब मिलना चाहेंगे, मुझसे तुरंत मिल सकेंगे और आप देखेंगे कि सरकार जान-बूझकर कोई बुरा काम नहीं करना चाहती।'

मैंने जवाब दिया, 'यह विश्वास ही तो मेरा सहारा है।'

मैं पूना पहुंचा। वहां के सब संस्मरण देने में मैं असमर्थ हूं। गोखले ने और सोसायटी (भारत-सेवक-समाज) के सदस्यों ने मुझे अपने प्रेम से नहला दिया। जहां तक मुझे याद है, उन्होंने सब सदस्यों को पूना बुलाया था। सबके साथ कई विषयों पर मैंने दिल खोलकर बातचीत की। गोखले की बहुत इच्छा थी कि मैं भी सोसायटी में शामिल हो जाऊं। मेरी

खुद की इच्छा तो थी ही। किंतु सोसायटी के सदस्यों को ऐसा लगा कि सोसायटी के आदर्श और काम करने की रीति मुझसे अलग है, इसलिए मुझे सदस्य बनना चाहिए या नहीं इस बारे में उनके मन में शंका थी। गोखले का विश्वास था कि मुझमें अपने आदर्शों पर दृढ़ रहने का जितना आग्रह है उतना ही दूसरों के आदर्शों को निबाह लेने का और उनके साथ घुलमिल जाने का भी मेरा स्वभाव है। उन्होंने कहा, 'हमारे सदस्य अभी आपके इस निबाह लेनेवाले स्वभाव को पहचान नहीं पाए हैं। वे अपने आदर्शों पर दृढ़ रहनेवाले स्वतंत्र और दृढ़ विचार के लोग हैं। मैं आशा तो करता हूं कि वे आपको स्वीकार कर लेंगे। लेकिन स्वीकार न भी करें, तो आप कभी यह न समझना कि उनके मन में आपके प्रति आदर या प्रेम में कोई कमी है। इस प्रेम को अखंडित रखने के लिए ही वे कोई जोखिम उठाते हुए डरते हैं। लेकिन आप सोसायटी के विधिवत् सदस्य बनें या न बनें, मैं तो आपको सदस्य ही मानूंगा।'

मैंने अपने विचार गोखले को बता दिए थे, 'मैं सोसायटी का सदस्य बनूं चाहे न बनूं, तो भी मुझे एक आश्रम खोलकर उसमें फीनिक्स के साथियों को ठहराना और खुद वहां टिक जाना है। इस विश्वास के कारण कि गुजराती होने से मेरे पास गुजरात की सेवा के ज़रिये देश की सेवा करने की पूंजी अधिक होनी चाहिए, मैं गुजरात में ही कहीं टिकना चाहता हूं।' गोखले को ये विचार पसंद आए थे, इसलिए उन्होंने कहा, 'आप ऐसा ही करें। सदस्यों के साथ की बातचीत का जो भी परिणाम आए, लेकिन यह तय है कि आपको आश्रम के लिए पैसा मुझी से लेना है। उसे मैं अपना ही आश्रम समझूंगा।'

मेरी प्रसन्नता की सीमा नहीं थी। मैं यह सोचकर बहुत खुश हुआ कि मुझे पैसा उगाहने के धंधे से मुक्ति मिल गई और यह कि अब मुझे अपनी जवाबदारी पर नहीं चलना पड़ेगा, बल्कि हर परेशानी के समय मुझे रास्ता दिखानेवाला कोई होगा। इस विश्वास के कारण मुझे ऐसा लगा, मानो मेरे सिर से बड़ा बोझ उतर गया हो।

गोखने ने स्वर्गीय डॉक्टर देव को बुलाकर कहा, 'गांधी का खाता अपने यहां खोल लीजिए और इन्हें आश्रम के लिए तथा अपने सार्वजनिक कार्यों के लिए जितनी रकम की ज़रूरत हो, आप देते रहिए।'

अब मैं पूना छोड़कर शांतिनिकेतन जाने की तैयारी कर रहा था। आखिरी रात को गोखले ने मेरी पसंद की एक दावत दी और उसमें खास-खास मित्रों को न्योता दिया। जो चीज़ें मैं खाता था उन्होंने उसमें उन्हीं का अर्थात् सूखे और ताजे फलों के आहार का ही प्रबंध किया था। दावत की जगह उनके कमरे से कुछ ही कदम दूर थी, लेकिन उसमें भी शामिल होने की उनकी हालत न थी। लेकिन उनका प्रेम उन्हें दूर कैसे रहने देता? उन्होंने आने का आग्रह किया। वे आए भी, लेकिन उन्हें मूर्छा आ गई और वापस जाना पड़ा। उनकी ऐसी हालत जब-तब हो जाया करती थी। इसलिए उन्होंने संदेशा भेजा कि दावत जारी ही रखनी है। दावत का मतलब था, सोसायटी के आश्रम में मेहमान-घर के पासवाले आंगन में जाजम बिछाकर बैठना, मूंगफली, खजूर आदि खाना, प्रेमपूर्ण चर्चाएं करना और एक-दूसरे के दिलों को अधिक-से-अधिक जानना।

लेकिन गोखले की यह मूर्छा मेरे जीवन के लिए साधारण अनुभव बनकर रहनेवाली न थी।

3. क्या वह धमकी थी?

अपने बड़े भाई की विधवा पत्नी और दूसरे परिवारजनों से मिलने के लिए मुझे बम्बई से राजकोट और पोरबंदर जाना था। इसलिए मैं उधर निकल गया। दक्षिण अफ्रीका में सत्याग्रह की लड़ाई के सिलसिले में मैंने अपनी पोशाक जिस हद तक जा सकती थी, गिरमिटिया मज़दूरों से मिलती-जुलती कर ली थी। इंग्लैंड में भी घर में यही पोशाक पहनता था। हिन्दुस्तान आकर मुझे काठियावाड़ी पोशाक पहननी थी। दक्षिण अफ्रीका में मैंने उसे अपने साथ रखा था। इसलिए बम्बई में मैं उसी पोशाक में उतर सकता था। इस पोशाक में कुर्ता, अंगरखा, धोती और सफेद साफा शामिल थे। ये सब देशी मिल के ही कपड़े बने हुए थे। बम्बई से काठियावाड़ मुझे तीसरे दर्जे में ही जाना था। उसमें साफा और अंगरखा मुझे झंझट मालूम हुए। इसलिए मैंने केवल कुर्ता, धोती और आठ-दस आने की कश्मीरी टोपी पहन लिए। ऐसी पोशाक पहननेवाले की गिनती गरीब आदमी में होती थी।

उस समय वीरमगाम या वढ़वाण में प्लेग के कारण तीसरे दर्जे के यात्रियों की जांच होती थी। मुझे थोड़ा-सा बुखार था। जांच करनेवाले अधिकारी ने हाथ देखा, तो उसे वह गरम लगा। इसलिए उसने मुझे राजकोट में डॉक्टर से मिलने का हुक्म दिया और मेरा नाम लिख लिया।

बम्बई से किसी ने तार या पत्र भेजा होगा। इसलिए वढ़वाण स्टेशन पर वहां के प्रसिद्ध जनसेवक दर्जी मोतीलाल मुझसे मिले। उन्होंने मुझसे वीरमगाम की चुंगी-संबंधी जांच-पड़ताल की और उसके कारण होनेवाली परेशानियों की चर्चा की। मैं बुखार में तप रहा था, इसलिए बातें करने की बहुत इच्छा न थी। मैंने उन्हें थोड़े में ही जवाब दिया, 'आप जेल जाने को तैयार हैं?'

मैंने माना था कि बिना विचारे उत्साह में जवाब देनेवाले कई युवकों की तरह मोतीलाल भी होंगे। लेकिन उन्होंने बहुत दृढ़तापूर्वक उत्तर दिया, 'हम ज़रूर जेल जाएंगे, लेकिन आपको हमें रास्ता दिखाना होगा। काठियावाड़ी होने के नाते आप पर हमारा पहला अधिकार है। इस समय तो हम आपको रोक नहीं सकते, लेकिन लौटते समय आपको वढ़वाण उतरना होगा। यहां के युवकों का काम और उत्साह देखकर आप खुश होंगे। आप अपनी सेना में जब चाहेंगे तब हमें भरती कर सकेंगे।'

मोतीलाल पर मेरी आंख टिक गई। उनके दूसरे साथियों ने उनकी तारीफ करते हुए कहा, 'ये दरजी हैं। अपने धंधे में कुशल हैं, इसलिए रोज़ एक घंटा काम करके हर महीने लगभग पंद्रह रुपये अपने खर्च के लिए कमा लेते हैं और बाकी का सारा समय सार्वजनिक सेवा में बिताते हैं। ये हम सब पढ़े-लिखों का मार्गदर्शन करते हैं और हमें लज्जित करते हैं।'

बाद में मैं भाई मोतीलाल के निकट संपर्क में आया और मैंने अनुभव किया कि उनकी इस तारीफ में लेशमात्र भी बढ़ा-चढ़ाकर नहीं बताया गया था। जब सत्याग्रह आश्रम स्थापित हुआ, तो वे हर महीने वहां कुछ दिन अपनी हाजिरी दर्ज करा ही जाते थे। बच्चों को सीना-पिरोना सिखाते और आश्रम की सिलाई का काम भी कर जाते थे। वीरमगाम की बात तो वे मुझे रोज़ सुनाते रहते थे। वहां यात्रियों को जिन मुसीबतों का सामना करना

पड़ता था, वे उनके लिए असह्य थीं। इन मोतीलाल को भरी जवानी में बीमारी ने उठा लिया था और वढ़वाण उनके बिना सूना हो गया था।

राजकोट पहुंचने पर दूसरे दिन सवेरे मैं मिली हुई आज्ञा के अनुसार अस्पताल में हाज़िर हुआ। वहां तो मैं अपरिचित नहीं था। डॉक्टर शरमाए और उक्त जांच करनेवाले अधिकारी पर गुस्सा होने लगे। मुझे गुस्से का कोई कारण न दिखाई पड़ा। अधिकारी ने अपने धर्म का पालन ही किया था। वह मुझे पहचानता नहीं था और पहचानता होता तो भी उसने जो हुक्म दिया था, वह देना उसका धर्म था। लेकिन चूंकि मैं सुपरिचित था, इसलिए राजकोट में मैं जांच कराने जाऊं, उसके बदले लोग घर आकर मेरी जांच करने लगे।

ऐसे मामलों में तीसरे दर्जे के यात्रियों की जांच करना आवश्यक है। बड़े माने जाने वाले लोग भी तीसरे दर्जे में यात्रा करें, तो उन्हें गरीबों पर लागू होनेवाले नियमों का स्वेच्छा से पालन करना चाहिए और अधिकारियों को पक्षपात नहीं करना चाहिए। लेकिन मेरा अनुभव यह है कि अधिकारी तीसरे दर्जे के यात्रियों को आदमी समझने के बदले जानवर-जैसा समझते हैं। 'तू' के अलावा उनके लिए दूसरा कोई संबोधन ही नहीं होता। तीसरे दर्जे का यात्री न तो सामनेवाले को जवाब दे सकता है, न बहस ही कर सकता है। उसे इस तरह व्यवहार करना पड़ता है, मानो वह अधिकारी का नौकर हो। अधिकारी उसे मारते-पीटते हैं, लूटते हैं, उसकी ट्रेन छुड़वा देते हैं, उसे टिकट देने में हैरान-परेशान करते हैं। यह सब मैंने खुद अनुभव किया है। इस स्थिति में सुधार तभी हो सकता है जब कुछ पढ़े-लिखे और अमीर लोग गरीबों-जैसे बनें, तीसरे दर्जे में यात्रा करके गरीब यात्रियों को न मिलनेवाली एक भी सुविधा का उपयोग न करें और अड़चनों, अशिष्टताओं, अन्यायों तथा कुटिलता को चुपचाप न सहकर उनका सामना करें और उन्हें दूर करने में सहयोगी बनें। काठियावाड़ में मैं जहां-जहां भी घूमा वहां-वहां मैंने वीरमगाम की चुंगी-संबंधी जांच की शिकायतें सुनीं।

इसलिए मैंने लॉर्ड विलिंग्डन के दिए हुए निमंत्रण का तुरंत उपयोग किया। इस संबंध में जो भी कागज-पत्र मिले, उन सबको मैं पढ़ गया। मैंने देखा कि शिकायतों में बहुत सच्चाई है। इस विषय में मैंने बम्बई सरकार से पत्र-व्यवहार शुरू किया। सेक्रेटरी से मिला। लॉर्ड विलिंग्डन से भी मिला। उन्होंने सहानुभूति प्रकट की, किंतु दिल्ली की ढील की शिकायत की।

सेक्रेटरी ने कहा, 'हमारे ही हाथ की बात होती, तो हमने यह चुंगी कभी की उठा दी होती। आप केंद्रीय सरकार के पास जाइए।'

मैंने केंद्रीय सरकार से पत्र-व्यवहार शुरू किया, लेकिन पत्रों की पहुंच के अलावा कोई उत्तर न पा सका। जब मुझे लॉर्ड चेम्सफर्ड से मिलने का मौका मिला तब अर्थात् लगभग दो बरस के पत्र-व्यवहार के बाद मामले की सुनवाई हुई। लॉर्ड चेम्सफर्ड से बात करने पर उन्होंने आश्चर्य प्रकट किया। उन्हें वीरमगाम की कोई जानकारी नहीं थी। उन्होंने मेरी बात ध्यानपूर्वक सुनी और उसी समय टेलीफोन करके वीरमगाम के कागज-पत्र मंगवाए और मुझे वचन दिया कि यदि आपके कथन के विरुद्ध अधिकारियों को कोई आपत्ति नहीं हुई, तो चुंगी रद्द कर दी जाएगी। इस मुलाकात के बाद कुछ ही दिनों में चुंगी खत्म कर दिए जाने की खबर मैंने अखबार में पढ़ी।

मैंने इस जीत को सत्याग्रह की नींव माना, क्योंकि वीरमगाम के संबंध में बातें करते हुए बम्बई सरकार के सेक्रेटरी ने मुझसे कहा था कि मैंने इस विषय में बगसर में जो भाषण किया था, उसकी नकल उनके पास है। उसमें सत्याग्रह का जो उल्लेख किया गया था, उस पर उन्होंने अपनी अप्रसन्नता भी प्रकट की थी। उन्होंने पूछा था, 'क्या आप इसे धमकी नहीं मानते? और इस तरह कोई शक्तिशाली सरकार धमकियों की परवाह करती है?'

मैंने जवाब दिया, 'यह धमकी नहीं है। यह लोकशिक्षा है। लोगों को अपने दुख दूर करने के सब वास्तविक उपाय बताना मुझ-जैसों का धर्म है। जो जनता स्वतंत्रता चाहती है, उसके पास अपनी रक्षा का अंतिम उपाय होना चाहिए। आम तौर पर ऐसे उपाय हिंसात्मक होते हैं लेकिन सत्याग्रह शुद्ध अहिंसक शस्त्र है। उसका उपयोग और उसकी मर्यादा बताना मैं अपना धर्म समझता हूं। मुझे इसकी सीमा के बारे में संदेह नहीं है कि अंग्रेज़ सरकार शक्तिशाली है। लेकिन इस विषय में भी मुझे कोई संदेह नहीं कि सत्याग्रह सबसे शक्तिशाली शस्त्र है।' चतुर सेक्रेटरी ने अपना सिर हिलाया और कहा, 'ठीक है, हम देखेंगे।'

4. शांतिनिकेतन

राजकोट से मैं शांतिनिकेतन गया। वहां शांतिनिकेतन के अध्यापकों और विद्यार्थियों ने मुझ पर अपना प्रेम बरसाया। स्वागत की विधि में सादगी, कला और प्रेम का सुंदर मिश्रण था। वहां मैं पहले-पहले काकासाहब कालेलकर से मिला।

कालेलकर 'काका साहेब' क्यों कहलाते थे, यह मैं उस समय नहीं जानता था। लेकिन बाद में पता चला कि केशवराव देशपांडे, जो इंग्लैंड में मेरे समकालीन थे और जिनके साथ इंग्लैंड में मेरा अच्छा परिचय हो गया था, बड़ौदा राज्य में 'गंगानाथ विद्यालय' चला रहे हैं। उनकी अनेक भावनाओं में एक यह भी थी कि विद्यालय के अध्यापकों को पारिवारिक नाम दिए जाएं। उनमें कालेलकर को 'काका' नाम मिला। फड़के 'मामा' बने। हरिहर शर्मा 'अण्णा' कहलाए। दूसरों के भी यथायोग्य नाम रखे गए। काका के साथी के रूप में आनन्दानन्द (स्वामी) और मामा के मित्र के नाते पटवर्धन (अप्पा) आगे चलकर इस कुटुम्ब में शामिल हुए। इस कुटुम्ब के ये पांचों सदस्य एक के बाद एक मेरे साथी बने। देशपांडे 'साहब' के नाम से पुकारे जाने लगे। साहब का विद्यालय बंद होने पर यह कुटुम्ब बिखर गया। लेकिन इन लोगों ने अपना आध्यात्मिक संबंध न छोड़ा। काकासाहब भिन्न-भिन्न अनुभव जुटाने में लग गए। इसी सिलसिले में वे इस समय शांतिनिकेतन में रहते थे। इसी मंडली के एक और सदस्य चिंतामणि शास्त्री भी वहीं रहते थे। ये दोनों संस्कृत सिखाने में हिस्सा लेते थे।

शांतिनिकेतन में मेरी मंडली को अलग से ठहराया गया था। यहां मगनलाल गांधी उस मंडली को संभाल रहे थे और फीनिक्स आश्रम के सब नियमों का पालन सूक्ष्मता से करते-कराते थे। मैंने देखा कि उन्होंने अपने प्रेम, ज्ञान और उद्यमशीलता के कारण शांतिनिकेतन में अपनी सुगंध फैला दी थी। एण्ड्रूज तो यहां थे ही। पियर्सन थे। जगदानन्द

बाबू, नेपाल बाबू, क्षितिमोहन बाबू, नगेन बाबू, शरद बाबू और काली बाबू के साथ हमारा खासा संपर्क रहा। अपने स्वभाव के अनुसार मैं विद्यार्थियों और शिक्षकों में घुल-मिल गया, और स्व-परिश्रम के विषय में चर्चा करने लगा। मैंने वहां के शिक्षकों के सामने यह बात रखी कि वैतनिक रसोइयों के बदले शिक्षक और विद्यार्थी अपनी रसोई खुद बना लें तो अच्छा हो। ऐसा करने से स्वास्थ्य और नीति की दृष्टि से रसोईघर पर शिक्षक-समाज का प्रभुत्व स्थापित होगा और विद्यार्थी स्वावलम्बन तथा स्वयं पाक का मूल पाठ सीखेंगे। एक-दो शिक्षकों ने सिर हिलाकर असहमति प्रकट की। कुछ लोगों को यह प्रयोग बहुत अच्छा लगा। नई चीज़, फिर वह कैसी भी क्यों न हो, बच्चों को तो अच्छी लगती ही है। इस न्याय से यह चीज़ भी उन्हें अच्छी लगी और प्रयोग शुरू हुआ। जब कविश्री के सामने यह बात रखी गई, तो उन्होंने अपनी यह सम्मति दी कि यदि शिक्षक अनुकूल हों, तो खुद उन्हें यह प्रयोग ज़रूर पसंद होगा। उन्होंने विद्यार्थियों से कहा, 'इसमें स्वराज्य की चाबी मौजूद है।'

पियर्सन ने प्रयोग को सफल बनाने में अपने-आपको खपा दिया। उन्हें यह बहुत अच्छा लगा। एक मंडली साग काटनेवालों की बनी, दूसरी अनाज साफ करनेवालों की। रसोईघर के आस-पास शास्त्रीय ढंग से सफाई रखने के काम में नगेन बाबू आदि जुट गए। उन लोगों को कुदाली से काम करते देखकर मेरा हृदय नाच उठा।

लेकिन मेहनत के इस काम को सवा सौ विद्यार्थी और शिक्षक भी एकाएक नहीं अपना सकते थे। इसलिए रोज़ चर्चाएं चलती थीं। कुछ लोग थक जाते थे। लेकिन भला पियर्सन क्यों थकने लगे? वे हंसते चेहरे से रसोईघर के किसी-न-किसी काम में जुटे ही रहते थे। बड़े-बड़े बरतन मांजना उन्हीं का काम था। बरतन मांजनेवाली टुकड़ी की थकान उतारने के लिए कुछ विद्यार्थी वहां सितार बजाते थे। विद्यार्थियों ने प्रत्येक काम को काफी उत्साह से अपना लिया और समूचा शांतिनिकेतन मधुमक्खियों के छत्ते की भांति गूंजने लगा।

इस प्रकार के बदलाव जब एक बार शुरू हो जाते हैं, तो फिर वे रुक नहीं पाते। फीनिक्स का रसोईघर स्वावलम्बी बन गया था, यही नहीं बल्कि उसमें रसोई भी बहुत सादी बनती थी। मसालों का त्याग किया गया था। इसलिए भात, दाल, साग तथा गेहूं के पदार्थ भी भाप के द्वारा पका लिए जाते थे। बंगाली खुराक में सुधार करने के विचार से उस प्रकार का एक रसोईघर शुरू किया था। उसमें एक-दो अध्यापक और कुछ विद्यार्थी शामिल हुए थे। ऐसे ही प्रयोगों में से सर्वसाधारण रसोईघर को स्वावलम्बी बनाने का प्रयोग शुरू किया जा सका था।

लेकिन आखिर कुछ कारणों से यह प्रयोग बंद हो गया। मेरा विश्वास यह है कि इस जगद्-विख्यात संस्था ने थोड़े समय के लिए भी इस प्रयोग को अपनाकर कुछ खोया नहीं और उससे प्राप्त अनेक अनुभव उसके लिए उपयोगी सिद्ध हुए थे।

मेरा विचार शांतिनिकेतन में कुछ समय रहने का था। किंतु विधाता मुझे जबरदस्ती घसीटकर ले गया। मैं मुश्किल से वहां एक हफ्ता रहा होऊंगा कि इतने में पूना से गोखले के अवसान का तार मिला। शांतिनिकेतन शोक में डूब गया। सब मेरे पास संवेदना प्रकट करने आए। मंदिर में विशेष सभा की गई। यह गंभीर दृश्य अपूर्व था। मैं उसी दिन पूना

के लिए रवाना हुआ। पत्नी और मगनलाल गांधी को मैंने अपने साथ लिया, बाकी सब शांतिनिकेतन में रहे।

बर्दवान तक एण्ड्रूज मेरे साथ आए थे। उन्होंने मुझसे पूछा, 'क्या आपको ऐसा लगता है कि हिन्दुस्तान में आपके लिए सत्याग्रह करने का अवसर आएगा? और अगर ऐसा लगता हो तो कब आएगा, इसकी कोई कल्पना आपको है?'

मैंने जवाब दिया, 'इसका उत्तर देना कठिन है। अभी एक वर्ष तक तो मुझे कुछ करना ही नहीं है। गोखले ने मुझसे प्रतिज्ञा करवाई है कि मुझे एक वर्ष तक देश में भ्रमण करना है, किसी सार्वजनिक प्रश्न पर अपना विचार न तो बनाना है न प्रकट करना है। मैं इस प्रतिज्ञा का अक्षरशः पालन करूंगा। बाद में भी मुझे किसी प्रश्न पर कुछ कहने की ज़रूरत होगी, तभी मैं कहूंगा। इसलिए मैं नहीं समझता कि पांच वर्ष तक सत्याग्रह करने का कोई अवसर आएगा।'

यहां यह कहना गलत न होगा कि 'हिन्द स्वराज्य' में मैंने जो विचार व्यक्त किए हैं, गोखले उनका मज़ाक उड़ाते थे और कहते थे, 'आप एक वर्ष हिन्दुस्तान में रहकर देखेंगे, तो आपके विचार अपने-आप ठिकाने आ जाएंगे।'

5. तीसरे दर्जे की विडम्बना

बर्दवान पहुंचकर हमें तीसरे दर्जे का टिकट लेना था। उसे लेने में परेशानी हुई। जवाब मिला, 'तीसरे दर्जे के यात्री को टिकट पहले से नहीं दिया जाता।' मैं स्टेशन-मास्टर से मिलने गया। भला उनके पास मुझे कौन जाने देता? किसी ने दया करके स्टेशन-मास्टर को बताया। मैं वहां पहुंचा। उनसे भी यही उत्तर मिला। खिड़की खुलने पर टिकट लेने गया। लेकिन टिकट आसानी से मिलनेवाला नहीं था। हट्टेकट्टे यात्री एक के बाद एक घुसते जाते और मुझ-जैसों को पीछे हटाते जाते। आखिर टिकट मिला।

गाड़ी आई। उसमें भी जो ताकतवर थे, वे घुस गए। बैठे हुओं और चढ़नेवालों के बीच गाली-गलौज और धक्कामुक्की शुरू हुई। इस सबमें शामिल होना मेरे लिए संभव नहीं था। हम तीनों इधर से उधर चक्कर काटते रहे। सब तरफ एक ही जवाब मिलता था, 'यहां जगह नहीं है।' मैं गार्ड के पास गया। उसने कहा, 'जगह मिले तो बैठो, नहीं तो दूसरी ट्रेन में जाना।'

मैंने नम्रतापूर्वक कहा, 'लेकिन मुझे ज़रूरी काम है।' यह सुनने के लिए भी गार्ड के पास समय नहीं था। मैं हारा। मगनलाल से कहा, 'जहां जगह मिले, बैठ जाओ।' पत्नी को लेकर मैं तीसरे दर्जे के टिकट से दूसरे दर्जे में घुसा। गार्ड ने मुझे उसमें जाते देख लिया था।

आसनसोल स्टेशन पर गार्ड ज्यादा किराये के पैसे लेने आया। मैंने कहा, 'मुझे जगह बताना आपका धर्म था। जगह न मिलने के कारण मैं इसमें बैठा हूं। आप मुझे तीसरे दर्जे में जगह दिलाइए। मैं उसमें जाने को तैयार हूं।'

गार्ड साहब बोले, 'मुझसे बहस मत कीजिए। मेरे पास जगह नहीं है। पैसे न देने हों, तो गाड़ी से उतरना पड़ेगा।'

मुझे तो किसी भी तरह पूना पहुंचना था। गार्ड से लड़ने की मेरी हिम्मत नहीं थी। मैंने पैसे चुका दिए। उसने ठेठ पूना तक का डेढ़ गुना भाड़ा लिया। यह अन्याय मुझे अखर गया।

सबेरे मुगलसराय स्टेशन आया। मगनलाल ने तीसरे दर्जे में जगह घेर ली थी। मुगल सराय मैं तीसरे दर्जे में गया। टिकट कलेक्टर को मैंने वस्तुस्थिति की जानकारी दी और उससे इस बात का प्रमाण-पत्र मांगा कि मैं तीसरे दर्जे में आ गया हूं। उसने देने से इनकार कर दिया। मैंने जो अतिरिक्त किराया दिया था, उसे वापिस पाने के लिए रेलवे के उच्च अधिकारी को पत्र लिखा।

उनकी ओर से इस आशय का उत्तर मिला, 'प्रमाण-पत्र के बिना अतिरिक्त किराया लौटाने का हमारे यहां रिवाज नहीं है। लेकिन आपके मामले में हम लौटाए दे रहे हैं। बर्दवान से मुगलसराय तक का डेढ़ गुना किराया वापिस नहीं किया जा सकता।'

तीसरे दर्जे की यात्रा के बाद मेरे अनुभव तो इतने हैं कि उनकी एक किताब बन जाए। लेकिन उनमें से कुछ की प्रासंगिक चर्चा करने के अलावा इन अध्यायों में उन्हें शामिल नहीं किया जा सकता। शारीरिक असमर्थता के कारण तीसरे दर्जे की मेरी यात्रा बंद हो गई। यह बात मुझे सदा खटकी है और आगे भी खटकती रहेगी। तीसरे दर्जे की यात्रा में अधिकारियों की मनमानी से सामने आनेवाली तकलीफें तो हिस्से में आती ही हैं। लेकिन तीसरे दर्जे में बैठनेवाले कई यात्रियों का उजड्डपन, उनकी गंदगी, उनकी स्वार्थ बुद्धि और उनका अज्ञान भी कुछ कम नहीं होता। दुख की बात तो यह है कि अक्सर यात्री यह जानते ही नहीं कि वे अशिष्टता कर रहे हैं या गंदगी फैला रहे हैं या अपना ही मतलब साध रहे हैं। वे जो करते हैं, वह उन्हें स्वाभाविक मालूम होता है। हम सभ्य और पढ़े-लिखे लोगों ने उनकी कभी चिंता ही नहीं की।

थके-मांदे हम कल्याण जंक्शन पहुंचे। नहाने की तैयारी की। मगनलाल ने और मैंने स्टेशन के नल से पानी लेकर स्नान किया। पत्नी के लिए कुछ सोच ही रहा था कि इतने में भारत सेवक समाज के भाई कौल ने हमें पहचान लिया। वे भी पूना जा रहे थे। उन्होंने पत्नी को दूसरे दर्जे के स्नानघर में स्नान कराने के लिए ले जाने की बात कही। इस सौजन्य को स्वीकार करने में मुझे संकोच हुआ। पत्नी को दूसरे दर्जे के स्नानघर का उपयोग करने का अधिकार नहीं था। लेकिन मैंने उसे इस स्नानघर में नहाने देने के अनौचित्य के प्रति आंखें मूंद लीं। सत्य के पुजारी को यह भी शोभा नहीं देता। पत्नी का वहां जाने का कोई आग्रह नहीं था, लेकिन पति के मोह-रूपी स्वर्ण पात्र ने सत्य को ढक लिया।

6. मेरा प्रयास

पूना पहुंचने पर गोखले के अंतिम संस्कार आदि सम्पन्न करके हम सब इस प्रश्न की चर्चा में लग गए कि अब सोसायटी किस तरह चलाई जाए और मुझे उसमें शामिल होना चाहिए या नहीं। मुझ पर भारी बोझ आ पड़ा। गोखले के जीते-जी मेरे लिए सोसायटी में दाखिल होने का प्रयास करना ज़रूरी नहीं था। मुझे केवल गोखले की आज्ञा और इच्छा के वश

ही सदस्य बनना था। यही स्थिति मुझे पसंद थी। भारतवर्ष के तूफानी समुद्र में छलांग लगाते समय मुझे एक कर्णधार की ज़रूरत थी और गोखले के समान कर्णधार की छाया में मैं सुरक्षित था।

अब मैंने अनुभव किया कि मुझे सोसायटी में भरती होने के लिए लगातार प्रयास करने होंगे। मुझे यह लगा कि गोखले की आत्मा यही चाहेगी। मैंने बिना संकोच के और दृढ़तापूर्वक यह प्रयास शुरू कर दिया। इस समय सोसायटी के लगभग सभी सदस्य पूना में उपस्थित थे। मैंने उन्हें मनाना और मेरे विषय में उन्हें जो डर था, उसे दूर करना शुरू किया। किंतु मैंने देखा कि सदस्यों में आपस में मतभेद था। एक समूह की राय मुझे दाखिल करने के पक्ष में थी, दूसरी दृढ़तापूर्वक मेरे प्रवेश का विरोध करती थी। मैं अपने प्रति दोनों पक्षों के प्रेम को देख सकता था। लेकिन मेरे प्रति प्रेम की अपेक्षा सोसायटी के प्रति उनकी वफादारी शायद अधिक थी; प्रेम से कम तो थी ही नहीं।

इस कारण हमारी चर्चा मधुर थी और केवल सिद्धांत का अनुसरण करनेवाली थी। विपक्षवालों को यही लगा कि अनेक विषयों में मेरे और उनके विचारों के बीच अंतर था। इससे भी अधिक उन्हें यह लगा कि जिन लक्ष्यों को ध्यान में रखकर गोखले ने सोसायटी की स्थापना की थी, मेरे सोसायटी में रहने से उन लक्ष्यों के ही खतरे में पड़ जाने की पूरी संभावना थी। स्वभाव से ही यह उन्हें असह्य प्रतीत हुआ।

लम्बी चर्चा के बाद हम एक-दूसरे से अलग हुए। सदस्यों ने अंतिम निर्णय की बात दूसरी सभा तक के लिए टाल दी।

घर लौटते हुए मैं विचारों के भंवर में पड़ गया। बहुमत से दाखिल होने का प्रसंग आने पर क्या वैसा करना मेरे लिए उचित होगा? क्या वह गोखले के प्रति मेरी वफादारी मानी जाएगी? अगर मेरे विरुद्ध मत प्रकट हो, तो क्या उस दशा में मैं सोसायटी की स्थिति को संकट में डालने का निमित्त न बनूंगा? मैंने स्पष्ट देखा कि जब तक सोसायटी के सदस्यों में मुझे दाखिल करने के बारे में मतभेद रहे, तब तक स्वयं मुझी को दाखिल होने का आग्रह छोड़ देना चाहिए और इस प्रकार विरोधी पक्ष को संकट की स्थिति में पड़ने से बचा लेना चाहिए। उसी में सोसायटी और गोखले के प्रति मेरी वफादारी थी। ज्यों ही मेरी अंतरात्मा ने इस तरह के निर्णय के पक्ष में विचार किया, त्यों ही मैंने श्री शास्त्री को पत्र लिखा कि वे मेरे प्रवेश के विषय में सभा बुलाएं ही नहीं। विरोध करनेवालों को मेरा यह निश्चय बहुत पसंद आया। वे धर्म-संकट से बच गए। उनके और मेरे बीच की स्नेह की डोर मजबूत हुई और सोसायटी में प्रवेश पाने की अपनी अर्जी को वापस लेकर मैं सोसायटी का सच्चा सदस्य बना।

अनुभव से मैं पाता हूं कि प्रथा के अनुसार मेरा सोसायटी का सदस्य न बनना ही उचित था; और जिन सदस्यों ने मेरे प्रवेश का विरोध किया था, उनका विरोध सही था। अनुभव ने यह सिद्ध कर दिया है कि उनके और मेरे सिद्धांतों के बीच मतभेद था। किंतु मतभेद को जान चुकने पर भी हमारे बीच आत्मा का अंतर कभी नहीं पड़ा, रिश्तों के बीच खटास कभी पैदा न हुई। मतभेद के रहते भी हम परस्पर बंधु और मित्र रहे हैं। सोसायटी का स्थान मेरे लिए यात्रा का धाम रहा है। लौकिक दृष्टि से मैं भले ही उसका सदस्य नहीं बना, लेकिन आध्यात्मिक दृष्टि से तो मैं उसका सदस्य रहा ही हूं। लौकिक

संबंध की अपेक्षा आध्यात्मिक संबंध अधिक मूल्यवान होता है। आध्यात्मिक संबंध से रहित लौकिक संबंध प्राणहीन देह के समान होते हैं।

7. कुम्भ मेला

मुझे डॉक्टर प्राणजीवन दास मेहता से मिलने रंगून जाना था। वहां जाते हुए श्री भूपेन्द्रनाथ बसु का निमंत्रण पाकर मैं कलकत्ते में उनके घर ठहरा था। यहां बंगाली शिष्टाचार की पराकाष्ठा हो गई थी। उन दिनों मैं फलाहार ही करता था। मेरे साथ मेरा बेटा रामदास था। कलकत्ते में जितने प्रकार का सूखा और हरा मेवा मिला, उतना सब हमारे लिए जुटाया गया था। महिलाओं ने रात भर जागकर पिस्ता वगैरा को भिगोकर उनके छिलके उतारे थे। ताजे फूल भी जितनी कुशलता से सजाए जा सकते हैं, सजाए गए थे। मेरे साथियों के लिए अनेक प्रकार के पकवान तैयार किए गए थे। मैं इस प्रेम और शिष्टाचार को तो समझा, लेकिन एक-दो मेहमानों के लिए पूरे परिवार को सारे दिन व्यस्त रहना मुझे असह्य प्रतीत हुआ। लेकिन इस संकट से बचने का मेरे पास कोई उपाय न था।

रंगून जाते समय स्टीमर में डेक का यात्री था। यदि श्री बसु के यहां प्रेम की अति थी, तो स्टीमर में प्रेम एक सिरे ही गायब था। डेक के यात्री के कष्टों का मैंने बुरी तरह अनुभव किया। नहाने की जगह तो इतनी गंदी थी कि वहां खड़ा रहना भी कठिन था। पाखाने नरक के कुण्ड बने हुए थे। मल-मूत्र आदि में से चलकर या उन्हें लांघकर पाखाने में जाना होता था। मेरे लिए ये असुविधाएं असहनीय थीं। मैं जहाज के अधिकारी के पास पहुंचा, लेकिन सुनता कौन है? यात्रियों ने अपनी गंदगी से डेक को गन्दा कर डाला था। वे जहां बैठे होते वहीं थूक देते, वहीं सुरती की पीक की पिचकारियां मारते और खाने-पीने के बाद बचा हुआ कचरा वहीं डालते थे। बातचीत से होनेवाले शोर-शराबे की कोई सीमा नहीं थी। सभी अपने लिए अधिक-से-अधिक जगह घेरने की फिराक में थे। कोई किसी की सुविधा का विचार तक न करता था। वे खुद जितनी जगह घेरते थे, उनका सामान उससे अधिक जगह घेर लेता था। ये दो दिन बड़ी घबराहट में बीते।

रंगून पहुंचने पर मैंने एजेंट को सारा हाल लिख भेजा। लौटते समय भी मैं डेक पर ही आया। लेकिन इस पत्र के और डॉक्टर मेहता के प्रबंध के कारण सुविधा थोड़ी अधिक हो गई थी।

मेरे फलाहार का झंझट तो यहां भी कम नहीं रहता था। डॉक्टर मेहता के साथ संबंध ऐसा था कि उनके घर को मैं अपना ही घर समझ सकता था। इससे मैंने खाने-पीने की चीज़ों पर तो अंकुश रख लिया था, लेकिन उनकी कोई सीमा निश्चित नहीं की थी। इस कारण तरह-तरह का जो मेवा आता, उसका मैं विरोध न करता था। तरह-तरह की वस्तुएं आंखों और जीभ को रुचिकर लगती थीं। खाने का कोई समय तय नहीं था। मैं खुद जल्दी खा लेना पसंद करता था, इसलिए बहुत देर तो नहीं होती थी। फिर भी रात के आठ-नौ तो सहज ही बज जाते थे।

सन् 1915 में हरिद्वार में कुम्भ का मेला लगा था। उसमें जाने की मेरी कोई खास इच्छा नहीं थी। लेकिन मुझे महात्मा मुंशीरामजी के दर्शनों के लिए ज़रूर जाना था। कुम्भ

के अवसर पर गोखले के भारत-सेवक-समाज ने एक बड़ी टुकड़ी भेजी थी। उसका प्रबंध श्री हृदयनाथ कुंजरू के जिम्मे था। स्वर्गीय डॉक्टर देव भी उसमें थे। उनका यह प्रस्ताव था कि इस काम में मदद करने के लिए मैं अपनी टुकड़ी भी ले चलूं। शांतिनिकेतनवाली टुकड़ी को लेकर मगनलाल गांधी मुझसे पहले हरिद्वार पहुंच गए थे। रंगून से लौटकर मैं भी उनसे जा मिला।

कलकत्ता से हरिद्वार पहुंचने में खूब परेशानी उठानी पड़ी। गाड़ी के डिब्बों में कभी-कभी रोशनी तक नहीं होती थी। सहारनपुर से तो यात्रियों को माल के या जानवर के डिब्बों में ही ठूंस दिया गया था। खुले, बिना छतवाले डिब्बों पर दोपहर का सूरज तपता था। नीचे निरे लोहे का फर्श था। फिर घबराहट की तो पूछो मत? इतने पर भी श्रद्धालु हिन्दू बहुत प्यासे होने पर भी 'मुसलमान-पानी' के आने पर उसे कभी न पीते थे। 'हिन्दू-पानी' की आवाज़ आती तभी वे पानी पीते। इन्हीं श्रद्धालु हिन्दुओं को डॉक्टर दवा में शराब दे, मांस का शोरबा दे या मुसलमान या ईसाई कंपाउंडर पानी दे, तो उसे लेने में इन्हें संकोच नहीं होता और न ही पूछताछ करने की ज़रूरत होती है।

हमने शांतिनिकेतन में ही देख लिया था कि भंगी का काम करना हिन्दुस्तान में हमारा खास धंधा ही बन जाएगा। स्वयंसेवकों के लिए किसी धर्मशाला में तम्बू लगाए गए थे। पाखानों के लिए डॉक्टर देव ने गड्ढे खुदवाए थे। पर उन गड्ढों की सफाई का प्रबंध तो ऐसे अवसर पर जो थोड़े से वैतनिक भंगी मिल सकते थे उन्हीं के द्वारा वे करा सकते थे न? इन गड्ढों में जमा होनेवाले पाखाने को समय-समय पर ढंकने और दूसरी तरह से उन्हें साफ रखने का काम फीनिक्स की टुकड़ी के जिम्मे कर देने की मेरी मांग को डॉक्टर देव ने खुशी-खुशी स्वीकार कर लिया। इस सेवा की मांग तो मैंने की, लेकिन इसे करने का बोझ मगनलाल गांधी ने उठाया। मेरा काम अधिकतर डेरे के अंदर बैठकर लोगों को 'दर्शन' देने का और आनेवाले अनेक यात्रियों के साथ धर्म की या ऐसी ही दूसरी चर्चाएं करने का बन गया। मैं दर्शन देते-देते अकुला उठा। मुझे उससे एक मिनट की भी फुरसत नहीं मिलती थी। नहाने जाते समय भी दर्शनाभिलाषी मुझे अकेला न छोड़ते थे। फलाहार के समय तो एकांत होता ही कैसे? अपने तम्बू के किसी भी हिस्से में मैं एक क्षण के लिए भी अकेला बैठ नहीं पाया। दक्षिण अफ्रीका में जो थोड़ी-बहुत सेवा मुझसे बन पड़ी थी, उसका कितना गहरा प्रभाव सारे भारतवर्ष पर पड़ा है उसका अनुभव मैंने हरिद्वार में किया।

मैं तो चक्की के दो पाटों के बीच पिसने लगा। जहां प्रकट न होता वहां तीसरे दर्जे के यात्री के नाते कष्ट उठाता और जहां ठहरता वहां दर्शनार्थियों के प्रेम से अकुला उठता। मेरे लिए यह कहना अक्सर कठिन हो गया है कि इन दो में से कौन-सी स्थिति में मैं अपने आपको सहज पाता था। दर्शनार्थियों के प्रेम-प्रदर्शन से मुझे बहुत बार गुस्सा आया है और मन ही मन मैं उससे भी अधिक बार दुखी हुआ हूं, इतना मैं जानता हूं। तीसरे दर्जे की कठिनाइयों से मुझे असुविधा हुई है, लेकिन गुस्सा शायद ही कभी आया हो और उससे मैं ऊपर ही उठा हूं।

उन दिनों मुझमें घूमने-फिरने की काफी शक्ति थी। इससे मैं काफी घूम-फिर सका था। उस समय मैं इतना प्रसिद्ध भी नहीं हुआ था कि रास्तों पर चलने में भी मुश्किल

आएं। इस भ्रमण में मैंने लोगों की धर्म-भावना की अपेक्षा उनका पागलपन, उनकी चंचलता, उनका पाखंड और उनकी अव्यवस्था ही अधिक देखी। साधुओं का तो जमघट ही इकट्ठा हो गया था। ऐसा लगा, मानो वे सिर्फ मालपुए और खीर खाने के लिए ही जन्मे हों। यहां मैंने पांच पैरोंवाली एक गाय देखी। मुझे तो आश्चर्य हुआ, लेकिन अनुभवी लोगों ने मेरा अज्ञान तुरंत दूर कर दिया। पांच पैरोंवाली गाय दुष्ट और लोभी लोगों के लोभ की पराकाष्ठा थी। गाय के कंधे को चीरकर उसमें जिन्दा बछड़े का काटा हुआ पैर फंसाकर कंधे को सी दिया जाता था और इस दोहरे कसाईपन का उपयोग अज्ञानी लोगों को ठगने में किया जाता था। पांच पैरोंवाली गाय के दर्शन के लिए कौन हिन्दू न ललचाएगा? इस तरह के दर्शन के लिए वह जितना दान दे, उतना कम है।

कुम्भ का दिन आया। मेरे लिए वह शुभ घड़ी थी। मैं यात्रा की भावना से हरिद्वार नहीं गया था। तीर्थ क्षेत्र में पवित्रता की खोज में भटकने का मोह मुझे कभी नहीं रहा। किन्तु 17 लाख लोग पाखंडी नहीं हो सकते थे। कहा गया था कि मेले में 17 लाख लोग आए होंगे। इनमें असंख्य लोग पुण्य कमाने के लिए, शुद्धि पाने के लिए आए थे, इसमें मुझे कोई शक नहीं था। यह कहना असंभव नहीं तो कठिन ज़रूर है कि इस प्रकार की श्रद्धा आत्मा को किस हद तक ऊपर उठाती होगी।

मैं बिस्तर पर पड़ा-पड़ा विचारों में गहरे उतर गया। चारों ओर फैले हुए पाखंड के बीच ये पवित्र आत्मा भी है। ये ईश्वर के दरबार में दण्डनीय नहीं मानी जाएगी। यदि ऐसे अवसर पर हरिद्वार में आना ही पाप हो, तो मुझे सार्वजनिक रूप से उसका विरोध करके कुम्भ के दिन तो हरिद्वार का त्याग ही करना चाहिए। यदि यहां आने में और कुम्भ के दिन रहने में पाप न हो, तो मुझे कोई-न-कोई कठोर व्रत लेकर प्रचलित पाप का प्रायश्चित करना चाहिए, आत्मशुद्धि करनी चाहिए। मेरा जीवन व्रतों की नींव पर रचा हुआ है। इसलिए मैंने कोई कठिन व्रत लेने का निश्चय किया। मुझे उस अनावश्यक परिश्रम की याद आई, जो कलकत्ते और रंगून में मेजबानों को मेरे लिए उठाना पड़ा था। इसलिए मैंने आहार की वस्तुओं की सीमा बांधने और अंधेरे से पहले भोजन करने का व्रत लेने का निश्चय किया। मैंने देखा कि यदि मैं सीमा की रक्षा नहीं कर सकता हूं, तो मेजबानों के लिए मैं भारी असुविधा का कारण बन जाऊंगा और सेवा करने के बदले हर जगह लोगों को अपनी सेवा में ही उलझाए रहूंगा। इसलिए चौबीस घंटों में पांच चीज़ों से अधिक कुछ न खाने का और रात्रि भोजन के त्याग का व्रत तो मैंने ले ही लिया। दोनों से होनेवाली तकलीफों का पूरा विचार कर लिया। मैंने इन व्रतों में जरा-सा भी भेद न रखने का निश्चय किया। बीमारी में दवा के रूप में बहुत-सी चीज़ें लेना या न लेना, दवा की गिनती खाने की वस्तुओं में करना या न करना, इन सब बातों को सोच लिया और निश्चय किया कि खाने की कोई भी चीज़ मैं पांच से अधिक न लूंगा। इन दो व्रतों को लिए अब तेरह वर्ष हो चुके हैं। इन्होंने मेरी काफी परीक्षा ली है। लेकिन जिस तरह की परीक्षा ली है, उसी प्रकार ये व्रत भी मेरे लिए काफी हद तक ढाल-रूप भी सिद्ध हुए हैं। मेरा यह मत है कि इन व्रतों के कारण मेरा जीवन बढ़ा है; और मैं मानता हूं कि इनकी वजह से मैं अनेक बार बीमारियों से बच गया हूं।

8. लक्ष्मण झूला

जब मैं पहाड़-सरीखे महात्मा मुंशीरामजी के दर्शन करने और उनका गुरुकुल देखने गया, तो मुझे वहां बड़ी शांति मिली। हरिद्वार के कोलाहल और गुरुकुल की शांति के बीच का भेद स्पष्ट दिखाई देता था। महात्मा ने मुझे अपने प्रेम से सराबोर कर दिया। ब्रह्मचारी मेरे पास से हटते ही न थे। रामदेवजी से भी उसी समय मुलाकात हुई और उनकी शक्ति का परिचय मैं तुरंत पा गया। हालांकि हमें अपने बीच कुछ मतभेद का अनुभव हुआ, फिर भी हम परस्पर स्नेह की गांठ से बंध गए। गुरुकुल में औद्योगिक शिक्षा शुरू करने की ज़रूरत के बारे में रामदेवजी और दूसरे शिक्षकों के साथ मैंने काफी चर्चा की। मुझे गुरुकुल छोड़ते हुए दुख हुआ।

मैंने लक्ष्मण झूले की बहुत तारीफ सुनी थी। बहुतों ने मुझे सलाह दी थी कि हृषिकेश गए बिना मैं हरिद्वार न छोड़ूं। मुझे वहां पैदल जाना था। इसलिए एक मंज़िल हृषिकेश की और दूसरी लक्ष्मण झूले की थी।

हृषिकेश में कई संन्यासी मुझसे मिलने आए थे। उनमें से एक को मेरे जीवन में बड़ी दिलचस्पी पैदा हुई। फीनिक्स-मंडल मेरे साथ था। उन सबको देखकर उन्होंने अनेक प्रश्न पूछे। हमारे बीच धर्म की चर्चा हुई। उन्होंने देखा कि मुझमें धर्म की तीव्र भावना है। मैं गंगा-स्नान करके आया था, इसलिए शरीर खुला था। मेरे सिर पर शिखा और जनेऊ न देखकर उन्हें दुख हुआ और उन्होंने मुझसे कहा, 'आप आस्तिक होते हुए भी जनेऊ और शिखा नहीं रखते हैं, इससे हमारे समान लोगों को दुख होता है। ये दो चीज़ें हिन्दू धर्म की बाह्य संज्ञाएं हैं और प्रत्येक हिन्दू को इन्हें धारण करना चाहिए।'

लगभग दस साल की उमर में पोरबन्दर में ब्राह्मणों के जनेऊ में बंधी हुई चाबियों की झंकार सुनकर मुझे उनसे ईर्ष्या होती थी। मैं सोचा करता था कि झंकार करनेवाली कुंजियां जनेऊ में बांधकर मैं भी घूमूं तो कितना अच्छा हो। उन दिनों काठियावाड़ के वैश्य परिवारों में जनेऊ पहनने का रिवाज नहीं था। लेकिन पहले तीन वर्णों को जनेऊ पहनना चाहिए, इस आशय का नया प्रचार चल रहा था। उसके फलस्वरूप गांधी-कुटुम्ब के कुछ व्यक्ति जनेऊ पहनने लगे थे। जो ब्राह्मण हम दो-तीन भाइयों को राम-रक्षा का पाठ सिखाते थे, उन्होंने हमें जनेऊ पहनाया और अपने पास कुंजी रखने का कोई कारण न होते हुए भी मैंने दो-तीन कुंजियां उसमें लटका लीं। जनेऊ के टूट जाने पर उसका मोह उतर गया था या नहीं, सो तो याद नहीं है। लेकिन मैंने नया जनेऊ नहीं पहना।

बड़ी उमर का होने पर हिन्दुस्तान और दक्षिण अफ्रीका में भी दूसरों ने मुझे जनेऊ पहनाने का प्रयास किया था, लेकिन मेरे ऊपर उनके तर्कों का कोई असर नहीं हुआ था। यदि शूद्र जनेऊ न पहन सकें, तो दूसरे वर्ण क्यों पहनें? जिस बाहरी आडम्बर की परम्परा हमारे कुटुंब में नहीं थी, उसे शुरू करने का मुझे एक भी ठोस कारण नहीं मिला था। मेरा जनेऊ पहनने से कोई विरोध नहीं था, लेकिन उसे पहनने का कोई कारण नहीं दिखाई देता था। वैष्णव होने के कारण मैं कंठी पहनता था। शिखा तो गुरुजन हम भाइयों के सिर पर रखवाते ही थे। लेकिन इंग्लैंड जाने के समय मैंने इस शरम के मारे शिखा कटा दी थी कि वहां सिर खुला रखना होगा, गोरे शिखा को देखकर हंसेंगे और मुझे जंगली समझेंगे। मेरे

साथ रहनेवाले मेरे भतीजे छगनलाल गांधी दक्षिण अफ्रीका में बड़ी श्रद्धा से शिखा रखते थे। यह शिखा उनके सार्वजनिक काम में बाधक होगी, इस भ्रम के कारण मैंने उनका मन दुखाकर भी उसे कटवा दिया था। यों शिखा रखने में मुझे शरम लगती थी।

मैंने स्वामीजी को ये सारी बातें कह सुनाईं और कहा, 'मैं जनेऊ तो धारण नहीं ही करूंगा। जिसे न पहनते हुए भी असंख्य हिन्दू हिन्दू माने जाते हैं, उसे पहनने की मैं अपने लिए कोई ज़रूरत नहीं समझता। फिर, जनेऊ धारण करने का अर्थ है दूसरा जन्म लेना, अर्थात् स्वयं संकल्पपूर्वक शुद्ध बनना, ऊर्ध्वगामी बनना। आजकल हिन्दू समाज और हिन्दुस्तान दोनों की हालत खस्ता है। उसमें जनेऊ धारण करने का हमें अधिकार ही कहां है? हिन्दू समाज को जनेऊ का अधिकार तभी हो सकता है, जब वह छूआछूत का मैल धो डाले, ऊंच-नीच की बात भूल जाए, जड़ जमाए हुए दूसरे दोषों को दूर करे और चारों ओर फैले हुए अधर्म तथा पाखंड का अंत कर दे। इसलिए जनेऊ धारण करने की आपकी बातें मेरे गले नहीं उतरतीं। किंतु शिखा के संबंध में आपकी बात मुझे ज़रूर सोचनी होगी। शिखा तो मैं रखता था। लेकिन उसे मैंने शरम और डर के मारे ही कटा डाला है। मुझे लगता है कि शिखा धारण करनी चाहिए। मैं इस संबंध में अपने साथियों से चर्चा करूंगा।'

स्वामीजी को जनेऊ के बारे में मेरा तर्क अच्छा नहीं लगा। जो कारण मैंने न पहनने के लिए दिए, वे उन्हें पहनने के पक्ष में दिखाई पड़े। जनेऊ के विषय में हृषिकेश में मैंने जो विचार प्रकट किए थे, वे आज भी लगभग उसी रूप में कायम हैं। जब तक अलग-अलग धर्म मौजूद हैं, तब तक प्रत्येक धर्म को किसी विशेष बाहरी प्रतीक की ज़रूरत हो सकती है। लेकिन जब बाहरी संज्ञा केवल आडम्बर बन जाती है या अपने धर्म को दूसरे धर्म से अलग बताने के काम आती है, तब वह त्याज्य हो जाती है। मैं नहीं मानता कि आजकल जनेऊ हिन्दू धर्म को ऊपर उठाने का साधन है। इसलिए उसके विषय में तटस्थ हूं।

शिखा का त्याग खुद मेरे लिए लज्जा का कारण था। इसलिए साथियों से चर्चा करके मैंने उसे धारण करने का निश्चय किया। लेकिन अब हमें लक्ष्मण झूले की ओर चलना चाहिए।

हृषिकेश और लक्ष्मण झूले के प्राकृतिक दृश्य मुझे बहुत भले लगे। प्राकृतिक कला को पहचानने की पूर्वजों की शक्ति के विषय में और कला को धार्मिक स्वरूप देने की उनकी दूरदृष्टि के विषय में मैंने मन-ही-मन अत्यंत आदर का अनुभव किया।

लेकिन मनुष्य की कृति से चित्त को शांति नहीं मिली। हरिद्वार की तरह हृषिकेश में भी लोग रास्तों को और गंगा के सुन्दर किनारों को गन्दा कर देते थे। गंगा के पवित्र जल को दूषित करने में भी उन्हें किसी प्रकार का संकोच नहीं होता था। पाखाने जानेवाले दूर जाने के बदले जहां लोगों का आना-जाना होता, वहीं मल-मूत्र त्याग करने बैठ जाते थे। यह देखकर हृदय को बहुत आघात पहुंचा।

लक्ष्मण झूला जाते हुए लोहे का झूलता पुल देखा। लोगों से सुना कि यह पुल पहले रस्सियों का था और बहुत मजबूत था। उसे तोड़कर एक उदार-हृदय मारवाड़ी सज्जन ने बड़ा दान देकर लोहे का पुल बनवा दिया और उसकी चाबी सरकार को सौंप दी।

रस्सियों के पुल की मुझे कोई कल्पना नहीं है, लेकिन लोहे का पुल प्राकृतिक वातावरण को कलुषित कर रहा था और बहुत अप्रिय मालूम होता था। यात्रियों के इस रास्ते की चाबी सरकार को सौंप दी गई, यह बात मेरी उस समय की वफादारी को भी असह्य लगी।

वहां से भी अधिक दुखद दृश्य स्वर्गाश्रम का था। टीन की चादरों की तबेले-जैसी कोठरियों को स्वर्गाश्रम का नाम दिया गया था। मुझे बतलाया गया कि ये साधकों के लिए बनवाई गई थीं। उस समय उनमें शायद ही कोई साधक रहता था। उनके पास बने हुए मुख्य भवन में रहनेवालों ने भी मुझ पर अच्छा असर न डाला।

लेकिन हरिद्वार के अनुभव मेरे लिए अमूल्य सिद्ध हुए। मुझे कहां बसना और क्या करना चाहिए, इसका निश्चय करने में हरिद्वार के अनुभवों ने मेरी बड़ी मदद की।

9. आश्रम की स्थापना

कुम्भ की यात्रा मेरी हरिद्वार की दूसरी यात्रा थी। सन् 1915 के मई महीने की 25 तारीख के दिन सत्याग्रह-आश्रम की स्थापना हुई। श्रद्धानन्दजी की इच्छा थी कि मैं हरिद्वार में बसूं। कलकत्ते के कुछ मित्रों की सलाह वैद्यनाथ धाम में बसाने की थी। कुछ मित्रों का प्रबल आग्रह राजकोट में बसने का था।

लेकिन जब मैं अहमदाबाद से गुज़रा, तो बहुत से मित्रों ने अहमदाबाद पसंद करने को कहा और आश्रम का खर्च खुद ही उठाने का जिम्मा लिया। उन्होंने इमारत खोज देना भी कबूल किया।

अहमदाबाद पर मेरी नज़र टिकी थी। गुजराती होने के कारण मैं मानता था कि गुजराती भाषा द्वारा मैं देश की अधिक-से-अधिक सेवा कर सकूंगा। यह भी धारणा थी कि चूंकि अहमदाबाद पहले हाथ की बुनाई का केंद्र था, इसलिए चरखे का काम यहीं अधिक अच्छी तरह हो सकेगा। साथ ही, यह आशा भी थी कि गुजरात का मुख्य नगर होने के कारण यहां के धनी लोग धन की अधिक मदद कर सकेंगे।

अहमदाबाद के मित्रों के साथ मैंने जो चर्चाएं कीं, उनमें अछूतों का प्रश्न भी चर्चा का विषय बना था। मैंने स्पष्ट शब्दों में कहा था कि यदि कोई योग्य दलित (अंत्यज) भाई आश्रम में भरती होना चाहेगा, तो मैं उसे ज़रूर भरती करूंगा।

'आपकी शर्तों का पालन कर सकनेवाले दलित कौन रास्ते में पड़े हैं?' यों कहकर एक वैष्णव मित्र ने अपने मन का गुबार निकाल लिया और आखिर अहमदाबाद में बसने का निश्चय हुआ।

इमारतों की तलाश करते हुए कोचरब में श्री जीवणलाल बैरिस्टर की इमारत किराये पर लेने का निश्चय हुआ। श्री जीवणलाल मुझे अहमदाबाद में बसानेवालों में सबसे आगे थे।

तुरंत ही प्रश्न उठा कि आश्रम का नाम क्या रखा जाए? मैंने मित्रों से सलाह की। कई नाम सामने आए। सेवाश्रम, तपोवन आदि नाम सुझाए गए थे। सेवाश्रम नाम मुझे पसंद था, लेकिन उससे सेवा की रीति का बोध नहीं होता था। तपोवन नाम पसंद किया

ही नहीं जा सकता था; क्योंकि यद्यपि मुझे तपश्चर्या प्रिय थी, फिर भी यह नाम बहुत भारी प्रतीत हुआ। हमें तो सत्य की पूजा, सत्य की शोध करनी थी, उसी का आग्रह रखना था; और दक्षिण अफ्रीका में मैंने जिस पद्धति का उपयोग किया था, उसका परिचय भारतवर्ष को कराना था तथा यह देखना था कि उसकी शक्ति कहां तक व्यापक हो सकती है। इसलिए मैंने और साथियों ने सत्याग्रह-आश्रम नाम पसंद किया। इस नाम से सेवा का और सेवा की पद्धति का भाव सहज ही प्रकट होता था।

आश्रम चलाने के लिए नियमावली की ज़रूरत थी। इसलिए मैंने नियमावली का मसौदा तैयार करके उस पर मित्रों की राय मांगी। बहुत-सी सम्मतियों में से सर गुरुदास बैनर्जी की सम्मति मुझे याद रह गई है। उन्हें नियमावली तो पसंद आई, लेकिन उन्होंने सुझाया कि व्रतों में नम्रता के व्रत को स्थान देना चाहिए। उनके पत्र की ध्वनि यह थी कि हमारे युवक वर्ग में नम्रता की कमी है। हालांकि नम्रता के अभाव का अनुभव मैं जगह-जगह करता था, फिर भी नम्रता को व्रतों में स्थान देने से नम्रता के नम्रता न रह जाने का भय लगता था। नम्रता का संपूर्ण अर्थ तो शून्यता है। शून्यता की प्राप्ति के लिए दूसरे व्रत हो सकते हैं। शून्यता मोक्ष की स्थिति है। मुमुक्षु या सेवक के प्रत्येक कार्य में नम्रता–या निरभिमानता–न हो, तो वह मुमुक्षु नहीं है, सेवक नहीं है। वह स्वार्थी है, अहंकारी है।

आश्रम में इस समय लगभग तेरह तमिल मित्र थे। दक्षिण अफ्रीका से मेरे साथ पांच तमिल बच्चे आए थे और दूसरे यहीं के थे। लगभग पचीस स्त्री-पुरुषों से आश्रम शुरू हुआ था। सब लोग एक ही रसोई में भोजन करते थे और इस तरह रहने की कोशिश करते थे मानो एक ही कुटुम्ब के हों।

10. कसौटी पर चढ़े

आश्रम को कायम हुए अभी कुछ ही महीने बीते थे कि इतने में हमारी एक ऐसी कसौटी हुई, जिसकी हमें उम्मीद नहीं थी। भाई अमृतलाल ठक्कर का पत्र मिला–'एक गरीब और ईमानदार अछूत परिवार है। वह आपके आश्रम में रहना चाहता है। क्या उसे भरती करेंगे?'

मैं चौंका। ठक्कर बापा जैसे पुरुष की सिफारिश लेकर कोई अछूत परिवार इतनी जल्दी आएगा, इसकी मुझे ज़रा भी आशा न थी। मैंने साथियों को वह पत्र पढ़ने के लिए दिया। उन्होंने उसका स्वागत किया। भाई अमृतलाल ठक्कर को लिखा गया कि यदि वह परिवार आश्रम के नियमों का पालन करने को तैयार हो, तो हम उसे भरती करने के लिए तैयार हैं।

दूदाभाई, उनकी पत्नी दानी बहन और दूध-पीती तथा घुटनों चलती बच्ची लक्ष्मी तीनों आए। दूदाभाई बंबई में शिक्षक थे। नियमों का पालन करने के लिए वे तैयार थे। उन्हें आश्रम में रख लिया गया।

सहायक मित्र-मंडल में खलबली मच गई। जिस कुएं में बंगले के मालिक का हिस्सा था, उस कुएं से पानी भरने में हमें अड़चन होने लगी। चरखीवाले पर हमारे पानी के छींटे पड़ जाते, तो वह भ्रष्ट हो जाता। उसने गालियां देना और दूदाभाई को सताना शुरू किया।

मैंने सबसे कह दिया कि गालियां सहते जाओ और हिम्मत से पानी भरते रहो। हमें चुपचाप गालियां सुनते देखकर चरखीवाला शर्मिंदा हुआ और उसने गालियां देना बन्द कर दिया। लेकिन पैसे की मदद बन्द हो गई। जिन भाई को आश्रम के नियमों का पालन करनेवाले अन्त्यजों के प्रवेश के बारे में पहले से ही शंका थी, उन्हें तो आश्रम में अछूत के आने की आशा ही नहीं थी। पैसे की मदद बन्द होने के साथ बहिष्कार की अफवाहें मेरे कानों तक आने लगीं। मैंने साथियों से चर्चा करके तय कर रखा था, 'यदि हमारा बहिष्कार किया जाए और हमें कहीं से कोई मदद न मिले, तो भी अब हम अहमदाबाद नहीं छोड़ेंगे। अछूतों की बस्ती में जाकर उनके साथ रहेंगे और जो कुछ मिलेगा उससे या मज़दूरी करके अपना निर्वाह करेंगे।'

आखिर मगनलाल ने मुझे नोटिस दिया, 'अगले महीने आश्रम का खर्च चलाने के लिए हमारे पास पैसे नहीं हैं।' मैंने धीरज से जवाब दिया, 'तो हम अछूतों की बस्ती में रहने जाएंगे।'

मुझ पर ऐसा संकट पहली ही बार नहीं आया था। हर बार संकट की घड़ी में प्रभु ने मदद भेजी है।

मगनलाल के नोटिस देने के बाद तुरंत ही एक दिन सवेरे किसी लड़के ने आकर खबर दी, 'बाहर एक मोटर खड़ी है और एक सेठ आपको बुला रहे हैं।' मैं मोटर के पास गया। सेठ ने मुझसे पूछा, 'मेरी इच्छा आश्रम को कुछ मदद देने की है, आप लेंगे।'

मैंने जवाब दिया, 'अगर आप कुछ देंगे, तो मैं ज़रूर लूंगा। मुझे कबूल करना चाहिए कि इस समय मैं आर्थिक संकट में भी हूं।'

'मैं कल इसी समय आऊंगा। तब आप आश्रम में होंगे?'

मैंने 'हां' कहा और सेठ चले गए। दूसरे दिन नियत समय पर मोटर का हार्न बजा। लड़कों ने खबर दी। सेठ अंदर नहीं आए। मैं उनसे मिलने गया। वे मेरे हाथ पर तेरह हजार रुपये के नोट रखकर विदा हो गए।

मैंने इस मदद की कभी आशा नहीं की थी। मदद देने की यह रीति भी नई देखी। उन्होंने आश्रम में पहले कभी कदम नहीं रखा था। मुझे याद आता है कि मैं उनसे एक ही बार मिला था। न आश्रम में आना, न कुछ पूछना, बाहर ही बाहर पैसे देकर लौट जाना! इस तरह का यह मेरा पहला ही अनुभव था। इस सहायता के कारण अछूतों की बस्ती में जाना टल गया। मुझे लगभग एक साल का खर्च मिल गया।

लेकिन जिस तरह बाहर खलबली मची, उसी तरह आश्रम में भी मची। हालांकि दक्षिण अफ्रीका में मेरे यहां अछूत आदि आते, रहते और भोजन करते थे। फिर भी, यह नहीं कहा जा सकता कि यहां अछूत कुटुम्ब का आना मेरी पत्नी को और आश्रम की दूसरी महिलाओं को पसंद आया। दानी बहन के प्रति घृणा नहीं तो उनकी उदासीनता ऐसी थी, जिसे मेरी अत्यंत सूक्ष्म आंखें देख लेती थीं और तेज कान सुन लेते थे। आर्थिक सहायता के अभाव के डर ने मुझे ज़रा भी चिंतित नहीं किया था। लेकिन यह आंतरिक क्षोभ कठिन सिद्ध हुआ। दानी बहन साधारण महिला थी। दूदाभाई की शिक्षा भी साधारण थी, लेकिन उनकी बुद्धि अच्छी थी। उनका धीरज मुझे पसंद आया था। उन्हें कभी-कभी गुस्सा आता था, लेकिन कुल मिलाकर उनकी सहन-शक्ति की मुझ पर अच्छी छाप पड़ी थी। मैं दूदा

भाई को समझाता था कि वे छोटे-छोटे अपमान पी लिया करें। वे समझ जाते थे और दानी बहन को भी सहन करने के लिए कहते।

इस परिवार को आश्रम में रखकर आश्रम ने कई पाठ सीखे हैं और प्रारंभिक काल में ही इस बात के बिलकुल स्पष्ट हो जाने से कि आश्रम में छूआछूत के लिए कोई जगह नहीं है, आश्रम की सीमा तय हो गई और इस दिशा में उसका काम बहुत आसान हो गया। इसके बावजूद, आश्रम का खर्च, बराबर बढ़ता रहने पर भी, आम तौर पर कट्टर माने जानेवाले हिन्दुओं की तरफ से ही मिलता रहा है। शायद यह इस बात का स्पष्ट संकेत है कि छूआछूत की जड़ें अच्छी तरह हिल गई हैं। इसके दूसरे प्रमाण तो अनेक हैं लेकिन जहां अछूत के साथ रोटी तक का व्यवहार रखा जाता हो वहां भी अपने को सनातनी माननेवाले हिंदू मदद दें, यह कोई मामूली प्रमाण नहीं माना जाएगा।

इसी प्रश्न को लेकर आश्रम में हुई एक और स्पष्टता, उसके सिलसिले में उत्पन्न हुए नाजुक प्रश्नों का समाधान, कुछ अनसोची अड़चनों का स्वागत--इत्यादि सत्य की खोज के सिलसिले में हुए प्रयोगों का वर्णन प्रस्तुत होते हुए भी मुझे छोड़ देना पड़ रहा है। इसका मुझे दुख है। लेकिन अब आगे के अध्यायों में यह दोष रहने ही वाला है। मुझे महत्त्व के तथ्य छोड़ देने पड़ेंगे क्योंकि उनमें हिस्सा लेनेवाले पात्रों में से कई अभी जीवित हैं और उनकी सहमति के बिना उनके नामों का और उनसे संबंध रखनेवाले प्रसंगों का स्वतंत्रतापूर्वक उपयोग करना अनुचित मालूम होता है। समय-समय पर सबकी सहमति मंगवाना या उनसे संबंध रखनेवाले तथ्यों को उनके पास भेजकर सुधरवाना संभव नहीं है और यह आत्मकथा की सीमा के बाहर की बात है। इसलिए इसके आगे की कथा हालांकि मेरी दृष्टि में सत्य के शोधक के लिए जानने योग्य है फिर भी मुझे डर है कि वह अधूरी ही दी जा सकेगी। तिस पर भी मेरी इच्छा और आशा यह है कि भगवान पहुंचने दे तो असहयोग के युग तक मैं पहुंच जाऊं।

11. गिरमिटों का मामला

अब नए बसे हुए और भीतरी तथा बाहरी तूफानों में से उबरे हुए आश्रम को छोड़कर यहां गिरमिट-प्रथा पर थोड़ा विचार कर लेने का समय आ गया है। 'गिरमिटिया' यानी वे मज़दूर जो पांच बरस या इससे कम की मजदूरी के इकरारनामे या यूं कहें एग्रीमेंट पर हस्ताक्षर करके या अंगूठा लगाकर हिन्दुस्तान के बाहर मज़दूरी करने गए हों। नेटाल के ऐसे गिरमिटियों पर लगा तीन पौंड का वार्षिक कर सन् 1914 में उठा दिया गया था, लेकिन गिरमिट की प्रथा अभी तक बंद नहीं हुई थी। सन् 1916 में भारतभूषण पंडित मालवीय जी ने यह प्रश्न विधानसभा में उठाया था और लार्ड हार्डिंग ने उनका प्रस्ताव स्वीकार करके घोषित किया था कि 'समय आने पर' इस प्रथा को समाप्त करने का वचन मुझे सम्राट की ओर से मिला है। लेकिन मुझे तो स्पष्ट लगा कि इस प्रथा को तत्काल ही बंद करने का निर्णय हो जाना चाहिए। हिन्दुस्तान ने अपनी लापरवाही से बरसों तक इस प्रथा को चलने दिया था। मैंने माना कि अब इस प्रथा को बंद कराने जितनी जागृति लोगों में आ गई है। मैं कुछ नेताओं से मिला, कुछ समाचारपत्रों में इस विषय में लिखा और मैंने देखा कि

लोकमत इस प्रथा को मिटा देने के पक्ष में है। क्या इसमें सत्याग्रह का उपयोग हो सकता है? मुझे इस विषय में कोई शंका नहीं थी। लेकिन उसका उपयोग कैसे किया जाए, सो मैं नहीं जानता था।

इस बीच वाइसरॉय ने 'समय आने पर' शब्दों का अर्थ समझाने का अवसर खोज लिया। उन्होंने घोषित किया कि 'दूसरी व्यवस्था करने में जितना समय लगेगा उतने समय में यह प्रथा उठा दी जाएगी।' इसलिए जब सन् 1917 के फरवरी महीने में भारतभूषण पंडित मालवीयजी ने गिरमिट प्रथा सदा के लिए समाप्त कर देने का कानून बड़ी विधानसभा में पेश करने की इजाज़त मांगी, तो वाइसरॉय ने वैसा करने से इनकार कर दिया। इसलिए इस प्रश्न के संबंध में मैंने हिन्दुस्तान में घूमना शुरू किया।

भ्रमण शुरू करने से पहले मुझे वाइसरॉय से मिल लेना उचित लगा। उन्होंने तुरंत ही मुझे मिलने की तारीख भेजी। उस समय के मिस्टर मेफी, अब सर जॉन मेफी, उनके मंत्री थे। मिस्टर मेफी के साथ मेरा अच्छा संबंध स्थापित हो गया। लॉर्ड चेम्सफर्ड के साथ संतोषजनक बातचीत हुई। उन्होंने निश्चयपूर्वक तो कुछ न कहा, लेकिन मुझे उनकी मदद की आशा बंधी।

भ्रमण की शुरुआत मैंने बंबई से की। बंबई में सभा करने का जिम्मा मिस्टर जहांगीर पिटीट ने अपने सिर लिया। इम्पीरियल सिटिजनशिप एसोसिएशन के नाम से सभा हुई। उसमें पेश किए जानेवाले प्रस्तावों को तैयार करने के लिए समिति की बैठक हुई। उसमें डॉक्टर रीड, सर लल्लूभाई शामल दास, मिस्टर नटराजन आदि थे। मिस्टर पिटीट तो थे ही। प्रस्ताव में गिरमिट-प्रथा बंद करने की विनती करनी थी। प्रश्न यह था कि वह कब बंद की जाए? तीन सुझाव थे : 'जितनी जल्दी हो सके', 'इकतीसवीं जुलाई तक' और 'तुरंत'। 'इकतीसवीं जुलाई' का मेरा सुझाव था। मुझे तो निश्चित तारीख की ज़रूरत थी, ताकि उस अवधि में कुछ न हो तो यह सोचा जा सके कि आगे क्या करना है या क्या हो सकता है। सर लल्लूभाई का सुझाव 'तुरंत' शब्द अधिक शीघ्रतासूचक है। मैंने समझाने का प्रयत्न किया कि जनता 'तुरंत' शब्द को नहीं समझ सकती। जनता से कुछ काम लेना हो, तो उसके सामने निश्चयात्मक शब्द होना चाहिए। 'तुरंत' का अर्थ तो सब अपनी-अपनी इच्छा के अनुसार करेंगे। सरकार उसका एक अर्थ लगाएगी, जनता दूसरा लगाएगी। 'इकतीसवीं' जुलाई का अर्थ सब एक ही करेंगे और इस तारीख तक मुक्ति न मिली तो हमें क्या कदम उठाना चाहिए, सो हम सोच सकेंगे। यह तर्क डॉक्टर रीड के गले तुरंत उतर गया। अंत में सर लल्लूभाई को भी 'इकतीसवीं जुलाई' पसंद आ गई और प्रस्ताव में यह तारीख रखी गई। सार्वजनिक सभा में यह प्रस्ताव पेश किया गया और चारों तरफ 'इकतीसवीं जुलाई' की सीमा तय हुई।

बंबई से श्रीमती जायजी पिटीट के अथक परिश्रम से महिलाओं का एक प्रतिनिधि मंडल वाइसरॉय के पास पहुंचा। उसमें लेडी टाटा, स्वर्गीय दिलशाद बेगम आदि महिलाएं थीं। सब बहनों के नाम तो मुझे याद नहीं हैं, पर इस डेप्युटेशन का बहुत अच्छा प्रभाव पड़ा था और वाइसरॉय ने उन्हें आशाजनक उत्तर दिया था।

मैं कराची, कलकत्ता आदि स्थानों में भी हो आया था। सब जगह अच्छी सभाएं हुई थीं और लोगों में सर्वत्र खूब उत्साह था। आंदोलन शुरू करते समय मुझे यह आशा नहीं थी कि ऐसी सभाएं होंगी और उनमें लोग इतनी संख्या में उपस्थित होंगे।

इन दिनों मेरी यात्रा अकेले ही होती थी, इस कारण अनोखे अनुभव मिलते थे। खुफिया पुलिसवाले तो मेरे पीछे लगे ही रहते थे। उनके साथ मेरा झगड़ा होने का कोई कारण ही न था। मुझे कोई बात छिपानी नहीं थी। इससे वे मुझे परेशान नहीं करते थे और न मैं उन्हें परेशान करता था। सौभाग्य से उस समय मुझे 'महात्मा' की उपाधि नहीं मिली थी, हालांकि जहां मैं पहचान लिया जाता था, वहां इस नाम का घोष जरूर होता था। एक बार रेल में जाते हुए कई स्टेशनों पर खुफिया पुलिसवाले मेरा टिकट देखने आते और नम्बर वगैरा लेते रहते थे। उनके प्रश्नों का उत्तर मैं उन्हें तुरंत ही दे देता था। साथी यात्रियों ने मान लिया था कि मैं कोई सीधा-सादा साधु या फकीर हूं। जब दो-चार स्टेशनों तक खुफिया पुलिसवाले आए तो यात्री चिढ़ गए और उन्हें गालियां देकर धमकाया, 'इस बेचारे साधु को नाहक क्यों सताते हो?' फिर मेरी ओर मुड़कर बोले, 'इन बदमाशों को टिकट मत दिखाओ।'

मैंने इन यात्रियों से धीमी आवाज़ में कहा, 'उनके टिकट देखने से मुझे कोई परेशानी नहीं होती। वे अपना काम करते हैं। उससे मुझे कोई कष्ट नहीं होता।'

यात्रियों के गले यह बात नहीं उतरी। वे मुझ पर अधिक तरस खाने लगे और आपस में बातें करने लगे कि निर्दोष आदमियों को इस तरह तंग क्यों किया जाता है?

खुफिया पुलिसवालों की तो मुझे कोई तकलीफ नहीं मालूम हुई, लेकिन रेल की भीड़ की तकलीफ का मुझे लाहौर से दिल्ली के बीच कड़वे से कड़वा अनुभव हुआ। कराची से कलकत्ते मुझे लाहौर के रास्ते जाना था। लाहौर में ट्रेन बदलनी थी। वहां की ट्रेन में मेरी कहीं दाल गलती नहीं थी। यात्री जबरदस्ती अपना रास्ता बना लेते थे। दरवाजा बंद होता, तो खिड़की में से अंदर घुस जाते थे। मुझे कलकत्ते निश्चित तारीख पर पहुंचना था। यह ट्रेन छोड़ देता तो मैं कलकत्ते पहुंच न पाता। मैं जगह मिलने की आशा छोड़ बैठा था। कोई मुझे अपने डिब्बे में आने न देता था। आखिर एक मजूदर ने मुझे जगह ढूंढ़ते देखकर कहा, 'मुझे बारह आने दो, तो जगह दिला दूं।' मैंने कहा, 'मुझे जगह दिला दो, तो जरूर बारह आने दूंगा।' बेचारा मज़दूर यात्रियों से गिड़गिड़ाकर कह रहा था, लेकिन कोई मुझे लेने को तैयार न होता था। ट्रेन छूटने ही वाली थी कि एक डिब्बे के कुछ यात्रियों ने कहा, 'यहां जगह नहीं है, लेकिन इसके भीतर घुसा सकते हो तो घुसा दो। खड़े रहना होगा।' मज़दूर मेरी ओर देखकर बोला, 'क्यों जी?' मैंने 'हां' कहा और उसने मुझे उठाकर खिड़की में से अंदर डाल दिया। मैं अंदर घुसा और उस मज़दूर ने बारह आने कमा लिए।

मेरी यह रात मुश्किल से बीती। दूसरे यात्री ज्यों-त्यों करके बैठ गए। मैं ऊपरवाली सीट की जंजीर पकड़कर दो घंटे खड़ा ही रहा। इस बीच कुछ यात्री मुझे धमकाते ही रहते थे, 'अजी, अब तक बैठते क्यों नहीं हो?' मैंने बहुतेरा समझाया कि कहीं जगह नहीं है। लेकिन उन्हें तो मेरा खड़ा रहना भी सहन नहीं हो रहा था, हालांकि वे ऊपर की सीटों पर आराम से लंबे होकर पड़े थे। बार-बार मुझे परेशान करते थे। वे जितना मुझे परेशान करते थे, उतनी ही शांति से मैं उन्हें जवाब देता था। इससे वे कुछ शांत हुए। मेरा नाम-धाम पूछा। जब मुझे नाम बतलाना पड़ा तब वे शरमाए। मुझसे माफी मांगी और मेरे लिए अपनी बगल में जगह कर दी। 'सब्र का फल मीठा होता है' कहावत मुझे

याद आई। मैं बहुत थक गया था। मेरा सिर घूम रहा था। बैठने के लिए जगह की जब सचमुच ज़रूरत थी तब ईश्वर ने दिला दी। इस तरह मैं टकराता और धक्कामुक्की बरदाश्त करता हुआ समय पर कलकत्ते पहुंच गया। कासिम बाजार के महाराज ने अपने यहां ठहरने का निमंत्रण दे रखा था। कलकत्ते की सभा के अध्यक्ष भी वही थे। कराची की ही तरह कलकत्ते में भी लोगों का उत्साह उमड़ा था। कुछ अंग्रेज़ भी सभा में उपस्थित थे।

इकतीसवीं जुलाई के पहले गिरमिट की प्रथा बंद होने की सरकारी घोषणा हुई। सन् 1894 में इस प्रथा का विरोध करनेवाला पहला प्रार्थना-पत्र मैंने तैयार किया था और यह आशा रखी थी कि किसी दिन यह 'अर्ध गुलामी' ज़रूर ही रद्द होगी। 1894 से शुरू किए गए इस प्रयास में बहुतों की सहायता थी। लेकिन यह कहे बिना नहीं रहा जाता कि इसके पीछे शुद्ध सत्याग्रह था।

इसका विशेष विवरण और इसमें भाग लेनेवाले पात्रों की जानकारी पाठकों को 'दक्षिण अफ्रीका के सत्याग्रह का इतिहास' में अधिक मिलेगी।

12. नील का धब्बा

चम्पारण राजा जनक की भूमि है। जिस तरह चम्पारण में आम के वन हैं, उसी तरह सन् 1917 में वहां नील के खेत थे। चम्पारण के किसान अपनी ही ज़मीन के 3/20 भाग में नील की खेती उसके असली मालिकों के लिए करने के कानून से बंधे हुए थे। इसे वहां 'तीन कठिया' कहा जाता था। बीस कट्ठे का वहां एक एकड़ था और उसमें से तीन कट्ठे ज़मीन में नील बोने की प्रथा को 'तीन कठिया' कहते थे।

मुझे यह स्वीकार करना चाहिए कि वहां जाने से पहले मैं चम्पारण का नाम तक नहीं जानता था। नील की खेती होती है, इसका ख्याल भी नहीं के बराबर था। नील की गोटियां मैंने देखी थीं, पर वे चम्पारण में बनती हैं और उनके कारण हजारों किसानों को कष्ट भोगना पड़ता है, इसकी मुझे कोई जानकारी नहीं थी।

चम्पारण के एक किसान थे राजकुमार शुक्ल। उन पर विपदा आ पड़ी थी। यह दुख उन्हें अखरता था। लेकिन अपने इस दुख के कारण उनमें नील के इस दाग को सबके लिए धो डालने की तीव्र लगन पैदा हो गई थी। जब मैं लखनऊ कांग्रेस में गया, तो वहां इस किसान ने मुझे खोज ही लिया। 'वकील बाबू आपको सब हाल बताएंगे'—वाक्य वे कहते जाते थे और मुझे चम्पारण आने का निमंत्रण देते जाते थे।

वकील बाबू से मतलब था, चम्पारण के मेरे प्रिय साथी, बिहार के सेवा-जीवन के प्राण ब्रजकिशोर बाबू से। राजकुमार शुक्ल उन्हें मेरे तम्बू में लाए। उन्होंने काले आलपाका की अचकन, पतलून वगैरा पहन रखे थे। मेरे मन पर उनकी कोई अच्छी छाप नहीं पड़ी। मैंने मान लिया कि वे भोले किसानों को लूटनेवाले कोई वकील साहब होंगे।

मैंने उनसे चम्पारण की थोड़ी कथा सुनी। अपने रिवाज के अनुसार मैंने जवाब दिया, 'खुद देखे बिना इस विषय पर मैं कोई राय नहीं दे सकता। आप कांग्रेस में बोलिएगा।

मुझे तो फिलहाल छोड़ ही दीजिए।' राजकुमार शुक्ल को कांग्रेस की मदद की तो ज़रूरत थी ही। ब्रजकिशोर बाबू कांग्रेस में चम्पारण के बारे में बोले और सहानुभूतिसूचक प्रस्ताव पास हुआ।

राजकुमार शुल्क प्रसन्न हुए। लेकिन इतने से ही उन्हें संतोष न हुआ। वे तो खुद मुझे चम्पारण के किसानों के दुख बताना चाहते थे। मैंने कहा, 'अपने भ्रमण में मैं चम्पारण को भी शामिल कर लूंगा और एक-दो दिन वहां ठहरूंगा।'

उन्होंने कहा, 'एक दिन काफी होगा। अपनी नज़रों से देखिए तो सही।'

लखनऊ से मैं कानपुर गया था। वहां भी राजकुमार शुक्ल हाजिर ही थे। 'यहां से चम्पारण बहुत नजदीक है। एक दिन दे दीजिए।'

'अभी मुझे माफ कीजिए। लेकिन मैं चम्पारण आने का वचन देता हूं।' यह कहकर मैं ज्यादा बंध गया।

मैं आश्रम गया तो राजकुमार शुक्ल वहां भी मेरे पीछे लगे ही रहे, 'अब तो दिन तय कर ही लीजिए।' मैंने कहा, 'मुझे फलां तारीख को कलकत्ते जाना है। वहां आइए और मुझे ले जाइए।'

कहां जाना, क्या करना और क्या देखना, इसकी मुझे कोई जानकारी नहीं थी। कलकत्ते में भूपेन बाबू के यहां मेरे पहुंचने के पहले ही उन्होंने वहां डेरा डाल दिया था। इस अनपढ़ लेकिन दृढ़ निश्चयी किसान ने मेरा दिल जीत लिया।

सन् 1917 के शुरू में कलकत्ते से हम दो व्यक्ति रवाना हुए। दोनों की एक-सी जोड़ी थी। दोनों किसान-जैसे ही लगते थे। राजकुमार शुक्ल जिस गाड़ी में ले गए, उस पर हम दोनों सवार हुए। सवेरे पटना उतरे।

पटना की मेरी यह पहली यात्रा थी। वहां किसी से मेरा ऐसा परिचय नहीं था, जिससे उनके घर पर ठहर सकूं। मैंने यह सोच लिया था कि राजकुमार शुक्ल अनपढ़ किसान हैं, फिर भी उनकी जान-पहचान तो होगी ही। ट्रेन में मुझे उनकी कुछ अधिक जानकारी मिलने लगी। पटना में उन पर से परदा उठा। राजकुमार शुक्ल की बुद्धि निर्दोष थी। उन्होंने जिन्हें अपना मित्र मान रखा था वे वकील उनके मित्र नहीं थे, बल्कि राजकुमार शुक्ल उनके आश्रित-जैसे थे। किसान मुवक्किल और वकील के बीच बरसाती की गंगा के चौड़े पाट के बराबर अंतर था।

मुझे वे राजेन्द्र बाबू के घर ले गए। राजेन्द्र बाबू पुरी या और कहीं गए थे। बंगले पर एक-दो नौकर थे। मेरे साथ खाने की कुछ सामग्री थी। मुझे थोड़ी खजूर की ज़रूरत थी। बेचारे राजकुमार शुक्ल बाजार से ले आए।

लेकिन बिहार में तो छुआछूत का बहुत कड़ा रिवाज था। मेरी बाल्टी के पानी के छींटे नौकर को भ्रष्ट करते थे। नौकर को क्या पता कि मैं किस जाति का हूं। राजकुमार शुक्ल ने अंदर के पाखाने का उपयोग करने को कहा। नौकर ने बाहर के पाखाने की ओर इशारा किया। मेरे लिए इसमें परेशान या गुस्सा होने का कोई कारण न था। इस तरह के अनुभव कर-करके मैं बहुत पक्का हो गया था। नौकर तो अपने धर्म का पालन कर रहा था और राजेन्द्र बाबू के प्रति अपना कर्तव्य पूरा कर रहा था। इन मनोरंजक अनुभवों के कारण जहां राजकुमार शुक्ल के प्रति मेरा आदर बढ़ा, वहां उनके विषय में

मेरा ज्ञान भी बढ़ा। मैंने देखा कि राजकुमार शुक्ल मेरा मार्गदर्शन नहीं कर पाएंगे, इससे मैंने लगाम अपने हाथ में ले ली।

13. बिहारी सरलता

मौलाना मज़रुल हक और मैं एक समय लंदन में एकसाथ पढ़ते थे। उसके बाद हम बम्बई में सन् 1915 की कांग्रेस में मिले थे। उस साल वे मुस्लिम लीग के अध्यक्ष थे। उन्होंने पुरानी पहचान बताकर कहा था कि आप कभी पटना आएं, तो मेरे घर ज़रूर पधारिए। इस न्यौते के आधार पर मैंने उन्हें पत्र लिखा और अपना काम बतलाया। वे तुरंत अपनी मोटर लेकर आए और मुझे अपने घर ले चलने का आग्रह किया। मैंने उनका आभार माना और उनसे कहा कि जिस जगह मुझे जाना है वहां के लिए वे मुझे पहली ट्रेन से रवाना कर दें। रेलवे गाइड से मुझे कुछ पता नहीं चल सकता था। उन्होंने राजकुमार शुक्ल से बात की और सुझाया कि पहले मुझे मुजफ्फरपुर जाना चाहिए। उसी दिन शाम को मुजफ्फरपुर की ट्रेन जाती थी। उन्होंने मुझे उसमें रवाना कर दिया। उन दिनों आचार्य कृपलानी मुजफ्फरपुर में रहते थे। मैं उन्हें जानता था। जब मैं हैदराबाद गया था तब उनके महान त्याग की, उनके जीवन की और उनके पैसे से चलनेवाले आश्रम की बात डॉक्टर चोइथ राम के मुंह से मैंने सुनी थी। वे मुजफ्फरपुर कॉलेज में प्रोफेसर थे। इस समय प्रोफेसरी छोड़ चुके थे। मैंने उन्हें तार दिया। ट्रेन आधी रात को मुजफ्फरपुर पहुंचती थी। वे अपनी शिष्य-मंडली के साथ स्टेशन पर आए थे। लेकिन वे खुद घर-बारवाले सज्जन नहीं थे। वे अध्यापक मलकानी के यहां रहते थे। मुझे उनके घर ले गए। मलकानी वहां के कॉलेज में प्रोफेसर थे। उस समय के वातावरण में सरकारी कॉलेज के प्रोफेसर का मुझे अपने यहां टिकाना एक असाधारण बात मानी जाएगी।

कृपलानीजी ने बिहार की और उसमें भी तिरहुत इलाके की दीन दशा की बात की और मेरे काम की कठिनाई की कल्पना की। कृपलानीजी ने बिहारवालों के साथ घनिष्ठ संबंध जोड़ लिया था। उन्होंने उन लोगों से मेरे काम का जिक्र कर रखा था। सवेरे वकीलों का एक छोटा-सा दल मेरे पास आया। उनमें से रामनवमी प्रसाद मुझे याद रह गए हैं। उन्होंने अपने आग्रह से मेरा ध्यान आकर्षित किया था। उन्होंने कहा, 'आप जो काम करने आए हैं, वह इस जगह से नहीं होगा। आपको तो हम जैसों के यहां ठहरना चाहिए। गया बाबू यहां के प्रसिद्ध वकील हैं। उनकी ओर से मैं आग्रह करता हूं कि आप उनके घर ठहरिए। हम सब सरकार से डरते ज़रूर हैं लेकिन हमसे जितनी बन पड़ेगी, हम आपकी उतनी मदद करेंगे। राजकुमार शुक्ल की बहुत-सी बातें सच हैं। दुख इस बात का है कि आज हमारे नेता यहां मौजूद नहीं हैं। बाबू ब्रजकिशोर प्रसाद और राजेन्द्रप्रसाद को मैंने तार भेजे हैं। दोनों तुरंत यहां आ जाएंगे और आपको पूरी जानकारी और मदद दे सकेंगे। मेहरबानी करके आप गया बाबू के यहां चलिए।'

इस भाषण से मैं ललचाया। इस डर से कि कहीं मुझे अपने घर में ठहराने से गया बाबू कठिनाई में न पड़ जाएं, मुझे संकोच हो रहा था। लेकिन गया बाबू ने मुझे निश्चिंत कर दिया।

मैं गया बाबू के घर गया। उन्होंने और उनके परिवारवालों ने मुझे अपने प्रेम से नहला दिया।

ब्रजकिशोर बाबू दरभंगा से आए। राजेन्द्र बाबू पुरी से आए। यहां जिन्हें देखा वे लखनऊवाले ब्रजकिशोर प्रसाद नहीं थे। उनमें बिहारवासी की नम्रता, सादगी, भलमनसाहत, असाधारण श्रद्धा देखकर मेरा हृदय हर्ष से छलक उठा। ब्रजकिशोर बाबू के प्रति बिहार की वकील-मंडली का आदर-भाव देखकर मुझे सुखद आश्चर्य हुआ।

इस मंडली के और मेरे बीच जीवन भर का रिश्ता बन गया।

ब्रजकिशोर बाबू ने मुझे सारी बातों की जानकारी दी। वे गरीब किसानों के लिए मुकदमे लड़ते थे। ऐसे दो मुकदमे चल रहे थे। इस तरह के मुकदमों की पैरवी करके वे थोड़ा व्यक्तिगत आश्वासन ले लिया करते थे। कभी-कभी उसमें भी चूक जाते थे। इन भोले किसानों से फीस तो वे लेते ही थे। त्यागी होते हुए भी ब्रजकिशोर बाबू या राजेन्द्र बाबू मेहनताना लेने में कभी संकोच नहीं करते थे। उनका तर्क यह था कि पेशे के काम में मेहनताना न लें, तो उनका घर-खर्च ही न चले और वे लोगों की मदद भी न कर सकें। उनके मेहनताने के और बंगाल तथा बिहार के बैरिस्टरों को दिए जानेवाले मेहनतानेवाले आंकड़े सुनकर मेरा दम घुटने लगा। यही राशि कल्पना से परे थी।

'...साहब को हमने 'ओपीनियन' (सम्मति) के लिए दस हजार रुपये दिए।' हजारों के अलावा तो मैंने बात ही न सुनी।

इस मित्र-मंडली ने इस विषय में मेरा मीठा उलाहना प्रेमपूर्वक सुन लिया। उसका उन्होंने गलत अर्थ नहीं लगाया।

मैंने कहा, 'इन मुकदमों को पढ़ जाने के बाद मेरी राय तो यह बनी है कि अब हमें ये मुकदमे लड़ना ही बंद कर देना चाहिए। ऐसे मुकदमों से लाभ बहुत कम होता है। जहां प्रजा इतनी कुचली गई है, जहां सब इतने भयभीत रहते हैं, वहां कचहरियों के ज़रिये इलाज कहां हो सकता है। लोगों के लिए सच्ची दवा तो उनके डर को भगाना है। जब तक यह 'तीन कठिया' प्रथा रद्द न हो, तब तक हम चैन से बैठ ही नहीं सकते। मैं तो दो दिन में जितना देखा जा सके उतना देखने आया हूं। लेकिन अब देख रहा हूं कि यह काम तो दो बरस भी ले सकता है। इतना समय भी लगे तो मैं देने को तैयार हूं। मुझे यह तो सूझ रहा है कि इस काम के लिए क्या करना चाहिए। लेकिन इसमें आपकी मदद की ज़रूरत है।'

ब्रजकिशोर बाबू को मैंने बहुत ठंडे दिमाग का आदमी पाया। उन्होंने शांति से उत्तर दिया, 'हमसे जो मदद बन पड़ेगी, हम करेंगे। लेकिन हमें समझाइए कि आप किस तरह की मदद चाहते हैं।'

इसी तरह की बातचीत में हमने सारी रात बिता दी। मैंने कहा, 'मुझे आपकी वकालत की ताकत की कम ही ज़रूरत पड़ेगी। आपके जैसे लोगों से तो मैं लेखक और दुभाषिये का काम लेना चाहूंगा। मैं देखता हूं कि इसमें जेल भी जाना पड़ सकता हूं। मैं चाहूंगा कि आप यह जोखिम उठाएं। लेकिन आप उसे उठाना न चाहें, तो भले ही न उठाएं। वकालत छोड़कर लेखक बनने और अपने धंधे को अनिश्चित अवधि के लिए बंद करने की मांग करके मैं आप लोगों से कुछ कम नहीं मांग रहा हूं। यहां की हिंदी बोली समझने में मुझे कठिनाई होती है। कागज-पत्र सब कैथी में या उर्दू में लिखे होते हैं, जिन्हें मैं पढ़ नहीं

सकता। इनके अनुवाद की मैं आपसे आशा रखता हूं। यह काम पैसे देकर कराना हमारे बस का नहीं है। यह सब सेवा-भाव से और बिना पैसे के होना चाहिए।'

ब्रजकिशोर बाबू समझ गए, लेकिन उन्होंने मुझसे और अपने साथियों से बहस शुरू की। मेरी बातों के मतलब पूछे। मेरे अनुमान के अनुसार वकीलों को किस हद तक त्याग करना चाहिए, कितनों को ज़रूरत होगी, थोड़े-थोड़े लोग कुछ समय के लिए आएं तो काम चलेगा या नहीं, जैसे प्रश्न मुझसे पूछे। वकीलों से उन्होंने पूछा कि वे कितना त्याग कर सकते हैं।

आखिर में उन्होंने अपना यह निर्णय सुनाया, 'हम इतने सारे लोग हैं। आप जो भी काम हमें सौंपेंगे, हम करने के लिए तैयार रहेंगे। इनमें से जितनों को आप जिस समय चाहेंगे उतने आपके पास रहेंगे। जेल जाने की बात नयी है। उसके लिए हम जनमत जुटाने की कोशिश करेंगे।'

14. अहिंसा के सामने

मुझे तो किसानों की हालत की जांच-पड़ताल करनी थी। नील के मालिकों के विरुद्ध जो शिकायतें थीं, उनमें कितनी सच्चाई है, यह देखना था। इस काम के लिए हजारों किसानों से मिलने की ज़रूरत थी। लेकिन उनके संपर्क में आने से पहले मुझे इस बात की ज़रूरत महसूस हुई कि मैं नील के मालिकों की बात सुनूं और कमिश्नर से मिलूं। मैंने दोनों को चिट्ठी लिखी।

मालिकों के मंत्री के साथ मेरी जो मुलाकात हुई, उसमें उसने साफ कह दिया कि आप हमारे लिए परदेसी हैं। आपको हमारे और किसानों के मामले में दखल नहीं देना चाहिए। फिर भी, अगर आपको कुछ कहना हो, तो मुझे लिखकर दीजिए। मैंने मंत्री से नम्रतापूर्वक कहा कि मैं अपने को परदेशी नहीं मानता और किसान चाहें तो उनकी स्थिति की जांच करने का मुझे पूरा अधिकार है। मैं कमिश्नर साहब से मिला। उन्होंने तो धमकाना ही शुरू कर दिया और मुझे सलाह दी कि मैं आगे बढ़े बिना तिरहुत छोड़ दूं।

मैंने सारी बातें साथियों को सुनाकर कहा कि संभव है सरकार मुझे जांच करने से रोके और जेल जाने का समय मेरी उम्मीद से भी पहले आ जाए। अगर गिरफ्तारी होनी ही है, तो मुझे मोतीहारी में और संभव हो तो बेतिया में गिरफ्तार होना चाहिए और इसके लिए वहां जल्दी से जल्दी पहुंच जाना चाहिए।

चम्पारण तिरहुत विभाग का एक जिला है और मोतीहारी उसका मुख्य शहर। बेतिया के आसपास राजकुमार शुक्ल का घर था और उसके आसपास की कोठियों के किसान बुरी तरह से कंगाल थे। राजकुमार शुल्क को उनकी दशा दिखाने का लोभ था और मेरे मन में भी अब उन्हें देख लेने की चाह थी।

इसलिए मैं उसी दिन साथियों को लेकर मोतीहारी के लिए रवाना हो गया। मोतीहारी में गोरख बाबू ने आश्रय दिया और उनका घर धर्मशाला बन गया। हम सब इतने ज्यादा थे कि मुश्किल से घर में समा सकते थे। जिस दिन हम पहुंचे उसी दिन सुना कि मोतीहारी से कोई पांच मील दूर रहनेवाले एक किसान पर अत्याचार किया गया है। मैंने तय किया

कि धरणीधर प्रसाद वकील को साथ लेकर मैं दूसरे दिन सवेरे उसे देखने जाऊंगा। सवेरे हाथी पर सवार होकर हम चल पड़े। चम्पारण में हाथी का उपयोग लगभग उसी तरह होता है, जिस तरह गुजरात में बैलगाड़ियों का। आधे रास्ते पहुंचे होंगे कि इतने में पुलिस सुपरिण्टेण्डेंट का आदमी आ पहुंचा और मुझसे बोला, 'सुपरिण्टेण्डेंट साहब ने आपको सलाम भेजा है।' मैं समझ गया। धरणीधर बाबू से मैंने आगे जाने को कहा। मैं उस जासूस के साथ उसकी किराये की गाड़ी में सवार हुआ। उसने मुझे चम्पारण छोड़कर चले जाने का नोटिस दिया। वह मुझे घर ले गया और मेरे हस्ताक्षर मांगे। मैंने जवाब दिया कि मैं चम्पारण छोड़ना नहीं चाहता; मुझे तो आगे बढ़ना है और जांच करनी है। निर्वासन की आज्ञा का अनादर करने के कारण मुझे दूसरे ही दिन कोर्ट में हाजिर रहने का सम्मन मिला।

मुझे जो भी पत्र लिखने थे मैंने सारी रात जागकर लिखे और ब्रजकिशोर बाबू को हर तरह की ज़रूरी जानकारी दी।

सम्मन की बात जंगल की आग की तरह चारों ओर फैल गई। लोग कहते थे कि उस दिन मोतीहारी में जैसा दृश्य देखा गया वैसा पहले कभी नहीं देखा गया था। गोरख बाबू के घर और दफ्तर पर लोगों की भीड़ उमड़ पड़ी। सौभाग्य से मैंने अपना सारा काम रात को ही निबटा लिया था। इसलिए मैं इस भीड़ को संभाल सका। साथियों की महत्ता का मुझे पूरा भान हुआ। वे लोगों को संयत करने में जुट गए। कचहरी में जहां जाता वहां दल के दल लोग मेरे पीछे चले आते। कलेक्टर, मजिस्ट्रेट, सुपरिण्टेडेंट आदि के साथ भी मेरा एक तरह का संबंध स्थापित हो गया। मैं सरकारी नोटिसों वगैरा के खिलाफ कानूनी विरोध करना चाहता, तो कर सकता था। इसके बजाय मैंने उनके सब नोटिस स्वीकार कर लिए और अधिकारियों के साथ निजी व्यवहार में अपनेपन से काम लिया। इससे वे समझ गए कि मुझे उनका विरोध नहीं करना है, बल्कि उनकी आज्ञा का विनयपूर्वक विरोध करना है। इससे उनमें एक प्रकार की निडरता आ गई। मुझे तंग करने के बदले उन्होंने लोगों को काबू में रखने में मेरी और मेरे साथियों की सहायता का प्रसन्नतापूर्वक उपयोग किया। लेकिन साथ ही वे समझ गए कि उनकी सत्ता आज से खतरे में पड़ गई है। लोग क्षण भर को दंड का भय छोड़कर अपने नए मित्र के प्रेम की सत्ता के अधीन हो गए।

याद रहे कि चम्पारण में मुझे कोई भी पहचानता नहीं था। किसान-वर्ग बिलकुल अनपढ़ था। चम्पारण गंगा के उस पार ठेठ हिमालय की तराई में नेपाल का निकटवर्ती प्रदेश है, अर्थात् नई दुनिया है। वहां न कहीं कांग्रेस का नाम सुनाई देता था, न कांग्रेस के कोई सदस्य ही दिखाई पड़ते थे। जिन्होंने नाम सुना भी था वे कांग्रेस का नाम लेने में या उसमें शामिल होने में डरते थे। आज कांग्रेस के नाम के बिना कांग्रेस ने और कांग्रेस के सेवकों ने इस प्रदेश में प्रवेश किया और कांग्रेस की दुहाई काम कर गई।

साथियों से परामर्श करके मैंने तय किया था कि कांग्रेस के नाम से कोई भी काम न किया जाए। हमें नाम से नहीं, बल्कि काम से मतलब है। 'कथनी' नहीं 'करनी' की ज़रूरत है। कांग्रेस का नाम यहां अप्रिय है। इस प्रदेश में कांग्रेस का अर्थ है, वकीलों की आपसी खींचातानी, कानूनी गलियों से भटका देने की कोशिश। कांग्रेस का अर्थ है, बमगोला। कांग्रेस यानी कथनी और करनी में अंतर। यह धारणा सरकार की थी और सरकार

निलहे-गोरों की थी। हमें यह सिद्ध करना था कि कांग्रेस ऐसी नहीं है, कांग्रेस तो दूसरी ही चीज़ है। इसलिए हमने कहीं भी कांग्रेस का नाम तक नहीं लेने और लोगों को कांग्रेस की मौजूदगी का परिचय न कराने का निश्चय किया था। हमने यह सोच लिया था कि वे उसके अक्षर को न जानकर उसकी आत्मा को जानें और उसका अनुसरण करें। यही हमारे लिए काफी है। यही असली चीज़ है। इसलिए कांग्रेस की ओर से किन्हीं गुप्त या प्रकट दूतों द्वारा कोई भूमिका तैयार नहीं कराई गई थी। राजकुमार शुक्ल में हज़ारों लोगों में प्रवेश करने की शक्ति नहीं थी। उनके बीच किसी ने आज तक राजनीति का काम किया ही नहीं था। चम्पारण के बाहर की दुनिया को वे जानते नहीं थे। फिर भी उनका और मेरा मिलाप पुराने मित्रों-जैसा लगा। इसलिए यह कहने में अतिशयोक्ति नहीं, बल्कि सौ प्रतिशत सच है कि इस कारण मैंने वहां ईश्वर का, अहिंसा का और सत्य का साक्षात्कार किया। जब मैं इस साक्षात्कार के अपने अधिकार की जांच करता हूं, तो मुझे लोगों के प्रति अपने प्रेम के अलावा और कुछ भी नहीं मिलता। इस प्रेम का अर्थ है, प्रेम या अहिंसा के प्रति मेरी अविचल श्रद्धा।

चम्पारण का यह दिन मेरे जीवन में कभी न भूलने जैसा था। मेरे लिए और किसानों के लिए यह एक उत्सव का दिन था। सरकारी कानून के अनुसार मुझ पर मुकदमा चलाया जानेवाला था। लेकिन सच पूछा जाए तो मुकदमा सरकार के विरुद्ध था। कमिश्नर ने मेरे विरुद्ध जो जाल बिछाया था उसमें उसने सरकार को ही फंसा दिया।

15. मुकदमा वापिस लिया गया

मुकदमा चला। सरकारी वकील, मजिस्ट्रेट आदि घबराए हुए थे। उन्हें सूझ नहीं रहा था कि क्या किया जाए। सरकारी वकील सुनवाई स्थगित रखने की मांग कर रहा था। मैं बीच में पड़ा और विनती की कि सुनवाई स्थगित रखने की कोई ज़रूरत नहीं है, क्योंकि मुझे चम्पारण छोड़ने के नोटिस का अनादर करने का अपराध स्वीकार करना है। यह कहकर मैं उस बहुत ही छोटे बयान को पढ़ गया, जो मैंने तैयार किया था। वह इस तरह से था :

'क्रिमिनल कोड धारा 144 के अनुसार दी गई आज्ञा का खुला अनादर करने का गंभीर कदम मुझे क्यों उठाना पड़ा, इस संबंध में एक छोटा-सा बयान अदालत की अनुमति से देना चाहता हूं। मेरी विनम्र राय में यह प्रश्न अनादर का नहीं है, बल्कि स्थानीय सरकार और मेरे बीच मतभेद का है। मैं इस प्रदेश में जन-सेवा और देश-सेवा के उद्देश्य से ही आया हूं। निलहे गोरे प्रजा के साथ न्याय का व्यवहार नहीं करते, इस कारण उनकी मदद के लिए आने का प्रबल आग्रह मुझसे किया गया। इसलिए मुझे आना पड़ा है। समूचे प्रश्न का अध्ययन किए बिना मैं उनकी मदद किस तरह से कर सकता हूं? इसलिए मैं इस प्रश्न का अध्ययन करने आया हूं और संभव हो तो सरकार और निलहों की सहायता लेकर इसका अध्ययन करना चाहता हूं। मेरे सामने कोई दूसरा उद्देश्य नहीं है और मैं यह नहीं मानता कि मेरे यहां आने से सार्वजनिक शांति भंग होगी या जान हानि होगी। मेरा दावा है कि इस विषय का मुझे अच्छा-खासा अनुभव है। लेकिन सरकार का विचार इस संबंध में मुझसे अलग है। उसकी कठिनाई को मैं समझता हूं और मैं यह भी स्वीकार करता हूं

कि उसे तो जो जानकारी मिले, उसी पर ही विश्वास करना होता है। कानून का आदर करनेवाला एक नागरिक होने के नाते तो मुझे जो आज्ञा दी गई है उसे स्वीकार करने की मेरी स्वाभाविक इच्छा होनी चाहिए और हुई थी। लेकिन मुझे लगा कि वैसा करने में जिनके लिए मैं यहां आया हूं, उनके प्रति अपने कर्तव्य की मैं हत्या करूंगा। मुझे ऐसा लगता है कि आज मैं उनकी सेवा उनके बीच रहकर ही कर सकता हूं। इसलिए स्वेच्छा से चम्पारण छोड़ना मेरे लिए संभव नहीं है। इस धर्म-संकट के कारण मुझे चम्पारण से हटाने की जिम्मेदारी मैं सरकार पर डाले बिना रह न सका।

'मैं इस बात को अच्छी तरह से समझता हूं कि हिन्दुस्तान के लोक-जीवन में मुझ-जैसी प्रतिष्ठा रखनेवाले आदमी को कोई कदम उठाकर उदाहरण प्रस्तुत करते समय बड़ी सावधानी रखनी चाहिए। लेकिन मेरा दृढ़ विश्वास है कि आज जिस विकट परिस्थिति में हम पड़े हुए हैं उसमें मेरे जैसी परिस्थितियों में फंसे हुए स्वाभिमानी आदमी के सामने इसके अलावा दूसरा कोई सुरक्षित और सम्मानयुक्त रास्ता नहीं है कि आज्ञा का अनादर करके उसके बदले में जो दण्ड मिले, उसे चुपचाप सहन कर ले।

'आप मुझे जो भी सज़ा देना चाहते हैं, उसे कम कराने की भावना से मैं यह बयान नहीं दे रहा हूं। मुझे तो यही जता देना है कि आज्ञा का अनादर करने में मेरा उद्देश्य कानून द्वारा स्थापित सरकार का अपमान करना नहीं है, बल्कि मेरा हृदय जिस अधिक बड़े कानून को–अर्थात् अंतरात्मा की आवाज़ को–स्वीकार करता है, उसका अनुसरण करना ही मेरा उद्देश्य है।'

अब मुकदमे की सुनवाई को स्थगित रखने की ज़रूरत नहीं रही थी, लेकिन चूंकि मजिस्ट्रेट और वकील ने इस नतीजे की आशा नहीं की थी, इसलिए सज़ा सुनाने के लिए अदालत ने केस स्थगित रखा। मैंने वाइसरॉय को सारी स्थिति तार द्वारा सूचित कर दी थी। पटना भी तार भेजा था। भारतभूषण पंडित मालवीयजी आदि को भी पूरी स्थिति की जानकारी तार से भेज दी थी। सज़ा सुनने के लिए कोर्ट में जाने का समय हुआ, उससे कुछ ही समय पहले मेरे नाम मजिस्ट्रेट का हुक्म आया कि गवर्नर साहब की आज्ञा से मुकदमा वापिस ले लिया गया है। साथ ही कलेक्टर का पत्र मिला कि मुझे जो जांच करनी हो, मैं करूं और उसमें अधिकारियों की ओर से जो भी मदद चाहिए हो, वह मांग लूं। ऐसे तात्कालिक और शुभ परिणाम की आशा हममें से किसी ने भी नहीं की थी।

मैं कलेक्टर मिस्टर हेकॉक से मिला। मुझे वह स्वयं भला और न्याय करने में तत्पर व्यक्ति जान पड़ा। उसने कहा कि आपको जो कागज-पत्र या कुछ और देखना हो, वे आप मांग लें और मुझसे जब भी मिलना चाहें, मिल लिया करें।

दूसरी ओर सारे हिन्दुस्तान को सत्याग्रह का या कानून के सविनय भंग का पहला स्थानीय पाठ मिला। अखबारों में इसकी खूब चर्चा हुई और चंपारण को तथा मेरी जांच को अनपेक्षित रूप से प्रसिद्धि मिल गई।

अपनी जांच के लिए मुझे सरकार की ओर से तटस्थता की तो ज़रूरत थी, लेकिन समाचारपत्रों में चर्चा की और उनके संवाददाताओं की ज़रूरत नहीं थी। यही नहीं, बल्कि उनकी ज़रूरत से अधिक टिप्पणियों से और जांच की लम्बी-चौड़ी रिपोर्टों से नुक़सान ही होने का डर था। इसलिए मैंने खास-खास अखबारों के संपादकों से अनुरोध किया है कि

वे रिपोर्टरों को भेजने का खर्च न उठाएं; जितना छपाने की ज़रूरत होगी उतना मैं खुद भेजता रहूंगा और उन्हें खबर देता रहूंगा।

मैं यह समझता था कि चंपारण के निलहे खूब चिढ़े हुए हैं। मैं यह भी समझता था कि अधिकारी भी मन में खुश न होंगे; अखबारों में सच्ची-झूठी खबरों के छपने से वे अधिक चिढ़ेंगे। उनकी चिढ़ का प्रभाव मुझ पर तो कुछ नहीं पड़ेगा, लेकिन गरीब, डरपोक प्रजा पर पड़े बिना नहीं रहेगा। ऐसा होने से सच्ची स्थिति जानने के मेरे प्रयासों में बाधा पड़ेगी। निलहों की तरफ से विषैला आंदोलन शुरू हो चुका था। उनकी ओर से अखबारों में मेरे और साथियों के बारे में खूब झूठा प्रचार हुआ, लेकिन मेरे बेहद सावधान रहने से और बारीक-से-बारीक बातों में भी सत्य पर टिके रहने की आदत के कारण उनके सारे तीर बेकार गए।

निलहों ने ब्रजकिशोर बाबू की हर तरह से निन्दा करने की मुहिम ही छेड़ दी। लेकिन ज्यों-ज्यों वे उनकी निन्दा करते गए, त्यों-त्यों ब्रजकिशोर बाबू की प्रतिष्ठा बढ़ती गई।

ऐसी नाजुक स्थिति में मैंने रिपोर्टरों को आने के लिए जरा भी प्रोत्साहित नहीं किया, न ही नेताओं को बुलाया। मालवीयजी ने मुझे कहला भेजा था, 'जब ज़रूरत समझें, मुझे बुला लें। मैं आने को तैयार हूं।' मैंने उन्हें भी तकलीफ़ नहीं दी। मैंने इस लड़ाई को कभी राजनैतिक जामा नहीं पहनाया। जो कुछ होता था उसकी मौके के अनुरूप रिपोर्ट मैं मुख्य-मुख्य समाचारपत्रों को भेज दिया करता था। राजनैतिक काम करने के लिए भी जहां राजनीति की गुंजाइश न हो, वहां उसे राजनैतिक रूप देने से फायदे के बजाय नुकसान होता है। बहुत बार के अनुभव से मैंने यह सब देख लिया था। चम्पारण की लड़ाई यह सिद्ध कर रही थी कि शुद्ध लोकसेवा में प्रत्यक्ष नहीं तो परोक्ष रीति से राजनीति मौजूद ही रहती है।

16. कार्य-पद्धति

चंपारण की जांच का विवरण देने का अर्थ है, चंपारण के किसानों का इतिहास देना। ऐसा विवरण इन अध्यायों में नहीं दिया जा सकता। फिर, चंपारण की जांच का अर्थ है, अहिंसा और सत्य का एक बड़ा प्रयोग। इसके संबंध में जितनी बातें मुझे प्रति सप्ताह सूझती हैं, उतनी देता रहता हूं। उसका विशेष विवरण तो पाठकों को बाबू राजेन्द्र प्रसाद द्वारा लिखित इस सत्याग्रह के इतिहास में और 'युग धर्म' प्रेस द्वारा प्रकाशित उसके गुजराती अनुवाद में ही मिल सकता है।

अब मैं इस अध्याय के विषय पर आता हूं। यदि गोरख बाबू के घर रहकर यह जांच चलाई जाती, तो उन्हें अपना घर खाली करना पड़ता। मोतीहारी में अभी लोग इतने निर्भय नहीं हुए थे कि मांगने पर कोई तुरंत अपना मकान किराये पर दे दे। किंतु चतुर ब्रजकिशोर बाबू ने एक लम्बे-चौड़े अहातेवाला मकान किराये पर लिया और हम उसमें रहने लगे।

स्थिति ऐसी नहीं थी कि हम बिलकुल ही बिना पैसों के अपना काम चला सकें। आज तक तो यही रीत चली आई थी कि सार्वजनिक काम के लिए जनता से धन लिया जाए। ब्रजकिशोर बाबू की मंडली, देखा जाए तो वकीलोंवाली मंडली थी। इसलिए वे ज़रूरत

पड़ने पर अपनी जेब से खर्च कर लेते थे और कुछ मित्रों से भी मांग लेते थे। उनकी भावना यह थी कि जो लोग स्वयं पैसे-टके से सुखी हों, वे दूसरों से धन की भिक्षा क्यों मांगें? मेरा यह दृढ़ निश्चय था कि चंपारण की प्रजा से एक कौड़ी भी न ली जाए। यदि ली जाती तो उसके गलत अर्थ लगाए जाते। यह भी निर्णय था कि इस जांच के लिए हिन्दुस्तान में सार्वजनिक चंदा न लिया जाए। वैसा करने पर यह जांच राष्ट्रीय और राजनैतिक रूप धारण कर लेती। बम्बई से मित्रों ने 15 हज़ार रुपये की मदद का तार भेजा। उनकी यह मदद धन्यवादसहित लौटा दी गई। यह तय हुआ कि ब्रजकिशोर बाबू की मंडली चंपारण के बाहर से, लेकिन बिहार के ही खुशहाल लोगों से जितनी मदद ले सके, ले और कम पड़नेवाली रकम मैं डॉक्टर प्राणजीवन दास मेहता से लूं। डॉक्टर मेहता ने लिखा कि जितने रुपयों की ज़रूरत हो, मंगा लीजिए। इसलिए धन के मामले में हम निश्चिन्त हो गए। गरीबी-से, कम-से-कम खर्च करते हुए, लड़ाई चलानी थी, इसलिए अधिक धन की ज़रूरत पड़ने की संभावना न थी। असल में पड़ी भी नहीं। मेरा खयाल है कि कुल मिलाकर दो या तीन हज़ार से अधिक खर्च नहीं हुआ था। जो धन जुटाया गया था उसमें से पांच सौ या एक हज़ार रुपये बच गए थे, ऐसा मुझे याद है।

शुरू-शुरू के दिनों मेरे साथियों का रहन-सहन स्थानीय लोगों को विचित्र लगता था और सबके लिए वह रोज़ के मज़ाक का विषय बन गया था। वकील मंडली में हर एक का अपना रसोइया था और हर एक के लिए अलग-अलग रसोई बनती थी। वे रात बारह बजे तक भी भोजन करते थे। यह सब महाशय रहते तो अपने खर्च से ही थे लेकिन उनके जीवन की लापरवाही वाली शैली मुझे चिंता में डालती थी। लेकिन मेरे और मेरे इन साथियों के बीच इतनी मजबूत प्रेम-गांठ बंध गई थी कि हममें कभी गलतफहमी हो ही नहीं सकती थी। वे मेरे शब्दबाणों को प्रेमपूर्वक सहते थे। आखिर यह तय हुआ कि नौकरों को छुट्टी दे दी जाए। सब एकसाथ भोजन करें और भोजन के नियमों का पालन करें। सब शाकाहारी नहीं थे और दो रसोईघर चलाने से खर्च बढ़ता था। इसलिए तय हुआ कि शाकाहारी भोजन ही बनाया जाए और एक ही रसोईघर रखा जाए। भोजन भी सादा रखने का आग्रह था। इससे खर्च में बहुत बचत हुई, काम करने की शक्ति बढ़ी और समय भी बचा।

शक्ति बढ़ाने की ज़रूरत महसूस होने लगी थी, क्योंकि किसानों के दल-के-दल अपनी कहानी लिखाने के लिए आने लगे थे। कहानी लिखानेवालों के साथ भीड़ तो रहती ही थी। इससे इमारत का अहाता और बगीचा सहज ही भर जाते थे। मुझे दर्शनार्थियों से सुरक्षित रखने के लिए साथी लगातार डरे रहते और विफल हो जाते। एक निश्चित समय पर मुझे दर्शन देने के लिए बाहर निकालने के अलावा कोई चारा न रह जाता था। कहानी लिखनेवाले भी पांच-सात बराबर बने ही रहते थे, तो भी दिन के अंत में सबके बयान पूरे न हो पाते थे। इतने सारे बयानों के बिना भी काम चल सकता था। फिर भी बयान लेने से लोगों को संतोष होता था और मुझे उनकी भावना का पता चलता था।

कहानी लिखनेवालों को कुछ नियमों का पालन करना पड़ता था। जैसे हर एक किसान से बहस की जाए। बहस में जो उखड़ जाए, उसका बयान न लिया जाए। जिसकी बात मूल में ही बेबुनियाद लगे, उसके बयान न लिखे जाएं। इस तरह नियमों के पालन

से हालांकि समय कुछ ज्यादा लगता था, फिर भी बयान बहुत सच्चे और साबित किए जा सकनेवाले मिलते थे।

इन बयानों को लिखते समय खुफिया पुलिस का कोई-न-कोई अधिकारी हाजिर रहता ही था। हालांकि इन अधिकारियों को आने से रोका जा सकता था लेकिन हमने शुरू से ही तय कर लिया था कि उन्हें न सिर्फ हम आने से नहीं रोकेंगे, बल्कि उनके प्रति विनय का बरताव करेंगे और दे सकने योग्य खबरें भी उन्हें देते रहेंगे। सारे बयान लिए जाते थे और वे देखते और सुनते रहते थे। इसका एक लाभ यह हुआ कि लोग निडर बने। खुफिया पुलिस से लोग बहुत डरते थे। ऐसा करने से वह डर चला गया और उनकी आंखों के सामने लिए जानेवाले बयानों में अतिशयोक्ति का डर कम रहता था। इस डर से कि झूठ बोलने पर अधिकारी कहीं उन्हें फंसा न लें, उन्हें बोलते समय सावधानी बरतनी पड़ती।

मैं निलहों को खिझाना नहीं चाहता था, बल्कि मुझे तो उन्हें विनय द्वारा जीतने का प्रयास ही करना था। इसलिए जिसके विरुद्ध विशेष शिकायतें आतीं, उसे मैं पत्र लिखता और उससे मिलने का प्रयास भी करता था। निलहों की मंडली से भी मैं मिला था और जनता की शिकायतें उनके सामने रखकर मैंने उनकी बातें भी सुन ली थीं। उनमें से कुछ मेरा अपमान करते थे, कुछ उदासीन रहते थे और कई लोग तो मेरे साथ सभ्यता और नम्रता का व्यवहार करते थे।

17. साथी

ब्रजकिशोर बाबू और राजेन्द्र बाबू की तो जोड़ी लाजवाब थी। उन्होंने अपने प्रेम से मुझे इतना पंगु बना दिया था कि उनके बिना मैं एक कदम भी आगे नहीं जा सकता था। उनके शिष्य कहिए या साथी, शंभू बाबू, अनुग्रह बाबू, धरणी बाबू और रामनवमी बाबू—ये वकील लगभग हर समय मेरे साथ बने रहते थे। विन्ध्या बाबू और जनकधारी बाबू भी समय-समय पर साथ रहते थे। यह तो बिहारियों का संघ हुआ। उनका मुख्य काम था लोगों के बयान लेना।

अध्यापक कृपलानी भला इसमें शामिल हुए बिना कैसे रह सकते थे? स्वयं सिंधी होते हुए भी वे बिहारी से भी बढ़कर बिहारी थे। मैंने ऐसे सेवक कम देखे हैं, जिनमें यह शक्ति हो कि वे जिस प्रान्त में जाएं उसी में पूरी तरह घुल-मिल जाएं और जो किसी को यह हवा भी न लगने दें कि वे दूसरे प्रांत के हैं। इनमें कृपलानी एक हैं। उनका मुख्य काम द्वारपाल का था। दर्शन करनेवालों से मुझे बचा लेने में ही उन्होंने इस समय अपने जीवन की सार्थकता समझ ली थी। किसी को वे विनोद करके मेरे पास आने से रोकते थे, तो किसी को अहिंसक धमकी से। रात होने पर अध्यापक का काम शुरू करते और सब साथियों को हंसाते थे, और कोई डरपोक पहुंच जाए, तो उसे हिम्मत बंधाते थे।

मौलाना मज़रुल हक मेरे सहायक के रूप में अपना हक अदा कर रहे थे और वे महीने में एक-दो बार दर्शन दे जाते थे। उस समय के उनके ठाठ-बाट और दबदबे में और आज की उनकी सादगी में ज़मीन-आसमान का अंतर है। हमारे बीच आकर वे हमसे हृदय की

एकता साध जाते थे, लेकिन अपने साहबी ठाठ-बाठ के कारण बाहर के आदमी को वे हमसे अलग-जैसे जान पड़ते थे।

जैसे-जैसे मुझे अनुभव मिलता गया, वैसे-वैसे मैंने देखा कि चंपारण में ठीक से काम करना हो, तो गांवों में शिक्षा का प्रचार-प्रसार होना चाहिए। लोगों के अज्ञान पर दया आती थी। गांवों के बच्चे मारे-मारे फिरते थे या माता-पिता दो या तीन पैसे की आमदनी के लिए उनसे सारे दिन नील के खेतों में मजदूरी करवाते थे। उन दिनों वहां पुरुषों की मजदूरी दस पैसे से अधिक नहीं थी। महिलाओं की छह पैसे और बच्चों की तीन पैसे थी। चार आने की मजदूरी पानेवाला किसान भाग्यशाली समझा जाता था।

साथियों से सलाह करके पहले तो छह गांवों में बच्चों के लिए स्कूल खोलने की बात तय हुई। शर्त यह थी कि उन गांवों के मुखिया मकान और शिक्षक का भोजन-व्यय दें; उसके दूसरे खर्च की व्यवस्था हम करें। यहां के गांवों में पैसे की बहुत कमी थी, लेकिन अनाज वगैरह देने की शक्ति लोगों में थी। इसलिए लोग कच्चा अनाज देने को तैयार हो गए थे।

सबसे विकट प्रश्न यह था कि शिक्षक कहां से लाए जाएं? बिहार में थोड़ा वेतन लेने वाले या कुछ न लेनेवाले अच्छे शिक्षक मिलना कठिन था। मेरी कल्पना यह थी कि साधारण शिक्षक के हाथ में बच्चों को कभी नहीं छोड़ना चाहिए। शिक्षक को अक्षर-ज्ञान चाहे थोड़ा हो, लेकिन उसमें चरित्र-बल तो होना ही चाहिए।

इस काम के लिए मैंने सार्वजनिक रूप से स्वयंसेवकों की मांग की। उसके उत्तर में गंगाधर राव देशपांडे ने बाबासाहब सोमण और पुंडलीक को भेजा। बम्बई से अवन्तिका बाई गोखले आईं। दक्षिण से आनन्दी बाई आईं। मैंने छोटेलाल, सुरेन्द्रनाथ तथा अपने बेटे देवदास को बुला लिया। इसी बीच महादेव देसाई और नरहरि परीख मुझे मिल गए थे। महादेव देसाई की पत्नी दुर्गा बहन और नरहरि परीख की पत्नी मणि बहन भी आईं। मैंने कस्तूरबाई को भी बुला लिया था। शिक्षकों और शिक्षिकाओं का इतना समूह काफी था। श्रीमती अवन्तिका बाई और आनन्दी बाई की गिनती तो शिक्षितों में हो सकती थी, लेकिन मणि बहन परीख और दुर्गा बहन देसाई को सिर्फ थोड़ी-सी गुजराती आती थी। कस्तूरबाई की पढ़ाई तो नहीं के बराबर ही थी। ये बहनें हिंदी-भाषी बच्चों को किस प्रकार पढ़ा पातीं?

चर्चा करके मैंने महिलाओं को समझाया कि उन्हें बच्चों को व्याकरण नहीं, बल्कि रहन-सहन का तौर-तरीका सिखाना है। पढ़ना-लिखना सिखाने की अपेक्षा उन्हें स्वच्छता के नियम सिखाने हैं। उन्हें यह भी बताया कि हिंदी, गुजराती, मराठी के बीच कोई बड़ा भेद नहीं है, और पहली कक्षा में मुश्किल से गिनती लिखना सिखानी है। इसलिए उन्हें मुश्किल नहीं होगी। नतीजा यह निकला कि महिलाओं की कक्षाएं बहुत अच्छी तरह चलीं। महिलाओं में आत्मविश्वास बढ़ा और उन्हें अपने काम में रस भी आने लगा। अवन्तिका बाई की शाला आदर्श शाला बन गई। उन्होंने अपनी शाला में प्राण फूंक दिए। उनकी योग्यता भी काफी थी। इन महिलाओं के द्वारा गांवों के महिलाओं के समाज में भी हम प्रवेश कर सके थे।

लेकिन मुझे पढ़ाई की व्यवस्था करके ही नहीं थमना था। गांवों में गंदगी बहुत थी। गलियों में कचरा, कुओं के आसपास कीचड़ और बदबू, आंगन इतने गंदे कि देखे न जा

सकें। बड़ों को स्वच्छता की शिक्षा की ज़रूरत थी। चंपारण के लोग रोगों से पीड़ित देखे जाते थे। जितना हो सके उतना सफाई का काम करके लोगों के जीवन के प्रत्येक क्षेत्र में प्रवेश करने की हमारी आदत थी।

इस काम में डॉक्टरों की सहायता की ज़रूरत थी। इसलिए मैंने गोखले की सोसायटी से डॉक्टर देव की मांग की। उनके साथ मेरा स्नेह संबंध तो बंध ही चुका था। छह महीनों के लिए उनकी सेवा का लाभ मिला। उनकी देखरेख में शिक्षकों और शिक्षिकाओं को काम करना था।

सबको यह समझा दिया गया था कि कोई भी निलहों के विरुद्ध की जानेवाली शिकायतों में न पड़े। राजनीति से परे रहें। शिकायत करनेवालों को मेरे पास भेजें। कोई अपने क्षेत्र से बाहर एक कदम भी न रखे। चंपारण के इन साथियों का नियम-पालन अद्भुत था। मुझे ऐसा कोई अवसर याद नहीं आता, जब किसी ने दिए गए अनुदेशों का उल्लंघन किया हो।

18. ग्राम-प्रवेश

इस तरह से प्रत्येक स्कूल में एक पुरुष और एक महिला की व्यवस्था की गई थी। उन्हीं के द्वारा दवा और सफाई के काम किए जाने थे। महिलाओं के ज़रिये ही महिला समाज में प्रवेश किया जाना था।

दवा का काम बहुत आसान बना दिया गया था। अंडी का तेल, कुनैन और एक मरहम–इतनी ही चीज़ें हर स्कूल में रखी जाती थीं। जांचने पर जीभ मैली दिखाई दे और कब्ज की शिकायत हो, तो अंडी का तेल पिला देना। बुखार की शिकायत हो, तो अंडी का तेल देने के बाद मरीज को कुनैन पिला देना। और अगर फोड़े हों तो उन्हें धोकर उन पर मरहम लगा देना। खाने की दवा या मरहम साथ ले जाने के लिए शायद ही दिए जाते थे। कहीं कोई खतरनाक या समझ में न आनेवाली बीमारी होती, तो वह डॉक्टर देव को दिखाने के लिए छोड़ दी जाती। डॉक्टर देव अलग-अलग जगहों में नियत समय पर ही आते थे। ऐसी सादी सुविधा का लाभ लोग काफी हद तक उठाने लगे थे। आम तौर पर होनेवाली बीमारियां थोड़ी ही हैं और उनके लिए बड़े-बड़े हकीम वैद्यों के बिना भी काम चल सकता है। इसे ध्यान में रखा जाए, तो ऊपर बताए गए तरीके से की गई व्यवस्था किसी को हास्यास्पद नहीं लगेगी। लोगों को तो नहीं ही लगी।

सफाई का काम कठिन था। लोग गंदगी दूर करने को तैयार ही नहीं थे। जो लोग रोज़ खेतों की मज़दूरी करते थे, वे भी अपने हाथों से मैला साफ करने के लिए तैयार न थे। डॉक्टर देव इस तरह से हार मान लेनेवाले आदमी नहीं थे। उन्होंने और स्वयंसेवकों ने अपने हाथ से एक गांव के रास्तों की सफाई की। लोगों के आंगनों से कचरा साफ किया, कुओं के आसपास के गड्ढे भरे, कीचड़ निकाला और गांववालों को स्वयंसेवक देने की बात प्रेमपूर्वक समझाते रहे। कुछ जगहों पर लोगों ने शरम के मारे काम करना शुरू किया और कहीं-कहीं तो लोगों ने मेरी मोटर के आने-जाने के लिए अपनी मेहनत से सड़कें भी तैयार कर दीं। ऐसे प्यारे अनुभवों के साथ ही लोगों की लापरवाही के कड़वे अनुभव भी

होते रहते थे। मुझे याद है कि सफाई की बात सुनकर कुछ जगहों पर लोगों ने अपनी नाराज़गी भी प्रकट की थी।

इन अनुभवों में से एक, जिसका वर्णन मैंने महिलाओं की कई सभाओं में किया है, यहां देना अनुचित न होगा। भीतिहरपा एक छोटा-सा गांव था। उसके पास उससे भी छोटा एक दूसरा गांव था। वहां कुछ महिलाओं के कपड़े बहुत मैले दिखाई दिए। इन महिलाओं को कपड़े बदलने के बारे में समझाने के लिए मैंने कस्तूरबाई से कहा। उसने उन महिलाओं से बात की। उनमें से एक महिला कस्तूरबाई को अपनी झोंपड़ी में ले गई और बोली, 'आप देखिए, यहां कोई पेटी या आलमारी नहीं है कि जिसमें कपड़े रखे हों। मेरे पास यही एक साड़ी है, जो मैंने पहन रखी है। इसे मैं कैसे धो सकती हूं? महात्माजी से कहिए कि वे कपड़े दिलवाएं। उस दशा में मैं रोज़ नहाने और कपड़े बदलने को तैयार रहूंगी।' हिन्दुस्तान में ऐसे झोंपड़े अपवादरूप नहीं हैं। असंख्य झोंपड़ों में साज-सामान, संदूक-पेटी, कपड़े-लत्ते, कुछ नहीं होते और असंख्य लोग केवल पहने हुए कपड़ों पर ही अपना गुज़ारा करते हैं।

एक दूसरा अनुभव भी बताने-जैसा है। चंपारण में बांस या घास की कमी नहीं रहती। लोगों ने भीतिहरवा में शाला का जो छप्पर बनाया था, वह बांस और घास का था। किसी ने उसे रात को जला दिया। सन्देह तो आसपास के निलहों के आदमियों पर हुआ था। फिर से बांस और घास का ढांचा खड़ा करना उचित प्रतीत नहीं हुआ। यह स्कूल श्री सोमण और कस्तूरबाई के जिम्मे था। श्री सोमण ने ईंटों की पक्की इमारत बनाने का निश्चय किया और उनकी मेहनत की देखादेखी दूसरे भी आगे आए। देखते ही देखते ईंटों का ढांचा बनकर तैयार हो गया और फिर से ढांचे के जल जाने का डर न रहा।

इस तरह से स्कूल, सफाई और औषधि उपचार के कामों से लोगों में स्वयंसेवकों के प्रति विश्वास और आदर बढ़े और उन पर अच्छा प्रभाव पड़ा।

लेकिन मुझे खेद के साथ कहना पड़ता है कि इस काम को स्थायी रूप देने का मेरा मनोरथ सफल न हो सका। जो स्वयंसेवक मिले थे, वे एक निश्चित अवधि के लिए ही मिले थे। दूसरे नए स्वयंसेवकों के मिलने में कठिनाई हुई और बिहार से इस काम के लिए योग्य स्थायी सेवक न मिल सके। मुझे भी चंपारण का काम पूरा होते-होते एक दूसरा काम, जो तैयार हो रहा था, घसीट ले गया। इतने पर भी छह महीनों तक हुए इस काम ने इतनी गहरी जड़ पकड़ ली कि एक नहीं तो दूसरे रूप में उसका प्रभाव आज तक बना हुआ है।

19. उजला पहलू

एक ओर समाज-सेवा का वह काम हो रहा था, जिसका वर्णन मैंने पिछले अध्यायों में किया है और दूसरी ओर लोगों के दुखों की कहानियां लिखने का काम लगातार बढ़ता जा रहा था। हज़ारों लोगों की कहानियां लिखी गईं। यह कैसे हो सकता था कि उनका कोई असर न हो। जैसे-जैसे मेरे पड़ाव पर लोगों का आना-जाना बढ़ता गया वैसे-वैसे निलहों का क्रोध बढ़ता गया, उनकी ओर से मेरी जांच को बंद कराने के प्रयास बढ़ते गए।

एक दिन मुझे बिहार सरकार का पत्र मिला। उसका आशय इस तरह से था, 'आपकी जांच काफी लंबे समय तक चल चुकी है और अब आपको उसे बंद करके बिहार छोड़ देना

चाहिए।' पत्र विनयपूर्वक लिखा गया था, लेकिन उसका अर्थ स्पष्ट था। मैंने लिखा कि जांच का काम तो अभी देर तक चलेगा और समाप्त होने पर भी जब तक लोगों के दुख दूर न होंगे, मेरा इरादा बिहार छोड़कर जाने का नहीं है।

मेरी जांच बंद कराने के लिए सरकार के पास कुल मिलाकर यही उपाय था कि वह लोगों की शिकायत को सच मानकर उन्हें दूर करे, या शिकायतों को ध्यान में लेकर अपनी जांच समिति नियुक्त करे। गवर्नर सर एडवर्ड गेट ने मुझे बुलाया और कहा कि वे स्वयं एक जांच-समिति नियुक्त करना चाहते हैं। उन्होंने मुझे उसका सदस्य बनने के लिए आमंत्रित किया। समिति के दूसरे नाम देखने के बाद मैंने साथियों से सलाह की और इस शर्त के साथ सदस्य बनना स्वीकार किया कि मुझे अपने साथियों से सलाह-मशविरा करने की स्वतंत्रता रहनी चाहिए और सरकार को यह समझ लेना चाहिए कि सदस्य बन जाने से मैं किसानों की हिमायत करना छोड़ नहीं दूंगा, तथा जांच पूरी हो जाने पर यदि मुझे संतोष न हुआ, तो किसानों का मार्गदर्शन करने की अपनी स्वतंत्रता को मैं हाथ से जाने न दूंगा।

सर एडवर्ड गेट ने इन शर्तों को उचित मानकर इन्हें मंजूर किया। स्वर्गीय सर फ्रैंक स्लाई समिति के अध्यक्ष नियुक्त किए गए थे। जांच-समिति ने किसान की सारी शिकायतों को सही ठहराया और निलहे गोरों ने उनसे जो रकम अनुचित रीति से वसूल की थी, उसका कुछ अंश लौटाने और 'तीन कठिया' के कानून को रद्द करने की सिफारिश की।

इस रिपोर्ट के शुरू से आखिर तक तैयार होने और अंत में कानून के पास होने में सर एडवर्ड गेट का बहुत बड़ा हाथ था। यदि वे दृढ़ न रहे होते या उन्होंने अपनी कुशलता का पूरा उपयोग न किया होता, तो जो सर्वसम्मत रिपोर्ट तैयार हो सकी वह न हो पाती और आखिर में जो कानून पास हुआ वह भी न हो पाता। निलहों की सत्ता बहुत मज़बूत थी। रिपोर्ट के पेश हो जाने पर भी उनमें से कुछ ने बिल का कड़ा विरोध किया था। लेकिन सर एडवर्ड गेट अंत तक दृढ़ रहे और उन्होंने समिति की सिफारिशों पर पूरा-पूरा अमल किया।

इस प्रकार सौ साल से चले आनेवाले 'तीन कठिया' के कानून के रद्द होते ही निलहे गोरों का सूर्य अस्त हुआ, जनता का जो समुदाय बराबर दबा ही रहता था, उसे अपनी शक्ति का कुछ भान हुआ और लोगों का यह वहम दूर हुआ कि नील का दाग धोए धुल ही नहीं सकता।

मैं तो चाहता था कि चंपारण में शुरू किए गए रचनात्मक काम को जारी रखकर लोगों में कुछ वर्षों तक काम करूं, अधिक स्कूल खोलूं और अधिक गांवों में प्रवेश करूं। क्षेत्र तैयार था। लेकिन ईश्वर ने मेरे मनोरथ अक्सर पूरे होने ही नहीं दिए। मैंने सोचा कुछ था और दैव मुझे घसीटकर ले गया एक दूसरे ही काम में।

20. मज़दूरों से सम्पर्क

चंपारण में अभी मैं समिति के काम को समेट ही रहा था कि इतने में खेड़ा से मोहनलाल पंड्या और शंकरलाल परीख का पत्र आया कि खेड़ा जिले में फसल नष्ट हो गई है और

लगान माफ कराने की ज़रूरत है। उन्होंने आग्रहपूर्वक लिखा कि मैं वहां पहुंचूं और लोगों का मार्गदर्शन करूं। मौके पर जांच किए बिना कोई सलाह देने की मेरी इच्छा नहीं थी, और न मुझमें वैसी शक्ति या हिम्मत ही थी।

दूसरी ओर से श्रीमती अनसूया बाई का पत्र उनके मज़दूर-संघ के बारे में आया था। मज़दूरों के वेतन कम थे। वेतन बढ़ाने की उनकी मांग बहुत पुरानी थी। इस मामले में उनका मार्गदर्शन करने का उत्साह मुझमें था। लेकिन मुझमें यह क्षमता न थी कि इस अपेक्षाकृत छोटे लगनेवाले काम को भी मैं दूर बैठकर कर सकूं। इसलिए मौका मिलते ही मैं पहले अहमदाबाद पहुंचा। मैंने यह सोचा था कि दोनों मामलों की जांच करके थोड़े समय में मैं वापस चंपारण पहुंचूंगा और वहां के रचनात्मक काम की देखरेख करूंगा।

लेकिन अहमदाबाद पहुंचने के बाद वहां ऐसे काम निकल आए कि मैं कुछ समय तक चंपारण नहीं जा सका और जो स्कूल वहां चल रहे थे, वे एक-एक करके बंद हो गए। साथियों ने और मैंने कितने ही हवाई किले रचे थे लेकिन कुछ समय के लिए वे सारे ढह गए।

चंपारण में ग्राम-शालाओं और ग्राम-सुधार के अलावा गोरक्षा का काम भी मैंने हाथ में लिया था। गोरक्षा और हिन्दी-प्रचार के काम की जिम्मेदारी मारवाड़ी भाइयों ने ले रखी है, इसे मैं अपने भ्रमण में देख चुका था। बेतिया में एक मारवाड़ी सज्जन ने अपनी धर्मशाला में मुझे आश्रय दिया था। बेतिया के मारवाड़ी सज्जनों ने मुझे अपनी गोशाला के काम में फंसा लिया था। गोरक्षा के विषय में मेरी जो सोच आज है, वही उसी समय बन चुकी थी। गोरक्षा का अर्थ है, गोवंश की वृद्धि, गोजाति का सुधार, बैल से सीमित काम लेना, गोशाला को आदर्श दुग्धालय बनाना, आदि-आदि। इस काम में मारवाड़ी मित्रों ने पूरी मदद देने का आश्वासन दिया था। लेकिन मैं चंपारण में टिक न सका, इसलिए वह काम अधूरा ही रह गया। बेतिया में गोशाला तो आज भी चलती है, लेकिन वह आदर्श दुग्धालय नहीं बन सकी है। चंपारण के बैलों से आज भी उनकी शक्ति से अधिक काम लिया जाता है। नामधारी हिन्दू आज भी बैलों को निर्दयतापूर्वक पीटते हैं और धर्म को बदनाम करते हैं। यह कसक मेरे मन में सदा के लिए रह गई। और जब-जब मैं चंपारण जाता हूं तब-तब इन अधूरे रह गए महत्त्वपूर्ण कामों का स्मरण करके लंबी सांस लेता हूं और उन्हें अधूरा छोड़ देने के लिए मारवाड़ी भाइयों और बिहारियों का मीठा उलाहना सुनता हूं।

स्कूलों का काम तो एक या दूसरे तरीके से अन्य स्थानों में चल रहा है, लेकिन गो-सेवा के कार्यक्रम ने जड़ ही नहीं पकड़ी थी, इसलिए उसे सही दिशा में गति न मिल सकी।

अहमदाबाद में खेड़ा जिले के काम के बारे में सलाह-मशविरा हो ही रहा था कि इस बीच मैंने मज़दूरों का काम हाथ में ले लिया।

मेरी स्थिति बहुत ही नाजुक थी। मज़दूरों का मामला मुझे मज़बूत लगा। श्रीमती अनसूया बाई को अपने सगे भाई के साथ लड़ना था। मज़दूरों और मालिकों के बीच के इस दारुण युद्ध में श्री अंबालाल साराभाई ने मुख्य रूप से हिस्सा लिया था। मिल-मालिकों के साथ मेरा मधुर संबंध था। उनके विरुद्ध लड़ना विकट का काम था। उनसे चर्चाएं

करके मैंने अनुरोध किया कि वे मज़दूरों की मांग के संबंध में पंच नियुक्त करें। किंतु मालिकों ने अपने और मज़दूरों के बीच पंचों के हस्तक्षेप की ज़रूरत महसूस नहीं की।

मैंने मज़दूरों को हड़ताल करने की सलाह दी। यह सलाह देने से पहले मैं मज़दूरों के और मज़दूर नेताओं के संपर्क में अच्छी तरह आया। उन्हें हड़ताल की शर्तें समझाईं :

- किसी भी दशा में शांति भंग न होने दी जाए।
- जो मज़दूर काम पर जाना चाहे उसके साथ ज़ोर-जबरदस्ती न की जाए।
- मज़दूर भिक्षा का अन्न न खाएं।
- हड़ताल कितनी ही लम्बी क्यों न चले, वे दृढ़ रहें और अपने पास पैसा न रहे तो दूसरी मज़दूरी करके खाने योग्य कमा लें।

मज़दूर नेताओं ने ये शर्तें समझ लीं और मान भी लीं। मज़दूरों की आम सभा हुई और उसमें उन्होंने तय किया कि जब तक उनकी मांग मंजूर न की जाए या मांग के सही या गलत होने की जांच के लिए पंच की नियुक्ति न हो, तब तक वे काम पर नहीं जाएंगे।

कहना होगा कि इस हड़ताल के दौरान मैं श्री वल्लभभाई पटेल और श्री शंकरलाल बैंकर को सही रूप में पहचानने लगा। श्रीमती अनसूया बाई का परिचय तो मुझे इसके पहले ही अच्छी तरह मिल चुका था। हड़तालियों की सभा रोज़ साबरमती नदी के किनारे एक पेड़ की छाया तले होने लगी। उसमें वे लोग सैकड़ों की संख्या में जमा होते थे। मैं उन्हें रोज़ प्रतिज्ञा की ज़रूरत समझाता था। वे अपना 'एक सिद्धांत' का झण्डा लेकर रोज़ शहर में घूमते थे और जुलूस के रूप में सभा में हाजिर होते थे।

यह हड़ताल इक्कीस दिन तक चली। इस बीच समय-समय पर मैं मालिकों से बातचीत किया करता था और उन्हें इन्साफ करने के लिए मनाता था। मुझे यह जवाब मिलता, 'हमारे भी तो सिद्धांत हैं न? हममें और हमारे मज़दूरों में बाप-बेटे का संबंध है। उसके बीच में कोई दखल दे, तो हम कैसे सहन करें? हमारे बीच पंच कैसे?'

21. आश्रम की झलक

मज़दूरों की बात को आगे बढ़ाने से पहले यहां आश्रम की झलक देख लेना बेहतर होगा। चंपारण में रहते हुए भी मैं आश्रम को भूल नहीं सकता था। कभी-कभी वहां हो भी आता था।

अहमदाबाद के पास कोचरब नाम का एक छोटा-सा गांव है। आश्रम इसी गांव में बसाया गया था। कोचरब में प्लेग शुरू हुआ। आश्रम के बच्चों को मैं उस बस्ती के बीच सुरक्षित नहीं रख सकता था। स्वच्छता के नियमों का अधिक-से-अधिक सावधानी से पालन करने पर भी आसपास की अस्वच्छता से आश्रम को अछूता रखना असंभव था। कोचरब के लोगों से स्वच्छता के नियमों का पालन कराने की या ऐसे समय में उनकी सेवा करने की हममें शक्ति नहीं थी। हमारा आदर्श तो यह था कि आश्रम को शहर और गांव से अलग रखें, फिर भी वह इतना दूर न हो कि वहां पहुंचने में बहुत कठिनाई हो। किसी-न-किसी दिन तो आश्रम को आश्रम के रूप में सुशोभित होने से पहले अपनी ज़मीन पर खुली जगह में टिकना ही था।

प्लेग को मैंने कोचरब छोड़ने का नोटिस माना। श्री पूंजाभाई हीराचंद आश्रम के साथ बहुत निकट का संबंध रखते थे और आश्रम की छोटी-बड़ी सेवा शुद्ध और निरभिमान भाव से करते थे। उन्हें अहमदाबाद के कारोबारी जीवन का व्यापक अनुभव था। उन्होंने आश्रम के लिए ज़मीन की खोज तुरंत ही कर लेने का बीड़ा उठाया। कोचरब के उत्तर-दक्षिण के भाग में मैं उनके साथ घूमा। फिर उत्तर की ओर तीन-चार मील दूर कोई प्लॉट मिल जाए, तो उसका पता लगाने की बात मैंने उनसे कही। उन्होंने आश्रम की आजवाली ज़मीन का पता लगा लिया। वह जेल के पास है, यह मेरे लिए खास प्रलोभन था। सत्याग्रह-आश्रम में रहनेवाले के भाग्य में जेल तो लिखी ही होती है। अपनी इस मान्यता के कारण जेल के लिए हमेशा वही जगह पसंद की जाती है जहां आसपास स्वच्छ स्थान हो।

कोई आठ दिन के अंदर ही ज़मीन का सौदा तय कर लिया। ज़मीन पर न तो कोई इमारत थी, न कोई पेड़। ज़मीन के हक में नदी का किनारा और एकांत ये दो बड़ी सिफारिशें थीं। हमने तम्बुओं में रहने का निश्चय किया और सोचा कि रसोईघर के लिए टीन का एक कामचलाऊ छप्पर डाल लेंगे और धीरे-धीरे स्थायी इमारत बनाना शुरू कर देंगे।

इस समय तक आश्रम का काफी विस्तार हो चुका था। लगभग चालीस छोटे-बड़े स्त्री-पुरुष थे। सुविधा यह थी कि सब एक ही रसोईघर में खाते थे। योजना की कल्पना मेरी थी। उसे अमली रूप देने का बोझ उठानेवाले तो नियमानुसार स्वर्गीय मगनलाल गांधी ही थे।

स्थायी इमारत बनने से पहले अंतहीन कठिनाइयां थीं। बारिश का मौसम सामने था। सब सामान चार मील दूर शहर से लाना होता था। इस निर्जन भूमि में सांप आदि हिंसक जीव तो थे ही। ऐसी स्थिति में बच्चों की देखभाल का खतरा मामूली नहीं था। रिवाज यह था कि सर्पादि को मारा न जाए। लेकिन उनके भय से मुक्त तो हममें से कोई न था, आज भी नहीं है।

फीनिक्स, टॉलस्ताय फार्म और साबरमती आश्रम तीनों जगहों में हिंसक जीवों को न मारने के नियम का यथापालन किया गया है। तीनों जगह में संभव निर्जन ज़मीनें बसानी पड़ी थीं। कहना होगा कि तीनों स्थानों में सर्पादि का उपद्रव काफी था। तिस पर भी आज तक एक भी जान गंवानी नहीं पड़ी। इसमें मेरे समान श्रद्धालु को तो ईश्वर के हाथ का, उसकी कृपा का ही दर्शन होता है। कोई यह निरर्थक शंका न उठाए कि ईश्वर कभी पक्षपात नहीं करता, मनुष्य के दैनिक कामों में प्रकट करते हुए भी मैं जानता हूं कि उसका कार्य वर्णन से परे है। किंतु यदि इन्सान ईश्वर की महिमा के गुणगान करने बैठे, तो उसके पास तो उसकी अपनी तोतली बोली ही हो सकती है। आम तौर पर सर्पादि को न मारने पर भी आश्रम-समाज के पच्चीस वर्ष तक बचे रहने का संयोग मानने के बदले ईश्वर की कृपा मानना यदि वहम हो, तो वह वहम भी बनाए रखने जैसा है।

जब मज़दूरों की हड़ताल हुई, तब आश्रम की नींव पड़ रही थी। आश्रम का मुख्य काम बुनाई-काम का था। कातने की तो अभी हम खोज ही नहीं कर पाए थे। इसलिए पहले बुनाई-घर बनाने का फैसला किया था। इससे उसकी नींव डाली जा रही थी।

22. उपवास

मज़दूरों ने शुरू के दो हफ्तों में खूब हिम्मत दिखाई; शांति भी खूब बनाए रखी; प्रतिदिन की सभाओं में वे बड़ी संख्या में हाजिर भी रहे। मैं रोज़ उन्हें प्रतिज्ञा का स्मरण कराता ही था। वे रोज़ पुकार-पुकारकर कहते थे, 'हम मर मिटेंगे, लेकिन अपना सिद्धांत कभी न छोड़ेंगे।'

लेकिन आखिर वे कमज़ोर पड़ते जान पड़े। जिस तरह से कमज़ोर आदमी हिंसक होता है, उसी तरह से उनमें जो कमज़ोर पड़े वे मिल में जानेवालों के प्रति द्वेष करने लगे और मुझे डर लगने लगा कि कहीं वे किसी के साथ जबरदस्ती न कर बैठें। रोज़ की सभा में लोगों की उपस्थिति कम पड़ने लगी। आनेवालों के चेहरों पर उदासीनता छाई रहती थी। मुझे खबर मिली कि मज़दूर डगमगाने लगे हैं। मैं परेशान हुआ। सोचने लगा कि ऐसे समय में मेरा धर्म क्या हो सकता है। मुझे दक्षिण अफ्रीका के मज़दूरों की हड़ताल का अनुभव था। लेकिन यह अनुभव नया था। जिस प्रतिज्ञा के करने में मेरी प्रेरणा थी, जिसका मैं प्रतिदिन साक्षी बनता था, वह प्रतिज्ञा कैसे टूट सकती है? इस विचार को आप चाहे मेरा अभिमान कह लीजिए या मज़दूरों के और सत्य के प्रति मेरा प्रेम कह लीजिए।

सवेरे का समय था। मैं सभा में बैठा था। मेरी समझ में नहीं आ रहा था कि मुझे क्या करना चाहिए। किंतु सभा में मेरे मुंह से निकल गया, 'यदि मज़दूर अपने-आपको दृढ़ न रख पा रहे हों और फैसला होने तक हड़ताल को चला न सकें, तो मैं तब तक के लिए उपवास करूंगा।'

जो मजदूर हाजिर थे, वे सब हक्के-बक्के रह गए। अनसूया बहन की आंखों से आंसू की धारा बह चली। मज़दूर बोल उठे, 'आप नहीं, हम उपवास करेंगे। आपको उपवास नहीं करना चाहिए। हमें माफ कीजिए। हम अपनी प्रतिज्ञा का पालन करेंगे।'

मैंने कहा, 'आपको उपवास करने की ज़रूरत नहीं है। आपके लिए तो यही बस है कि आप अपनी प्रतिज्ञा का पालन करें। हमारे पास पैसा नहीं है। हम मज़दूरों को भीख का अन्न खिलाकर हड़ताल चलाना नहीं चाहते। आप कुछ मज़दूरी कीजिए और उससे अपनी रोज़ी-रोटी के लायक पैसा कमा लीजिए। ऐसा करेंगे तो फिर हड़ताल कितने ही दिन क्यों न चले, आप निश्चिन्त रह सकेंगे। मेरा उपवास तो अब फैसले से पहले न टूटेगा।'

वल्लभभाई पटेल मज़दूरों के लिए म्युनिसिपैलिटी में काम खोज रहे थे, लेकिन वहां कुछ काम मिलने की संभावना न थी। आश्रम की बुनाई-शाला में रेत का भराव करने की ज़रूरत थी। मगनलाल गांधी ने सुझाया कि इस काम में बहुत से मज़दूर लगाए जा सकते हैं। मज़दूर इस काम को करने के लिए तैयार हो गए। अनसूया बहन ने पहली टोकरी उठाई और नदी में से रेत की टोकरियां ढोनेवाले मज़दूरों की एक कतार में खड़ी हो गई। यह दृश्य देखने योग्य था। मज़दूरों में नया जोश आ गया। उन्हें पैसे चुकानेवाले चुकाते-चुकाते थक गए।

इस उपवास में एक दोष था। मैं ऊपर लिख चुका हूं कि मालिक के साथ मेरा मधुर संबंध था। इसलिए उस पर उपवास का प्रभाव पड़े बिना रह ही नहीं सकता था। मैं तो जानता था कि सत्याग्रही होने के नाते मैं उनके विरुद्ध उपवास कर ही नहीं सकता; उन पर कोई प्रभाव पड़े तो वह मज़दूरों की हड़ताल का ही पड़ना चाहिए। मेरा प्रायश्चित उनके

दोषों के लिए नहीं था; मज़दूरों के दोष के निमित्त से था। मैं मज़दूरों का प्रतिनिधि था। इसलिए उनके दोष से मैं दोषी होता था। मालिकों से तो मैं केवल विनती ही कर सकता था। उनके विरुद्ध उपवास करना उन पर ज्यादती करने जैसा था। फिर भी, मैं जानता था कि मेरे उपवास का प्रभाव उन पर पड़े बिना रहेगा ही नहीं। प्रभाव पड़ा भी। लेकिन मैं अपने उपवास को रोक नहीं सकता था। मैंने स्पष्ट देखा कि ऐसा दोषमय उपवास करना मेरा धर्म है।

मैंने मालिकों को समझाया, 'मेरे उपवास के कारण आपको अपना मार्ग छोड़ने की तनिक भी ज़रूरत नहीं।' उन्होंने मुझे कड़वे-मीठे उलाहने भी दिए। उन्हें वैसा करने का अधिकार था।

सेठ अंबालाल इस हड़ताल के विरुद्ध टिके रहनेवालों में सबसे आगे थे। उनकी दृढ़ता आश्चर्य में डालती थी। उनकी निष्कपटता भी मुझे उतनी ही पसंद आई। उनसे लड़ना मुझे अच्छा लगा। उनके जैसे अगुवा जिस विरोधी दल में थे, उस पर उपवास का पड़नेवाला अप्रत्यक्ष प्रभाव मुझे अखरा। ये बात भी थी कि उनकी धर्मपत्नी श्रीमती सरला देवी का मेरे प्रति सगी बहन-जैसा प्रेम था। मेरे उपवास से उन्हें जो घबराहट होती थी, वह मुझसे देखी नहीं जाती थी।

मेरे पहले उपवास में अनसूया बहन, दूसरे कई मित्र और मज़दूर मेरे साथी बने। उन्हें ज्यादा उपवास न करने के लिए मैं मुश्किल से समझा पाया। इस तरह से चारों ओर प्रेममय वातावरण बन गया। मालिक केवल दयावश होकर समझौते का रास्ता खोजने लगे। अनसूया बहन के यहां उनकी चर्चाएं चलने लगीं। श्री आनन्द शंकर ध्रुव भी बीच में पड़े। आखिर वे पंच नियुक्त हुए और हड़ताल टूटी। मुझे केवल तीन उपवास करने पड़े।

मालिकों ने मज़दूरों के बीच मिठाई बांटी। इक्कीसवें दिन समझौता हुआ। समझौते की सभा में मिल-मालिक और उत्तरी विभाग के कमिश्नर मौजूद थे। कमिश्नर ने मज़दूरों को सलाह दी थी, 'आपको हमेशा मिस्टर गांधी के कहे अनुसार चलना चाहिए।' इस घटना के बाद तुरंत ही मुझे इन्हीं कमिश्नर से लड़ना पड़ा था। समय बदला इसलिए वे भी बदल गए और खेड़ा के पाटीदारों को मेरी सलाह न मानने की बात कहने लगे।

यहां एक दिलचस्प और करुणाजनक घटना का उल्लेख करना उचित जान पड़ता है। मालिकों ने जो मिठाई बनवाई थी, वह बहुत ज्यादा थी और सवाल यह खड़ा हो गया था कि वह हज़ारों मज़दूरों में कैसे बांटी जाए? जिस पेड़ की छाया तले मज़दूरों ने प्रतिज्ञा की थी, वहीं मिठाई बांटना ठीक रहेगा, यह सोचकर और दूसरी जगह हजारों मज़दूरों को इकट्ठा करना कष्टप्रद होगा, यह समझकर पेड़ के आसपास के खुले मैदान में मिठाई बांटने का फैसला किया गया था। अपने भोलेपन के कारण मैंने यह मान लिया था कि इक्कीस दिन तक अनुशासन में रहे हुए मज़दूर सहज ही कतार में खड़े होकर मिठाई ले लेंगे और अधीर बनकर उस पर टूट नहीं पड़ेंगे। लेकिन मैदान में मिठाई बांटने के दो-तीन तरीके आजमाए गए और सभी धरे के धरे रह गए। दो-तीन मिनट काम ढंग से चलता और फिर जल्दी ही बंधी हुई तार टूट जाती। मज़दूरों के नेताओं ने खूब कोशिशें कीं, लेकिन सब बेकार हुईं। अंत में भीड़, कोलाहल और छीनाझपटी यहां तक बढ़ गई कि कुछ मिठाई पैरों तले कुचली जाकर बरबाद हो गई। मैदान में बांटना बंद करना पड़ा और बची

हुई मिठाई को मुश्किल से बचाकर सेठ अंबालाल के मिर्जापुर वाले बंगले पर पहुंचाया जा सका। दूसरे दिन यह मिठाई बंगले के मैदान में ही बांटनी पड़ी।

इस घटना में निहित हास्यरस तो स्पष्ट ही है। लेकिन उसके करुण रस का उल्लेख करना ज़रूरी है। 'एक सिद्धांत' वाले पेड़ के पास मिठाई न बंट सकने के कारण का पता लगाने पर पता चला कि मिठाई बंटने की खबर पाकर अहमदाबाद के भिखारी वहां आ पहुंचे थे और उन्होंने कतार तोड़कर मिठाई पर छीनाझपटी करने की कोशिश की थी।

यह देश भुखमरी से इतना पीड़ित है कि भिखारियों की संख्या दिनों-दिन बढ़ती जाती है और वे खाना पाने के लिए किसी भी मर्यादा में बांधे नहीं जा सकते। धनवान लोग ऐसे भिखारियों के लिए काम की व्यवस्था करने के बदले बिना विचारे भिक्षा देकर उन्हें पोसते हैं और उन्हें निकम्मा बनाते हैं।

23. खेड़ा-सत्याग्रह

मज़दूरों की हड़ताल समाप्त होने के बाद हमें दम लेने की भी फुर्सत नहीं मिली और मुझे खेड़ा जिले के सत्याग्रह का काम हाथ में लेना पड़ा। खेड़ा जिले में अकाल की-सी स्थिति होने के कारण खेड़ा के पाटीदार लोग लगान माफ कराने की कोशिश कर रहे थे। इस विषय में श्री अमृतलाल ठक्कर ने जांच करके रिपोर्ट तैयार की थी। इस बारे में कोई निश्चित सलाह देने से पहले मैं कमिश्नर से मिला। श्री मोहनलाल पंड्या और श्री शंकर लाल परीख अथक परिश्रम कर रहे थे। वे स्वर्गीय गोकलदास, कहानदास पारेख और विट्ठल भाई पटेल के माध्यम से विधानसभा में आंदोलन कर रहे थे। सरकार के पास प्रतिनिधि मंडल लेकर भी गए थे।

इस समय मैं गुजरात सभा का सभापति था। सभा ने कमिश्नर और गवर्नर को प्रार्थना-पत्र भेजे, तार किए, अपमान सहे। सभा उनकी धमकियों की अनदेखी करती रही। अधिकारियों का उस समय का ढंग आज तो हास्यास्पद लगता है। उन दिनों के उनके बेहद हलके बरताव की आज उम्मीद भी नहीं की जा सकती।

लोगों की मांग इतनी साफ और इतनी साधारण थी कि उसके लिए लड़ाई लड़ने की ज़रूरत ही नहीं होनी चाहिए थी। कानून यह था कि अगर फसल चार ही आना यानी कुल फसल की चौथाई या उससे कम आए, तो उस साल का लगान माफ किया जाना चाहिए। लेकिन सरकारी अधिकारियों का अंदाज चौथाई से अधिक था। लोगों द्वारा यह सिद्ध किया जा रहा था कि उपज चौथाई से कम आंकी जानी चाहिए। लेकिन भला सरकार क्यों मानने लगी? लोगों की ओर से पंच बैठाने की मांग की गई। सरकार को यह नागवार गुज़रा। जितना अनुनय-विनय हो सकता था, सो सब कर चुकने के बाद और साथियों से परामर्श करने के पश्चात् मैंने सत्याग्रह करने की सलाह दी।

साथियों में खेड़ा जिले के सेवकों के अतिरिक्त खास तौर पर श्री वल्लभभाई पटेल, श्री शंकरलाल बैंकर, श्रीमती अनसूया बहन, श्री इन्दुलाल कन्हैयालाल याज्ञिक, श्री महादेव देसाई आदि थे। श्री वल्लभभाई अपनी बड़ी और बढ़ती हुई वकालत की बलि देकर आए थे। ऐसा कहा जा सकता है कि इसके बाद वे निश्चिन्त होकर वकालत कर ही नहीं सके।

हम नड़ियाद के अनाथाश्रम में ठहरे थे। अनाथाश्रम में ठहरने के पीछे कोई खास बात नहीं थी। नड़ियाद में उसके जैसी कोई स्वतंत्र इमारत नहीं थी, जिसमें इतने सारे लोग समा सकें। अंत में नीचे लिखी प्रतिज्ञा पर हस्ताक्षर लिए गए :

'हम जानते हैं कि हमारे गांवों की फसल चौथाई से कम हुई है। इस कारण हमने सरकार से प्रार्थना की कि वह लगान-वसूली का काम अगले बरस तक स्थगित रखे। फिर भी वह स्थगित नहीं किया गया। इसलिए हम नीचे हस्ताक्षर करनेवाले लोग यह प्रतिज्ञा करते हैं कि हम इस साल का पूरा या बाकी रहा सरकारी लगान नहीं देंगे। लेकिन उसे वसूल करने के लिए सरकार जो भी कानूनी कार्रवाई करना चाहेगी, हम करने देंगे और उससे होनेवाले दुख सहन करेंगे। यदि हमारी ज़मीन कुर्क की गई, तो हम उसे कुर्क भी होने देंगे। लेकिन अपने हाथों पैसे जमा करके हम झूठे नहीं कहलाएंगे और स्वाभिमान नहीं खोएंगे। अगर सरकार बाकी बची हुई सब जगहों पर दूसरी किस्त की वसूली स्थगित रखे, तो हममें से जो लोग जमा करा सकते हैं वे पूरा या बाकी रहा हुआ लगान जमा कराने को तैयार हैं। हममें से जो जमा करा सकते हैं, उनके लगान जमा न कराने का कारण यह है कि अगर समर्थ लोग जमा करा दें, तो असमर्थ लोग घबराहट में अपनी कोई भी चीज़ बेचकर या कर्ज करके लगान जमा करा देंगे और दुख उठाएंगे। हमारी यह मान्यता है कि ऐसी स्थिति में गरीबों की रक्षा करना समर्थ लोगों का कर्तव्य है।'

इस लड़ाई के लिए मैं अधिक जगह नहीं दे सकता। इसलिए अनेक मधुर स्मरण छोड़ देने पड़ेंगे। जो भी पाठक इस महत्त्वपूर्ण लड़ाई का गहरा अध्ययन करना चाहें, उन्हें श्री शंकरलाल परीख द्वारा लिखित खेड़ा की लड़ाई का विस्तृत विश्वसनीय इतिहास पढ़ जाने की मैं सिफारिश करता हूं।

24. 'प्याज चोर'

चंपारण हिन्दुस्तान के ऐसे कोने में स्थित था और वहां की लड़ाई को इस तरह अखबारों से अलग रखा जा सका था कि वहां बाहर से देखनेवाले कोई आते ही नहीं थे। लेकिन खेड़ा की लड़ाई अखबारों की चर्चा का विषय बन चुकी थी। गुजरातियों को इस नए मामले में विशेष रस आने लगा था। वे पैसा लुटाने को तैयार थे। सत्याग्रह की लड़ाई पैसे से नहीं चल सकती, उसे पैसे की कम-से-कम ज़रूरत रहती है, यह बात जल्दी उनकी समझ में नहीं आ रही थी। मना करने पर भी बंबई के सेठों ने ज़रूरत से अधिक पैसे दिए थे और लड़ाई के अंत में, उसमें से कुछ रकम बच गई थी।

दूसरी तरफ सत्याग्रही सेना को भी सादगी का नया पाठ सीखना था। मैं ये तो नहीं कह सकता कि वे पूरा पाठ सीख सके थे, लेकिन उन्होंने अपने रहन-सहन में बहुत कुछ सुधार कर लिया था।

पाटीदार (ज़मींदार) किसानों के लिए भी यह लड़ाई नई थी। गांव-गांव घूमकर लोगों को इसका रहस्य समझाना पड़ता था। सरकारी अधिकारी जनता के मालिक नहीं, बल्कि नौकर हैं; जनता के पैसे से उन्हें वेतन मिलता है—यह सब समझाकर उनका भय दूर करने का खास काम करना होता था और निर्भय होकर जीते हुए भी विनय के पालन का उपाय

बताना और उसे गले उतारना लगभग असंभव-सा लगता था। अधिकारियों का डर छूट जाए तो उसके बाद उनके द्वारा किए गए अपमान का बदला लेने की इच्छा किसे नहीं होती! फिर भी यदि सत्याग्रही अविनयी बनता है, तो वह दूध में जहर मिलाने के समान है। पाटीदार किसान विनय का पाठ पूरी तरह सीख नहीं पाए, इसे मैं बाद में अच्छी तरह से समझ सका। अनुभव से मैं इस परिणाम पर पहुंचा हूं कि विनय सत्याग्रह का सबसे कठिन अंश है। यहां विनय का अर्थ केवल सम्मानपूर्वक बात करना ही नहीं है। विनय का अर्थ है, विरोधी के प्रति भी मन में आदर, सरल भाव, उसके हित की इच्छा और इसके अनुसार व्यवहार।

शुरू के दिनों में लोगों में खूब हिम्मत दिखाई देती थी। उन दिनों सरकारी कार्रवाई भी कुछ ढीली ही थी। लेकिन जैसे-जैसे लोगों की एकता सामने आती गई, वैसे-वैसे सरकार ने भी उग्रता का चोला पहनना शुरू कर दिया। कुर्की करनेवालों ने लोगों के मवेशी बेच डाले, घर में से जो चाहा सो माल उठाकर ले गए। चौथाई जुर्माने के नोटिस निकाले। किसी-किसी गांव की सारी फसल जब्त कर ली गई। लोगों में घबराहट फैली। कुछ ने लगान जमा करा दिया। दूसरे मन-ही-मन यह चाहने लगे कि सरकारी अधिकारी उनका सामान जब्त करके लगान वसूल कर लें तो भर पाएं। कुछ लोग मर-मिटनेवाले भी निकले।

इसी बीच शंकरलाल परीख की ज़मीन का लगान उनकी ज़मीन पर रहनेवाले आदमी ने जमा करा दिया। इससे हाहाकार मच गया। शंकरलाल परीख ने वह ज़मीन जनता को देकर अपने आदमी से हुई भूल का प्रायश्चित किया। इससे उनकी प्रतिष्ठा की रक्षा हुई और दूसरों के लिए एक उदाहरण बन गया।

डरे हुए लोगों को प्रोत्साहित करने के लिए मोहनलाल पंड्या के नेतृत्व में मैंने एक ऐसे खेत में प्याज की तैयार खड़ी फसल उतार लेने की सलाह दी, जिसे गलत तरीके से जब्त किया गया था। मेरी दृष्टि में इससे कानून का भंग नहीं होता था। लेकिन अगर कानून टूटता हो, तो भी मैंने यह सुझाया कि मामूली-से लगान के लिए समूची तैयार फसल को जब्त करना कानूनन ठीक होते हुए भी नीति के विरुद्ध है और इसे साफ-साफ लूट ही कहा जाएगा, इसलिए इस प्रकार की जब्ती का अनादर करना हमारा धर्म है। लोगों को स्पष्ट रूप से समझा दिया गया था कि ऐसा करने में जेल जाने और जुर्माना होने का खतरा है। मोहनलाल पंड्या तो यही चाहते थे। सत्याग्रह के अनुरूप किसी तरीके से किसी सत्याग्रही के जेल गए बिना खेड़ा की लड़ाई समाप्त हो जाए, यह बात उन्हें हजम नहीं हो रही थी। उन्होंने इस खेत का प्याज खुदवाने का बीड़ा उठाया। सात-आठ आदमियों ने उनका साथ दिया।

सरकार भला उन्हें पकड़े बिना कैसे रहती? मोहनलाल पंड्या और उनके साथी पकड़े गए। इससे लोगों का उत्साह बढ़ गया। जहां लोगों में जेल को लेकर किसी भी तरह का डर नहीं रहता, वहां राजदंड लोगों को दबाने के बदले उनमें शूरवीरता लाता है। अदालत में लोगों के दल-के-दल मुकदमा देखने को उमड़ पड़े। मोहनलाल पंड्या को और उनके साथियों को थोड़े-थोड़े दिनों की कैद की सज़ा दी गई। मैं मानता हूं कि अदालत का फैसला गलत था। प्याज उखाड़ने का काम चोरी की कानूनी व्याख्या की सीमा में नहीं आता था। लेकिन अपील करने की किसी की इच्छा ही नहीं थी।

जेल जानेवालों को पहुंचाने के लिए एक जुलूस उनके साथ हो लिया। और उस दिन से मोहनलाल पंड्या को लोगों की ओर से 'प्याज चोर' की सम्मानित पदवी मिली। इसका उपभोग वे आज तक कर रहे हैं।

इस लड़ाई का कैसे और किस तरह से अंत हुआ, इसके बारे में बताकर हम खेड़ा अध्याय समाप्त करेंगे।

25. कैसे निपटी खेड़ा की लड़ाई

इस लड़ाई का अंत विचित्र तरीके से हुआ। यह तो साफ था कि लोग थक चुके थे। जो टिके रहे थे, उन्हें पूरी तरह बरबाद होने देने में संकोच हो रहा था। मेरा झुकाव इस ओर था कि सत्याग्रही के अनुरूप इस लड़ाई के अंत का कोई सम्मानजनक मार्ग निकल आए, तो उसे अपना लिया जाए। ऐसा ही एक उपाय सामने आ गया। किसी ने इसके बारे में सोचा भी नहीं था। नड़ियाद तालुके के तहसीलदार ने संदेशा भेजा कि अगर अच्छी आर्थिक स्थितिवाले पाटीदार अगर अपना लगान अदा कर दें, तो गरीबों का लगान स्थगित कर दिया जाएगा। इस विषय में मैंने लिखित स्वीकृति मांगी और वह मिल गई। तहसीलदार अपनी तहसील की ही जिम्मेदारी ले सकता था। सारे जिले की जिम्मेदारी तो कलेक्टर ही ले सकता था। इसलिए मैंने कलेक्टर से पूछा। उनका जवाब मिला कि तहसीलदार ने जो कहा है उसके अनुसार तो हुक्म निकल ही चुका है। मुझे इसका पता नहीं था। लेकिन यदि ऐसा हुक्म निकल चुका हो, तो माना जा सकता है कि लोगों की प्रतिज्ञा का पालन हुआ। प्रतिज्ञा में यही बात थी, इसलिए इस हुक्म से हमने संतोष माना।

फिर भी मामले के इस तरह से निपटने से हमें कोई खुशी नहीं हुई। सत्याग्रह की लड़ाई के पीछे जो एक मिठास होती है, वह इसमें नहीं थी। कलेक्टर मानता था कि उसने कुछ किया ही नहीं। गरीब लोगों को छोड़ने की बात कही जाती थी, किंतु वे शायद ही छूट पाए। जनता यह कहने का अधिकार आजमा न सकी कि गरीब में किसकी गिनती की जाए। मुझे इस बात का दुख था कि जनता में इस तरह की शक्ति नहीं बची थी। इसलिए लड़ाई की समाप्ति का उत्सव तो मनाया गया, लेकिन इस मायने में मुझे वह अपमानजनक लगा। सत्याग्रह का शुद्ध अंत तभी माना जा सकता है, जब जनता में शुरू की तुलना में अंत तब आते-आते और अधिक तेज और शक्ति दिखाई दे। मैं इसके दर्शन न कर सका। तिस पर भी इस लड़ाई के जो अदृश्य परिणाम निकले, उनका लाभ तो आज भी देखा जा सकता है और उठाया भी जा रहा है। खेड़ा की लड़ाई से गुजरात के किसान-समाज की जागृति का और उसकी राजनैतिक शिक्षा का श्रीगणेश हुआ।

विदुषी डॉक्टर बेसेण्ट के 'होम रूल' के तेजोमय आंदोलन ने उसका स्पर्श ज़रूर किया था, लेकिन कहना होगा कि किसानों के जीवन में शिक्षित समाज का और स्वयंसेवकों का सच्चा प्रवेश तो इस लड़ाई से ही हुआ। स्वयंसेवक पाटीदारों के जीवन में घुल-मिल गए थे। स्वयंसेवकों को इस लड़ाई में अपने क्षेत्र की सीमाओं का पता चला। इससे उनकी त्याग-शक्ति बढ़ी। इस लड़ाई में वल्लभभाई ने अपने-आपको पहचाना। यह अपने-आपमें इकलौता परिणाम नहीं है। इसे हम पिछले साल संकट-मोचन के समय और इस साल

बारडोली में देख चुके हैं। इससे गुजरात के लोक-जीवन में नया तेज आया, नए उत्साह का संचार हुआ। पाटीदार किसानों को अपनी शक्ति का जो भान हुआ, उसे वे कभी भी भूल नहीं पाए। सभी समझ गए कि जनता की मुक्ति का आधार स्वयं जनता के पास, उसकी त्याग-शक्ति पर है। सत्याग्रह ने खेड़ा के द्वारा गुजरात में अपनी जड़ें जमा लीं। इसलिए हालांकि लड़ाई के अंत से मुझे खुशी नहीं हुई, तो भी खेड़ा की जनता में उत्साह था। क्योंकि उसने देख लिया था कि उसकी शक्ति के अनुपात में उसे सबकुछ मिल गया है और भविष्य में राज्य की ओर से होनेवाले कष्टों के निपटने का रास्ता उसने देख लिया है। उसके उत्साह के लिए इतना ज्ञान काफी था। किंतु खेड़ा की जनता सत्याग्रह का स्वरूप पूरी तरह समझ नहीं सकी थी। इस कारण उसे कैसे कड़वे अनुभव हुए, सो हम आगे देखेंगे।

26. एकता की रट

जिन दिनों खेड़ा का आंदोलन चल रहा था, उन दिनों यूरोप का महायुद्ध भी चल रहा था। वाइसरॉय ने इसके सिलसिले में नेताओं को दिल्ली बुलाया था। मुझसे आग्रह किया गया था कि मैं बैठक में हाजिर रहूं। मैं बता ही चुका हूं कि लॉर्ड चेम्सफर्ड के साथ मेरी दोस्ती थी।

मैंने निमंत्रण स्वीकार किया और मैं दिल्ली गया। किन्तु इस बैठक में शामिल होते समय मेरे मन में संकोच था। खास कारण तो यह था कि इस बैठक में अली भाइयों, लोकमान्य और दूसरे नेताओं को आमंत्रित नहीं किया गया था। उस समय अली भाई जेल में थे। उनसे मैं एक-दो बार ही मिला था। उनके बारे में सुना बहुत था। उनके सेवा-भाव और बहादुरी की सभी सराहना करते थे। हकीम साहब के संपर्क में मैं नहीं आ पाया था। स्वर्गीय आचार्य रुद्र और दीनबंधु एण्ड्रूज के मुंह से उनकी बहुत प्रशंसा सुनी थी। कलकत्ते में हुई मुस्लिम लीग की बैठक के समय श्री कुरेशी और बैरिस्टर ख्वाजा से मेरी जान-पहचान हुई थी। डॉक्टर अंसारी और डॉक्टर अब्दुर रहमान के साथ भी मेरी जान-पहचान हो चुकी थी। मैं पवित्र तथा देशभक्त माने जानेवाले सज्जन मुसलमानों के संग-साथ के मौके ढूंढ़ता रहता था और उनसे जान-पहचान करके उनकी भावनाओं को जानने के लिए लालायित रहता था। इसलिए वे अपने समाज में मुझे जहां कहीं भी ले जाते, मैं बिना किसी आनाकानी के चला जाता था। इस बात को तो मैं दक्षिण अफ्रीका में ही समझ चुका था कि हिन्दू-मुसलमानों के बीच सच्चा मैत्री भाव नहीं है। मैं वहां ऐसे एक भी मौके को हाथ से जाने न देता था, जिससे दोनों के बीच की अनबन दूर हो। झूठी खुशामद करके या स्वाभिमान खोकर उनको या किसी और को रिझाना मेरे स्वभाव में नहीं था। लेकिन वहीं से मेरे दिल में यह बात जमी हुई थी कि मेरी अहिंसा की कसौटी और उसका विशाल प्रयोग इस एकता के सिलसिले में ही होगा। आज भी मेरी वह राय कायम है। ईश्वर प्रतिक्षण मुझे कसौटी पर कस रहा है। मेरा प्रयोग चल ही रहा है।

इस प्रकार के विचार लेकर मैं बंबई बंदरगाह पर उतरा था। इसलिए मुझे इन दोनों भाइयों से मिलकर प्रसन्नता हुई। हमारा स्नेह बढ़ता गया। हमारी जान-पहचान होने के

बाद ही अली भाइयों को सरकार ने जीते-जी दफना दिया। मौलाना मुहम्मद अली को जब इजाज़त मिलती, तब वे बैतूल या छिंदवाड़ा जेल से मुझे लम्बे-लम्बे पत्र लिखा करते थे। मैंने उनसे मिलने की इजाज़त सरकार से मांगी थी, पर वह मिल न सकी।

अली भाइयों की नज़रबंदी के बाद मुसलमान भाई मुझे कलकत्ता मुस्लिम लीग की बैठक में लिवा ले गए थे। वहां मुझसे बोलने के लिए कहा गया। मैं बोला। मैंने मुसलमानों को समझाया कि अली भाइयों को छुड़ाना उनका धर्म है।

इसके बाद वे मुझे अलीगढ़ कॉलेज में भी ले गए थे। वहां मैंने मुसलमानों को देश के लिए फ़कीरी अख्तियार करने की दावत दी।

अली भाइयों को छुड़ाने के लिए मैंने सरकार से पत्र-व्यवहार शुरू किया। इसके लिए इन भाइयों की खिलाफत-संबंधी गतिविधियों का अध्ययन किया। मुसलमानों के साथ चर्चाएं कीं। मुझे लगा कि अगर मैं मुसलमानों का सच्चा मित्र बनना चाहता हूं, तो मुझे अली भाइयों को छुड़ाने में और खिलाफत के प्रश्न को न्यायपूर्वक सुलझाने में पूरी मदद करनी चाहिए। खिलाफत का सवाल मेरे लिए आसान था। मुझे उसके स्वतंत्र गुण-दोष देखने की ज़रूरत नहीं थी। मुझे लगा कि अगर उसके संबंध में मुसलमानों की मांग नीति-विरुद्ध न हो, तो मुझे उनकी मदद करनी चाहिए। धर्म के प्रश्न में श्रद्धा सबसे ऊपर होती है। यदि एक ही वस्तु के प्रति सबकी एक-सी श्रद्धा हो, तो संसार में एक ही धर्म रह जाए। मुझे मुसलमानों की खिलाफत-संबंधी मांग नीति-विरुद्ध प्रतीत नहीं हुई; यही नहीं, बल्कि ब्रिटेन के प्रधानमंत्री लायड जॉर्ज ने इस मांग को स्वीकार किया था, इसलिए मुझे तो उनसे वायदे का पालन करवाने का भी प्रयास करना था। वचन ऐसे स्पष्ट शब्दों में था कि मर्यादित मांग के गुण-दोष जांचने का काम केवल अपनी अंतरात्मा को प्रसन्न करने के लिए ही करना था।

चूंकि मैंने खिलाफत के मामले में मुसलमानों का साथ दिया था, इसलिए इस संबंध में मित्रों और आलोचकों ने मेरी काफी आलोचना की है। उन सब पर विचार करने के बाद जो राय मैंने बनाई और जो मदद दी या दिलाई, उसके बारे में मुझे कोई पश्चात्ताप नहीं है, न उसमें मुझे कोई सुधार ही करना है। मुझे लगता है कि आज भी ऐसा सवाल उठे, तो मेरा व्यवहार पहले की तरह ही होगा।

इस प्रकार के विचार लेकर मैं दिल्ली गया। मुसलमानों के दुख की चर्चा मुझे वाइसरॉय से करनी थी। खिलाफत के प्रश्न ने अभी पूर्ण स्वरूप धारण नहीं किया था।

दिल्ली पहुंचते ही दीनबंधु एण्ड्रूज ने एक नीति-संबंधी प्रश्न खड़ा कर दिया। उन्हीं दिनों इटली और इंग्लैंड के बीच गुप्त संधि होने की जो चर्चा अंग्रेज़ी अखबारों में छिड़ी थी, उसकी बात कहकर दीनबंधु ने मुझसे कहा, 'यदि इंग्लैंड ने इस प्रकार की गुप्त संधि किसी राष्ट्र के साथ की हो, तो आप इस सभा में सहायक की तरह कैसे भाग ले सकते हैं?' मैं इन संधियों के विषय में कुछ जानता नहीं था। दीनबंधु का शब्द मेरे लिए काफी था। इस बात को उद्देश्य बनाकर मैंने लार्ड चेम्सफर्ड को पत्र लिखा कि बैठक में शामिल होते हुए मुझे संकोच हो रहा है। उन्होंने मुझे चर्चा के लिए बुलाया। उनके साथ और बाद में मिस्टर मेफी के साथ मेरी लम्बी चर्चा हुई। उसका नतीजा यह हुआ कि मैंने सभा में शामिल होना स्वीकार किया। संक्षेप में वाइसरॉय का तर्क यह था, 'आप यह तो नहीं

मानते कि ब्रिटिश मंत्रिमंडल जो कुछ करे, उसकी जानकारी वाइसरॉय को होनी ही चाहिए? मैं यह दावा नहीं करता कि ब्रिटिश सरकार कभी भूल करती ही नहीं। कोई भी ऐसा दावा नहीं करता। लेकिन यदि आप यह स्वीकार करते हैं कि उसका अस्तित्व संसार के लिए कल्याणकारी है, यदि आप यह मानते हैं कि उसके कार्यों से इस देश को कुल मिलाकर कुछ लाभ हुआ है तो क्या आप यह स्वीकार नहीं करेंगे कि उसकी मुसीबत के समय उसे मदद पहुंचाना प्रत्येक नागरिक का धर्म है? गुप्त संधि के विषय में आपने समाचारपत्रों में जो देखा है, वही मैंने भी देखा है। इससे अधिक मैं कुछ नहीं जानता, यह मैं आपसे विश्वासपूर्वक कह सकता हूं। अखबारों में कैसी-कैसी अफवाहें आती हैं, यह तो आप जानते ही हैं। क्या अखबारों में आई हुई एक निन्दासूचक बात पर आप ऐसे समय राज्य का त्याग कर सकते हैं? लड़ाई समाप्त होने पर आपको जितने नैतिक प्रश्न उठाने हों, उतने उठा सकते हैं और जितनी बहस करनी हो उतनी कर सकते हैं।'

यह तर्क नया नहीं था। लेकिन जिस अवसर पर और जिस तरीके से यह पेश किया गया, उससे मुझे नए जैसा लगा और मैंने बैठक में जाना स्वीकार कर लिया। खिलाफत के बारे में यह निश्चय हुआ कि मैं वाइसरॉय को पत्र लिखकर भेजूं।

27. रंगरूटों की भरती

मैं बैठक में हाजिर हुआ। वाइसरॉय की बहुत इच्छा थी कि मैं सिपाहियों की मददवाले प्रस्ताव का समर्थन करूं। मैंने हिन्दी-हिन्दुस्तानी में बोलने की इजाज़त चाही। वाइसरॉय ने इजाज़त तो दी, लेकिन साथ ही अंग्रेज़ी में भी बोलने को कहा। मुझे भाषण तो करना ही नहीं था। मैंने वहां जो कहा सो इतना ही था, 'मुझे अपनी जिम्मेदारी का पूरा खयाल है और उस जिम्मेदारी को समझते हुए मैं इस प्रस्ताव का समर्थन करता हूं।'

हिन्दुस्तानी में बोलने के लिए मुझे बहुतों ने धन्यवाद दिया। वे कहते थे कि इधर के ज़माने में वाइसरॉय की बैठक में हिन्दुस्तानी में बोलने का यह पहला उदाहरण था। धन्यवाद की और पहले उदाहरण की बात सुनकर मुझे दुख हुआ। मैं शरमाया। अपने ही देश में, देश से संबंध रखनेवाले काम की बैठक में, देश की भाषा का बहिष्कार या उसकी अवमानना कितने दुख की बात थी! और मेरे जैसा कोई हिन्दुस्तानी में एक या दो वाक्य बोले, तो उसमें धन्यवाद किस बात का? ऐसे प्रसंग हमारी गिरी हुई दशा का अहसास करानेवाले हैं। बैठक में कहे गए वाक्य में मेरे लिए तो बहुत वजन था। मैं उस बैठक को या उस समर्थन को भूल नहीं सकता था। अपनी एक जिम्मेदारी तो मुझे दिल्ली में ही पूरी कर लेनी थी। वाइसरॉय को पत्र लिखने का काम मुझे सरल न जान पड़ा। बैठक में जाने की अपनी अनिच्छा, उसके कारण, भविष्य की आशाएं आदि की सफाई देना मुझे अपने लिए, सरकार के लिए और जनता के लिए ज़रूरी लगा।

मैंने वाइसरॉय को जो पत्र लिखा, उसमें लोकमान्य तिलक, अली भाई आदि नेताओं की अनुपस्थिति के विषय में अपना खेद प्रकट किया तथा लोगों की राजनैतिक मांग का और लड़ाई के कारण सामने आईं मुसलमानों की मांगों का उल्लेख किया। मैंने इस पत्र को छपाने की इजाजत चाही और वाइसरॉय ने वह खुशी से दी।

यह पत्र शिमला भेजना था, क्योंकि बैठक के समाप्त होते ही वाइसरॉय शिमला पहुंच गए थे। वहां डाक द्वारा पत्र भेजने में देर लगती। मेरी दृष्टि से पत्र महत्त्व का था। समय बचाने की ज़रूरत थी। हर किसी के साथ पत्र भेजने की इच्छा न थी। मुझे लगा कि पत्र किसी पवित्र व्यक्ति के ज़रिये जाए तो अच्छा हो। दीनबंधु और सुशील रुद्र ने रेवरेण्ड आयरलैंण्ड नाम के एक सज्जन का नाम सुझाया। उन्होंने पत्र ले जाना स्वीकार किया, बशर्ते पढ़ने पर वह उन्हें शुद्ध प्रतीत हो। पत्र व्यक्तिगत नहीं था। उन्होंने पढ़ा। उनको अच्छा लगा और वे ले जाने को राजी हुए। मैंने दूसरे दर्जे का रेल-किराया देने की व्यवस्था की, किन्तु उन्होंने उसे लेने से इनकार किया और रात की यात्रा होते हुए भी डेढ़ दर्जे का ही टिकट लिया। उनकी सादगी, सरलता और स्पष्टता पर मैं मुग्ध हो गया। इस प्रकार पवित्र हाथों द्वारा दिए गए पत्र का परिणाम मेरी दृष्टि से अच्छा ही हुआ। उससे मेरा रास्ता साफ हो गया।

मेरी दूसरी जिम्मेदारी रंगरूट भरती करने की थी। इसकी याचना मैं खेड़ा में न करता तो और कहां करता? पहले अपने साथियों को न्योता न देता तो किसे देता? खेड़ा पहुंचते ही वल्लभभाई इत्यादि के साथ मैंने सलाह की। उनमें से कुछ के गले बात ही नहीं उतरी। जिनके गले उतरी उन्होंने कार्य की सफलता के बारे में शंका प्रकट की। जिन लोगों में रंगरूटों की भरती करनी थी, उन लोगों में सरकार के प्रति किसी प्रकार का अनुराग न था। सरकारी अफसरों का उन्हें जो कड़वा अनुभव हुआ था, वह भी ताज़ा ही था।

फिर भी सब इस पक्ष में हो गए कि काम शुरू कर दिया जाए। शुरू करते ही मेरी आंख खुली। मेरा आशावाद भी कुछ धीमा पड़ा। खेड़ा की लड़ाई में लोग अपनी बैलगाड़ी मुफ्त में देते थे। जहां एक स्वयंसेवक की ज़रूरत होती थी, वहां तीन-चार मिल जाते थे। अब पैसे देने पर भी गाड़ी मिलना मुश्किल हो गई। लेकिन हम भी इस तरह निराश होनेवाले नहीं थे। गाड़ी के बदले हमने पैदल यात्रा करने का निश्चय किया। रोज़ बीस मील की मंज़िल तय करनी थी। जहां गाड़ी न मिलती, वहां खाना मिलने का तो सवाल ही नहीं था। मांगना भी उचित नहीं लगा। इसलिए यह फैसला किया कि हर स्वयंसेवक अपने खाने के लिए पर्याप्त सामग्री अपनी थैली में लेकर निकले। गर्मी के दिन थे, इसलिए साथ में ओढ़ने के लिए तो कुछ रखने की ज़रूरत न थी।

हम जिस गांव में जाते, उस गांव में बैठक करते। लोग आते, लेकिन भरती के लिए नाम तो मुश्किल से एक या दो ही मिलते। 'आप अहिंसावादी होकर हमें हथियार उठाने के लिए क्यों कहते हैं?' 'सरकार ने हिन्दुस्तान का क्या भला किया है कि आप हमें उसकी मदद करने को कहते हैं?' ऐसे कई प्रश्न मेरे सामने रखे जाते थे।

यह सब होते हुए भी धीरे-धीरे हमारे सतत काम का प्रभाव लोगों पर पड़ने लगा था। नाम भी काफी संख्या में दर्ज होने लगे थे और हम यह मानने लगे थे कि अगर पहली टुकड़ी निकल पड़े, तो दूसरी के लिए रास्ता खुल जाएगा। यदि रंगरूट निकलें तो उन्हें कहां रखा जाएगा जैसे प्रश्नों की चर्चा मैं कमिश्नर से करने लगा था। कमिश्नर दिल्ली की तर्ज पर जगह-जगह सभाएं करने लगे थे। गुजरात में भी इसी तरह की बैठक हुई। उसमें मुझे और साथियों को निमंत्रित किया गया था। मैं उसमें भी शामिल हुआ था। लेकिन अगर दिल्ली की बैठक में मेरे लिए कम जगह थी, तो यहां की बैठक में तो मुझे उससे भी कम

जगह पर संतुष्टि कर लेनी पड़ी। 'जी-हुजूरी' के वातावरण में मुझे चैन न पड़ता था। यहां मैं कुछ ज्यादा ही बोला। मेरी बात में खुशामद-जैसी तो कोई चीज़ थी ही नहीं, बल्कि दो कड़वे शब्द भी थे।

रंगरूटों की भरती के सिलसिले में मैंने जो पत्रिका प्रकाशित की थी, उसमें भरती के लिए लोगों को निमंत्रित करते हुए जो एक तर्क दिया गया था, वह कमिश्नर को बुरा लगा था। उसका आशय यह था, 'ब्रिटिश राज्य ने कई दुष्कर्म किए हैं। उनमें से एक है समूची प्रजा को निहत्था बनानेवाला कानून। इसे इतिहास उसका सबसे घृणित काम मानेगा। इस कानून को रद्द कराना हो और शस्त्रों का उपयोग सीखना हो, तो उसके लिए यह स्वर्ण अवसर है। संकट के समय में मध्यम वर्ग के लोग स्वेच्छा से शासन की सहायता करेंगे, तो अविश्वास दूर होगा और जो व्यक्ति शस्त्र धारण करना चाहेगा, वह आसानी से वैसा कर सकेगा।' इसको लक्ष्य में रखकर कमिश्नर को कहना पड़ा था कि उनके और मेरे बीच मतभेद के रहते हुए भी बैठक में मेरी उपस्थिति उन्हें प्रिय थी। मुझे भी अपने मत का समर्थन यथासंभव मधुर शब्दों में करना पड़ा था।

'युद्ध-परिषद में उपस्थित रहने के विषय में मेरी अनिच्छा थी लेकिन आपसे मिलने के बाद वह दूर हो गई और उसका एक ही कारण था कि आपके प्रति मेरे मन में बहुत आदर है। न आने के कारणों में सबसे बड़ा कारण यह था कि उसमें लोकमान्य तिलक, मिसेज बेसेण्ट और अली भाई निमंत्रित नहीं किए गए थे। इन्हें मैं जनता के बहुत शक्तिशाली नेता मानता हूं। मुझे तो लगता है कि इन्हें निमंत्रित न करने में सरकार ने गंभीर भूल की है और मैं अभी भी सुझाता हूं कि प्रान्तीय परिषदें गठित की जाएं, तो इनमें इन्हें निमंत्रित किया जाए। मेरा यह विनम्र मत है कि कोई सरकार ऐसे वरिष्ठ नेताओं की उपेक्षा नहीं कर सकती, फिर भले ही उनके साथ उसका कैसा भी मतभेद क्यों न हो। इस स्थिति में मैं समितियों की बैठकों में उपस्थित नहीं रह सका और बैठक में प्रस्ताव का समर्थन करके संतुष्ट रहा। सरकार के सामने मैंने जो सुझाव रखे हैं, उनके स्वीकृत होते ही मैं अपने समर्थन को अमलीजामा पहनाने की आशा रखता हूं।

'जिस साम्राज्य में आगे चलकर हम सम्पूर्ण रूप से साझेदार बनने की आशा रखते हैं, संकट के समय में उसकी पूरी मदद करना हमारा धर्म है। किंतु मुझे यह तो कहना ही चाहिए कि इसके साथ यह आशा बंधी हुई है कि इस मदद के कारण हम अपने लक्ष्य तक जल्दी पहुंच सकेंगे। इसलिए लोगों को यह मानने का अधिकार है कि आपके भाषण में जिन सुधारों के जल्दी से अमल में आने की आशा प्रकट की गई है, उन सुधारों में कांग्रेस और मुस्लिम लीग की मुख्य मांगों को शामिल किया जाएगा। यदि मेरे लिए यह संभव होता, तो मैं ऐसे समय होमरूल आदि का नाम तक न लेता। बल्कि मैं सभी शक्तिशाली भारतीयों को प्रेरित करता कि साम्राज्य के संकट के समय वे उसकी रक्षा के लिए चुपचाप अपने-आपको होम कर दें। इतना करने से ही हम साम्राज्य की निगाह में बड़े हो जाते और आदर पाते। तब रंग-भेद तथा देश-भेद का नामोनिशान तक न रहता।

'लेकिन शिक्षित समाज ने जो रास्ता अपनाया है, वह इतना प्रभावशाली नहीं है। आम लोगों पर उसका बड़ा प्रभाव है। मैं जब से हिन्दुस्तान आया हूं तभी से आम लोगों के गहरे संपर्क में आता रहा हूं और मैं आपको यह बतलाना चाहता हूं कि होमरूल की लगन उनमें

पैठ गई है। होमरूल के बिना लोगों को कभी संतोष न होगा। वे समझते हैं कि होमरूल पाने के लिए जितना बलिदान दिया जाए उतना कम है। इसलिए हालांकि साम्राज्य के पक्ष में खड़े होने के लिए जितने स्वयंसेवक दिए जा सकें उतने देने चाहिए, फिर भी आर्थिक सहायता के विषय में मैं ऐसा नहीं कह सकता। लोगों की हालत को जानने के बाद मैं यह कह सकता हूं कि हिन्दुस्तान जो सहायता दे चुका है वह उसकी हैसियत से ज्यादा है। लेकिन मैं यह समझता हूं कि बैठक में जिन्होंने इसका समर्थन किया है, उन्होंने मरते दम तक सहायता करने का निश्चय किया है। फिर भी हमारी स्थिति बहुत कठिन है। हम एक ही पीढ़ी के प्रति तो उत्तरदायी नहीं हैं। हमारी मदद की नींव भविष्य की आशा पर खड़ी की गई है और यह आशा क्या है उसे विस्तार से बताने की ज़रूरत है। मैं सौदा करना नहीं चाहता। लेकिन मुझे इतना तो कहने दीजिए कि उसके बारे में हमारे मन में निराशा पैदा हो जाए, तो साम्राज्य के विषय में आज तक की हमारी धारणा भ्रम मानी जाएगी।

'आपने घर के झगड़े भूल जाने की सलाह दी है। यदि इसका अर्थ यह लगाया जाए कि अधिकारियों के अत्याचार और जुल्म सहन कर लिए जाएं तो यह नहीं हो सकता। संगठित अत्याचार का सामना अपनी समूची शक्ति लगाकर करना मैं अपना धर्म मानता हूं। इसलिए आपको चाहिए कि आप अपने अधिकारियों को यह सलाह दें कि वे किसी भी इन्सान का अपमान न करें और जनमत का उतना आदर करें, जितना पहले कभी नहीं किया है। चंपारण में सौ साल से चले आ रहे अत्याचार का विरोध करके मैंने ब्रिटिश न्याय की सर्वश्रेष्ठता सिद्ध कर दिखाई है। खेड़ा की जनता ने देख लिया है कि जब उसमें सत्य के लिए दुख सहने की शक्ति होती है, तब वास्तविक सत्ता राजसत्ता नहीं, बल्कि लोकसत्ता होती है; और जब जनता जिस शासन को शाप देती रही है, उसके प्रति उसकी कटुता कम हुई है और जिस हुकूमत ने सविनय कानून-भंग को सहन कर लिया वह लोकमत की पूरी उपेक्षा करनेवाली नहीं हो सकती, इसका उसे विश्वास हो गया है। इसलिए मैं यह मानता हूं कि चंपारण और खेड़ा में मैंने जो काम किया है, वह इस लड़ाई में मेरी सेवा है। यदि आप मुझसे इस प्रकार का अपना काम बंद कर देने को कहेंगे, तो मैं यह मानूंगा कि आपने मुझे मेरी सांस बंद करने के लिए कहा है। यदि आत्मबल को अर्थात् प्रेमबल को शस्त्र बल के बदले लोकप्रिय बनाने में मैं सफल हो जाऊं, तो मैं मानता हूं कि हिन्दुस्तान सारे संसार की टेढ़ी नज़र का भी सामना कर सकता है। इसलिए हर बार मैं दुख सहन करने की इस सनातन नीति को अपने जीवन में रचा-बसा लेने के लिए अपनी आत्मा को तैयार करता रहूंगा और नीति को स्वीकार करने के लिए दूसरों को निमंत्रण देता रहूंगा; और यदि मैं किसी अन्य कार्य में सहयोग देता हूं, तो उसका प्रयोजन भी केवल इसी नीति की अद्वितीय श्रेष्ठता सिद्ध करना है।

'अंत में मैं आपसे विनती करता हूं कि आप मुसलमानी राज्यों के बारे में स्पष्ट आश्वासन देने के लिए ब्रिटिश मंत्रिमंडल को लिखिए। आप जानते हैं कि इसके बारे में हर मुसलमान को चिंता बनी रहती है। स्वयं हिन्दू होने के कारण उनकी भावना के प्रति मैं उपेक्षा का भाव नहीं रख सकता। उनका दुख हमारा ही दुख है। इन मुसलमानी राज्यों के अधिकारों की रक्षा में, उनके मजहब के स्थानों के बारे में, उनकी भावना का आदर करने में और हिन्दुस्तान की होमरूल संबंधी मांग को स्वीकार करने में साम्राज्य की सुरक्षा

टिकी हुई है। चूंकि मैं अंग्रेज़ों से प्रेम करता हूं, इसलिए मैंने यह पत्र लिखा है और मैं चाहता हूं कि जो वफादारी एक अंग्रेज़ में होती है, वही वफादारी हर हिन्दुस्तानी में भी जागे।'

28. मृत्यु-शय्या पर

रंगरूटों की भरती के काम में मैं बहुत कमज़ोर हो गया। उन दिनों मेरे आहार में मुख्य रूप से सिंकी हुई और कुटी हुई मूंगफली, उसके साथ थोड़ा गुड़, केले वगैरह फल और दो-तीन नींबुओं का पानी, ये चीज़ें रहा करती थीं। मैं जानता था कि ज्यादा मूंगफली खाना नुक़सान करेगा। फिर भी मैं कुछ ज्यादा ही खा गया, इस कारण से कुछ पेचिश रहने लगी। मैं समय-समय पर आश्रम में तो आता ही था। मुझे यह नहीं लगा कि पेचिश पर बहुत ध्यान देने की ज़रूरत है। रात आश्रम पहुंचा। उन दिनों मैं शायद ही कभी दवा लेता था। यह मानकर चल रहा था कि एक बार का खाना छोड़ देने से दर्द मिट जाएगा। दूसरे दिन सवेरे कुछ भी न खाया था। इससे दर्द लगभग बंद हो चुका था। लेकिन मैं जानता था कि मुझे उपवास जारी रखना चाहिए या खाना ही हो तो फल के रस जैसी कोई चीज़ ले लेनी चाहिए।

उस दिन कोई त्योहार था। मुझे याद पड़ता है कि मैंने कस्तूरबाई से कह दिया था कि मैं दोपहर को भी नहीं खाऊंगा। लेकिन उसने मुझे ललचाया और मैं लालच में फंस गया। उन दिनों मैं किसी मवेशी का दूध नहीं लेता था। मैं घी-छाछ भी छोड़ चुका था। इसलिए उसने मुझसे कहा कि आपके लिए तेल में भूनकर गेहूं का दलिया बनाया है और खास तौर पर आपके लिए ही साबुत मूंग भी बनाए हैं। मैं स्वाद के बस में आ गया और खाने के लिए मान गया। यह मानते हुए भी इच्छा तो यह रखी थी कि कस्तूरबाई को खुश रखने के लिए थोड़ा-सा खा लूंगा, स्वाद भी ले लूंगा और शरीर की रक्षा भी कर लूंगा। लेकिन शैतान तो अपना निशाना लगाकर ही बैठा था। खाने बैठा तो थोड़ा-सा खाने के बजाय पेट भरकर खा गया। इस तरह से स्वाद के मज़े तो मैंने पूरे ले लिए, लेकिन साथ ही यमराज को न्योता भी भेज दिया। खाने के बाद एक घंटा भी न बीता था कि ज़ोर की पेचिश शुरू हो गई।

रात नड़ियाद तो वापस जाना ही था। साबरमती स्टेशन तक पैदल गया। लेकिन सवा मील का वह रास्ता तय करने में मेरी जान निकल गई। अहमदाबाद स्टेशन पर वल्लभभाई पटेल मिलनेवाले थे। वे मिले और उन्होंने मेरी पीड़ा ताड़ ली। फिर भी मैंने उन्हें या दूसरे साथियों को यह हवा तक न लगने दी कि मेरी पीड़ा असह्य थी।

नड़ियाद हम रात दस बजे पहुंचे। वहां से अनाथाश्रम जाना था। दूरी आधे मील से कुछ कम ही थी। लेकिन उस दिन यह दूरी दस मील जितनी लम्बी लगी। बड़ी मुश्किल से घर पहुंचा। लेकिन पेट का दर्द था कि बढ़ता ही जाता था। 15-15 मिनट में पाखाना जाने की ज़रूरत होने लगी। आखिर मैं हारा। मैंने अपने दर्द की बात बताई और बिस्तर पकड़ा। आश्रम के आम पाखाने में जाया करता था, अब दुमंज़िले पर कमोड मंगवाया। शरम तो बहुत आई, लेकिन मैं लाचार था, क्या करता। फूलचंद बापूजी बिजली की गति

से कमोड ले आए। चिन्तातुर होकर साथियों ने मुझे चारों ओर से घेर लिया। उन्होंने मुझे अपने प्रेम से नहला दिया। लेकिन वे बेचारे मेरी तकलीफ़ में हाथ कैसे बंटा सकते थे? मेरे हठ की सीमा नहीं थी। मैंने डॉक्टर को बुलाने से इनकार कर दिया। दवा तो लेनी ही न थी; सोचा, किए हुए पाप की सजा भोगूंगा। साथी चेहरे लटकाए ये सब देख और झेल रहे थे। चौबीस घंटों में तीस-चालीस बार पाखाने जाना पड़ा होगा। खाना मैं बंद कर ही चुका था, और शुरू के दिनों में तो मैंने फल का रस भी नहीं लिया था। लेने का बिलकुल मन ही नहीं करता था।

आज तक मैं जिस शरीर को पत्थर की तरह मानता आया था, वह अब गीली मिट्टी-जैसा बन गया। शक्ति बची नहीं। साथियों ने दवा लेने के लिए समझाया। मैंने इनकार किया। उन्होंने इंजेक्शन लगवाने की सलाह दी। मैंने उसके लिए भी इनकार कर दिया। उस समय तक इंजेक्शन के बारे में मेरी जानकारी हास्यास्पद थी। मैं यह मानता था कि इंजेक्शन किसी-न-किसी तरह की औषधि होगी। बाद में मुझे पता चला कि वह तो निर्दोष वनस्पति से बनी औषधि का इंजेक्शन था। लेकिन जब तक समझ में आया, तब तक बहुत देर हो चुकी थी। बार-बार पाखाना जाना तो चल ही रहा था। बहुत अधिक भागदौड़ के कारण बुखार आ गया और बेहोशी भी आ गई। मित्र लोग घबरा गए। दूसरे डॉक्टर भी आए। लेकिन जो रोगी उनकी बात न माने, उसके लिए वे कर ही क्या सकते थे?

सेठ अम्बालाल और उनकी धर्मपत्नी दोनों नड़ियाद आए। साथियों से चर्चा करने के बाद वे बहुत सावधानी के साथ मुझे मिर्जापुरवाले अपने बंगले पर ले गए। इतनी बात तो मैं ज़रूर कह सकता हूं कि अपनी इस बीमारी में मुझे जो निर्मल और निष्काम सेवा मिली, उससे अधिक सेवा कोई नहीं पा सकता। मुझे हलका बुखार रहने लगा। मैं कमज़ोर होता चला गया। कई बार ऐसा भी लगा कि बीमारी काफी लम्बे समय तक चलेगी और शायद मैं बिस्तर से उठ ही न सकूं। अंबालाल सेठ के बंगले में प्रेम से घिरा होने पर भी मैं अशांत हो उठा और मैंने उनसे अनुरोध किया कि वे मुझे आश्रम ले चलें। मेरा इतना आग्रह देखकर वे मुझे आश्रम ले गए।

मैं अभी आश्रम में पीड़ा भोग ही रहा था कि इतने में वल्लभभाई समाचार लाए कि जर्मनी पूरी तरह हार चुका है और कमिश्नर ने कहलवाया है कि रंगरूट भरती करने की कोई ज़रूरत नहीं है। यह सुनकर भरती की चिंता से मैं मुक्त हुआ और मुझे शांति मिली।

उन दिनों मैं जल का उपचार करता था और उससे किसी तरह से शरीर टिका हुआ था। दर्द तो नहीं रहा था लेकिन शरीर किसी भी उपाय से अपनी पुरानी ताकत नहीं ले पा रहा था। वैद्य मित्र और डॉक्टर मित्र तरह-तरह की सलाह देते थे, लेकिन मैं किसी तरह दवा पीने को राजी ही नहीं होता था। दो-तीन मित्रों ने सलाह दी कि दूध लेने में आपत्ति हो, तो मांस का शोरबा ही ले लो। यह भी कहा कि औषधि के रूप में मांस वगैरह चीज़ें ली जा सकती हैं। इसके समर्थन में उन्होंने आयुर्वेद के प्रमाण दिए। एक भाई ने अंडे लेने की सिफारिश की। लेकिन मैं इनमें से किसी की भी सलाह को न मान सका। मेरा एक ही उत्तर था—नहीं।

खाद्य-अखाद्य का निर्णय मेरे लिए केवल शास्त्रों के श्लोकों पर आधारित नहीं था, बल्कि मेरे जीवन के साथ वह स्वतंत्र नीति से जुड़ा हुआ था। चाहे कुछ भी खाकर और चाहे जैसा उपचार करके जीने का मुझे तनिक भी लोभ नहीं था। जिस धर्म का आचरण मैंने अपने पुत्रों के लिए किया, पत्नी के लिए किया, स्नेही जनों के लिए किया, भला उस धर्म का त्याग मैं अपने लिए कैसे करता?

इस तरह से मुझे अपनी इस बहुत लम्बी और जीवन की सबसे पहली इतनी बड़ी बीमारी में धर्म का निरीक्षण करने और उसे कसौटी पर कसने का अलभ्य लाभ मिला। एक रात तो मैंने जीने की आशा बिलकुल ही छोड़ दी थी। मुझे ऐसा लगा कि बस, अब मृत्यु समीप ही है। अनसूया बहन को खबर भिजवाई। वे आईं। वल्लभभाई आए। डॉक्टर कानूगा आए। डॉक्टर कानूगा ने मेरी नाड़ी देखी और कहा, 'मैं खुद तो मरने के कोई चिह्न देख नहीं रहा हूं। नाड़ी सामान्य है। केवल कमज़ोरी के कारण आपके मन में घबराहट है।' लेकिन मेरा मन न माना। रात बीती। किंतु उस रात मैं शायद ही सो सका होऊंगा।

सवेरा हुआ। मौत न आई। फिर भी उस समय जीने की आशा न संजो सका और यह समझकर कि मृत्यु, बस पास ही है, जितनी देर तक हो सके, उतनी देर तक साथियों से गीता का पाठ सुनने में लगा रहा। काम करने की शक्ति तो बची ही नहीं थी। पढ़ने लायक शक्ति भी नहीं रह गई थी। किसी के साथ बात करने की भी इच्छा नहीं होती थी। थोड़ी बात करने से भी दिमाग थक जाता था। इस कारण जीने की कोई लालसा नहीं रह गई थी। जीने के लिए जीना मुझे कभी पसंद आया ही नहीं। बिना कुछ काम किए साथियों की सेवा लेकर कमजोर हो रहे शरीर को टिकाए रखने में मुझे भारी उकताहट मालूम होती थी।

यों मैं मौत की राह देख रहा था। इतने में डॉक्टर तलवलकर एक विचित्र प्राणी को लेकर आए। वे महाराष्ट्रियन हैं। हिन्दुस्तान उन्हें पहचानता नहीं। मैं उन्हें देखकर ही समझ गया था कि मेरी तरह उनका भी पेंच ढीला है। वे अपने उपचार का प्रयोग मुझ पर करने के लिए आए थे। उन्हें डॉक्टर तलवलकर अपनी सिफारिश के साथ मेरे पास लाए थे। उन्होंने ग्रांट मेडिकल कॉलेज में डॉक्टरी की पढ़ाई की थी, लेकिन वे डिग्री नहीं पा सके थे। बाद में पता चला कि वे ब्रह्मसमाजी हैं। नाम उनका कालेलकर है। बड़े स्वतंत्र स्वभाव के हैं। वे बरफ के उपचार के बड़े हिमायती हैं। मेरी बीमारी की बात सुनकर जिस दिन वे मुझ पर बरफ का अपना उपचार आजमाने के लिए आए, उसी दिन से हम उन्हें 'आइस डॉक्टर' के उपनाम से पहचानते हैं। अपने विचारों को लेकर वे अत्यंत आग्रही हैं। उनका विश्वास है कि उन्होंने डिग्रीधारी डॉक्टरों से भी कुछ अधिक अच्छी चीजों की खोज की है। अपना यह विश्वास वे मुझमें पैदा नहीं कर सके, यह उनके और मेरे दोनों के लिए दुख की बात रही है। मैं एक हद तक उनके उपचार में विश्वास करता हूं। लेकिन मेरा खयाल है कि कुछ अनुमानों तक पहुंचने में उन्होंने जल्दीबाजी की है।

लेकिन उनकी खोजें सही हों या गलत, मैंने उन्हें अपने शरीर पर प्रयोग करने दिए। मुझे बाह्य उपचारों से स्वस्थ होना अच्छा लगता था, सो भी बरफ के अर्थात् पानी के

उपचार की बात ही क्या। इसलिए उन्होंने मेरे सारे शरीर पर बरफ घिसनी शुरू की। इस इलाज से जितने परिणाम की आशा वे लगाए हुए थे, उतना परिणाम तो मेरे संबंध में नहीं ही निकला। फिर भी, मैं जो रोज़ मौत की राह देखा करता था, अब मरने के बजाय कुछ जीने की आशा रखने लगा। मुझमें कुछ उत्साह पैदा हुआ। मन के उत्साह के साथ मैंने शरीर में भी उत्साह का अनुभव किया। मैं कुछ अधिक खाने लगा। रोज़ पांच-दस मिनट घूमने लगा। अब उन्होंने सुझाया, 'अगर आप अंडे का रस पीएं, तो आपमें जितनी शक्ति आई है उससे अधिक शक्ति आने की गारंटी मैं दे सकता हूं। अंडे दूध के समान ही निर्दोष हैं। वे मांस तो हरगिज नहीं हैं। हर एक अंडे में से चूजा पैदा होता ही हो, ऐसा कोई नियम नहीं है। जिनसे चूजे पैदा होते ही नहीं, ऐसे निर्जीव अंडे भी काम में लाए जाते हैं, इसे मैं आपके सामने सिद्ध कर सकता हूं।' लेकिन मैं ऐसे निर्जीव अंडे लेने को भी तैयार न हुआ। फिर भी मेरी गाड़ी कुछ आगे बढ़ी और मैं आसपास के कामों में थोड़ा-थोड़ा रस लेने लगा।

29. रौलट एक्ट और मेरा धर्म-संकट

मित्रों ने सलाह दी कि माथेरान जाने से मेरा शरीर तेजी से ताकत पाएगा। इसलिए मैं माथेरान गया। किंतु वहां का पानी भारी था, इसलिए मेरे सरीखे रोगी के लिए वहां रहना कठिन हो गया। पेचिश के कारण गुदा द्वार इतना नाजुक हो गया था कि साधारण स्पर्श भी मुझसे सहा न जाता था और उसमें दरारें पड़ गई थीं, जिससे मल त्याग के समय बहुत कष्ट होता था। इससे कुछ भी खाते हुए डर लगता था। हफ्ते भर में माथेरान से वापस लौट आया। मेरी तबीयत की सुरक्षा का जिम्मा शंकरलाल बैंकर ने अपने हाथ में लिया था। उन्होंने डॉक्टर दलाल से सलाह लेने का आग्रह किया। डॉक्टर दलाल आए। उनकी तत्काल निर्णय करने की शक्ति ने मुझे मुग्ध कर लिया। वे बोले, 'जब तक आप दूध नहीं लेंगे, मैं आपके शरीर को फिर से हृष्ट-पुष्ट न बना सकूंगा। उसे पुष्ट बनाने के लिए आपको दूध लेना चाहिए और आयरन तथा आर्सेनिक के इंजेक्शन लेने चाहिए। यदि आप इतना करें, तो आपके शरीर को पुनः ताकतवर बनाने की गारंटी मैं देता हूं।'

मैंने जवाब दिया, 'इंजेक्शन लगाइए, लेकिन दूध तो मैं नहीं लूंगा।'

डॉक्टर ने पूछा, 'दूध के संबंध में आपकी प्रतिज्ञा क्या है?'

'यह जानकर कि गाय-भैंस पर फूंके की क्रिया की जाती है, मुझे दूध से नफरत हो गई है। और यह तो मैं सदा से मानता रहा हूं कि दूध मनुष्य का आहार नहीं है। इसलिए मैंने दूध छोड़ दिया है।'

डॉक्टर बीच में बोले, 'आप बकरी का दूध लें, तो मेरा काम बन जाए।'

मैं गिरा। सत्याग्रह की लड़ाई के मोह ने मेरे अंदर जीने का लोभ पैदा कर दिया और मैंने प्रतिज्ञा को शब्दशः पालन से संतोष मानकर उसकी आत्मा का हनन किया। यद्यपि दूध की प्रतिज्ञा लेते समय मेरे सामने गाय-भैंस ही थीं, फिर भी मेरी प्रतिज्ञा दूधमात्र की मानी जानी चाहिए। और जब तक मैं मवेशी के दूधमात्र को मनुष्य के आहार के रूप में

निषिद्ध मानता हूं, तब तक मुझे उसे लेने का अधिकार नहीं, इस बात को जानते हुए भी मैं बकरी का दूध लेने को तैयार हो गया। सत्य के पुजारी ने सत्याग्रह की लड़ाई के लिए जीने की इच्छा रखकर अपने सत्य को लांछित किया।

मेरे इस कार्य का डंक अभी तक मिटा नहीं है और बकरी का दूध छोड़ने के विषय में मेरा चिंतन तो चल ही रहा है। बकरी का दूध पीते समय मैं रोज़ दुख का अनुभव करता हूं। किंतु सेवा करने का महासूक्ष्म मोह, जो मेरे पीछे पड़ा है, मुझे छोड़ता नहीं। अहिंसा की दृष्टि से आहार के अपने प्रयोग मुझे प्रिय हैं। उनसे मुझे आनंद प्राप्त होता है। वह मेरा विनोद है। परंतु बकरी का दूध मुझे आज इस दृष्टि से नहीं अखरता। वह अखरता है सत्य की दृष्टि से। मुझे ऐसा भास होता है कि मैं अहिंसा को जितना पहचान सका हूं, सत्य को उससे अधिक पहचानता हूं। मेरा अनुभव यह है कि अगर मैं सत्य को छोड़ दूं, तो अहिंसा की भारी गुत्थियां मैं कभी सुलझा नहीं सकूंगा। सत्य के पालन का अर्थ है, लिए हुए व्रत के शरीर और आत्मा की रक्षा, शब्दार्थ और भावार्थ का पालन, मुझे हर दिन यह बात खटकती रहती है कि मैंने दूध के बारे में व्रत की आत्मा का–भावार्थ का–हनन किया है। यह जानते हुए भी मैं यह नहीं जान सका कि अपने व्रत के प्रति मेरा धर्म क्या है, या कहिए कि मुझमें उसे पालने की हिम्मत नहीं है। दोनों बातें एक ही हैं; क्योंकि शंका के मूल में श्रद्धा का अभाव रहता है। हे ईश्वर, तू मुझे श्रद्धा दे!

बकरी का दूध शुरू करने के कुछ दिन बाद डॉक्टर दलाल ने गुदा-द्वार की दरारों का आपरेशन किया और वह बहुत सफल रहा।

बिस्तर छोड़कर उठने की कुछ आशा बंध रही थी और अखबार वगैरह पढ़ने लगा ही था कि इतने में रौलट कमेटी की रिपोर्ट मेरे हाथ में आई। उसकी सिफारिशें पढ़कर मैं चौंका। भाई उमर सोबानी और शंकरलाल बैंकर ने चाहा कि कोई निश्चित कदम उठाना चाहिए। एकाध महीने में मैं अहमदाबाद गया। वल्लभभाई प्रायः प्रतिदिन मुझे देखने आते थे। मैंने उनसे बात की और सुझाया कि इस विषय में हमें कुछ करना चाहिए।

'क्या किया जा सकता है?' इसके उत्तर में मैंने कहा, 'यदि थोड़े लोग भी इस संबंध में प्रतिज्ञा करनेवाले मिल जाएं तो, और कमेटी की सिफारिश के अनुसार कानून बने तो, हमें सत्याग्रह शुरू करना चाहिए। यदि मैं बिस्तर पर पड़ा न होता, तो अकेला भी इसमें जूझता और यह आशा रखता कि दूसरे लोग बाद में आ मिलेंगे। किंतु अपनी लाचार स्थिति में अकेले जूझने की मुझमें बिलकुल शक्ति नहीं है।'

इस बातचीत का नतीजा यह निकला कि ऐसे कुछ लोगों की एक छोटी सभा बुलाने का निश्चय हुआ, जो मेरे संपर्क में ठीक-ठीक आ चुके थे। मुझे तो यह बात एकदम साफ लगी कि प्राप्त प्रमाणों के आधार पर रौलट कमेटी ने जो कानून बनाने की सिफारिश की है उसकी कोई ज़रूरत नहीं है। मुझे यह भी इतना स्पष्ट लगा कि स्वाभिमान की रक्षा करने वाली कोई भी जनता ऐसे कानून को स्वीकार नहीं कर सकती।

वह बैठक हुई। उसमें मुश्किल से कोई बीस लोगों को बुलाया गया था। जहां तक मुझे याद है, वल्लभभाई के अतिरिक्त उसमें श्रीमती सरोजिनी नायडू, मिस्टर हार्निमैन, स्वर्गीय उमर सोबानी, श्री शंकरलाल बैंकर, अनसूया बहन आदि सम्मिलित हुए थे।

प्रतिज्ञा-पत्र तैयार हुआ और मुझे याद है कि जितने लोग हाजिर थे उन सबने उस पर हस्ताक्षर किए। उस समय मैं कोई अखबार नहीं निकालता था। लेकिन समय-समय पर अखबारों में लिखा करता था, उसी तरह लिखना शुरू किया और शंकरलाल बैंकर ने ज़ोरदार आंदोलन छेड़ दिया। इस अवसर पर उनकी काम करने की और संगठन करने की शक्ति का मुझे खूब अनुभव हुआ।

कोई भी चलती हुई संस्था सत्याग्रह-जैसे नए शस्त्र को स्वयं उठा ले, इसे मैंने असंभव माना। इस कारण सत्याग्रह सभा की स्थापना हुई। उसके मुख्य सदस्यों के नाम बंबई में ही लिखे गए। केंद्र बंबई में रखा गया। प्रतिज्ञा-पत्रों पर खूब हस्ताक्षर होने लगे। खेड़ा की लड़ाई की तरह पत्रिकाएं निकलीं और जगह-जगह सभाएं हुईं।

मैं इस सभा का सभापति बना था। मैंने देखा कि शिक्षित समाज और मेरे बीच बहुत मेल नहीं बैठ सकता। सभा में गुजराती भाषा के उपयोग के मेरे आग्रह और मेरे कुछ दूसरे तरीकों ने उन्हें परेशानी में डाल दिया। फिर भी बहुतों ने मेरी पद्धति को निबाहने की उदारता दिखाई, यह मुझे स्वीकार करना चाहिए। लेकिन मैंने शुरू में ही देख लिया कि यह सभा लंबे समय तक टिक नहीं सकेगी। इसके अलावा, सत्य और अहिंसा पर जो ज़ोर मैं देता था, वह कुछ लोगों को अप्रिय मालूम हुआ। फिर भी शुरू के दिनों में यह नया काम धड़ल्ले के साथ आगे बढ़ा।

30. वह अद्‌भुत दृश्य!

एक ओर से रौलट कमेटी की रिपोर्ट के विरुद्ध आंदोलन बढ़ता गया, दूसरी ओर से सरकार कमेटी की सिफारिशों पर अमल करने के लिए अपना मन पक्का करती गई। रौलट बिल प्रकाशित हुआ। मैं एक ही बार विधानसभा की बैठक में गया था। रौलट बिल की चर्चा सुनने गया था। शास्त्रीजी ने अपना जोशीला भाषण किया, सरकार को चेतावनी दी। जिस समय शास्त्रीजी की वाग्धारा बह रही थी, वाइसरॉय उनके सामने टकटकी लगाकर देख रहे थे। मुझे तो जान पड़ा कि इस भाषण का असर उन पर हुआ होगा। शास्त्रीजी की भावना उमड़ी पड़ती थी।

लेकिन सोये हुए आदमी को जगाया जा सकता है; जागनेवाला सोने का बहाना करे तो उसके कान में ढोल बजाने पर भी वह क्यों सुनने लगा? विधानसभा में बिलों की चर्चा की नौटंकी तो करनी ही चाहिए। सरकार ने वह की। किंतु उसे जो काम करना था उसका निश्चय तो हो ही चुका था। इसलिए शास्त्रीजी की चेतावनी बेकार गई।

मेरी तूती की आवाज़ को तो भला कौन सुनता? मैंने वाइसरॉय से मिलकर उन्हें बहुत समझाया। व्यक्तिगत और सार्वजनिक पत्र लिखे। उनमें स्पष्ट बता दिया कि सत्याग्रह को छोड़कर मेरे पास दूसरा कोई मार्ग नहीं है। लेकिन सब बेकार।

अभी बिल गजट में नहीं छपा था। मेरा शरीर कमज़ोर था, फिर भी मैंने लंबी यात्रा का खतरा उठाया। मुझमें ऊंची आवाज़ से बोलने की शक्ति नहीं आई थी। खड़े रहकर बोलने की शक्ति जो गई, सो अभी तक लौटी नहीं है। थोड़ी देर खड़े रहकर बोलने पर सारा शरीर कांपने लगता था और छाती तथा पेट में दर्द महसूस होने लगता था। लेकिन

मुझे लगा कि मद्रास से आया हुआ निमंत्रण स्वीकार करना ही चाहिए। दक्षिण के प्रांत उस समय भी मुझे घर सरीखे मालूम होते थे। दक्षिण अफ्रीका के संबंध के कारण तमिल-तेलुगु आदि दक्षिण प्रदेश के लोगों पर मेरा कुछ अधिकार है, ऐसा मैं मानता आया हूं। और अपनी इस मान्यता में मैंने थोड़ी भी भूल की हो, ऐसा मुझे आज तक नहीं लगा। निमंत्रण स्वर्गीय कस्तूरी रंगा आयंगार की ओर से मिला था। मद्रास जाने पर पता चला कि इस निमंत्रण के पीछे राजगोपालाचार्य थे। राजगोपालाचार्य के साथ यह मेरा पहला परिचय कहा जा सकता है। मैं इसी समय उन्हें आमने-सामने पहचानने लगा था।

सार्वजनिक काम में अधिक हिस्सा लेने के विचार से और श्री कस्तूरी रंगा आयंगार इत्यादि मित्रों की मांग पर वे सेलम छोड़कर मद्रास में वकालत करनेवाले थे। मुझे उनके घर पर ठहराया गया था। कोई दो दिन बाद ही मुझे पता चला कि मैं उनके घर ठहरा हूं; क्योंकि बंगला कस्तूरी रंगा आयंगार का था, इसलिए मैंने अपने को उन्हीं का मेहमान मान लिया था। महादेव देसाई ने मेरी भूल सुधारी। राजगोपालाचार्य दूर-दूर ही रहते थे। लेकिन महादेव ने उन्हें अच्छी तरह से पहचान लिया था। महादेव ने मुझे सावधान करते हुए कहा, 'आपको राजगोपालाचार्य से जान-पहचान बढ़ा लेनी चाहिए।'

मैंने परिचय बढ़ाया। मैं प्रतिदिन उनके साथ लड़ाई की नीति के बारे में चर्चा करता था। सभाओं के अलावा मुझे और कुछ सूझता ही न था। यदि रौलट बिल कानून बन जाए, तो उसकी सविनय अवज्ञा किस प्रकार की जाए? उसकी सविनय अवज्ञा करने का अवसर तो तभी मिल सकता है जब सरकार दे। दूसरे कानूनों की सविनय अवज्ञा की जा सकती है? उसकी सीमा क्या हो? आदि प्रश्नों की चर्चा होती थी।

श्री कस्तूरी रंगा आयंगार ने नेताओं की एक छोटी सभा भी बुलाई। उसमें भी खूब चर्चा हुई। श्री विजय राघवाचार्य ने उसमें बढ़-चढ़कर हिस्सा लिया। उन्होंने सुझाव दिया कि मामूली से मामूली जानकारियां लिखकर मैं सत्याग्रह का शास्त्र तैयार कर लूं। मैंने बताया कि यह काम मेरी शक्ति से बाहर है।

इस प्रकार का विचार-मन्थन चल ही रहा था कि इतने में समाचार मिला कि बिल कानून के रूप में गजट में छप गया है। इस खबर के बाद की रात को मैं विचार करते-करते सो गया। सवेरे जल्दी जागा। अर्धनिद्रा में रहा होऊंगा कि ऐसे में मुझे सपने में एक विचार सूझा। मैंने सवेरे ही सवेरे राजगोपालाचार्य को बुलाया और कहा, 'मुझे रात सपने में यह विचार सूझा कि इस कानून के जवाब में हम सारे देश को हड़ताल करने की सलाह दें। सत्याग्रह आत्मशुद्धि की लड़ाई है। वह धार्मिक युद्ध है। धर्म कार्य का आरंभ शुद्धि से करना उचित प्रतीत होता है। उस दिन सब उपवास करें और काम-धंधा बंद रखें। मुसलमान भाई रोज़े से अधिक उपवास नहीं करेंगे, इसलिए चौबीस घंटों का उपवास करने की सिफारिश की जाए। इसमें सब प्रान्त शामिल होंगे या नहीं, यह तो कहा नहीं जा सकता। लेकिन बंबई, मद्रास, बिहार और सिन्ध की आशा तो मुझे है ही। यदि इतने स्थानों पर भी ठीक से हड़ताल हो जाए, तो हमें संतोष मानना चाहिए।'

राजगोपालाचार्य को यह सलाह बहुत अच्छी लगी। बाद में दूसरे मित्रों को तुरंत इसकी जानकारी दी गई। सबने इसका स्वागत किया। मैंने एक छोटी-सी विज्ञप्ति तैयार कर ली। पहले 1919 के मार्च की 30 तारीख रखी गई थी। बाद में 6 अप्रैल कर दी गई। लोगों को बहुत ही थोड़े दिन की मियाद दी गई थी। चूंकि काम तुरंत करना ज़रूरी समझा गया था, इसलिए तैयारी के लिए लंबी मियाद देने का समय ही न था।

लेकिन न जाने कैसे सारी व्यवस्था होती चली गई। समूचे हिन्दुस्तान में–शहरों में और गांवों में–हड़ताल हुई! वह भव्य दृश्य था!

31. वह सप्ताह-I

दक्षिण में थोड़ी यात्रा करके शायद मैं 4 अप्रैल को बंबई पहुंचा। शंकरलाल बैंकर का तार था कि छठी तारीख मनाने के लिए मुझे बंबई में मौजूद रहना चाहिए।

लेकिन इससे पहले दिल्ली में तो हड़ताल 30 मार्च के दिन ही मनाई जा चुकी थी। दिल्ली में स्वर्गीय श्रद्धानन्दजी और मरहूम हकीम साहब अजमल खां की बात पत्थर की लकीर होती थी। हड़ताल की तारीख आगे बढ़ाकर 6 अप्रैल करने की सूचना दिल्ली देर से पहुंची थी। दिल्ली में उस दिन जैसी हड़ताल हुई वैसी पहले कभी नहीं हुई थी। ऐसा जान पड़ा मानो हिन्दू और मुसलमान दोनों एक हो गए हैं। श्रद्धानन्दजी को जामा मस्जिद भेजा और वहां उन्होंने भाषण दिया। अधिकारी यह सब सहन नहीं कर पाए। रेलवे स्टेशन की तरफ जाते हुए जुलूस को पुलिस ने रोका और गोलियां चलाईं। कितने ही लोग घायल हुए। कुछ की जान गई। दिल्ली में दमन का सिलसिला शुरू हुआ। श्रद्धानन्दजी ने मुझे दिल्ली बुलाया। मैंने तार दिया कि बंबई में छठी तारीख मनाकर तुरंत दिल्ली पहुंचूंगा।

जो हाल दिल्ली का था, वही लाहौर-अमृतसर का भी रहा। अमृतसर से डॉक्टर सत्यपाल और किचलू के तार आए थे कि मुझे वहां तुरंत पहुंचना चाहिए। इन दो भाइयों को मैं उस समय बिलकुल जानता नहीं था। लेकिन वहां भी इस निश्चय की सूचना भेजी थी कि दिल्ली होकर अमृतसर पहुंचूंगा।

6 अप्रैल के दिन बंबई में सवेरे-सवेरे हज़ारों लोग चौपाटी पर स्नान करने गए और वहां से माधव बाग जाने के लिए जुलूस रवाना हुआ। उसमें महिलाएं और बच्चे भी थे। जुलूस में मुसलमान भी बड़ी संख्या में शामिल हुए थे। इस जुलूस में से मुसलमान भाई हमें एक मस्जिद में ले गए। वहां श्रीमती सरोजिनी देवी से और मुझसे भाषण कराए। वहां श्री विट्ठलदास जेराजाणी ने स्वदेशी और हिन्दू-मुस्लिम-एकता की प्रतिज्ञा करवाने का सुझाव रखा। मैंने ऐसी उतावली में प्रतिज्ञा कराने से इनकार किया और जितना हो रहा था उतने से संतोष करने की सलाह दी क्योंकि की हुई प्रतिज्ञा फिर तोड़ी नहीं जा सकती। स्वदेशी का अर्थ हमें समझना चाहिए। हिन्दू-मुस्लिम-एकता की प्रतिज्ञा की जिम्मेदारी का खयाल हमें रहना चाहिए–आदि बातें कहीं और यह बताया कि प्रतिज्ञा लेने का जिसका विचार हो, वह चाहे तो अगले दिन सवेरे चौपाटी के मैदान पर पहुंच जाए।

बंबई की हड़ताल संपूर्ण हड़ताल थी।

यहां कानून की सविनय अवज्ञा की तैयारी की गई थी। जिनकी अवज्ञा की जा सके, ऐसी दो-तीन चीज़ें थीं। जो कानून रद्द किए जाने लायक थे और जिनकी अवज्ञा सब सरलता से कर सकते थे, उनमें से एक का ही उपयोग करने का निश्चय था। नमक-कर का कानून सबको अखरता था। उस कर को रद्द कराने के लिए बहुत कोशिशें हो रही थीं। इसलिए मैंने एक सुझाव यह रखा था कि सब लोग बिना लाइसेंस के अपने घर में नमक बनाएं। दूसरा सुझाव सरकार द्वारा जब्त की हुई किताबें छपाने और बेचने का था। ऐसी दो किताबें मेरी ही थी–'हिंद स्वराज्य' और 'सर्वोदय'। इन किताबों का छपाना और बेचना सबसे सरल सविनय अवज्ञा प्रतीत हुई। इसलिए ये किताबें छपाई गईं और शाम को उपवास छूटने के बाद और चौपाटी की विराट सभा के विसर्जित होने के बाद इन्हें बेचने का प्रबंध किया गया।

शाम को कई स्वयंसेवक ये किताबें बेचने निकल पड़े। एक मोटर में मैं निकला और एक में श्रीमती सरोजिनी नायडू निकलीं। जितनी प्रतियां छपाई गई थीं उतनी सब बिक गईं। इनकी जो कीमत वसूल होती, वह लड़ाई के काम में ही खर्च की जानेवाली थी। एक प्रति का मूल्य चार आना रखा गया था। लेकिन मेरे हाथ पर या सरोजिनी देवी के हाथ पर शायद ही किसी ने चार आने रखे होंगे। अपनी जेब में जो था सो सब देकर किताबें खरीदनेवाले कई निकल आए। कोई-कोई दस और पांच के नोट भी देते थे। मुझे याद है कि एक प्रति के लिए 50 रुपये के नोट भी मिले थे। लोगों को समझा दिया गया था कि खरीदनेवाले के लिए भी जेल का खतरा है। लेकिन क्षण-भर के लिए लोगों ने जेल का भय छोड़ दिया था।

7 तारीख को पता चला कि जिन किताबों के बेचने पर सरकार ने रोक लगाई थी, सरकार की दृष्टि से वे बेची नहीं गई हैं। जो किताबें बिकी हैं वे तो उनकी दूसरी आवृत्ति मानी जाएंगी। जब्त की हुई किताबों में उनकी गिनती नहीं हो सकती। सरकार की ओर से यह कहा गया था कि नई आवृत्ति छपाने, बेचने और खरीदने में कोई गुनाह नहीं है। यह खबर सुनकर लोग निराश हुए।

उस दिन सवेरे लोगों को चौपाटी पर स्वदेशी-व्रत और हिन्दू-मुस्लिम एकता का व्रत लेने के लिए इकट्ठा होना था। विट्ठलदास जेराजाणी को यह पहला अनुभव हुआ कि हर चमकीली चीज़ सोना नहीं होती। बहुत थोड़े लोग इकट्ठा हुए थे। इनमें से दो-चार महिलाओं के नाम मेरे ध्यान में आ रहे हैं। पुरुष भी थोड़े ही थे। मैंने व्रतों का मसौदा बना रखा था। उपस्थित लोगों को उनका अर्थ अच्छी तरह समझा दिया गया और उन्हें व्रत लेने दिए गए। कम उपस्थिति से मुझे आश्चर्य नहीं हुआ; दुख भी नहीं हुआ। परंतु मैं उसी समय से धूम-धड़ाके के काम और धीमे तथा शांत रचनात्मक काम के बीच का भेद तथा लोगों में पहले काम के लिए पक्षपात और दूसरे के लिए अरुचि का अनुभव करता आया हूं।

लेकिन इस विषय के लिए एक अलग अध्याय देना पड़ेगा।

7 अप्रैल की रात को मैं दिल्ली-अमृतसर जाने के लिए रवाना हुआ। 8 को मथुरा पहुंचने पर कुछ ऐसी भनक कान में आई कि शायद मुझे गिरफ्तार करेंगे। मथुरा के

बाद एक स्टेशन पर गाड़ी रुकती थी। वहां आचार्य गिडवानी मिले। उन्होंने मेरे पकड़े जाने के बारे में पक्की खबर दी और ज़रूरत हो तो अपनी सेवा अर्पण करने के लिए कहा। मैंने धन्यवाद दिया और कहा कि ज़रूरत पड़ने पर आपकी सेवा लेना नहीं भूलूंगा।

पलवल स्टेशन आने के पहले ही पुलिस अधिकारी ने मेरे हाथ पर आदेश पत्र रखा। आदेश इस प्रकार का था, 'पंजाब में आपके प्रवेश करने से अशांति बढ़ने का डर है, इसलिए आप पंजाब की सीमा में प्रवेश न करें।' आदेश-पत्र देकर पुलिस ने मुझे उतर जाने को कहा। मैंने उतरने से इनकार किया और कहा, 'मैं अशांति बढ़ाने नहीं, बल्कि निमंत्रण पाकर अशांति घटाने के लिए जाना चाहता हूं। इसलिए खेद है कि मुझसे इस आदेश का पालन नहीं हो सकेगा।'

पलवल आया। महादेव मेरे साथ थे। उनसे मैंने दिल्ली जाकर श्रद्धानन्दजी को खबर देने और लोगों को शांत रखने के लिए कहा। मैंने महादेव से यह भी कहा कि वे लोगों को बता दें कि सरकारी आदेश का अनादर करने के कारण जो सज़ा होगी उसे भोगने का मैंने निश्चय कर लिया है, साथ ही लोगों को यह समझाने के लिए कहा कि मुझे सज़ा होने पर भी उनके शांत रहने में ही हमारी जीत है।

मुझे पलवल स्टेशन पर उतार लिया गया और पुलिस के हवाले किया गया। फिर दिल्ली से आनेवाली किसी ट्रेन के तीसरे दर्जे के डिब्बे में मुझे बैठाया गया और साथ में पुलिस का दल भी बैठा। मथुरा पहुंचने पर मुझे पुलिस की बैरक में ले गए। मेरा क्या होगा और मुझे कहां ले जाना है, यह कोई पुलिस अधिकारी मुझे बता न सका। सुबह 4 बजे मुझे जगाया गया और बंबई की ओर जानेवाली मालगाड़ी में बिठा दिया गया। दोपहर को मुझे सवाई माधोपुर स्टेशन पर उतारा गया। वहां बंबई की डाकगाड़ी में लाहौर से इन्स्पेक्टर बोरिंग आए। उन्होंने मेरा चार्ज लिया।

अब मुझे पहले दर्जे में बैठाया गया। साथ में, साहब भी बैठे। अभी तक मैं एक साधारण कैदी था, अब 'जेंटलमैन कैदी' माना जाने लगा। साहब ने सर माइकल ओडवायर का बखान शुरू किया। उन्हें मेरे विरुद्ध तो कोई शिकायत है ही नहीं, किंतु मेरे पंजाब जाने से उन्हें अशांति का पूरा डर है, आदि बातें कहकर मुझे स्वेच्छा से लौट जाने और फिर से पंजाब की सीमा पार न करने का अनुरोध किया। मैंने उनसे कह दिया कि मुझसे इस आज्ञा का पालन नहीं हो सकेगा और मैं स्वेच्छा से वापस जाने को तैयार नहीं। इसलिए साहब ने लाचार होकर कानूनी कार्रवाई करने की बात कही। मैंने पूछा, 'लेकिन यह तो कहिए कि आप मेरा क्या करना चाहते हैं?' वे बोले, 'मुझे पता नहीं है। मैं दूसरे आदेश की राह देख रहा हूं। अभी तो मैं आपको बंबई ले जा रहा हूं।'

सूरत पहुंचने पर किसी दूसरे अधिकारी ने मुझे अपने कब्जे में लिया। उसने मुझे रास्ते में कहा, 'आप रिहा कर दिए गए हैं। लेकिन आपके लिए मैं ट्रेन को मैरीन लाइन्स स्टेशन के पास रुकवाऊंगा। आप वहां उतर जाएंगे, तो ज्यादा अच्छा होगा। कोलाबा स्टेशन पर बड़ी भीड़ होने की संभावना है।' मैंने उससे कहा कि आपका कहा मानने में मुझे प्रसन्नता होगी। वह खुश हुआ और उसने मुझे धन्यवाद दिया। मैं मैरीन लाइन्स पर

उतरा। वहां किसी परिचित की घोड़ागाड़ी दिखाई दी। वे मुझे रेवाशंकर झवेरी के घर छोड़ गए। उन्होंने मुझे खबर दी, 'आपके पकड़े जाने की खबर पाकर लोग गुस्से में हैं और होश में नहीं हैं। पायधूनी के पास दंगे का खतरा है। मजिस्ट्रेट और पुलिस वहां पहुंच गई है।'

मैं घर पहुंचा ही था कि इतने में उमर सोबानी और अनसूया बहन मोटर में आए और उन्होंने मुझे पायधूनी चलने को कहा। उन्होंने बताया, 'लोग अधीर हो गए हैं और बड़े उत्तेजित हैं। हममें से किसी के किए शांत नहीं हो सकते। आपको देखेंगे तभी शांत होंगे।'

मैं मोटर में बैठ गया। पायधूनी पहुंचते ही रास्ते में भारी भीड़ दिखाई दी। लोग मुझे देखकर खुशी से झूम उठे। अब जुलूस बना। 'वन्दे मातरम्' और 'अल्ला हो अकबर' के नारों से आकाश गूंज उठा। पायधूनी पर घुड़सवार दिखाई दिए। ऊपर से ईंटों की वर्षा हो रही थी। मैं हाथ जोड़कर लोगों से प्रार्थना कर रहा था कि वे शांत रहें। लेकिन जान पड़ा कि हम भी ईंटों की इस बौछार से बच नहीं पाएंगे।

अब्दुर्रहमान गली में से क्रॉफर्ड मार्केट की ओर जाते हुए जुलूस को रोकने के लिए घुड़सवारों की एक टुकड़ी सामने से आ पहुंची। वे जुलूस को फोर्ट की ओर जाने से रोकने की कोशिश कर रहे थे। लोग वहां समा नहीं रहे थे। लोगों ने पुलिस की पांत को चीरकर आगे बढ़ने के लिए ज़ोर लगाया। वहां हालत ऐसी नहीं थी कि मेरी आवाज़ सुनाई पड़ सके। यह देखकर घुड़सवारों की टुकड़ी के अफसर ने भीड़ को तितर-बितर करने का हुक्म दिया और अपने भालों को घुमाते हुए इस टुकड़ी ने एकदम घोड़े दौड़ाने शुरू कर दिए। मुझे डर लगा कि उनके भाले हमारा काम तमाम कर दें तो आश्चर्य नहीं। लेकिन मेरा वह डर निराधार था। सारे भाले बगल से होकर रेलगाड़ी की गति से सनसनाते हुए दूर निकल जाते थे। लोगों की भीड़ में दरार पड़ी। भगदड़ मच गई। कोई कुचला गया। कोई घायल हुआ। घुड़सवारों को निकलने के लिए रास्ता नहीं था। वे पीछे लौटें तो उधर भी हज़ारों लोग ठसाठस भरे हुए थे। सारा दृश्य भयंकर प्रतीत हुआ। घुड़सवार और जनता दोनों उन्मत्त थे। घुड़सवार कुछ देखते ही नहीं थे या देख नहीं सकते थे। वे तो टेढ़े-मेढ़े होकर घोड़ों को दौड़ाने में लगे थे। मैंने देखा कि जितना समय इन हज़ारों के दल को चीरने में लगा, उतने समय तक वे कुछ देख ही नहीं सकते थे।

इस तरह लोगों को तितर-बितर किया गया और आगे बढ़ने से रोका गया। हमारी मोटर को आगे जाने दिया गया। मैंने कमिश्नर के कार्यालय के सामने मोटर रुकवाई और मैं उससे पुलिस के व्यवहार की शिकायत करने के लिए उतरा।

32. वह सप्ताह-II

मैं कमिश्नर ग्रिफिथ साहब के कार्यालय में गया। उनकी सीढ़ी के पास जहां भी नज़र गई, वहीं हथियारबंद सैनिकों को बैठा पाया, मानो लड़ाई के लिए तैयार हो रहे हों! बरामदे में भी हलचल मची हुई थी। मैं खबर देकर ऑफिस में बैठा, तो देखा कि कमिश्नर के पास मिस्टर बोरिंग बैठे हुए हैं।

मैंने कमिश्नर से उस दृश्य का वर्णन किया, जिसे मैं अभी-अभी देखकर आया था। उन्होंने संक्षेप में जवाब दिया, 'मैं नहीं चाहता था कि जुलूस फोर्ट की ओर जाए। वहां जाने पर उपद्रव हुए बिना न रहता और मैंने देखा कि लोग लौटनेवाले नहीं थे। इसलिए घोड़े दौड़ाने के अलावा मेरे पास दूसरा कोई उपाय न था।'

मैंने कहा, 'किन्तु उसका परिणाम तो आप जानते थे। लोग घोड़ों के पैरों तले कुचले जाने से बच नहीं सकते थे। मेरा तो खयाल है कि घुड़सवारों की टुकड़ी भेजने की ज़रूरत ही नहीं थी।'

साहब बोले, 'आप इसे समझ नहीं सकते। आपकी शिक्षा का लोगों पर क्या असर हुआ है, इसका पता आपकी तुलना में हम पुलिसवालों को अधिक रहता है। हम पहले से कड़ी कार्रवाई न करें, तो अधिक नुक़सान हो सकता है। मैं आपसे कहता हूं कि लोग आपके काबू में भी रहनेवाले नहीं हैं। वे कानून को तोड़ने की बात तो झट समझ जाएंगे, लेकिन शांति की बात समझना उनकी शक्ति से परे है। आपकी नीयत अच्छी है, लेकिन लोग उसे समझेंगे नहीं। वे तो अपने स्वभाव के अनुसार ही चलेंगे।'

मैंने जवाब दिया, 'किंतु आपके और मेरे बीच जो भेद है, सो इसी बात में है। मैं कहता हूं कि लोग स्वभाव से लड़ाकू नहीं, बल्कि शांतिप्रिय हैं।'

हममें बहस होने लगी।

आखिर साहब ने कहा, 'अच्छी बात है, अगर आपको विश्वास हो जाए कि लोग आपकी शिक्षा को समझे नहीं हैं, तो आप क्या करेंगे?'

मैंने उत्तर दिया, 'यदि मुझे इसका विश्वास हो जाए, तो मैं इस लड़ाई को स्थगित कर दूंगा।'

'स्थगित करने का मतलब क्या? आपने तो मिस्टर बोरिंग से कहा है कि मुक्त होने पर आप तुरंत वापस पंजाब जाना चाहते हैं!'

'हां, मेरा इरादा तो लौटती ट्रेन से ही वापस जाने का था, लेकिन अब आज तो जाना हो ही नहीं सकता।'

'आप धैर्य से काम लेंगे तो आपको और अधिक बातें मालूम होंगी। आप जानते हैं, अहमदाबाद में क्या हो रहा है? अमृतसर में क्या हुआ है? सब कहीं लोग पागल-से हो गए हैं। मुझे भी पूरा पता नहीं है। कई स्थानों में तार भी टूटे हैं। मैं तो आपसे कहता हूं कि इस सारे उपद्रव की जवाबदेही आपके सिर पर है।'

मैंने कहा : 'मुझे जहां अपनी जिम्मेदारी महसूस होगी, वहां मैं उसे अपने ऊपर लिए बिना नहीं रहूंगा। अहमदाबाद में लोग थोड़ा भी उपद्रव करें, तो मुझे आश्चर्य और दुख होगा। अमृतसर के बारे में मैं कुछ भी नहीं जानता। वहां तो मैं कभी गया ही नहीं। वहां मुझे कोई जानता भी नहीं है। लेकिन मैं इतना जानता हूं कि पंजाब की सरकार ने मुझे वहां जाने से रोका न होता, तो मैं शांति-रक्षा में बहुत मदद कर सकता था। मुझे रोककर तो सरकार ने लोगों को चिढ़ाया ही है।'

इस तरह हमारी बातचीत होती रही। हम एकमत होनेवाले नहीं थे। मैं यह कहकर विदा हुआ कि चौपाटी पर सभा करने और लोगों को शांति रखने के लिए समझाने का मेरा इरादा है।

चौपाटी पर सभा हुई। मैंने लोगों को शांति और सत्याग्रह की सीमा के विषय में समझाया और बतलाया, 'सत्याग्रह सच्चे का हथियार है। यदि लोग शांति न रखेंगे, तो मैं सत्याग्रह की लड़ाई कभी न लड़ सकूंगा।'

अहमदाबाद से श्री अनसूया बहन को भी खबर मिल चुकी थी कि वहां उपद्रव हुआ है। किसी ने अफवाह फैला दी थी कि वे भी पकड़ी गई हैं। इससे मज़दूर पागल हो उठे थे। उन्होंने हड़ताल कर दी थी, उपद्रव भी मचाया था, और एक सिपाही का खून भी हो गया था।

मैं अहमदाबाद गया। मुझे पता चला कि नड़ियाद के पास रेल की पटरी उखाड़ने की कोशिश भी हुई थी। वीरमगाम में एक सरकारी कर्मचारी का खून हो गया था। अहमदाबाद पहुंचा तब वहां मार्शल लॉ लग चुका था। लोगों में आतंक फैला हुआ था। लोगों ने जैसा किया वैसा पाया और उसका ब्याज भी पाया।

मुझे कमिश्नर मिस्टर प्रेट के पास ले जाने के लिए एक आदमी स्टेशन पर हाजिर था। मैं उनके पास गया। वे बहुत गुस्से में थे। मैंने उन्हें शांति से उत्तर दिया। जो हत्या हुई थी उसके लिए मैंने खेद प्रकट किया। यह भी सुझाया कि मार्शल लॉ की ज़रूरत नहीं है, और फिर से शांति स्थापित करने के लिए जो उपाय करने ज़रूरी हों, सो करने की अपनी तैयारी बताई। मैंने आमसभा बुलाने की मांग की। यह सभा आश्रम की भूमि पर करने की अपनी इच्छा प्रकट की। उन्हें यह बात अच्छी लगी। जहां तक मुझे याद है, मैंने रविवार 13 अप्रैल को सभा की थी। मार्शल लॉ भी उसी दिन या दूसरे दिन उठाया गया। उस सभा में मैंने लोगों को उनके अपने दोष दिखाने का प्रयत्न किया। मैंने प्रायश्चित के रूप में तीन दिन के उपवास किए और लोगों को एक दिन का उपवास करने की सलाह दी। जिन्होंने हत्या वगैरह में हिस्सा लिया हो उन्हें मैंने सुझाया कि वे अपना अपराध स्वीकार कर लें।

मैंने अपना धर्म स्पष्ट देखा। जिन मज़दूरों आदि के बीच मैंने इतना समय बिताया था, जिनकी मैंने सेवा की थी और जिनसे मैं अच्छे व्यवहार की आशा रखता था, उन्होंने उपद्रव में हिस्सा लिया, यह मुझे असह्य मालूम हुआ और मैंने अपने को उनके दोष में हिस्सेदार माना।

जिस तरह मैंने लोगों को समझाया कि वे अपना अपराध स्वीकार कर लें, उसी तरह सरकार को भी गुनाह माफ करने की सलाह दी। दोनों में से किसी एक ने भी मेरी बात नहीं सुनी। न लोगों ने अपने दोष स्वीकार किए, न सरकार ने किसी को माफ किया।

स्वर्गीय रमण भाई आदि नागरिक मेरे पास आए और मुझे सत्याग्रह स्थगित करने के लिए मनाने लगे। लेकिन मुझे मनाने की ज़रूरत ही नहीं रही थी। मैंने खुद निश्चय कर लिया था कि जब तक लोग शांति का पाठ न सीख लें, तब तक सत्याग्रह स्थगित रखा जाए। इससे वे प्रसन्न हुए।

कुछ मित्र नाराज़ भी हुए। उनका खयाल यह था कि अगर मैं सब कहीं शांति की आशा रखूं और सत्याग्रह की यही शर्त रहे, तो बड़े पैमाने पर सत्याग्रह कभी चल ही नहीं सकता। मैंने अपना मतभेद प्रकट किया। जिन लोगों में काम किया गया है, जिनके द्वारा

सत्याग्रह करने की आशा रखी जाती है, वे यदि शांति का पालन न करें, तो ज़रूर ही सत्याग्रह कभी चल नहीं सकता। मेरा तर्क यह था कि सत्याग्रही नेताओं को इस प्रकार की शांति बनाए रखने की शक्ति जुटानी चाहिए। अपने इन विचारों को मैं आज भी बदल नहीं सका हूं।

33. 'पहाड़-जैसी भूल'

अहमदाबाद की सभा के तुरंत बाद मैं नड़ियाद गया। 'पहाड़-जैसी भूल' नामक जो वाक्यांश प्रसिद्ध हुआ है, उसका उपयोग मैंने पहली बार नड़ियाद में किया। अहमदाबाद में ही मुझे अपनी भूल का अहसास होने लगा था। लेकिन नड़ियाद में वहां की स्थिति का विचार करके और यह सुनकर कि खेड़ा जिले के बहुत से लोग पकड़े गए हैं, जिस सभा में मैं घटित घटनाओं पर भाषण कर रहा था, उसमें मुझे अचानक यह खयाल आया कि खेड़ा जिले के और ऐसे दूसरे लोगों को कानून का सविनय भंग करने के लिए निमंत्रित करने में मैंने जल्दबाजी की भूल की और वह भूल मुझे पहाड़-जैसी मालूम हुई।

इस प्रकार अपनी भूल कबूल करने के लिए मेरी खूब हंसी उड़ाई गई। फिर भी अपनी इस स्वीकृति के लिए मुझे कभी पश्चात्ताप नहीं हुआ। मैंने हमेशा यह माना है कि जब हम दूसरों के पहाड़-जैसे दोषों को राई मानकर देखते हैं और अपने राई प्रतीत होनेवाले दोषों को पहाड़-जैसा देखना सीखते हैं, तभी हमें अपने और पराए दोषों का ठीक-ठीक अंदाज़ हो पाता है। मैंने यह भी माना है कि सत्याग्रही बनने की इच्छा रखनेवाले को तो इस साधारण नियम का पालन बहुत बारीकी के साथ करना चाहिए।

अब हम यह देखें कि पहाड़-जैसी प्रतीत होनेवाली वह भूल क्या थी। कानून का सविनय भंग उन्हीं लोगों द्वारा किया जा सकता है, जिन्होंने विनयपूर्वक और स्वेच्छा से कानून का सम्मान किया हो। अधिकतर तो हम कानून का पालन इसलिए करते हैं कि उसे तोड़ने पर जो सज़ा होती है उससे हम डरते हैं और यह बात उस कानून पर विशेष रूप से घटित होती है, जिसमें नीति-अनीति का प्रश्न नहीं होता। कानून हो चाहे न हो, जो लोग भले माने जाते हैं वे एकाएक कभी चोरी नहीं करते। फिर भी रात में साइकल पर बत्ती जलाने के नियम से बच निकलने में भले आदमियों को भी क्षोभ नहीं होता; और ऐसे नियम का पालन करने की कोई सलाह-भर देता है, तो भले आदमी भी उसका पालन करने के लिए तुरंत तैयार नहीं होते। लेकिन जब वह कानून का अंग बन जाता है और उसे भंग करने पर दंडित होने का डर लगता है, तब दंड की असुविधा से बचने के लिए वे भी रात में साइकल पर बत्ती जलाते हैं। इस प्रकार का नियम-पालन स्वेच्छा से किया हुआ पालन नहीं कहा जा सकता।

लेकिन सत्याग्रही समाज के जिन कानूनों का सम्मान करेगा, वह सम्मान सोच-समझकर, स्वेच्छा से, सम्मान करना धर्म है, ऐसा मानकर करेगा। जिसने इस प्रकार समाज के नियमों का विचारपूर्वक पालन किया है, उसी को समाज के नियमों में नीति-अनीति का भेद करने की शक्ति मिलती है और उसी को मर्यादित परिस्थितियों में उन नियमों को

तोड़ने का अधिकार पाने से पहले मैंने उन्हें सविनय कानून भंग के लिए बुलाया, अपनी यह भूल मुझे पहाड़-जैसी लगी और खेड़ा जिले में प्रवेश करने पर मुझे खेड़ा की लड़ाई का स्मरण हुआ और लगा कि मैं बिलकुल गलत रास्ते पर चल पड़ा हूं। मुझे लगा कि लोग सविनय कानून-भंग करने योग्य बनें, इससे पहले उन्हें उसके गंभीर रहस्य का ज्ञान होना चाहिए। जिन्होंने कानूनों को रोज़ जान-बूझकर तोड़ा हो, जो गुप्त रीति से अनेक बार कानूनों का भंग करते हों, वे अचानक सविनय कानून-भंग को कैसे समझ सकते हैं? उसकी मर्यादा का पालन कैसे कर सकते हैं?

यह तो सहज ही समझ में आ सकता है कि इस प्रकार की आदर्श स्थिति तक हज़ारों या लाखों लोग नहीं पहुंच सकते। किंतु अगर ऐसी ही बात है तो सविनय कानून-भंग कराने से पहले शुद्ध स्वयंसेवकों का एक ऐसा दल खड़ा होना चाहिए, जो लोगों को ये सारी बातें समझाए और प्रतिक्षण उनका मार्गदर्शन करें और ऐसे दल को सविनय कानून-भंग का तथा उसकी मर्यादा का पूरा-पूरा ज्ञान होना चाहिए।

इन विचारों के साथ मैं बंबई पहुंचा और सत्याग्रह सभा के द्वारा सत्याग्रही स्वयंसेवकों का एक दल खड़ा किया। लोगों को सविनय कानून-भंग का मर्म समझाने के लिए जिस शिक्षा की ज़रूरत थी, वह इस दल के जरिए देनी शुरू की और इस चीज़ को समझानेवाली पत्रिकाएं निकालीं।

यह काम चला तो सही, लेकिन मैंने देखा कि मैं इसमें ज्यादा दिलचस्पी पैदा नहीं कर सका। स्वयंसेवक सीमित ही रहे। यह नहीं कहा जा सकता कि जो लोग भरती हुए, उन सबने नियमित शिक्षा ली। भरती में नाम लिखानेवाले भी जैसे-जैसे दिन बीतते गए, वैसे-वैसे दृढ़ बनने के बदले खिसकने लगे। मैं समझ गया कि सविनय कानून-भंग की गाड़ी, जैसे मैंने सोचा था, उससे धीमी चलेगी।

34. 'नवजीवन' और 'यंग इंडिया'

शांति-रक्षा का यह आंदोलन एक तरफ तो चाहे, धीमा था, फिर भी यह आंदोलन चल रहा था और दूसरी तरफ सरकार की दमन-नीति पूरे ज़ोर से चल रही थी। पंजाब में उसका प्रभाव दिखायी दिया। वहां फौजी कानून यानी तानाशाही शुरू हुई। नेतागण पकड़े गए। खास अदालतें, अदालतें नहीं थीं, बल्कि केवल गवर्नर का हुक्म बजाने का साधन बनी हुई थीं। उन्होंने बिना सबूत और बिना अपराध के लोगों को सज़ाएं दीं। फौजी सिपाहियों ने निर्दोष लोगों को कीड़ों की तरह पेट के बल चलाया। इसके सामने जलियांवाला बाग का घोर हत्याकांड तो मेरी दृष्टि में किसी गिनती में नहीं था, हालांकि आम लोगों का और दुनिया का ध्यान इस हत्याकांड ने ही खींचा था।

मुझ पर दबाव पड़ने लगा कि मैं जैसे भी बने पंजाब पहुंचूं। मैंने वाइसरॉय को पत्र लिखे, तार किए, लेकिन जाने की इजाज़त न मिली। बिना इजाज़त के जाने पर अंदर तो जा ही नहीं सकता था; केवल सविनय कानून-भंग करने का संतोष मिल सकता था। मेरे सामने यह विकट प्रश्न खड़ा था कि इस धर्म-संकट में मुझे क्या करना चाहिए। मुझे लगा कि निषेधाज्ञा का अनादर करके प्रवेश करूंगा, तो वह विनयपूर्ण अनादर न माना जाएगा।

शांति की जो प्रतीति मैं चाहता था, वह मुझे अब तक हुई नहीं थी। पंजाब की तानाशाही ने लोगों की अशांति को और भड़का दिया था। मुझे लगा कि ऐसे समय मेरे द्वारा की गई कानून की अवज्ञा जलती आग में घी डालने का काम करेगी। इसलिए पंजाब में प्रवेश करने की सलाह को मैंने तुरंत माना नहीं। मेरे लिए यह निर्णय एक कड़वा घूंट था। पंजाब से रोज़ अन्याय के समाचार आते थे और मुझे उन्हें रोज़ सुनना तथा दांत पीसकर रह जाना पड़ता था!

इतने में मिस्टर हार्निमन को, जिन्होंने 'क्रॉनिकल' को एक विशाल शक्ति बना दिया था, सरकार चुरा ले गई और जनता को इसका पता तक न चलने दिया गया। इस चोरी में जो गंदगी थी, उसकी बदबू मुझे अभी तक आया करती है। मैं जानता हूं कि मिस्टर हार्निमन अराजकता नहीं चाहते थे। मैंने सत्याग्रह-समिति की सलाह के बिना पंजाब सरकार का हुक्म तोड़ा, यह उन्हें अच्छा नहीं लगा था। सविनय कानून-भंग को स्थगित रखने में वे पूरी तरह सहमत थे। उसे स्थगित रखने का अपना निर्णय मैंने प्रकट किया, इसके पहले ही स्थगित रखने की सलाह देनेवाला उनका पत्र मेरे नाम रवाना हो चुका था और वह मेरा निर्णय सामने आने के बाद मुझे मिला। इसका कारण अहमदाबाद और बंबई के बीच की दूरी थी। इसलिए उनके देश-निकाले से मुझे जितना आश्चर्य हुआ, उतना ही दुख भी हुआ।

इस घटना के कारण 'क्रॉनिकल' के व्यवस्थापकों ने उसे चलाने का बोझ मुझ पर डाला। मिस्टर ब्रेलवी तो थे ही। इसलिए मुझे अधिक कुछ करना नहीं पड़ता था। फिर भी मेरे स्वभाव के अनुसार मेरे लिए यह जिम्मेदारी बहुत बड़ी हो गई थी।

लेकिन मुझे यह जिम्मेदारी अधिक दिन तक उठानी नहीं पड़ी। सरकार की मेहरबानी से 'क्रॉनिकल' बंद हो गया।

जो लोग 'क्रॉनिकल' की व्यवस्था के कर्ताधर्ता थे, वे ही लोग 'यंग इंडिया' की व्यवस्था पर भी निगरानी रखते थे। वे थे उमर सोबानी और शंकरलाल बैंकर। इन दोनों भाइयों ने मुझे सुझाया कि मैं 'यंग इंडिया' की जिम्मेदारी अपने सिर लूं। और 'क्रॉनिकल' के अभाव की थोड़ी क्षतिपूर्ति करने के विचार से 'यंग इंडिया' को हफ्ते में एक बार के बजाय दो बार निकालना उन्हें और मुझे ठीक लगा। मुझमें लोगों को सत्याग्रह का रहस्य समझाने का उत्साह था। पंजाब के बारे में मैं और कुछ नहीं तो कम-से-कम उचित आलोचना तो कर ही सकता था, और उसके पीछे सत्याग्रह-रूपी शक्ति है, इसका पता सरकार को था ही। इसलिए इन मित्रों की सलाह मैंने मान ली।

किंतु अंग्रेज़ी के द्वारा जनता को सत्याग्रह की शिक्षा कैसे दी जा सकती थी? गुजरात मेरे कार्य का मुख्य क्षेत्र था। इस समय भाई इन्दुलाल याज्ञिक, उमर सोबानी और शंकरलाल बैंकर की मंडली में थे। वे 'नवजीवन' नामक गुजराती मासिक चला रहे थे। उसका खर्च भी यही मित्र पूरा करते थे। भाई इन्दुलाल ने और उन मित्रों ने यह पत्र मुझे सौंप दिया और भाई इन्दुलाल ने इसमें काम करना भी स्वीकार किया। इस मासिक को साप्ताहिक बनाया गया।

इस बीच 'क्रॉनिकल' फिर जी उठा, इसलिए 'यंग इंडिया' फिर से साप्ताहिक हो गया और मेरी सलाह मानकर उसे अहमदाबाद ले जाया गया। दो पत्रों के अलग-अलग स्थानों

से निकलने में खर्च अधिक होता था और मुझे अधिक कठिनाई होती थी। 'नवजीवन' तो अहमदाबाद से ही निकलता था। ऐसे पत्रों के लिए स्वतंत्र प्रेस होना चाहिए, इसका अनुभव मुझे 'इंडियन ओपीनियन' के संबंध में हो ही चुका था। इसके अलावा, यहां के उस समय के अखबारों के कानून भी ऐसे थे कि मैं जो विचार प्रकट करना चाहता था, उन्हें व्यापारिक दृष्टि से चलनेवाले प्रेस के मालिक छापने में हिचकिचाते थे। अपना स्वतंत्र प्रेस खड़ा करने का यह भी एक बड़ा कारण था और यह काम अहमदाबाद में ही आसानी से हो सकता था। इसलिए 'यंग इंडिया' को अहमदाबाद ले गए।

इन पत्रों के द्वारा मैंने जनता को यथासंभव सत्याग्रह की शिक्षा देना शुरू किया। पहले दोनों पत्रों की थोड़ी ही प्रतियां खपती थीं। लेकिन बढ़ते-बढ़ते वे चालीस हजार के आसपास पहुंच गईं। 'नवजीवन' के ग्राहक एकदम बढ़े, जब कि 'यंग इंडिया' के धीरे-धीरे बढ़े। मेरे जेल जाने के बाद इसमें कमी हुई और आज दोनों की ग्राहक संख्या 8,000 से नीचे चली गई है।

इन पत्रों में विज्ञापन न लेने का मेरा आग्रह शुरू से ही था। मैं मानता हूं कि इससे कोई हानि नहीं हुई और इस परम्परा के कारण पत्रों के विचार स्वतंत्रता की रक्षा करने में बहुत मदद मिली।

इन पत्रों के द्वारा मैं अपनी शांति पा सका। क्योंकि मैं सविनय कानून-भंग तुरंत ही शुरू नहीं कर पाया, फिर भी मैं अपने विचार स्वतंत्रतापूर्वक प्रकट कर सका; जो लोग सलाह और सुझाव के लिए मेरी ओर देख रहे थे, उन्हें मैं आश्वासन दे सका। और मेरा विचार है कि दोनों पत्रों ने उस कठिन समय में जनता की अच्छी सेवा की और फौजी कानून के जुल्म को हलका करने में हाथ बंटाया।

35. पंजाब में

पंजाब में जो कुछ हुआ उसके लिए अगर सर माइकल ओडवायर ने मुझे गुनहगार ठहराया था, तो वहां के कई नवयुवक फौजी कानून के लिए भी मुझे गुनहगार ठहराने में हिचकिचाते न थे। क्रोध में भरे इन नवयुवकों का तर्क यह था कि यदि मैंने सविनय कानून-भंग को स्थगित न किया होता, तो जलियांवाला बाग का कत्लेआम कभी न होता और न फौजी कानून ही जारी हुआ होता। किसी-किसी ने तो यह धमकी भी दी थी कि मेरे पंजाब जाने पर लोग मुझे जान से मारे बिना न रहेंगे।

किंतु मुझे तो अपना कदम इतना सही लगता था कि उसके कारण समझदार आदमियों में गलतफहमी होने की गुंजाइश ही नहीं थी। मैं पंजाब जाने के लिए अधीर हो रहा था; मैंने पंजाब कभी देखा न था। अपनी आंखों से जो कुछ देखने को मिले, उसे देखने की मेरी तीव्र इच्छा थी; और मुझे बुलानेवाले डॉक्टर सत्यपाल, डॉक्टर किचलू तथा पंडित रामभजदत्त चौधरी को मैं देखना चाहता था। वे जेल में थे। लेकिन मुझे पूरा विश्वास था कि सरकार उन्हें लंबे समय तक जेल में रख ही नहीं सकेगी। मैं जब-जब बंबई जाता तब-तब बहुत से पंजाबी मुझसे आकर मिला करते थे। मैं उन्हें प्रोत्साहन देता था, जिसे पाकर वे प्रसन्न होते थे। इस समय मुझमें असीम आत्म-विश्वास था।

लेकिन मेरा जाना टलता जाता था। वाइसरॉय लिखाते रहते थे कि 'अभी ज़रा देर है।'

इस बीच हंटर-कमेटी आई। उसे फौजी कानून के दिनों में पंजाब के अधिकारियों द्वारा किए गए कारनामों की जांच करनी थी। दीनबंधु एण्ड्रूज वहां पहुंच गए थे। उनके पत्रों में हृदयविदारक वर्णन होते थे। उनके पत्रों की ध्वनि यह थी कि अखबारों में जो कुछ छपता था, फौजी कानून का जुल्म उससे कहीं अधिक था। पत्रों में मुझसे पंजाब पहुंचने का आग्रह किया गया। दूसरी तरफ मालवीयजी के भी तार आ रहे थे कि मुझे पंजाब पहुंचना चाहिए। इस पर मैंने वाइसरॉय को फिर तार दिया। उत्तर मिला, 'आप फलां तारीख को जा सकते हैं।' मुझे तारीख ठीक याद नहीं है, शायद वह 17 अक्टूबर थी।

लाहौर पहुंचने पर जो दृश्य मैंने देखा, वह कभी भुलाया नहीं जा सकता। स्टेशन पर लोगों का समुदाय इस कदर इकट्ठा हुआ था, मानो बरसों के विछोह के बाद कोई प्रियजन आ रहा हो और सगे-संबंधी उससे मिलने आए हों। लोग हर्ष से पागल हो गए थे।

मुझे पंडित रामभजदत्त चौधरी के घर ठहराया गया था। श्री सरला देवी चौधरानी पर, जिन्हें मैं पहले से जानता था, मेरी आवभगत का बोझ आ पड़ा था। 'आवभगत का बोझ' शब्द मैं जान-बूझकर लिख रहा हूं, क्योंकि आजकल की तरह उस समय भी जहां मैं ठहरता था, वहां मकान-मालिक का मकान धर्मशाला-सा हो जाता था।

पंजाब में मैंने देखा कि बहुत से पंजाबी नेताओं के जेल में होने के कारण मुख्य नेताओं का स्थान पंडित मालवीयजी, पंडित मोतीलालजी और स्वर्गीय स्वामी श्रद्धानन्दजी ने ले रखा था। मालवीयजी और श्रद्धानन्दजी के संपर्क में तो मैं आ ही चुका था, पर पंडित मोतीलालजी के निकट संपर्क में मैं लाहौर में ही आया। इन नेताओं ने और स्थानीय नेताओं ने, जिन्हें जेल जाने का सम्मान नहीं मिला था, मुझे तुरंत अपना बना लिया। मैं कहीं भी अपरिचित-सा नहीं जान पड़ा।

हंटर-कमेटी के सामने गवाही न देने का निर्णय सबने सर्वसम्मति से लिया। इसके सब कारण उस समय प्रकाशित कर दिए गए थे। इसलिए यहां मैं उनकी चर्चा नहीं करता। आज भी मेरा यह खयाल है कि वे कारण मज़बूत थे और कमेटी का बहिष्कार उचित था।

लेकिन यह निर्णय लिया गया कि यदि हंटर-कमेटी का बहिष्कार किया जाए, तो जनता की ओर से अर्थात् कांग्रेस की ओर से एक कमेटी होनी चाहिए। पंडित मालवीयजी, पंडित मोतीलाल नेहरू, स्वर्गीय चित्तरंजन दास, श्री अब्बास तैयब ज़ी और श्री जयकर को तथा मुझे इस कमेटी में रखा गया। हम जांच के लिए अलग-अलग स्थानों में बंट गए। इस कमेटी की व्यवस्था का भार सहज ही मुझ पर आ पड़ा था, और चूंकि अधिक-से-अधिक गांवों की जांच का काम मेरे हिस्से में आया था, इसलिए मुझे पंजाब और पंजाब के गांव देखने का खूब लाभ मिला।

इस जांच के दौरान पंजाब की महिलाओं से तो मैं इस तरह से मिला, मानो मैं उन्हें युगों से पहचानता होऊं। जहां जाता वहां उनके दल-से-दल मुझसे मिलतें और वे मेरे सामने

अपने काते हुए सूत का ढेर लगा देती थीं। इस जांच के सिलसिले में अनायास ही मैं यह देख सका कि पंजाब खादी का महान क्षेत्र हो सकता है।

लोगों पर ढाए गए जुल्मों की जांच करते हुए जैसे-जैसे मैं गहराई में उतरने लगा, वैसे-वैसे सरकारी अराजकता की, अधिकारियों की तानाशाही और निरंकुशता की अपनी कल्पना से परे की बातें सुनकर मुझे आश्चर्य हुआ और दुख भी हुआ। जिस पंजाब से सरकार को अधिक-से-अधिक सिपाही मिलते हैं, उस पंजाब में लोग इतना ज्यादा जुल्म कैसे सहन कर सके, यह बात मुझे उस समय भी आश्चर्यजनक मालूम हुई थी और आज भी मालूम होती है।

इस कमेटी की रिपोर्ट तैयार करने का काम भी मुझे ही सौंपा गया था। जो यह जानना चाहते हैं कि पंजाब में किस तरह के जुल्म हुए थे, उन्हें यह रिपोर्ट ज़रूर पढ़नी चाहिए। इस रिपोर्ट के बारे में इतना मैं कह सकता हूं कि उसमें जान-बूझकर एक भी जगह अतिशयोक्ति नहीं हुई है। जितनी हकीकतें दी गई हैं, उनके लिए उसी में प्रमाण भी दिए गए हैं। इस रिपोर्ट में जितने प्रमाण दिए गए हैं, उनसे अधिक प्रमाण कमेटी के पास मौजूद थे। जिसके विषय में तनिक भी शंका थी, ऐसी एक भी बात रिपोर्ट में नहीं दी गई। इस तरह केवल सत्य को ही ध्यान में रखकर लिखी हुई रिपोर्ट से पाठक देख सकेंगे कि ब्रिटिश राज्य अपनी सत्ता को मज़बूत बनाए रखने के लिए किस हद तक नीचे जा सकता है और कैसे अमानवीय काम कर सकता है। जहां तक मैं जानता हूं, इस रिपोर्ट की एक भी बात आज तक झूठ साबित नहीं हुई।

36. खिलाफत के बदले गोरक्षा?

अब थोड़ी देर के लिए पंजाब हत्याकांड को छोड़ दें।

कांग्रेस की तरफ से पंजाब की तानाशाही की जांच चल रही थी। इतने में एक सार्वजनिक निमंत्रण मेरे हाथ में आया। उसमें स्वर्गीय हकीम साहब और भाई आसफ अली के नाम थे। उसमें यह भी लिखा था कि सभा में श्रद्धानन्दजी उपस्थित रहनेवाले हैं। मुझे कुछ ऐसा याद आता है कि वे उप-सभापति थे। यह निमंत्रण दिल्ली में खिलाफत के संबंध में सामने आई परिस्थिति का विचार करनेवाली और संधि के उत्सव में सम्मिलित होने या न होने का निर्णय करनेवाली हिन्दू-मुसलमानों की एक संयुक्त सभा में उपस्थित होने का था। मुझे कुछ ऐसा याद है कि यह सभा नवंबर महीने में हुई थी।

इस निमंत्रण में यह लिखा था कि सभा में केवल खिलाफत के प्रश्न की ही चर्चा नहीं होगी, बल्कि गोरक्षा के प्रश्न पर भी विचार होगा और यह कि गोरक्षा साधने का यह एक सुंदर अवसर बनेगा। मुझे यह वाक्य चुभा। इस निमंत्रण-पत्र का उत्तर देते हुए मैंने लिखा कि मैं उपस्थित होने की कोशिश करूंगा और यह भी लिखा कि खिलाफत और गोरक्षा को एकसाथ मिलाकर उन्हें परस्पर सौदे का सवाल नहीं बनाया जाना चाहिए। हर प्रश्न का विचार उसके गुण-दोष की दृष्टि से किया जाना चाहिए।

मैं सभा में हाजिर रहा। सभा में उपस्थिति अच्छी थी। लेकिन बाद में जिस तरह हज़ारों लोग उमड़ते थे, वैसा दृश्य वहां नहीं था। इस सभा में श्रद्धानन्दजी उपस्थित थे।

मैंने उनके साथ इस मामले पर चर्चा की, उन्हें मेरा तर्क जंचा और उसे पेश करने का भार उन्होंने मुझ पर डाला। हकीम साहब के साथ भी मैंने बात कर ली थी। मेरा तर्क यह था कि दोनों प्रश्नों पर उनके अपने गुण-दोष की दृष्टि से विचार करना चाहिए। यदि खिलाफत के प्रश्न में सार हो, उसमें सरकार की ओर से अन्याय हो रहा हो, तो हिन्दुओं को मुसलमानों का साथ देना चाहिए और इस प्रश्न के साथ गोरक्षा के प्रश्न को नहीं जोड़ना चाहिए। अगर हिंदू ऐसी कोई शर्त रखते हैं, तो वह उन्हें शोभा नहीं देगा। मुसलमान खिलाफत के लिए मिलनेवाली मदद के बदले में गोवध बंद करें, तो वह उनके लिए भी शोभा नहीं देगा। पड़ोसी और एक ही भूमि के निवासी होने के नाते तथा हिन्दुओं की भावना का आदर करने की दृष्टि से यदि मुसलमान स्वतंत्र रूप से गोवध बंद करें, तो यह उनके लिए शोभा की बात होगी। यह उनका फर्ज है; और एक स्वतंत्र प्रश्न है। अगर यह फर्ज है और मुसलमान इसे फर्ज समझें, तो हिंदू खिलाफत के काम में मदद दें या न दें, तो भी मुसलमानों को गोवध बंद करना चाहिए। मैंने अपनी तरफ से यह तर्क पेश किया कि इस तरह दोनों प्रश्नों का विचार स्वतंत्र तरीके से किया जाना चाहिए और इसलिए इस सभा में तो सिर्फ खिलाफत के प्रश्न की ही चर्चा मुनासिब है। सभा को मेरा तर्क पसंद आया। गोरक्षा के प्रश्न पर सभा में चर्चा नहीं हुई। लेकिन मौलाना अब्दुल बारी साहब ने कहा, 'हिन्दू खिलाफत के मामले में मदद दें चाहे न दें, लेकिन हम एक ही मुल्क के रहनेवाले हैं इसलिए मुसलमानों को हिन्दुओं के जज्बात की खातिर गो-हत्या बंद करनी चाहिए।' एक समय तो ऐसा मालूम हुआ कि मुसलमान सचमुच गो-हत्या बंद कर देंगे।

कुछ लोगों की यह सलाह थी कि पंजाब के सवाल को भी खिलाफत के साथ जोड़ दिया जाए। मैंने इस विषय में अपना विरोध प्रकट किया। मेरा तर्क यह था कि पंजाब का प्रश्न स्थानीय है; पंजाब के दुख की वजह से हम हुकूमत से संबंध रखनेवाले संधि-विषयक उत्सव से अलग नहीं रह सकते। इस सिलसिले में खिलाफत के सवाल के साथ पंजाब को जोड़ देने से हम अपने सिर अविवेक का आरोप ले लेंगे। मेरा यह तर्क भी पसंद किया गया।

इस सभा में मौलाना हसरत मोहानी भी थे। उनसे मेरी जान-पहचान तो हो ही चुकी थी। पर वे कैसे लड़वैया हैं, इसका अनुभव मुझे यहीं हुआ। यहीं से हमारे बीच मतभेद शुरू हुआ और कई मामलों में वह आखिर तक बना रहा।

कई प्रस्तावों में एक प्रस्ताव यह भी था कि हिन्दू-मुसलमान सबको स्वदेशी-व्रत का पालन करना चाहिए और इसके लिए विदेशी कपड़े का बहिष्कार करना चाहिए। खादी का पुनर्जन्म अभी हुआ नहीं था। मौलाना हसरत मोहानी को यह प्रस्ताव जंच नहीं रहा था। यदि अंग्रेज़ी हुकूमत खिलाफत के मामले में इंसाफ न करे, तो उन्हें उससे बदला लेना था। इसलिए उन्होंने सुझाया कि यथासंभव हर तरह के ब्रिटिश माल का बहिष्कार करना चाहिए। मैंने हर तरह के ब्रिटिश माल के बहिष्कार की जरूरत और अयोग्यता के बारे में अपने वे तर्क पेश किए जो अब जगजाहिर हैं। मैंने अपनी अहिंसा-वृत्ति को भी अच्छी तरह समझाया। मैंने देखा कि सभा पर मेरे तर्कों का गहरा असर पड़ा है। हसरत मोहानी के तर्क सुनकर लोग ऐसा हर्षनाद करते थे कि मुझे लगा, यहां मेरी तूती की आवाज़ कोई

नहीं सुनेगा। लेकिन मुझे अपना धर्म चूकना और छिपाना नहीं चाहिए, यह सोचकर मैं बोलने के लिए उठा। लोगों ने मेरा भाषण बहुत ध्यान से सुना। मंच पर तो मुझे संपूर्ण समर्थन मिला और मेरे समर्थन में एक के बाद एक भाषण होने लगे। नेतागण यह देख सके कि ब्रिटिश माल के बहिष्कार का प्रस्ताव पास करने से एक भी काम सिद्ध नहीं होगा। हां जगहंसाई बहुत होगी। पूरी सभा में शायद ही कोई ऐसा आदमी देखने में आता था, जिसके शरीर पर कोई-न-कोई ब्रिटिश वस्तु न हो। इतना तो अधिकांश लोग समझ गए कि जो बात सभा में उपस्थित लोग भी नहीं कर सकते, उसे करने का प्रस्ताव पास करने से लाभ के बदले हानि ही होगी।

मौलाना हसरत मोहानी ने अपने भाषण में कहा, 'हमें आपके विदेशी कपड़े का बहिष्कार से संतोष हो ही नहीं सकता। कब हम अपनी ज़रूरत का सब कपड़ा पैदा कर सकेंगे और कब विदेशी कपड़े का बहिष्कार होगा? हमें तो ऐसी कोई चीज़ चाहिए, जिसका प्रभाव ब्रिटिश जनता पर तत्काल पड़े। आपका बहिष्कार चाहे रहे, पर इससे ज्यादा तेज कोई चीज़ आप हमें बताइए।' मैं यह भाषण सुन रहा था। मुझे लगा कि विदेशी वस्त्र के बहिष्कार के अलावा कोई दूसरी नई चीज़ सुझानी चाहिए। उस समय मैं यह तो स्पष्ट रूप से जानता था कि विदेशी वस्त्र का बहिष्कार तुरंत नहीं हो सकता। यदि हम चाहें तो संपूर्ण रूप से खादी तैयार करने की शक्ति हममें है, इस बात को जिस तरह मैं बाद में देख सका, वैसे उस समय नहीं देख सका था। अकेली मिल तो दगा दे जाएगी, यह मैं उस समय भी जानता था। जब मौलाना साहब ने अपना भाषण पूरा किया, तब मैं जवाब देने के लिए तैयार हो रहा था।

मुझे कोई उर्दू या हिन्दी शब्द तो नहीं सूझा। मुसलमानों की ऐसी खास सभा में तर्कयुक्त भाषण करने का मेरा यह पहला अनुभव था। कलकत्ते में मुस्लिम लीग की सभा में मैं बोला था, किन्तु वह तो कुछ मिनटों का और दिल को छूनेवाला भाषण था। लेकिन यहां तो मुझे विरुद्ध मत वाले समाज को समझाना था। लेकिन मैंने शरम छोड़ दी थी। मुझे दिल्ली के मुसलमानों के सामने शुद्ध उर्दू में लच्छेदार भाषण नहीं करना था, बल्कि अपनी मंशा टूटी-फूटी हिंदी में समझानी थी। यह काम मैं अच्छी तरह से कर सका। यह सभा इस बात का प्रत्यक्ष प्रमाण थी कि हिंदी-उर्दू ही राष्ट्रभाषा बन सकती है। अगर मैंने अंग्रेज़ी में भाषण दिया होता, तो मेरी गाड़ी आगे न बढ़ती; और मौलाना साहब ने जो चुनौती मुझे दी उसे देने का मौका न आया होता और आया भी होता तो मुझे उसका जवाब न सूझता।

उर्दू या हिन्दी शब्द ध्यान में न आने से मैं शरमाया, लेकिन मैंने जवाब तो दिया ही। मुझे 'नॉन-कोऑपरेशन' शब्द सूझा। जब मौलाना भाषण कर रहे थे तब मैं यह सोच रहा था कि मौलाना खुद कई मामलों में जिस सरकार का साथ दे रहे हैं, उस सरकार के विरोध की बात करना उनके लिए बेकार है। मुझे लगा कि जब तलवार से सरकार का विरोध नहीं करना है, तो उसका साथ न देने में ही सच्चा विरोध है। और इसलिए मैंने 'नॉन-कोऑपरेशन' शब्द का प्रयोग पहली बार इस सभा में किया। अपने भाषण में मैंने इसके समर्थन में अपने तर्क दिए। उस समय मुझे इस बात का कोई खयाल न था कि इस शब्द में कौन-कौन-सी बातें शामिल हो सकती हैं। इसलिए मैं विस्तार में न जा सका।

मुझे तो इतना ही कहने की याद है, 'मुसलमान भाइयों ने एक और भी महत्त्वपूर्ण फैसला किया है। ईश्वर न करे, लेकिन यदि कहीं सुलह की शर्तें उनके खिलाफ जाएं, तो वे सरकार की सहायता करना बंद कर देंगे। मेरे विचार में यह जनता का अधिकार है। सरकारी उपाधियां धारण करने या सरकारी नौकरियां पाने या करने के लिए हम बंधे हुए नहीं हैं। जब सरकार के हाथों खिलाफत-जैसे अत्यंत महत्त्वपूर्ण धार्मिक प्रश्न के संबंध में हमें नुक़सान पहुंचता है, तब हम उसकी सहायता कैसे कर सकते हैं? इसलिए अगर खिलाफत का फैसला हमारे खिलाफ हुआ, तो सरकार की सहायता न करने का हमें हक होगा।'

लेकिन इसके बाद इस बात का प्रचार होने में कई महीने बीत गए। यह शब्द कुछ महीनों तक तो इस सभा में ही दबा पड़ा रहा। एक महीने बाद जब अमृतसर में कांग्रेस का अधिवेशन हुआ, तो वहां मैंने असहयोग के प्रस्ताव का समर्थन किया। उस समय तो मैंने यही आशा रखी थी कि हिन्दू-मुसलमानों के लिए सरकार के खिलाफ असहयोग करने का अवसर नहीं आएगा।

37. अमृतसर की कांग्रेस

फौजी कानून के चलते एक तरह की फर्जी अदालतों में फालतू के मुकदमे चलाकर और अपराधी बनाकर सैकड़ों निर्दोष पंजाबियों को छोटी-बड़ी अवधियों के लिए जेल में ठूंस दिया था। पंजाब की सरकार उन्हें बहुत अधिक समय तक जेल में रख न सकी। इस घोर अन्याय के विरुद्ध चारों ओर से ऐसी जबरदस्त आवाज़ उठी कि सरकार के लिए इन कैदियों को अधिक समय तक जेल में रखना संभव न रहा। इसलिए कांग्रेस-अधिवेशन के पहले बहुत से कैदी छूट गए। लाला हरकिसन लाल आदि सब नेता रिहा हो गए और कांग्रेस-अधिवेशन के दिनों में अली भाई भी छूटकर आ गए। इससे लोगों के हर्ष की सीमा न रही। पंडित मोतीलाल नेहरू, जिन्होंने अपनी वकालत को एक तरफ रखकर पंजाब में ही डेरा डाल दिया था, कांग्रेस के सभापति थे। स्वामी श्रद्धानन्दजी स्वागत समिति के अध्यक्ष थे।

अब तक कांग्रेस में मेरा काम इतना ही रहता था कि हिन्दी में अपना छोटा-सा भाषण करूं, हिन्दी भाषा की वकालत करूं और उपनिवेशों में रहनेवाले हिन्दुस्तानियों का मामला पेश करूं! यह विचार नहीं था कि अमृतसर में मुझे इससे अधिक कुछ करना पड़ेगा। लेकिन जैसा कि मेरे संबंध में पहले भी हो चुका है, जिम्मेदारी अचानक मुझ पर आ पड़ी।

नए सुधारों के संबंध में सम्राट की घोषणा प्रकट हो चुकी थी। वह मुझे पूर्ण संतोष देनेवाली नहीं थी। और कइयों को तो वह बिलकुल पसंद ही नहीं थी। लेकिन उस समय मैंने यह माना था कि उक्त घोषणा में दिए गए सुधार त्रुटिपूर्ण होते हुए भी स्वीकार किए जा सकते हैं। सम्राट की घोषणा में मुझे लॉर्ड सिंह का हाथ दिखायी पड़ा था। उस समय की मेरी आंखों ने घोषणा की भाषा में आशा की किरणें देखी थीं। किंतु लोकमान्य, चित्तरंजनदास आदि अनुभवी योद्धा विरोध में सिर हिला रहे थे। भारतभूषण मालवीयजी तटस्थ थे।

मेरा डेरा मालवीयजी ने अपने ही कमरे में रखा था। उनकी सादगी की झांकी काशी विश्वविद्यालय के शिलान्यास के समय मैं देख चुका था। लेकिन इस बार तो उन्होंने मुझे अपने कमरे में ही स्थान दिया था। इससे मैं उनकी सारी दिनचर्या देख सका और मुझे सुखद आश्चर्य हुआ। उनका कमरा क्या था, गरीबों की धर्मशाला थी। उसमें कहीं रास्ता नहीं रहने दिया गया था। जहां-तहां लोग पड़े ही मिलते थे। वहां न कोई खाली जगह थी, न एकान्त था। चाहे जो आदमी चाहे जिस समय आता था और उनका चाहे जितना समय ले लेता था। इस कमरे के एक कोने में मेरा दरबार अर्थात् खटिया थी।

लेकिन मुझे इस अध्याय में मालवीयजी के रहन-सहन का वर्णन नहीं करना है। इसलिए मैं अपने विषय पर आता हूं।

इस स्थिति में मालवीयजी के साथ रोज़ मेरी बातचीत होती थी। वे मुझे सबका पक्ष बड़ा भाई जैसे छोटे को समझाता है वैसे प्रेम से समझाते थे। सुधार-संबंधी प्रस्ताव में भाग लेना मुझे धर्म प्रतीत हुआ। पंजाब-विषयक कांग्रेस की रिपोर्ट की जिम्मेदारी में मेरा हिस्सा था। पंजाब के विषय में सरकार से काम लेना था। खिलाफत का प्रश्न तो था ही। मैंने यह भी माना था कि मांटेग्यू हिन्दुस्तान के साथ विश्वासघात नहीं करने देंगे। कैदियों की और उनमें भी अली भाइयों की रिहाई को मैंने शुभ चिह्न माना था। इसलिए मुझे लगा कि सुधारों को स्वीकार करने का प्रस्ताव पास होना चाहिए। चित्तरंजनदास का दृढ़ मत था कि सुधारों को बिलकुल असंतोषजनक और अधूरे मानकर उनकी उपेक्षा करनी चाहिए। लोकमान्य कुछ तटस्थ थे। किन्तु देशबंधु जिस प्रस्ताव को पसंद करें, उसके पक्ष में अपना वजन डालने का उन्होंने निश्चय कर लिया था।

ऐसे पुराने अनुभवी और सुलझे हुए सर्वमान्य लोकनायक के साथ अपना मतभेद मुझे स्वयं असह्य मालूम हुआ। दूसरी ओर मेरी अंतरात्मा की आवाज़ स्पष्ट थी। मैंने कांग्रेस की बैठक में से भागने का प्रयास किया! पंडित मोतीलाल नेहरू और मालवीयजी को मैंने यह सुझाया कि मुझे अनुपस्थित रहने देने से सब काम बन जाएगा और मैं महान नेताओं के साथ मतभेद प्रकट करने के संकट से बच जाऊंगा।

यह सुझाव इन दोनों बुजुर्गों के गले न उतरा। जब बात लाला हरकिसन लाल के कान तक पहुंची, तो उन्होंने कहा, 'यह हरगिज न होगा। इससे पंजाबियों को भारी आघात पहुंचेगा।' मैंने लोकमान्य और देशबंधु के साथ विचार-विमर्श किया। मिस्टर जिन्ना से मिला। किसी तरह कोई रास्ता निकलता न था। मैंने अपनी वेदना मालवीयजी के सामने रखी, 'समझौते के कोई लक्षण मुझे दिखाई नहीं देते। यदि मुझे अपना प्रस्ताव रखना ही पड़ा, तो अंत में मत तो लिए ही जाएंगे। लेकिन यहां मत ले सकने की कोई व्यवस्था मैं नहीं देख रहा हूं। आज तक हमने भरी सभा में हाथ उठवाए हैं। हाथ उठाते समय दर्शकों और प्रतिनिधियों के बीच कोई भेद नहीं रहता। ऐसी विशाल सभा में मत गिनने की कोई व्यवस्था हमारे पास नहीं होती। इसलिए मुझे अपने प्रस्ताव पर मत दिलवाने हों, तो भी इसकी सुविधा नहीं है।'

लाला हरकिसन लाल ने यह सुविधा संतोषजनक तरीके से कर देने का जिम्मा लिया। उन्होंने कहा, 'मत लेने के दिन दर्शकों को नहीं आने देंगे। केवल प्रतिनिधि ही

आएंगे और वहां मतों की गिनती करा देना मेरा काम होगा। लेकिन आप कांग्रेस की बैठक में अनुपस्थित तो रह ही नहीं सकते।'

आखिर मैं हारा। मैंने अपना प्रस्ताव तैयार किया। बड़े संकोच से मैंने उसे पेश करना कबूल किया। मिस्टर जिन्ना और मालवीयजी उसका समर्थन करनेवाले थे। भाषण हुए। मैं देख रहा था कि हालांकि हमारे मतभेद में कहीं कटुता नहीं थी, भाषणों में भी तर्कों के अलावा और कुछ नहीं था, फिर भी सभा ज़रा-सा भी मतभेद सहन नहीं कर सकती थी और नेताओं के मतभेद से उसे दुख हो रहा था। सभा को तो एकमत चाहिए था।

जब भाषण हो रहे थे उस समय भी मंच पर मतभेद मिटाने की कोशिशें चल रही थीं। एक-दूसरे के बीच चिट्ठियां आ-जा रही थीं। मालवीयजी, जैसे भी बने, समझौता कराने का प्रयत्न कर रहे थे। इतने में जयरामदास ने मेरे हाथ पर अपना सुझाव रखा और सदस्यों को मत देने के संकट से उबार लेने के लिए बहुत मीठे शब्दों में मुझसे प्रार्थना की। मुझे उनका सुझाव पसंद आया। मालवीयजी की दृष्टि तो चारों ओर आशा की खोज में घूम ही रही थी। मैंने कहा, 'यह सुझाव दोनों पक्षों को पसंद आने लायक लगता है।' मैंने उसे लोकमान्य को दिखाया। उन्होंने कहा, 'दास को पसंद आ जाए, तो मुझे कोई आपत्ति नहीं।' देशबंधु पिघले। उन्होंने बिपिनचंद्र पाल की तरफ देखा। मालवीयजी को पूरी आशा बंध गई। उन्होंने परची हाथ से छीन ली। अभी देशबंधु के मुंह से 'हां' का शब्द पूरा निकल भी नहीं पाया था कि वे बोल उठे, 'सज्जनो, आपको यह जानकर खुशी होगी कि समझौता हो गया है।' फिर क्या था, तालियों की गड़गड़ाहट से मंडप गूंज उठा और लोगों के चेहरों पर जो गंभीरता थी, उसके बदले खुशी चमक उठी।

यह प्रस्ताव क्या था, इसकी चर्चा की यहां ज़रूरत नहीं। यह प्रस्ताव किस तरह स्वीकृत हुआ, इस संबंध में इतना ही बतलाना मेरे इन प्रयोगों का विषय है। समझौते ने मेरी जिम्मेदारी बढ़ा दी।

38. कांग्रेस में प्रवेश

मुझे कांग्रेस के कामकाज में हिस्सा लेना पड़ा, इसे मैं कांग्रेस में अपना प्रवेश नहीं मानता। इससे पहले की कांग्रेस की बैठकों में मैं गया सो सिर्फ अपनी वफादारी की निशानी के रूप में। छोटे-से-छोटे सिपाही के काम के अलावा मेरा वहां दूसरा कोई कार्य हो सकता है, ऐसा पहले की बैठकों के समय मुझे कभी आभास नहीं हुआ था, न इससे अधिक कुछ करने की मुझे इच्छा हुई थी।

अमृतसर के अनुभव ने बतलाया कि मेरी एक-दो शक्तियां कांग्रेस के लिए उपयोगी हैं। मैं यह देख सका था कि पंजाब की जांच-कमेटी के मेरे काम से लोकमान्य, मालवीय जी, मोतीलाल जी, देशबंधु आदि खुश हुए थे। इसलिए उन्होंने मुझे अपनी बैठकों और चर्चाओं में बुलाया। इतना तो मैंने देख लिया था कि विषयों की विचार समिति का सच्चा काम इन्हीं बैठकों में होता था और ऐसी चर्चाओं में वे लोग शामिल होते थे, जिन पर नेता विशेष विश्वास रखते थे और दूसरे वे लोग होते थे, जो किसी-न-किसी बहाने से घुस जाते थे।

अगले साल करने योग्य कामों में से दो कामों में मुझे दिलचस्पी थी, क्योंकि उनमें मैं कुछ दखल रखता था।

एक था जलियांवाला बाग के हत्याकांड का स्मारक। इसके बारे में कांग्रेस ने बड़ी शान के साथ प्रस्ताव पास किया था। स्मारक के लिए करीब पांच लाख रुपये की रकम इकट्ठी करनी थी। उसके ट्रस्टियों में मेरा नाम था। देश में जनता के काम के लिए भिक्षा मांगने की जबरदस्त शक्ति रखनेवालों में पहला पद मालवीयजी का था और है। मैं जानता था कि मेरा दर्जा उनसे बहुत दूर नहीं रहेगा। अपनी यह शक्ति मैंने दक्षिण अफ्रीका में देख ली थी। राजा-महाराजाओं पर अपना जादू चलाकर उनसे लाखों रुपये वसूल करने की शक्ति मुझमें नहीं थी, आज भी नहीं है। मैंजानता था कि जलियांवाला बाग के काम के लिए उन लोगों से पैसा नहीं मांगा जा सकता। इसलिए ट्रस्टी पद स्वीकार करते समय ही मैं यह समझ गया था कि इस स्मारक के लिए धन-संग्रह करने का बोझ मुझ पर पड़ेगा, और हुआ भी यही। बंबई के उदार नागरिकों ने इस स्मारक के लिए दिल खोलकर धन दिया और आज जनता के पास उसके लिए जितना चाहिए उतना पैसा है। किंतु हिन्दुओं, मुसलमानों और सिखों के मिश्रित रक्त से पावन बनी हुई इस भूमि पर किस तरह का स्मारक बनाया जाए, अर्थात् जमा हुए पैसों का क्या उपयोग किया जाए, वह एक विकट सवाल हो गया है; क्योंकि तीनों के बीच या कहिए कि दोनों के बीच आज दोस्ती के बदले दुश्मनी का भास हो रहा है।

मेरी दूसरी शक्ति लेखक और मुंशी का काम करने की थी, जिसका उपयोग कांग्रेस कर सकती थी। नेतागण यह समझ चुके थे कि लम्बे समय के अभ्यास के कारण कहां, क्या और कितने कम शब्दों में और विनय खोए बिना, विनम्र भाषा में लिखना चाहिए सो मैं जानता हूं। उस समय कांग्रेस का जो विधान था, वह गोखले की छोड़ी हुई पूंजी थी। उन्होंने कुछ नियम बना दिए थे। उनके सहारे कांग्रेस का काम चलता था। वे नियम कैसे बनाए गए, इसका रोचक इतिहास मैंने उन्हीं के मुंह से सुना था। लेकिन अब सब यही अनुभव कर रहे थे कि कांग्रेस का काम उतने ही नियमों से नहीं चल सकता। उसका विधान बनाने की चर्चाएं हर बरस उठती थीं। लेकिन कांग्रेस के पास ऐसी कोई व्यवस्था ही नहीं थी जिससे पूरे वर्ष भर उसका काम चलता रहे, या भविष्य की बात कोई सोचे। उसके तीन मंत्री होते थे, लेकिन वास्तव में कार्यवाहक मंत्री तो एक ही रहता था। वह भी चौबीसों घंटे दे सकनेवाला नहीं होता था। एक मंत्री कार्यालय चलाए या भविष्य का विचार करे या भूतकाल में उठाई गई कांग्रेस की जिम्मेदारियों को वर्तमान बरस में पूरा करे? इसलिए इस बरस यह प्रश्न सबकी दृष्टि में अधिक महत्त्वपूर्ण बन गया। कांग्रेस में हज़ारों की भीड़ होती थी। उसमें राष्ट्र का काम कैसे हो सकता था? प्रतिनिधियों की संख्या की कोई सीमा न थी। किसी भी प्रांत से चाहे जितने प्रतिनिधि आ सकते थे। कोई भी प्रतिनिधि हो सकता था। इसलिए कुछ व्यवस्था करने की ज़रूरत सबको प्रतीत हुई। विधान तैयार करने का भार उठाने की जिम्मेदारी मैंने अपने सिर ली। मेरी एक शर्त थी। जनता पर दो नेताओं का प्रभुत्व मैं देख रहा था। इससे मैंने चाहा कि उनके प्रतिनिधि मेरे साथ रहें। मैं समझता था कि वे स्वयं शांति से बैठकर विधान बनाने का काम नहीं कर सकते। इसलिए मैंने लोकमान्य और देशबंधु से उनके विश्वास के दो नाम मांगे। मैंने यह

सुझाव रखा कि इनके अलावा विधान-समिति में और कोई न होना चाहिए। यह सुझाव मान लिया गया। लोकमान्य ने श्री केलकर का और देशबंधु ने श्री आई.बी. सेन का नाम दिया। यह विधान-समिति एक दिन भी कहीं मिलकर नहीं बैठी। फिर भी हमने अपना काम एकमत से पूरा किया। पत्र-व्यवहार द्वारा अपना काम चला लिया। इस विधान के लिए मुझे थोड़ा अभिमान है। मैं मानता हूं कि इसका अनुसरण करके काम किया जाए, तो हमारा बेड़ा पार हो सकता है। यह तो जब होगा तब होगा, परंतु मेरी यह मान्यता है कि इस जिम्मेदारी को लेकर मैंने कांग्रेस में सच्चा प्रवेश किया।

39. खादी का जन्म

मुझे याद नहीं पड़ता कि सन् 1908 तक मैंने चरखा या करघा कहीं देखा हो। फिर भी मैंने 'हिन्द स्वराज्य' में यह माना था कि चरखे के जरिए हिन्दुस्तान की कंगाली मिट सकती है और यह तो सबको समझ में आ सकने जैसी बात है कि जिस रास्ते भुखमरी मिटेगी उसी रास्ते स्वराज्य मिलेगा। सन् 1915 में मैं दक्षिण अफ्रीका से हिन्दुस्तान वापस आया, तब भी मैंने चरखे के दर्शन नहीं किए थे। आश्रम के खुलते ही उसमें करघा पड़ा। हम सब अनजान थे, इसलिए करघे के मिल जाने भर से तो करघा चल नहीं सकता था। आश्रम में हम सब कलम चलानेवाले या व्यापार करना जाननेवाले लोग इकट्ठा हुए थे; हममें से कोई कारीगर नहीं था। इसलिए करघा पा लेने के बाद बुनना सिखानेवाले की ज़रूरत पड़ी। काठियावाड़ और पालनपुर से करघा मिला और एक सिखानेवाला आया। उसने अपना पूरा हुनर नहीं बताया। परंतु मगनलाल गांधी शुरू किए हुए काम को जल्दी छोड़ने वाले न थे। उनके हाथ में कारीगरी तो थी ही। इसलिए उन्होंने बुनने की कला पूरी तरह समझ ली और फिर आश्रम में एक के बाद एक नए-नए बुननेवाले तैयार हुए।

हमें तो अब अपने कपड़े तैयार करके पहनने थे। इसलिए आश्रमवासियों ने मिल के कपड़े पहनना बंद किया और यह तय किया कि वे हाथ-करघे पर देशी मिल के सूत का बुना हुआ कपड़ा पहनेंगे। ऐसा करने से हमें बहुत कुछ सीखने को मिला। हिन्दुस्तान के बुनकरों के जीवन की, उनकी आमदनी की, सूत जुटाने में होनेवाली उनकी कठिनाई की, इसमें वे किस प्रकार ठगे जाते थे और आखिर किस प्रकार दिन-दिन कर्जदार होते जाते थे, इस सबकी जानकारी हमें मिली। हम स्वयं अपना सब कपड़ा तुरंत बुन सकें, ऐसी स्थिति तो थी ही नहीं। इस कारण से बाहर के बुनकरों से हमें अपनी ज़रूरत का कपड़ा बुनवा लेना पड़ता था। देशी मिल के सूत का हाथ से बुना कपड़ा झट मिलता नहीं था। बुनकर सारा अच्छा कपड़ा विलायती सूत का ही बुनते थे, क्योंकि हमारी मिलें सूत कातती नहीं थीं। आज भी वे महीन सूत कम ही कातती हैं; बहुत महीन तो कात ही नहीं सकतीं। बहुत प्रयास के बाद कुछ बुनकर हाथ लगे, जिन्होंने देशी सूत का कपड़ा बुन देने की मेहरबानी की। इन बुनकरों को आश्रम की तरफ से यह गारंटी देनी पड़ी थी कि देशी सूत का बुना हुआ कपड़ा खरीद लिया जाएगा। इस तरह से विशेष रूप से तैयार कराया हुआ कपड़ा बुनवाकर हमने पहना और मित्रों में उसका प्रचार किया। यों हम कातनेवाली मिलों के अवैतनिक एजेंट बने। मिलों के संपर्क में आने पर उनकी व्यवस्था की और उनकी

लाचारी की जानकारी हमें मिली। हमने देखा कि मिलों का लक्ष्य खुद कातकर खुद ही बुनना था। वे हाथ-करघों की सहायता स्वेच्छा से नहीं, बल्कि अनिच्छा से करती थीं।

यह सब देखकर हम हाथ से कातने के लिए अधीर हो उठे। हमने देखा कि जब तक हाथ से कातेंगे नहीं, तब तक हमारी पराधीनता बनी रहेगी। मिलों के एजेंट बनकर हम देश-सेवा करते हैं, ऐसा हमें नहीं लगा।

लेकिन न तो कहीं चरखा मिलता था और न ही कोई चरखे का चलानेवाला मिलता था। कड़िया आदि भरने के चरखे तो हमारे पास थे, लेकिन उन पर काता जा सकता है इसका तो हमें भान ही नहीं था। एक बार कालीदास वकील एक महिला को खोजकर लाए। उन्होंने कहा कि यह महिला सूत कातकर दिखाएगी। उसके पास एक आश्रमवासी को भेजा। वे नए काम सीख लेने में बड़े होशियार थे। लेकिन ये हुनर उनके हाथ न लगा।

दिन तो बीतते जा रहे थे। मैं अधीर हो उठा था। आश्रम में आनेवाले हर ऐसे आदमी से, जो इस विषय में कुछ बता सकता था, मैं पूछताछ किया करता था। लेकिन कातने का हुनर तो महिलाओं का ही था। इसलिए कहीं अनजाने अनदेखे इलाके में पड़ी हुई कातना जाननेवाली औरत तो किसी औरत को ही मिल सकती थी।

सन् 1917 में मेरे गुजराती मित्र मुझे भड़ौच शिक्षा-परिषद् में घसीट ले गए थे। वहां मुझे महासाहसी विधवा महिला गंगाबाई मिलीं। वे पढ़ी-लिखी अधिक नहीं थीं, लेकिन उनमें हिम्मत और समझदारी आम तौर पर शिक्षित महिलाओं से अधिक थी। उन्होंने अपने जीवन में छूआछूत की जड़ काट डाली थी; वे बेधड़क दलितों से मिलतीं और उनकी सेवा करती थीं। उनके पास पैसा था, लेकिन उनकी अपनी ज़रूरतें बहुत कम थीं। उनका शरीर कसा हुआ था और कहीं भी अकेले जाने में उन्हें ज़रा भी झिझक नहीं होती थी। वे घोड़े की सवारी के लिए भी तैयार रहती थीं। इस महिला का विशेष परिचय गोधरा की परिषद् में मिला। अपना दुख मैंने उनके सामने रखा और बताया कि जिस तरह दमयंती नल की खोज में भटकी थी, उसी तरह से मैं चरखे की खोज में भटकने की प्रतिज्ञा किए बैठा हूं। उन्होंने मदद करने की बात कहकर मेरा बोझ हलका कर दिया।

40. चरखा मिला!

गुजरात में खूब भटक चुकने के बाद गायकवाड़ के बीजापुर गांव में गंगा बहन को चरखा मिला। वहां बहुत से कुटुम्बों के पास चरखा था, जिसे उठाकर उन्होंने छत पर धर दिया था। लेकिन यदि कोई उनका सूत खरीद ले और उन्हें पूनी भी दिला दे, तो वे कातने को तैयार थे। गंगा बहन ने मुझे खबर भेजी। मेरे हर्ष की सीमा न रही। पूनी दिलाने का काम मुश्किल लगा। स्वर्गीय भाई उमर सोबानी से चर्चा करने पर उन्होंने अपनी मिल से पूनी की लच्छियां भेजने का जिम्मा लिया। मैंने वे लच्छियां गंगा बहन के पास भेजीं और सूत इतनी तेजी से कतने लगा कि मैं हार गया।

भाई उमर सोबानी की उदारता विशाल थी, फिर भी उसकी हद थी। दाम देकर पूनियां लेने का निश्चय करने में मुझे संकोच हुआ। इसके अलावा, मिल की पूनियों से सूत कतवाना मुझे बहुत दोषपूर्ण मालूम हुआ। अगर मिल की पूनियां हम लेते हैं, तो फिर मिल

का सूत लेने में क्या दोष है? हमारे पूर्वजों के पास मिल की पूनियां कहां थीं? वे किस तरह पूनियां तैयार करते होंगे? मैंने गंगा बहन को लिखा कि वे पूनी बनानेवाले की खोज करें। उन्होंने इसका जिम्मा लिया और एक पिंजारे को खोज निकाला। उसे 35 रुपये या इससे अधिक वेतन पर रखा गया। बच्चों को पूनी बनाना सिखाया गया। मैंने रुई की भिक्षा मांगी। भाई यशवंत प्रसाद देसाई ने रुई की गांठें देने का जिम्मा लिया। गंगा बहन ने काम एकदम बढ़ा दिया। बुनकरों को लाकर बसाया और कता हुआ सूत बुनवाना शुरू किया। बीजापुर की खादी मशहूर हो गई।

दूसरी तरफ आश्रम में अब चरखे का प्रवेश होने में देर न लगी। मगनलाल गांधी की शोधक शक्ति ने चरखे में सुधार किए और चरखे तथा तकुए आश्रम में बने। आश्रम की खादी के पहले थान की लागत फी गज सतरह आने आई। मैंने मित्रों से मोटी और कच्चे सूत की खादी के दाम सतरह आना फी गज के हिसाब से लिए, जो उन्होंने खुशी-खुशी दिए।

मैं बंबई में रोगशय्या पर पड़ा हुआ था, लेकिन सबसे पूछता रहता था। मैं खादी शास्त्र में अभी निपट अनाड़ी था। मुझे हाथ कते सूत की ज़रूरत थी। कातनेवालों की ज़रूरत थी। गंगा बहन जो भाव देती थीं, उससे तुलना करने पर मालूम हुआ कि मैं ठगा जा रहा हूं। लेकिन वे बहनें कम लेने को तैयार न थीं। इसलिए उन्हें छोड़ देना पड़ा। लेकिन उन्होंने अपना काम किया। उन्होंने श्री अवन्तिका बाई, श्री रमीबाई कामदार, श्री शंकरलाल बैंकर की माताजी और वसुमती बहन को कातना सिखा दिया और मेरे कमरे में चरखा गूंजने लगा। यह कहने में अतिशयोक्ति न होगी कि इस यंत्र ने मुझ बीमार को चंगा करने में मदद की। बेशक, यह एक मानसिक असर था। लेकिन मनुष्य को स्वस्थ या अस्वस्थ करने में मन का हिस्सा कौन कम होता है? चरखे पर मैंने भी हाथ आजमाया। किंतु इससे आगे मैं इस समय जा नहीं सका।

बंबई में हाथ की पूनियां कैसे हासिल की जाएं? श्री रेवाशंकर झवेरी के बंगले के पास से रोज़ एक धुनिया तांत बजाता हुआ निकला करता था। मैंने उसे बुलाया। वह गद्दों के लिए रुई धुना करता था। उसने पूनियां तैयार करके देना स्वीकार किया। भाव ऊंचा मांगा, जो मैंने दिया। इस तरह तैयार हुआ सूत मैंने वैष्णवों के हाथ ठाकुरजी की माला के लिए दाम लेकर बेचा। भाई शिवजी ने बंबई में चरखा सिखाने की कक्षा शुरू की। इस प्रयोग में पैसा काफी खर्च हुआ। श्रद्धालु देशभक्तों ने पैसे दिए और मैंने खर्च किए। मेरे विनम्र विचार में यह खर्च व्यर्थ नहीं गया। उससे बहुत-कुछ सीखने को मिला। चरखे की सीमा का पैमाना मिल गया।

अब मैं केवल खादीमय बनने के लिए अधीर हो उठा। मेरी धोती देशी मिल के कपड़े की थी। बीजापुर में और आश्रम में जो खादी बनती थी, वह बहुत मोटी और 30 इंच अर्ज की होती थी। मैंने गंगा बहन को चेतावनी दी कि अगर वे एक महीने के अंदर 45 इंच अर्ज वाली खादी की धोती तैयार करके न देंगी, तो मुझे मोटी खादी की घुटनों तक की धोती पहनकर अपना काम चलाना पड़ेगा। गंगा बहन अकुलाईं। दिया गया समय कम लगा, पर वे हारी नहीं। उन्होंने एक महीने के अंदर मेरे लिए 50 इंच अर्ज का धोती जोड़ा बनाया और मेरी गरीबी मिटाई।

इसी बीच भाई लक्ष्मीदास लाठी गांव से एक दलित भाई रामजी और उनकी पत्नी गंगा बहन को आश्रम में लाए और उनके द्वारा बड़े अर्ज की खादी बुनवाई। खादी-प्रचार में इस दम्पत्ति का योगदान मामूली नहीं कहा जा सकता। उन्होंने गुजरात में और गुजरात के बाहर हाथ का सूत बुनने की कला दूसरों को सिखाई है। निरक्षर परंतु संस्कारशील गंगा बहन जब करघा चलाती हैं, तब उसमें इतनी लीन हो जाती हैं कि इधर-उधर देखने या किसी के साथ बातचीत करने की फुर्सत भी अपने लिए नहीं रखतीं।

41. एक संवाद

जिस समय स्वदेशी के नाम से परिचित यह आंदोलन चलने लगा, उस समय मिल-मालिकों की ओर से मेरे पास काफी आलोचनाएं आने लगीं। भाई उमर सोबानी स्वयं एक होशियार मिल-मालिक थे। इसलिए वे अपने ज्ञान का लाभ तो मुझे देते ही थे, दूसरों की राय की जानकारी भी मुझे देते रहते थे। उनमें से एक के तर्क का असर उन पर भी हुआ और उन्होंने मुझे उन भाई के पास ले चलने की बात कही। मैंने उसका स्वागत किया। हम उनके पास गए। उन्होंने अपनी बात इस तरह से शुरू की, 'आप यह तो जानते हैं न कि आपका स्वदेशी-आंदोलन पहला ही नहीं है?'

मैंने जवाब दिया, 'जी हां।'

'आप जानते हैं न कि बंग-भंग के समय स्वदेशी-आंदोलन ने खूब ज़ोर पकड़ा था, जिसका हम मिलवालों ने खूब फायदा उठाया था और कपड़े के दाम बढ़ा दिए थे? कुछ नहीं करने लायक बातें भी की थीं?'

'मैंने यह बात सुनी है और सुनकर मैं दुखी हुआ हूं।'

'मैं आपका दुख समझता हूं, पर उसके लिए कोई कारण नहीं है। हम परोपकार के लिए अपना व्यापार नहीं करते। हमें तो पैसा कमाना है। अपने हिस्सेदारों को जवाब देना है। वस्तु का मूल्य उसकी मांग पर निर्भर करता है, इस नियम के विरुद्ध कौन जा सकता है? बंगालियों को जानना चाहिए था कि उनके आंदोलन से स्वदेशी वस्त्र के दाम ज़रूर बढ़ेंगे।'

'वे बेचारे मेरी तरह विश्वास कर लेते हैं। इसलिए उन्होंने मान लिया कि मिल-मालिक नितांत स्वार्थी नहीं बन जाएंगे। विश्वासघात तो बिलकुल नहीं करेंगे। स्वदेशी के नाम पर विदेशी कपड़ा हरगिज न बेचेंगे।'

'मैं जानता था कि आप ऐसा मानते हैं। इसी से मैंने आपको सावधान करने का विचार किया और यहां आने का कष्ट दिया, ताकि आप भोले बंगालियों की तरह धोखे में न रह जाएं।'

यह कहकर सेठजी ने अपने कर्मचारी को नमूने लाने का इशारा किया। ये रद्दी रुई में से बने हुए कम्बल के नमूने थे। उन्हें हाथ में लेकर वे भाई बोले, 'देखिए, यह माल हमने नया बनाया है। इसकी अच्छी खपत है। रद्दी रुई से बनाया है, इसलिए यह सस्ता तो पड़ता ही है। इस माल को हम ठेठ उत्तर भारत तक पहुंचाते हैं। हमारे एजेंट चारों ओर फैले हुए हैं। इसलिए आप देखते हैं कि हमें आपके समान एजेंट की ज़रूरत नहीं रहती। सच तो

यह है कि जहां आप-जैसों की आवाज़ नहीं पहुंचती, वहां भी हमारे एजेंट और हमारा माल पहुंचता है। साथ ही, आपको यह भी जानना चाहिए कि हिन्दुस्तान की ज़रूरत का सब माल हम नहीं बना सकते हैं। इसलिए स्वदेशी का प्रश्न खास तौर पर उत्पादन का प्रश्न है। जब हम ज़रूरत के अनुसार कपड़ा तैयार कर सकेंगे और कपड़े की किस्म में सुधार कर सकेंगे, तब विदेशी कपड़े का आना अपने-आप बंद हो जाएगा। इसलिए आपको मेरी सलाह तो यह है कि आप अपना स्वदेशी-आंदोलन जिस तरह चला रहे हैं उस तरह न चलाएं और नई मिलें खोलने की ओर ध्यान दें। हमारे देश में स्वदेशी माल खपाने का आंदोलन चलाने की ज़रूरत नहीं है, बल्कि माल बनाने का आंदोलन चलाने की ज़रूरत है।'

मैंने कहा, 'यदि मैं यही काम कर रहा होऊं, तब तो आप उसे आशीर्वाद देंगे न?'

'सो किस तरह? यदि आप मिल खोलने की सोच रहे हों, तो आप धन्यवाद के पात्र हैं।'

'ऐसा तो मैं नहीं कर रहा हूं, लेकिन मैं चरखे के काम में लगा हुआ हूं।'

'यह क्या चीज़ है?'

मैंने चरखे की बात सुनाई और कहा, 'मैं आपके विचारों से सहमत हूं। मुझे मिलों की दलाली नहीं करनी चाहिए। इससे फायदे के बदले नुक़सान ही है। मिलों का माल पड़ा नहीं रहता। मुझे तो उत्पादन बढ़ाने में और तैयार हुए कपड़े को खपाने में लगना चाहिए। इस समय मैं उत्पादन के काम में ही लगा हुआ हूं। इसी प्रकार की स्वदेशी में मेरा विश्वास है, क्योंकि उसके द्वारा हिन्दुस्तान की भूखों मरनेवाली अर्ध-बेकार महिलाओं को काम दिया जा सकता है। उनका काता हुआ सूत बुनवाना और उसकी खादी लोगों को पहनाना ही मेरा विचार है और यही मेरा आंदोलन है। मैं नहीं जानता कि चरखा-आंदोलन कहां तक सफल होगा। अभी तो उसका शिशु-काल ही है; लेकिन मुझे उसमें पूरा विश्वास है। कुछ भी हो, उसमें नुक़सान तो है ही नहीं। हिन्दुस्तान में बननेवाले कपड़े में जितनी वृद्धि इस आंदोलन से होगी उतना फायदा ही है। इसलिए इस प्रयास में आप जो दोष बताते हैं वह तो है ही नहीं।'

'यदि आप इस तरीके से आंदोलन चलाते हों, तो मुझे कुछ नहीं कहना है। हां, इस युग में चरखा चल सकता है या नहीं, यह एक अलग बात है। मैं तो आपकी सफलता ही चाहता हूं।'

42. असहयोग की लहर

इसके आगे खादी की प्रगति किस तरह से हुई, इस बात को इन अध्यायों में नहीं बताया जा सकता। कौन-कौन-सी चीज़ें जनता के सामने किस प्रकार आईं, यह बता देने के बाद उनके इतिहास में उतरना इन अध्यायों का क्षेत्र नहीं है। उतरने पर उन विषयों की अलग किताब तैयार हो सकती है। यहां तो मैं इतना ही बताना चाहता हूं कि सत्य की शोध करते हुए कुछ चीज़ें मेरे जीवन में एक के बाद एक किस प्रकार अनायास आती चली गईं।

इसलिए मैं मानता हूं कि अब असहयोग के बारे में थोड़ा कहने का समय आ गया है। खिलाफत के बारे में अली भाइयों का जबरदस्त आंदोलन तो चल ही रहा था। मरहूम मौलाना अब्दुल बारी वगैरह उलेमाओं के साथ इस विषय पर खूब चर्चाएं हुईं। इस बारे

में विवेचन हुआ कि मुसलमान शांति को, अहिंसा को कहां तक अपना सकते हैं। आखिर यह तय हुआ कि फलां हद तक युक्ति के रूप में उसका पालन करने में कोई एतराज नहीं हो सकता; और अगर किसी ने एक बार अहिंसा की प्रतिज्ञा की है, तो वह उसका पालन करने के लिए बंधा हुआ है। आखिर खिलाफत-परिषद् में असहयोग का प्रस्ताव पेश हुआ और बड़ी चर्चा के बाद वह मंजूर हुआ।

मुझे याद है कि एक बार इलाहाबाद में इसके लिए सारी रात सभा चलती रही थी। हकीम साहब को शांतिमय असहयोग की संभावना के विषय में शंका थी। किंतु उनकी शंका दूर होने पर वे उसमें शामिल हुए और उनकी सहायता अमूल्य सिद्ध हुई।

इसके बाद गुजरात में परिषद हुई। उसमें मैंने असहयोग का प्रस्ताव रखा। उसमें विरोध करनेवालों का पहला तर्क यह था कि जब तक कांग्रेस असहयोग का प्रस्ताव स्वीकार न करे, तब तक प्रांतीय परिषदों को यह प्रस्ताव पास करने का अधिकार नहीं है। मैंने सुझाया कि प्रांतीय परिषदें कदम पीछे नहीं हटा सकतीं; लेकिन आगे कदम बढ़ाने का अधिकार तो सब शाखा-संस्थांओं को है। यही नहीं, अगर उनमें हिम्मत हो, तो ऐसा करना उनका धर्म है। इससे मुख्य संस्था का गौरव बढ़ता है। असहयोग के गुण-दोषों पर अच्छी और रोचक चर्चा हुई। मत गिने गंए और विशाल बहुमत से असहयोग का प्रस्ताव पास हुआ। इस प्रस्ताव को पास कराने में अब्बास तैयब जी और वल्लभभाई पटेल का बड़ा हाथ रहा। अब्बास साहब सभापति थे और उनका झुकाव असहयोग के प्रस्ताव की तरफ ही था।

कांग्रेस की महासमिति ने इस प्रश्न पर विचार करने के लिए कांग्रेस का एक विशेष अधिवेशन सन् 1920 के सितंबर महीने में कलकत्ते में आयोजित करने का निश्चय किया। तैयारियां बहुत बड़े पैमाने पर थीं। लाला लाजपतराय सभापति चुने गए थे। बंबई से खिलाफत स्पेशल और कांग्रेस स्पेशल रवाना हुईं। कलकत्ते में सदस्यों और दर्शकों का बहुत बड़ा समुदाय इकट्ठा हुआ।

मौलाना शौकत अली के कहने पर मैंने असहयोग के प्रस्ताव का मसौदा रेलगाड़ी में तैयार किया। आज तक मेरे मसौदों में 'शांतिमय' शब्द आम तौर पर नहीं आता था। मैं अपने भाषण में इस शब्द का उपयोग करता था। सिर्फ मुसलमान भाइयों की सभाओं में 'शांतिमय' शब्द से मुझे जो समझाना था वह मैं समझा नहीं पाता था। इसलिए मैंने मौलाना अब्दुल कलाम आजाद से दूसरा शब्द मांगा। उन्होंने 'बाअमन' शब्द दिया और असहयोग के लिए 'तर्के मवालात' शब्द सुझाया।

इस तरह अभी गुजराती में, हिन्दी में, हिन्दुस्तानी में असहयोग की भाषा मेरे दिमाग में बन रही थी कि इतने में ऊपर लिखे अनुसार कांग्रेस के लिए प्रस्ताव का मसौदा तैयार करने का काम मेरे हाथ में आया। प्रस्ताव में 'शांतिमय' शब्द लिखना रह गया। मैंने प्रस्ताव तैयार करके रेलगाड़ी में ही मौलाना शौकत अली को दे दिया। रात में मुझे खयाल आया कि मुख्य शब्द 'शांतिमय' तो छूट गया है। मैंने महादेव को दौड़ाया और कहलवाया कि छापते समय प्रस्ताव में 'शांतिमय' शब्द जोड़ लें। मेरा कुछ ऐसा खयाल है कि शब्द जोड़ने से पहले प्रस्ताव छप चुका था। विषय-विचारिणी समिति की बैठक उसी रात थी। इसलिए उसमें उक्त शब्द मुझे बाद में जुड़वाना पड़ा था। मैंने देखा कि यदि मैं प्रस्ताव के साथ तैयार न होता, तो बड़ी मुश्किल का सामना करना पड़ता।

मेरी स्थिति दयनीय थी। मैं नहीं जानता था कि कौन प्रस्ताव का विरोध करेगा और कौन प्रस्ताव का समर्थन करेगा। लालाजी के रुख के बारे में मैं कुछ जानता न था। तपे-तपाए अनुभवी योद्धा कलकत्ते में उपस्थित हुए थे। विदुषी ऐनी बेसेण्ट, पंडित मालवीयजी, श्री विजय राघवाचार्य, पंडित मोतीलालजी, देशबंधु आदि उनमें थे।

मेरे प्रस्ताव में खिलाफत और पंजाब के अन्याय को ध्यान में रखकर ही असहयोग की बात कही गई थी। लेकिन श्री विजय राघवाचार्य को इसमें कोई दिलचस्पी नहीं लगी। उन्होंने कहा, 'यदि असहयोग ही करना है, तो वह किसी एक अन्याय के लिए ही क्यों किया जाए? स्वराज्य का अभाव बड़े-से-बड़ा अन्याय है। इसलिए उसके लिए असहयोग किया जा सकता है।' मोतीलालजी भी स्वराज्य की मांग को प्रस्ताव में दाखिल कराना चाहते थे। मैंने तुरंत ही इस सुझाव को स्वीकार कर लिया और प्रस्ताव में स्वराज्य की मांग भी शामिल कर ली। विस्तृत, गंभीर और कुछ तीखी चर्चाओं के बाद असहयोग का प्रस्ताव पास हुआ।

मोतीलालजी उसमें सबसे पहले शामिल हुए। मेरे साथ हुई उनकी मीठी चर्चा मुझे अभी तक याद है। उन्होंने कुछ शाब्दिक परिवर्तन सुझाए थे, जिन्हें मैंने स्वीकार कर लिया था। देशबंधु को मना लेने का बीड़ा उन्होंने उठाया था। देशबंधु का हृदय असहयोग के साथ था, लेकिन उनकी बुद्धि उनसे कह रही थी कि असहयोग को जनता स्वीकार नहीं करेगी। देशबंधु और लालाजी ने असहयोग के प्रस्ताव को पूरी तरह तो नागपुर में स्वीकार किया। इस विशेष अधिवेशन के अवसर पर लोकमान्य की अनुपस्थिति मेरे लिए बहुत दुखदायक सिद्ध हुई। आज भी मेरा मत है कि वे जीवित होते, तो कलकत्ते की घटना का स्वागत करते। लेकिन वैसा न होता और वे विरोध करते, तो भी मुझे वह अच्छा ही लगता। मुझे उससे कुछ सीखने को मिलता। उनके साथ मेरे मतभेद सदा ही रहे, लेकिन वे सब मधुर थे। उन्होंने मुझे हमेशा यह मानने का मौका दिया था कि हमारे बीच निकट का संबंध है। यह लिखते समय उनके अंतिम दिनों का चित्र मेरे सामने खड़ा हो रहा है। मेरे साथी पटवर्धन ने आधी रात को मुझे टेलीफोन पर उनके अवसान का समाचार दिया था। उसी समय मैंने साथियों से कहा था, 'मेरे पास एक बड़ा सहारा था, जो आज टूट गया।' उस समय असहयोग का आंदोलन पूरे ज़ोर से चल रहा था। मैं उनसे उत्साह और प्रेरणा पाने की आशा रखता था। अंत में जब असहयोग पूरी तरह साकार हुआ, तब उसके प्रति उनका रुख क्या रहा होता सो तो भगवान जाने; लेकिन मैं इतना जानता हूं कि राष्ट्र के इतिहास की उस महत्त्वपूर्ण घड़ी में उनकी उपस्थिति का अभाव सबको खटक रहा था।

43. नागपुर में

कांग्रेस के विशेष अधिवेशन में स्वीकृत असहयोग के प्रस्ताव को नागपुर में होनेवाले वार्षिक अधिवेशन में बहाल रखना था। कलकत्ते की तरह नागपुर में भी असंख्य लोग इकट्ठा हुए थे। अभी तक प्रतिनिधियों की संख्या निश्चित नहीं हुई थी। इसलिए जहां तक मुझे याद है, इस अधिवेशन में चौदह हजार प्रतिनिधि शामिल हुए थे। लालाजी के आग्रह से विद्यालयों संबंधी प्रस्ताव में मैंने एक छोटा-सा परिवर्तन स्वीकार कर लिया था। देशबंधु

ने भी कुछ परिवर्तन कराया था और अंत में शांतिमय असहयोग का प्रस्ताव सर्वसम्मति से पास हुआ था।

इसी बैठक में महासभा के विधान का प्रस्ताव भी पास करना था। यह विधान मैंने कलकत्ते की विशेष बैठक में पेश तो किया ही था। इसलिए वह प्रकाशित हो गया था और उस पर चर्चा भी हो चुकी थी। श्री विजय राघवाचार्य इस बैठक के सभापति थे। विधान में विषय-विचारिणी समिति ने एक ही महत्त्व का परिवर्तन किया था। मैंने प्रतिनिधियों की संख्या पंद्रह सौ मानी थी। विषय-विचारिणी समिति ने इसे बदलकर छह हजार कर दिया। मैं मानता था कि यह कदम बिना सोचे-विचारे उठाया गया है। इतने वर्षों के अनुभव के बाद भी मेरा यही विचार है। मैं इस कल्पना को बिलकुल गलत मानता हूं कि बहुत अधिक प्रतिनिधियों से काम अधिक अच्छा होता है या जनतंत्र की अधिक रक्षा होती है। ये पंद्रह सौ प्रतिनिधि उदार मन वाले, जनता के अधिकारों की रक्षा करनेवाले और ईमानदार हों, तो वे छह हजार निरंकुश प्रतिनिधियों की अपेक्षा जनतंत्र की अधिक अच्छी रक्षा करेंगे। जनतंत्र की रक्षा के लिए जनता में स्वतंत्रता की, स्वाभिमान की और एकता की भावना होनी चाहिए और अच्छे तथा सच्चे प्रतिनिधियों को ही चुनने का आग्रह रहना चाहिए। किंतु संख्या के मोह में पड़ी हुई विषय-विचारिणी समिति छह हजार से भी अधिक प्रतिनिधि चाहती थी। इसलिए छह हजार पर मुश्किल से समझौता हुआ।

कांग्रेस में स्वराज्य के ध्येय पर चर्चा हुई थी। विधान की धारा में साम्राज्य के भीतर या उसके बाहर, जैसा मिले वैसा, स्वराज्य प्राप्त करने की बात थी। कांग्रेस में भी एक पक्ष ऐसा था, जो साम्राज्य के अंदर रहकर ही स्वराज्य पाना चाहता था। उस पक्ष का समर्थन माननीय मालवीयजी और मिस्टर जिन्ना ने किया था। लेकिन उन्हें अधिक मत न मिल सके। विधान की एक धारा यह थी कि शांतिपूर्ण और सत्यरूप साधनों द्वारा ही हमें स्वराज्य पाना चाहिए। इस शर्त का भी विरोध किया गया था। लेकिन कांग्रेस ने उसे अस्वीकार कर दिया और सारा विधान कांग्रेस में सार्थक चर्चा होने के बाद स्वीकृत हुआ। मेरा मत है कि यदि लोगों ने इस विधान पर ईमानदारी से और उत्साहपूर्वक अमल किया होता, तो उससे जनता को बड़ी शिक्षा मिलती। उसके अमल में स्वराज्य की सिद्धि समाई हुई थी। लेकिन इस विषय पर यहां बात नहीं करूंगा।

इसी सभा में हिन्दू-मुस्लिम-एकता के बारे में, अस्पृश्यता-निवारण के बारे में और खादी के बारे में भी प्रस्ताव पास हुए। उसी समय से कांग्रेस के हिन्दू सदस्यों ने छूआछूत को मिटाने का भार अपने ऊपर लिया है और खादी के द्वारा कांग्रेस ने अपना संबंध हिन्दुस्तान के नर-कंकालों के साथ जोड़ा है। कांग्रेस ने खिलाफत के सवाल के सिलसिले में असहयोग का निश्चय करके हिन्दू-मुस्लिम-एकता सिद्ध करने का एक महान प्रयास किया था।

पूर्णाहुति

अब इन अध्यायों को समाप्त करने का समय आ पहुंचा है।

इससे आगे का मेरा जीवन इतना अधिक सार्वजनिक हो गया है कि शायद ही कोई चीज़ ऐसी हो, जिसे आम जनता न जानती हो। फिर सन् 1921 से मैं कांग्रेस के नेताओं के साथ इतना अधिक घुल-मिलकर रहा हूं कि किसी प्रसंग का वर्णन नेताओं के संबंध की

चर्चा किए बिना मैं सच के रूप में कर ही नहीं सकता। ये संबंध अभी ताजे हैं। श्रद्धानन्दजी, देशबंधु, लालाजी और हकीम साहब आज हमारे बीच नहीं हैं। लेकिन सौभाग्य से दूसरे कई नेता अभी मौजूद हैं। कांग्रेस के महान परिवर्तन के बाद का इतिहास अभी तैयार हो रहा है। मेरे मुख्य प्रयोग कांग्रेस के माध्यम से हुए हैं। इसलिए उन प्रयोगों के वर्णन में नेताओं के संबंधों की चर्चा अनिवार्य है। शिष्टता के विचार से भी फिलहाल तो मैं ऐसा कर ही नहीं सकता। अंतिम बात यह है कि इस समय चल रहे प्रयोगों के बारे में मेरे निर्णय निश्चयात्मक नहीं माने जा सकते। इसलिए इन अध्यायों को तत्काल बंद कर देना ही मुझे अपना कर्तव्य मालूम होता है। यह कहना गलत नहीं होगा कि इसके आगे मेरी कलम ही चलने से इंकार करती है।

पाठकों से विदा लेते हुए मुझे दुख हो रहा है। मेरे निकट अपने इन प्रयोगों की बड़ी कीमत है। मैं नहीं जानता कि मैं उनका यथार्थ वर्णन कर सका हूं या नहीं। यथार्थ वर्णन करने में मैंने कोई कसर नहीं रखी है। सत्य को मैंने जिस रूप में देखा है, जिस मार्ग से देखा है, उसे उसी तरह प्रकट करने का मैंने सतत प्रयत्न किया है और पाठकों के लिए उसका वर्णन करके चित्त में शांति का अनुभव किया है क्योंकि मैंने आशा यह रखी है कि इससे पाठकों में सत्य और अहिंसा के प्रति अधिक आस्था उत्पन्न होगी।

सत्य से भिन्न कोई परमेश्वर है, ऐसा मैंने कभी अनुभव नहीं किया। यदि इन अध्यायों के पन्न-पन्ने से यह प्रतीति न हुई हो कि सत्यमय बनने का एकमात्र मार्ग अहिंसा ही है, तो मैं इस प्रयत्न को व्यर्थ समझता हूं। प्रयत्न चाहे व्यर्थ हो, किन्तु वचन व्यर्थ नहीं है। मेरी अहिंसा सच्ची होने पर भी कच्ची है, अपूर्ण है। इसलिए हज़ारों सूर्यों को इकट्ठा करने से भी सत्यरूपी सूर्य के तेज को पूरी तरह से मापा नहीं जा सकता, सत्य की मेरी झांकी ऐसे सूर्य की केवल एक किरण के दर्शन के समान ही है। आज तक के अपने प्रयोगों के अंत में मैं इतना तो ज़रूर कह सकता हूं कि सत्य का संपूर्ण दर्शन संपूर्ण अहिंसा के बिना असंभव है।

ऐसे व्यापक सत्यनारायण के प्रत्यक्ष दर्शन के लिए जीवमात्र के प्रति आत्मवत् प्रेम की परम आवश्यकता है और जो मनुष्य ऐसा करना चाहता है, वह जीवन के किसी भी क्षेत्र से बाहर नहीं रह सकता। यही कारण है कि सत्य की मेरी पूजा मुझे राजनीति में खींच लाई है। जो मनुष्य यह कहता है कि धर्म का राजनीति के साथ कोई संबंध नहीं है, वह धर्म को नहीं जानता, ऐसा कहने में मुझे संकोच नहीं होता और न ऐसा कहने में मैं अविनय करता हूं।

बिना आत्मशुद्धि के जीवमात्र के साथ एकता सध ही नहीं सकती। आत्मशुद्धि के बिना अहिंसा-धर्म का पालन सर्वथा असंभव है। अशुद्ध आत्मा परमात्मा के दर्शन करने में असमर्थ है। इसलिए जीवन-मार्ग के सभी क्षेत्रों में शुद्धि होनी चाहिए। यह शुद्धि साध्य है; क्योंकि व्यष्टि और समष्टि के बीच ऐसा निकट का संबंध है कि एक की शुद्धि अनेक की शुद्धि के बराबर हो जाती है और व्यक्तिगत प्रयत्न करने की शक्ति तो सत्यनारायण ने सबको जन्म से ही दी है।

लेकिन मैं प्रतिक्षण यह अनुभव करता हूं कि शुद्धि का यह मार्ग विकट है। शुद्ध बनने का अर्थ है मन से, वचन से और कार्यों से निर्विकार बनना, राग-द्वेष आदि से रहित होना।

इस निर्विकार भाव तक पहुंचने का प्रतिक्षण प्रयत्न करते हुए भी मैं पहुंच नहीं पाया हूं, इसलिए लोगों की स्तुति मुझे भुलावे में नहीं डाल सकती। उलटे, यह स्तुति प्रायः तीव्र वेदना पहुंचाती है। मन के विकारों को जीतना संसार को शॉच-युद्ध से जीतने की अपेक्षा मुझे अधिक कठिन मालूम होता है। हिन्दुस्तान आने के बाद भी मैं अपने भीतर छिपे हुए विकारों को देख सका हूं, शर्मिंदा हुआ हूं, किंतु हारा नहीं हूं। सत्य के प्रयोग करते हुए मैंने आनंद लूटा है और आज भी लूट रहा हूं। लेकिन मैं जानता हूं कि अभी मुझे विकट मार्ग तय करना है। इसके लिए मुझे शून्यवत् बनना है। मनुष्य जब तक स्वेच्छा से अपने को सबसे नीचे नहीं रखता, तब तक उसे मुक्ति नहीं मिलती। अहिंसा नम्रता की पराकाष्ठा है और यह अनुभव-सिद्ध बात है कि इस नम्रता के बिना मुक्ति कभी नहीं मिलती। ऐसी नम्रता के लिए प्रार्थना करते हुए और उसके लिए संसार की सहायता की याचना करते हुए इस समय तो मैं इन अध्यायों को बंद करता हूं।

●●●